BRIEF CONTENTS

SCOPE AND SEQUENCE

	TASK	OBJECTIVES
1 Gente que estudia español 2	Choose a Spanish-speaking country for an end-of-year class trip.	**Communicative** ■ Talking about oneself ■ Spelling names and countries ■ Identifying people and places **Cultural** ■ The Spanish-speaking world ■ Puerto Rico ■ Hispanics in the United States
2 Gente con gente 20	Meet some important Hispanic-Americans and group them for an imaginary dinner.	**Communicative** ■ Requesting and giving information about people (name, age, profession, personality) ■ Justifying decisions **Cultural** ■ México ■ Hispanics in the United States
3 Gente de vacaciones 38	Plan a vacation in Venezuela	**Communicative** ■ Talking about likes, dislikes, and preferences ■ Talking about existence and location of places ■ Expressing agreement and disagreement **Cultural** ■ Venezuela ■ Hispanics in the United States
4 Gente de compras 56	Plan a class party and decide on gifts for classmates and teacher	**Communicative** ■ Talking about needs and obligations ■ Talking about the price of products and services ■ Describing and valuing products **Cultural** ■ Argentina ■ Hispanics in the United States

GRAMMATICAL/ FUNCTIONAL GOALS	VOCABULARY GOALS	STRATEGIES
■ Present tense of *ser* and *llamarse* ■ Gender and number; articles (*el, la, los, las*) and nouns ■ Alphabet and pronunciation ■ Subject pronouns (form and use) ■ Demonstrative adjectives and pronouns (*esto, este/a/os/as*)	■ Numbers (1–20) ■ Personal interests ■ Geographical names ■ Classroom	**Oral communication** ■ Useful expressions for the class **Reading** ■ Predicting content **Writing** ■ Writing as a process ■ Basic sentence connectors
■ Adjectives (gender and number) ■ *Ser* + adjective ■ Adverbs of quantity (*muy, bastante, un poco, nada* + adjective) ■ The present tense: *-ar, -er,* and *-ir* verbs ■ Possessive adjectives ■ Talking about age, marital status, professions, and place of origin	■ Nationalities ■ Professions ■ Hobbies ■ Personality traits ■ Family relationships ■ Numbers (20–100)	**Oral communication** ■ Formulating basic questions **Reading** ■ Recognizing cognates **Writing** ■ Reviewing the language use (grammar) of your written work ■ Basic connectors to organize information
■ *Hay* and *estar* ■ *Y, no... ni, también, tampoco* ■ *Querer* and *preferir* ■ Likes and interests (verbs *gustar* and *interesar*) ■ Agreement and disagreement (*sí, no, también, tampoco*)	■ Transportation ■ Lodging and services ■ Tourism and vacation ■ Months and seasons	**Oral communication** ■ Expressing agreement and disagreement **Reading** ■ Guessing the meaning of words using the context **Writing** ■ Reviewing the vocabulary of your written work ■ Connectors to express cause and consequence
■ Use of indefinite articles: *un/uno, una, unos, unas* ■ Expressing obligation (*tener que* + infinitive) and need (*necesitar*) ■ Numbers from 100 to 1,000 ■ Asking for and stating prices ■ Third-person direct and indirect object pronouns	■ Shopping and stores ■ Clothes and accessories ■ Colors	**Oral communication** ■ Formulating direct questions (I) **Reading** ■ Identifying and using topic sentences **Writing** ■ Editing your written work for content and organization (I) ■ Use of referent words

	TASK	OBJECTIVES
5 Gente en forma *74*	Create a health guide for new students on campus	**Communicative** ■ Talking about health ■ Talking about physical activity ■ Making recommendations and giving advice ■ Talking about frequency and quantity **Cultural** ■ Colombia ■ Hispanics in the United States
6 Gente en la casa y en el trabajo *92*	Select an apartment and a roommate. Furnish the apartment	**Communicative** ■ Greetings and introductions ■ Using *tú* and *usted* ■ Giving directions ■ Talking about work qualities and abilities **Cultural** ■ El Salvador ■ Hispanics in the United States
7 Gente que viaja *110*	Organize a trip to the Dominican Republic	**Communicative** ■ Talking about trips, routes and itineraries ■ Requesting and giving time and date ■ Situating actions in time ■ Talking about the future **Cultural** ■ Dominican Republic ■ Hispanics in the United States
8 Gente que come bien *128*	Write a cooking recipe	**Communicative** ■ Talking about food/dishes ■ Interacting in a restaurant or bar ■ Talking about quantities ■ Giving instructions **Cultural** ■ Cuba ■ Hispanics in the United States

GRAMMATICAL/ FUNCTIONAL GOALS	VOCABULARY GOALS	STRATEGIES
■ Present Indicative of irregular verbs ■ Reflexive verbs (and pronoun placement) ■ Recommendations and advice (*tener que* + infinitive, *hay que* + infinitive) ■ Expressing frequency ■ Quantifying: *muy, mucho, demasiado* ■ *Ser* and *estar* with adjectives	■ Body parts ■ Physical activities ■ Days of the week ■ Health and food ■ Sports	**Oral communication** ■ Formulating direct questions (II) **Reading** ■ Using a bilingual dictionary (I) **Writing** ■ Editing your composition for content and organization (II) ■ Basic connectors for introducing examples and clarifying information
■ Command forms (and pronoun placement) ■ Use of command forms ■ Formal vs. Informal Register: *Tú* vs. *Usted*; *Vosotros* vs. *Ustedes* ■ *Estar* + gerund ■ Greetings and introductions	■ Areas of the house ■ Furniture ■ Professions ■ Work environment ■ Professional characteristics	**Oral communication** ■ Phone conversations **Reading** ■ Using a bilingual dictionary (II) **Writing** ■ The goal of your composition (context, purpose, reader, and register) ■ Connectors for adding and sequencing ideas
■ Spatial references ■ Time references (dates and months, periods of time, parts of the day) ■ The time ■ Talking about the future (*ir a* + infinitive) ■ *Estar a punto de...*, *acabar de...*	■ Trips ■ Transportation ■ Activities related to travel	**Oral communication** ■ Beyond *sí* and *no*: emphasizing affirmative or negative replies **Reading** ■ Skimming and scanning texts **Writing** ■ Using a bilingual dictionary when writing ■ Using spatial references when writing descriptions
■ In a restaurant ■ Impersonal *se* ■ Quantifying: *poco/un poco de, suficiente(s), bastante, mucho, demasiado, ninguno (ningún)/ nada* ■ Weights and measures	■ Foods and drinks ■ Cooking and restaurants ■ Measures and containers	**Oral communication** ■ Verbal courtesy (I) **Reading** ■ Word formation and affixes **Writing** ■ Writing topic sentences and paragraphs ■ Connectors for organizing information

GRAMMATICAL/ FUNCTIONAL GOALS	VOCABULARY GOALS	STRATEGIES
▪ Comparatives ▪ The superlative ▪ Comparisons of equality ▪ Relative pronouns ▪ Expressing and contrasting opinions ▪ The weather	▪ Cities and services ▪ Weather and environment ▪ Problems in the city	**Oral communication** ▪ Collaboration in conversation (I) **Reading** ▪ Word order in Spanish **Writing** ▪ Adding details to a paragraph ▪ Connecting information using relative pronouns
▪ The Preterit tense ▪ Uses of the Preterit ▪ Talking about dates ▪ Sequencing past events	▪ Biographies ▪ Historical and socio-political events	**Oral communication** ▪ Using approximation and circumlocution **Reading** ▪ Following a chronology **Writing** ▪ Writing a narrative (I): past actions and events ▪ Use of time markers in narratives (I)
▪ The Imperfect tense ▪ Uses of the Imperfect ▪ Contrasting Preterit vs. Imperfect ▪ Relating past events: cause and consequence	▪ Historical and socio-political concepts and events	**Oral communication** ▪ Collaboration in conversation (II) **Reading** ▪ Summarizing a text **Writing** ▪ Writing a narrative (II): including circumstances that surround events ▪ Use of time markers in narratives (II)
▪ Commands forms ▪ Recommendations, advice, and warnings ▪ Impersonal *tú* ▪ Talking about health ▪ Adverbs ending in *-mente*	▪ Accidents, symptoms, and illnesses	**Oral communication** ▪ Verbal courtesy (II) **Reading** ▪ Considering the type of text **Writing** ▪ The good foreign language writer ▪ Reviewing your text for cohesion

	TASK	OBJECTIVES

GRAMMATICAL/ FUNCTIONAL GOALS	VOCABULARY GOALS	STRATEGIES
■ Verbs like *gustar*: expressing sensations, feelings, difficulties, and value judgments ■ The Present Perfect ■ The Past Participle ■ Contrasting Present Perfect vs. Preterit ■ Uses of the Gerund	■ Languages ■ Teaching and learning of languages	**Oral communication** ■ Expressing agreement during conversation **Reading** ■ Review of vocabulary strategies (I): using a bilingual dictionary **Writing** ■ Punctuation and capitalization: some differences between Spanish and English
■ Verbs like *gustar* (II): expressing feelings and value judgments ■ The Future tense (form and uses) ■ The Conditional tense (form and uses) ■ Direct questions and indirect questions	■ Personality traits (nouns and adjectives)	**Oral communication** ■ Expressing disagreement during conversation **Reading** ■ Review of vocabulary strategies (II): word formation and Spanish affixes **Writing** ■ Using a bilingual dictionary ■ Cohesive writing (II): using connectors
■ The Present Subjunctive: form ■ Use of Present Subjunctive to state opinion, probability or doubt ■ Talking about arts and entertainment ■ Planning and agreeing on activities ■ Use of *ser* to talk about time and place of events	■ Leisure activities ■ Movies and television ■ Arts and entertainment	**Oral communication** ■ Verbal courtesy (III) **Reading** ■ Review of pre-reading strategies **Writing** ■ Editing your writing for content, organization and cohesion. ■ Expository writing (I): connectors for adding and sequencing ideas, summarizing, and concluding.
■ Describing objects ■ Impersonal *se* ■ Direct and indirect object pronouns ■ Use of subjunctive in relative clauses (subjunctive vs. indicative) ■ Relative clauses with prepositions	■ Materials ■ Science and technology	**Oral communication** ■ Some common expressions used in conversation (I) **Reading** ■ Reading a journalistic text (news) **Writing** ■ Reviewing the vocabulary and grammar of your written work ■ Expository writing (II): connectors for giving examples, restating ideas, generalizing, and specifying

GRAMMATICAL/ FUNCTIONAL GOALS	VOCABULARY GOALS	STRATEGIES
■ Review: uses of the imperfect ■ Preterit vs. imperfect ■ The pluperfect ■ *Estar* + gerund (preterit vs. imperfect) ■ Contrast *pero / sino*	■ Literature ■ Mystery story	**Oral communication** ■ Some common expressions used in conversation (II) **Reading** ■ Reading a narration **Writing** ■ Writing a narrative ■ Narrative writing: connectors of time used in narratives
■ *Si* clauses with indicative ■ *Cualquier* + noun ■ *Todo/a/os/as* ■ Relative pronouns + subjunctive ■ Direct and indirect object pronouns (*se* + *lo/las/los/las*) ■ Review: impersonal expressions	■ Economy and commerce ■ Companies and businesses	**Oral communication** ■ Resources for debating (I) **Reading** ■ Reading an essay **Writing** ■ The essay: thesis and development ■ Writing an essay: use of connectors and referent words
■ Use of subjunctive to state opinions (noun clauses) ■ Use of subjunctive to state probability or doubt (noun clauses) ■ *Cuando* + subjunctive (talking about the future) ■ Expressing continuity or interruption (*continuar/seguir* + gerund; *seguir sin* + infinitive; *dejar de* + infinitive; *ya no* + verb)	■ Social groups ■ Science and environment ■ World affairs	**Oral communication** ■ Resources for debating (II) **Reading** ■ Reading an argumentative essay **Writing** ■ Writing argumentative texts (I) ■ Connectors for argumentative texts
■ Use of subjunctive with verbs like *gustar* (noun clauses) ■ Reflexive verbs to state feelings and emotions ■ Use of subjunctive to state advice and value judgments (noun clauses) ■ Changes in people (*ponerse, hacerse, volverse* + adjective) ■ *Ser* + adjective vs. *estar* + adjective	■ Personality, feelings and emotions	**Oral communication** ■ Resources for debating (III) **Reading** ■ Reading an argumentative essay: cause and effect **Writing** ■ Writing argumentative texts (II): cause and effect ■ Connectors of cause and effect

New digital enhancements to the 2015 Release: *Gente* gets students talking and doing more!

Welcome to the ***Third Edition 2015 Release*** of ***Gente,*** the popular beginning Spanish program that results in students achieving a high level of oral proficiency as they *learn by doing* through a task-based approach. To a degree unmatched by other textbook programs available in North America, ***Gente, Third Edition 2015 Release,*** promotes integration of the four skills and development of cultural awareness by providing a rich context in which students learn by doing, and the teacher acts as the facilitator of this learning process.

The 2015 Release is (8) ways better!

(1) Activities powered by a new **synchronous voice & video recording** tool are now available in **MySpanishLab**.

(2) The **eText** now includes interactive activities to practice vocabulary and grammar before they move on to more communicative practice and to the culminating task.

(3) The new cultural video program, ***Club cultura,*** takes a contemporary and journalistic approach as student hosts explore the Spanish-speaking world. Shot on location in all 21-Spanish speaking countries, viewers are immersed in the cultural nuances, customs, language varieties, and beauty of the the Spanish-speaking world.

(4) The **mobile Dynamic Study Modules powered by amplifire**™, which have been so popular with students using other Pearson beginning Spanish programs, are available in **MySpanishLab.** They are designed to improve learning and long-term retention of vocabulary and grammar via an application based on the latest research in neuroscience and cognitive psychology on how we learn best. Students master critical course concepts within the **Dynamic Study Modules,** leading to a livelier and more communication-centered classroom.

(5) **Learning Catalytics,** a "bring your own device" learner engagement and classroom intelligence system first developed at Harvard, is available with content specific to *Gente*. **Learning Catalytics** also allows instructors to create a variety of their own activities that promote interaction and communication, deliver them to learners via mobile devices and receive feedback in real time making it even easier to engage students.

(6) Communicate "live" with native speakers around the world. Using guided activities available in **MySpanishLab,** students practice language, share cultures, and explore interests within WeSpeke, a social network for online practice and cultural exchange, and then summarize their interactions. Rubrics are also available for instructors.

(7) **MediaShare,** Pearson's one-stop media share tool available in **MySpanishLab,** includes activities specific to *Gente*. **MediaShare** is a comprehensive file-upload tool that allows language learners to create and to post video assignments, role-plays, group projects, and more in a variety of formats including video, Word, PowerPoint, and Excel. Structured much like a social networking site, **MediaShare** helps promote a sense of community among learners. Instructors can create and post assignments—or copy and use pre-loaded assignments for *Gente*—and then evaluate and comment on learners' submissions online. Integrated video-capture functionality allows learners and instructors to record video directly from a webcam or smartphone using the **MediaShare app.**

(8) The electronic **Student Activities Manual** in MySpanishLab has been enhanced to include video activities to accompany *Club cultura* and synchronous voice & video recording activities that further engage students in the learning process.

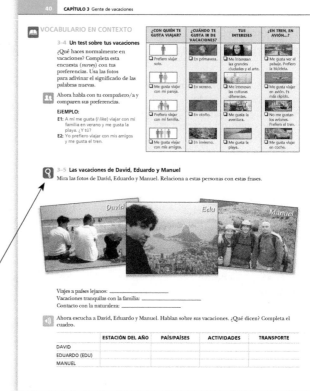

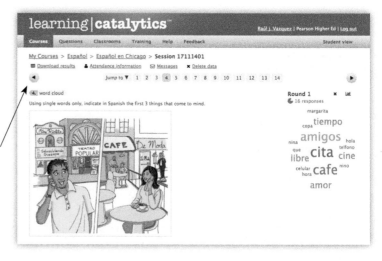

CLUB CULTURA

Embark on a delightful journey of discovery as members of *Club cultura* introduce viewers to the Spanish-speaking world via vibrant video footage shot on location in all 21 countries. Students learn about cultural customs and daily life from native speakers, including their traditions, geography, history, and festivals, among other engaging aspects of their lives. Students are immersed in the nuances of culture and the Spanish language while being exposed to topics that are dynamic and engaging. Fun and probing, entertaining and educational, indigenous and international, the *Club cultura* video program offers students a culturally rich tour of some of the most dynamic aspects of today's Spanish-speaking world.

LEARN SMARTER

Boost performance with powerful, personalized learning!

Powered by **amplifire** and accessible in **MySpanishLab**, new **Dynamic Study Modules** combine leading brain science with big-data adaptivity to engage students, drive proficiency, and improve outcomes like never before.

As the language learning and teaching community moves to digital learning tools, Pearson is supercharging its Spanish content and optimizing its learning offerings with personalized **Dynamic Study Modules,** powered by **amplifire** and **MySpanishLab**. And, we're already seeing significant gains. Developed exclusively for *beginning Spanish learners*, each study module offers a differentiated digital solution that consistently improves learning results and increases levels of user confidence and engagement with the course materials.

Language instructors observe that they are able to maximize their effectiveness, both in and out of the classroom, because they are freed from the onerous task of basic knowledge transfer and empowered to:

> reclaim up to 65 more class time for peer to peer communication in the target language;
> tailor presentation and focused practice to address only the most prevalent student knowledge gaps;
> enable livelier, more engaged classrooms.

How do Dynamic Study Modules powered by amplifire improve learning?

1 **Dynamic Study Modules** consist of a comprehensive online learning process that starts with modules of 25 vocabulary and grammar questions that drive deep, contextual knowledge acquisition and understanding.

Based on a Test–Learn–Retest adaptive module, as students respond to each question the tool assesses both knowledge and confidence to identify what students do and don't know. Asking students to indicate their level of confidence engages a different part of the brain than just asking them to answer the question.

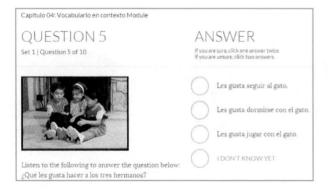

2 Results, embedded explanations, and review opportunities are extremely comprehensive and ideal for fast learning and long-lasting retention.

After completing the first question set, students are given embedded and detailed explanations for their correct answers, as well as why other answer choices were incorrect. This approach, taken directly from research in cognitive psychology, promotes more accurate knowledge recall. Embedding the learning into the application also saves students valuable study time because they have the learning content at their fingertips!

 3 **Dynamic Study Modules** cycle students through learning content until they demonstrate mastery of the information by answering all questions confidently and correctly.

Once students have reviewed the first set of answers and explanations, modules **amplifire** presents them with a new set of questions. The **amplifire** methodology cycles students through an adaptive, repetitive process of test-learn-retest, until they achieve mastery of the material.

RESULTS!

Based on GAMING and LEARNER ENGAGEMENT techniques, **Dynamic Study Modules** powered by **amplifire** and **MySpanishLab** take basic knowledge transfer out of the classroom and improve performance.

Improved student performance and long-term retention of the material ensures students are not only better prepared for their exams, but also for their future classes and careers.

How do you think your students would feel if, by the end of their beginning Spanish course, they could *talk about* and *do* the following?

- Choose a Spanish-speaking country for an end-of-the-year class trip.
- Meet important Hispanic-Americans and divide them into groups for dinner.
- Plan a vacation to Venezuela.
- Plan a class party and decide on gifts for classmates and their instructor.
- Create a health guide for new students on campus.
- Select an apartment and a roommate. Furnish the apartment.
- Organize a trip to the Dominican Republic.
- Write a recipe in Spanish.
- Identify the main problems on campus and propose solutions.
- Write a biography of a famous person using given information.
- Create a campaign for the prevention of accidents or health problems.
- Conduct an interview with an interesting person in the community.
- Plan a weekend in a city in Spain.
- Design a "smart" dorm.
- Write an ending for a mystery novel.
- Set up a business and create an advertisement to promote it.
- Discuss a global problem and prepare an action plan to resolve it.

New to the Third Edition

A New Intermediate level program has been added for instructors who wish to use a task-based approach over four semesters. Ten chapters in length, the intermediate level of the *Gente* program relies on negotiation of meaning through collaborative work. Like *Gente: nivel básico, Gente: nivel intermedio* exposes learners to rich input and authentic language as they practice within highly engaging, relevant contexts.

Expanded *Annotated Instructor's Edition.* The expanded *Annotated Instructor's Edition* is based on feedback from program coordinators and graduate teaching assistants of previous editions of *Gente.* Comprehensive, practical teaching tips and notes appear throughout the margins of the *Annotated Instructor's Edition* to *Gente,* making the program easy to implement successfully, regardless of teaching experience.

Fewer chapters allow for easy implementation. In response to second edition users' suggestions, the number of chapters in the third edition has been reduced to 20. This streamlined format allows for easier implementation and lesson planning.

Expanded cultural content provides students with cultural insights into the entire Spanish-speaking world, including the United States. *Hispanic/Latinos in the United States* sections promote awareness of Spanish-speaking communities in the United States. New activities foster comparisons and cross-cultural awareness. Relevant and authentic cultural input has been revised to reinforce connections between language and culture. Carefully selected readings and writing tasks, maps, and extensive visuals encourage students to make connections between the cultures of Spanish-speaking countries and their own.

The chapter-culminating *tareas* include a new reflection step. At the end of each *tarea*, a new linguistic focus stage clarifies key structures, meaning, and function, so that students can reflect on the content of the chapter and their overall language learning.

The *Consultorio gramatical* is now in English for easier comprehension. The *Consultorio gramatical*, an easy-to-understand grammar reference section, is written in English with Spanish examples and English equivalents, to facilitate processing and understanding.

Streamlined *Nuestra gente* sections and the end-of-chapter *Vocabulario* make work in each chapter more efficient and meaningful. The *Nuestra gente* section in every chapter has been reduced to three pages, and end-of-chapter vocabulary lists have been shortened to help students learn critical new words and phrases.

***MySpanishLab* tutorials, activities, and point-of-need support facilitate learning**. Over one million language learners have used *MyLanguageLabs* to improve results in their beginning and intermediate language courses. Pearson's popular suite of online products combine a learning management system with instructional materials to improve outcomes.

Learning by Doing: the Task-Based Approach

We all learn better by doing. Imagine trying to learn to play golf, swim, cook, or develop computer skills—

almost anything—through explanation *about* rather than immersion *in* the actual experience. When we learn any new skill, we need lots of structured input at the beginning as we begin to try out our fledgling abilities. As we become better at it, we produce more (output) and benefit from continued input (but less of it) as we refine our ability to do the **task** at hand.

task *(in second-language pedagogy): A collaborative project with a goal and an observable product.*

Gente provides resources that create a dynamic, communicatively oriented classroom through activities and tasks that require student collaboration and communication. In task-based language learning, students become active users of the language as they participate in the learning process. Students who have experience with task-based learning report that they gain confidence in speaking and interacting soon after beginning a task-based course. They can cope with natural spontaneous speech quite easily and tackle tough reading texts in an appropriate way. Most importantly, they become independent learners. Independent learners never stop learning!

Hallmark Features of *Gente*

Consistent Learning Sequence

The instructional sequence of each of **Gente**'s brief 20 chapters (a feature that serves to motivate students by giving them a greater sense of accomplishment) progresses from a focus on input to a focus on output (that is, contextualized input to guided output, to free output, to the global/integrative task). The **Gente** learner-centered program has a single, overarching goal: to provide resources for use in a task-based, dynamic, communicatively oriented classroom.

When acquiring knowledge of new material, learners often feel overwhelmed if they are asked to learn and produce simultaneously, raising their affective filter. Learners need time to process information before they are able to produce language.

Each chapter begins with a focus on contextualized input that provides an initial approach to the thematic, cultural, and linguistic contents of the chapter. They are also introduced to the *tarea* they will be doing later in the chapter, which is intended to give them a specific purpose and provide a framework for their work. Learners also receive preliminary information on the country that is the cultural focal point of the chapter.

Learners do better with vocabulary and grammar acquisition if they learn them within a cultural context that provides clear goals for their use.

After receiving contextualized input and a context for the goals of the chapter in the chapter-opening spread, learners receive culturally authentic language input (vocabulary and grammar) to achieve those goals. They are also given opportunities for guided output with activities that focus on comprehension and require minimal output.

Learners need explicit communication strategies to learn to manage conversation.

Learners are now ready for open-ended output through communicative practice, employing the vocabulary and grammar structures newly acquired.

Even successful learners may feel that although they have learned the linguistic aspects of language, they are uncertain about what they can actually do with that language.

Learners now put their acquisition of language and their practice of that language to use through a global, integrative task—the *tarea*. A task is a real-world activity that has a non-linguistic outcome and does not limit itself to any grammatical structures.

Approach to Grammar Instruction

The focus on form, meaning, and use gives learners a true understanding of the Spanish language while providing a three-point grammar support for independent learning.

Learners learn grammar best when there is a clear focus on form, meaning, and the precise purpose of use.

Gente's approach to grammar involves more than the study of grammar forms. Each activity encourages the establishment of connections between *forms* and *meanings*, as well as the *use* of those forms in context, with varied levels of emphasis on the three aspects. **Gente** presents explicit grammar instruction from a functional, usage-based perspective. Students learn grammar forms outside the classroom. Grammar explanations are provided in English for immediate access.

Learners often have individual issues with learning grammar. Clearing up those issues for individual students in class can drain valuable class time. Additionally, learners often do not know the language of English grammar, which impedes their acquisition of Spanish grammar.

Contextualized, content-based
grammar instruction

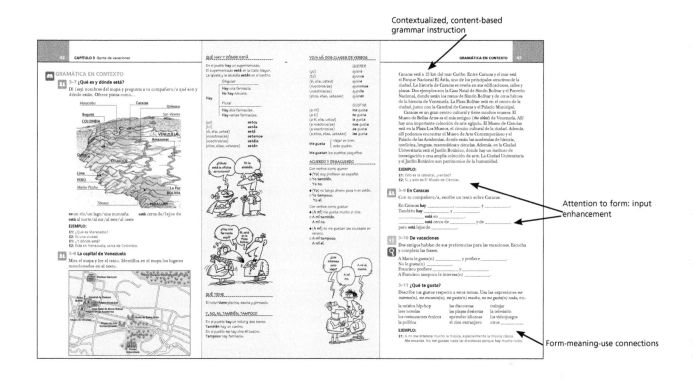

Attention to form: input
enhancement

Form-meaning-use connections

Learners are given the opportunity to practice the acquisition of grammar before coming to class with form-based activities found within the online component of **Gente,** *MySpanishLab. MySpanishLab* also provides animated grammar tutorials organized by chapter and/or by topic. Tutorials are also provided for English grammar for those students who need help in learning and understanding grammar language and usage.

When learners are doing in-class grammar activities, they often have a hard time remembering the grammar forms they have learned. This impedes their ability to communicate freely.

Yellow, in-text grammar-summary boxes are found at the point-of-need next to the grammar activities. These boxes synthesize and correspond to the structures that are taught in the end-of-chapter *Consultorio gramatical.*

Emphasis on Interaction and Collaborative Learning

Interaction is much more than an opportunity to practice language; the authors of **Gente** believe it is the way language is learned.

Learners need a lot of time to talk in the classroom with their peers in order to achieve a high level of oral proficiency, but limited contact hours and large class sizes make this difficult to achieve.

Gente provides extensive opportunities for cooperative learning in pairs and groups to further promote classroom-negotiated interaction. New synchronous voice and video recording activities found in *MySpanishLab* also encourage online partner collaboration and communication.

Learners often feel inhibited when speaking the target language and don't have effective strategies to help them focus on their specific communication needs.

Learners are exposed to strategies for effective interaction, such as how to focus on specific information, how to interact in given contexts, or how to ask for clarification.

Even learners who study and practice the structures have difficulty applying what they have learned in the context of speaking spontaneously.

Gente emphasizes the development of discourse abilities. Every *tarea* requires the learner to carry out a plan. Each *Gente que escribe* section includes a *Más allá de la frase* box giving learners linguistic tools to increase their discourse abilities.

In order to be a good participant in a conversation, learners also need to learn how to listen effectively. Learners need listening activities that help them develop listening skills to increase their comprehension.

All listening tasks expose the learners to naturally spoken Spanish in conversations, and include practice in top-down and bottom-up listening skills. Top-down strategies are listener based; the listener taps into background knowledge of the topic, the situation or context, the type of text, and the language. Top-down strategies include listening for the main idea, predicting, drawing inferences, and summarizing.

Bottom-up strategies are text based; the listener relies on the language in the message, that is, the combination of sounds, words, and grammar that creates meaning. Bottom-up strategies include listening for specific details, recognizing cognates, and recognizing word-order patterns.

Raising Cultural Consciousness and Cross-Cultural Awareness

Culture plays an intrinsic role in foreign language development. Learners develop a critical understanding of the cultures of Spanish-speaking countries.

Most learners have little prior understanding of the Spanish-speaking cultures and do not understand the connection between language and culture.

Every chapter in **Gente** is content based and culturally oriented, revolving around a specific Spanish-speaking country. Relevant and authentic cultural input (both visual and written) is included throughout the chapter.

Learners develop cultural awareness within the context of language learning, helping them understand the intrinsic role that culture plays in language development. Providing contextualized cultural content throughout the chapter reinforces the connections between form and meaning, and between language and culture.

Not only do most learners not have an awareness of Spanish-speaking cultures, they often do not have an objective awareness of their own cultural precepts.

The *Nuestra gente* section gives learners the opportunity to reflect on and make comparisons within the Hispanic world, as well as within their own context. Learners develop an increased *cross-cultural awareness,*

which leads to better communication and fewer misunderstandings with people from other cultures.

Development of Culture-Based, Strategic Reading and Writing

Learners often lack basic reading skills and strategies, a weakness that is accentuated when negotiating text or writing in the target language.

Gente que lee section helps learners develop reading skills through an exploration of the Spanish-speaking countries. Readings are based upon a variety of authentic sources that cover a wide range of topics, countries, and genres. This section provides extensive strategic reading instruction, along with focused pre- and post-reading activities.

Gente que escribe activities assign real-life writing tasks that promote an interactive, discourse-based approach to writing through a wide range of writing topics. Students learn to write as a process of creating, sharing, and revising ideas and sentences.

How *Gente* Works: Chapter Organization

The task-based approach in **Gente** is highly communicative and creates an immersion-like experience in the elementary and intermediate Spanish classrooms. The chart below offers a visual representation of **Gente**'s chapter organization and its evolving ratio of input to output (page references are taken from Chapter 3, *Gente de vacaciones*).

Chapter Organization

Chapter Opener and *Acercamientos*. This section is high input, and sets the stage for the "task at hand," the *tarea* that is the focal point in every chapter. Students are introduced to the theme, culture, and linguistic content of the chapter through activities that activate the learner's background knowledge.

In Chapter 3, the topic is *Gente de vacaciones,* and the *tarea* that learners will be asked to complete is to plan a vacation in Venezuela (the country of focus in the chapter). The topic is introduced through language and visuals (photographs, line art, and realia) that activate the learner's knowledge. The input/output ratio is heavily weighted towards input with minimal expectation of output. All production at this stage is limited to confirming comprehension. Objectives are non-linguistic. Learners are focused on what they will learn *to do*. With *Gente* students learn by doing. Throughout the program activity direction lines are in Spanish; glosses are provided as needed to help students understand the procedural aspects of the activities and tasks.

Vocabulario en contexto. The *Vocabulario en contexto* section presents the thematic content that will serve as the context for the tasks to come. Learners negotiate meaning through the rich, culturally authentic input presented in the form of documents with images, language, and audio. Active vocabulary is introduced in context and is followed by a series of activities and micro-tasks that focus primarily on comprehension with some guided output. Visuals, text, audio, and instructor discourse combine to create the broad and varied sources of input. Some structures are previewed lexically in context and will be presented in the subsequent *Gramática en contexto* section. (See activity 3-4 in Chapter 3, for example.)

A *Vocabulario* section at the end of the chapter contains the active vocabulary, that is, the words that learners need to understand and use in order to successfully complete the chapter's learning sequence. Students can listen to these words pronounced by a native speaker within *MySpanishLab* and practice their pronunciation.

Gramática en contexto. This section focuses on content-based grammar by presenting the target structures in context. Activities encourage attention to form, form-meaning-usage connections, and effective use of the grammar forms. Input is provided with minimal output, but production is now increased in a guided manner

Chapter Structure

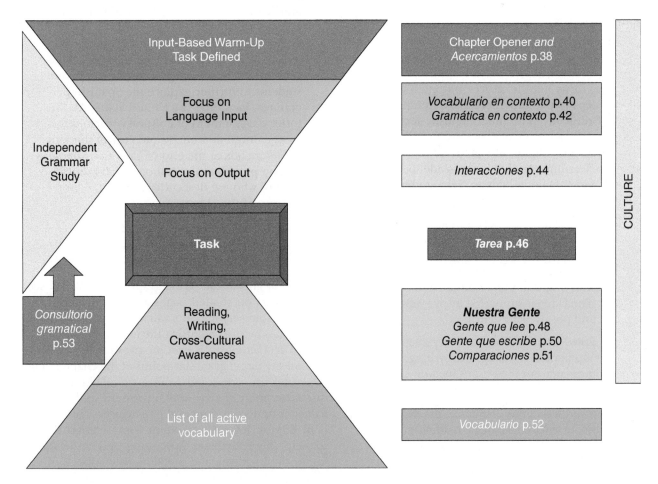

through the activities and micro-tasks. Summary grammar boxes are placed strategically to remind students of what they studied before class and serve as a quick in-class reference while they do the activities and micro-tasks. Grammar input is provided within a culturally rich context. Cultural knowledge is an ongoing process throughout the chapter. *Gente*'s unique approach to grammar allows students to master essential structures while ensuring that valuable class time is devoted to meaningful, communicative use of the target language.

Interacciones. This section targets the development of oral discourse and interactional strategies by engaging students in collaborative, pair- and group-work activities that focus on meaning. Although input continues to be provided, there is now a greater emphasis upon production; it is less guided than in the previous vocabulary and grammar sections, thus moving the student along to freer output. The progression within this section shifts from a more controlled format to a more open one, which culminates in *Situaciones*, a role-play activity.

Tarea. The *tarea* (see illustration next page) is the central element (the main event!) in every chapter in which students use the contents of the previous four sections of the chapter to carry out a collaborative task. The focus here is on free output. The task has various steps (*pasos*) that represent different skills and levels of difficulty. The final linguistic focus of each task gives students an opportunity to reflect on the content of the chapter and progress in their overall language learning. *Ayuda* boxes provide specific grammatical and functional aids to help students as they carry out the collaborative task.

The ***Gente en acción*** video serves as a support and preview for students for the *tarea* in the chapter. Provided online in *MySpanishLab*, each chapter has a video clip of about five minutes showing five recurring native speakers carrying out a task similar to the one in the chapter. The video is supported by pre-viewing, while-viewing, and post-viewing activities.

Nuestra gente. The final part in every chapter targets the development of reading and writing, as well as cross-cultural awareness. Sections include *Gente que lee*, *Gente que escribe*, and *Comparaciones*.

- *Gente que lee* sections emphasize the development of discourse-based, strategic reading through content-based, process-oriented reading tasks. This section helps students develop reading skills through an exploration of the Spanish-speaking cultures. Readings are based on a variety of authentic sources that cover a wide range of topics. *Gente que lee* provides extensive strategic reading instruction designed to build a core set of reading skills. Focused pre- and post-reading activities develop a range of reading comprehension skills, such as predicting content, understanding the main idea, and identifying topic sentences. As a result, students begin to read purposefully, efficiently, and effectively.

- *Gente que escribe* sections emphasize the development of discourse-based, strategic writing through content-based, process-oriented writing tasks. *Gente que escribe* includes real-life writing tasks that promote an interactive, discourse-based approach to writing and encourage students to be aware of their audience and its culture. Students learn to write as a process of creating, sharing, and revising ideas and sentences. Each writing task requires brainstorming, drafting, revising, proofreading, and editing. A wide range of writing topics inspires students' self-expression.

- *Comparaciones* sections focus on culture. Although culture is integrated throughout the ***Gente*** chapters, these special sections encourage students to further explore the Spanish-speaking cultures, including the United States. Activities foster development of cultural consciousness, cross-cultural awareness, and critical thinking. A *Cultura* box at the end of each *Comparaciones* section provides information on Hispanics/Latinos who are descendents from the target country of the chapter.

Vocabulario. All active vocabulary from the chapter is listed in the *Vocabulario* section at the end of every chapter.

Consultorio gramatical. This grammar reference section appears on shaded pages at the very end of the chapter. However, students will study this section outside of class before beginning the in-class grammar section. The *Consultorio gramatical* gives explicit instruction on the target grammar points of the chapter. The structures are presented from a notional-functional, discourse point of view, which provides students with a deeper understanding of the structures. This section is in English for easier student comprehension, and to help them facilitate processing and understanding of the linguistic and metalinguistic aspects of the

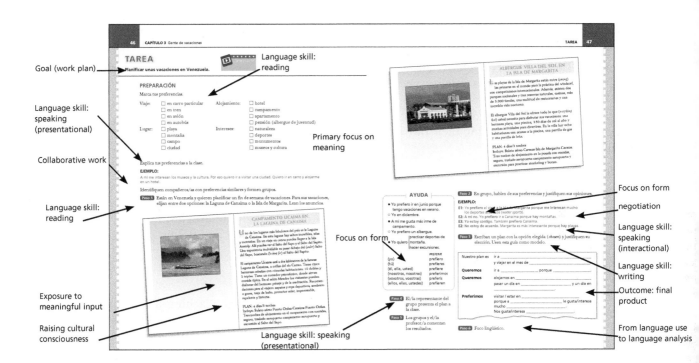

language. Note that extensive out-of-class grammar instruction and practice is also provided through *MySpanishLab* tutorials and practice activities, including assessment and tutorials on the students' knowledge of English grammar, which is essential for their successful acquisition of the target language.

Activity Sequence

The instructional sequence in *Gente* progresses from contextualized input to guided output to free output to a global, integrative task; this sequence is consistent in every chapter. The program has been designed to achieve a single, overarching goal: to provide resources for language use in a dynamic, communicatively and culturally oriented language classroom.

Below is a description of the progression of activities (mini-tasks), which lead to the chapter's main *tarea* for Chapter 3, *Gente de vacaciones*. The walk-through demonstrates how each chapter's activities build progressively, giving students the ability to do the task at hand.

Chapter Opener

3-1 Un viaje a Venezuela (p. 38). Students are informed about their task for the chapter (*Planifica unas vacaciones en Venezuela*) and learn of some places of interest in Venezuela and identify their location on the map.

Acercamientos

3-2 and 3-3 ¿Caracas o el Parque Nacional Canaima? / **¿Adónde va la clase?** (p. 39). Students learn to express preference through two possible destinations and then vote collaboratively with their class on where they will go.

Vocabulario en contexto

3-4 Un test sobre tus vacaciones (p. 40). Students use visuals and texts to learn relevant vocabulary as they express their preferences when taking a vacation.

3-5 and 3-6 Las vacaciones de David, Eduardo y Manuel *and* Busco compañero/a de viaje (pp. 40-41). Students use visuals, text, audio, and realia to learn more vacation vocabulary, listen to others express their vacation preferences while identifying those preferences, and decide which of three vacation trips they would personally prefer.

Gramática en contexto

3-7 ¿Qué es y dónde está? (p. 42). Students use a map of Venezuela and surrounding countries to identify some geographic features and cities of Venezuela and its surrounding geographic context.

3-8 and 3-9 La capital de Venezuela/En Caracas (pp. 42-43). Students read a map of Caracas and identify the places mentioned in the accompanying text about the city. Students then complete a paragraph in which they describe Caracas and also see **hay** and **está(n)** used correctly.

3-10 and 3-11 De vacaciones / ¿Qué te gusta? (p. 43). Students listen to two friends talking about their vacation preferences and complete some phrases in order to identify the likes and dislikes of each. Then, they create statements describing their own personal preferences.

INTERACCIONES

3-12 ¿De acuerdo o no? (p. 44). Students express their opinions about the kind of vacations they like to take and their agreement or disagreement with their group's preferences.

3-13 Tus preferencias para viajar (p. 44). Students express their preferences for different modes of transportation for their vacation destination and state their agreement or disagreement with their partner's preferences and opinions.

3-14 ¿De acuerdo? (p. 45). Students fill out a chart to express their preferences for specific activities; they identify two things about which they agree with their partner and two things about which they disagree. They then present their findings to the class.

3-15 Situaciones: En el hotel (p. 45). Students carry out a role-play activity about a U.S. student on vacation in Venezuela. That traveler has just walked into a hotel lobby and is asking the receptionist for information about the hotel's facilities. One student plays the traveler and the other is the hotel receptionist.

TAREA

Planificar unas vacaciones en Venezuela (pp. 46-47).

Preparación: Students choose their preferences for mode of transport, location, lodging, and interests on planning their vacation in Venezuela, and they explain their preferences to the class. Students then divide themselves into groups based upon similar interests for their vacation so that they can now plan together.

Paso 1 and 2: Students work in their groups to plan their weekend activities while in Venezuela. They have two options: *la Laguna de Canaima* or *la Isla de Margarita.* After reading information provided in the text about both locations, they talk with their group to explain and justify their individual preferences.

Paso 3: Students work collaboratively to write up their weekend plans.

Paso 4: A chosen representative from each group orally presents the group's plan to the class.

Paso 5: The other groups and the instructor comment on the results.

Paso 6: Foco lingüístico. Students reflect upon the content of the chapter and their overall progress in language learning.

***Tarea* finished!** Students will then move on to learning how to *do* something new in Chapter 4—planning a class party and deciding on gifts for their classmates and their teacher! And, while they are doing that, they will learn the new words they need to accomplish their task, strategies for formulating direct questions, the use of the indefinite articles, how to express obligation, and asking for and stating prices.

Program Components

Gente is a complete teaching and learning program that includes a variety of resources for instructors and students, including an innovative offering of online resources.

For the Instructor

Annotated Instructor's Edition (AIE)

The **AIE** contains an abundance of marginal annotations designed especially for novice instructors, instructors who are new to the *Gente* program, and instructors who have limited time for class preparation. Ample space is provided for annotations alongside full-size pages of the student text. Marginal annotations suggest warm-up and expansion exercises and activities, and provide teaching tips and additional cultural information. Answers to discrete-point activities are printed in blue type for the instructor's convenience. Note that the marginal annotations align with the activities on the page making it easier for instructors to use.

La enseñanza por tareas describes the benefits of task-based teaching for languages and gives practical and proven tips on teaching with task-based materials.

Teaching with *Gente* video

The **Teaching with *Gente* video** demonstrates an instructor teaching with *Gente* using the task-based approach, modeling how to approach each section of the chapter (*Vocabulario en contexto, Gramática en contexto, Interacciones,* and so on.). Each clip also provides a description of and goals for each section and a sample lesson plan.

Instructor's Resource Manual

The **Instructor's Resource Manual** contains complete lesson plans, integrated syllabi for face-to-face and hybrid courses, as well as helpful suggestions for new instructors. It also provides videoscripts for all episodes of the *Gente en acción* video, audioscripts for listening activities in the **Student Activities Manual**, and a complete guide to all components in the **Gente** program. The **Instructor's Resource Manual** is available to instructors online at the *Gente* **Instructor Resource Center.**

Testing Program with Audio

Available online, testing content is closely coordinated with the vocabulary, grammar, culture, and skills materials presented in the program. For each chapter, a bank of testing activities is provided in modular form; instructors can select and combine modules to create customized tests tailored to the needs of their classes. Complete, ready-to-use tests are also provided for every chapter. The tests and testing modules are available to instructors in the online **Instructor Resource Center** and in *MySpanishLab*. Recordings to accompany all listening comprehension activities are also available within *MySpanishLab*.

For the Student

The student text is available in a variety of formats at different price points: paper-bound version (full or partial chapters), à la carte loose-leaf edition, or completely digital.

MySpanishLab for *Gente*

Student Activities Manual (printed or online through *MySpanishLab*)

Acknowledgments

I am indebted to many members of the Spanish teaching community for their time, candor, and insightful suggestions as they reviewed the drafts of the third edition of *Gente*. Their critiques and recommendations helped me to sharpen the pedagogical focus and improve the overall quality of the program. I gratefully acknowledge the contributions of the following reviewers:

Carole Cloutier, *University of Massachusetts*
Gerardo I. Cruz-Tanahara, *Cardinal Stritch University*
Gustavo Fares, *Lawrence University*
Marlene Gottlieb, *Manhattan College*
Jason Jolley, *Missouri State University*
Pedro Koo, *Missouri State University*
Ana López-Sánchez, *Haverford College*
Brian Mann, *North Georgia College and State University*
Frances Matos-Schultz, *University of Minnesota*
Liliana Paredes, *Duke University*
Luisa Piemontese, *Southern Connecticut State University*
Amy Rossomondo, *University of Kansas*
Guadalupe Ruiz-Fajardo, *Columbia University*
Barry Velleman, *Marquette University*
Marianne Verlinden, *College of Charleston*
Joseph Weyers, *College of Charleston*

I am also grateful for the guidance of Scott Gravina, Senior Development Editor and Lisa DeWaard, Developmental Editor, for all of their work, suggestions, attention to detail, and dedication to the text. I would also like to thank the contributors who assisted me in the preparation of the third edition: my colleague and friend Margarita Moreno for the Student Activities Manual, Margaret Snyder for the Feedback for the Student Activities Manual and MySpanishLab, and Frances Matos-Schultz for the Syllabi and Lesson Plans found in the Instructor's Resource Manual. I am very grateful to other colleagues and friends at Pearson: Nathalie Murray, Editorial Assistant; Samantha Alducin, Senior Digital Product Manager, for her outstanding work on the MySpanishLab platform; Sandra Fisac Rodríguez, Digital Editorial Assistant; Annemarie Franklin, Program Manager, for managing all contributions for this release and ensuring timely development and production of the text; Kristine Suárez, Director of Market Development; and World Languages consultants Mellissa Yokell, Yesha Brill, and Raúl J. Vázquez López.

I would like to express my most sincere thanks to Marlene Gassler, Project Manager, for guiding me through all the stages of this project; and Tiziana Aime, Senior Acquisitions Editor, for believing in this product and giving me the chance to help make it better, and for her support. I am most grateful to Bob Hemmer, Editor in Chief, and Steve Debow, Marketing Director of World Languages, for supporting my vision. Last, but not least, I thank my husband, John, my daughter, Noelle, and my son, Nico, for their infinite patience, encouragement, and unconditional love. I dedicate this work to them.

María José de la Fuente
The George Washington University

GENTE que estudia ESPAÑOL

TAREA

Elegir (*choose*) un país hispanohablante para el viaje de fin de curso (*end of year trip*).

NUESTRA GENTE

El mundo hispanohablante
Puerto Rico
Hispanos/latinos en Estados Unidos

Explore
Puerto Rico
with *Club cultura!*

El español es la lengua oficial de 21 países: España, Guinea Ecuatorial y 19 países de América.

Se habla también español en Estados Unidos, Filipinas, Andorra, Belice, el Sahara Occidental y Marruecos.

Guinea Ecuatorial es un país de África central donde el español (junto con el francés) es lengua oficial.

En Filipinas, 3 millones de personas hablan español.

En Estados Unidos viven 54 millones de hispanos.

El español es la segunda lengua del mundo. Unos 400 millones de personas hablan español como lengua materna. Aproximadamente 95 millones hablan español como segunda lengua.

Estados Unidos es el segundo país del mundo en número de hispanohablantes, detrás de (*after*) México.

ACERCAMIENTOS

1–1 El primer (*first*) día de clase

En una clase de español y literatura en San Juan, Puerto Rico, la profesora pasa lista (*takes attendance*). Escucha (*listen*) y lee (*read*) los nombres de los estudiantes. Marca los estudiantes que están (*are*) en la clase.

Ahora tu profesor/a va a (*is going to*) pasar lista. Escucha el nombre y el apellido (*last name*) de los estudiantes. Después de (*after*) escuchar tu nombre, preséntate (*introduce yourself*) a la clase.

EJEMPLO:

E1: Hola, me llamo John Smith.
E2: Yo soy Emily Wolfeschlegelsteinhausenbergerdorff.

1–2 ¿Dónde (*where*) se habla español?

Di (*say*) nombres de países donde se habla español.

Ahora mira el mapa de la página 2 y lee (*read*) la información. ¿Dónde se habla español?

EJEMPLO:

En Argentina.

NOMBRE	APELLIDOS
01 Ana	REDONDO CORTÉS
02 Luis	RODRIGO SALAZAR
03 Eva	TOMÁS ALONSO
04 José Antonio	VALLÉS PÉREZ
05 Raúl	OLANO ARTIGAS
06 María Rosa	RODRÍGUEZ PRADO
07 Francisco	LEGUINECHE ZUBIZARRETA
08 Cecilia	CASTRO OMEDES
09 Alberto	VIZCAÍNO MORCILLO
10 Silvia	JIMÉNEZ LUQUE
11 Nilda	HERRERO GARCÍA
12 Rosa	GUILLÉN COBOS

1–3 ¿Dónde se habla español en Estados Unidos?

Mira el mapa. ¿En qué estados hay (*are there*) muchos hispanohablantes?

Mira el gráfico y di (*say*) cuál es el porcentaje de hispanohablantes.

EJEMPLO:

E1: En California, treinta y cuatro coma siete por ciento (34,7%).
E2: En Florida, diecinueve coma uno por ciento (19,1%).

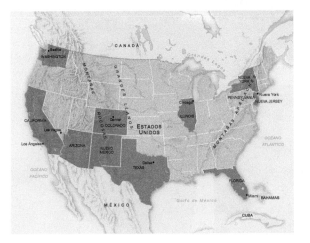

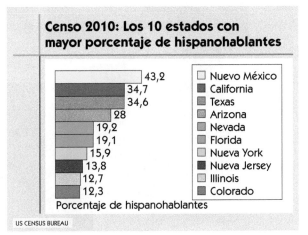

Censo 2010: Los 10 estados con mayor porcentaje de hispanohablantes

- 43,2   Nuevo México
- 34,7   California
- 34,6   Texas
- 28   Arizona
- 19,2   Nevada
- 19,1   Florida
- 15,9   Nueva York
- 13,8   Nueva Jersey
- 12,7   Illinois
- 12,3   Colorado

Porcentaje de hispanohablantes

US CENSUS BUREAU

📖 VOCABULARIO EN CONTEXTO

🔍 1-4 **En Puerto Rico**

Mira las fotos de Puerto Rico, estado asociado (*commonwealth*) de Estados Unidos. Lee la lista de temas (*topics*). Relaciona los temas con las fotos.

a. la playa
b. los monumentos
c. la política
d. las tradiciones
e. la comida

f. la música
g. la ciudad
h. las fiestas populares
i. la naturaleza

EJEMPLO:

La cuatro, comida

Foto 1

Foto 2

Foto 3

Foto 4

Foto 5

Foto 6

Foto 7

Foto 8

Foto 9

Ahora relaciona estas palabras con las fotos.

la diversión (*fun*)
las vacaciones (*vacation*)
los viajes (*trips*)
los bailes (*dances*)

el paisaje (*landscape*)
la cultura (*culture*)
la historia (*history*)
los deportes (*sports*)

1–5　¿Y tú?

¿Qué quieres conocer
(*what do you want to know*)
de Puerto Rico?

EJEMPLO:

Yo, las playas y la comida.

1–6　El español en el mundo

La televisión transmite
el "Festival (*contest*) de
la Canción Hispana".
Participan países
hispanohablantes.
En este momento vota
Argentina.

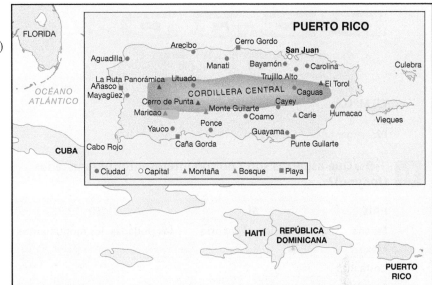

¿Cuántos puntos da Argentina (*does Argentina give*) a cada (*each*) país? Escribe la información en la pantalla (*screen*).

Cierra (*close*) el libro y di (*say*) en español el nombre de cinco países hispanohablantes.

1–7　Uno, dos, tres, cuatro, cinco...

Lee (*read*) un número de teléfono. Tu
compañero/a (*classmate*) tiene que
identificar quién es.

EJEMPLO:

E1: Tres, seis, cinco, cero, cero, ocho.
E2: Pérez Pérez, V.

Pérez Fernández, C. - Pl. de las Gardenias, 7	36 5501
Pérez Medina, M.E. - Río Tajo, 9	38 7925
Pérez Montes, J.L. - García Lorca, 5	31 3346
Pérez Moreno, F. - Fernán González, 16	39 4321
Pérez Nieto, R. - Pl. Santa Teresa, 12-14	30 3698
Pérez Ordóñez, A. - Pl. Independencia, 2	37 4512
Pérez Pérez, S. - Puente de Toledo, 4	34 4329
Pérez Pérez, V. - Galileo, 4	36 5008
Pérez Pescador, J. - Av. del Pino, 3-7	33 0963
Pérez Pico, L. - Av. Soria, 11	35 7590

GRAMÁTICA EN CONTEXTO

1–8 ¿Qué país es?

Un/a estudiante deletrea (*spells*) el código de aeropuerto (*airport code*) de un país. La clase tiene que adivinar (*guess*) el nombre del país.

EJEMPLO:

E1: A, R
E2: ¡Argentina!

1–9 ¿Qué aspectos son / no son interesantes para ustedes (*for you*)?

PAÍS	SÍ	NO
España	la música el deporte	las ciudades los monumentos
México		
Costa Rica		
Argentina		
Cuba		

EJEMPLO:

E1: España… la música y los monumentos.
E2: Y el vino y la comida.
E1: La comida sí, el vino no.

Compartan (*share*) la información con la clase.

1–10 Las fotos

Una chica muestra (*shows*) las fotos de un viaje a su amigo. Identifica las fotos. Presta atención a los pronombres **este**, **esta**, **estos** y **estas**.

1–11 Famosos

Estos son actores y cantantes (*singers*) hispanohablantes famosos en Estados Unidos. ¿Quiénes son?

EL NOMBRE

LLAMARSE

me	llamo	nos	llamamos
te	llamas	os	llamáis
se	llama	se	llaman

SER: EL PRESENTE

(yo)	soy
(tú)	eres
(él, ella, usted)	es
(nosotros, nosotras)	somos
(vosotros, vosotras)	sois
(ellos, ellas, ustedes)	son

EL GÉNERO Y EL NÚMERO: ARTÍCULOS

	masculino	femenino
singular	el	la
	el país	la ciudad
plural	los	las
	los países	las ciudades

EL GÉNERO Y EL NÚMERO: DEMOSTRATIVOS

	masculino	femenino
singular	este	esta
	este país	esta ciudad
	este es Juan	esta es María
plural	estos	estas
	estos países	estas ciudades
	estos son	estas son mis
	mis amigos	amigas

esto
Esto es Chile.

PARA LA CLASE

¿Cómo se escribe?
¿Se escribe con hache / be / uve...?
¿Cómo se dice... en español?
¿Cómo se pronuncia...?
¿Qué significa... en español?

EL ALFABETO

a	b	c
a	be	ce
d	e	f
de	e	efe
g	h	i
ge	hache	i
j	k	l
jota	ka	ele
m	n	ñ
eme	ene	eñe
o	p	q
o	pe	cu
r	s	t
erre	ese	te
u	v	w
u	uve	uve doble
x	y	z
equis	ye	zeta

Yo soy la a.

Yo soy la zeta.

Enrique Iglesias   Shakira   Juanes

Penélope Cruz   Javier Bardem   Gael García Bernal

EJEMPLO:

E1: ¿Quién **es este**?
E2: **Este es** Enrique Iglesias, ¿no?

¿Conoces (*do you know*) a otros hispanohablantes famosos?

1–12 Geografía

Localicen (*locate*) en el mapa estos países.

EJEMPLO:

E1: **Esto es** Perú.
E2: ¿Perú? No, **esto es** Colombia.

CHILE
ARGENTINA
PERÚ
MÉXICO
VENEZUELA
URUGUAY
COLOMBIA
CUBA

INTERACCIONES

ESTRATEGIAS PARA LA COMUNICACIÓN ORAL

Useful expressions for the class

In this class you will develop several communication strategies in Spanish. The first one is to be able to deal with classroom events and activities. There are several expressions you need to learn in order to communicate more effectively with your instructor and your classmates. You should learn these expressions as "chunks" of language rather than trying to break them down. This is an excellent way to increase your oral communication abilities.

- *¿Cómo se dice "nature" en español?*   How do you say "nature" in Spanish?
- *¿Qué significa "etiqueta"?*   What does *etiqueta* mean?
- *¿Cómo se escribe "gracias"?*   How do you spell *gracias*?
- *¿"Hola" se escribe con h?*   Do you write *hola* with an h?
- *Tengo una pregunta.*   I have a question.
- *¿Puedes repetir, por favor?*   Can you repeat that, please?
- *Más despacio, por favor.*   Slower, please.
- *No entiendo.*   I don't understand.
- *Gracias.*   Thanks/thank you.

1–13 Preguntas (*questions*) en clase

Escribe en el cuadro (*chart*) nueve palabras.

	TRES PALABRAS
No sé qué significa	
No sé cómo se dice en español	
No sé cómo se escribe en español	

Ahora pregunta a tu profesor/a.

EJEMPLO:

E1: ¿Cómo se dice "@" en español?
E2: Se dice "arroba".

1–14 Para conocer a la clase

Entrevista (*interview*) a un/a compañero/a de clase y escribe el nombre, el apellido, el número de teléfono y el correo electrónico.

EJEMPLO:

E1: ¿Cómo te llamas?
E2: Tim.
E1: ¿Y cuál es tu apellido?
E2: Brown.

AYUDA
• ¿Cuál es tu número de teléfono?
○ (Es el) 916 3445624, y el celular, 606 5463329.
• ¿Tienes correo electrónico?
○ Sí, mi dirección es luigi3@melo.net.

Ahora presenta (*introduce*) a tu compañero/a a la clase.

1–15 Lugares fascinantes del mundo hispanohablante

Asocien las fotos con los nombres.

- Machu Picchu, Perú
- Isla de Pascua, Chile
- Lago Atitlán, Guatemala
- Alhambra de Granada, España
- Chichén Itzá, México
- Islas Galápagos, Ecuador

EJEMPLO:

E1: ¿Qué es **esto**?
E2: **Esto es** Machu Picchu en Perú.

1–16 Las fotos de mi viaje (*trip*)

Muestra (*show*) las fotos de un viaje a tu compañero/a. Identifica los lugares (*places*) y la gente.

EJEMPLO:

E1: **Esto** es Chile y **esta** soy yo.
E2: ¿Y **este**?
E1: **Este** es mi amigo, Horacio.

1–17 Situaciones: *En el extranjero* (*abroad*)

Two international students have just arrived in Puerto Rico to study Spanish. They are now in the registration office, and they need to give their personal information to the secretary.

ESTUDIANTE A

You are the secretary in the registration office. You need to obtain this information from two students who just arrived.

Nombre
Apellido
Ciudad y país
Teléfono
Correo electrónico

ESTUDIANTE B

You are Terry Aki, a student from Cheesequake, New Jersey. Answer the questions posed by the secretary.

ESTUDIANTE C

You are Crystal Chanda-Leir, a student from Penetanguishine, Canada. Answer the secretary's questions.

TAREA

Gente en acción

Elegir un país hispanohablante para el viaje de fin de curso (*end-of-year trip*).

PREPARACIÓN

La clase se divide en grupos. Cada grupo elige (*chooses*) un representante.

ARGENTINA	FILIPINAS	PERÚ
BOLIVIA	GUATEMALA	PUERTO RICO
COLOMBIA	GUINEA ECUATORIAL	REPÚBLICA DOMINICANA
COSTA RICA	HONDURAS	EL SALVADOR
CUBA	MÉXICO	URUGUAY
CHILE	NICARAGUA	VENEZUELA
ECUADOR	PANAMÁ	
ESPAÑA	PARAGUAY	

AYUDA

11 once
12 doce
13 trece
14 catorce
15 quince
16 dieciséis
17 diecisiete
18 dieciocho
19 diecinueve
20 veinte

Identifiquen en el mapa los países hispanohablantes.

Paso 1 Completa este cuadro individualmente. Elige tres países. ¿Qué conoces? ¿Qué quieres conocer?

PAÍS	CONOZCO... (*I KNOW*. . .)	QUIERO CONOCER... (*I WANT TO KNOW*. . .)
3 puntos: _____		
2 puntos: _____		
1 punto: _____		

Paso 2 En grupo, sumen (*add*) los puntos. Escriban los dos países con más puntos.

País 1: _____   País 2: _____

Paso 3 Escriban un informe (*report*). Usen el vocabulario de la lección.

El país más interesante es _____ . La capital es _____ . Nosotros

conocemos un poco (*a little bit*) _____

pero queremos conocer (*we want to know*) _____.

El país número dos es _____ . La capital es _____ .

Conocemos _____ pero queremos conocer _____ .

Paso 4 El representante presenta el informe a la clase.

Paso 5 Los grupos y el/la profesor/a comparan y suman los resultados para elegir el país para el viaje de fin de curso.

Paso 6 Foco lingüístico

How difficult or easy was it? Complete this chart. Mark the level of difficulty with a ✓.

Gramática					
Vocabulario					
Pronunciación					
Lectura					
Comprensión					
Escritura					
Contenidos culturales					

Review these aspects with the help of your teacher.

NUESTRA GENTE

ESTRATEGIAS PARA LEER

Predicting content

You can read more Spanish than you think! By observing the overall format of a text, including the layout, titles, and subtitles, as well as any accompanying photographs, graphics, maps, tables, or charts, you can generally derive information about the topic, the type of text, the purpose, or the audience. Finally, your knowledge of the world allows you to form hypotheses and make predictions about what you are going to read.

The title of a text can help you anticipate the topic. Subtitles are used to organize information in the text. They tell you the type of information you will find and the order in which it will be presented. Before beginning to read a text, spend a couple of minutes thinking about the title and identifying the subtitles. If you use this technique, you will soon realize you understand more about the text than you thought you did!

ANTES DE LEER

1–18 Los hispanos en Estados Unidos

¿Verdadero (*true*) (V) o falso (F)?

V	F	NO SÉ	
___	___	___	1. La mitad (*half*) del total de los hispanos vive en dos estados: California y Texas.
___	___	___	2. El porcentaje más alto (*highest*) de población hispana está en el sur de Estados Unidos.
___	___	___	3. El número de hispanos en el estado de Nueva York es de casi (*almost*) el 18%.
___	___	___	4. Washington es el estado con menos (*least*) porcentaje de hispanos de todo el país.
___	___	___	5. El estado de Texas tiene el segundo (*second*) porcentaje más alto de población hispana.

1–19 Activando estrategias

1. Mira el título y los subtítulos del texto. ¿Qué información contienen?

☐ Información sobre México

☐ Información sobre los hispanos en Estados Unidos

☐ Información demográfica

☐ Información geográfica

☐ Información económica

☐ Información sobre las causas de un fenómeno

☐ Información científica

2. Ahora observa el mapa. ¿Qué nueva información te ofrece (*does it offer you*)?

A LEER

LOS HISPANOS: PRIMERA MINORÍA DE ESTADOS UNIDOS

Los datos del año 2010 de la Oficina del Censo de Estados Unidos confirman dos tendencias[1]: los hispanos son la primera minoría de Estados Unidos, la más joven y la que crece[2] a un ritmo más acelerado. Los hispanos suman ya más de 53 millones de personas. Esto representa el 17% del total de la población del país. El 65% de la población hispana en Estados Unidos es de origen mexicano, el 9,4% es de origen puertorriqueño, el 3,8% de origen salvadoreño y el 3,6% de origen cubano. También el informe dice que uno de cada cuatro niños en Estados Unidos es hispano.

Causas

El crecimiento de la población hispana se debe a su mayor tasa de natalidad[3]: desde el año 2000, la población hispana ha crecido[4] un 48%, pero la población total de Estados Unidos ha crecido solamente un 9,7%. Otra causa es la inmigración: el 38% de la población hispana es inmigrante (el 62% nació[5] en Estados Unidos).

Zonas geográficas

Más del 50% de la población hispana se concentra en Texas, California y Florida, pero en los últimos años ha habido[6] una gran emigración de hispanos a ciudades del sur, el medio oeste y las llanuras[7] centrales.

Expectativas

Si la tendencia se mantiene, la Oficina del Censo anticipa más de 130 millones de personas hispanas en el año 2050 (30% de la población de Estados Unidos).

[1] trends
[2] grows
[3] birth rate
[4] has grown
[5] was born
[6] there has been
[7] plains

DESPUÉS DE LEER

1–20 ¿Comprendes?

1. ¿Qué porcentaje de la población total de Estados Unidos es hispana?
   a. 53%   b. 17%   c. 65%

2. ¿Qué porcentaje de la población hispana de Estados Unidos es de origen mexicano?
   a. 9,4%   b. 17%   c. 65%

3. Di (*say*) dos causas del crecimiento de la población hispana.

4. ¿Verdadero o falso?
   a. El 40% de los niños en Estados Unidos es hispano.
   b. Hay muy pocos hispanos en el medio oeste.
   c. El número de hispanos va a subir (*will increase*) el 30% en los próximos años.
   d. La mayoría de los hispanos de Estados Unidos son ciudadanos (*citizens*) de Estados Unidos.

1–21 Expansión

¿Y en tu ciudad? Describe la presencia de población hispana en tu ciudad, estado o país.

📖 **GENTE QUE ESCRIBE**

ESTRATEGIAS PARA ESCRIBIR

Writing as a process

The process of writing a text in Spanish will be more manageable if you follow these steps (Pasos). We will examine them more closely in the following lessons.

Paso 1 Consider the topic, the purpose of your writing, and your intended audience. Then brainstorm to generate ideas. The information must be directly related to the purpose and relevant for your audience.

1–22 Writing Task

You are studying abroad in a Spanish-speaking country. You would like to meet a Spanish-speaking student in order to practice the language and learn more about the culture. The online student newspaper has a section where you can post an ad. ← Here is your **purpose** and **audience**.

You will want to include personal information, interests, contact information, and reasons why you want this exchange. ← Here is the **information** you may want to include.

Paso 2 Write an outline to decide the order in which you will present your information.

– Saludo (greeting)   – Información personal   – Intereses   – Razones   ← Here is your outline.

Paso 3 Write a first draft using your outline.

Paso 4 Edit the **content**. Make sure it is relevant to the topic and is well developed.

Paso 5 Edit the **organization**. Make sure your text is well organized and has a logical sequence. Use connectors (see *Beyond the Sentence*). Make all necessary changes.

Paso 6 Check the **grammar**. Are you using grammatical structures from the current lesson or from previous ones? Correct common grammatical errors, such as subject-verb agreement, noun-adjective agreement, verb conjugations and tenses, and pronouns.

Paso 7 Check the **vocabulary**. Make sure the words you are using express your intended meaning. Use words from this lesson.

Paso 8 Check **spelling**, **punctuation**, **capitalization**, and **accent marks**.

MÁS ALLÁ DE LA FRASE (*BEYOND THE SENTENCE*)

Basic sentence connectors

A random collection of sentences rarely constitutes a text. In order to go beyond the sentence level, you need mechanisms to give cohesion to your text.

- **y** (*and*)   Enrique Iglesias es de España **y** Ricky Martin es de Puerto Rico.
- **pero** (*but*)   La población hispana ha crecido mucho, **pero** la anglosajona no.
- **porque** (*because*)   Quiero visitar España **porque** me interesa la cultura.
- **también** (*also*)   Los hispanos se concentran en Nueva York y Texas, **también** en Florida.

COMPARACIONES

1-23 La herencia hispana en Estados Unidos

Describe las fotos. ¿Qué te sugieren? ¿Qué lugares quieres visitar? ¿Por qué?

1-24 Conoce más de Puerto Rico

Lee este texto y después responde a las preguntas.

 Puerto Rico forma parte de un archipiélago al este del mar Caribe. Es un Estado Libre Asociado (ELA) de Estados Unidos, conocido como *Commonwealth of Puerto Rico*. Puerto Rico tiene autonomía política y los puertorriqueños son ciudadanos de Estados Unidos con los mismos derechos que el resto, excepto que no pueden votar en las elecciones presidenciales.

La población de Puerto Rico se compone mayoritariamente de criollos (descendientes de españoles y otros europeos), una población amerindia casi extinguida, negros africanos y una pequeña minoría asiática. Las investigaciones recientes demuestran que muchos puertorriqueños  son mulatos con vestigios amerindios taínos en grados variables. Después están los descendientes de los negros africanos traídos a la isla como esclavos durante la conquista. Finalmente, la minoría asiática (alrededor del 1% de la población) proviene de China y Japón.

1. Marca qué tipo de información ofrece este texto.

☐ histórica   ☐ lingüística   ☐ económica   ☐ política
☐ geográfica   ☐ étnica   ☐ social   ☐ artística

2. Identifica estas palabras en el texto: *amerindio, criollo, mulato, taíno*. Lee las definiciones y relaciona cada definición con la palabra correspondiente.

1. Persona nacida en la América Latina colonial, descendiente de inmigrantes de Europa.
2. Miembro de una cultura prehispánica de Puerto Rico.
3. Persona de cualquiera (*any*) de los pueblos nativos de América.
4. Persona con mezcla de las razas negra y blanca.

3. Compara la situación de un ciudadano estadounidense con la de un puertorriqueño. Usa estos conceptos.

el autogobierno   el ciudadano   el/la representante del Congreso
el voto   la constitución   la lengua

CULTURA

Los puertorriqueños en Estados Unidos son el segundo grupo hispano más grande. Hay más de cinco millones de puertorriqueños en Estados Unidos. La comunidad más grande está en la ciudad de Nueva York. Hay muchos puertorriqueños notables en Estados Unidos, por ejemplo los cantantes Marc Anthony y Jennifer López, y la jueza del Tribunal Supremo, Sonia Sotomayor.

Go to **MySpanishLab** to review what you have learned in this chapter.

| Flashcards | Oral Practice | Practice Test / Study Plan | amplifire Dynamic Study Modules | Tutorials | Videos | Extra Practice |

VOCABULARIO

Los números (Numbers)

uno	one
dos	two
tres	three
cuatro	four
cinco	five
seis	six
siete	seven
ocho	eight
nueve	nine
diez	ten
once	eleven
doce	twelve
trece	thirteen
catorce	fourteen
quince	fifteen
dieciséis	sixteen
diecisiete	seventeen
dieciocho	eighteen
diecinueve	nineteen
veinte	twenty

Los intereses (Hobbies)

el baile	dance
el cine	movies
la comida	food
la cultura	culture
el deporte	sport
la fiesta	festivity/party
la fotografía	picture
la gente	people
la historia	history
el idioma	language
la naturaleza	nature
las noticias	news
la política	politics
el tema	topic
la tradición	tradition
el viaje	trip

La geografía (Geography)

la ciudad	city
el estado	state
el habitante	inhabitant/resident
la montaña	mountain
el mundo	world
el país	country
el paisaje	landscape
la playa	beach
la población	population

Adjetivos (Adjectives)

aburrido/a	boring
bonito/a	beautiful
difícil	difficult
divertido/a	fun
fácil	easy
grande	big
interesante	interesting
pequeño/a	small
verdadero/a	true

Para la clase (For the classroom)

el apellido	last name
el/la compañero/a de clase	classmate
la cosa	thing
el grupo	group
el nombre	first name
la pareja	pair
la pregunta	question
la respuesta	answer
la tarea	task/homework
el teléfono	phone
el trabajo	work

Verbos (Verbs)

adivinar	to guess
aprender	to learn
buscar	to look for
conocer (zc)	to know / to be familiar with
escribir	to write
escuchar	to listen
estudiar	to study
hablar	to speak
leer	to read
mirar	to look
participar	to participate
querer (ie)	to want
saber (irreg.)	to know (a fact)
ser (irreg.)	to be
tener (ie)	to have
trabajar	to work

CONSULTORIO GRAMATICAL

1 Present Tense of the Verbs *Ser* and *Llamarse*

	SER	LLAMARSE
(yo)	soy	me llamo
(tú)	eres	te llamas
(él, ella, usted)	es	se llama
(nosotros/as)	somos	nos llamamos
(vosotros/as)	sois	os llamáis
(ellos, ellas, ustedes)	son	se llaman

> In Spanish, verb endings reveal important information, such as who is speaking or the subject of the sentence, often without the need for a subject pronoun.

La identificación personal

- ● ¿Cómo te llamas? / ¿Cómo se llama usted?   —What is your name? / What is your name? (formal)
- ○ **Me llamo** Gerardo y soy español, de Madrid.   —My name is Gerardo, and I am from Spain, from Madrid.
  Soy Gerardo.   I am Gerardo.

2 Gender and Number: Articles and Nouns

The word **nombre** means both *name* (**Elena, Andrés,** etc.) and **noun,** a grammatical part of speech, such as the words **casa, niño, lengua.** Nouns are also called **sustantivos** in Spanish. All nouns in Spanish have gender, either masculine or feminine. The article indicates the gender.

MASCULINE	el arte, **el** país	*FEMININE*	**la** mesa, **la** política
	los libros		**las** casas

When a feminine noun begins with a stressed **a,** the singular masculine article **el** is used: **el agua** (the water), **el arma** (the weapon), **el alma** (the soul).

Generally (but not always), the gender of the noun can be determined from the ending. Nouns that end in **-a** are usually feminine and those that end in **-o** are generally masculine.

el libro   **la** casa

However, there are many exceptions to the rule.

la mano   la foto   la moto   el día   el mapa

Most nouns that end in **-ma** are masculine.

el tema   el problema   el trauma   el síntoma   el drama

> Unlike English, Spanish has grammatical gender, which means that all nouns are either masculine or feminine. However, the grammatical gender is not necessarily related to the biological gender of the noun, and with inanimate objects it does not follow any particular logic.

There are, however, some important exceptions, such as: **la cama.**

Nouns that end in **-ción/-sión, -dad, -eza,** and **-ura** are feminine.

la conversación	la difusión	la felicidad	la tristeza	la hermosura
la ciudad	la verdad	la situación	la visión	la misión

Nouns that end in **-ista** refer to professions. They can be masculine or feminine depending on the gender of the person. The ending **-ista** does not change.

el pianista / la pianista   el deportista / la deportista   el artista / la artista

All nouns have a singular and a plural form.

NOUNS THAT END IN A VOWEL: -s

libro	libro**s**
casa	casa**s**
día	día**s**

NOUNS THAT END IN A CONSONANT: -es

país	país**es**
ciudad	ciudad**es**
excursión	excursion**es**

> **¡ATENCIÓN!**
> *Be aware of certain changes in spelling and written accent when forming the plural.*
>
> -z ────────→ -ces   voz ────────→ vo**ces**
>
> -ción ──────→ -ciones   acción ──────→ ac**ciones**

The gender and number of nouns have an impact on the gender and number of other words: adjectives, articles, demonstratives, verbs . . .

Est**os** libro**s** **son** muy interesante**s**.
These books are very interesting.

Est**a** ciu**dad es** muy interesant**e**.
This city is very interesting.

3 The Alphabet and Pronunciation

A a	F efe	K ka	O o	T te	Y ye
B be	G ge	L ele	P pe	U u	Z zeta
C ce	H hache	M eme	Q cu	V uve	
D de	I i	N ene	R erre	W uve doble	
E e	J jota	Ñ eñe	S ese	X equis	

Letters are feminine in Spanish: la ele, la zeta, la hache...

Pronunciación

The /x/ sound (as in **g**ente*) can be spelled:* **ja, je, ji, jo, ju, ge, gi**.

The /g/ sound (as in **G**onzález*):* **ga, go, gu, güe, güi** (**G**arcía, **G**ómez, Para**g**uay, **G**utiérrez, si**g**üenza, lin**g**üista), **gue, gui** (**g**uerra, **G**uinea).

The /s/ sound (as in **s**iete *but also as in* **c**iudad o **Z**aragoza*):* **sa, se, si, so, su, ce, ci, za, zo, zu**.

In Spain, the /s/ sound is pronounced /θ/ in words with the letters z and c as in **Z**aragoza *or* **c**iudad*:* **za, zo, zu, ce, ci**.

The /k/ sound (as in **C**olombia*):* **ca, co, cu, que, qui, ka, ke, ki, ko, ku**.

The /b/ sound (as in **B**olivia, **V**enezuela*):* **ba, be, bi, bo, bu, va, ve, vi, vo, vu**.

The letter w is pronounced as in English (**w**hisky, **w**eb*).*

The letter h is always silent in Spanish (**h**ablar, **h**acer*).*

> Unlike English, words in Spanish are usually written in a manner that is very consistent with their pronunciation. Once you learn the system, you do not need a dictionary to know how a word is pronounced.

4 Subject Pronouns

1st person	**yo**	**nosotros, nosotras**
2nd person	**tú**	**vosotros, vosotras**
	usted	**ustedes**
3rd person	**él, ella**	**ellos, ellas**

In Latin America and the United States, the **vosotros/as** *form is not used; the* **ustedes** *form is used for both the formal and informal plural.*

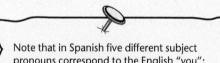

> Note that in Spanish five different subject pronouns correspond to the English "you": the informal singular *tú*, the formal singular *usted*, and the formal plural *ustedes*. In Spain, two more subject pronouns are used: the informal masculine plural *vosotros* and the informal feminine plural *vosotras*.
>
> In English we use the pronoun "it" to refer to animals, things, or inanimate objects, but in Spanish there is no single subject pronoun that corresponds to this word.

Use of subject pronouns

Personal subject pronouns are not usually necessary in Spanish. They are used, however, when the speaker:

(a) *wants others to respond (the pronoun appears only before the first verb in the series):*

- **Yo** soy colombiano, me llamo Ramiro y estudio español.
- ○ **Yo**, peruana, me llamo Daniela y estudio español.

—*I am Colombian, my name is Ramiro, and (I) study Spanish.*

—*I (am) Peruvian, my name is Daniela, and (I) study Spanish.*

(b) *refers to more than one person:*

- **Ella** es española y **yo**, cubano.
- ○ **Yo** me llamo Javier y **él**, Alberto.

—*She is Spanish, and I (am) Cuban.*

—*I am Javier, and he (is) Alberto.*

(c) *responds to questions about a name. Observe the position of the pronoun:*

- ¿La señora Gutiérrez?
- ○ Soy **yo**.

—*Mrs. Gutiérrez?*

—*It's me.*

- ¿Es **usted** Gracia Enríquez?
- ○ No, **yo** soy Ester Enríquez. Gracia es **ella**.

—*Are you Gracia Enríquez?*

—*No, I am Ester Enríquez. She is Gracia.*

To talk about things, Spanish has no equivalent for the subject pronoun **it** *in English.*

- Mira este mapa de Perú. Ø Es muy útil.

—*Look at this map of Peru. (It) is very useful.*

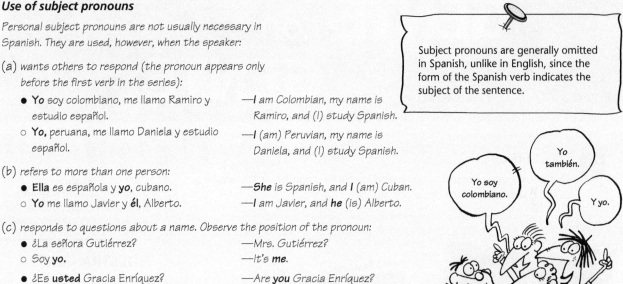

> Subject pronouns are generally omitted in Spanish, unlike in English, since the form of the Spanish verb indicates the subject of the sentence.

(speech bubbles) Yo soy colombiano. / Yo también. / Y yo.

---

5 Demonstrative Adjectives and Pronouns: *Esto; Este/a/os/as*

With a noun:

NEXT TO THE NOUN	SEPARATED FROM THE NOUN
este país, **esta** ciudad	**Este** es mi teléfono.
estos países, **estas** ciudades	**Esta** es mi ciudad.

With the name of a person:

Este es Julio.
This is Julio.

Estos son Julio e Iván.
These are Julio and Iván.

Esta es Ana.
This is Ana.

Estos son Ana e Iván.
These are Ana and Iván.

Estas son Ana y Laura.
These are Ana and Laura.

With the name of a country or a city:

Esto es Panamá.
This is Panama.

To say what something is:

Esto es una foto de mi casa.
This is a picture of my house.

(speech bubble) Este es mi teléfono.

> Note that the question "What is this?" in Spanish is *¿Qué es esto?*, regardless of gender, because the question sets out to define something still undefined.
>
> *Esto* is used to refer to unspecific objects or things, or to point out an idea or a concept. *Esto* can never be used to refer to people.

2 GENTE con GENTE

2–1 **¿Quiénes son?**

¿Conoces a estas personas? Describe las fotos y completa las fichas *(cards)* usando los datos de la página 21.

TAREA

Conocer a un grupo de importantes méxico-americanos en Estados Unidos y organizarlos para una cena *(dinner)* imaginaria.

NUESTRA GENTE

México
Hispanos/latinos en Estados Unidos

Mario Molina

AP/ Wide World Photos

Laura Esquivel

LAURA ESQUIVEL
Como agua para chocolate

Jorge Ramos

Explore **Mexico** with *Club cultura!*

Enrique Peña Nieto

Lorena Ochoa

Julieta Venegas

ACERCAMIENTOS

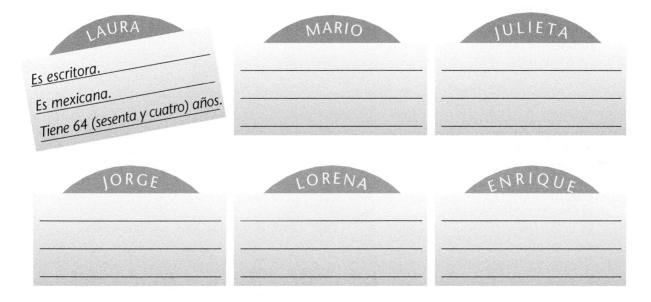

LAURA
Es escritora.
Es mexicana.
Tiene 64 (sesenta y cuatro) años.

MARIO

JULIETA

JORGE

LORENA

ENRIQUE

es profesor/a de química
es jugador/a de golf
es político/a
es periodista
es cantante
es escritor/a

es mexicano/a
es mexicoamericano/a

tiene 33 (treinta y tres) años
tiene 43 (cuarenta y tres) años
tiene 71 (setenta y un) años
tiene 64 (sesenta y cuatro) años
tiene 56 (cincuenta y seis) años
tiene 48 (cuarenta y ocho) años

 Comparen sus datos. Luego, pregunten a su profesor/a si (*if*) son correctos.

EJEMPLO:

E1: Yo **creo que** Jorge es profesor de química.
E2: Yo también **creo que** es profesor.
E3: Yo **creo que no** es profesor... **Creo que** es periodista.

2–2 ¿De quién (*about whom*) hablan?

1.
- ¡Qué simpático es!
- ○ Sí, es una persona **muy** agradable.
- Y **muy** trabajador.
- ○ Sí, es cierto. Y **no** es **nada** egoísta...
- No, para nada... Al contrario...

2.
- Es una mujer **muy** inteligente.
- ○ Sí, pero es muy tímida...
- Sí, eso sí... Y **un poco** seria...
- ○ ¡**Muy** seria...!

¿Hablan de Mario, de Julieta, de Laura...?

2–3 Atención a la forma

Subraya (*underline*) los adjetivos de las conversaciones en 2–2. Clasifica los adjetivos en masculinos o femeninos.

Ahora observa las expresiones en negrita (*bold*). ¿Qué son? ¿Qué función tienen?

VOCABULARIO EN CONTEXTO

2–4 La gente del Paseo de la Reforma, en México, D.F.

Observa la ilustración y lee los textos. Esta gente vive en el Paseo de la Reforma. Busca gente con estas características y escribe su nombre.

un niño: _____
un hombre soltero: _____
una persona que hace deporte: _____
una chica que estudia: _____
una mujer soltera: _____
una persona que no trabaja: _____
una persona que trabaja en una aerolínea: _____

Casa 1
ISABEL MARTÍNEZ SORIA
Es ama de casa.
Es mexicana.
Hace gimnasia y estudia historia.
Es muy sociable y muy activa.

JUAN GABRIEL RUIZ PEÑA
Trabaja en un banco.
Es mexicano.
Corre y toma fotografías.
Es muy buena persona pero un
   poco serio.

MANUEL RUIZ MARTÍNEZ
Juega al fútbol.
Es muy travieso (*mischievous*).

EVA RUIZ MARTÍNEZ
Toca la guitarra.
Es muy inteligente.

Casa 2
BEATRIZ SALAS GALLARDO
Es periodista.
Es mexicana.
Juega al tenis y estudia inglés.
Es muy trabajadora.

JORGE ROSENBERG
Es fotógrafo.
Es argentino.
Colecciona estampillas.
Es muy cariñoso.

DAVID ROSENBERG SALAS
Come mucho y duerme poco.

Casa 3
RAQUEL MORA VILAR
Estudia economía.
Es soltera.

Juega al squash.
Es un poco pedante.

SARA MORA VILAR
Estudia derecho.
Es soltera.
Toca el piano.
Es muy alegre.

Casa 4
JORGE LUIS BAEZA PUENTE
Es ingeniero.
Es divorciado.
Toca la batería.
Es muy callado.

UWE SCHERLING
Es profesor de alemán.
Es soltero.
Toca el saxofón.
Es muy simpático.

Casa 5
LORENZO BIGAS TOMÁS
Trabaja en *Mexicana*.
Es divorciado.
Es muy tímido.

SILVIA BIGAS PÉREZ
Es mexicana.
Es estudiante doctoral.
Baila flamenco.

2–5 Las familias del Paseo de la Reforma

Observen la información de las casas 1, 2 y 3. Adivinen (*guess*) qué significan las palabras en negrita.

Casa 1: La familia Ruiz. Manuel y Eva son **hijos** de Juan Gabriel.
   Isabel es la **madre** de Manuel y Eva.
Casa 2: Jorge Rosenberg es el **padre** de David.
Casa 3: Raquel y Sara son **hermanas**.

2–6 Escucha a dos vecinas (*neighbors*) del Paseo de la Reforma

¿De quién hablan? ¿Qué dicen?

HABLAN DE…

1. _____
   _____
2. _____
   _____
3. _____
   _____
4. _____
   _____
5. _____
   _____

DICEN QUE…

1. _____
   _____
2. _____
   _____
3. _____
   _____
4. _____
   _____
5. _____
   _____

2–7 ¿Y tu familia?

Describe a algunos miembros de tu familia. Menciona su profesión y algunas características.

Mi papá es _____. Es _____ y _____.
Mi mamá es _____. Es _____ y _____.
Mi _____ es _____. Es _____ y _____.
Mi _____ es _____. Es _____ y _____.

Comparte (*share*) la información con un/a compañero/a.

EJEMPLO:

E1: Mi papá es **abogado**. Es muy **inteligente**. ¿Y tu papá?
E2: Mi papá es **maestro** y mi mamá también es **maestra**. Son muy **simpáticos**.

2–8 Mapa de palabras

Con la ayuda de tu profesor/a, completa este diagrama.

PROFESIÓN
NACIONALIDAD
PERSONALIDAD
AFICIONES (*interests*)
ESTADO CIVIL

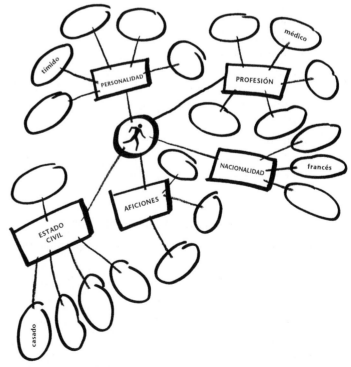

GRAMÁTICA EN CONTEXTO

2-9 **Mexicano, mexicana...**

Relacionen estos países con las nacionalidades. Después presten atención a las terminaciones (*endings*) de los adjetivos. ¿Pueden formar el plural?

México	Nicaragua
España	Venezuela
Costa Rica	Ecuador
Honduras	Estados Unidos
Panamá	Cuba

venezolan**o**	hondureñ**o**	estadounidens**e**	panameñ**o**
venezolan**a**	hondureñ**a**	estadounidens**e**	panameñ**a**
ecuatorian**o**	mexican**o**	costarricens**e**	cuban**o**
ecuatorian**a**	mexican**a**	costarricens**e**	cuban**a**
españo**l**	nicaragüens**e**		
español**a**	nicaragüens**e**		

Clasifiquen los adjetivos en tres grupos según (*according to*) la regla gramatical de género y número.

2-10 **Hispanos famosos**

Completen esta lista. El grupo con más respuestas correctas gana (*wins*).

un cantante colombiano	_____
una actriz española	_____
una película mexicana	_____
un actor estadounidense	_____
un escritor mexicano	_____
un pintor mexicano	_____
un escritor colombiano	_____
un cantante puertorriqueño	_____
un político cubano	_____

EJEMPLO:

E1: Una actriz mexicana...
E2: Penélope Cruz.
E1: ¿Es mexicana?
E3: No, es española.

2-11 **¿De dónde son? ¿A qué se dedican?**

Vamos a ver (*Let's see*) quién tiene más respuestas correctas.

Pedro Almodóvar	Maná	Evo Morales
Pitbull	Carolina Herrera	America Ferrera
Gustavo Dudamel	Shakira	Plácido Domingo

EJEMPLO:

E1: Salma Hayek es colombiana y es actriz.
E2: No es colombiana, es **de** México.

ADJETIVOS

	MASCULINO	FEMENINO
-o/a	simpátic**o**	simpátic**a**
-or/ora	trabajad**or**	trabajad**ora**
-e		inteligent**e**
-a		belg**a**
-ista		pesim**ista**
consonante		difíc**il**, fel**iz**

	SINGULAR	PLURAL
	simpátic**o**	simpátic**os**
vocal	inteligent**e**	inteligent**es**
	trabajador**a**	trabajador**as**
consonante	difíc**il**	difíc**iles**
	trabajad**or**	trabajad**ores**

EL NOMBRE

	LLAMARSE
(yo)	**me** llamo
(tú)	**te** llamas
(él, ella, usted)	**se** llama
(nosotros, nosotras)	**nos** llamamos
(vosotros, vosotras)	**os** llamáis
(ellos, ellas)	**se** llaman

LA NACIONALIDAD

● **¿De dónde es (él/ella)?**
○ **Es** mexicano.
  Es de México.
● **¿De dónde eres?**
○ **Soy** mexicano.
  Soy de México.

LA PROFESIÓN

● **¿A qué se dedica (él/ella)?**
  ¿Qué hace (él/ella)?
○ **Trabaja** en un banco.
  Es camarero.
  Estudia en la universidad.

● **¿A qué te dedicas?**
  ¿Qué haces?
○ **Trabajo** en un banco.
  Soy camarero.
  Estudio en la universidad.

Soy arquitecto.

POSESIVOS: RELACIONES FAMILIARES

mi padre **mi** madre	**mis** padres
tu hermano **tu** hermana	**tus** hermanos
su hijo **su** hija	**sus** hijos
nuestro padre **nuestra** madre	**nuestros** padres
vuestro hermano **vuestra** hermana	**vuestros** hermanos
su hermano **su** hermana	**sus** hermanos

En muchos países latinoamericanos se dice: **mi mamá, mi papá** y **mis papás**.

ADVERBIOS DE CANTIDAD

Es **muy** amable.
Es **bastante** inteligente.
Es **un poco** antipática.
No es **nada** sociable.

EL PRESENTE: VERBOS EN -AR -ER -IR

	ESTUDIAR	LEER
(yo)	estudi**o**	le**o**
(tú)	estudi**as**	le**es**
(él, ella, usted)	estudi**a**	le**e**
(nosotros/as)	estudi**amos**	le**emos**
(vosotros/as)	estudi**áis**	le**éis**
(ellos, ellas, ustedes)	estudi**an**	le**en**

	ESCRIBIR	TENER
(yo)	escrib**o**	tengo
(tú)	escrib**es**	tienes
(él, ella, usted)	escrib**e**	tiene
(nosotros/as)	escrib**imos**	tenemos
(vosotros/as)	escrib**ís**	tenéis
(ellos, ellas, ustedes)	escrib**en**	tienen

LA EDAD

● ¿Cuántos años tiene (él/ella/usted)?
○ Treinta.
  Tiene treinta años.

● ¿Cuántos años tienes?
○ Treinta.
  Tengo treinta años.

¿Cuántos años tiene?

Tengo treinta años.

2–12 El árbol (*tree*) genealógico de Paula

Paula habla de su familia. Escucha y completa su árbol genealógico.

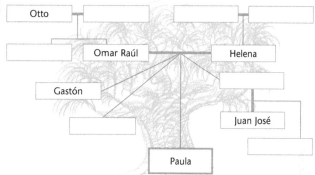

Compara tus respuestas y las respuestas de tu compañero/a. Después entrevista a tu compañero/a y dibuja (*draw*) su árbol genealógico.

EJEMPLO:

E1: ¿**Tienes** hermanos?
E2: Sí, **tengo** una hermana.

E1: ¿Cómo **se llama**?
E2: **Mi** hermana **se llama** Laura.

2–13 ¿Cómo es tu familia?

Averigua (*find out*) algunas cosas sobre la familia de tu compañero/a. Primero, prepara una lista de preguntas. Tu compañero/a tiene que (*has to*) usar **muy**, **bastante**, **un poco**, **nada** y un adjetivo.

EJEMPLO:

E1: ¿Cómo es **tu** mamá?
E2: **Mi** mamá es **muy** inteligente.

E1: ¿Es divertida?
E2: Sí, es **bastante** divertida.

2–14 Los verbos en español: -ar, -er, -ir

¿Qué aficiones tienes? Escribe verbos en los espacios en blanco.

-AR	-ER	-IR
juego escucho toco cocino	tengo leo soy como	escribo recibo salgo

EJEMPLO:

Pinto cuadros.

_____ música.	_____ al fútbol.
_____ un animal en casa.	_____ al tenis.
_____ la guitarra.	_____ simpático/a.
_____ poesía.	_____ mucho.
_____ periódicos.	_____ con mis amigos.
_____ correos electrónicos.	_____ platos mexicanos.
_____ en Facebook.	_____ (otros)

Ahora pregunta a tu compañero/a. Después informa a la clase sobre las aficiones de tu compañero/a.

EJEMPLO:

E1: ¿**Juegas** al fútbol?
E2: Sí, y **nado**.

EJEMPLO:

E1: Eva **juega** al fútbol y **nada**.

INTERACCIONES

ESTRATEGIAS PARA LA COMUNICACIÓN ORAL

Formulating basic questions

Formulating basic questions in Spanish is one of the most crucial strategies for successful interaction with native and non-native (your classmates) speakers of Spanish. There are two types of direct questions: those that are used to elicit information, and those that require a "yes" or "no" answer. Examples of the first type are:

TÚ	ÉL/ELLA/USTED
¿**Cómo** te llamas?	¿**Cómo** se llama?
¿**De dónde** eres?	¿**De dónde** es?
¿**Quién** eres?	¿**Quién** es?
¿**Cuántos** años tienes?	¿**Cuántos** años tiene?
¿**Qué** haces? ¿**A qué** te dedicas?	¿**Qué** hace? ¿**A qué** se dedica?
¿**Cómo** eres?	¿**Cómo** es?

The second type of question requires using a verb at the beginning of the sentence:

¿**Lees** novelas?	¿**Lee** novelas?
¿**Juegas** al fútbol?	¿**Juega** al fútbol?
¿**Usas** la computadora?	¿**Usa** la computadora?
¿**Eres** extrovertido?	¿**Es** extrovertido?

2-15 Ahora tú

Completa una ficha (*card*) como esta. Después da (*give*) la ficha a tu profesor/a. Un/a compañero/a lee la ficha y la clase adivina (*guess*) quién es.

2-16 Una persona especial

Piensa en (*think about*) una persona especial en tu vida: un familiar (*relative*), amigo, compañero/a de estudios, novio/a (*boyfriend/girlfriend*). Completa una ficha como esta con información sobre (*about*) esa persona.

Ahora formula ocho preguntas a tu compañero/a sobre esa persona especial. Toma notas.

EJEMPLO:

E1: ¿Cómo se llama?
E2: María.
E1: ¿Es una amiga?
E2: No, es una vecina.

Explica a la clase quién es la persona especial con una breve (*brief*) descripción.

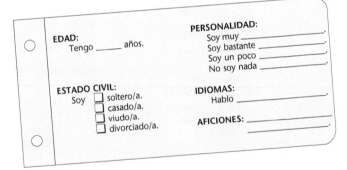

EDAD:
Tengo _____ años.

PERSONALIDAD:
Soy muy _____.
Soy bastante _____.
Soy un poco _____.
No soy nada _____.

ESTADO CIVIL:
Soy ☐ soltero/a.
☐ casado/a.
☐ viudo/a.
☐ divorciado/a.

IDIOMAS:
Hablo _____.

AFICIONES: _____.

NOMBRE: *María*
APELLIDOS: *Jover Pino*
ESTADO CIVIL: *soltera*
EDAD: *31*
PROFESIÓN: *trabaja en una compañía de informática*
AFICIONES: *fotografía, teatro*
PERSONALIDAD: *muy inteligente y muy activa*
RELACIÓN CONTIGO: *vecina*

NOMBRE: _____
APELLIDOS: _____
ESTADO CIVIL: _____
EDAD: _____
PROFESIÓN: _____
AFICIONES: _____
PERSONALIDAD: _____
RELACIÓN CONTIGO: _____

2–17 La foto

Muestra una foto de un grupo de personas a tu compañero/a: de tu familia, tus amigos, tu club deportivo, etc. Habla sobre estas personas.

EJEMPLO:

E1: Este es **mi** amigo Bob. Somos **muy** buen**os** amig**os**. Tiene 22 años. Es muy divertid**o**.
E2: ¿Y esta quién es?
E1: Esta es **su** novia, Sarah. Es **muy** simpática. **Estudia** en mi universidad.

2–18 La entrevista

Usa estos verbos para formular preguntas y entrevistar (*interview*) a tu compañero/a. Toma notas (*take notes*). Después comparte (*share*) con la clase información interesante sobre tu compañero/a.

jugar	bailar	escribir	estudiar
hablar	leer	vivir	viajar
usar	comer	coleccionar	hacer
tocar	tener	trabajar	dormir

EJEMPLO:

E1: ¿Jueg**as** al fútbol?
E2: No, no jueg**o** al fútbol.
E1: ¿Tien**es** animales en casa?
E2: Sí, **tengo** un gato.
E1: ¿Le**es** libros?
E2: Sí, le**o** novelas.
E1: Mike no jueg**a** al fútbol, le**e** novelas y **tiene** un gato.

2–19 Situaciones: *Un intercambio de conversación* (conversation exchange)

Two American students have just arrived at El Colegio de México (in Mexico City). They go to the conversation exchange office because they want to meet some Mexican students. They are asked to provide their names and some information for the list.

ESTUDIANTE A

You work in the conversation exchange office. Your job consists of interviewing students and writing down their information.

- Nombre y apellido:
- Nacionalidad:
- Estudios:
- Intereses:
- Personalidad:
- ¿Qué tipo de persona busca (look for)?:

ESTUDIANTE B

You want to meet a Mexican student to practice Spanish and learn more about the culture of the country. Give the information requested and talk about your personality, hobbies, etc.

ESTUDIANTE C

You want to meet a Mexican student to practice Spanish and learn more about the culture of the country. Give the information requested and talk about your personality, hobbies, etc.

TAREA

Conocer a un grupo de importantes méxico-americanos en Estados Unidos y organizarlos para una cena (*dinner*) imaginaria.

PREPARACIÓN

La clase se divide en grupos. Vamos a conocer a diez importantes mexicoamericanos. Pertenecen (*they belong*) a diferentes áreas: política, cultura, artes, deportes, ciencia. ¿Conocen a estos personajes? Completen estas descripciones con las palabras que faltan (*missing*).

1. ELLEN OCHOA
_____ ASTRONAUTA.
TIENE 55 _____.
_____ LA FLAUTA.
ES _____ CALIFORNIA.
DIRIGE EL JOHNSON SPACE CENTER.

2. SANDRA CISNEROS
ES _____ DE NOVELAS.
_____ 59 AÑOS.
_____ ESPAÑOL E INGLÉS.
ES _____ CHICAGO.

3. BILL RICHARDSON
_____ 66 AÑOS.
_____ EX GOBERNADOR DE NUEVO MÉXICO.
_____ ESPAÑOL E INGLÉS.
_____ AL BÉISBOL.

4. ROBERT RODRÍGUEZ
ES _____ DE CINE.
_____ 45 AÑOS.
_____ DE TEXAS.
_____ DIVORCIADO.
_____ COMPOSITOR DE MÚSICA.

5. GEORGE LÓPEZ
_____ 53 AÑOS.
_____ ACTOR.
_____ CASADO.
_____ AL GOLF.

6. STEPHANIE COX
_____ FUTBOLISTA.
_____ ESTUDIANTE
_____ 28 AÑOS.
HACE TRABAJO COMUNITARIO.
_____ EN SEATTLE.

7. MARK SÁNCHEZ
ES JUGADOR DE _____ AMERICANO.
TIENE 27 AÑOS.
_____ PARA LA COMUNIDAD LATINA.
_____ SOLTERO.
ES _____ CALIFORNIA.

8. KEN SALAZAR
_____ DE COLORADO.
_____ POLÍTICO.
TIENE 59 _____.
NO _____ ESPAÑOL.

9. MATT GARZA
ES _____ DE BÉISBOL.
_____ 31 AÑOS.
ES _____ CALIFORNIA.

10. EVA LONGORIA
ES _____ TEXAS.
TIENE 39 _____.
_____ ACTRIZ.
NO _____ ESPAÑOL.

Paso 1 La distribución para la cena

Organicen a estas personas en las tres mesas (*tables*). Es importante tener en cuenta (*keep in mind*) la información que ustedes saben (*you know*) sobre estas personas.

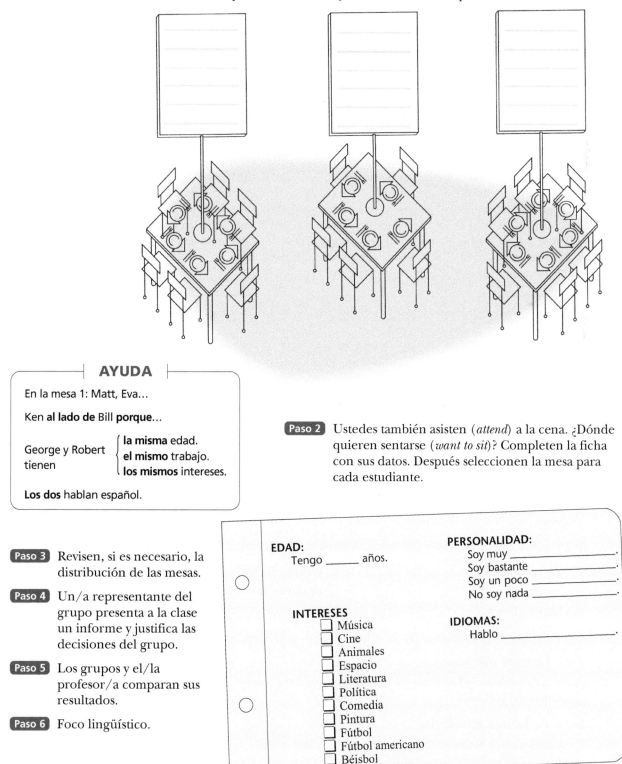

AYUDA

En la mesa 1: Matt, Eva...

Ken **al lado de** Bill **porque**...

George y Robert tienen
- **la misma** edad.
- **el mismo** trabajo.
- **los mismos** intereses.

Los dos hablan español.

Paso 2 Ustedes también asisten (*attend*) a la cena. ¿Dónde quieren sentarse (*want to sit*)? Completen la ficha con sus datos. Después seleccionen la mesa para cada estudiante.

Paso 3 Revisen, si es necesario, la distribución de las mesas.

Paso 4 Un/a representante del grupo presenta a la clase un informe y justifica las decisiones del grupo.

Paso 5 Los grupos y el/la profesor/a comparan sus resultados.

Paso 6 Foco lingüístico.

EDAD:
Tengo _____ años.

PERSONALIDAD:
Soy muy _____.
Soy bastante _____.
Soy un poco _____.
No soy nada _____.

INTERESES
- ☐ Música
- ☐ Cine
- ☐ Animales
- ☐ Espacio
- ☐ Literatura
- ☐ Política
- ☐ Comedia
- ☐ Pintura
- ☐ Fútbol
- ☐ Fútbol americano
- ☐ Béisbol

IDIOMAS:
Hablo _____.

NUESTRA GENTE

GENTE QUE LEE

ESTRATEGIAS PARA LEER

Recognizing cognates

When you read something in a foreign language, you will probably not know all the words. You need to know some of them; others you can ignore. Many Spanish words sound, look, and mean the same as words that you know in English. Words that resemble each other and have the same or similar meanings in two languages are called **cognates**. When you are reading or listening in Spanish, the more cognates you can recognize, the easier it will be for you to get the meaning. For example, what does the word *problema* mean in English? How about *texto*? And *situación*? As you read this book you will find many cognates. Recognizing cognates is one of the most important strategies you will use every time you read or listen in Spanish.

¡OJO! In English and Spanish there are words with similar forms but different meanings. These are called **false cognates**. For example, **library** means *biblioteca* in Spanish, not *librería*. *Librería* in Spanish means **bookstore**. Always double check by asking yourself whether the meaning you guess makes sense in the context.

ANTES DE LEER

2–20 Arte

¿Qué tipo de arte prefieres? Ordena del 1 al 10 (1 = más interesante; 10 = menos interesante)

- ☐ escultura
- ☐ pintura
- ☐ dibujo
- ☐ fotografía
- ☐ arquitectura

- ☐ cine
- ☐ danza
- ☐ literatura
- ☐ música
- ☐ teatro

¿Cuántos (*how many*) puntos tiene la pintura para ti? ¿Y para la clase?

2–21 ¿Qué tipo de pintura prefieres? Marca tus preferencias

- ☐ pintura realista
- ☐ pintura abstracta
- ☐ pintura clásica

- ☐ pintura surrealista
- ☐ pintura contemporánea
- ☐ pintura pop

¿Quién es tu pintor preferido o tu pintora preferida? ¿Cómo es su pintura?

2–22 Pintores mexicanos

¿Sabes (*do you know*) el nombre de un pintor mexicano famoso o una pintora mexicana famosa? ¿Cuántos sabe la clase?

2–23 Activando estrategias

1. Mira el título y los subtítulos del texto. ¿Qué información te dan (*do they give you*) sobre el texto?
2. Ahora mira las fotos. ¿Qué representan? ¿Qué información te dan sobre el texto?

A LEER

FRANCISCO TOLEDO, PINTOR MEXICANO

La persona

Francisco Toledo (Oaxaca, 1940) es un pintor mexicano contemporáneo de gran prestigio internacional. Es sencillo, modesto e introvertido. Toledo es un ser humano increíblemente generoso que se preocupa por el bienestar[1] de los indígenas oaxaqueños y por la preservación del patrimonio artístico y cultural de su país, México. **Actualmente** vive en Oaxaca. Su delgada figura y su rostro moreno de facciones finas son muy familiares para los oaxaqueños y para los extranjeros que visitan la cafetería del Museo de Arte Contemporáneo. Está casado y tiene tres hijos. Es muy famoso pero la fama no ha cambiado[2] la forma de pensar y vivir de Francisco Toledo. Todavía[3] conserva su vida austera y sin pretensiones.

La obra

Francisco es pintor, dibujante y ceramista. Tiene un estilo propio, innovador e intemporal, con éxito y buena crítica. Su arte, muy rico en colores y texturas, presenta elementos de la tradición popular indígena desde una perspectiva contemporánea. En su obra vemos la presencia de la cultura indígena de Oaxaca combinada con los mitos mayas, la huella[4] de un pasado milenario que hasta nuestros días forma parte de la cotidianidad de América Latina.

La fama

Es el artista mexicano vivo más famoso en todo el mundo. Hay[5] obras de Toledo en el Museo de Arte Contemporáneo de Monterrey, en el Palacio de Bellas Artes de la Ciudad de México, en los Museos de Arte Moderno de México, París, Nueva York y Filadelfia, en la New York Public Library y en la Tate Gallery de Londres, entre otros.

[1]well-being
[2]has not changed
[3]still
[4]trace
[5]there are

DESPUÉS DE LEER

2–24 ¿Comprendes?

1. ¿Cómo es Francisco Toledo físicamente? ¿Cómo es su personalidad?

2. ¿A qué se dedica?

3. ¿Tiene familia?

4. ¿Qué dos aspectos combina el arte de Toledo?

5. Describe el estilo de Toledo.

6. En tu país, ¿adónde puedes ir (*where can you go*) para ver la pintura de Toledo?

2–25 Activando estrategias

1. Busca palabras en el texto (nombres, verbos, adjetivos) relacionadas con el arte.

2. Identifica seis cognados en el texto.

3. Busca en el diccionario la palabra en negrita en el texto. ¿Es un cognado?

2–26 Expansión

Piensen en (*think of*) un/a artista interesante y describan a este/a artista (la persona, la obra, la fama) a la clase.

GENTE QUE ESCRIBE

ESTRATEGIAS PARA ESCRIBIR

Reviewing the language use (grammar) of your written work

It is useful to keep track of the grammatical structures you have studied so far. When you review the grammar in your composition, make sure that what you have written expresses the meaning you are intending. Remember: It is important to learn the grammatical forms, but you also need to know how to use them. Ask yourself these questions:

a. Does your composition represent a variety of grammatical structures? Or do you repeat the same structures again and again? Are you using them correctly?
b. Have you tried to practice the structures that have just been introduced?
c. Can you confirm that you are using a noun where you need a noun, an adjective where you need an adjective?
d. Does every sentence have a conjugated verb?
e. Have you checked your composition for agreement (in gender and number, between articles and nouns, nouns and adjectives, and subjects and verbs)?

MÁS ALLÁ DE LA FRASE

Basic connectors to organize information

Using connectors in your writing helps organize your composition and allows your reader to easily follow the information. Good organization can compensate for errors in grammar or vocabulary, and enhances your Spanish writing. Simple organizing connectors are:

- *primero* (first)   - *segundo* (second)   - *tercero* (third)

In order to indicate to the reader that you are introducing your last idea, you can use these connectors:

- *finalmente* (finally)   - *por último* (last)

2–27 Una Carta

Vas a viajar (*you are going to travel*) a México para estudiar durante un semestre. Allí (*there*) vas a vivir (*you are going to live*) con una familia. Escribe una carta a tu familia mexicana. Preséntate (*introduce yourself*) y describe a tu familia con detalle:

- *nombre*   - *profesión*   - *información sobre tu familia*   - *otra información*
- *edad*   - *personalidad*   - *aficiones*

> **¡ATENCIÓN!**
>
> Tu trabajo escrito debe seguir (*follow*) los Pasos 1 a 8 (página 14, Lección 1).
>
> Paso 1: Consider the topic, the purpose of your writing, and your intended audience.
> Paso 2: Write an outline to decide the order in which you will present your information.
> Paso 3: Write a first draft using your outline.
> Paso 4: Edit the content. Make sure it is relevant to the topic and is well developed.
> Paso 5: Edit the organization. Use connectors (see *Más allá de la frase*).
> Paso 6: Check the grammar.
> Paso 7: Check the vocabulary.
> Paso 8: Check spelling, punctuation, capitalization, and accent marks.

COMPARACIONES

2–28 Imágenes

México es un gran mosaico cultural y de costumbres. Cada región mexicana es muy diferente: la historia, las tradiciones, el paisaje, las maneras de vivir, la gente.

Mira el mapa y las fotos de México. ¿Qué muestran (*do they show*)? ¿Qué dicen de México?

2–29 ¿Te sorprende o no?

Lee estos datos sobre México. ¿Te sorprenden?

SÍ NO

1. México es la undécima (*eleventh*) economía del mundo. ❑ ❑
2. Un 60% de la población mexicana es mestiza (ascendencia europea e indígena) y un 30% es amerindia (ascendencia indígena). ❑ ❑
3. México es el país con más taxis del mundo. ❑ ❑
4. El gobierno de México reconoce oficialmente 62 lenguas indígenas. Las más importantes son el náhuatl y el maya, cada una con un millón y medio de hablantes (*speakers*). ❑ ❑
5. México tiene más de 100 millones de habitantes. Es el país con más hispanohablantes del mundo. ❑ ❑
6. México es uno de los 18 países megadiversos del mundo. ❑ ❑

2–30 ¿También es así en tu país?

Habla con la clase de la diversidad de tu país. Compáralo con México.

lingüística   racial   geográfica   cultural

CULTURA

Los mexicoamericanos o chicanos conforman el 16,3% de la población de Estados Unidos. Aproximadamente 33 millones de estadounidenses son de ascendencia mexicana. En total, constituyen el 64% de todos los hispanos y latinos en Estados Unidos. Las zonas con mayor población de ascendencia mexicana son el suroeste (Arizona, California, Colorado, Nuevo México, Texas), Nueva York, Illinois y Filadelfia. Este grupo contribuye de manera notable a todas las áreas de la sociedad: política, arte, literatura, cine, deportes, ciencia y educación.

Go to **MySpanishLab** to review what
you have learned in this chapter.

Flashcards | Oral Practice | Practice Test / Study Plan | amplifire Dynamic Study Modules | Tutorials | Videos | Extra Practice

VOCABULARIO

Nacionalidades y origen (Nationality and origin)

el/la argentino/a	*Argentinian*
el/la colombiano/a	*Colombian*
el/la cubano/a	*Cuban*
el/la español/a	*Spaniard/Spanish*
el/la estadounidense	*U.S. citizen/from the U.S.*
el/la europeo/a	*European*
el/la hispano/a	*Hispanic*
el/la latinoamericano/a	*Latin American*
el/la latino/a	*Latino*
el/la mexicano/a	*Mexican*
el/la puertorriqueño/a	*Puerto Rican*
el/la venezolano/a	*Venezuelan*

Números (20–100) (Numbers (20–100))

veinte	*twenty*	treinta	*thirty*
veintiuno	*twenty-one*	treinta y uno	*thirty-one*
veintidós	*twenty-two*	treinta y dos	*thirty-two*
veintitrés	*twenty-three*	cuarenta	*forty*
veinticuatro	*twenty-four*	cincuenta	*fifty*
veinticinco	*twenty-five*	sesenta	*sixty*
veintiséis	*twenty-six*	setenta	*seventy*
veintisiete	*twenty-seven*	ochenta	*eighty*
veintiocho	*twenty-eight*	noventa	*ninety*
veintinueve	*twenty-nine*	cien	*one hundred*

Profesiones (Professions)

el/la abogado/a	*lawyer*
el actor	*actor*
la actriz	*actress*
el/la artista	*artist*
el/la camarero/a	*waiter/waitress*
el/la cantante	*singer*
el/la científico/a	*scientist*
el/la cocinero/a	*cook*
el/la deportista	*sportsman/sportswoman*
el/la escritor/a	*writer*
el/la estudiante	*student*
el/la fotógrafo/a	*photographer*
el/la jugador/a	*player*
el/la maestro/a	*teacher*
el/la mesero/a	*waiter/waitress*
el/la médico/a	*doctor*
el/la músico/a	*musician*
el/la periodista	*journalist*
el/la profesor/a	*professor*
la universidad	*college, university*
el/la pintor/a	*painter*
el/la político/a	*politician*

Familia y relaciones (Family and relationships)

el/la abuelo/a	*grandfather/grandmother*
los abuelos	*grandparents*
el/la amigo/a	*friend*
el/la esposo/a	*husband/wife*
el/la hermano/a	*brother/sister*
el/la hijo/a	*son/daughter*
la madre	*mother*
la mujer	*woman*
el/la niño/a	*boy/girl*
el/la novio/a	*boyfriend/girlfriend*
el padre	*father*
los padres	*parents*

Adjetivos: la personalidad (Adjectives: personality)

agradable	*pleasant, nice*
alegre	*happy*
amable	*kind*
antipático/a	*unpleasant, unfriendly*
bueno/a	*good*
casado/a	*married*
divorciado/a	*divorced*
egoísta	*selfish*
extrovertido/a	*outgoing*
guapo/a	*good-looking, handsome/pretty*
inteligente	*intelligent*
perezoso/a	*lazy*
serio/a	*serious*
simpático/a	*nice*
soltero/a	*single*
tímido/a	*shy*
trabajador/a	*hard-working*

Verbos: las aficiones (Verbs: interests)

bailar	*to dance*
cocinar	*to cook*
coleccionar	*to collect*
comer	*to eat*
correr	*to run*
dormir (ue)	*to sleep*
escuchar música	*to listen to music*
estudiar idiomas	*to study languages*
hacer (irreg.)	*to do, to make*
ir al cine (irreg.)	*to go to the movies*
jugar al fútbol (ue)	*to play soccer*
leer libros	*to read books*
pintar	*to paint*
practicar	*to practice*
salir	*to go out*
tocar (instrumentos)	*to play (instruments)*
trabajar	*to work*
ver películas	*to watch movies*
viajar	*to travel*

CONSULTORIO GRAMATICAL

1 Adjectives

Most adjectives have a masculine and a feminine form.

-o	-a	-os	-as
activ**o**	activ**a**	activ**os**	activ**as**
seri**o**	seri**a**	seri**os**	seri**as**

-or	-ora	-ores	-oras
trabajad**or**	trabajad**ora**	trabajad**ores**	trabajad**oras**

> Because adjectives in Spanish have gender and number, they have to agree with the noun they refer to in both gender and number.

Other adjectives have only one form for both masculine and feminine. Most adjectives that end in -e or a consonant have one form for both feminine and masculine.

-e	-es	-ista	-istas
alegr**e**	alegr**es**	optim**ista**	optim**istas**
inteligent**e**	inteligent**es**	deport**ista**	deport**istas**

CONSONANTE (-l, -z...)	CONSONANTE + es (-les, -ces...)
fácil	fáci**les**
feliz	feli**ces**
azul	azu**les**

> Note the need to add an **e** before the **s** when forming the plural form of an adjective ending in a consonant: *común → comunes*

Adjectives are usually placed after the noun.

una mujer **inteligente**   un niño **grande**   un niño muy **bueno**

But there are some important common exceptions, such as:

un **buen** amigo   un **gran** amigo   una **buena** persona

2 Ser + Adjective

Ser *is the verb used to talk about place of origin, personality, or profession.*

Juan **es** mexicano.
Carla **es** muy simpática.

3 Adverbs of Quantity

Es **muy** simpático.
*He is **very** nice.*

Es **bastante** trabajadora.
*She is **quite** hard-working.*

Son **un poco** tímidos.
*They are **a bit** shy.*

No son **nada** sociables.
*They are **not at all** sociable.*

Caution: **un poco** *is only used for negative qualities.*

un poco antipático, tímida, difícil

> When using a negative word like *nada* (**nothing**) in Spanish, *no* is also needed at the beginning of the sentence: *No hay nada aquí.* = There's nothing here/ There isn't anything here.

4 The Present Tense: -ar, -er, and -ir Verbs

In Spanish there are three infinitive endings:

-AR	-ER	-IR
estudiar	leer	escribir
hablar	correr	vivir
estar	tener	decir

> Some verbs in Spanish are irregular, meaning either that they don't follow the endings of their conjugation or that the stem of the infinitive form changes when conjugating the verb.

Each of these verb groups is conjugated slightly differently,
but -er and -ir verbs share many common endings.

	ESTUDIAR	LEER	ESCRIBIR	TENER
(yo)	estudio	leo	escribo	**tengo**
(tú)	estudias	lees	escribes	**tienes**
(él, ella, usted)	estudia	lee	escribe	**tiene**
(nosotros/as)	estudiamos	leemos	escribimos	**tenemos**
(vosotros/as)	estudiáis	leéis	escribís	**tenéis**
(ellos, ellas, ustedes)	estudian	leen	escriben	**tienen**

5 Possesive Adjectives

- ¿Quién es?
- Mi hermano mayor.
  Esta es mi prima Rosa.

mi padre/**mi** madre → **mis** padres
(*my father*)/(*my mother*) (*my parents*)

tu hermano/**tu** hermana → **tus** hermanos
(*your brother*)/(*your sister*) (*your siblings*)

su hijo/**su** hija → **sus** hijos
(*your/his/her son*)/(*your/his/her daughter*) (*your/his/her children*)

nuestro padre/**nuestra** madre → **nuestros** padres
(*our father*)/(*our mother*) (*our parents*)

vuestro hermano/**vuestra** hermana → **vuestros** hermanos
(*your brother*)/(*your sister*) (*your siblings*)

su hermano/**su** hermana → **sus** hermanos
(*your/his/her brother*)/(*your/his/her sister*) (*your/his/her siblings*)

> In English there are no unique plural forms for cases when what is possessed is plural. Spanish, however, requires plural possessive forms: *mis, tus, sus...*
>
> *mis/tus/sus* sueños (= **my/your/his/her** dreams)
>
> In English there is a gender agreement in the third person (**his/her**) between the possessive form and the possessor (**He** sold **his** pianos). In Spanish, however, there is number agreement between the possessive form and what is possessed (*El vendió sus pianos*) and gender and number agreement in the first- and second-person plural forms: ***nuestro/nuestra/nuestros/nuestras*** (our) and ***vuestro/vuestra/vuestros/vuestras*** (your–plural).
>
> *Nuestra casa / nuestras casas* (**our** house / **our** houses)

ADJECTIVE	mi/mis	tu/tus	su/sus
PERSON WHO POSSESSES	yo	tú	él/ella/usted/ellos/ellas/ustedes

6 Talking about Age, Marital Status, Professions, and Nationality and Place of Origin

Talking about someone's age

- ¿Qué edad tiene usted? / ¿Qué edad tienes?   —*How old are you?* (formal)/(informal)
  ¿Cuántos años tiene/tienes?
- Veintiún años.   —*Twenty-one.*
  Tengo veintiún años.   *I'm twenty-one years old.*

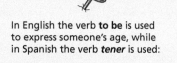

> In English the verb **to be** is used to express someone's age, while in Spanish the verb *tener* is used:
>
> *Creo que **tiene** cuarenta años.*
> (= I think he **is** forty years old.)

Talking about marital status

Soy, Estoy { soltero/a; casado/a; viudo/a; divorciado/a; separado/a.

Soy soltera.

Estoy casado.

> **Un**, **una**, **unos**, **unas** correspond to the indefinite article **a** or **some** in English.
>
> *Este es Pedro, un amigo* = This is Pedro, a friend.
>
> *Estos son Juan y Ana, **unos** amigos* = These are Juan and Ana, **some** friends.

Talking about professions

- **¿A qué se dedica usted? / ¿A qué te dedicas? / ¿Qué haces?**
- **Trabajo en** una empresa de informática.
  Estudio en la universidad.
  Soy arquitecto.

—What do you do for living? (formal) / (informal) / What do you do?

—I **work in** a computer company.
I **go** to college.
I**'m** an architect.

Some professions have two forms, and others have just one.

un	MASCULINE	una	FEMININE		INVARIABLE FORM
	profesor		profesora	un/una	periodista, artista, pianista
	vendedor		vendedora	un/una	cantante, ayudante
	médico		médica		
	abogado		abogada		
	presidente		presidenta		

Talking about nationality and place of origin

COUNTRY, CITY, OR TOWN

- **¿De dónde eres?**
  ¿De dónde es usted?
- Soy chileno.
  Soy **de** Chile.
  De Santiago de Chile.
  De Chile.

—Where are you from? (informal)
Where are you from? (formal)
—I'm Chilean.
I'm **from** Chile.
From Santiago de Chile.
From Chile.

> Unlike in English, in Spanish there is NO indefinite article preceding the name of a profession:
>
> *Es profesora* = She's **a** professor . . .
> unless the profession is further qualified:
>
> *Es **una** profesora muy buena.*
> *Es **una** profesora de mi escuela.*

MASCULINE ENDING IN -o
peruano, boliviano, cubano, hondureño...

FEMININE ENDING IN -a
peruana, boliviana, cubana, hondureña...

ENDING IN A CONSONANT
alemán, francés, portugués, inglés...

ADD AN a
alemana, francesa, portuguesa, inglesa...

INVARIABLE FORMS
IN -í: iraní, marroquí...
IN -ense: nicaragüense, costarricense, canadiense...
IN -a: belga, croata...

3 GENTE de VACACIONES

TAREA

Planificar unas vacaciones en Venezuela.

NUESTRA GENTE

Venezuela
Hispanos/latinos en Estados Unidos

3-1 Un viaje a Venezuela

Mira estas fotos de lugares en Venezuela.
Identifica las fotos con ayuda de tu profesor/a.

Plaza Bolívar en Caracas   Maracaibo
Salto Ángel, Parque Nacional Canaima   Isla de Margarita
Pico Bolívar en Mérida (Los Andes)

EJEMPLO:

E1: Esto es Caracas.

Usa el mapa de la página siguiente para ver dónde están estos lugares.

Explore Venezuela with *Club cultura!*

ACERCAMIENTOS

3–2 ¿Caracas o el Parque Nacional Canaima?

La agencia de viajes Venezuela Tuya ofrece dos viajes.
¿Qué prefieres?

☐ Ir a Caracas

☐ Ir al Parque Nacional Canaima

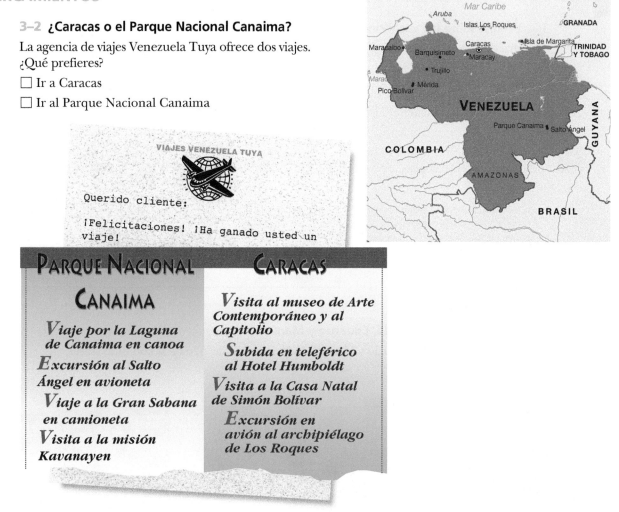

VIAJES VENEZUELA TUYA

Querido cliente:

¡Felicitaciones! ¡Ha ganado usted un viaje!

PARQUE NACIONAL CANAIMA

Viaje por la Laguna de Canaima en canoa

Excursión al Salto Ángel en avioneta

Viaje a la Gran Sabana en camioneta

Visita a la misión Kavanayen

CARACAS

Visita al museo de Arte Contemporáneo y al Capitolio

Subida en teleférico al Hotel Humboldt

Visita a la Casa Natal de Simón Bolívar

Excursión en avión al archipiélago de Los Roques

Ahora completa este texto con los lugares o actividades que te interesan.

En primer lugar, me interesa ———————————— y en segundo lugar, ————————————.
Quiero visitar especialmente———————————— y ———————————— porque me
interesa ————————————.

3–3 ¿Adónde va la clase?

Con ayuda de su profesor/a, la clase vota y decide adónde quiere ir.

CULTURA

El Parque Nacional Canaima está en el estado Bolívar,
Venezuela. En 1994 la UNESCO lo declaró patrimonio de
la humanidad. Es el sexto parque nacional más grande del
mundo. Es un parque muy aislado (*isolated*) donde viven
los indígenas pemones y habitan diversas especies de
animales como el jaguar. Allí está el Salto Ángel, la
catarata (*waterfall*) más alta del mundo.

CULTURA

Caracas es la capital de la República Bolivariana de
Venezuela y es el centro administrativo, financiero,
comercial y cultural más importante de la nación.
Tiene cuatro millones de habitantes. En Caracas hay
muchos parques, museos y centros comerciales.
Caracas está situada al pie del cerro Ávila y muy cerca
(*close*) de la costa.

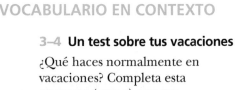VOCABULARIO EN CONTEXTO

3–4 Un test sobre tus vacaciones

¿Qué haces normalmente en vacaciones? Completa esta encuesta (*survey*) con tus preferencias. Usa las fotos para adivinar el significado de las palabras nuevas.

Ahora habla con tu compañero/a y comparen sus preferencias.

EJEMPLO:

E1: A mí me gusta (*I like*) viajar con mi familia en verano y me gusta la playa. ¿Y tú?
E2: Yo prefiero viajar con mis amigos y me gusta el tren.

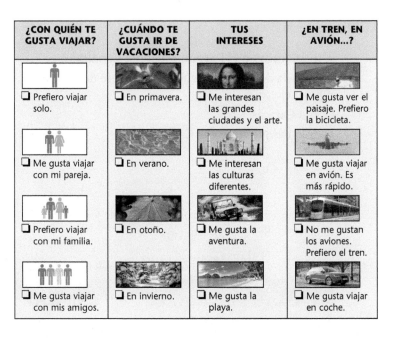

¿CON QUIÉN TE GUSTA VIAJAR?	¿CUÁNDO TE GUSTA IR DE VACACIONES?	TUS INTERESES	¿EN TREN, EN AVIÓN...?
❑ Prefiero viajar solo.	❑ En primavera.	❑ Me interesan las grandes ciudades y el arte.	❑ Me gusta ver el paisaje. Prefiero la bicicleta.
❑ Me gusta viajar con mi pareja.	❑ En verano.	❑ Me interesan las culturas diferentes.	❑ Me gusta viajar en avión. Es más rápido.
❑ Prefiero viajar con mi familia.	❑ En otoño.	❑ Me gusta la aventura.	❑ No me gustan los aviones. Prefiero el tren.
❑ Me gusta viajar con mis amigos.	❑ En invierno.	❑ Me gusta la playa.	❑ Me gusta viajar en coche.

3–5 Las vacaciones de David, Eduardo y Manuel

Mira las fotos de David, Eduardo y Manuel. Relaciona a estas personas con estas frases.

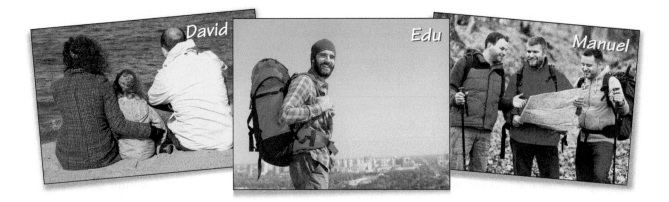

Viajes a países lejanos: _____

Vacaciones tranquilas con la familia: _____

Contacto con la naturaleza: _____

Ahora escucha a David, Eduardo y Manuel. Hablan sobre sus vacaciones. ¿Qué dicen? Completa el cuadro.

	ESTACIÓN DEL AÑO	PAÍS/PAÍSES	ACTIVIDADES	TRANSPORTE
DAVID				
EDUARDO (EDU)				
MANUEL				

3-6 Busco compañero/a de viaje

Lean estos tres anuncios (*ads*): son de tres viajes muy diferentes. ¿Les interesa alguno?

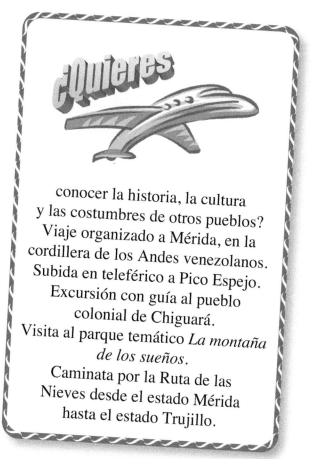

¿Quieres conocer la historia, la cultura y las costumbres de otros pueblos?
Viaje organizado a Mérida, en la cordillera de los Andes venezolanos.
Subida en teleférico a Pico Espejo.
Excursión con guía al pueblo colonial de Chiguará.
Visita al parque temático *La montaña de los sueños*.
Caminata por la Ruta de las Nieves desde el estado Mérida hasta el estado Trujillo.

¿Eres aventurero?

¿Te interesan los parques nacionales?
Tenemos dos lugares disponibles para un viaje al Parque Nacional Los Roques.
Viaje de ida y vuelta en avión desde Caracas.
Visita al cayo (key) de Dos Mesquises (Programa "Adopta una tortuga").
Buceo (diving), surf y vela (sailing).

¿TE GUSTAN EL SOL, EL MAR Y LA TRANQUILIDAD?

Apartamento muy barato en la Isla de Margarita.
Para cinco personas.
Muy cerca de la playa.
Golf, paseos a caballo.
Viajes Solimar.

Ahora hablen sobre sus preferencias. Usen estas expresiones:

PREFERENCIAS:

A mí me interesa…
- el viaje al Parque Nacional Canaima.
- el apartamento en la playa.
- otros _____

¿POR QUÉ?

Me gusta…
- la montaña.
- conocer otras culturas.
- otros _____

Me gustan…
- los viajes organizados.
- los deportes acuáticos (*water sports*).
- otros _____

Quiero…
- visitar Los Roques.
- conocer Mérida.
- otros _____

EJEMPLO:

E1: A mí me interesa el apartamento en la Isla de Margarita. Me gustan las vacaciones tranquilas.
E2: A mí me interesa el viaje al Parque Nacional Canaima porque me gusta la aventura.

GRAMÁTICA EN CONTEXTO

3-7 ¿Qué es y dónde está?

Di (*say*) nombres del mapa y pregunta a tu compañero/a qué son y dónde están. Ofrece pistas como…

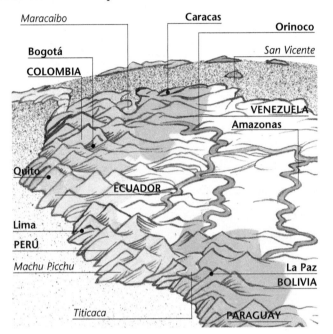

es un río/un lago/una montaña   está cerca de/lejos de
está al norte/al sur/al este/al oeste

EJEMPLO:

E1: ¿Qué **es** Maracaibo?
E2: Es una ciudad.
E1: ¿Y dónde **está**?
E2: **Está** en Venezuela, cerca de Colombia.

3-8 La capital de Venezuela

Mira el mapa y lee el texto. Identifica en el mapa los lugares mencionados en el texto.

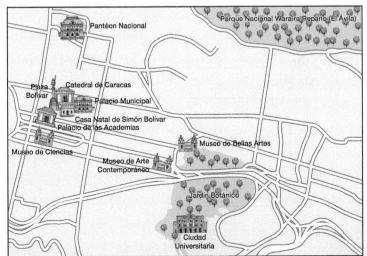

QUÉ HAY Y DÓNDE ESTÁ

En el pueblo **hay** un supermercado.
El supermercado **está** en la Calle Mayor.
La iglesia y la alcaldía **están** en el centro.

Hay	Singular
	Hay una farmacia.
	No hay escuela.
	Plural
	Hay dos farmacias.
	Hay varias farmacias.

(yo)	estoy
(tú)	estás
(él, ella, usted)	está
(nosotros/as)	estamos
(vosotros/as)	estáis
(ellos, ellas, ustedes)	están

¿Dónde está la oficina de turismo?
En la alcaldía.

¿Hay una farmacia aquí?
Sí, está en la Plaza Bolívar.

QUÉ TIENE

El hotel **tiene** piscina, sauna y gimnasio.

Y, NO, NI, TAMBIÉN, TAMPOCO

En el pueblo **hay** un hotel **y** dos bares.
También hay un casino.
En el pueblo **no** hay cine **ni** teatro.
Tampoco hay farmacia.

	QUERER
(yo)	quier**o**
(tú)	quier**es**
(él, ella, usted)	quier**e**
(nosotros/as)	quer**emos**
(vosotros/as)	quer**éis**
(ellos, ellas, ustedes)	quier**en**

	GUSTAR
(a mí)	**me** gusta
(a ti)	**te** gusta
(a él, ella, usted)	**le** gusta
(a nosotros/as)	**nos** gusta
(a vosotros/as)	**os** gusta
(a ellos, ellas, ustedes)	**les** gusta

Me gusta { viajar en tren.
{ este pueblo.

Me gustan los pueblos pequeños.

ACUERDO Y DESACUERDO

Con verbos como querer

● (**Yo**) soy profesor de español.
○ Yo **también**.
   Yo no.

● (**Yo**) no tengo dinero para ir en avión.
○ Yo **tampoco**.
   Yo sí.

Con verbos como gustar

● (**A mí**) me gusta mucho el cine.
○ A mí **también**.
   A mí no.

● (**A mí**) no me gustan las ciudades en verano.
○ A mí **tampoco**.
   A mí sí.

Caracas está a 15 km del mar Caribe. Entre Caracas y el mar está el Parque Nacional El Ávila, uno de los principales atractivos de la ciudad. La historia de Caracas se revela en sus edificaciones, calles y plazas. Dos ejemplos son la Casa Natal de Simón Bolívar y el Panteón Nacional, donde están los restos de Simón Bolívar y de otros héroes de la historia de Venezuela. La Plaza Bolívar está en el centro de la ciudad, junto con la Catedral de Caracas y el Palacio Municipal.

Caracas es un gran centro cultural y tiene muchos museos. El Museo de Bellas Artes es el más antiguo (*the oldest*) de Venezuela. Allí hay una importante colección de arte egipcio. El Museo de Ciencias está en la Plaza Los Museos, el circuito cultural de la ciudad. Además, allí podemos encontrar el Museo de Arte Contemporáneo y el Palacio de las Academias, donde están las academias de historia, medicina, lenguas, matemáticas y ciencias. Además, en la Ciudad Universitaria está el Jardín Botánico, donde hay un instituto de investigación y una amplia colección de arte. La Ciudad Universitaria y el Jardín Botánico son patrimonios de la humanidad.

EJEMPLO:
E1: Esto **es** la catedral, ¿verdad?
E2: Sí, y esto **es** El Museo de Ciencias.

3–9 En Caracas

Con tu compañero/a, escribe un texto sobre Caracas.

En Caracas **hay** _____, _____ y _____.
También **hay** _____ y _____.
_____ **está** en _____.
_____ **está** cerca de _____ y de _____,
pero **está** lejos de _____.

3–10 De vacaciones

Dos amigos hablan de sus preferencias para las vacaciones. Escucha y completa las frases.

A Marta le gusta(n) _____ y prefiere _____.
No le gusta(n) _____.
Francisco prefiere _____ y _____.
A Francisco tampoco le interesa(n) _____.

3–11 ¿Qué te gusta?

Describe tus gustos respecto a estos temas. Usa las expresiones *me interesa(n)*, *me encanta(n)*, *me gusta(n) mucho*, *no me gusta(n) nada*, etc.

la música hip-hop	las discotecas	trabajar
leer novelas	las playas desiertas	la televisión
los restaurantes étnicos	aprender idiomas	los videojuegos
la política	el cine extranjero	otros _____

EJEMPLO:
E1: A mí **me interesa** mucho la música, especialmente la música clásica.
   Me encanta. No **me gustan** nada las discotecas porque **hay** mucho ruido.

INTERACCIONES

ESTRATEGIAS PARA LA COMUNICACIÓN ORAL

Expressing agreement and disagreement

In this chapter, you have learned how to express agreement and disagreement with respect to actions (*yo sí, yo no, yo también, yo tampoco*) and preferences (*a mí sí, a mí no, a mí también, a mí tampoco*). In conversation, it is useful to express agreement or disagreement with ideas or opinions as well. Some commonly used expressions in Spanish for expressing agreement are:

• *Tiene(s) razón.*	You are right.
• *(Estoy) de acuerdo.*	I agree.
• *Por supuesto.*	Of course.
• *Estoy contigo (con usted).*	I'm with you.

Common expressions to show disagreement are:

• *No tienes razón.*	You are wrong.
• *No estoy de acuerdo.*	I disagree.
• *De ninguna manera.*	No way.

Remember to learn these expressions as "chunks" of language. They will help you keep conversations going, add fluency to your Spanish, and focus your energy on the accuracy of other parts of the conversation.

3–12 ¿De acuerdo o no?

Expresa estas opiniones sobre las vacaciones. Tus compañeros/as tienen que expresar acuerdo o desacuerdo con tus opiniones.

- Las mejores (*best*) vacaciones son en diciembre.
- Es mejor viajar solo.
- La montaña es un lugar muy aburrido. Allí hay muchos insectos.
- Los hoteles son muy incómodos (*uncomfortable*).
- Viajar en avión es muy peligroso (*dangerous*).
- Los cruceros (*cruises*) son muy divertidos.

EJEMPLO:

E1: Viajar en tren es muy caro.
E2: Tienes razón y además es muy lento.
E3: Yo **no estoy de acuerdo**. Creo que es muy divertido.

3–13 Tus preferencias para viajar

Entrevista a tu compañero/a sobre sus preferencias para viajar. Expresa acuerdo o desacuerdo con sus preferencias y opiniones. En particular, quieres saber…

- ¿Cómo le gusta viajar? (medio de transporte) ¿Por qué?
- ¿Cuándo le gusta viajar? (estación del año y mes) ¿Por qué?
- ¿Adónde le gusta viajar? (lugar) ¿Por qué?
- ¿Con quién le gusta viajar? ¿Por qué?

EJEMPLO:

E1: ¿Cómo **te gusta** viajar?
E2: En carro porque tengo más independencia.
E1: A mí no. A mí me gusta viajar en tren.

3–14 ¿De acuerdo?

Completen el cuadro individualmente con estos datos.

gastar dinero   jugar al fútbol   aprender español
madrugar   usar Facebook   ir al cine
limpiar el cuarto   ver partidos (*matches*)
dormir   de baloncesto

ENCANTAR		NO GUSTAR		PREFERIR	
A mí	A mi compañero/a	A mí	A mi compañero/a	Yo	Mi compañero/a

Ahora comparen su información. Identifiquen dos cosas en las que (*about which*) están de acuerdo y dos cosas en las que no están de acuerdo. Después presenten sus conclusiones a la clase.

EJEMPLO:

A Mark le gusta gastar dinero y **a mí también**. No le gusta madrugar y **a mí tampoco**.

3–15 Situaciones: *En el hotel*

A student from the United States is in Venezuela on vacation. The student has arrived in Caracas and needs to spend three nights in a hotel. He/she walks into the lobby of Hotel Las Américas and asks the receptionist about the hotel.

El Hotel Las Américas está en Sabana Grande. Esta zona tiene tiendas, bancos, restaurantes y discotecas. La estación de metro está muy cerca del hotel y da acceso al centro de Caracas, sus museos y atracciones culturales. El aeropuerto está a 40 minutos en carro. La reservación de la habitación incluye desayuno y periódicos locales e internacionales. El hotel tiene estos servicios:

Televisión por cable y satélite   Gimnasio y sauna
Servicio de lavandería   Peluquería
Acceso a Internet   Estacionamiento
Servicio de habitación las veinticuatro horas   Un restaurante y dos bares
Minibar   Piscina cubierta

ESTUDIANTE 1

You work in Hotel Las Américas as a receptionist. The tourist who has just arrived has some questions about the hotel. Answer his/her questions. Do not forget to read the information about the hotel.

ESTUDIANTE 2

You need a hotel that is near the airport and is in a quiet neighborhood. You also want laundry service, Internet access, and if possible, free breakfast. You want an outdoor pool and a gym. You prefer to be close to restaurants and shops.

TAREA

Planificar unas vacaciones en Venezuela.

PREPARACIÓN

Marca tus preferencias.

Viaje:
- ☐ en carro particular
- ☐ en tren
- ☐ en avión
- ☐ en autobús

Lugar:
- ☐ playa
- ☐ montaña
- ☐ campo
- ☐ ciudad

Alojamiento:
- ☐ hotel
- ☐ campamento
- ☐ apartamento
- ☐ pensión (albergue de juventud)

Intereses:
- ☐ naturaleza
- ☐ deportes
- ☐ monumentos
- ☐ museos y cultura

Explica tus preferencias a la clase.

EJEMPLO:

A mí me interesan los museos y la cultura. Por eso quiero ir a visitar una ciudad. Quiero ir en carro y alojarme en un hotel.

Identifiquen compañeros/as con preferencias similares y formen grupos.

Paso 1   Están en Venezuela y quieren planificar un fin de semana de vacaciones. Para sus vacaciones, elijan entre dos opciones: la Laguna de Canaima o la Isla de Margarita. Lean los anuncios.

CAMPAMENTO UCAIMA EN LA LAGUNA DE CANAIMA

Uno de los lugares más fabulosos del país es la Laguna de Canaima. En esta laguna hay saltos increíbles, islas y montañas. En un viaje en canoa puedes llegar a la Isla Anatoly. Allí puedes ver el Salto del Sapo y el Salto del Sapito. Una experiencia inolvidable es pasar debajo del (*under*) Salto del Sapo, buscando (*looking for*) el Salto del Sapito.

El campamento Ucaima está a dos kilómetros de la famosa Laguna de Canaima, a orillas del río Carrao. Tiene cinco hermosas cabañas con cómodas habitaciones: 10 dobles y 2 triples. Tiene un comedor panorámico, donde sirven comida típica. En el salón Mirador los visitantes pueden disfrutar del hermoso paisaje y de la meditación. Recomendaciones para el viajero: zapatos y ropa deportivos, sombrero o gorra, traje de baño, protector solar, impermeable, repelente y linterna.

PLAN: 4 días/3 noches
Incluye: Boleto aéreo Puerto Ordaz-Canaima-Puerto Ordaz. Tres noches de alojamiento en el campamento con comidas, seguro, traslado aeropuerto-campamento-aeropuerto y excursión al Salto del Sapo.

ALBERGUE VILLA DEL SOL EN LA ISLA DE MARGARITA

L as playas de la Isla de Margarita están entre (*among*) las primeras en el mundo para la práctica del windsurf, con competiciones internacionales. Además, existen dos parques nacionales y tres reservas naturales, casinos, más de 3.000 tiendas, una multitud de restaurantes y una increíble vida nocturna.

El albergue Villa del Sol le ofrece todo lo que (*everything that*) usted necesita para disfrutar sus vacaciones: una hermosa playa, una piscina, 350 días de sol al año y muchas actividades para divertirse. En la villa hay ocho habitaciones con acceso a la piscina, una parrilla de gas y una parrilla de leña.

PLAN: 4 días/3 noches
Incluye: Boleto aéreo Caracas-Isla de Margarita-Caracas. Tres noches de alojamiento en la posada con comidas, seguro, traslado aeropuerto-campamento-aeropuerto y excursión para practicar snorkeling y buceo.

AYUDA

- Yo prefiero ir en junio porque tengo vacaciones en verano.
- Yo en diciembre.

- A mí me gusta más irme de campamento.
- Yo prefiero un albergue.

- Yo prefiero ⎰practicar deportes de montaña.
  ⎱hacer excursiones.

	PREFERIR
(yo)	prefiero
(tú)	prefieres
(él, ella, usted)	prefiere
(nosotros, nosotras)	preferimos
(vosotros, vosotras)	preferís
(ellos, ellas, ustedes)	prefieren

Paso 4 El/la representante del grupo presenta el plan a la clase.

Paso 5 Los grupos y el/la profesor/a comentan los resultados.

Paso 2 En grupo, hablen de sus preferencias y justifiquen sus opiniones.

EJEMPLO:

E1: Yo **prefiero** el viaje a la Isla de Margarita porque **me interesan** mucho los deportes acuáticos (*water sports*).
E2: A mí no. Yo **prefiero** ir a Canaima porque **hay** montañas.
E3: Yo estoy contigo. También **prefiero** Canaima.
E2: No estoy de acuerdo. Margarita es más interesante porque **hay** playas.

Paso 3 Escriban un plan con la opción elegida (*chosen*) y justifiquen su elección. Usen esta guía como modelo.

Nuestro plan es	ir a _____ y viajar en el mes de _____.
Queremos	ir a _____ porque _____.
Queremos	alojarnos en _____ pasar un día en _____ y un día en _____.
Preferimos	visitar / estar en _____ porque a _____ le gusta/interesa mucho _____. Nos gusta/interesa _____.

Paso 6 Foco lingüístico.

NUESTRA GENTE

ESTRATEGIAS PARA LEER

Guessing the meaning of words using the context

While learning Spanish, you will come across many unfamiliar words. Using the dictionary is not always the best option. Trying to guess what the word means by using the context can often be a very good strategy. When you see an unfamiliar word, look at the surrounding words for contextual clues.

1. Look for definitions, synonyms, or explanations. These are generally very close to the unfamiliar word and sometimes are very explicit.
2. Search for contrasting phrases or antonyms. These could also be found very close to the unfamiliar word.
3. Study the overall meaning of the sentence and try to replace the word with other words or expressions you know.
4. Test the meaning you have guessed based on the context. Does it make sense?

For example, in the sentence "En Venezuela hay magníficas playas con grandes olas para los amantes del surf," you probably do not know the meaning of the word "olas." However, if you look at the surrounding words and search for cognates or other words you know, you will find *playas, grandes, surf.* You can probably guess that "olas" means *waves.*

> Now read this text: *En esta zona de playa hay apartamentos donde puedes ver el mar desde la terraza.* What does the word "terraza" refer to?
>
> a. a balcony   b. a city   c. a beach
>
> You probably guessed "a balcony." None of the other options would make sense in this context.

ANTES DE LEER

3–16 Turismo

Define estos tipos de turismo. ¿Cuál te interesa más? ¿Por qué?

1. turismo cultural
2. ecoturismo
3. turismo rural
4. turismo deportivo
5. turismo de aventura
6. turismo gastronómico

3–17 Activando estrategias

1. Mira el título del texto y las fotos. ¿Qué información te dan (*they give you*) sobre el texto?
2. Mira el texto rápidamente. ¿Hay muchos cognados? Identifica algunos en los dos primeros párrafos.

A LEER

ECOTURISMO EN VENEZUELA

El ecoturismo es una forma de turismo que tiene como finalidad el acercamiento a la naturaleza, a la fauna y flora en su **entorno** natural. Es un fenómeno en expansión que se practica[1] de diferentes maneras y en diferentes **sitios**: en los bosques, las selvas, los lagos, los ríos, las montañas o los desiertos. En Venezuela hay diversidad de sitios para practicar el ecoturismo.

En el este del país están Playa Colorada y el Parque Nacional Mochima, famosos por sus islas, corales y variada flora y fauna; las tranquilas playas de Cumaná y las playas de Puerto Santo, Copey y Caribe en Carúpano. Al sur de Venezuela está el caudaloso[2] río Orinoco y también los parques nacionales Gran Sabana y Canaima con el Salto Ángel.

En el estado Mérida está el Parque Nacional Sierra Nevada con su variada flora, inmensas caídas de agua, ríos, aire puro y muchas otras sorpresas para el más exigente turista. También hay infinidad de lagunas como Mucubají, La Negra o Los Patos.

Allí están los picos Bolívar y Humbolt a los que se accede[3], hasta casi 5.000 m de altura, por el sistema teleférico más alto y **largo** del mundo.

Finalmente, la región de Guayana es una extensa zona de selvas con ríos, saltos de agua, abundante y variada flora y fauna, y hábitats de grupos étnicos como los pemones y guaraos. Aproximadamente tres millones de hectáreas de esta región constituyen el Parque Nacional Canaima, el mayor de Venezuela. En el corazón de la Guayana está la maravillosa belleza[4] natural conocida como La Gran Sabana. Esta zona es un paraíso para los ecólogos y los ecoturistas **ya que** allí hay ríos con variadas clases de **peces** y especies de fauna terrestre (monos, tucanes, colibríes, tigres, pumas, osos hormigueros, loros, serpientes y tortugas).

[1]it's practiced   [2]large   [3]you can access   [4]beauty

DESPUÉS DE LEER

3–18 Activando estrategias

1. ¿Qué significan las palabras **entorno**, **sitios** y **peces**? Usa el contexto para responder.

2. ¿Qué significa la expresión **ya que**? Usa el contexto para responder.

3. Busca la palabra **largo** en el diccionario. ¿Es un cognado?

3–19 ¿Comprendes?

1. ¿Por qué es famoso el Parque Nacional Mochima?

2. ¿Dónde está el pico Humboldt?

3. ¿En qué región está el Parque Nacional Canaima?

4. ¿Qué es la Gran Sabana y dónde está?

5. Según (*according to*) el texto, ¿por qué Venezuela es un país ideal para hacer ecoturismo?

3–20 Expansión

Piensen en los posibles efectos negativos del ecoturismo.

GENTE QUE ESCRIBE

ESTRATEGIAS PARA ESCRIBIR

Reviewing the vocabulary of your written work

When you revise your writing for vocabulary, ask yourself the following questions:

1. Does your composition show how much vocabulary you know?
2. Have you used any false cognates?
3. Have you tried to incorporate new vocabulary and expressions?
4. Have you tried to "translate" complex ideas from English into Spanish? Remember that simplification is often the best solution.
5. Read your composition again and circle any words that are repeated. Is it possible to avoid repetition by using another word or by paraphrasing?

Finally, if you are unsure about a word that you have written, or if you cannot find a word that is really important for your composition, use the dictionary, but only as a last resort.

MÁS ALLÁ DE LA FRASE

Connectors to express cause and consequence

The most common connector for justifying preferences, actions, or opinions is *porque*. However, you should vary the connectors when you write so that it does not sound repetitive. Some other connectors are *ya que* (*since*) and *debido a que* (*due to*). They have the same general meaning as *porque* but are more formal, so they are used more frequently in writing (and less frequently in conversational Spanish).

Sometimes we express the effect or consequence of something before we mention the cause. Note that cause and effect maintain a very close relationship. Read the following examples:

Esa zona es un paraíso para los ecólogos **porque** *allí hay ríos con variadas clases de peces.*

Allí hay ríos con variadas clases de peces; **por eso** *esa zona es un paraíso para los ecólogos.*

Note that we express cause or effect according to the order of the information in the sentence. Another common connector that expresses effect or consequence is *así que* (*so*).

Read these sentences. Can you join them together in two different ways?

CAUSA: *Venezuela tiene docenas de playas bellísimas.*

CONSECUENCIA: *Mucha gente de todo el mundo visita Venezuela.*

3–21 Una carta

Un/a amigo/a de Venezuela va a visitarte (*is going to visit you*) en tu ciudad durante las vacaciones de diciembre. Escribe un correo electrónico a tu amigo/a. Explica

- qué hay en tu ciudad;
- dónde está situada;
- los diferentes medios de transporte para llegar allí;
- los deportes y actividades que puedes practicar en ese lugar;
- qué te gusta hacer durante las vacaciones;
- algunos datos curiosos e interesantes sobre ese lugar; y
- otras **razones** para visitar tu ciudad.

> **¡ATENCIÓN!**
>
> Tu trabajo escrito debe seguir los Pasos 1 a 8 (página 14, Lección 1). Presta atención al uso del vocabulario (Paso 7) y revisa la organización y conexión entre las ideas (conectores).

COMPARACIONES

Venezuela y Estados Unidos

¿Creen que Venezuela es un país bien conocido en Estados Unidos?

3-22 Venezuela en el cine

Lee estos dos textos. Después responde a las preguntas.

Tepuy Autana en Amazonas, Venezuela

El tepuy es una meseta abrupta, con paredes verticales y cimas (*summits*) muy planas (*flat*), que frecuentemente supera los 1.000 m de desnivel (*unevenness*) con respecto a la selva circundante. Estas montañas son las formaciones expuestas más antiguas en el planeta. Los tepuyes están normalmente aislados en vez de (*instead of*) formar parte de una cadena (*chain*) común. Por eso tienen el ambiente ideal donde se desarrollan ecosistemas únicos. La mayor parte de los tepuyes (alrededor de 115) está en la zona de la Gran Sabana venezolana. Otro número importante está en el Parque Nacional Canaima. El nombre *tepuy* es originario del idioma indígena pemón y significa "montaña" o "casa de los dioses". Actualmente las leyes venezolanas protegen los tepuyes y los consideran monumentos naturales. En las cimas de estos tepuyes nacen ríos y gigantescas cascadas, como el Salto Ángel, la cascada más alta del mundo.

1. ¿En qué se diferencian los tepuyes de otras montañas?
2. ¿Por qué son los tepuyes importantes?
3. ¿Dónde hay una alta concentración de tepuyes?

Imagen de la película UP con un tepuy al fondo

Los enormes y misteriosos tepuyes del sureste de Venezuela son el escenario de *Up*, la película animada de Disney-Pixar. La película cuenta (*tells*) la relación entre un viejo gruñón (*grumpy*) y un niño explorador, compañeros de viaje con destino a Venezuela. El Salto Ángel, la catarata más alta del planeta, es el destino final de los personajes. Un equipo de 11 personas encabezado por el director Pete Docter fue (*went*) a la Gran Sabana para investigar el lugar antes de (*before*) decidir la ubicación de la historia. El viaje por avión, barco, vehículos terrestres y finalmente helicópteros tomó (*took*) más de tres días. Primero fueron (*they went*) al Monte Roraima. Desde Roraima viajaron (*traveled*) en helicóptero a Kukenan. Finalmente llegaron (*arrived*) al Auyantepuy, base del Salto Ángel.

1. En tu opinión, ¿qué efectos positivos puede tener esta película?
2. ¿Crees que la película puede tener efectos negativos?
3. ¿Conoces otros ejemplos de películas o libros con historias ambientadas en lugares interesantes de tu país o del mundo hispanohablante?

CULTURA

En Estados Unidos hay unos 257.000 habitantes de herencia venezolana y la mayoría se concentra en el sur de la Florida. Muchos de estos venezolano-estadounidenses son profesionales con alta preparación académica. Tres personajes famosos de ascendencia venezolana son la cantante Mariah Carey, el actor Wilmer Valderrama y el jugador de baloncesto Trevor Ariza.

Go to **MySpanishLab** to review what you have learned in this chapter.

Flashcards | Oral Practice | Practice Test / Study Plan | amplifire Dynamic Study Modules | Tutorials | Videos | Extra Practice

VOCABULARIO

Los medios de transporte *(Transportation)*

el autobús/bus/ómnibus	*bus*
el avión	*plane*
el barco	*boat*
la bicicleta	*bicycle*
el coche/carro/auto	*car*
el metro	*subway*
el tren	*train*

Turismo y vacaciones *(Tourism and vacations)*

el aeropuerto	*airport*
la alcaldía	*city hall*
el bosque	*forest*
la calle	*street*
el campo	*countryside*
la carretera	*road, highway*
el centro	*city center, downtown*
la ciudad	*city*
el edificio	*building*
la estación de tren	*train station*
la excursión	*field trip*
el/la guía	*guide*
la iglesia	*church*
la isla	*island*
el jardín	*garden*
el lago	*lake*
el mar	*sea*
la montaña	*mountain*
el parque	*park*
la playa	*beach*
el pueblo	*town*
el río	*river*

Alojamientos y servicios *(Lodgings and services)*

el aire acondicionado	*air conditioning*
el alojamiento	*lodging*
el apartamento	*apartment*
el banco	*bank*
el boleto	*ticket*
el campamento	*camp*
el dinero	*money*
el gimnasio	*gym*
el hotel	*hotel*
la peluquería	*hair salon*
las instalaciones	*facilities*
la piscina	*swimming pool*
la pista/cancha de tenis	*tennis court*

Las estaciones *(Seasons)*

la primavera	*spring*
el verano	*summer*
el otoño	*fall*
el invierno	*winter*

Los meses del año *(Months of the year)*

enero	*January*
febrero	*February*
marzo	*March*
abril	*April*
mayo	*May*
junio	*June*
julio	*July*
agosto	*August*
septiembre	*September*
octubre	*October*
noviembre	*November*
diciembre	*December*

Adjetivos *(Adjectives)*

antiguo/a	*old*
bello/a	*beautiful*
exótico/a	*exotic*
fabuloso/a	*fabulous*
húmedo/a	*humid*
impresionante	*outstanding*
increíble	*incredible*
maravilloso/a	*marvellous*
peligroso/a	*dangerous*
ruidoso/a	*noisy*
seco/a	*dry*
solitario/a	*lonely*
solo/a	*alone*
tranquilo/a	*calm*

Verbos *(Verbs)*

alojarse (en)	*to lodge*
alquilar	*to rent*
descansar	*to rest*
elegir (i)	*to choose*
encontrar (ue)	*to find*
llamar	*to call*
navegar	*to sail*
pasear	*to walk*
querer (ie)	*to want*
reservar	*to reserve*
viajar	*to travel*
visitar	*to visit*

Expresiones útiles *(Useful expressions)*

ida y vuelta	*round trip*
tomar el sol	*to sunbathe*

CONSULTORIO GRAMATICAL

1 *Hay, Estar*

*We use **hay** (there is, there are) to talk about the existence of things, places, and services.*
*We use **estar** to indicate where things are located.*

> *Hay* is the only Spanish equivalent of the English **there is** and **there are**.

Hay

*If we wish to know whether or not something exists, **we** use **hay** (or **tener**) and the noun without the article. If it seems logical to expect that there is only one thing in existence, we use a singular noun.*

- ● ¿**Hay** piscina en el campamento?   —**Is there** a pool at the camp?
- ○ No, no **hay** piscina.   —No, **there is** no pool.

- ● ¿El campamento **tiene** piscina?   —**Does** the camp **have** a pool?
- ○ No, no **tiene**.   —No, it **doesn't**.

Use a plural noun when you expect there to be more than one.

- ● ¿**Hay** lavander**ías** en este barrio?   —**Are there** laundromats in this neighborhood?
- ○ No, en este barrio no **hay**.   —No, **there** aren't any in this neighborhood.

- ● ¿Caracas **tiene** buen**os** hospital**es**?   —**Does** Caracas **have** good hospitals?
- ○ Sí, varios.   —Yes, many.

*If you are trying to locate something, use the indefinite article (**un/una**).*

¿**Hay una** farmacia cerca de aquí? (= necesito una)

> **!** ¡ATENCIÓN!
>
> | En el pueblo **hay** | un bar. | SINGULAR |
> | | una farmacia. | |
> | | dos / tres / ... bares. | PLURAL |
> | | muchas / varias / ...farmacias. | |

Estar

*We use **estar** to indicate where things are located. **Está** is singular and **están** is plural.*

SINGULAR   El restaurante **está** en la avenida Libertador.
            La farmacia **está** en la plaza Bolívar.

PLURAL   Los museos **están** al lado del parque Los Caobos.
        Las farmacias **están** en la plaza Bolívar y en la avenida Libertador.

> The English verb **to be** corresponds to either *ser* or *estar* in Spanish. You've already studied the use of *ser* to talk about nationality and profession, or to define, identify or describe an object or a person. *Estar* is used to talk about location.

2 *Y, No... ni, También, Tampoco*

En el pueblo hay un hotel y dos bares. **También** hay un casino.
There are two bars and one hotel in town. There is also a casino.

En el pueblo **no** hay cine **ni** teatro. **Tampoco** hay farmacia.
There is neither a theater nor a movie theater in town. There isn't a pharmacy either.

En el pueblo **no** hay restaurante, pero hay dos bares y una cafetería.
There is no restaurant in town, but there are two bars and a cafeteria.

3 *Querer* and *Preferir*: E -> IE

These are two common stem-changing verbs.

	QUERER	PREFERIR
(yo)	qu**ie**ro	pref**ie**ro
(tú)	qu**ie**res	pref**ie**res
(él, ella, usted)	qu**ie**re	pref**ie**re
(nosotros/as)	queremos	preferimos
(vosotros/as)	queréis	preferís
(ellos, ellas, ustedes)	qu**ie**ren	pref**ie**ren

> Note that these two stem-changing verbs have a stem vowel change in all forms except in *nosotros* and *vosotros*. Other similar stem-changing verbs are: *entender, pensar, empezar.*

Quiero	**un apartamento** barato.	NOUNS
Prefiero	**las vacaciones** en septiembre.	

Quiero	**visitar** la Casa Natal de Bolívar.	INFINITIVES
Prefiero	**ir a / alojarme en** un campamento.	

> ¿Qué prefieres?
> ¡Ir a la playa
> o a la montaña?

> Prefiero ir a
> la montaña.

4 Verbs to Express Likes and Interests

Verbs used to express likes and dislikes, interests, emotions, or value judgments work in a different way from other verbs you have studied. Whatever causes the emotion, judgment, or feeling is the subject of the sentence and the person who experiences the emotion, judgment, or feeling is the complement.

	Subject	
Me gust**a**	la playa / este bar	SINGULAR NOUNS
Me interes**a**	pasear / conocer gente	INFINITIVES
Me encant**a**		

	Subject	
Me gust**an**	los deportes / las ciudades	PLURAL NOUNS
Me interes**an**		
Me encant**an**		

> Unlike in English, in Spanish the verb **gustar** (*to like*) is used always in the third person, singular or plural, because the things or people that we like or dislike are the grammatical subject of the sentence. ¿**Te gusta** el teatro? (= **Do you like** theater?)

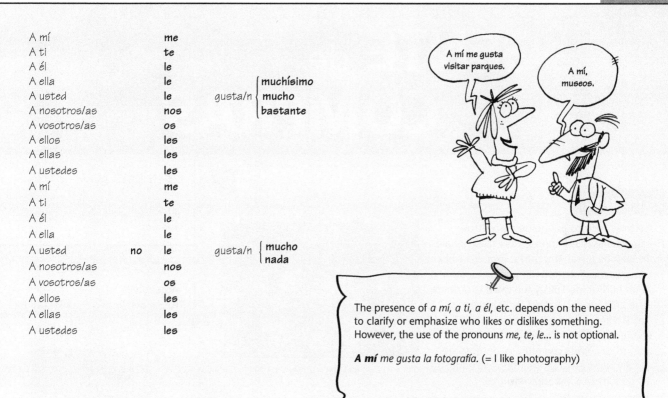

A mí	me			
A ti	te			
A él	le			
A ella	le			muchísimo
A usted	le	gusta/n		mucho
A nosotros/as	nos			bastante
A vosotros/as	os			
A ellos	les			
A ellas	les			
A ustedes	les			
A mí	me			
A ti	te			
A él	le			
A ella	le			
A usted	no	le	gusta/n	mucho
A nosotros/as		nos		nada
A vosotros/as		os		
A ellos		les		
A ellas		les		
A ustedes		les		

> The presence of *a mí, a ti, a él*, etc. depends on the need to clarify or emphasize who likes or dislikes something. However, the use of the pronouns *me, te, le...* is not optional.
>
> ***A mí*** *me gusta la fotografía.* (= I like photography)

5 Agreement and Disagreement

With verbs like gustar, interesar, etc., the expression of agreement and disagreement also follows the grammar pattern required by these verbs; that is, the subject of the sentence is the thing or person that causes the specific emotion.

- ● (**A mí**) me gusta mucho el cine.   —**I like** movies very much.
- ○ **A mí también.**   —Me too.
- ● **A mí no.**   —Not me.

- ● (**A mí**) no me gustan los viajes en verano.   —I don't like trips in the summer.
- ○ **A mí tampoco.**   —Me neither.

With all other verbs, the grammar pattern is the usual.

- ● (**Yo**) soy profesor de español.   —I am a Spanish teacher.
- ○ **Yo también.**   —Me too.
- ● **Yo no.**   —Not me.

- ● (**Yo**) no tengo dinero para viajar en avión.   —I don't have money to travel by plane.
- ○ **Yo tampoco.**   —Me neither.
- ● **Yo sí.**   —I do.

4 GENTE de COMPRAS

CULTURA

Galerías Pacífico es uno de los centros comerciales más importantes y tradicionales de Buenos Aires, Argentina. Es el centro de compras más frecuentado por los turistas. Es un edificio de 1891 y fue (*was*) la primera sede del Museo Nacional de Bellas Artes. Desde 1945 es una galería comercial. El emblema de Galerías Pacífico es la magnífica cúpula con murales de Antonio Berni y otros artistas argentinos. El edificio es monumento histórico nacional.

Galerías Pacífico

TAREA

Planificar una fiesta y comprar regalos.

NUESTRA GENTE

Argentina
Hispanos/latinos en Estados Unidos

Explore **Argentina** with *Club cultura!*

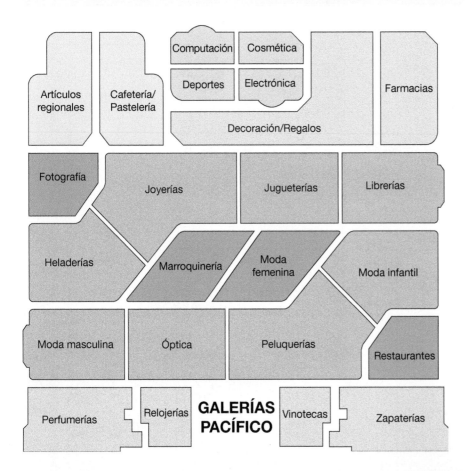

Computación · Cosmética · Artículos regionales · Cafetería/Pastelería · Deportes · Electrónica · Farmacias · Decoración/Regalos · Fotografía · Joyerías · Jugueterías · Librerías · Heladerías · Marroquinería · Moda femenina · Moda infantil · Moda masculina · Óptica · Peluquerías · Restaurantes · Perfumerías · Relojerías · **GALERÍAS PACÍFICO** · Vinotecas · Zapaterías

ACERCAMIENTOS

 4–1 Galerías Pacífico, centro comercial

Fíjate en los tipos de establecimientos comerciales de Galerías Pacífico. ¿Qué crees que venden (*sell*) en cada uno?

electrodomésticos	ropa de hombre	joyas	cosméticos	computadoras
comida	ropa de mujer	perfumes	bebidas	vino
medicinas	libros	zapatos	helados	anteojos

EJEMPLO:

E1: En las tiendas de moda femenina venden ropa de mujer.
E2: Y en las jugueterías venden juguetes.

4–2 ¿Y tú?

¿Qué tipos de lugares visitas cuando vas de compras (*go shopping*)?

Me gustan mucho los/las _____.
No me gustan los/las _____. Prefiero los/las _____.

Ahora comenta tus preferencias con la clase.

4–3 Galerías Pacífico, Buenos Aires

Estás de visita en Buenos Aires y tienes que (*you have to*) ir de compras. Mira los tipos de tiendas de Galerías Pacífico. ¿Qué tipo de tienda tienes que buscar para comprar…?

un libro	una botella de vino	un iPad	un juguete
unas aspirinas	una cartera nueva	un perfume	una raqueta de tenis

4–4 Un regalo para Elena y para Carlos

Fíjate en la personalidad de Elena y Carlos, sus gustos y preferencias. Prepara una lista de cuatro posibles regalos para cada uno. ¿Dónde puedes comprar los regalos?

PERSONALIDAD DE ELENA	PERSONALIDAD DE CARLOS
Elena es:	**Carlos es:**
joven	*más o menos joven*
moderna	*clásico*
abierta	*serio*
simpática	*tímido*
puntual	*puntual*
A Elena le gusta/n:	**A Carlos le gusta/n:**
la música pop	*la música jazz*
los videojuegos	*ir de compras*
viajar	*viajar*
las flores	*los deportes*
A Elena no le gusta/n:	**A Carlos no le gusta/n:**
hacer deporte	*leer*
los cosméticos	*los videojuegos*
los electrodomésticos	*los electrodomésticos*

EJEMPLO:

E1: Puedo comprar una cámara de fotos en una **tienda de fotografía**.

VOCABULARIO EN CONTEXTO

4–5 La lista de Daniel

Daniel va a Galerías Pacífico porque tiene que hacer muchas compras. Además, tiene que comprar un regalo para Lidia, su novia, porque es su cumpleaños. Daniel tiene una lista. ¿A qué tiendas tiene que ir Daniel? Señálalo con una cruz (X).

- ☐ a una librería
- ☐ a una perfumería
- ☐ a un supermercado
- ☐ a una tienda de ropa de hombre
- ☐ a una tienda de ropa de mujer
- ☐ a una tienda de deportes
- ☐ a una bodega
- ☐ a una farmacia
- ☐ a una joyería
- ☐ a una florería
- ☐ a una tienda de electrodomésticos
- ☐ a una pastelería

dos botellas de vino
chaqueta
lentes de sol
pelotas de tenis
desodorante
pilas
medias
revista El Economista
comida para el gato
regalo para Lidia (¿un pañuelo? ¿un reloj?)
computadora portátil
pastel de cumpleaños

4–6 Las compras de Daniel

Estas son las conversaciones de Daniel en diferentes tiendas.

Escucha las conversaciones. ¿Qué frase falta en los diálogos?

- ☐ ¿Cuánto cuesta este?
- ☐ ¿Tienen pilas?
- ☐ Esta es un poco grande, ¿no?
- ☐ Sí, pero ¿tiene alguna recomendación?
- ☐ ¿Aceptan tarjetas de crédito?
- ☐ ¿De hombre o de mujer?

¿En qué diálogo hace Daniel estas cosas?

	Diálogo Número			Diálogo Número
1. se prueba (*tries on*) una chaqueta	☐		4. busca un regalo para su novia	☐
2. quiere usar una tarjeta de crédito	☐		5. quiere comprar algo para él	☐
3. pregunta el precio	☐			

4-7 ¿Qué llevan?

Mira el dibujo y lee la información. ¿A quién se refieren estas frases?

1. Lleva ropa muy juvenil. Hoy lleva una camiseta blanca y una falda de cuadros azul y blanca. Siempre lleva botas.

2. Le gusta la ropa clásica y elegante, pero cómoda. Hoy lleva una chaqueta y una falda marrones y unos zapatos de tacón, marrones también.

3. Le gusta la ropa informal. Lleva siempre jeans y camiseta blanca.

4. Siempre va muy elegante. Lleva pantalones grises, chaqueta azul, camisa blanca y corbata de lazo.

5. Es muy clásico. Siempre va con pantalones, chaleco y chaqueta.

6. Lleva un vestido largo azul y unos zapatos rojos.

4-8 Descripciones

Escribe la descripción de una persona de la clase. Después lee tu descripción a la clase. Tus compañeros/as tienen que adivinar quién es.

4-9 Colores

Lee el texto y mira las fotos. ¿Te gustan las casas? ¿Qué colores tienen?

CULTURA

La Boca es un barrio de la ciudad de Buenos Aires. Es famoso por su equipo de fútbol, el Boca Juniors, y también por sus casas pintadas de colores brillantes. En la calle Caminito puedes ver artistas que bailan y tocan tango. También puedes comprar artículos tradicionales y artesanía.

GRAMÁTICA EN CONTEXTO

4–10 ¿Tienes o no?

Pregunta a tu compañero/a si (*if*) tiene o no estas cosas y si necesita algunas de ellas.

computadora	bicicleta	joyas de oro
X-Box	coche	cuenta de Facebook
cámara de video	moto	ropa de diseñador
iPad	teléfono celular	

EJEMPLO:

E1: ¿Tienes coche?
E2: No, no tengo.
E1: ¿Necesitas **uno**?
E2: No, porque no **tengo que caminar** mucho.

4–11 ¿Cuánto cuestan?

Pregunta a tu compañero/a el precio de las cosas que necesita.

EJEMPLO:

E1: ¿Cuánto **cuesta** un iPhone?
E2: Depende. **Uno** barato **cuesta** 120 dólares.

Ahora comparen sus precios con los de otros estudiantes de clase.

4–12 Regalos

Ustedes están en una tienda de artesanía en Buenos Aires. Tienen que pensar en cuatro compañeros/as de clase y elegir regalos para ellos. Consideren el precio. Después expliquen su selección.

COLLAR DE PLATA: 97 pesos

TALLA DE MADERA: 521 pesos

VASIJA DE CERÁMICA: 365 pesos

BOMBO: 1.450 pesos

PONCHO DE ALPACA: 230 pesos

FLAUTAS: 34 pesos (cada una)

UN/UNO, UNA, UNOS, UNAS

CON UN NOMBRE

● Quiero
- **un** libro.
- **una** cámara.
- **unos** esquíes.
- **unas** botas.

SIN UN NOMBRE

○ Yo también quiero
- **uno.**
- **una.**
- **unos.**
- **unas.**

TENER

(yo)	**tengo**
(tú)	**tienes**
(él, ella, usted)	**tiene**
(nosotros/as)	**tenemos**
(vosotros/as)	**tenéis**
(ellos, ellas, ustedes)	**tienen**

● ¿Tienes coche?
○ Sí, tengo **un** BMW.

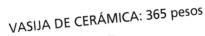

¿Tienes coche?   No, no tengo.

NECESIDAD U OBLIGACIÓN

TENER	QUE	INFINITIVO
Tengo	que	ir de compras.
Tienes	que	llevar corbata.
Tiene	que	trabajar.

PRECIO

● ¿Cuánto **cuesta/vale** esta camisa?
○ Cincuenta dólares.

● ¿Cuánto **cuestan** estos zapatos?
○ Cuestan doscientos pesos.

NÚMEROS

100 cien	600 seiscientos/as
200 doscientos/as	700 **setecientos/as**
300 trescientos/as	800 ochocientos/as
400 cuatrocientos/as	900 **novecientos/as**
500 **quinientos/as**	1.000 **mil**

101 **ciento** uno
151 **ciento** cincuenta y uno
3.100 tres mil **cien**
3.150 tres mil **ciento** cincuenta
100.000 **cien** mil
110.200 **ciento** diez mil doscientos

From 200 to 999

	MASCULINO	FEMENINO
300	tresci**ent**os carros	tresci**ent**as personas
320	tresci**ent**os veinte pesos	tresci**ent**as veinte camisas

COLORES

blanco/a	azul	verde
amarillo/a	gris	rosa
rojo/a	marrón	naranja
negro/a		

PRONOMBRES OD Y OI

Pronombres Objeto Directo
lo   la   los   las

● Yo compro los platos.
○ No, yo **los** compro.

Pronombres Objeto Indirecto
le   les

● ¿Qué **les** compras a María y a Eduardo?
○ A María **le** compro una mochila y a Eduardo **le** compro un CD.

EJEMPLO:

E1: ¿El poncho para Michael?
E2: No, es muy caro. **Cuesta** 230 pesos.

4–13 Atención a la forma

Lee este diálogo. Analiza las frases y la función de las palabras en negrita con la ayuda de tu profesor/a. ¿Para qué (*for what purpose*) se usan estas palabras en un enunciado? ¿Qué función tienen?

- ¿Quién **le** compra el collar a Raquel?
- Yo **le** compro el collar a Raquel.
- No, no, yo **lo** compro.

- ¿Y quién **le** compra las flautas a Ricardo?
- Yo **le** compro las flautas.
- **Las** compra Rick.
- No, yo **las** compro.

4–14 ¿Quién compra qué?

Miren el ejercicio 4–12 y decidan ahora quién compra qué.

EJEMPLO:

E1: ¿Quién **le** compra el poncho a Matt?
E2: Yo **lo** compro. / Yo **le** compro el poncho.

4–15 ¿Qué ropa tienen que llevar (*wear*)?

¿Qué ropa crees que tienen que llevar? Escribe tus respuestas. Después habla con tus compañeros/as para decidir qué ropa es más adecuada.

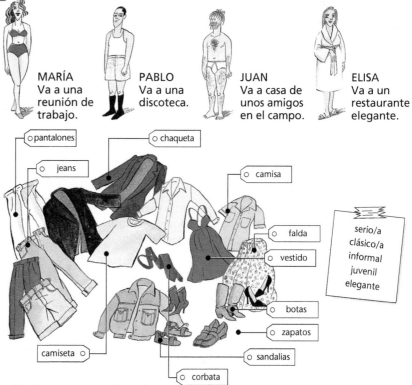

MARÍA
Va a una reunión de trabajo.

PABLO
Va a una discoteca.

JUAN
Va a casa de unos amigos en el campo.

ELISA
Va a un restaurante elegante.

pantalones · chaqueta · jeans · camisa · falda · vestido · botas · zapatos · camiseta · sandalias · corbata

serio/a
clásico/a
informal
juvenil
elegante

María ⟶ vestido rojo.

EJEMPLO:

E1: Yo creo que María **tiene que** llevar el vestido rojo.
E2: Yo creo que no puede llevar**lo**. Es demasiado elegante. Mejor unos pantalones.
E3: Sí, puede llevar**los** con una camisa bonita.

📖 INTERACCIONES

Formulating direct questions (I)

Direct questions often occur in conversations and are used to get information. These questions are introduced by interrogative words. Here are some ways of formulating direct questions.

* *¿dónde?* + verb   *¿Dónde está el barrio La Boca?*
* *¿cómo?* + verb   *¿Cómo vamos a ir?*
* *¿cuándo?* + verb   *¿Cuándo quieres ir?*
* *¿cuánto?* + verb   *¿Cuánto cuesta este sombrero?*
* *¿cuánto/a/os/as?* + noun   *¿Cuánto dinero tienes?*
* *¿cuál/es?* + verb   *¿Cuál es más barata: esta o esta?*
* *¿qué?* + verb   *¿Qué te interesa más: el mar o la montaña?*
* *¿qué?* + noun   *¿Qué viaje te interesa más?*
* *¿quién/quiénes?* + verb   *¿Quién quiere ir a Argentina?*

With a preposition:

* *¿de dónde?*   *¿De dónde eres?*
* *¿desde cuándo? ¿hasta cuándo?*   *¿Hasta cuándo quieres estar en Buenos Aires?*
* *¿con cuánto/a/os/as?*   *¿Con cuántos amigos quieres viajar?*
* *¿a qué? ¿con qué? ¿de qué? ¿en qué?...*   *¿En qué hotel quieres alojarte?*
* *¿a quién? ¿con quién? ¿de quién?...*   *¿Con quién quieres viajar?*

👥 **4–16 ¿Dónde, cómo, cuándo, con quién?**
Ustedes van a hacer un viaje juntos a una ciudad argentina. Pueden ir con otras personas. Tienen que elegir uno de estos lugares:

* A Buenos Aires en diciembre
* A Río Gallegos en julio
* A Santa Rosa en agosto

Preparen seis preguntas para su compañero/a. Decidan sobre el lugar, la ropa, el transporte, el dinero, etc. Escriban toda la información excepto el lugar elegido (*chosen place*).

EJEMPLO:
E1: ¿**Cuándo** quieres ir tú de vacaciones?
E2: Yo, en agosto.
E1: ¿**Adónde** prefieres ir?
E2: A Mendoza.

Ahora compartan la información con la clase. La clase tiene que adivinar adónde van ustedes.

👥 **4–17 Tres viajes de compras**
Ya (*already*) están en Argentina y quieren ir de compras un fin de semana (*weekend*) a una de estas tres regiones. Lean la información y usen el mapa. Después, el grupo tiene que decidir adónde ir. ¿Qué eligen? ¿Por qué?

1. Buenos Aires

ARTESANÍAS. Puedes encontrar una representación de todo el país y particularmente de la Pampa (cuchillos, mates y bombillas de plata y alpaca), abrigos y prendas de vestir de cuero.

ANTIGÜEDADES. Tienen mejores precios que en Estados Unidos o Europa.

CENTROS COMERCIALES. Hay modernos centros comerciales como Alto Palermo, Galerías Pacífico y el Buenos Aires Design.

2. Pampa

PLATA O ALPACA. Cuchillos gauchos, mates, bombillas y marcos.

TALABARTERÍA. Lazos y ornamentos para caballos en cuero, bolsos, llaveros, carteras, agendas y libretas, cigarreras y prendas de vestir. Y también mates rústicos de calabaza forrados en cuero o con plata.

3. Noroeste

TEJIDOS. Fantásticos tapices de Catamarca, telas de Mendoza con diseños araucanos, ponchos de lana de oveja o llama y tejidos de lana de alpaca.

PIEDRAS SEMIPRECIOSAS. En Catamarca, la rodocrosita o rosa del inca, piedra nacional argentina.

Y también vinos de la región, objetos de ónix verde de La Toma (San Luis) y cestería con fibras vegetales. Instrumentos musicales indígenas en Tucumán, Jujuy y Santiago del Estero.

EJEMPLO:

E1: Yo quiero ir a la Pampa, porque me interesa la artesanía gaucha. Quiero comprar un mate.
E2: Yo prefiero Buenos Aires. En Buenos Aires también puedes comprar un mate.

4–18 Regalos

Deciden comprar un regalo para sus compañeros/as del grupo. Digan a sus compañeros/as qué regalo eligen y dónde lo compran.

EJEMPLO:

E1: Yo **le** compro una cartera de cuero a Matt. **La** compro en Buenos Aires.
E2: Yo **le** compro un mate a Alex. **Lo** compro en Santa Rosa, en la Pampa.

4–19 Situaciones: *En la tienda de artesanía*

Two friends are in a handicraft store in Santa Rosa. They need to buy gifts for two family members. The store specializes in gaucho art and accessories.

ESTUDIANTE A

You are the owner of the store. Answer the customers' questions. You may want to give them some suggestions.

ESTUDIANTE B

You are in the gift shop looking for two inexpensive gifts. You have only 100 pesos.

ESTUDIANTE C

You are in the gift shop looking for two gifts. You have 2.000 pesos.

sombrero gaucho
60 pesos

mates
102 pesos

cartera de cuero
410 pesos

mochila
36 pesos

pulsera de plata
313 pesos

pendientes de plata
860 pesos

TAREA

Planificar una fiesta para la clase y decidir regalos para dos compañeros/as y el/la profesor/a.

PREPARACIÓN

Es diciembre y tienen que planificar una fiesta antes de las vacaciones de invierno. Además (*also*), tienen que hacer un regalo a dos estudiantes de la clase y a su profesor/a.

Paso 1 Revisen el vocabulario nuevo del cuadro. Usen el vocabulario y las preguntas para decidir qué tienen, qué necesitan, cuánto quieren gastar (*spend*) y quién hace cada cosa.

	¿Qué tenemos?	¿Qué necesitamos?	¿Cuánto cuesta(n)?	¿Quién lo/la/los/las compra/trae (*bring*)?
refrescos				
cervezas				
agua mineral				
pasteles				
vino				
sillas				
música				
pizzas				
flores				
papas fritas				
pan				
platos de plástico				
vasos				
servilletas				
....				
....				

EJEMPLO:

E1: Tenemos que traer vasos. ¿Quién los trae?
E2: Yo tengo muchos en casa; puedo traer**los**.
E1: Muy bien, Ashley **los** trae. ¿Y las bebidas?
E3: Yo puedo comprar**las**.
E1: De acuerdo, tú **las** compras.

AYUDA

¿Quién **puede** traer...?

	traer flores.
Yo **puedo**	hacer pizzas.
	comprar cervezas.

	PODER
(yo)	**pue**do
(tú)	**pue**des
(él, ella, usted)	**pue**de
(nosotros/as)	podemos
(vosotros/as)	podéis
(ellos, ellas, ustedes)	**pue**den

Paso 2 Ahora tienen que decidir...

- qué regalo les van a hacer a sus compañeros/as.
- qué regalo le van a hacer a su profesor/a.
- dónde lo van a comprar.
- cuánto cuesta.

1. Al/a la profesor/a **le** regalamos _____ porque _____.

   Lo/la/los/las compramos en _____ y cuesta(n) _____.

2. A _____ **le(s)** compramos _____ porque _____.

   Lo/la/los/las compramos en _____ y cuesta(n) _____.

3. A _____ **le(s)** damos _____ porque _____.

   Lo/la/los/las compramos en _____ y cuesta(n) _____.

Paso 3 Escriban un plan. Tienen que incluir...

- las cosas que necesitan para la fiesta.
- quién hace cada cosa.
- qué presupuesto (*budget*) total necesitan.
- qué regalos quieren comprar, para quién y por qué.
- cuánto cuestan los regalos.
- dónde compran los regalos.
- _____.

Paso 4 El/la portavoz del grupo presenta el plan a la clase. Los grupos y el/la profesor/a comentan los resultados.

Paso 5 Foco lingüístico.

NUESTRA GENTE

GENTE QUE LEE

ESTRATEGIAS PARA LEER

Identifying and using topic sentences

The topic sentence of a paragraph states its main idea. The following sentences support the main idea with additional information, explanations, examples, comparisons, and so on. The topic sentence is usually the first sentence in a paragraph. Topic sentences also organize the text. An effective reading strategy for tackling a text in Spanish is to identify the topic sentences in each of the paragraphs. Let's read the following paragraph:

Buenos Aires es una de las ciudades preferidas por los turistas para hacer compras. Argentina recibe más de 200.000 visitantes por mes y la mayoría pasa por los centros comerciales de Buenos Aires. Algunas guías y medios de comunicación extranjeros colocan a esta ciudad entre los cinco mejores destinos para adquirir productos de buen precio y calidad.

The first sentence gives you the main idea of the paragraph. The other sentences in the text expand on this information. Identifying the topic sentence allows you to better understand the text, its topic, and its subtopics.

ANTES DE LEER

4–20 Ir de compras

Habla con tu compañero/a sobre estos temas.

1. ¿Te gusta ir de compras? ¿Qué tipo de tiendas visitas? ¿Por qué?
2. ¿Hay alguna ciudad a donde vas de compras? ¿Por qué?
3. ¿Qué cosas compras cuando viajas?
4. Comparen la ciudad en la que estudian con su ciudad de origen respecto a las compras y los precios. ¿Hay diferencias?

4–21 Activando estrategias

Mira la lectura. Lee el título y la frase temática (*topic sentence*) de cada párrafo. Luego responde a estas preguntas:

1. ¿Cuál es el tema de la lectura?
2. ¿Cuáles son los cuatro subtemas?

DESPUÉS DE LEER

4–22 ¿Comprendes?

1. ¿Por qué dos razones muchos extranjeros van de compras a Buenos Aires?

   _____ y
   _____.

2. ¿Cuántos turistas viajan a Argentina cada (*each*) mes, aproximadamente?

3. ¿Qué productos son más populares entre los turistas extranjeros?

4. Mónica, una turista de España, compra libros y discos en Buenos Aires. ¿Por qué?

5. ¿Qué estrategia usan los centros comerciales para atraer a los turistas?

A LEER

BUENOS AIRES, LA CAPITAL DE LAS COMPRAS

Buenos Aires es una de las ciudades preferidas por los turistas no solo (*not only*) para bailar y comer, sino también (*but also*) para hacer compras. Algunas guías y medios de comunicación extranjeros **la** colocan (*place*) entre los cinco mejores destinos del mundo para adquirir productos de buen precio y calidad. Argentina recibe más de 200.000 visitantes por mes y la mayoría pasa por los centros comerciales de Buenos Aires.

Las razones que atraen a los extranjeros a Buenos Aires son principalmente dos: un cambio favorable y buenos precios en relación con otras ciudades del mundo. Según la Secretaría de Turismo, los visitantes invierten un **promedio** de US$1.100 en un día de compras. En la calle Florida, en el **corazón** de la capital argentina, está Galerías Pacífico, el centro comercial más visitado por los extranjeros. En este centro comercial, las compras de los turistas representan el 70% de sus ventas.

La mayoría de los turistas que vienen de compras a Buenos Aires son de Brasil, Chile, España, Estados Unidos y México, en ese orden. Los productos más buscados son la ropa masculina y femenina, por la calidad de las telas, y los artículos de cuero. Humberto, un visitante de Brasil, dice que le atraen especialmente los productos de cuero y la ropa en general. **Los** compra acá porque son muy buenos y baratos. Sin embargo, Mónica Farías, de España, dice que a ella **le** interesan los libros y los discos compactos, porque cuestan menos que en su país.

Los centros comerciales tienen una estrategia bien definida para atraer al turista fanático de las compras. El turista sube al avión y allá **lo** esperan videos sobre las compras en Buenos Aires. Luego en el aeropuerto **lo** esperan carteles de promoción. En el hotel, con las llaves del cuarto, recibe un mapa de las tiendas y centros comerciales y cupones de descuentos.

4–23 Activando estrategias

1. Mira las dos palabras en negrita en el párrafo
2. ¿Qué significan "corazón" y "promedio"? ¿Cómo lo sabes?

2. Identifica cuatro cognados que te ayudan a comprender mejor el texto.

3. Identifica a qué o quién se refieren (*they refer to*) los pronombres en negrita "la" (p. 1), "los" y "le" (p. 3) y "lo" (p. 4).

4. Examina tus predicciones sobre el contenido del texto en 4–21. ¿Son correctas?

4–24 Expansión

¿Conoces otras ciudades donde es barato comprar? ¿A qué países van los turistas de Estados Unidos para ir de compras?

📖 **GENTE QUE ESCRIBE**

ESTRATEGIAS PARA ESCRIBIR

Editing your written work for content and organization (I)

Although a good command of Spanish grammar and vocabulary is important, writing is much more than putting words together by following a series of rules. You are transmitting ideas and information to your reader, and you have a specific purpose in mind. Sometimes you decide the content, and sometimes you are asked to write something specific. In either case, it is important to have relevant, substantive, and well-developed content. It will help your reader if this content is organized, and follows a logical sequence.

When writing in a foreign language, it is even more important that you pay close attention to the content and the way you organize it. Good content and organization help compensate for any inaccuracies in terms of grammar or vocabulary. Always revise your content and organization before finalizing your work.

MÁS ALLÁ DE LA FRASE

Use of referent words

There are several mechanisms for making a text cohesive. The use of object pronouns (such as *lo, la, les...*) and demonstratives (*este, esto...*) in a text helps eliminate excessive repetition and gives cohesion to the writing. These referents carry information about previous elements (people, things, places, etc.) in the text. Because they vary in gender and number (masculine or feminine, singular or plural), referent words can replace previous information without making the text ambiguous. One excellent strategy is to revise your draft and look for information that can be replaced with these cohesive mechanisms.

Read this paragraph and examine its cohesion. Can you identify the problem?

En Navidad, ¿quién lleva los juguetes a los niños en Argentina? Los Reyes Magos llevan los juguetes. Los niños escriben cartas a los Reyes y dicen a los Reyes qué quieren. Los Reyes Magos vienen de Oriente en sus camellos, y los camellos son guiados por pajes. Después, la noche del 5 de enero, los reyes van a las casas de los niños y dejan (leave) juguetes para los niños.

Can you make this paragraph more cohesive and less repetitive?

4–25 Una nota con instrucciones

Tienes que hacer las compras de fin de año para cuatro personas de tu familia pero estás enfermo/a. Por esta razón, decides enviar (*send*) a tu mejor amigo/a al centro comercial. Escribe una nota detallada para tu amigo/a que incluya información basada en las siguientes preguntas:

1. ¿A qué personas tiene que comprar regalos?
2. ¿Qué le gusta y no le gusta a cada persona?
3. ¿Qué regalos puede comprar?
4. ¿En qué tiendas tiene que comprarlos?
5. ¿Cuánto dinero puede gastar para cada persona?

🛑 **¡ATENCIÓN!**

Tu trabajo escrito debe seguir los Pasos 1 a 8 (página 14, Lección 1). Presta atención al contenido, a la organización (Pasos 4 y 5) y a la conexión entre las ideas (conectores). Incluye referentes, como por ejemplo pronombres, para darle cohesión.

COMPARACIONES

4–26 Compara estas tradiciones con las de tu país

Navidad en Argentina
En la noche del 24 de diciembre muchos argentinos hacen reuniones entre familiares y amigos, cenan y a medianoche (*midnight*) van al árbol para abrir los regalos de Papá Noel. También a las doce tiran fuegos artificiales. En Argentina es verano durante la Navidad y por eso se hacen comidas frescas: pollo, ensaladas y helados. También son comunes muchas comidas tradicionales europeas como las nueces, los turrones o el pan dulce.

¿Quién trae los regalos?

PAÍS	¿CUÁNDO?	¿QUIÉN?
México, España, Argentina, Puerto Rico	24 de diciembre, 6 de enero	Papá Noel, Reyes Magos
Estados Unidos	24 de diciembre	Santa Claus
Chile	24 de diciembre	El viejo pascuero
Colombia, Venezuela	24 de diciembre	El Niño Dios, Papá Noel

4–27 Regalos y culturas
En todas las culturas hacemos regalos. Completa este cuadro con tu compañero/a. ¿Hay diferencias?

EN ARGENTINA, CUANDO...	EN ESTADOS UNIDOS...
...nos invitan a comer a casa unos amigos, les llevamos un postre o una botella de vino o licor.	
...es el cumpleaños de un familiar o un amigo, le hacemos un regalo. Cuando las chicas cumplen 15 años y los chicos cumplen 18, les hacemos regalos más costosos.	
...queremos dar las gracias por un pequeño favor, regalamos cosas pequeñas: una tarjeta, un accesorio, un pañuelo...	
...es el 20 de diciembre (día de los novios), le regalamos chocolates, flores, perfumes, etc., al novio o a la novia.	
...es el día de los Reyes Magos (el 5 de enero), les regalamos juguetes o ropa a los niños, pero nada a los adultos.	

CULTURA

Como Estados Unidos, Argentina es un país de inmigrantes y un crisol de diferentes culturas, incluyendo las amerindias (como por ejemplo los mapuches), y de diferentes religiones. En Estados Unidos hay casi 250.000 personas de ascendencia argentina. El perfil de este grupo es similar al de la población general de Estados Unidos, pero su nivel educativo está por encima del promedio nacional.

Dos personajes influyentes de ascendencia argentina en Estados Unidos son Andrés Oppenheimer (periodista) y César Pelli (arquitecto).

Andrés Oppenheimer es editor para América Latina y columnista de *The Miami Herald*, analista político de CNN en Español y autor de varios libros. Su columna semanal "El Informe Oppenheimer" es publicada en más de 60 periódicos de Estados Unidos y América Latina. Fue ganador del Premio Pulitzer en 1987 y seleccionado por Forbes Media Guide como uno de los "500 periodistas más importantes" de Estados Unidos en 1993.

Andrés Oppenheimer

Go to **MySpanishLab** to review what you have learned in this chapter.

| Flashcards | Oral Practice | Practice Test / Study Plan | amplifire Dynamic Study Modules | Tutorials | Videos | Extra Practice |

VOCABULARIO

Las tiendas y las compras (Stores and shopping)

el almacén	grocery store
la bodega	wine store
el cajero, la cajera	cashier
el centro comercial	shopping mall
el/la vendedor/a	sales associate
el dinero	money
la florería	flower shop
la farmacia	pharmacy
la joyería	jewelry store
la librería	bookstore
la pastelería	pastry shop
la peluquería	hairdresser, barber
la perfumería	perfume store
el precio	price
las rebajas	sales
el supermercado	supermarket
la talla	size
la tarjeta de crédito	credit card
la tienda de deportes	sports store
la tienda de juguetes	toy store
la tienda de regalos	gift store
la tienda de ropa	clothing store
la zapatería	shoe store

La ropa y los accesorios (Clothes and accessories)

el abrigo	coat
el traje de baño	bathing suit
la blusa	blouse
el bolso	purse
el calcetín	sock
la camisa	shirt
la camiseta	t-shirt
la chaqueta	jacket
el cinturón	belt
la corbata	tie
la falda	skirt
el gorro	hat
los guantes	gloves
los pantalones	pants
el pañuelo	handkerchief
la pulsera	bracelet
el reloj	watch
la ropa interior	underwear
la sandalia	sandal
el suéter	sweater
el vestido	dress
el zapato	shoe

Los colores (Colors)

amarillo/a	yellow
azul	blue
blanco/a	white
gris	gray
marrón	brown
naranja, anaranjado/a	orange
negro/a	black
rojo/a	red
rosa	pink
verde	green
violeta, morado/a	purple

Adjetivos (Adjectives)

barato/a	cheap
caro/a	expensive
clásico/a	classic
deportivo/a	sporty
elegante	elegant
informal	casual
malo/a	bad
moderno/a	modern
nuevo/a	new
pequeño/a	small
precioso/a	beautiful
serio/a	serious

Verbos (Verbs)

ahorrar	to save (money)
bailar	to dance
comprar	to buy
gastar	to spend
ir (irreg.)	to go
llevar	to take, to wear
necesitar	to need
olvidar	to forget
pagar	to pay
poder (ue)	to be able
tener (ie)	to have
vender	to sell

Otras palabras y expresiones (Other words and expressions)

estar de rebajas	to be on sale
hacer un regalo	to give a gift
ir de compras	to go shopping
pasarlo bien/mal	to have a good time/ not to have a good time

CONSULTORIO GRAMATICAL

1 Obligations (*Tener Que* + Infinitive) and Needs (*necesitar*)

	TENER
(yo)	**tengo**
(tú)	**tienes**
(él, ella, usted)	**tiene**
(nosotros, nosotras)	**tenemos**
(vosotros, vosotras)	**tenéis**
(ellos, ellas, ustedes)	**tienen**

● *¿Tienes coche?*
○ *Sí, tengo un BMW.*

Tener que + *infinitive is used to express an obligation:*

Tengo		
Tienes		*estudiar para el examen.*
Tiene	**que**	*comprar un regalo.*
Tenemos		*traer el vino a la cena.*
Tenéis		
Tienen		

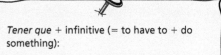

You can express a need using **necesitar** + *infinitive / noun.*

Necesito *comprar una computadora.*
I need to buy a computer.

Necesito *una* **computadora**.
I need a computer.

> *Tener que* + infinitive (= to have to + do something):
>
> *Tengo que estudiar para el examen.*
> (= I have to study for the exam.)

> In English we often use the verb **need** to express obligation:
>
> You need to study for that exam.
>
> However, in Spanish we use **tener que** to express an obligation:
>
> *Tienes que estudiar para ese examen.*

2 Use of *Un/Uno, Una, Unos, Unas*

Un, una, unos, unas *can go before the noun:*

Tengo **un** *hermano y* **una** *hermana.*
I have a brother and a sister.

Tengo **unos** *libros bastante interesantes.*
I have some very interesting books.

Uno, una, unos, unas *can take the place of a noun:*

● *¿Tienes* **billetes** *de cinco dólares?*   —*Do you have five-dollar* **bills**?
○ *Sí, aquí tengo* **uno**. *Toma.*   —*Yes, here is* **one**. *Take it.*

● *¿Tienes unas sandalias rojas?*   —*Do you have red sandals?*
○ *Tengo* **unas**, *pero son muy viejas.*   —*I do, but* **they** *are very old.*

> English draws a distinction between the indefinite articles *a/an* and the word *one*. *One* is only used for counting. In Spanish there is no such distinction. In Spanish we use *un/una* if the noun follows, and *uno/una* if the noun is not in the sentence:
>
> *Hay un niño en la puerta.* (= There's a child at the door.)
>
> ● *¿Hay niños en la clase?* (= Are there any children in class?)
> ○ *Solo uno.* (= Just one.)

> **ⓘ ¡ATENCIÓN!**
>
> *When speaking of pieces of clothing, personal possessions, or services,
> do not use **un/una** with **tener** (or similar verbs) if it is understood
> that there is only one object or service.*
>
> - ¿Tienes teléfono celular? —Do you have a cell phone?
> - Sí, claro. —Yes, of course.
>
> - ¿La casa tiene piscina? —Does the house have a pool?
> - No, pero tiene cancha de tenis. —No, but it has a tennis court.

3 Numbers from 100 to 1.000

100 cien	400 cuatrocientos/as	700 **setecientos/as**	1.000 **mil**
200 doscientos/as	500 **quinientos/as**	800 ochocientos/as	1.000.000 **un millón**
300 trescientos/as	600 seiscientos/as	900 **novecientos/as**	

*When the number 100 is followed by any number lower than 100, we say **ciento**.*

100 **cien**

101 **ciento** uno
151 **ciento** cincuenta y uno

3.100 tres mil **cien**
100.000 **cien** mil
100.000.000 **cien** millones

3.150 tres mil **ciento** cincuenta
110.200 **ciento** diez mil doscientos
102.000.000 **ciento** dos millones

The hundreds, from 200 to 999, agree in gender with the noun.

	MASCULINO	FEMENINO
300	trescient**os** carr**os**	trescient**as** person**as**
420	cuatrocient**os** veinte pes**os**	cuatrocient**as** veinte págin**as**

> 1.000 is never expressed with **un**, just **mil**.
>
> *Me costó **mil** pesos.* (= It cost me a thousand pesos.)
>
> Unlike in English, in Spanish one cannot say *twenty-one hundred*
> when referring to the amount 2.100. We say *dos mil cien*.
>
> Years in Spanish must also be expressed as a four-digit number
> and are not broken into two as they sometimes are in English,
> as 19-85 (nineteen eighty-five).

4 Asking for and Stating the Price of Something

	SINGULAR	SINGULAR
	cuest**a** esta camisa?	(La camisa) cuest**a** 72 dólares.
	val**e** este suéter?	(El suéter) val**e** 480 pesos.
¿Cuánto		
	PLURAL	PLURAL
	cuest**an** estos pantalones?	(Los pantalones) cuest**an** 110 pesos.
	val**en** estos zapatos?	(Los zapatos) val**en** 50 dólares.

To ask for the total price, we use
¿Cuánto es?

5 Third-Person Direct and Indirect Object Pronouns

OI *The third person indirect object pronouns (OI) are* **le** *and* **les**. *They usually refer to people.*

	SINGULAR	PLURAL
MASCULINE AND FEMININE	**le**	**les**

● ¿Qué **le** regalas a tu papá para su cumpleaños?   —*What do you usually get your father for his birthday?*
○ (A mi papá) **le** regalo libros o ropa.   —*I usually get* **him** *books or clothes.*

As we saw in Lección 3, their use is mandatory with verbs like gustar or interesar.

A Carlos **le gusta** ir de compras.
Carlos likes going shopping.

A mis amigas **les interesa** mucho la historia de Buenos Aires.
My friends are very interested in the history of Buenos Aires.

OD *The third-person direct object pronouns (OD) are* **lo, la, los,** *and* **las**. *They can refer to people or things.*

	MASCULINE	FEMININE
SINGULAR	**lo**	**la**
PLURAL	**los**	**las**

● ¿Dónde compras esta fruta? Es muy buena.   —*Where do you buy this fruit? It's very good.*
○ **La** compro en el mercado central.   —*I buy* **it** *in the central market.*

● ¿Dónde venden esos libros? Son muy interesantes.   —*Where do they sell those books? They're very interesting.*
○ **Los** venden en la librería que está en el centro.   —*They sell* **them** *at the bookstore downtown.*

> **¡ATENCIÓN!**
>
> *Direct objects that are human usually require the preposition* **a**:
>
> ¿Conoces **a** Juan?
>
> ● ¿Conoces **a sus padres?**   —*Do you know* **his/her** *parents?*
> ○ No, no **los** conozco.   —*No, I don't know* **them**.
>
> ● ¿Conoces **estos libros?**   —*Do you know* **these** *books?*
> ○ No, no **los** conozco.   —*No, I don't know* **them**.

Direct and indirect pronouns usually come before the verb:

A mis padres **les** compramos un CD.
We bought a CD for my parents.

Este libro no **lo** tengo.
I don't have this book.

If the verb is in the infinitive, however, the pronouns follow it, forming a single word:

Los hermanos de Pilar están aquí para **darle** el regalo.
Pilar's brothers are here to give **her** *the gift.*

In structures such as **ir a, querer, poder,** *and* **tener que** *+ infinitive, the pronouns can go in either position, before the conjugated verb or attached to the infinitive:*

Sus hijos quieren dar**le** el regalo.
Sus hijos **le** quieren dar el regalo.
His/her sons want to give **him/her** *the gift.*

● ¿Qué les vas a regalar **a tus padres?**   —*What are you going to get your parents?*
○ Voy a regalar**les** unos CDs. / **Les** voy a regalar unos CDs.   —*I'm going to get* **them** *some CDs.*

● ¿Quién puede comprar los platos?   —*Who can buy the dishes?*
○ Yo puedo comprar**los**. / Yo **los** puedo comprar.   —*I can buy* **them**.

> The English *to him* and *to her* correspond to one pronoun in Spanish: *le*.
>
> In Spanish the indirect object pronoun must always be included, even when the indirect object itself is present in the sentence.
>
> *A sus padres les gustó la idea.* (His/her parents liked the idea.)

5 GENTE en FORMA

Observa estas fotos de cinco importantes deportistas colombianos.
¿Qué deporte practican?

EJEMPLO:

José Quintana juega al béisbol. Es jugador de béisbol.

¿Practicas tú alguno de estos deportes? ¿Otros?

hacer gimnasia/yoga
jugar al fútbol/tenis/baloncesto/béisbol/golf
montar bicicleta/a caballo
correr
nadar

EJEMPLO:

Yo juego al fútbol y al tenis.

TAREA

Elaborar una guía de salud
(*health guide*) para estudiantes
universitarios.

NUESTRA GENTE

Colombia
Hispanos/latinos en Estados Unidos

Explore
Colombia with
Club cultura!

JOSÉ QUINTANA
Jugador de béisbol del equipo
Chicago White Sox

JUAN PABLO MONTOYA
Uno de los mejores pilotos de Fórmula 1 del mundo.
Actualmente es piloto en la IndyCar Series

NATALIA SÁNCHEZ
Primera gimnasta colombiana en unos
Juegos Olímpicos (Pekín, 2008)

RADAMEL FALCAO
Futbolista. Juega en el equipo Manchester
United de Inglaterra

SANTIAGO BOTERO
Ciclista y campeón del mundo de ciclismo

5–2 Para estar en forma

En esta lista hay buenas y malas costumbres (*habits*). ¿Cuáles tienes tú? Marca dos buenas y dos malas. Puedes añadir otras.

Monto bicicleta.	Fumo.	Paso mucho tiempo sentado/a.
Trabajo demasiadas (*too many*) horas.	No bebo alcohol.	Como mucha carne.
	Bebo demasiado café.	No consumo azúcar.
Bebo mucha agua.	Como poca fibra.	Como solo verduras.
Como mucha fruta.	Hago yoga.	_____
Camino poco.	No hago deporte.	_____
Soy perezoso.	Como muchos dulces.	

Ahora compara tus costumbres con las de tres compañeros/as.

EJEMPLO:

E1: Yo monto bicicleta y no bebo alcohol, pero duermo poco y como mucha carne.
E2: Yo tampoco bebo alcohol.
E3: Yo tampoco. Yo hago yoga.
E1: ¿Ah sí? Yo también.

5–3 ¿Vida sana?

Marca las cosas que haces de esta lista. ¿Cuántas son? ¿Quiénes en la clase hacen más? ¿Quiénes hacen menos?

Consejos para una vida sana

1. Hacer ejercicio físico cuatro veces a la semana y durante por lo menos cuarenta minutos.

2. Tener un horario regular de las comidas principales.

3. Consumir variedad de frutas y verduras, hasta 600 gramos diarios.

4. Vigilar y moderar el consumo de grasa de productos lácteos.

5. Comer pescado tres o más veces por semana.

6. Tomar pocos refrescos y bebidas con azúcar.

7. Dormir ocho horas diarias.

8. Beber dos litros de agua cada día.

5–4 ¿Haces yoga?

Lee este anuncio de un estudio de yoga. ¿Te interesa? ¿Por qué?

YogaStudio

Clases para principiantes o avanzados. ¡Cuando haces yoga, tu salud flota! El yoga mejora la salud de quienes lo practican. Principales beneficios físicos del yoga:

- Tonificación.
  - Desarrollo de los músculos.
    - Fortalecimiento de la columna, firmeza y estabilidad de la postura.
      - Liberación de toxinas.
        - Descanso mayor durante la noche.
          - Mejora de la circulación sanguínea.
            - Calma

VOCABULARIO EN CONTEXTO

5–5 **Partes del cuerpo**

Completa los espacios en blanco.

la cabeza	el codo
el cuello	la espalda
el brazo	los ojos
la mano	la boca
la cintura	la nariz
la pierna	la frente
la rodilla	el pecho
el pie	la cadera

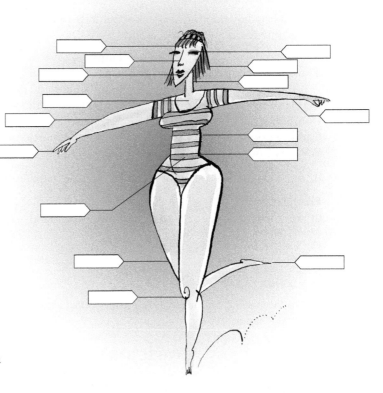

¿Qué actividades son buenas para...

1. las piernas?

2. la espalda?

3. los brazos?

4. el corazón?

EJEMPLO:

Saltar es bueno para las piernas.

saltar	hacer ejercicio
correr	hacer yoga
nadar	montar bicicleta
dar un paseo	subir escaleras

5–6 **Posturas básicas de yoga**

Un estudiante del grupo da instrucciones y los otros hacen las posturas.

Los orígenes del yoga nos transportan a India y están muy ligados a la cultura hindú y budista. Estas culturas siempre han buscado la liberación del espíritu a través de ejercicios corporales, la respiración y la meditación. Yoga significa "yugo" o "unión". El yoga más popular en Occidente se basa en cinco principios: la Savasana (relajación), la Pranayama (respiración), las asanas (ejercicios), la Dhyana (pensamientos positivos) y la meditación.

Cuatro asanas (posturas) básicas:

1. Postura de oración: De pie, con los pies y las piernas juntos, estirar y relajar la columna. Inhalar profundamente y exhalar. Llevar las palmas de las manos juntas frente al pecho, a modo de saludo respetuoso.

2. Postura de la montaña: De pie, colocar las dos piernas juntas, con las manos planas en el suelo y los brazos estirados. Levantar las caderas y bajar la cabeza para formar una V invertida. Inhalar profundamente y exhalar.

3. Flexión de rodillas: Sentado con las piernas estiradas y la columna erguida. Inclinar el tronco hacia adelante y sujetar los pies con las manos sin doblar las rodillas.

4. El árbol: De pie con los pies paralelos y las piernas firmes y extendidas. Mirar al frente, los brazos extendidos tocando la mitad de los muslos. Flexionar una de las piernas y colocarla contra (*against*) la pierna que mantiene el peso (*weight*) del cuerpo. Levantar los brazos y unir las manos por encima de la cabeza.

¿Puedes escribir las instrucciones para esta postura?

5. _____
_____
_____
_____
_____
_____
_____
_____

 5–7 ¿Hacen deporte los colombianos?

Una persona de la radio quiere saber si los colombianos hacen deporte. Escucha las dos entrevistas. ¿Todos practican algún deporte? ¿Qué deporte?

		Sí	No	DEPORTE
Conversación 1	señora:	☐	☐	_____
	señor:	☐	☐	_____

		Sí	No	DEPORTE
Conversación 2	mujer 1:	☐	☐	_____
	mujer 2:	☐	☐	_____
	mujer 3:	☐	☐	_____

5–8 ¿Y tú?

Ahora entrevista a tu compañero/a. Prepara cinco preguntas para saber si está en forma. Luego expliquen al resto de la clase…

-las cosas que hacen los dos, y
-las cosas que solo hace uno de ustedes.

EJEMPLO:

E1: Los dos jugamos al tenis.
E2: Y los dos esquiamos.
E1: Y él/ella juega al fútbol, pero yo no.

📖 GRAMÁTICA EN CONTEXTO

👥 5-9 **Causas del estrés**

El estrés no ayuda nada a estar en forma. Tiene muchas causas y síntomas. Algunos están en esta lista. Entrevista (*interview*) a tu compañero/a y anota sus respuestas.

Comer **cada día** a una hora distinta.
Pensar **todo el tiempo** en los estudios.
Ir **siempre** apurado (*in a hurry*) a todas partes.
Ir **muchas veces** al médico por cualquier cosa (*for anything*).
Dormir **casi siempre** menos de seis horas diarias.
Despertarse **a menudo** por la noche.
Discutir (*argue*) **todos los días** con la familia o con los amigos.

EJEMPLO:

E1: ¿Comes **cada día** a una hora distinta?
E2: No, **siempre como** a la misma hora.

¿Crees que tu compañero/a tiene estrés? ¿Por qué?

🔊 5-10 **Buenas y malas costumbres**

Escucha a estas personas en una entrevista de radio y anota lo que hacen. ¿Qué consejo (*advice*) le das a cada una?

EJEMPLO:

Tiene que hacer ejercicio **todos los días**.

¿Usted cree que lleva una vida sana?

¿Yo...? No mucho.

¿Lleva en general una vida sana?
❑ Sí ❑ No
¿Por qué? _____
_____
_____
Un consejo:
Tiene que _____ (frecuencia) _____
A

Como mucha verdura, no fumo, no tomo café...

Cada día doy un paseo de una hora.

¿Lleva en general una vida sana?
❑ Sí ❑ No
¿Por qué? _____
_____
Un consejo:
Tiene que _____ (frecuencia) _____
B

¿Lleva en general una vida sana?
❑ Sí ❑ No
¿Por qué? _____
_____
Un consejo:
Tiene que _____ (frecuencia) _____
C

Comparte luego tus respuestas con la clase.

VERBOS REGULARES

HABLAR	COMER	VIVIR
hablo	como	vivo
hablas	comes	vives
habla	come	vive
hablamos	comemos	vivimos
habláis	coméis	vivís
hablan	comen	viven

VERBOS IRREGULARES

DORMIR	DAR	IR	HACER
duermo	**doy**	**voy**	**hago**
duermes	das	**vas**	haces
duerme	da	**va**	hace
dormimos	damos	**vamos**	hacemos
dormís	dais	**vais**	hacéis
duermen	dan	**van**	hacen

Se conjugan como **dormir**: jugar, poder, acostarse

o, u > ue

LA FRECUENCIA

siempre
muchas veces
de vez en cuando
a menudo
nunca

¿No comes carne?

No, no como nunca carne.

Nunca voy al gimnasio por la tarde.
No voy **nunca** al gimnasio por la tarde.

los ⎰ lunes
      martes
      miércoles
      jueves
      viernes
      sábados
      domingos

los fines de semana
todos los días, **cada** día
todas las semanas, **cada** semana

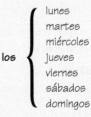

VERBOS REFLEXIVOS

LEVANTARSE

Me	levanto	**Nos**	levantamos
Te	levantas	**Os**	levantáis
Se	levanta	**Se**	levantan

Son verbos reflexivos: acostar**se**, dormir**se**, despertar**se**, duchar**se**

Tengo que levantar**me** a las seis.
No queremos levantar**nos** tarde.
Pueden levantar**se** a las nueve.
¿A qué hora **se** levantan?

LA CUANTIFICACIÓN

Duermo **demasiado**.
Estás **demasiado** delgada.

Trabajo demasiado.

Come
{
demasiado chocolate.
demasiada grasa.
demasiadas papas.
demasiados dulces.
}

Estás **muy** delgada.
Trabaja **mucho**.

Tiene {
mucha experiencia.
mucho trabajo.
}

Trabaja {
muchas horas.
muchos domingos.
}

RECOMENDACIONES Y CONSEJOS

PERSONAL

No descansas bastante. **Tienes que** dormir **más**.
Tienes mucho estrés. **Tienes que** trabajar **menos**.

IMPERSONAL

Hay que
Es necesario
Es bueno
Es importante
} hacer ejercicio.

ESTAR CON ADJETIVOS

Expresa estados físicos o anímicos, NO características.

Está gordo / delgado / cansado.
Está triste / alegre / preocupado / aburrido.

5–11 Más ideas para estar en forma

Escriban una lista de consejos. ¿Qué pareja tiene la lista más larga?

	estar delgado/adelgazar	
	estar en forma	
	estar gordo/engordar	(no) **tienes que** _____
Si (no) quieres	**estar** fuerte	(no) **es bueno** _____
	estar ágil	
	estar joven	(no) **es importante** _____
	estar alegre	(no) **es necesario** _____

5–12 Para vivir 100 años

Para vivir 100 años son necesarias tres cosas:
A. alimentarse bien,
B. tener equilibrio (*balance*) físico, y
C. tener equilibrio anímico.

Relacionen cada una de estas tres cosas con las reglas (*rules*) que aparecen abajo.

EJEMPLO:

E1: "**Hay que** comer **mucho** pescado" tiene relación con "alimentarse bien". Es A.
E2: Y "**no hay que** tomar **demasiadas** bebidas alcohólicas" es A también.

	A	B	C
Comer **mucho** pescado.			
No tomar **demasiadas** bebidas alcohólicas.			
Controlar **mucho** el peso.			
Dar al dinero **poca** importancia.			
Acostarse temprano.			
Disfrutar **mucho** del tiempo libre.			
Relajarse antes de enfrentar un problema.			
Divertirse con los amigos.			
Tener relaciones agradables en la familia y en el trabajo.			
Caminar **mucho**.			
Tener horarios **muy** regulares.			
Levantarse cada día a la misma hora.			

5–13 Atención a la forma

Identifiquen los verbos reflexivos en el cuadro de la actividad 5–12. Después formulen preguntas para su compañero/a usando estos verbos.

EJEMPLO:

E1: ¿**Te acuestas** temprano normalmente?
E2: No, normalmente **me acuesto** muy tarde.

INTERACCIONES

ESTRATEGIAS PARA LA COMUNICACIÓN ORAL

Formulating direct questions (II)

In *Lección 4* we studied how to formulate direct questions. The most difficult questions for English speakers in Spanish are those that require a preposition (*a, de, con, en, desde, hasta, entre, hacia, para, por, sobre*) **before** the interrogative word (*qué, quién, cuándo, dónde, cuál, cuánto*). Can you formulate questions for these answers? Always include the preposition + the interrogative word.

Juan duerme **desde** las doce. ⟶ *¿**Desde qué** hora duerme Juan?*

María va al gimnasio **con** sus amigas. ⟶ *¿**Con quién** va al gimnasio María?*

Este balón de fútbol es **para** Gustavo.

La clase de yoga es **en** el aula 34B.

El instructor habla **sobre** la importancia del ejercicio.

Juego al béisbol los domingos **con** seis amigos.

Mi traje de gimnasia es **de** color verde.

Cada martes veo **a** Jacinto en el gimnasio.

Los sábados nos levantamos **a** las ocho.

Los domingos corremos **hasta** las diez.

5–14 Entrevista

Investiga las costumbres de un/a compañero/a de clase. Escribe primero las preguntas necesarias para obtener la información.

1. Horas de dormir: *¿Cuántas horas duermes por la noche?*
2. Acostarse:
3. Levantarse:
4. Hacer ejercicio **con** alguien:
5. Frecuencia con que hace ejercicio:
6. Gimnasio **en** que hace ejercicio:
7. Actividades por la mañana:
8. Actividades por la tarde:
9. Tipo de comidas:
10. Lugar(es) en que come normalmente:

Ahora entrevista a un/a compañero/a y anota sus respuestas. Pregúntale (*ask him/her*) con qué **frecuencia** hace esas cosas.

EJEMPLO:

E1: ¿Cuántas horas **duermes** por la noche?
E2: Siete u ocho, más o menos.
E1: ¿**Siempre duermes** ocho horas?
E2: No, no, **los fines de semana duermo** diez.

Explica a la clase si sus costumbres son similares a las tuyas (*yours*) o no.

5–15 ¿Qué hay que hacer para ser deportista de primera clase?

Lee estos datos sobre una deportista colombiana. Según el texto, ¿qué características son necesarias para ser un/a golfista de primera clase? ¿Puedes pensar en otras? Habla con tu compañero/a.

María José Uribe, nueva estrella del golf profesional

Es colombiana, tiene 24 años y es la nueva golfista latinoamericana que brilla (*shines*) en el panorama internacional. Es la primera golfista latinoamericana en ganar el Abierto de aficionados de Estados Unidos (2007). Desde el año 2009 María José es golfista en la Asociación de Golf Profesional Femenino (LPGA en inglés). Como deportista de alto rendimiento ha tenido que hacer varios sacrificios en su vida social para dedicarle el tiempo a los entrenamientos. María José sabe que "un golfista tiene que ser un deportista muy completo. Necesita el lado mental, el físico y el técnico. Muchas veces el lado mental es el más difícil de conseguir". Disciplina de trabajo y concentración son las claves para el rápido ascenso de la golfista colombiana. María José está consciente del compromiso que significa practicar el golf a un nivel tan competitivo. María José entrena (*trains*) todos los días: "Algunos cuatro horas, otros seis horas, más las dos horas de gimnasio diarias. Sábado y domingo entreno también todo el día".

EJEMPLO:

E1: Para ser un/a golfista de primera clase como Uribe, **hay que entrenar** cada día.
E2: Sí, y también **tienes que tener** mucha concentración.

5–16 Situaciones: *Una mente sana necesita un cuerpo sano*

Two American students are in the Nueva Lengua School, in Cartagena de Indias, the famous colonial city. The students are taking a four-week summer course. After two weeks they don't feel well, either physically or mentally, so they decide to talk to a counselor. Now they are at the counselor's office.

ESTUDIANTE A

Explain your problems to the counselor. Imagine that these are your problems:

-you can't sleep
-you don't exercise or play sports
-you have difficulty relaxing

ESTUDIANTE B

Explain your problems to the counselor. Imagine that these are your problems:

-you are always tired
-you don't eat well
-you go to sleep very late
-you are nervous by nature

ESTUDIANTE C

You are a student counselor at the school. Two students are in your office. Listen to their concerns. Ask them questions about their habits, and the frequency of their activities. Give them advice and recommendations in order to feel better.

TAREA

Elaborar una guía de salud para los nuevos estudiantes de la universidad

PREPARACIÓN

¿Qué podemos hacer para llevar una vida sana en la universidad? Primero, cada miembro del grupo escribe dos recomendaciones para un/a nuevo/a estudiante.

EJEMPLO:

Es muy importante tener buenos amigos y divertirse.

Paso 1 Lean esta lista de 10 recomendaciones. Después tienen que ordenarlas de más importante (1) a menos importante (10).

- Dormir mucho. El sueño (*sleep*) no es normalmente una prioridad para los estudiantes. Esto es un error. Algunas personas pueden funcionar con tres o cuatro horas de sueño, pero la mayoría necesita más. Si no duermes, no puedes concentrarte y rendir en tus clases. Si no puedes dormir ocho horas por la noche, puedes tomar una siesta entre clases.

- Tener un horario regular de dormir. Esto es muy difícil para un estudiante. Algunas veces tienes que levantarte temprano para una clase; otros días no. Los fines de semana duermes hasta las doce. Sin embargo, hay que intentar tener un horario regular e ir a dormir temprano todos los días.

- Comer bien. Los estudiantes universitarios tienden a (*tend to*) engordar porque comen por la noche y comen mucha comida basura (*junk food*). Hay que tomar un buen desayuno para poder concentrarse en clase. También es fundamental beber mucha agua y no beber refrescos.

- No beber alcohol. El alcohol en exceso es peligroso y además engorda. Algunos estudiantes no comen en el día para poder beber alcohol por la noche: esto es una muy mala idea. Es mejor beber muy poco alcohol o no beber nada.

- Comprar o alquilar una bicicleta. Si el clima es bueno, una bicicleta es la mejor forma de ir por el campus, pero no hay que olvidar el casco (*helmet*).

- Pasar tiempo en el centro recreativo. Pagas mucho dinero por este centro, así que tienes que aprovecharlo (*take advantage of it*). Puedes tomar una clase o hacer ejercicio.

- Hacerse chequeos médicos regularmente. Hay que ir al menos (*at least*) una vez al año.

- Vacunarse contra la gripe (*flu*). Las universidades son campos de cultivo de gérmenes: tienes que protegerte.

- Aprender a relajarse. Esto puede ser difícil para un estudiante. Si sacas una C en un examen, no va a ocurrir nada catastrófico. Es buena idea tomar una clase de yoga.

- Ir a los servicios de consejeros en el campus. Los universitarios frecuentemente sufren de ansiedad, depresión, adicción, trastornos alimentarios, etc. Es importante hablar con profesionales.

EJEMPLO:

E1: Para mí, lo más importante es aprender a relajarse. Por eso hago yoga todas las semanas.

E2: Sí, pero es más importante comer bien. Yo por ejemplo nunca como comida rápida.

E3: Estoy de acuerdo con... La salud mental es muy importante.

Paso 2 El grupo tiene que seleccionar las cinco recomendaciones más importantes. Después tienen que incluir una más que no esté en la lista. Miren las ideas que escribieron (*you wrote*) en la PREPARACIÓN y seleccionen una. Todos los miembros del grupo tienen que estar de acuerdo.

> ⊢ **AYUDA** ⊣
>
> Para mí **lo más / lo menos** importante es…
> Para mí **lo mejor / lo peor** es…
>
> Tiene(s) razón, **lo más** importante / **lo menos** importante / **lo mejor** / **lo peor** es…
> No tienes razón, **lo más** importante / **lo menos** importante / **lo mejor** / **lo peor** es…
>
> Estoy de acuerdo con…
> No estoy de acuerdo con…

Paso 3 Escriban la guía para estudiantes.

En la guía tienen que incluir ejemplos de servicios que tiene su campus relacionados con las recomendaciones. Tengan en cuenta (*keep in mind*)…

- servicios e instalaciones (*facilities*) relacionados con el ejercicio físico;
- servicios relacionados con el equilibrio anímico;
- servicios relacionados con la alimentación;
- otros servicios.

SALUD EN EL CAMPUS 101

Todo estudiante que comienza la universidad quiere tener éxito. La clave (*key*) del éxito es llevar una vida sana. ¿Cómo? Aquí tienes seis consejos clave.

1. Es conveniente... porque…

2. Hay que... porque…

3. Es bueno... porque…

4. _____

5. _____

6. _____

Paso 4 El/la representante del grupo presenta la guía a la clase.

Paso 5 Los grupos y el/la profesor/a comentan los resultados.

Paso 6 Foco lingüístico.

NUESTRA GENTE

GENTE QUE LEE

ESTRATEGIAS PARA LEER

Using a bilingual dictionary (I)

There are many strategies for deciphering the meaning of words that you do not understand, such as using context and identifying cognates. While these strategies can help, sometimes you will need to look up words in a bilingual dictionary. Remember, however, that you do not need to look up every single unknown word, just those that seem to be essential for understanding the text. There are several key aspects that you need to take into consideration when looking up a word's meaning.

1. Before looking up a word, figure out what part of speech it is. Is it a verb? A noun? An adjective? Look at the following sentences and the words in italics:

   Colombia representa una *mezcla* de culturas y razas.
   Los colombianos *mezclan* diversos ingredientes para hacer esa comida tradicional.

   You probably guessed that the first word is a noun, while the second one is a verb. For the first one, you would find this entry in your dictionary:

   > mezcla *nf* mixture, combination; (*fig*) blend; (clothing) tweed

   For the second one, you would find this:

   > mezclar *vt* to mix (up), to blend; (*combinar*) to merge; ~se *vr* to mix, mingle

2. Remember that verbs are listed in their infinitive form and not in their conjugated form.
3. Familiarize yourself with the abbreviations. For example, *vt* means *verbo transitivo* (it takes a direct object), while *nf* means *nombre femenino*. What do you think *vr* means? How about *adj*? What does *nm* mean? And *vi*? And lastly, how about *nm/f*?

ANTES DE LEER

5–17 El arte y la representación humana

¿Cómo crees que representan las figuras humanas estos estilos de pintura? ¿Cuál te gusta más?

1. abstracta　　2. realista　　3. cubista　　4. expresionista

5–18 Activando estrategias

1. Lee el título del texto. ¿Cuál crees que es el tema de la lectura?
2. Identifica la frase temática de cada párrafo. ¿Cuáles son los subtemas de esta lectura?
3. Mira la foto. ¿Cómo son las personas de los cuadros (*paintings*) de Botero?
4. ¿Qué estilo crees que tienen estos cuadros? ¿Por qué?

DESPUÉS DE LEER

5–19 ¿Comprendes?

1. ¿Por qué pinta Botero figuras "gordas"?
2. ¿Qué temas están presentes recientemente en la pintura de Botero?
3. ¿Por qué generan polémica sus cuadros?
4. ¿Cómo es la escultura de Botero?

A LEER

FERNANDO BOTERO: PASIÓN POR EL VOLUMEN

Fernando Botero es un pintor y escultor colombiano nacido en Medellín, Colombia, en 1932. Sus **exposiciones** por todo el mundo (París, Nueva York, Milán, Berlín, Tokio, Moscú…) **lo** hacen hoy el artista latinoamericano más cotizado del planeta. Botero es uno de los pocos artistas que expone sus obras en varias de las avenidas y plazas más famosas del mundo, **como** los Campos Elíseos en París, la Quinta Avenida de Nueva York, el Paseo de Recoletos de Madrid, la Plaza del Comercio de Lisboa o las Pirámides de Egipto.

Botero tiene un estilo muy personal. Los colombianos dicen que Botero es "el que hace las gorditas", pero el artista prefiere el término "volumen". El tratamiento exagerado en sus proporciones de la figura humana es hoy una de las características **inconfundibles** de su obra. En su arte, la **obesidad** de sus personajes es la característica primordial: las figuras **engordan** y se deforman hasta

cubrir en buena parte el **lienzo**. Botero emplea la **gordura** como base de una cariñosa **burla** para hacer una crítica de ciertos aspectos de la sociedad. La misma voluptuosidad que se presenta en su pintura se encuentra en la escultura, caracterizada casi siempre por figuras y animales de tamaños grandiosos y desproporcionados de gran singularidad, realizados en bronce o mármol.

Botero ha cambiado su temática a través de los años. A partir de 1960 lleva a cabo, entre su variada temática, una serie de obras en las que parece rendir tributo a los grandes maestros de la pintura universal. Entre estas obras podemos mencionar *Mona Lisa a los doce años* (1959), *Rubens con su esposa* (1965) o *Autorretrato según Velázquez* (1986). En la década de 1980 su afición por los toros le lleva a dedicarse casi exclusivamente a este tema (*La pica*, 1984; *El quite*, 1988). Más recientemente hace **hincapié** en la situación de violencia que se vive en su país y en el mundo, lo que ha generado gran polémica. Por ejemplo, la serie sobre "Abu Ghraib" está compuesta por 78 cuadros que tratan de representar los horrores de la tortura y de la guerra a través de los **sucesos** de la prisión de Abu Ghraib.

Actualmente vive entre París, Nueva York, Bogotá e Italia, desarrollando una técnica en cada uno de sus estudios: en Nueva York pinta pasteles y acuarelas, en París pinta sus grandes óleos y en su casa de Toscana funde sus esculturas de bronce.

5–20 Activando estrategias

1. Observa estas palabras en negrita en el texto: "exposiciones", "inconfundibles", "engordan", "lienzo", "gordura", "burla" e "hincapié". ¿Son nombres, verbos o adjetivos?
2. Busca las palabras en el diccionario. ¿Qué información te da el diccionario sobre estas palabras? ¿Qué significan?
3. ¿Es la palabra "obesidad" un cognado? ¿Y la palabra "sucesos"?
4. ¿Qué función tiene el conector en negrita "como" (párrafo 1)?
5. ¿A qué o quién se refiere el pronombre "lo" (párrafo 1)?

5–21 Expansión

1. ¿Te gusta el estilo de Botero? ¿Por qué?
2. ¿Conoces otros artistas hispanohablantes con un estilo tan peculiar como el de Botero? ¿Y en tu país?

GENTE QUE ESCRIBE

ESTRATEGIAS PARA ESCRIBIR

Editing your composition for content and organization [II]

Organization entails logical sequencing and connecting ideas. Observe this two-paragraph text:

> *La cocina colombiana es muy regional, y una visita a Colombia no está completa si no se prueba la comida local, como las "arepas" o el "ajiaco". En algunas regiones se bebe la "chicha", una bebida con alcohol que se obtiene por la fermentación de la fruta o del maíz y que se hace en casa.*
>
> *El alcohol no es generalmente parte de la comida en Colombia y mucha gente prefiere no tomar alcohol cuando come. Sin embargo, en Colombia se consumen bebidas alcohólicas como el aguardiente o la cerveza.*

You may have noticed that the sentence about "la chicha" should have been placed in paragraph two, not in paragraph one. You may also have noticed that the word *alcohol* is repeated and could be replaced with a pronoun (*prefieren no tomarlo*), making the sentence sound more natural.

MÁS ALLÁ DE LA FRASE

Basic connectors for introducing examples and clarifying information

Giving examples to support ideas or to illustrate your point is a useful writing strategy. Likewise, repeating information using different words to clarify your message is another excellent way to ensure that the reader understands your ideas.

Read the following paragraph and pay attention to the expressions in bold. Try to determine which are used to introduce examples and which are used to clarify information.

> *La cocina colombiana es muy regional y una visita al país no está completa si no se prueba la comida local, **por ejemplo** las "arepas" o el "ajiaco". Los colombianos raramente beben alcohol con el alimento: **es decir** (that is), prefieren tomar bebidas no alcohólicas **como** (like) el delicioso café. Esto no significa que los colombianos son abstemios, **o sea** (that is), que no beben alcohol. Todo lo contrario: toman bebidas alcohólicas **tales como** (such as) el aguardiente o la cerveza. En algunas regiones se bebe la "chicha", una bebida con alcohol que se obtiene por la fermentación de la fruta o del maíz y que se hace en casa; **en otras palabras** (in other words), la "chicha" no es un producto comercial.*

5–22 Una carta

Vas a hacer un viaje de estudios a Cartagena de Indias. Antes de viajar quieres obtener información sobre las diferentes opciones que existen en la universidad para llevar una vida sana. Escribe una carta a un amigo colombiano. Primero, prepara una lista con las cosas que quieres preguntarle. Incluye:

- los temas sobre los que (*about which*) quieres información, y
- las preguntas que quieres hacer, como por ejemplo, información sobre hospitales, médicos para estudiantes, instalaciones en la universidad para hacer deporte, opciones para comer y otras preguntas.

¡ATENCIÓN!

Tu trabajo escrito debe seguir los Pasos 1 a 8 (página 14, Lección 1). Los contenidos de tu carta deben estar bien organizados y ser relevantes. También debe tener una secuencia lógica, cohesión y coherencia (revisa el uso de pronombres de objeto directo e indirecto; introduce ejemplos y clarificaciones).

COMPARACIONES

5–23 El fútbol en Colombia

Lee este texto. Compara la popularidad del fútbol en Colombia y en Estados Unidos.

El fútbol en Colombia es el deporte más popular de ese país y es dirigido por la Federación Colombiana de Fútbol (Colfútbol). La selección nacional de fútbol participa en muchos campeonatos mundiales (Copa del Mundo, 1990, 1994, 1998 y 2014) y regionales (Copa América). En la actualidad hay 36 clubes profesionales en Colombia. Entre los clubes más importantes están el Deportivo Cali, el Independiente Santa Fe, el Junior de Barranquilla, el Atlético Nacional de Medellín y los Millonarios de Bogotá. Los dos principales estadios del fútbol colombiano están en Bogotá y en Barranquilla. Dos de sus mejores jugadores son James Rodríguez, del Real Madrid (España) y Radamel Falcao, del Manchester United (Inglaterra).

5–24 Jugadores de fútbol hispanohablantes

¿Conoces a estos jugadores? ¿Por qué son considerados dos de los mejores del mundo? ¿Qué actividades y qué sacrificios crees que tienen que hacer para estar entre los mejores del mundo?

EJEMPLO:

Tienen que entrenar todos los días y no pueden acostarse muy tarde.

Lionel Messi

Sergio Ramos

Lionel Messi (Argentina)

Lionel Messi tiene 27 años y juega como delantero en el FC Barcelona (España) y en la selección de su país. Desde 2009 es considerado el mejor jugador de fútbol del mundo. Ha ganado (*has won*) el Balón de Oro de la FIFA 4 veces. En 2008 fue campeón de fútbol en los Juegos Olímpicos de Pekín con su selección.

Sergio Ramos (España)

Tiene 28 años y es futbolista del Real Madrid C.F. (España), donde es también segundo capitán. Con la selección de España ganó (*won*) la Copa de Europa (2008 y 2012) y la Copa Mundial (2010).

¿Conoces a otros futbolistas famosos de Latinoamérica, España o tu país? ¿Quiénes son?

5–25 ¿Qué deportes son los más populares en tu país? ¿Y quiénes son considerados los mejores (*the best*) en estos deportes? ¿Por qué son los mejores?

CULTURA

En Estados Unidos viven aproximadamente 980.000 personas de ascendencia colombiana. Las comunidades con más población colombiano-estadounidense son Nueva Jersey, Florida, Rhode Island y Nueva York. Los problemas económicos y la violencia son causa de buena parte de la emigración colombiana a Estados Unidos en los últimos años.

Entre los colombianos más importantes en el mundo se destacan el escritor Gabriel García Márquez (1927–2014), premio Nobel de Literatura, el pintor Fernando Botero, el director de cine Víctor Gaviria, la actriz Catalina Sandino Moreno, los cantantes Shakira y Juanes, y el científico Manuel Elkin Patarroyo.

Go to **MySpanishLab** to review what you have learned in this chapter.

| Flashcards | Oral Practice | Practice Test / Study Plan | amplifire Dynamic Study Modules | Tutorials | Videos | Extra Practice |

VOCABULARIO

Las partes del cuerpo (Body parts)

la boca	mouth
el brazo	arm
la cabeza	head
la cara	face
la cintura	waist
el codo	elbow
el cuello	neck
el corazón	heart
la espalda	back
la frente	forehead
la mano	hand
la nariz	nose
el ojo	eye
la oreja	ear
el pelo	hair
el pie	foot
la pierna	leg
la rodilla	knee

Los días de la semana (Days of the week)

lunes	Monday
martes	Tuesday
miércoles	Wednesday
jueves	Thursday
viernes	Friday
sábado	Saturday
domingo	Sunday

La salud y la alimentación (Health and food)

la actividad	activity
el azúcar	sugar
la bebida	drink
la carne	meat
la comida	food
el consejo	advice
el/la deportista	athlete
el dulce	sweet, candy
el ejercicio	exercise
el equilibrio	balance
la fruta	fruit
el gimnasio	gym
la grasa	fat
el pescado	fish
el peso	weight
la presión, la tensión	blood pressure
la tranquilidad	calm, peacefulness
la verdura	vegetable

Deportes (Sports)

el baloncesto	basketball
el béisbol	baseball
el fútbol	soccer
el tenis	tennis

Adjetivos (Adjectives)

ágil	agile, flexible
cansado/a	tired
complicado/a	complicated
delgado/a	thin
efectivo/a	effective
enfermo/a	sick
fuerte	strong
gordo/a	fat
necesario/a	necessary
recomendable	advisable
sano/a	healthy

Actividades físicas (Physical activities)

adelgazar	to lose weight
caminar	to walk
correr	to run
dar un paseo	to take a walk
engordar	to gain weight
estar a dieta	to be on a diet
estar en forma	to be fit, be in shape
estar sentado	to be seated
hacer deporte	to play, to practice sports
hacer ejercicio	to exercise
hacer yoga	to do yoga
relajarse	to relax
montar bicicleta	to ride a bike
saltar	to jump
pasear	to take a walk

Verbos (Verbs)

acostarse (ue)	to go to bed
desayunar	to have breakfast
despertarse (ie)	to wake up
divertirse (ie)	to have fun
dormirse (ue)	to fall asleep
fumar	to smoke
levantarse	to get up
sentarse (ie)	to sit down
tomar (alcohol)	to drink (alcohol)

CONSULTORIO GRAMATICAL

1 Present Indicative of Irregular Verbs

The stem change **e > ie** occurs in verbs such as **querer, perder, pensar, despertarse**...

	QUERER		DESPERTARSE
(yo)	quiero	(yo)	me despierto
(tú)	quieres	(tú)	te despiertas
(él, ella, usted)	quiere	(él, ella, usted)	se despierta
(nosotros/as)	queremos	(nosotros/as)	nos despertamos
(vosotros/as)	queréis	(vosotros/as)	os despertáis
(ellos, ellas, ustedes)	quieren	(ellos, ellas, ustedes)	se despiertan

The stem change **e > i** occurs in verbs such as **decir, servir, seguir, pedir, vestirse**...

	DECIR	SERVIR
(yo)	digo	sirvo
(tú)	dices	sirves
(él, ella, usted)	dice	sirve
(nosotros/as)	decimos	servimos
(vosotros/as)	decís	servís
(ellos, ellas, ustedes)	dicen	sirven

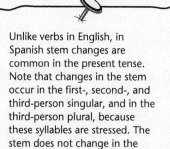

Unlike verbs in English, in Spanish stem changes are common in the present tense. Note that changes in the stem occur in the first-, second-, and third-person singular, and in the third-person plural, because these syllables are stressed. The stem does not change in the **nosotros** or **vosotros** forms.

The stem changes from **o > ue** in verbs like **poder, acostarse, volver**... and **u > ue** in **jugar**.

	PODER	ACOSTARSE	JUGAR
(yo)	puedo	me acuesto	juego
(tú)	puedes	te acuestas	juegas
(él, ella, usted)	puede	se acuesta	juega
(nosotros/as)	podemos	nos acostamos	jugamos
(vosotros/as)	podéis	os acostáis	jugáis
(ellos, ellas, ustedes)	pueden	se acuestan	juegan

Some verbs, sometimes called **-go** verbs, are irregular in the **yo** form of the present tense: **hacer, poner, decir, venir, salir, tener**...

(yo)	hago	pongo	digo	vengo	salgo	tengo

The verbs **ir, dar, estar,** and **saber** are also irregular.

	IR	DAR	ESTAR	SABER
(yo)	voy	doy	estoy	sé
(tú)	vas	das	estás	sabes
(él, ella, usted)	va	da	está	sabe
(nosotros/as)	vamos	damos	estamos	sabemos
(vosotros/as)	vais	dais	estáis	sabéis
(ellos, ellas, ustedes)	van	dan	están	saben

2 Reflexive Verbs

A reflexive construction is one in which the subject performs and receives the action expressed by the verb.

	DUCHARSE	ABURRIRSE
(yo)	me ducho	me aburro
(tú)	te duchas	te aburres
(él, ella, usted)	se ducha	se aburre
(nosotros/as)	nos duchamos	nos aburrimos
(vosotros/as)	os ducháis	os aburrís
(ellos, ellas, ustedes)	se duchan	se aburren

In Spanish, many verbs that describe daily habits and personal care require a reflexive pronoun if the same person performs and receives the action: **Me despierto a las siete todos los días.** These verbs can also be used non-reflexively: **Despierto a mi hermana menor a las siete y media.**

Reflexive pronouns are usually placed immediately before the conjugated verb, but with constructions using the infinitive (**-ar, -er, -ir**) or the gerund (**-ndo**), there are two options: the pronouns may still be placed in front of the conjugated verb, or they may be attached to the infinitive or gerund form.

WITH THE INFINITIVE

me tengo que acostar	tengo que acostar**me**
te tienes que acostar	tienes que acostar**te**
se tiene que acostar	tiene que acostar**se**
nos tenemos que acostar	tenemos que acostar**nos**
os tenéis que acostar	tenéis que acostar**os**
se tienen que acostar	tienen que acostar**se**

WITH THE GERUND

me estoy duchando   estoy duchándo**me**

> Tienen que
> acostarse.

---

3 Recommendations and Advice

The construction **tener que +** *infinitive is used to make personal recommendations.*

● **Estoy muy cansado.**   —*I am very tired.*

○ Sí, creo que **tienes que dormir** más y **trabajar** menos.   —*Yes, I think you need to sleep more and work less.*

The construction **hay que** + *infinitive and the expressions* **es necesario / bueno / importante / conveniente** + *infinitive are used to make general recommendations or give advice directed at no one person in particular.*

Para estar en forma **hay que hacer** ejercicio.   Para adelgazar **es importante llevar** una dieta equilibrada.
To be in shape it is necessary to exercise.   *To lose weight it is important to maintain a balanced diet.*

---

4 Expressing Frequency

Frequency expressions, such as the ones below, may be placed at one of several locations within a sentence.

siempre	casi siempre	a menudo
de vez en cuando	casi nunca	nunca
a veces	algunas/muchas veces	

Vamos a esquiar **siempre** a Chile.
Siempre vamos a esquiar a Chile.

Cada, Todos

Cada *is used only with singular nouns. It maintains the same form with both masculine and feminine nouns.*

cada mes	**cada** semana	**cada** año
(= each month)	(= each week)	(= each year)

> To indicate frequency in English, the days of the week require the preposition **on**. *We play tennis on Saturdays.* To indicate frequency in Spanish, the definite article must always appear with the days of the week and there is no preposition. *Jugamos al tenis los sábados.*

Todos/as *precedes plural nouns. This construction requires the definite article* **los/las**.

todos los días / meses / lunes / martes... (= *every day/month/Monday/Tuesday* ...)

The singular form **todo el día, toda la semana** *is also used, but the meaning is different:*

todo el día   (= *the whole day / all day*)

Nunca

nunca + *VERB*   **Nunca** hace ejercicio.
no + *VERB* + **nunca**   **No** hace ejercicio **nunca**.

5 Quantifying: *Muy, Mucho, Demasiado...*

These words do not change form when modifying verbs or adjectives. When these words precede nouns and are used as adjectives, however, they change form to agree in gender and number.

WITH VERBS	WITH ADJECTIVES	WITH NOUNS
Ana trabaja **demasiado**.	Ana está **demasiado** cansada.	Ana trabaja **demasiados** días / **demasiadas** horas.
Ana works **too much**.	Ana is **too** tired.	Ana works **too many** days / **too many** hours.
Estos niños duermen **mucho**.	Estoy **muy** cansado.	Estos niños duermen **mucho** / **muchas** horas.
These children sleep **a lot**.	I'm **very** tired.	These children sleep **a lot** / **many** hours.
Comen muy **poco**.	Yo soy **poco** ágil.	Comen **poco** pescado / **pocas** naranjas.
They eat very **little**.	I'm **not very** agile.	They eat **very little** fish / **very few** oranges.
Emilio no estudia **nada**.	Roberto **no** es **nada** fuerte.	
Emilio doesn't study **at all**.	Roberto is **not** strong **at all**.	

6 *Ser* and *Estar* with Adjectives

Ser + Adjective

*When used with an adjective, **ser** expresses physical, moral, and mental characteristics that define the identity or nature of a subject, such as size, color, shape, religion, nationality, occupation, and disposition.*

- ● ¿**Es** colombiano? — —Is he from Colombia?
- ○ Sí, de Bogotá. **Es** muy simpático, ¿verdad? — —Yes, from Bogota. He is very nice, right?
- ● Creo que **es** tenista. — —I think he is a tennis player.

Estar + Adjective

Estar *is used with adjectives to describe the state or condition of the subject, especially one susceptible to change. These adjectives do not denote an inherent property of the subject.*

- ● **Estoy** muy cansada hoy. — —I am very tired today.
- ○ ¿**Estás** enferma? — —Are you sick?
- ● No, solo **estoy** un poco deprimida. — —No, just a little depressed.

> In English, subjective impressions are often expressed by the verbs **to look, to feel, to seem, to act, to taste**. In Spanish, subjective impressions are frequently conveyed using the verb **estar**.

Estar *is also used with adjectives to denote a subjective impression or express a change from the norm, something exceptional.*

- ● ¡Qué delgado **estás**! **Estás** muy guapo. — —How slender you are! You look very handsome.
- ○ ¿Sí? ¡Gracias! ¿Estos son tus hijos? Son muy altos. — —Yes? Thank you! Are those your children? They are very tall.
- ● Sí, **están** muy altos para su edad. — —Yes, they are very tall for their age.

*Many adjectives can be used with both **ser** and **estar**, but there is usually a difference in meaning. Here are some common examples:*

	with **SER**	with **ESTAR**
aburrido	boring	bored
bueno	good	tasty (food)
listo	witty, clever	ready
callado	quiet person	silent
seguro	a sure thing, safe (reliable)	certain, sure (about something)

6 GENTE en la CASA y en el TRABAJO

6–1 El Salvador y la vivienda (*housing*)

Presta atención a las palabras del texto que están en negrita. ¿Cómo crees que afectan estos factores a las viviendas de este país? Puedes usar estas expresiones.

edificios altos   casas grandes / pequeñas
casas bajas   muchas / pocas viviendas
de ladrillo (*brick*)   de madera (*wood*)
de hormigón / de cemento

EJEMPLO:

densamente poblado. Creo que las casas son pequeñas porque vive mucha gente en poco espacio.

TAREA

Seleccionar un apartamento y un/a compañero/a de apartamento. Amueblar el apartamento.

NUESTRA GENTE

El Salvador
Hispanos/latinos en Estados Unidos

Explore
El Salvador with
Club cultura!

CULTURA

La República de El Salvador es el país más pequeño de Centroamérica pero es el más **densamente poblado**. Es un país **tropical** y por eso hay **excelentes condiciones climáticas** durante todo el año que hacen posible disfrutar de la impresionante vegetación natural y las magníficas playas. La mayor parte de la nación es **montañosa**. El país se conoce como la tierra de los **volcanes** y sufre frecuentes **terremotos** (*earthquakes*) que en ocasiones son muy destructivos. Además, su ubicación en los trópicos lo expone también a la acción de los **huracanes**. Estos movimientos sísmicos y violentas tormentas tropicales originan **catástrofes naturales** que destruyen las viviendas (*homes*) de numerosas personas. San Salvador es la ciudad latinoamericana que más veces ha sido destruida por causas naturales (14 terremotos). Por esta razón, las casas donde los salvadoreños viven dependen en gran medida de estos factores naturales. Además, las áreas urbanas están **superpobladas**.

ACERCAMIENTOS

 6–2 ¿Qué casa prefieren?

Están estudiando en San Salvador con dos amigos. Quieren alquilar (*rent*) una vivienda para el semestre. ¿Cuál prefieren?

Casa en alquiler en Jardines de la Cima
Precio: $900,00/mes. Construcción de 115 metros cuadrados, dos plantas, jardín, cuatro cuartos, dos baños, una cocina, una sala. Amueblada. Garaje para dos vehículos. Otros Detalles: piso de cerámica, ventanas francesas. Municipio/Ciudad: San Salvador. Instituciones cercanas: Estadio Cuscatlán, autopista Sur.

Breve Descripción: Bonita casa de reciente construcción en zona residencial con seguridad las 24 horas del día.

Apartamento en alquiler en Vistas de Altamira
Precio: $750,00/mes. Construcción de 100 metros cuadrados, una planta, garaje para un vehículo, dos cuartos, un baño, una sala. Sin piscina. Sin amueblar. Otros detalles: pantry de madera en cocina, baños chapados con cerámica, piso de cerámica, closets metálicos en habitaciones. Municipio/Ciudad: San Salvador. Lugares cercanos: Supermercados, Centro comercial Plaza Merliot, La Gran Vía, Las Cascadas y Multiplaza.

Ahora completen este texto:

Preferimos _____ porque hay/tiene _____ y además nos gusta _____ . Es importante tener _____ y _____ .

6–3 ¿Qué trabajo te interesa?

Necesitas un trabajo mientras (*while*) estás estudiando en San Salvador. ¿Cuál prefieres? ¿Por qué?

UNO

Gómez y Carrillo, Despacho de Abogados

Asistente de oficina en San Salvador

Perfil requerido:
• Persona joven (20–35 años) buena presencia
• Buena ortografía
• Conocimiento de aplicaciones de Windows o Mac
• Buen trato con el público
• Con residencia en San Salvador
• Horario de dos a seis de la tarde
• Se valora experiencia previa

Ofrecemos:
• Salario: 12 dólares/hora
• Comienzo: inmediato
• Contrato a tiempo parcial

Enviar carta y currículum de forma electrónica a:
Lic. Gregorio Arzola
garzola@resk26ve.com

DOS

Hotel Olé Caribe de San Salvador

Recepcionista bilingüe

Se requiere:
• Mínimo bachiller
• Dominio de español e inglés
• Experiencia en cargo similar
• Disponibilidad inmediata

Preferible:
• Conocimientos de francés hablado

Ofrecemos:
• Salario: a convenir
• Comienzo: inmediato
• Tipo de trabajo: tiempo parcial

Enviar hoja de vida y fotografía por fax a
Sra. Oneida Sequera
Fax: (0212) 331.4397

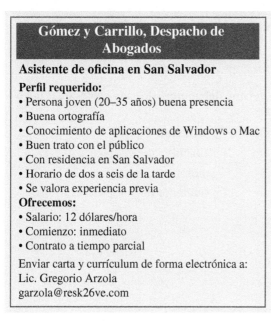

VOCABULARIO EN CONTEXTO

6–4 **Primer día en el trabajo**

Finalmente trabajas en un despacho de abogados. En el edificio trabajan muchas personas. ¿Dónde está tu oficina?

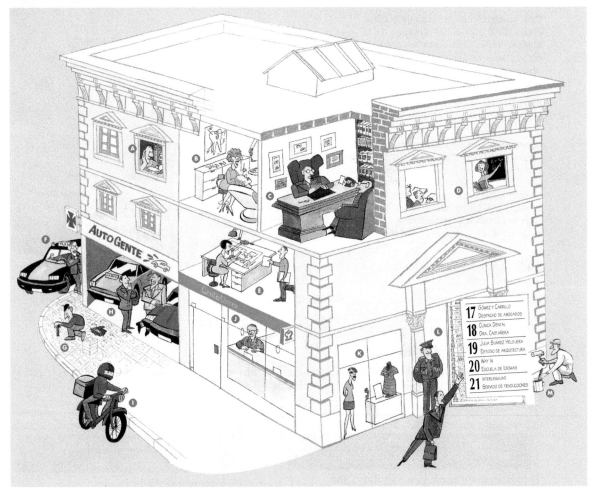

Mira la imagen y escribe la letra correspondiente delante del nombre de cada profesión. Luego compara tus respuestas con las del resto de la clase.

☐ empleado/a de banco	☐ mensajero/a	☐ profesora
☐ guardia de seguridad	☐ dentista	☐ albañil
☐ traductor	☐ arquitecta	☐ pintor
☐ vendedora de una tienda	☐ taxista	☐ vendedor de automóviles
☐ abogado		

EJEMPLO:

E1: Esta es la profesora, ¿verdad?
E2: No, esta es la arquitecta. ¿Y este? ¿El H?
E1: El H es el vendedor de automóviles.

¿Quién trabaja en la oficina número 18? Una _____

¿Y en la número 21? _____

6–5 Cualidades

Digan un aspecto positivo y otro negativo de estas profesiones.

empleado/a de banco	vendedor de automóviles	asistente social
abogado	bombero	médico
profesora	policía	mi profesión ideal: _____

En su opinión, ¿qué cualidades son necesarias para estos trabajos?

Ser (muy)…
amable / organizado / dinámico /
comunicativo…

Saber…
escuchar / mandar / convencer…
informática / idiomas…

Estar…
dispuesto a viajar / acostumbrado
a trabajar en equipo /
en buena forma…

Tener…
mucha experiencia / un título universitario /
mucha paciencia / licencia de conducir…

EJEMPLO:

E1: Para ser un buen abogado **hay que tener** mucha experiencia.
E2: Sí. Y además **hay que saber** escuchar.
E3: Yo creo que no. Yo creo que **es más importante tener** mucha paciencia.

6–6 ¿Dónde ponemos esto?

Finalmente te mudas (*you move*) a un apartamento en San Salvador con un/a amigo/a. Ahora tienen que decidir dónde ponen algunas cosas.

el armario	el estéreo	el sofá
la computadora	la impresora	el espejo
la cama	el escritorio	el televisor
el sillón	la mesa	dos cosas muy importantes: _____ y _____
las sillas	los estantes	

EJEMPLO:

E1: Esta cama, en mi cuarto.
E2: De acuerdo. Y esta mesa, ¿dónde?

6–7 Apartamento en alquiler (*for rent*)

Francisco llama por teléfono para alquilar un apartamento en San Salvador. Primero, mira los anuncios (*classifieds*) de los dos apartamentos en la página 101: ¿en qué se diferencian los apartamentos?

Ahora escucha la conversación telefónica.

1. ¿A qué apartamento crees que llamó Francisco: A o B?
2. ¿Qué característica es muy importante para Francisco? ¿Por qué?
3. ¿Qué decide Francisco? ¿Por qué?

GRAMÁTICA EN CONTEXTO

6-8 **Atención a la forma**

Observa los verbos en negrita en estos diálogos. ¿En qué tiempo verbal están? ¿Se refieren a *tú* o a *usted*?

● **Perdone,** ¿sabe cuál es la calle Lima?
○ Sí, **mire, siga** por esta calle y luego, en la plaza, **cruce** a la derecha. Luego **tome** la segunda a la izquierda, y **vaya** derecho hasta el final de la calle.

● Carmela, **contesta** el teléfono, por favor.
○ Sí, señora.
● Si es mi esposo, **dile** que lo llamo después.

● Hola, buenas tardes. **Deme** su licencia de conducir, por favor.
○ Sí, claro.
● Y **dígame** su dirección, por favor.
○ Sí ... número 46, Colonia San Benito.

La elección entre *tú* o *usted* es muy difícil. Depende de factores sociales y dialectales. Mira las situaciones de las viñetas. ¿Por qué los personajes eligen una forma de tratamiento y no otra?

6-9 **La primera calle a la derecha**

Mira este mapa y elige una de las direcciones marcadas del 1 al 10. Explica a tu compañero/a cómo ir allá (*there*) desde la Plaza Cívica. Él o ella tiene que adivinar (*guess*) la dirección.

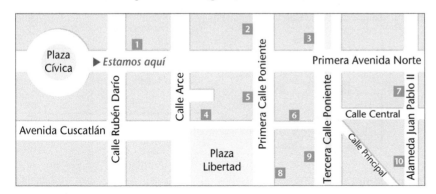

EJEMPLO:

E1: **Sigue** por esta calle y **toma** la segunda a la derecha. Luego **ve** derecho hasta el final.
E2: La Calle Arce.

MANDATOS

	TOMAR	BEBER	SUBIR
(tú)	toma	bebe	sube
(vosotros/as)	tom**ad**	beb**ed**	sub**id**
(usted)	tome	beba	suba
(ustedes)	tomen	beban	suban

Con pronombres: siénta**te** siénte**se**
 senta**os** siénte**nse**

El imperativo sirve para:
ofrecer cosas, dar instrucciones, dar órdenes y dar permiso.

IMPERATIVO: VERBOS IRREGULARES

	IR	DECIR	DAR
(tú)	ve	di	da
(vosotros/as)	id	decid	dad
(usted)	vaya	diga	dé
(ustedes)	vayan	digan	den

	VENIR	PONER	HACER
(tú)	ven	pon	haz
(vosotros/as)	venid	poned	haced
(usted)	venga	ponga	haga
(ustedes)	vengan	pongan	hagan

INDICACIONES EN LA CIUDAD

Ve / vaya por la avenida Roosevelt hasta el boulevard Constitución.

Allí **gira / gire** a la izquierda y luego, **toma / tome** la tercera a la derecha.

Toma / tome el autobús, con dirección a Plaza Las Américas y **baja / baje** en la Plaza Alegre.

Allí **cambia / cambie** y **toma / tome** otro autobús dirección sur hasta la iglesia La Ceiba de Guadalupe.

¿Por favor, la calle Central?

Sí, siga por esta calle y tome la primera calle a la izquierda.

- **Esta es** Gloria, una amiga.
  Te / le presento a Gloria.
  Os / les presento a Alex.

○ Mucho gusto.
  Encantado/a.
  Hola, ¿qué tal? / ¿Cómo está/s?
  Es un placer.

REGISTRO: TÚ/USTED

	tú	usted
Presente	tien**es**	tien**e**
Imperativo	pas**a**	pas**e**
Imperativo reflexivo	siénta**te**	siénte**se**
Posesivo	**tus** padres	**sus** padres
Pronombre	**te** presento a...	**le** presento a...

	Vosotros	ustedes
Presente	ten**éis**	tien**en**
Imperativo	pas**ad**	pas**en**
Imperativo reflexivo	senta**os**	siénten**se**
Posesivo	**vuestros** padres	**sus** padres
Pronombre	**os** presento a...	**les** presento a...

ESTAR + *GERUNDIO*

estoy   estamos
estás   estáis   } trabajando
está   están

Qué estás haciendo? ¿Estás durmiendo?

No, estoy viendo la tele. ¿Y tú?

Estoy leyendo.

		Gerundio
hablar	→	habl**ando**
comer	→	com**iendo**
salir	→	sal**iendo**

 6–10 Saludos y presentaciones

Identifica las expresiones que usan estas personas para saludar (*greeting*), presentarse (*introduce themselves*) o presentar a otros (*introduce others*).

● Milagros, este es el Señor Fernández, mi jefe.
○ Encantada. ¿Cómo está?
■ Muy bien, ¿y usted?

● ¿Qué tal, Luis? Te presento a Ramón Rodríguez, de la oficina central.
○ Hola, ¿qué tal? ¿Tú trabajas con Fernando?
■ Sí, encantado de conocerlo.

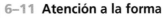

● Abuelo, te presento a un colega de la oficina.
○ ¿Cómo está usted? Soy Juan.
■ Mucho gusto. ¿Cómo estás?
○ Muy bien, ¿y usted?

¿Qué forma de tratamiento usan los personajes de cada diálogo? ¿*Tú* o *usted*? Busca en los diálogos verbos y pronombres que indican *tú* o *usted*.

6–11 Atención a la forma

Escucha estas conversaciones. ¿Usan **tú**, **usted** o **ustedes**? Identifica los verbos y pronombres usados para indicar el tratamiento.

	USAN ...	PRONOMBRES	VERBO EN IMPERATIVO
Diálogo 1:	tú y usted	te (presento)	ven
Diálogo 2:			
Diálogo 3:			
Diálogo 4:			
Diálogo 5:			

Compara tus resultados con los resultados de un/a compañero/a.

6–12 ¿Qué está haciendo?

Escucha estas breves conversaciones telefónicas. ¿Qué está haciendo...

1. ...MARISA?
2. ...ELISABETH?
3. ...GUSTAVO?
4. ...EL SEÑOR RUEDA?

6–13 ¿Qué está pasando (*happening*)?

Observa las viñetas de 6-8. Elige una y describe a tu compañero/a qué está pasando. Tu compañero/a debe adivinar qué viñeta es.

EJEMPLO:

E1: La empleada doméstica **está contestando** al teléfono.
E2: Es esta.

📖 INTERACCIONES

ESTRATEGIAS PARA LA COMUNICACIÓN ORAL

Phone conversations

In Spanish, as in English, there is a formulaic approach to a phone conversation. However, there is much variation among Spanish-speaking countries. These are common formulas used:

- To answer the phone.
  Aló / ¿Sí? / ¿Diga? / ¿Dígame? / ¿Bueno?

- To ask/identify who is speaking.
  ¿De parte de quién?   *De Julián.*
  ¿Quién llama/habla?   *Soy yo.*
                               Soy Ramón.

- To ask for someone   /   To reply
  ¿Está Alexis?   *No está.*
  ¿Alexis?   *No se encuentra.*
  ¿Puedo hablar con Alexis?
  ¿Se encuentra Alexis?

- To take/leave a message.
  ¿Quiere/s dejar(le) un/algún recado?   *Dígale/dile que Ramón llamó* (called).
  ¿Quiere/s dejar(le) un/algún mensaje?   *No, gracias. Yo lo/la llamo* luego/más tarde…

6–14 ¿Aló?

Elige tres personas de la clase para llamarlas por teléfono. Decide primero el propósito de la llamada (*call*). No olvides usar un registro informal (*tú*). Después, llámalas por teléfono.

6–15 Situaciones: *Una entrevista de trabajo por teléfono*

An American student who recently graduated has a phone interview with an American publishing company in El Salvador. He/she is interviewing for a management position.

ESTUDIANTE A

You just graduated with a Master's degree in Business Administration. You have a phone interview with a branch of an American publishing company in San Salvador. Before the interview, prepare a brief résumé with the most relevant information. Give it to the interviewers so that they can read it before the interview. During the phone conversation you need to convince the interviewers that you are an excellent candidate although you have no experience. Remember to use a formal register (*usted* and *ustedes*) and review the formulas for a phone conversation.

ESTUDIANTE B

You are co-director at a branch of an American publishing company in El Salvador. You need a young, but experienced, manager for this branch. After reading this candidate's resume, you decide that **he/she is not the best candidate for the job**. Prepare four questions in advance and then conduct a phone interview. Remember to use a formal register (*usted* and *ustedes*) and review the formulas for a phone conversation.

ESTUDIANTE C

You are co-director at a branch of an American publishing company in El Salvador. You need a young, but experienced, manager for this branch. After reading this candidate's resume, you realize that **he/she may be the best candidate for the job**. Prepare four questions in advance, and then conduct a phone interview. Remember to use a formal register (*usted* and *ustedes*) and review the formulas for a phone conversation.

6–16 Situaciones: *Recomendaciones para viajar por El Salvador*

Two American students are visiting San Salvador for a few days. They want to visit other places in the country, so they call two friends who have been studying there for a while.

ESTUDIANTE A

Having spent six weeks in El Salvador, you are now very familiar with Santa Ana and Sonsonate. Two students who have just arrived asked you for recommendations about places to visit. Give them recommendations based on their interests and preferences. Use the map to give directions for how to get there.

ESTUDIANTE B

Having spent six weeks in El Salvador, its surroundings, and San Miguel. Two students who have just arrived asked you for recommendations about places to visit. Give them recommendations based on their interests and preferences. Use the map to give directions for how to get there.

ESTUDIANTE C

You would like to visit other places in El Salvador, so you ask two friends who have been there for a while for recommendations. You love nature.

ESTUDIANTE D

You would like to visit other places in El Salvador, so you ask to two friends who have been there for a while for recommendations. You love traditional handicrafts and architecture.

EJEMPLO:

E1: A mí me gusta mucho la naturaleza. ¿Adónde puedo ir?
E2: **Ve** a Santa Ana y **visita** el volcán. **Luego sube** a la cima para ver el paisaje.
E1: ¿Cómo voy?
E2: **Toma** la autopista Panamericana y **maneja** unos 50 kilómetros.

1. La catedral de Santa Ana (Santa Ana). Es de estilo neo-gótico. Fue construida (*was built*) entre 1905 y 1913.

2. El volcán de Izalco (Sonsonate). La ciudad de Izalco está situada al este de Sonsonate. Este volcán antiguamente era llamado (*was called*) por los navegantes (*sailors*) "El faro del Pacífico".

3. Las ruinas mayas de Tazumal (Santa Ana). Importante y sofisticado asentamiento maya de los años 100–1200 d.C. Los restos incluyen tumbas, pirámides y templos.

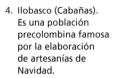

4. Ilobasco (Cabañas). Es una población precolombina famosa por la elaboración de artesanías de Navidad.

5. Laguna de Olomega (San Miguel). Está a 15 kilómetros al sud-este de San Miguel. Hay muchos peces de diferentes especies y diversos tipos de aves.

TAREA

Seleccionar un apartamento y un compañero de apartamento. Amueblar el apartamento.

PREPARACIÓN

En grupos de cuatro, entrevisten a dos compañeros/as del grupo para decidir con quién quieren compartir el apartamento. Usen este cuestionario como guía para sus preguntas y tomen notas de toda la información necesaria. No olviden saludar y usar formas de cortesía.

ENTREVISTADOS/AS		
	1	**2**
NOMBRE		
DIRECCIÓN		
TELÉFONO		

Por favor di tus preferencias.

1. Habitación propia / Habitación compartida
2. Amueblado / Sin amueblar
3. Ubicación (*location*)
4. Baño individual / Baño compartido
5. Transporte público
6. Piscina, estacionamiento
7. Sus características (personalidad, hábitos, habilidades...)
8. Trabajo(s) actuales (*current*)
9. Características ideales del/de la compañero/a
10. Otra información relevante

EJEMPLO:

E1: ¿Prefieres una habitación propia o quieres compartir habitación?
E2: No, yo necesito un cuarto para mí solo.

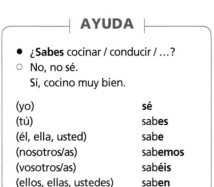

─┤ **AYUDA** ├─

● ¿**Sabes** cocinar / conducir / ...?
○ No, no sé.
   Sí, cocino muy bien.

(yo)	**sé**
(tú)	sab**es**
(él, ella, usted)	sab**e**
(nosotros/as)	sab**emos**
(vosotros/as)	sab**éis**
(ellos, ellas, ustedes)	sab**en**

Paso 1   Mi compañero/a de apartamento

Hablen con sus compañeros y decidan con quién quieren vivir. Comenten y resuelvan los posibles conflictos. Al final, debe haber dos parejas en el grupo.

Paso 2   Los miembros de cada pareja preparan una breve lista de razones por las que (*reasons why*) quieren vivir juntos (*together*). Un miembro de la pareja lee la lista a la clase.

Paso 3   ¿Qué apartamento?

Observen los dos planos de los apartamentos.
Usando la información que tienen, decidan qué apartamento necesitan.

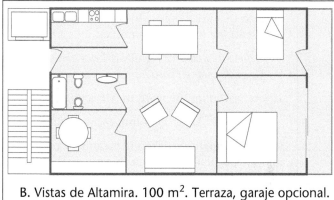

B. Vistas de Altamira. 100 m². Terraza, garaje opcional.
Luminoso, tranquilo y soleado.

A. Amplio apartamento en zona residencial. Muy elegante. Dos garajes y jardín comunitario.

Paso 4   ¿Qué necesitamos?
Hagan una lista de los muebles y utensilios que necesitan para su apartamento.

Paso 5   Usando el plano del apartamento, uno de ustedes decide dónde colocar los muebles y da instrucciones a su amigo/a. Completen el plano con los nombres de los muebles y otras cosas que necesitan.

EJEMPLO:

E1: Pon la mesa y las sillas en el salón, en el centro.
E2: De acuerdo. ¿Dónde pongo la tele? ¿En el salón?
E1: No, **ponla** en la cocina.

Paso 6   El/la representante presenta su plano a la clase.

Paso 7   Los grupos y el/la profesor/a comentan los planos y las decisiones de la clase.

Paso 8   Foco lingüístico.

NUESTRA GENTE

GENTE QUE LEE

ESTRATEGIAS PARA LEER

Using a bilingual dictionary (II)

In *Lección 5* we saw how important it is to determine the category (noun, verb, adjective, etc.) of a word you don't understand before looking it up in the dictionary. However, several definitions may be given for each entry. This happens with many of the most common Spanish words, so you must decide which of the definitions best fits the context. Always consider the context of a word before looking it up.

Read the following examples:

1. *Prefiero una **casa** de alquiler con dos dormitorios y un baño.*
2. *Me gusta estar en **casa** los fines de semana.*

If you looked up the word *casa* in a bilingual dictionary, you would find something like this:

> casa ['kasa] *nf* house; (*hogar*) home; (*edificio*) building

where *casa* has three different meanings: house, home, and building. Going back to the examples above, the first one refers to an actual house, while the second one refers to the concept of home.

ANTES DE LEER

6–17 Casas y ONGs

1. ¿Puedes pensar en diferentes tipos de vivienda usados en diferentes culturas? ¿En qué se diferencian? ¿Qué cosas son esenciales para cualquier casa?
2. ¿En qué tipo de vivienda vives ahora? ¿En qué partes de la casa pasas (*spend*) más tiempo?
3. ¿Sabes qué es una organización no gubernamental (ONG)? ¿Conoces alguna? ¿Qué hace esta organización?

6–18 Activando estrategias

1. Lee el título del texto. ¿Cuál crees que es el tema de la lectura?
2. Identifica la frase temática de cada párrafo. ¿Cuáles son los subtemas de esta lectura?
3. Mira el dibujo. ¿Ofrece información adicional sobre el contenido del texto?

DESPUÉS DE LEER

6–19 ¿Comprendes?

1. ¿Qué hace HPH en El Salvador?
2. TECHO trabaja con tres propósitos: ¿cuáles son?
3. ¿Qué puede hacer una persona para ayudar a estas organizaciones?
4. ¿Qué significa "sin fines de lucro"?
5. ¿Cuántas casas aproximadamente han construido en total estas ONGs en El Salvador?

A LEER

DOS ONG EN EL SALVADOR: POR UNA VIVIENDA DIGNA

El Salvador es una nación que lucha por satisfacer las necesidades de vivienda de un gran número de familias. Además de una guerra civil (1980–1992) que causó (*caused*) más de 75.000 **muertes**, en 1998 cerca de 150.000 familias perdieron (*lost*) sus casas, **cosechas** y pertenencias **debido a** los efectos del huracán Mitch. Más tarde, los terremotos de enero y febrero de 2001 dejaron (*left*) sin hogar a miles de familias salvadoreñas. Dos organizaciones no gubernamentales (ONG), Hábitat para la Humanidad (HPH) y TECHO, están ayudando a mejorar las condiciones de vivienda de miles de salvadoreños.

Hábitat para la Humanidad es una ONG sin fines de **lucro** que está trabajando para ayudar a construir viviendas dignas. Con trabajo voluntario y donaciones de dinero y materiales, HPH está construyendo y rehabilitando casas sencillas con la ayuda de las familias. HPH ha construido (*has built*) en El Salvador más de 2.000 casas y es la única organización en el país que ofrece **préstamos** sin intereses.

TECHO nace en Chile en 1997. Fue creada (*was created*) por un grupo de jóvenes universitarios y está hoy presente en 19 países de Latinoamérica. TECHO El Salvador comenzó (*started*) en 2001 y ya cuenta con más de 2.000 casas construidas en el país y más de 6.000 voluntarios movilizados. Es ya una de las ONG más importantes de Latinoamérica: **compromete** a miles de jóvenes voluntarios cada

año y trabaja junto a cientos de familias necesitadas. Su trabajo se **resume** en tres etapas: la primera es construcción de viviendas de emergencia, la segunda, proyectos de **desarrollo** comunitario y la última es la etapa de la vivienda definitiva.

Sé albañil

Comprométete con la causa de la vivienda adecuada. Dona dinero, hazte voluntario. ¿Qué estás esperando? Ayúdanos a construir nuestro mundo... Por medio de la movilización del voluntariado en temas inherentes a la vivienda adecuada, logramos un mundo más equitativo. El **derecho** humano a una vivienda adecuada tiene que ser una realidad para cada familia.

6–20 Activando estrategias

1. Observa estas palabras en negrita en el texto: "muertes", "cosechas", "lucro", "préstamos", "compromete", "desarrollo" y "derecho". ¿Son nombres, verbos o adjetivos? ¿Qué entrada tienes que buscar en el diccionario? (por ejemplo: "compromete" es un verbo; buscas "comprometer".)

2. ¿Qué información te da el diccionario sobre estas palabras? ¿Qué significan? Elije el significado según (*according to*) el contexto de la lectura.

3. ¿Es la palabra "digna" un cognado? ¿Y la palabra "resume"? Usa el diccionario.

4. ¿Qué función tiene el conector en negrita "debido a" (párrafo 1)?

5. ¿Cuántos verbos están en imperativo en el anuncio de TECHO? ¿Cuál es el infinitivo de esos verbos?

6–21 Expansión

Según la Declaración Universal de Derechos Humanos, toda persona tiene derecho a una vivienda digna. ¿Qué significa esto? ¿Es posible? ¿Cómo?

📖 **GENTE QUE ESCRIBE**

ESTRATEGIAS PARA ESCRIBIR

The goal of your composition (context, purpose, reader, and register)

Writing tasks have a real-life goal: we write something within a specific **context**, with a **purpose**, with a specific **reader** in mind, and using the appropriate **register** (informal or formal).

Register is a particularly important and rather difficult element to master in Spanish. As you already know, the use of *tú* (or *vos* in the case of El Salvador), *usted*, *vosotros*, or *ustedes* has a direct impact in verb conjugations, choice of direct and indirect object pronouns, and command forms. Thus, using one or another involves mastering those grammar elements. Observe how the change of register in these paragraphs (from *tú* to *usted*) impacts all the above-mentioned grammar elements:

1. Por favor, enví**a**me unas copias de mi expediente académico. Recuerd**a** además que **te** llam**o** por teléfono esta semana y tien**es** que encontrar mis papeles a tiempo. Ha**z** fotocopias de todo y quéd**ate** con (*keep*) una copia.
2. Por favor, enví**e**me unas copias de mi expediente académico. Recuerd**e** además que **lo** llam**o** por teléfono esta semana y tien**e** que encontrar mis papeles a tiempo. Ha**ga** fotocopias de todo y quéd**ese** con (*keep*) una copia.

MÁS ALLÁ DE LA FRASE

Connectors for adding and sequencing ideas

Connectors give a sense of organization to your writing. They help the reader identify the different parts, indicate when a new idea or point is introduced, and signal when the writing is about to end.

- first idea: *para empezar* (to start), *en primer lugar* (in the first place)
- subsequent ideas or points: *en segundo lugar* (in the second place), *en tercer lugar* (in the third place), *para continuar* (to continue)
- final ideas: *por último* (last), *para terminar* (to end)
- summarizing: *para resumir* (to sum up), *en resumen* (in short)
- conclusion: *para concluir* (to conclude), *en conclusión* (in conclusion)
- Adding: *además* (furthermore), *también* (also)

6–22 Una carta de solicitud de empleo

Piensa en un puesto de trabajo ideal (a tiempo parcial) en la Universidad de San Salvador donde estás estudiando. Escribe un carta para solicitar este puesto. Incluye esta información:

1. qué estudias y en qué quieres especializarte;
2. las lenguas que hablas;
3. tus características más destacadas;
4. tus habilidades y destrezas;
5. por qué crees que deben darte el puesto;
6. otra información que creas necesaria.

Considera el propósito de tu carta (¿para qué es?; ¿qué finalidad tiene?), el lector (¿quién es?) y el registro (¿debe ser formal o informal?; ¿por qué?).

❗ *¡ATENCIÓN!*

Sigue los Pasos 1 a 8. Usa conectores para organizar la información y seguir una secuencia lógica.

COMPARACIONES

6–23 Una cooperativa de trabajo en El Salvador

¿Sabes qué es una cooperativa de trabajadores? Lee este texto y responde a las preguntas.

Una cooperativa de trabajo es una asociación autónoma de trabajadores que se unen voluntariamente para formar una organización democrática. Su objetivo es hacer frente a las necesidades y aspiraciones laborales del grupo por medio de una empresa.

La cooperativa de trabajadores "La semilla de Dios" está en La Palma, Chalatenango, El Salvador. Está formada por artesanos que hacen objetos de madera y los pintan con el estilo típico de La Palma. Los hombres trabajan la madera, y las mujeres la pintan y la refinan. La cooperativa es propietaria de unas tierras donde plantan los árboles de donde obtienen gran parte de la madera. Esta forma de cooperativa da trabajo e ingresos a parte de la población local. Sus ingresos permiten más oportunidades educativas para los niños, e incluso les permiten a los trabajadores tener su propio fondo de pensiones.

Origen de la cooperativa
En 1972, Fernando Llort, un artista salvadoreño de fama internacional, llega a La Palma para vivir y trabajar. Ese año abre un taller donde los campesinos aprenden a pintar y diseñar arte. En 1977 se funda una cooperativa donde Llort trabaja hasta principios de los años ochenta. Hoy en día hay más de 100 talleres en La Palma.

1. ¿Qué está haciendo esta cooperativa por el pueblo de La Palma? ¿Qué te parecen este tipo de iniciativas?
2. ¿Conoces ejemplos de cooperativas de trabajo o de otro tipo en tu país?

6–24 Un artista salvadoreño

Busca un mural de Fernando Llort en Internet y lee este texto para saber más del artista más universal de El Salvador. ¿Te gusta el estilo de Llort? ¿Te recuerda a (*does it remind you of*) otros pintores o estilos?

Fernando Llort
Nace en San Salvador en 1949 y después de estudiar y viajar por todo el mundo, se establece en La Palma, Chalatenango. Allí el contacto con la naturaleza y la gente inspira su obra. Llort usa diseños sencillos, colores primarios y arte bidimensional. Predominan en sus cuadros las imágenes de la vida rural: campesinos, animales y casas de adobe. Después de la guerra civil sus temas cambian: se observa una conciencia de la pobreza, el valor de la mujer y la importancia de la comunidad. Su trabajo se puede ver en colecciones públicas y privadas de todo el mundo, incluyendo el Museo Privado de la Casa Blanca, El Vaticano y el edificio de Naciones Unidas en Nueva York. En 2013 obtiene el Premio Nacional de Cultura de El Salvador.

CULTURA

Se estima que más de tres millones de salvadoreños residen fuera de su país. Esto se debe en gran parte a la guerra civil (1980–1992) y a la grave crisis económica que ella provocó. Aproximadamente un millón de salvadoreños en el exterior reside en Estados Unidos, concentrándose principalmente en las áreas de Los Ángeles, Washington, D.C., Maryland, Miami, Nueva Orleans, el norte de Virginia y las principales ciudades de Texas, Nueva York y Nueva Jersey. Se estima que hay 2.000.000 personas de origen salvadoreño en Estados Unidos, lo que convierte a este grupo en el cuarto (*fourth*) más grande de los grupos hispanos en Estados Unidos (detrás de México, Puerto Rico y Cuba).

Algunos personajes famosos de ascendencia salvadoreña son la modelo Christy Turlington (de mamá salvadoreña) y Arturo Álvarez (de padres salvadoreños), jugador de fútbol profesional.

Go to **MySpanishLab** to review what you have learned in this chapter.

| Flashcards | Oral Practice | Practice Test / Study Plan | amplifire Dynamic Study Modules | Tutorials | Videos | Extra Practice |

VOCABULARIO

Las partes de la casa (Areas of the house)

el ascensor	*elevator*
el baño	*bathroom, toilet*
la cocina	*kitchen*
el comedor	*dining room*
el cuarto	*bedroom, room*
el dormitorio	*bedroom*
el estacionamiento	*parking*
la habitación	*room*
el jardín	*garden, yard*
el pasillo	*corridor, hallway*
la puerta	*door*
el salón, la sala	*living room*
la ventana	*window*

Los muebles (Furniture)

el armario	*closet*
la cama	*bed*
el escritorio	*desk*
el estante, la estantería	*shelf*
la mesa	*table*
la silla	*chair*
el sillón	*armchair*
el sofá	*sofa*

Las profesiones (Professions)

el/la abogado/a	*lawyer*
el/la albañil	*builder*
el/la bombero/a	*fireman/woman*
el/la cajero/a	*bank clerk; cashier*
el/la cartero/a	*postal carrier*
el/la empleado/a	*employee*
el/la gerente	*manager*
el/la maestro/a	*teacher*
el/la oficinista	*office clerk*
el/la policía	*policeman/woman*
el/la recepcionista	*front-desk attendant*
el/la taxista	*taxi driver*
el/la traductor/a	*translator*

El ambiente laboral (Work environment)

el/la candidato/a	*candidate*
la compañía	*company, firm*
el contrato	*contract*
el currículo	*resume, CV*
el dinero	*money*
el empleo	*job; employment*

la empresa	*business; company*
el equipo	*team*
la formación	*training, education*
el negocio	*business*
la oficina	*office*
el trabajo	*position; job*
el requisito	*requirement*
el/la solicitante	*applicant*
el sueldo, el salario	*salary, wage*
el título	*degree*

Las características profesionales (Professional characteristics)

la capacidad	*ability*
el compromiso	*commitment*
el conocimiento	*knowledge*
el dominio	*mastery*
la experiencia	*experience*
la paciencia	*patience*

Adjetivos (Adjectives)

amueblado/a	*furnished*
bilingüe	*bilingual*
céntrico/a	*central*
disponible	*available*
lujoso	*luxurious*
organizado/a	*organized*
paciente	*patient*
peligroso/a	*dangerous*
preparado/a	*prepared*
responsable	*responsible*

Verbos (Verbs)

alquilar	*to rent*
amueblar	*to furnish*
cambiar	*to change*
construir (irreg)	*to build*
contratar	*to hire*
despedir (i)	*to fire*
devolver (ue)	*to return*
enviar	*to send*
ganar	*to earn*
irse (irreg)	*to leave*
ofrecer (zc)	*to offer*
perder (ie)	*to lose*
presentar	*to introduce*
seguir	*to continue*
solicitar	*to apply for*

CONSULTORIO GRAMATICAL

1 Command Forms

Regular forms

	TOMAR	BEBER	SUBIR
(tú)	toma	bebe	sube
(vosotros/as)	tomad	bebed	subid
(usted)	tome	beba	suba
(ustedes)	tomen	beban	suban

Irregular forms

	PONER	SER	IR	DECIR	SALIR	VENIR	TENER	HACER
(tú)	pon	sé	ve	di	sal	ven	ten	haz

> Commands in Spanish are just like those in English, except that Spanish has singular and plural forms that depend on how many people are being asked or told to do something.
>
> *Ven aquí.* (= **Come** here.)
>
> *Déjenlo en la mesa.* (= **Leave** it on the table)

*Reflexive, direct, and indirect object pronouns (**me, te, lo, la, nos, os, los, las, le, les**, and **se**) always follow, and are attached to, affirmative commands. Together they form a single word.*

Mírenlo, allí está.

Look at him, he's there.

Dame ese periódico.

Give me that newspaper.

Pasa, pasa y **siéntate.**

Como on in and **sit down.**

Some changes are made when a pronoun is attached to the command form. If the stressed syllable shifts, a written accent is introduced to maintain the original emphasis.

Mira ⟶ **Mírate** en el espejo.

Look at yourself in the mirror. (singular)

Mírate en el espejo.

*The final **-d** is dropped before the pronoun **os** (vosotros form).*

Mirad ⟶ **Miraos** en el espejo.

Look at yourselves in the mirror. (plural)

*If there are two object pronouns, the order is always indirect object (IO) + direct object (DO). When both pronouns are in the third person, **le** and **les** turn into **se**.*

● ¿Puedo llevarme estas fotos?

○ Sí, pero luego devuélve**melas.**

—Can I take these pictures?

—Yes, but give **them** back **to me** later.

● ¿Quieres estos documentos?

○ No, dá**selos** a Juan. = (da + le + los)

—Do you want these documents?

—No, give **them to** Juan.

2 Use of Command Forms

Command forms are used in many contexts.

To give orders and ask others to do something.

Llama al director, por favor.

Call the director, please.

Carlos, **ayúdame** a llevar esto.

Carlos, **help me** carry this.

Por favor, **dígale** que he llamado.

Please, **tell him/her** that I have called.

To give instructions.

● ¿Cómo puedo llamar por teléfono al extranjero?

○ **Marca** primero el 00 y luego **marca** el prefijo del país.

—How can I call abroad?

—First **dial** 00 and then **dial** the prefix for the country.

To give advice.

Haz ejercicio.

Exercise.

Bebe más agua.

Drink more water.

To offer something or to invite someone to do something.

Toma un poco más de café.   **Ven** a cenar con nosotros esta noche.
Have a little bit more coffee.   *Come dine with us tonight.*

To give someone permission.

● ¿Puedo llamar por teléfono desde aquí?   —Can I call on the phone from here?
○ Sí, claro. **Llama, llama.**   —Yes, sure. **Go ahead, call.**

Commands are often used to get someone's attention in some common situations:

To introduce someone.

Mira, te presento a Julia.
Look, this is Julia.

To introduce a question.

Oye, ¿sabes dónde está el Museo Nacional?   **Disculpa (perdona)**, ¿dónde está la calle Velasco?
Oiga, ¿sabe dónde está el Museo Nacional?   **Disculpe (perdone)**, ¿dónde está la calle Velasco?
Excuse me, do you know where the Museo Nacional is?   **Excuse me**, where is calle Velasco?

When giving someone something.

Toma, 60 dólares para comprar los libros.   **Tome**, esto es para usted.
Here, 60 dollars to buy the books.   **Here**, it's for you.

3 Formal vs. Informal Register: *Tú* vs. *Usted*; *Vosotros* vs. *Ustedes*

The use of **tú** and **usted** differs between Latin America and Spain, and also among the countries and regions of Latin America.

In general, **tú** is used for informal contexts while **usted** is used for formal ones. However, in some regions in Latin America **usted** is used for both formal and informal contexts.

Ustedes is used in Latin America for both informal and formal contexts. **Vosotros** is used only in Spain for informal contexts while **ustedes** is used for formal ones.

The choice of formal or informal register has an impact on the verb forms that we need to use. There are different forms for **tú**, **usted**, **vosotros**, and **ustedes** in all verbal tenses.

TÚ / USTED	VOSOTROS / USTEDES
Ven (tú) a cenar con nosotros esta noche.	**Venid** (vosotros) a cenar con nosotros esta noche.
Venga (usted) a cenar con nosotros esta noche.	**Vengan** (ustedes) a cenar con nosotros esta noche.
¿**Vienes** (tú) a cenar con nosotros esta noche?	¿**Venís** (vosotros) a cenar con nosotros esta noche?
¿**Viene** (usted) a cenar con nosotros esta noche?	¿**Vienen** (ustedes) a cenar con nosotros esta noche?

The choice of formal or informal register has an impact on the indirect object pronouns we need to use.

¿**Te** gusta (a ti) este apartamento?	¿**Os** gusta (a vosotros) este apartamento?
¿**Te** gusta (a usted) este apartamento?	¿**Les** gusta (a ustedes/ellos/ellas) este apartamento?
Juan: quiero compra**rte** un regalo.	María, Juan: quiero compra**ros** un regalo.
Señor Díaz: quiero comprar**le** un regalo.	Señores Díaz: quiero comprar**les** un regalo.

The choice of formal or informal register also has an impact on the direct object pronouns we need to use. This is the case with reflexive verbs, where both the verb ending and the pronoun change.

Sién**ta**te, por favor. (tú)	Senta**os**, por favor. (vosotros)
Sién**te**se, por favor. (usted)	Sién**ten**se, por favor. (ustedes)

Finally, the choice of formal or informal register has an impact on the possessive pronouns used.

Ricardo, **tus** hijos son muy simpáticos.

Señor Díaz, **sus** hijos son muy simpáticos.

María, Juan: **vuestros** hijos son muy simpáticos.

Señores Díaz: **sus** hijos son muy simpáticos.

4 *Estar* + Gerund

The gerund is a form that normally appears with other verbs. Its most common use is in the form **estar** + *gerund, which is used to present actions taking place at the moment of speaking.*

(yo)	**estoy comiendo**
(tú)	**estás bailando**
(él, ella, usted)	**está trabajando**
(nosotros/as)	**estamos escribiendo**
(vosotros/as)	**estáis escuchando**
(ellos, ellas, ustedes)	**están bebiendo**

● ¿Está Juan?   —Is Juan there?

○ Todavía **está durmiendo.**   —He is still sleeping.

> Unlike in English, in Spanish this construction can only be used to express an action currently in progress, never a future action.
>
> *El equipo juega mañana a las siete.* (= The team is playing tomorrow at seven.)
>
> *Messi* **está jugando** *muy bien hoy.* (= Messi is **playing** very well today.)

Some of the most frequent irregular forms of the gerund:

LEER ⟶ **leyendo**   SEGUIR ⟶ **siguiendo**   PEDIR ⟶ **pidiendo**

OÍR ⟶ **oyendo**   DORMIR ⟶ **durmiendo**

5 Greetings and Introductions

Greetings

Esta es Gloria, una amiga.
This is Gloria, a friend.

Te/le presento a Gloria, una amiga.
Let me introduce you to Gloria, a friend.

Os/les presento a la Señora Gaviria.
This is Mrs. Gaviria.

Mucho gusto.
Nice to meet you.

Encantado/a.
A pleasure.

Hola, ¿qué tal? / **¿Cómo está?**
Hello, how are you? / How are you doing?

Introductions

● **Hola, ¿qué tal?**   —Hello, how are you?

○ **Muy bien, ¿y tú?** / **¿y usted?**   —Very well, and you?

● **Muy bien, gracias.**   —Very well, thank you.

○ **¡Hasta mañana / luego / el domingo!**   —I will see you tomorrow / later / on Sunday!

● **¡Adiós!**   —Good-bye!

Buenos días
Good morning

Buenas tardes
Good afternoon

Buenas noches
Good evening

7 GENTE que VIAJA

7-1 ¿Qué necesitas?

Estas son cosas que la gente necesita habitualmente en los viajes. ¿Qué son? Identifica cada una de ellas. ¿Qué cosas necesitas cuando viajas? ¿Llevas algo especial?

EJEMPLO:

E1: Yo siempre llevo una cámara de video.

✔ **TAREA**

Organizar un viaje a la República Dominicana.

NUESTRA GENTE

La República Dominicana
Hispanos/latinos en Estados Unidos

▶ Explore the Dominican Republic with *Club cultura!*

guía turística

mochila

maletas

tarjeta de crédito

pasaporte

plano de la ciudad

ACERCAMIENTOS

 7–2 Cuando viajo…

¿Qué haces normalmente antes, durante y después de un viaje? Ordena las actividades siguientes.

comprar los boletos	compartir fotos	mirar un mapa
tomar fotos	deshacer la maleta	comprar regalos
hacer la maleta	alquilar un carro	cambiar dinero
escribir postales	buscar alojamiento	obtener un pasaporte
otros _____		

ANTES DURANTE DESPUÉS

Ahora intercambia tu información con un/a compañero/a.

EJEMPLO:

E1: Yo primero compro los boletos y después hago las maletas.
E2: ¡Yo no, yo primero hago las maletas!

7–3 Pasándolo bien (*having fun*)

Mira la guía sobre la República Dominicana. ¿Qué son estos lugares? ¿Dónde están? ¿Qué puedes hacer en ellos?

1. Los Haitises   2. Las Terrenas   3. Los Altos del Chavón   4. La zona colonial

Pasándolo bien en la República Dominicana

Zona Colonial

Es uno de los lugares favoritos de los jóvenes, por sus cafés y sus tiendas al aire libre. Aquí hay muchos edificios históricos, como la catedral.

Las Terrenas

En la costa norte de la isla, se encuentra la playa más larga y bonita de todo el país. Aquí se puede tomar el sol o bucear en las tranquilas aguas.

Los Haitises

Es un parque nacional formado por un grupo de islas cubiertas de selva tropical. Aquí se pueden apreciar diferentes especies de plantas, pájaros y animales exóticos.

Altos del Chavón (La Romana)

Es un lugar muy bonito situado en una montaña. Aquí se puede estudiar en la escuela de arte, visitar el museo arqueológico, o escuchar conciertos y festivales de jazz en el gran anfiteatro.

VOCABULARIO EN CONTEXTO

7–4 **Un curso de español en Santo Domingo**

Rick Jordan es un joven estadounidense inscrito (*registered*) en un curso de español en Santo Domingo. Lee la información del folleto (*brochure*) y responde a las preguntas:

1. ¿Dónde está exactamente el Centro de Español Pedro Henríquez Ureña?
2. ¿Cuánto tiempo dura (*lasts*) el curso?
3. ¿Qué viajes se pueden hacer durante el curso?
4. ¿Dónde pueden alojarse los estudiantes?

7–5 **Por teléfono**

Escucha las conversaciones de Rick Jordan y elige la información correcta.

Audio 1

En esta conversación, Rick quiere

a. inscribirse en un curso
b. confirmar la hora de un curso
c. reservar una habitación de hotel

Audio 2

En esta conversación, Rick quiere

a. reservar un vuelo a Santo Domingo
b. confirmar un vuelo a Miami
c. cancelar un vuelo a Santo Domingo

Audio 3

En esta conversación, Rick quiere

a. reservar un vuelo a una isla del Caribe
b. cambiar su reservación de hotel
c. reservar una habitación de hotel

Audio 4

Rick deja este mensaje

a. antes de ir de viaje
b. durante su viaje
c. después de regresar de su viaje

CENTRO DE ESPAÑOL PEDRO HENRÍQUEZ UREÑA
Calle Las Mercedes 22,
SANTO DOMINGO

CURSO INTENSIVO DE ESPAÑOL

¿DÓNDE? En una de las más antiguas y hermosas ciudades coloniales del Nuevo Mundo: Santo Domingo, fundada en 1496. Su maravilloso centro colonial es patrimonio mundial de la UNESCO. Santo Domingo es también una próspera ciudad de más de dos millones de habitantes con infinitas posibilidades de ocio. El Centro de Español Pedro Henríquez Ureña está en la zona colonial, en pleno centro de la ciudad.

DURACIÓN: seis semanas
Este curso se ofrece en todos los niveles, desde principiante hasta avanzado. Las clases tienen un máximo de ocho estudiantes.
HORARIO DE CLASES: Las lecciones se ofrecen en la mañana de lunes a viernes, de 8:30 a 1:30.
08:30–10:30 gramática
11:00–12:30 conversación
1:00–1:30 cultura
Por las tardes, usted tiene tiempo para practicar su español. Para los estudiantes interesados, la escuela ofrece un servicio de intercambio lingüístico con hablantes nativos.

ACTIVIDADES CULTURALES:
– visitas guiadas por la ciudad
– curso de parapente o montañismo
– excursiones a Punta Cana, Saona y las cavernas de San Pedro de Macorí
ALOJAMIENTO: con familias o en hotel (la escuela se ocupa de las reservaciones).
PRECIO DE LA MATRÍCULA: $850 (alojamiento y cursos optativos no incluidos).
FORMA DE PAGO: transferencia bancaria, giro postal o tarjeta de crédito.

7–6 **¿Qué necesita Rick?**

Escucha otra vez las conversaciones y completa estas frases con información más específica.

Audio 1

1. El curso comienza el día _____ de _____ a las ocho y media de la mañana.
2. La _____ de la familia dominicana es calle Pedro Bellini, 34. Está muy _____ de la escuela y al lado de la _____.
3. Pero hay un problema: el _____ no está libre hasta el día 3. Por eso el Centro Pedro Henríquez Ureña le va a enviar una lista de _____.

Audio 2

4. Hay un _____ Miami–Santo Domingo a las 12:35 y otro a las 5:15 de la tarde.

Audio 3

5. Rick quiere _____ una habitación para las noches del 1 y 2 de mayo. Quiere una habitación _____ con _____.

Audio 4

6. Rick _____ el día 2 de junio.

7–7 Una vuelta por la República Dominicana

Vamos a hacer un juego. Observen el mapa: tiene las etapas de un viaje por la República Dominicana. Cada fase del viaje está marcada con un color diferente.

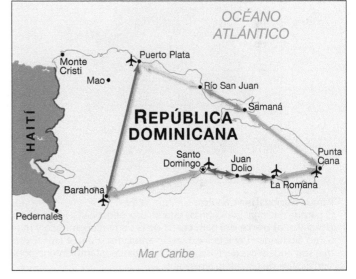

DISTANCIAS ENTRE CIUDADES
Puerto Plata–Barahona: 355 km
Barahona–Santo Domingo: 200 km
Santo Domingo–Juan Dolio: 60 km
Juan Dolio–La Romana: 50 km
La Romana–Punta Cana: 105 km
Punta Cana–Samaná: 205 km
Samaná–Río San Juan: 150 km
Río San Juan–Puerto Plata: 165 km

Ustedes tienen que completar este viaje usando ocho medios de transporte diferentes. Deben hacer el viaje en el menor número de días posible.

REGLAS DEL JUEGO

- Los participantes tienen que utilizar todos los medios de transporte como mínimo una vez y visitar todas las ciudades.
- Solo pueden usar un medio de transporte en cada etapa (entre dos ciudades) y tienen que pasar la noche en la ciudad a la que llegan.
- Gana el equipo que necesita menos días para dar la vuelta al país.
- Solo pueden recorrer cada día las distancias máximas con cada medio de transporte que están indicadas en la tabla.

DISTANCIAS	kilómetros máximos por día
A PIE	25 km
EN BICICLETA	60 km
EN MOTOCICLETA	200 km
EN TREN	300 km
EN CARRO	400 km
EN AUTOBÚS	500 km
A CABALLO	50 km
EN AVIÓN	1.000 km

EJEMPLO:

E1: De Juan Dolio a La Romana vamos a pie, porque es más corto.
E2: Sí, pero toma dos días. Podemos ir a caballo en un día.

Ahora expliquen a la clase **qué van a hacer** para completar la ruta. Finalmente, decidan qué grupo tiene el viaje más corto.

GRAMÁTICA EN CONTEXTO

7–8   Los parques nacionales de la República Dominicana

Lee el texto de forma individual. Fíjate en las expresiones marcadas en negrita para hablar de la ubicación.

Parque Nacional Isla Cabritos
El parque nacional Isla Cabritos está en una pequeña isla situada en Lago Enriquillo, **al oeste del** país, **cerca de** la sierra de Bahoruco y muy **lejos de** Santo Domingo. Tiene una extensión aproximada de 24 km². Existen especies que son endémicas de la isla, como las iguanas y también una población significativa de cocodrilo americano.

Parque Nacional de Los Haitises
El parque nacional de Los Haitises se encuentra situado **al norte de** la República Dominicana, muy **cerca de** la Bahía de Samaná, **a 300 km de** la capital. Tiene un bosque tropical y es uno de los espacios con mayor biodiversidad del país y del Caribe. La riqueza en fauna queda reflejada por la presencia del manatí, un mamífero marítimo en peligro de extinción.

Parque Nacional del Este
Este parque **está en** el extremo sureste del país, **cerca de** Punta Cana. Su extensión total es de 310 km². Al sur del parque está la isla Saona. **Desde** el parque **hasta** la isla hay muy poca distancia. Hay 112 especies de aves dentro de los límites del parque. Además, en él se pueden encontrar manatíes y delfines.

Ahora identifiquen en el mapa el lugar donde están los tres parques nacionales. Hagan preguntas a su compañero/a para identificar los parques correctamente.

EJEMPLO:

E1: ¿**Dónde está** el parque Isla Cabritos?
E2: Aquí, **al** oeste, **cerca de** Bahoruco.

7–9   Posada Caribe

Estás trabajando como recepcionista de una pequeña posada en Punta Cana, una zona turística dominicana. La posada solo tiene nueve habitaciones. Algunos clientes quieren hacer reservaciones, cambiarlas (*change them*) o confirmarlas. Escucha y anota los cambios en el libro de reservaciones.

LA HORA

● ¿**A qué hora** abren/cierran/empiezan/...?

○ A las
- ocho.
- ocho **y** cinco.
- ocho **y cuarto**.
- ocho **y** veinte.
- ocho **y media**.
- ocho **y** veinticinco.
- **Un cuarto para** las diez.
- Cinco **para las** nueve.[2]

a las diez **de la mañana** = 10 a.m.
a las diez **de la noche** = 10 p.m.

a la una **de la tarde** = 1 p.m.
a la una y media **de la tarde** = 1.30 p.m.

Está abierto **de** ocho **a** tres.
Está cerrado **de** tres **a** cinco.

● ¿Qué hora es?
¿Tiene hora, por favor?
○ Las cinco y diez.

Perdone, ¿tiene hora?

Sí, las cinco y diez.

Gracias.

IR + A + INFINITIVO

El día 1... / A las 4... / El martes...

voy		
vas		salir
va	a	llegar
vamos		venir
vais		ir
van		...

ESTAR A PUNTO DE + INFINITIVO
ACABAR DE

● ¿Está abierto el restaurante?
○ Sí, pero **están a punto de** cerrar.

● ¿Está abierta la piscina?
○ Sí, **acaban de** abrirla.

[2]En España se dice:
nueve **menos** cuarto
nueve **menos** cinco

habitación número	viernes **11**	sábado **12**	domingo **13**
1	GONZÁLEZ	GONZÁLEZ	–
2	MARQUINA	MARQUINA	MARQUINA
3	VENTURA	–	–
4	–	MAYORAL	MAYORAL
5	SÁNCHEZ PINA	SÁNCHEZ PINA	SÁNCHEZ PINA
6	–	–	IGLESIAS
7	LEÓN	SANTOS	COLOMER
8	–	–	–
9	BENITO	BENITO	–

7–10 ¿Qué van a hacer?

Según la información de los turistas de la Posada Caribe (en 7–9) ¿qué **va a hacer** cada uno de ellos?

1. El señor Marquina _____
2. El señor Pérez _____
3. La señora Benito _____
4. La familia Galán _____

7–11 El horario

Es martes y son las 7:55 de la mañana. Tienes que ir al supermercado, a la farmacia y al dentista. Pregunta a tu compañero si están abiertos o cerrados estos lugares. Pregunta sobre sus horarios.

EJEMPLO:

E1: ¿Sabes si **está abierta** la clínica dental?
E2: En este momento, no. Los martes abren **de 9 de la mañana a 12 del mediodía**. Por las tardes **está cerrada**.
E1: ¿Y la farmacia?
E2: Sí, **está abierta** pero **están a punto de** cerrar.

RIZOS Peluquería
9 a.m.–8 p.m.
(sábados 10 a.m.–2 p.m.)

Restaurante EL ARENQUE
12:00 p.m.–4 p.m.

AYUNTAMIENTO
8 a.m.–3 p.m.

Farmacia IBÁÑEZ
9:30 a.m.–8 p.m.

Dr. Sánchez Trueba
CLÍNICA DENTAL PENÍNSULA
Lu, mi, vi 9 a.m.–12 p.m. y 6 p.m.–8 p.m.
Ma, ju 9 a.m.–12 p.m.

Supermercado PENÍNSULA
8:30 a.m.–8:30 p.m.

Gimnasio en forma
fitness
aeróbic
artes marciales
8 a.m.–11 p.m.

Ahora son las tres y diez de la tarde y tienes que ir al ayuntamiento, al supermercado y al restaurante.

EJEMPLO:

E1: ¿**Está abierto** el ayuntamiento?
E2: No, **acaban de cerrar**. Cierran a las 3 de la tarde.

INTERACCIONES

ESTRATEGIAS PARA LA COMUNICACIÓN ORAL

Beyond *sí* and *no*: emphasizing affirmative or negative replies

There are questions that require a *yes/no* reply. The person who asks this type of question is asking for confirmation or rejection of his/her request or idea. However, answering with a simple **sí** or **no** may be considered impolite or uncooperative. One way to show more cooperation is to add more information to the **sí**/**no** reply. Another possibility is to use different types of affirmative or negative replies.

Observe the following examples:

- ¿Hiciste las maletas (*Did you pack your bags*)?
  ○ Sí.

- ¿Hiciste las maletas?
  ○ Por supuesto. (*Of course.*)

The second reply is more emphatic, and its effect on the recipient is very different. Here are other ways to answer the question affirmatively:

- Claro. (*Of course, Sure.*)
- Claro que sí. (*Of course.*)
- Desde luego. (*Of course.*)
- Por supuesto que sí. (*Of course.*)
- Sí, cómo no. (*Yes, of course.*)

There are also various ways to reject the following request:

- ¿Puedes llevar mis maletas?
  ○ No.
  - Ni hablar. (*No way.*)
  - Claro que no. (*Of course not.*)
  - Por supuesto que no.
    (*Of course not; absolutely not.*)
  - Lo siento, pero no. (*Sorry, but the answer is no.*)
  - Desde luego que no. (*Of course not.*)

7–12 En mi ausencia...

Vas a viajar a la República Dominicana por seis semanas para estudiar en la escuela Pedro Henríquez Ureña. Antes de salir, necesitas pedirle muchos favores a tu amigo/a. Escribe una lista de seis favores.

EJEMPLO:

limpiar el apartamento, recoger el correo...

 Ahora pídele a tu amigo/a estos favores. El/ella va a responder de forma afirmativa o negativa. Después intercambien sus papeles (*roles*).

EJEMPLO:

E1: ¿Puedes limpiar mi apartamento mientras (*while*) estoy fuera?
E2: No. ¡Ni hablar!

7–13 Su próximo viaje

Seguro que van a viajar en los próximos días o meses; quizá (*maybe*) al final de sus estudios. Sus viajes pueden ser de vacaciones, de trabajo, para visitar a un familiar... Prepara una lista de preguntas para tu compañero/a. Esta es la lista de temas:

lugar adonde viaja	acompañantes	alojamiento
itinerario	actividades planeadas	transporte
razón o razones del viaje	fechas y duración del viaje	

EJEMPLO:

¿Cuándo **vas a viajar**? ¿Qué mes? ¿Qué días?

Ahora conversa con tu compañero/a para saber más de su próximo viaje.

7–14 Situaciones: *un viaje en septiembre*

Two friends go to a travel agency to get information on trips to the Dominican Republic in September. The travel agent gives them information and makes recommendations.

Estas son las ofertas de viajes de la agencia.

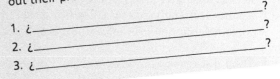

ESTUDIANTE A

You are a travel agent. Two customers are interested in visiting the Dominican Republic. Think about some questions you may ask them to find out their preferences.

1. ¿_____?
2. ¿_____?
3. ¿_____?

DESTINO	VIAJE	DURACIÓN	SALIDA	TRANSPORTE	PRECIO	ALOJAMIENTO
PUNTA CANA	🏊 🌲 📷	6 días	12 y 19 de septiembre	avión y barco	$2.500	hoteles ***
PLAYA DORADA	🏊 🤿 🥾	17 días	a diario	avión y carro	$2.775	hoteles **** y tiendas
SANTO DOMINGO	🏛 📷 🌲	15 días	2 y 6 de septiembre	avión y autobús	$780	hoteles **

📷 Fotografía   🏛 Cultura   🏊 Mar y playa   🤿 Buceo   🌲 Naturaleza   🥾 Caminatas

ESTUDIANTE B

You are in a travel agency. You are interested in visiting the Dominican Republic in September. Choose one of these situations and talk with the travel agent.

ESTUDIANTE C

You are in a travel agency. You are interested in visiting the Dominican Republic in September. Choose one of these situations and talk with the travel agent.

1. MARÍA LÓPEZ RUEDA

Mi novio/a y yo comenzamos las vacaciones el 4 de septiembre y tenemos 18 días. Este año queremos salir de Estados Unidos y viajar al Caribe. Nos interesa mucho la República Dominicana, especialmente su historia y su cultura. También nos encanta hacer excursiones y el contacto con la naturaleza. No queremos gastar mucho dinero.

2. JUAN RODRÍGUEZ PALACIOS

Somos dos amigos y queremos viajar unas dos semanas. Empezamos las vacaciones el día 9 de septiembre. Nos gustaría ir a una buena playa y estar en un buen hotel. Ah, y queremos hacer actividades acuáticas: buceo, vela...

EJEMPLO:

E1: Mire, yo le recomiendo un viaje a Punta Cana porque _____.

E2: Pero ¿tienen hoteles de cuatro estrellas?

E1: Por supuesto que sí. Pero son más caros, claro.

TAREA

★ ★ ★ ★ ★ ★
Gente en acción

Organizar un viaje a la República Dominicana.

PREPARACIÓN

Ustedes van a hacer una pasantía (*internship*) en una compañía en la República Dominicana. Tienen que ir a Santo Domingo para un taller (*worskhop*) preliminar y a Puerto Plata para una reunión. Organicen su viaje, seleccionen los vuelos y busquen hotel.

Paso 1 Esta es su agenda de trabajo. Revísenla bien antes de comenzar.

> • El día 13 están en Miami.
> • El día 14 tienen un taller en Santo Domingo a las 9:30 de la mañana en el centro de la ciudad.
> • Tienen una reunión de trabajo en Puerto Plata el día 17 a las 9 de la mañana.
> • Tienen que regresar a Miami el día 18 antes de las 6 de la tarde.
> • En Santo Domingo quieren alojarse en un hotel céntrico pero solo pueden pagar $125 por noche.
> • En Puerto Plata van a alojarse en casa de la familia de un amigo.

Paso 2 El vuelo
Este es el fax que recibieron de su agencia de viajes. Examinen todas las opciones y decidan qué reservación de vuelo de ida y vuelta (*round-trip flight*) van a hacer.

LUNES	MARTES	MIÉRCOLES	JUEVES	VIERNES	SÁBADO	DOMINGO
	1	2	3	4	5	6
7	8	9	10	11	12	13
14	15	16	17	18	19	20
21	22	23	24	25	26	
28	29	30				

FAX DE/FROM Carolina Mayoral
PARA/TO: estudiantes de español de esta clase
Número de páginas/number of pages: 1

VIAJES DE LA FUENTE, S.A.
CENTRAL DE EMPRESAS
TEL. 433 3533 - FAX 433 0102

MIAMI / SANTO DOMINGO

		salida	llegada
AA423	MIA/SDQ	7:33 p.m.	9:46 p.m.
AA783	MIA/SDQ	4:20 p.m.	6:36 p.m.
COPA301	MIA/PTY/SDQ	8:20 a.m.	2:05 p.m.

SANTO DOMINGO / PUERTO PLATA

VIVA106	SDQ/PPL	7:45 a.m.	8:35 a.m. (ju, vi)
VIVA447	SDQ/PPL	4:00 p.m.	4:50 p.m. (mi, sa, do)

—— NO HAY VUELOS DIRECTOS PUERTO PLATA / MIAMI ——

PUERTO PLATA / SANTO DOMINGO / MIAMI

VIVA3473	PPL/SDQ	1:40 p.m.	2:40 p.m.
AA4743	SDQ/MIA	6:40 p.m.	8:45 p.m.

PUERTO PLATA / SANTO DOMINGO / MIAMI

VIVA6654	PPL/SDQ	9:05 p.m.	10:05 p.m.
AA4741	SDQ/MIA	12:50 p.m.	3:30 p.m.

Códigos:
Líneas aéreas
Ciudades

AA = American Lines
SDQ = Santo Domingo

VIVA = Viva Airlines
PTY = Panama City

COPA = Copa Airlines
PPL = Puerto Plata

Paso 3 El hotel

También tienen que hacer una reservación de hotel en Santo Domingo. Estos son los hoteles que les propone la agencia. ¿Cuál van a reservar?

HOTEL UNIVERSIDAD
* * *
- A una cuadra de la Universidad Católica
- A 10 minutos del centro de la ciudad
- 40 habitaciones con aire acondicionado
- Tranquilo y bien comunicado
- Sauna y gimnasio

HOTEL SAN PLÁCIDO
HP
* * * *

EN EL CENTRO DE SANTO DOMINGO
Un "cuatro estrellas" muy especial…
- Aire acondicionado • Música • Teléfono
- Caja fuerte • Antena parabólica • Jacuzzi

Hotel EMBAJADOR
* * * * *
- Situación estratégica: primera línea de playa
- Piscina, sauna, sala de ejercicio
- Estacionamiento propio

Vamos a reservar un cuarto en el hotel _____ porque _____.

 Paso 4 Escuchen estas llamadas de teléfono. ¿Tienen que cambiar sus planes de hotel? ¿Por qué?

Paso 5 El plan de viaje

Escriban detalladamente su plan del viaje, incluyendo cómo y cuándo van a viajar y dónde van a alojarse. Justifiquen sus decisiones.

Paso 6 El representante de cada grupo presenta su plan de viaje a su profesor/a y a la clase. Los grupos y el/la profesor/a comentan los planes y deciden quién tiene el mejor plan.

Paso 7 Foco lingüístico.

NUESTRA GENTE

GENTE QUE LEE

ESTRATEGIAS PARA LEER

Skimming and scanning texts

Skimming and scanning are different styles of reading and information processing.

Skimming is used to quickly identify the main ideas of a text. It enables you to predict what will be in the text before you read it in detail. It is usually done at a much higher speed than normal reading. Some people read the first paragraph, a summary, or other organizers as they move down the page or the screen. You might read the title, subtitles, subheadings, and look at the illustrations. Consider reading the first sentence of each paragraph. Skimming works well for finding dates, names, and places. It might also be used to quickly go over graphs, tables, and charts.

In contrast, **scanning** consists of reading in order to find specific pieces of information. You might want to scan to find data that confirms predictions you have made, or maybe to find answers to particular questions: for example, to look for the price of an airline ticket, the time of arrival of a train, or the address of a hotel. When you scan, you are not interested in the main idea of the passage, but, rather, in a particular bit of information.

ANTES DE LEER

7–15 Viajar al extranjero

1. ¿Te gusta viajar? ¿Por qué?

2. ¿Prefieres viajar en tu propio país o prefieres ir al extranjero? ¿Por qué?

3. ¿Quieres tener en el futuro un trabajo que requiera viajar mucho?

4. ¿Cuál es el lugar más lejos de tu casa que conoces?

5. Para viajar a la República Dominicana necesitas varios documentos. ¿Cuáles crees que necesitas?

_____ un pasaporte	_____ un certificado de salud
_____ una visa	_____ un permiso de trabajo
_____ una tarjeta de turismo	_____ una carta oficial explicando el motivo del viaje
_____ una licencia de conducir	_____ un certificado de nacimiento

7–16 Activando estrategias

1. Lee el título del texto. ¿Qué tipo de información vas a leer?

2. Lee por encima (*skim*) el texto de lectura. Fíjate en los detalles (subtítulos, estructura). ¿Qué tipo de texto es? ¿Qué información específica nos va a ofrecer?

DESPUÉS DE LEER

7–17 ¿Comprendes?

1. ¿Qué necesita un ciudadano mexicano para entrar en el país?

2. ¿Cuánto tiempo se demora (*takes*) obtener una visa de turismo?

3. Marca los que son correctos. Los ciudadanos de _____ necesitan visa de visitante.

☐ Guatemala   ☐ Panamá   ☐ Colombia

☐ Perú   ☐ Ecuador   ☐ México

☐ Venezuela   ☐ Canadá   ☐ Brasil

4. Si eres de Honduras, ¿qué necesitas?

5. ¿Cuánto cuesta la visa de entrada múltiple? ¿Cuánto tiempo es válida una visa de este tipo?

A LEER

INFORMACIÓN PARA VIAJAR A LA REPÚBLICA DOMINICANA

Los siguientes países requieren una visa de visitante para estar en tránsito:

Costa Rica, Guatemala, Nicaragua, Bolivia, Ecuador, Guyana, Panamá, Colombia, El Salvador, Honduras.

Los ciudadanos de los siguientes países *no* requieren visa de visitante para estar en tránsito o entrar en la República Dominicana pero deben comprar una tarjeta de turismo a la llegada:

Antigua y Barbuda, Chile, México, San Vicente y las Granadinas, Argentina, Dominica, Paraguay, Trinidad y Tobago, Bahamas, Estados Unidos, Perú, Uruguay, Barbados, Granada, San Kitts y Nevis, Venezuela, Brasil, Haití, Santa Lucía, Canadá, Jamaica, Surinam.

Todas las personas deben estar en posesión de un pasaporte válido para entrar en la República Dominicana, excepto los ciudadanos de Canadá y de Estados Unidos que tengan documento de identidad apropiado, como una licencia de conducir o un certificado de nacimiento.

Documentación requerida para visa de visitante

– Un pasaporte válido
– Fotocopia del pasaporte
– Formulario de solicitud
– Cuatro fotos
– Boleto de avión de ida y vuelta
– Certificado de salud

Método para depositar la solicitud

La **solicitud** se debe hacer en persona en el consulado o en el departamento de servicios consulares de la embajada.

Tiempo de procesamiento

De dos a cuatro días para las tarjetas de turismo; de seis a ocho semanas para las visas de visitante y de negocios que tienen que ser aprobadas por las autoridades en la República Dominicana.

Tipos de visas

Usted puede obtener visa de visitante, visas sencillas y múltiples, y visas de negocios. Las visas de visitante sencillas son válidas por 60 días. Las visas de entrada múltiple y de negocios son válidas hasta por un año. Las tarjetas de turismo son tramitadas para visitantes en la República Dominicana con propósitos de turismo para **estadías** de hasta 90 días. Costo de la solicitud: US $17.

Para más información

Comuníquese con la Embajada o con el Departamento de Servicios Consulares de la Embajada.

7–18 Activando estrategias

1. ¿Qué significa la palabra "estadía"? ¿Cómo lo sabes? ¿Es nombre, verbo o adjetivo?
2. Busca la palabra "solicitud" en el diccionario. ¿Es nombre o adjetivo? ¿Es masculina o femenina? ¿Cuántos significados aparecen en el diccionario? ¿Cuál es el más apropiado?
3. Busca en el texto (*scan*) y averigua si los ciudadanos de tu país necesitan visa y pasaporte. ¿Qué documentos necesitas para entrar en el país?

7–19 Expansión

Compara estos requisitos con los que tiene tu país para permitir la entrada a ciudadanos de otros países. ¿Es tu país más estricto, igual de estricto, o menos estricto? ¿Puedes viajar a algún lugar sin pasaporte?

📖 **GENTE QUE ESCRIBE**

ESTRATEGIAS PARA ESCRIBIR

Using a bilingual dictionary when writing

The writing process may involve using a bilingual dictionary to look up Spanish equivalents of English words and expressions. To use the dictionary correctly, you need to familiarize yourself with it. Look at the entries to learn the meaning of the abbreviations used. Each dictionary is different. Let's work with the following example:

You are writing about the problems that a U.S. citizen **faces** when travelling to Cuba. You really want to use this same idea (to face a problem), so you look up the word **face**.

> **face** *I*. n (ANAT) *cara, rostro;* (of clock) *esfera;* (side) *cara;* (surface) *superficie* f.
> *II*. vt *mirar a:* (fig) *enfrentarse a;* ~ **down** (person, card) *boca abajo;* **to lose** ~ *desprestigiarse;* **to save** ~ *salvar las apariencias;* **to make a** ~ *hacer muecas;* **in the** ~ **of** (difficulties, etc) *en vista de;* ~ **to** ~ *cara a cara.*

What do these abbreviations (ANAT, n, vt, f, fig) mean? Are you looking for a noun or a verb? Are you looking just for a verb, or an expression? If you followed this process, you will come up with *enfrentarse a*, a reflexive verb that takes a direct object (vt). Likewise, you would use *esfera* to write about the face of your clock, or *cara* when referring to people.

MÁS ALLÁ DE LA FRASE

Using spatial references when writing descriptions

In spatial descriptions, all the locational expressions are often placed at the beginning of sentences (e.g., *To the south, you can find a beautiful river*). This is done to emphasize the importance of location and position. You may need to write spatial descriptions when giving directions to visitors (to your campus or your city), after a trip, to describe where you went, etc. It is not necessary to place all spatial references at the beginning of sentences, but you need to be consistent so that you don't confuse your reader.

Read these sentences:

1. Al norte está Playa Dorada, Santo Domingo al sur, al este Punta Cana y Barahona al oeste.
2. Al norte está Playa Dorada, al sur Santo Domingo, al este Punta Cana y al oeste Barahona.

The second sentence is easier to understand because the writer used space as an organizing principle.

7–20 Un artículo descriptivo

Escribe un artículo sobre un estado o región de tu país para la sección de viajes de un periódico. Describe el mapa del estado y una ruta especialmente interesante. Incluye:

1. referencias espaciales (al norte, al sur...; a... kilómetros de...; de... a...; etc.)
2. registro informal (tú)
3. información sobre la existencia (¿qué hay?) y localización (¿dónde está/n?) de monumentos, parques, museos, etc.
4. otra información relevante (transportes, alojamientos...)

Considera el propósito de este artículo, sus lectores (¿quiénes son?) y el registro (informal).

COMPARACIONES

7–21 Viaje a la tierra del béisbol

¿Adónde tienes que viajar en América Latina si te gusta el béisbol? Lee este texto para saber más.

San Pedro de Macorís

La ciudad de San Pedro de Macorís, fundada en el siglo XIX por inmigrantes cubanos, está al este de Santo Domingo, a una hora en carro. La ciudad tiene casi 300.000 habitantes, una universidad y una bonita catedral. San Pedro es cuna de muchos beisbolistas de fama mundial, como Sammy Sosa de los Texas Rangers. Sosa es el primer latinoamericano y el quinto hombre en alcanzar los 600 jonrones en las Grandes Ligas de Estados Unidos. La influencia de las raíces cubanas de San Pedro se observa no solo en el béisbol sino también en la industria del azúcar.

La ciudad del béisbol

Entre San Pedro de Macorís y Santo Domingo, a unos kilómetros al oriente del aeropuerto internacional, está la Ciudad del Béisbol. Es un gigantesco complejo de academias de béisbol, campos de juego y jaulas de bateo, dedicado a la producción de jugadores profesionales del béisbol dominicano para exportar al mercado laboral de Estados Unidos. Más del 10% de los jugadores de las Grandes Ligas vienen de la isla, incluyendo varias de sus principales estrellas, como Alex Rodríguez, Vladimir Guerrero, David Ortiz, Pedro Martínez y Manny Ramírez. Seis equipos de las Grandes Ligas de béisbol de Estados Unidos tienen residencia en la Ciudad del Béisbol.

1. ¿Qué información te parece más interesante? ¿Por qué?
2. ¿Conoces otros deportistas dominicanos (de origen o de herencia dominicana) en Estados Unidos?

7–22 Un Premio Pulitzer dominicano

¿Conoces algunos escritores latinos que triunfan en Estados Unidos? Aquí tienes uno.

Junot Díaz es un escritor dominicano nacionalizado estadounidense que escribe en inglés. Sus libros describen la dura realidad de los emigrantes hispanoamericanos en Estados Unidos. Sus libros más famosos son la colección de cuentos *Drown* (1997) y su novela *The Brief Wondrous Life of Oscar Wao* (2007). En sus libros Díaz expresa la alienación de las personas que se sienten ajenas a dos culturas, la hispánica y la estadounidense, pero también su admiración por el ser humano que sobrevive y supera los problemas de ese contacto cultural. Díaz es el segundo latino en Estados Unidos en ganar el premio Pulitzer, después del escritor cubano-estadounidense Óscar Hijuelos.

1. ¿Cuál es la temática de los libros de Junot Díaz? ¿Crees que les interesa a las personas de Estados Unidos que no son de ascendencia hispana? ¿Por qué?
2. ¿Por qué crees que Junot escribe en inglés?

CULTURA

Los dominicanos forman uno de los grupos más numerosos de latinos en Estados Unidos. Hay aproximadamente 1.500.000 personas de nacimiento o ascendencia dominicana en Estados Unidos. La mayor parte de esta población está en las ciudades del este del país, especialmente en Nueva York. A diferencia de los latinos de ascendencia cubana o mexicana, los dominicano-estadounidenses no están tan activamente involucrados en la política de Estados Unidos. Sin embargo, destacan en numerosas áreas. Algunos dominicanos que triunfan en Estados Unidos son Juan Luis Guerra (cantante) y Thomas E. Pérez (hijo de padres dominicanos y Secretario de Trabajo de EE.UU. desde 2013).

Go to **MySpanishLab** to review what
you have learned in this chapter.

Flashcards	Oral Practice	Practice Test / Study Plan	amplifire Dynamic Study Modules	Tutorials	Videos	Extra Practice

VOCABULARIO

Los viajes *(Trips)*

el aeropuerto	*airport*
el boleto	*ticket*
el boleto de ida	*one-way ticket*
el boleto de ida y vuelta	*round-trip ticket*
la cámara de fotos	*camera*
la cancelación	*cancellation*
el destino	*destination*
la dirección	*address*
el equipaje	*luggage*
la excursión	*field trip*
el/la extranjero/a	*foreigner*
el folleto	*pamphlet, brochure*
el/la guía	*guide*
la habitación	*room*
el hotel	*hotel*
el itinerario	*itinerary*
la llegada	*arrival*
la maleta	*suitcase*
la mochila	*backpack*
la moneda	*currency*
el pasaporte	*passport*
la pensión	*a lodging house*
el permiso de conducir	*driver's license*
la recepción	*reception desk*
el/la recepcionista	*receptionist*
el requisito	*requirement*
el retraso	*delay*
la salida	*departure*
la tarjeta de crédito	*credit card*
la tienda de campaña	*tent*
el viaje	*trip*
la visa, el visado	*visa*
el/la visitante	*visitor*
el vuelo	*flight*

Actividades relacionadas con el viaje
(Travel-related activities)

cancelar una reservación	*to cancel a reservation*
comprar los boletos/billetes	*to buy the tickets*
deshacer la(s) maleta(s)	*to unpack*
facturar la(s) maleta(s)	*to check luggage*
tomar fotos	*to take pictures*
hacer la(s) maleta(s)	*to pack*
hacer cola/fila	*to wait in line*
hacer una reservación	*to make a reservation*
ir de camping, acampar	*to go camping*

dejar la habitación/salir del hotel	*to check out*
llegar a tiempo	*to arrive on time*
llegar tarde	*to arrive late, to be late*
llegar con retraso	*to be delayed*
montarse en el tren, avión...	*to get on the train, plane . . .*
inscribirse en el hotel	*to check in*
salir del avión, tren, autobús...	*to get off the plane, train, bus . . .*
solicitar una visa	*to apply for a visa*

Medios de transporte *(Means of transportation)*

el autobús (bus, omnibus)	*bus*
el avión	*plane*
el barco	*boat, ship*
la bicicleta	*bicycle*
el caballo	*horse*
el carro (coche, auto)	*car*
el taxi	*cab*
el tren	*train*

Adjetivos *(Adjectives)*

aburrido/a	*boring*
cerrado/a	*closed*
divertido/a	*fun*
gratis	*free of charge*
lento/a	*slow*
lleno/a	*booked*
ocupado/a	*busy, taken, occupied*
rápido/a	*fast*
vacío/a	*empty*

Verbos *(Verbs)*

aterrizar	*to land*
descubrir	*to discover*
despedirse de	*to say goodbye*
despegar	*to take off*
empezar (ie)	*to start*
esperar	*to wait*
irse	*to leave*
llegar	*to arrive*
ocuparse (de)	*to take care of*
recoger	*to pick up*
regresar	*to return*
reunirse (con)	*to meet*
volar	*to fly*
volver	*to return*

CONSULTORIO GRAMATICAL

1 Spatial References

POINT OF DEPARTURE AND DESTINATION	de . . . a . . . desde . . . hasta . . . from . . . to . . .	**De** Santo Domingo **a** Punta Cana vamos en moto. **Desde** Santo Domingo **hasta** Punta Cana vamos en moto. We travel by motorcycle **from** Santo Domingo **to** Punta Cana.
DIRECTION	hacia . . . toward . . .	Va **hacia** Santo Domingo. She/he/it is going **toward** Santo Domingo.
LIMIT	hasta . . . to . . .	Voy **hasta** Santo Domingo en carro. I'm going **to** Santo Domingo by car.
DISTANCE	estar a . . . de . . . to be . . . from . . . estar cerca / lejos de . . . to be near / far from . . .	Punta Cana **está a** 450 km **de** Santo Domingo. Punta Cana **is** 450 km **from** Santo Domingo. ¿**Está lejos de** Punta Cana? **Is it far from** Punta Cana? Mi pueblo **está muy cerca de** aquí. My town **is very near** here.
ROUTE	pasar por . . . to go by . . .	¿**Pasas por** La Romana para ir a Santo Domingo? Do you go **by** La Romana on your way to Santo Domingo?
SPEED	a . . . kilómetros por hora at . . . kilometers per hour	Va **a** 100 **kilómetros por hora** (100 km/h). It moves **at** 100 **kilometers per hour**.

2 Time References

Indicating dates and months

In the past	In the future
ayer	**mañana**
(yesterday)	(tomorrow)
anteayer / antes de ayer	**pasado mañana**
(the day before yesterday)	(the day after tomorrow)
el lunes; **el** lunes **pasado**	**el próximo** lunes = **el** lunes **que viene**
(on Monday; last Monday)	(next Monday)
el pasado 16 de julio	**el próximo** 16 de julio
(last July 16)	(next July 16)

The article is not used when stating the date:

Hoy **es** lunes 4 **de** septiembre **de** 2006.
Today **is** Monday, September 4, 2006.

Mañana **es** 5 **de** septiembre.
Tomorrow **is** September 5.

The article is used when asking or talking about dates of events:

● ¿**Cuándo / Qué día** es tu cumpleaños? —**When** is your birthday?
○ **El** dos **de** marzo. —**The** second **of** March.

Nos vamos de vacaciones **el** 24 de agosto.
We'll go on vacation on August 24.

El lunes tenemos que viajar a Santo Domingo.
On Monday we have to visit Santo Domingo.

Note that when you give a date in American English, the month goes first, followed by the day. In Spanish it's the other way around, as in British English, so 10/4 is always **10 de abril** and not **4 de octubre**.

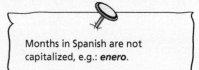

Months in Spanish are not capitalized, e.g.: **enero**.

Indicating periods of time

In the past	In the future
la semana pasada	**la semana que viene / la próxima semana**
(last week)	(next week)
el mes pasado	**el mes que viene / el próximo mes**
(last month)	(next month)
el verano pasado	**el verano que viene / el próximo verano**
(last summer)	(next summer)
el año pasado	**el año que viene / el próximo año**
(last year)	(next year)

La semana que viene viajamos a Santo Domingo.

Next week we are travelling to Santo domingo.

- ¿**Cuándo** van de vacaciones?   —When are they/you going on vacation?
- **El próximo mes.**   —Next month.

Indicating parts of the day

por/en la mañana	**de día**
(in the morning)	(during the day)
al mediodía	**de noche**
(at noon)	(at night)
por/en la tarde	**esta noche**
(in the afternoon)	(tonight)
por/en la noche	**esta mañana**
(in the evening)	(this morning)
anoche (= ayer por la noche)	**esta tarde**
(last night)	(this afternoon)
antenoche (= anteayer por la noche)	
(the night before last night)	

- Me gusta trabajar **de noche / por la noche.** ¿Y a ti?   —I like to work at night. And you?
- Yo prefiero trabajar **por la mañana.**   —I prefer to work in the morning.

3 The Time

To tell time, the article **las** (except for **la una**) is used.

- ¿Qué hora es?   —What time is it?
- **Las** cinco / **La** una.   —Five / one

las dos	**(en punto)**	**(de la madrugada)**
		(in the early morning)
las cuatro	**y** cinco	**(de la mañana)**
		(in the morning)
las doce	**y cuarto**	**(del mediodía)**
		(in the early afternoon)
las tres	**y media**	**(de la tarde)**
		(in the afternoon)
veinte	**para las** diez	**(de la noche)**
		(in the evening)
un cuarto para	las cinco	**(de la mañana)**
		(in the morning)

IN SPAIN

las diez **menos** veinte	**(de la noche)**	las cinco **menos cuarto**	**(de la mañana)**
twenty **to** ten	(in the evening)	quarter **to** five	(in the morning)

To indicate the time when something takes place, the structure **a + las** (**la**) is used.

● ¿A qué hora abre el club?   —At what time does the club open?

○ A la una de la madrugada.   —At one o'clock in the morning.

To talk about work schedules, store hours, etc. the prepositions **de… a** or **desde… hasta** are used.

● ¿Qué horario tiene la biblioteca?   —What are the library's working hours?

○ De nueve a cinco.   —From nine to five.

● ¿Cuántas horas trabajas?   —How many hours do you work?

○ Desde las ocho y media hasta las seis.   —From eight-thirty until six.

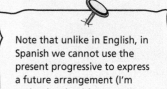

4 Talking about the Future

The use of a marker indicating a future time period + the present indicative is one way of expressing future actions. This structure presents a future action as part of a plan that has already been decided upon.

Mañana	**voy** a San Pedro.
	(*I'm going to* San Pedro.)
El mes que viene	**regreso** a la República Dominicana.
	(*I am going back* to the Dominican Republic.)
El 15 de julio	**vamos** al teatro.
	(*we are going to* the theater.)
Esta tarde	**nos reunimos** con Marco.
	(*we are meeting* with Marco.)

Another way to express future actions is to use **IR a** + infinitive (with or without an explicit indication of time). This form expresses plans or intentions that refer to future actions.

(yo)	**voy**	
(tú)	**vas**	
(él, ella, usted)	**va**	a + INFINITIVE
(nosotros/as)	**vamos**	
(vosotros/as)	**vais**	
(ellos, ellas, ustedes)	**van**	

(El próximo año) **vamos a hacer** un viaje por el norte de la isla.
(Next year) **we're going to make** a trip in the north of the island.

¿El señor López? Creo que **va a ir** a Santo Domingo mañana.
Mr. López? I think **he's going to** Santo Domingo tomorrow.

Future actions can also be expressed with the future indicative (with or without explicit indication of a future time). The future indicative is a very consistent tense.

	INFINITIVE + ENDINGS	
(yo)		**-é**
(tú)	via**jar**	**-ás**
(él, ella, usted)	com**er**	**-á**
(nosotros/as)	dorm**ir**	**-emos**
(vosotros/as)		**-éis**
(ellos, ellas, ustedes)		**-án**

5 *Estar a punto de…, acabar de…*

To be more precise about the exact moment in which something takes place or has taken place, the structures **ESTAR a punto de** + infinitive (to express the immediate future) and **ACABAR de** + infinitive (to express a very recent past) are used.

El concierto **está a punto de** empezar.   El concierto **acaba de** empezar.
The concert is about to start.   The concert just started.

● ¿Está abierta la farmacia?   —Is the pharmacy open?

○ No, acaban de cerrar.   —No, they just closed.

The a.m. / p.m. system is not used in Spanish as much as in English. It is more common to say the time followed by *de la mañana, de la tarde, de la noche.*

Note that unlike in English, in Spanish we cannot use the present progressive to express a future arrangement (I'm eating lunch with Margarita tomorrow.); instead, we use the present indicative with a temporal marker: *Mañana como con Margarita.*

8 GENTE que come BIEN

8–1 Platos (*dishes*) internacionales

¿Qué tipo de cocina te gusta más? ¿De qué país o países? ¿Por qué? Mira estas fotos. ¿Qué plato prefieres?

Carbonada (Argentina)

Tacos, burritos y enchiladas (México)

Arroz con frijoles negros
(Cuba y Puerto Rico)

Pollo con arroz y frijoles (Cuba)

Paella (España)

Frutas tropicales (Costa Rica,
El Salvador…)

TAREA

Escribir una receta de cocina.

NUESTRA GENTE

Cuba
Hispanos/latinos en Estados Unidos

Explore Cuba with *Club cultura!*

CULTURA

La gastronomía de Cuba es una fusión de cocina española, africana y caribeña. Entre los ingredientes más usados están el arroz, el plátano, las legumbres y la carne de cerdo. El plato nacional es el ajiaco criollo, un conjunto de viandas, vegetales y carnes de diversos tipos. Otros platos cubanos típicos son los tostones o chatinos (trozos de plátano verde aplastados y fritos), el congrí (guiso de arroz con frijoles colorados) y la carne de cerdo asada o frita.

ACERCAMIENTOS

8–2 ¡A comer!
Mira las fotos de la página 128. ¿Qué ingredientes usan estos platos? Usa la lista y pide ayuda a tu profesor o a tus compañeros/as.

EJEMPLO:

E1: ¿Qué es esto?
E2: Fresas.
E1: ¿Cómo se dice *meat* en español?
E2: Carne.

¿Cuáles te gustan? Márcalos con estos signos.

+ = Me gusta/n.
− = No me gusta/n.
? = No lo sé.

☐ frijoles	☐ tomates	☐ pollo
☐ bananas	☐ judías verdes	☐ cebolla
☐ maíz	☐ zanahoria	☐ naranja
☐ papas (patatas)	☐ carne	☐ mango
☐ arroz	☐ pimiento	☐ melón
☐ sandía	☐ tortillas	☐ pescado
☐ uvas	☐ aguacate	☐ marisco
☐ guisantes	☐ calabaza	☐ verdura
☐ mejillones	☐ ajo	☐ fruta
☐ gambas	☐ melocotón	

8–3 ¿Y a ti qué te gusta?
Comenta tus gustos con dos compañeros/as.

EJEMPLO:

E1: A mí me gustan mucho las habichuelas. ¿Y a ti?
E2: A mí no, no me gustan nada. Me gusta la fruta, pero la verdura, no.
E3: A mí sí, mucho.

Un/a representante del grupo va a explicar al resto de la clase qué gustos comparten.

EJEMPLO:

A todos nos gustan mucho las naranjas, la piña y el pollo; pero a nadie le gusta el ajo.

¿Cuáles son los dos productos que más le gustan a la clase? ¿Y los que menos le gustan?

Más	1.	2.
Menos	1.	2.

VOCABULARIO EN CONTEXTO

  8–4 Tienda Blasco

En el mercado (*grocery store*) Blasco, Celia, la dependienta, está hablando con la señora Millán. Escucha y marca qué compra la señora Millán.

2 **kilos** de naranjas
2 naranjas
1/2 docena de huevos
1 **docena** de huevos
1 **paquete** de café Cubita
1 paquete de azúcar
200 **gramos** de queso fresco

200 gramos de jamón
2 **botellas** de leche
2 **bolsas** de leche
1 botella de ron Legendario
1 botella de ron Varadero
6 **latas** de refresco de cola
10 latas de refresco de cola

Mira las palabras en negrita. ¿Qué otras cosas puedes comprar en este formato?

8–5 La pirámide de alimentos (*food*)

Miren las recomendaciones para comer bien. Usen los dibujos para adivinar el significado de las palabras que no conocen. Después respondan a estas preguntas:

1. ¿Qué hay que comer cada día?
2. ¿Qué debemos comer solo de vez en cuando?
3. ¿De qué alimentos hay que comer dos o más tazas diarias?
4. ¿Qué debemos beber diariamente?
5. ¿Hay que comer mucha carne cada día?

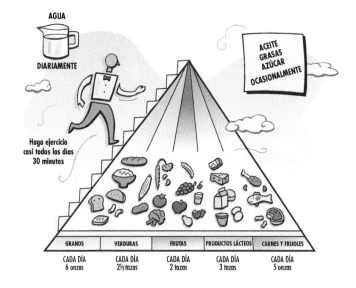

MiPirámide
PASOS HACIA UNA MEJOR SALUD

AGUA
DIARIAMENTE

ACEITE GRASAS AZÚCAR OCASIONALMENTE

Haga ejercicio casi todos los días 30 minutos

GRANOS	VERDURAS	FRUTAS	PRODUCTOS LÁCTEOS	CARNES Y FRIJOLES
CADA DÍA 6 onzas	CADA DÍA 2½ tazas	CADA DÍA 2 tazas	CADA DÍA 3 tazas	CADA DÍA 5 onzas

8–6 ¿Cómo comes?

Vamos a averiguar cómo es la dieta de nuestros compañeros para luego darles algunos consejos. Haz una entrevista a tu compañero/a con estas preguntas. Añade dos preguntas más.

	SÍ	NO
¿Comes mucho pescado?		
¿Comes mucha verdura?		
¿Comes mucha carne?		
¿Bebes vino?		
¿Cocinas con aceite de oliva?		
¿Bebes leche?		
¿Comes muchos huevos?		
¿Comes legumbres?		

Según sus respuestas y las recomendaciones de la pirámide, tu compañero/a come...

muy bien   bien   no muy bien   mal   muy mal

¿Tiene que cambiar algún hábito? Informa a la clase.

EJEMPLO:

Josh se alimenta bien. Bebe mucha agua y come mucha verdura, pero tiene que comer menos grasas y dulces.

8–7 En el restaurante cubano

Noelle, una estudiante estadounidense, va a comer a un restaurante cubano. No conoce la cocina cubana y la mesera le describe cada plato.

Lee el menú y después escucha.

1. Noelle pide primero _____

2. Noelle pide después _____

3. Noelle pide, de postre, _____

Ahora escucha otra vez. ¿Puedes hacer una lista de algunos ingredientes de estos platos?

RESTAURANTE HABANERA
MENÚ DEL DÍA

frijoles negros
arroz con maíz a la criolla
sopa de pollo

costillas de cerdo con piña
camarones borrachitos

pudín de piña
arroz con leche de coco

8–8 En un restaurante cubano

Imagina que vas a ese restaurante cubano. Piensa qué vas a pedir.

EJEMPLO:

Yo, primero, sopa de pollo.

Ahora unos/unas estudiantes hacen de (*play the role of*) meseros y toman nota de lo que quieren sus compañeros/as. ¿Cuáles son los platos más populares en la clase?

8–9 Programa de adelgazamiento (*weight loss*)

El hotel balneario Gente Sana ofrece un programa de adelgazamiento. Los clientes pueden adelgazar seis kilos en seis días, pero de una forma sana. ¿Puedes elaborar el menú con tu compañero/a? Compartan luego su propuesta con la clase.

★ ★ ★ HOTEL BALNEARIO GENTE SANA ★ ★ ★			
	VIERNES	**SÁBADO**	**DOMINGO**
Desayuno			
Almuerzo Primer plato: Segundo plato: Postre:			
Cena Primer plato: Segundo plato: Postre:			

📖 **GRAMÁTICA EN CONTEXTO**

🔍 **8-10 Platos típicos y fiestas típicas**

Lee estas definiciones de platos y bebidas típicos cubanos. ¿Sabes cómo se llama cada uno?

buñuelos

sopón

carne de cerdo con papaya

mojito

1
Es una sopa típica de Holguín. **Se hace** con carne de cerdo, de pollo, jamón, plátano verde, boniato, yuca, calabaza, arroz y agua. **Se acompaña** con rodajas de limón.

2
Es una bebida muy típica. **Se prepara** con ron blanco, hierbabuena, azúcar y jugo de limón.

3
Es un plato que **se elabora** con carne de cerdo. Lleva cebolla, sal y pimienta. **Se pone** además azúcar y jugo de piña, papaya verde y pimientos rojos.

4
Es un postre muy popular. **Se come** especialmente en fin de año. **Se cocina** con yuca, malanga y boniato. Lleva anís y canela, además de huevos, harina, azúcar y vino. **Se hacen** roscas y se fríen en aceite. Luego **se sumergen** las roscas en un almíbar y se dejan enfriar.

Fíjate en las palabras marcadas en negrita. Ahora completa este texto con formas similares. Usa estos verbos: *comer, beber, servir.*

Las fiestas navideñas en Cuba tienen por lo general un carácter familiar. El 24 de diciembre (Nochebuena y víspera de Navidad) la familia se reúne para celebrar la fecha. Por supuesto, en estas fechas en Cuba _____ muy bien. _____ cerdo asado, congrí (arroz con frijoles negros) y postres caseros. Además _____ vinos, cerveza fría y licores. Para postre _____ nueces, avellanas o dátiles y, como herencia de España, _____ turrón. El 31 de diciembre es un día para la familia, y en el menú _____ otra vez cerdo; además ese día _____ las 12 uvas a medianoche para despedir el año.

Describe ahora un plato típico de tu país o región y cuándo se come. Sigue los modelos anteriores. Luego, explícaselo a tus compañeros/as.

👥 **8-11 ¿Qué frutas y verduras se comen en Cuba?**

Lean el texto sobre los hábitos alimentarios de los cubanos.

Las frutas y las verduras son excelentes fuentes de vitaminas y nutrientes. El Instituto de Farmacia y Alimentos de la Universidad de La Habana hizo una investigación con el objetivo de evaluar el consumo de fruta y verdura. Respecto a la fruta, según los datos obtenidos, los cubanos comen **mucha**; en cuanto a la verdura, consumen **suficiente**. Las frutas que más se consumen son el mango, la naranja, la piña, el plátano, el aguacate y el tomate. En cambio, se comen **pocas** uvas porque es un producto de cantidad limitada en la isla. Las frutas y verduras menos populares son la acelga, el apio, la berenjena, la coliflor, la espinaca y la remolacha. El 18% de los cubanos consume **bastante** fruta (a diario) y el 60% la come tres o cuatro veces por semana. La verdura se come menos: el 39% de los cubanos afirma que come **bastante**, el 48% dice que come **poca** y el 13% afirma que no come **nada de** verdura en una semana.

¿Qué van a pedir?

Dos ensaladas, un café solo y uno con leche.

Y un poco de pan para mí, por favor.

¿Es carne o pescado?
¿Es fuerte / picante / graso?
¿Qué lleva?
¿Lleva salsa?

Por favor, un poco más de pan y otra cerveza.

CUANTIFICADORES

ANTES DEL NOMBRE

SINGULAR
demasiado arroz/**demasiada** leche
mucho arroz/**mucha** leche
suficiente/bastante arroz/leche
poco arroz/**poca** leche
un poco de arroz (= una pequeña cantidad)

PLURAL
demasiados huevos/**demasiadas** peras
muchos huevos/**muchas** peras
suficientes/bastantes huevos/peras
pocos huevos/**pocas** peras

ANTES DE UN VERBO
Come **poco / mucho.**
Fuma **bastante.**
Trabaja **demasiado.**

CUANTIFICADORES NEGATIVOS

NOMBRES NO CONTABLES

No hay azúcar.
No hay **nada de** azúcar.

NOMBRES CONTABLES

SINGULAR
No tengo **ningún**   **No** tengo **ninguno.**
plátano.
No tengo **ninguna**   **No** tengo **ninguna.**
botella.

PLURAL
No tengo plátanos.   **No** tengo.

PESOS Y MEDIDAS

100 gramos de
200 gramos de

un cuarto de kilo/litro de
medio kilo/litro de
tres cuartos de kilo/litro de
un kilo/litro de

un paquete de arroz/sal/azúcar/harina
una botella de vino/agua mineral/aceite
una lata de atún/aceitunas/tomate
una caja de galletas/leche

Ahora conversen sobre estos hábitos para ver si son iguales en su país y en sus casos particulares.

EJEMPLO:

E1: En Cuba se come **mucha** fruta y verdura, pero aquí se come **poca** fruta.
E2: Yo no como verdura, pero como **bastante** fruta.

8–12 Comida de excursión a Pinar del Río

La familia Zalacaín va a pasar siete días de campamento en Pinar del Río, una ciudad al oeste de Cuba donde se encuentran dos de las cuatro reservas mundiales de la biosfera declaradas por la UNESCO.

Son cinco personas, tres adultos y dos niños. Tienen que llevar toda la comida porque van a acampar en una zona donde no hay tiendas. Miren la lista. ¿Olvidan algo importante? Eliminen o añadan (*add*) cosas a la lista.

1 docena de huevos	7 kilogramos de carne
15 litros de leche	50 gramos de queso
1/2 litro de aceite	2 plátanos
2 kilogramos de papas	12 kilogramos de manzanas
3 kilogramos de espaguetis	100 gramos de azúcar
1 lata de tomate	11 botellas de vino
2 yogures	

EJEMPLO:

E1: Llevan **pocos** huevos, ¿verdad?
E2: Sí, es verdad. Y llevan **poco** azúcar, ¿no?
E1: Sí, no tienen **bastante** azúcar.

8–13 Tu plato favorito

Piensa en tu plato favorito y en cómo se prepara. Haz una lista de ingredientes y cantidades aproximadas. Después explica a tu compañero/a el procedimiento para prepararlo.

EJEMPLO:

E1: **Se necesita** un tomate, un poco de cebolla, carne picada (*ground*), una rebanada de queso, un poco de ketchup y mostaza.
E2: ¿Y cómo **se prepara**?
E1: **Se pone** la carne en el pan y **se coloca** encima la cebolla, el tomate y el queso.

INTERACCIONES

ESTRATEGIAS PARA LA COMUNICACIÓN ORAL

Verbal courtesy (I)

Verbal courtesy is a universal concept; however, ways of expressing courtesy vary from culture to culture. You already know that when interacting in formal contexts, it is generally more appropriate to use *usted*.

Read this dialogue between a waiter and a customer at a restaurant. Identify all the ways in which verbal courtesy is used.

- *Buenas tardes. **Disculpe**, ¿tienen mesas libres?*
- ○ *Sí, **pase, pase**. **Siéntese** aquí, por favor. ¿Qué va a pedir?*
- *¿Me trae primero una ensalada?*
- ○ *Cómo no. ¿Y después?*
- ***Tráigame** por favor un bistec con papas fritas.*
  […]
- ***Oiga**, por favor.*
- ○ *Sí, **dígame**.*
- *¿Me puede traer una botella de agua sin gas?*
- ○ *Ahora mismo.*

Note how the use of *usted* is reflected in the verb conjugations. Also, note how the use of command forms (*tráigame, pase, siéntese*) can be considered courteous in certain cases, such as when used to attract someone's attention (*oiga, disculpe*) or to respond (*sí, dígame*). When used alongside expressions such as *por favor*, these command forms can also become courteous.

8–14 Situaciones: *En el restaurante*

Three students visiting Cuba want to try authentic homemade Cuban food, so they go to a *paladar*. They are looking at the menu and have some questions for the owner about the various dishes and drinks. Then they order their food.

Menú del día

Frijoles negros
Sopón de Holguín

———

Carne de cerdo con papaya

———

Buñuelos o flan

———

Vino o agua
Café

ESTUDIANTE A

You are the owner of this *paladar*. Ask these two visitors questions to find out what they would like to eat. Answer their questions about the dishes. You can also make recommendations. Remember to use verbal courtesy and the *usted* forms.

ESTUDIANTE B

You and your friend are in a Cuban *paladar*. You are lactose intolerant and want to know the ingredients in the dishes. Remember to use verbal courtesy and the *usted* forms.

ESTUDIANTE C

You and your friend are in a Cuban *paladar*. You don't drink coffee or wine, but you love sweets and desserts. Remember to use verbal courtesy and the *usted* forms.

8-15 ¿Qué comes?

¿Consumes alguno de estos productos? Completa la siguiente tabla.

DEMASIADO	BASTANTE	POCO/UN POCO DE	NADA DE	PRODUCTO
				café / té
				pescado
				fruta
				verduras
				agua

Ahora intercambia la información con tu compañero/a. Pregúntale a tu compañero/a qué productos consume y en qué cantidad. Luego tu compañero/a te va a preguntar a ti.

EJEMPLO:

E1: ¿Bebes **mucho** café?
E2: No, muy **poco**. Pero tomo **mucho** té. ¿Y tú?
E1: No, yo no bebo **nada de** té. Bebo **mucho** café. **Demasiado**.

8-16 ¿A qué restaurante vamos?

Están visitando La Habana en viaje de estudios y quieren ir a comer. Lean la información sobre tres lugares y decidan dónde van y por qué. Justifiquen su decisión con datos del texto. Luego expliquen a la clase su decisión.

Paladar *La Cocina de Lilliam*

Este es uno de los restaurantes más acogedores de la capital. La cocinera y dueña del paladar es Lilliam Domínguez. La residencia está decorada con hermosas antigüedades. Los más distinguidos personajes han comido en este restaurante, entre ellos el presidente estadounidense Carter. Aquí se puede comer la famosa "ropa vieja", un plato tradicional cubano preparado con carne de cordero.

Precio promedio: $9,00

Restaurante *La Mina*

Está ubicado en la esquina de la Plaza de Armas. En este restaurante se puede disfrutar de una gran variedad de menús cubanos, como los tamales, arroz congrí (frijoles colorados con arroz blanco) y cerdo asado. También se sirven excelentes cócteles como el mojito y el daiquirí, postres hechos en casa, y el delicioso café "Cubita".

Precio promedio: $17,00

Restaurante *La Bodeguita del Medio*

A un lado de la Plaza de la Catedral, en el casco histórico de la ciudad, está este prestigioso restaurante. La Bodeguita es famosa por ser lugar de encuentro de importantes intelectuales y artistas desde su apertura en 1940, como el famoso escritor estadounidense Ernest Hemingway. La presencia de estas personalidades se ve en cada detalle, fotografías y objetos traídos de todas partes. Es la cuna del famoso cóctel "mojito".

Precio promedio: $25,00

EJEMPLO:

E1: Yo quiero ir al paladar porque es más barato. Además, tienen comida tradicional. Dice que se puede comer "ropa vieja".
E2: No sé... La Mina parece interesante. Y hay comida tradicional también.

TAREA

Escribir una receta de cocina.

Gente en acción

PREPARACIÓN

Antes de escribir su receta, vamos a examinar con detalle un plato típico cubano, sus ingredientes y preparación. Se trata del *ajiaco cubano*, el plato nacional de Cuba.

El ajiaco es una sopa propia del campo, pero se come en todos los hogares cubanos. Se compone de diversos ingredientes: vegetales como la yuca o mandioca, la malanga, el ñame o el boniato y diferentes carnes, todo mezclado. También se pueden agregar plátanos verdes y maíz. Este es un plato tradicional de las poblaciones indígenas de la isla.

Ahora vamos a repasar los ingredientes para preparar el ajiaco.

AYUDA

Se pone/n en { una sartén.
una cazuela.
una bandeja.

Se pone un huevo.
Se ponen tres huevos.

se echa/n	se añade/n
se fríe/n	se asa/n
se hierve/n	se pela/n
se corta/n	se saca/n
se mezcla/n	

primero…
después…
luego…
al final…

AJIACO CUBANO

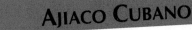

DIFICULTAD: media
TIEMPO: 120 minutos
INGREDIENTES (para seis personas):

tasajo (cecina) :	150 g
carne de cerdo:	145 g
tocino:	80 g
plátano pintón:	200 g
malanga:	200 g
maíz tierno:	200 g
calabaza:	200 g
boniato:	200 g
salsa criolla:	75 g
sal:	40 g
aceite vegetal:	60 ml
agua (aprox.):	2,3 l

Escuchen a Ramón, un cocinero cubano, explicar cómo se prepara el ajiaco. Luego, ordenen los pasos de la receta.

☐ Se corta el tocino.
☐ Se pone el maíz en el caldo.
☐ Se ponen las viandas.
☐ Se fríe el tocino en aceite.
☐ Se corta el tasajo en cinco pedazos.

☐ Se mezcla la carne de cerdo con la salsa criolla.
☐ Se cocina el tasajo durante 30 minutos.
☐ Se añade la carne de cerdo al tasajo.
☐ Se cocina todo 10 minutos más.

Lean ahora la transcripción para comprobar que el orden es correcto.

> Bueno, para hacer ajiaco uno tiene primero que remojar el tasajo durante 12 horas. Luego el tasajo se pone a cocinar en agua, durante 30 minutos más o menos. Después se le añade la carne de cerdo y se deja cocinar hasta que esté blando. A continuación se sacan las carnes, se limpia el tasajo y se corta en cinco pedazos. Después de hacer esto, se cuela el caldo, se vierte en la cazuela que usamos antes, se pone al fuego y se incorpora en primer lugar el maíz. Bueno, entonces se deja cocinar el maíz unos 45 minutos y luego se ponen las viandas cortadas en pedazos por orden de dureza, es decir, las más duras primero, las más blandas después. Se cocinan hasta que estén blandas. Después, se corta el tocino en cubos pequeños, se fríe en aceite un poquitico y se mezcla con la salsa criolla. Todo esto se añade al ajiaco. Finalmente, se cocina todo 10 minutos más, ¡y ya está!

Paso 1 Formen grupos de tres o cuatro personas. Decidan entre todos qué plato van a presentar para una colección de recetas de la clase. Puede ser una receta de su país o de un país hispanohablante.

Paso 2 Completen ahora esta ficha. Incluyan una lista detallada de los ingredientes y las cantidades necesarias.

Paso 3 Escriban la receta. Pueden usar la receta del ajiaco como modelo.

Paso 4 Cada grupo explica a la clase el plato que propone y cómo se prepara. La clase puede elegir las mejores recetas.

Paso 5 Foco lingüístico.

DIFICULTAD: _____
TIEMPO: _____
INGREDIENTES: _____
_____
_____
_____
_____
_____
_____
_____
_____

NUESTRA GENTE

GENTE QUE LEE

ESTRATEGIAS PARA LEER

Word formation and affixes

As you already know, words can take on markers of gender or number (*camarero/a/os/as*). Words can also take other endings that change their category. For example, if you add *-ar* to the noun *cocina*, you get the verb *cocinar*.

Affixes are placed either before words (as prefixes) or after them (as suffixes). For example, the word *cierto* (certain) can take the prefix *in-* and form a new word: *incierto* (uncertain). The word *pescado* can become *pescadería* by adding the affix *-ería* to the first part of the word.

Compound words are single words that are formed by combining two or more other words. For example, the word *paraguas* (umbrella) is formed by two words: *parar* (to stop) and *aguas* (waters). Can you guess what the word *abrelatas* means?

Now take a look at these words: *la verdura* (*verde* + *-ura*), *la naranjada* (*naranja* + *-ada*), *azucarar* (*azúcar* + *-ar*), *abrebotellas* (*abre* + *botellas*), *frutero* (*fruta* + *-ero*). Can you guess what they mean?

ANTES DE LEER

8–17 En La Habana

Mira las fotos y pregunta a tu profesor/a sobre estos lugares. Después piensa cuáles te gustaría visitar. Puedes ponerlos en orden de más interesante (1) a menos interesante (7).

2. El capitolio, La Habana

4. Universidad de La Habana

1. Catedral de La Habana

3. Memorial de José Martí

5. Los castillos de La Habana
6. Museo de la Revolución
7. Casa de África

¿En qué lugar has colocado el museo?

8–18 Visitando museos

¿Conoces algún museo sobre comidas o bebidas? ¿Por qué crees que se hacen estos museos? ¿Crees que las comidas y bebidas son elementos que reflejan la cultura de un país? ¿Tienes algunos ejemplos?

8–19 Activando estrategias

Mira durante unos segundos la foto, el texto, su título y subtítulos. ¿De qué crees que trata?

A LEER

EL RON Y EL TABACO DE CUBA: DOS MUSEOS EN LA HABANA

El Museo del Ron

La Fundación Havana Club está situada en el corazón de La Habana Vieja, en un palacio del siglo XVIII. Esta institución **difunde** el conocimiento sobre el ron y su vínculo natural con la cultura cubana. Entre otras atracciones, la Fundación ofrece un museo viviente que reproduce el proceso tradicional de fabricación del ron. El recorrido por este museo termina con una **degustación**. Además hay una galería de arte, una tienda y un bar-restaurante. En la tienda se puede **adquirir** todo tipo de ron Havana Club, además de música tradicional, libros sobre la historia del ron y sobre los bares más famosos de la ciudad considerada centro de la **coctelería** mundial. Dentro del edificio hay un bar, heredero del primer Bar Havana Club del año 1934. Este bar **recrea** el ambiente típico de las mejores bodegas de los años 30. Además es lugar de encuentro de artistas cubanos como pintores y músicos. Aquí se preparan los famosos cócteles cubanos al ritmo del tradicional *son*. En el restaurante se encuentra una buena oportunidad para degustar el sabor de la comida cubana, ya que además de comida internacional se sirven excelentes platos criollos.

El Museo del Tabaco

El Museo del Tabaco es la única institución en Cuba destinada a conservar y mostrar colecciones vinculadas a la cultura del tabaco. Fundado en 1993, está ubicado en un edificio del siglo XVIII en el centro histórico de La Habana. En el museo se puede hacer un recorrido por los aspectos históricos y culturales del tabaco cubano y el proceso de cultivo de la hoja y de fabricación de los famosos puros habanos. También se muestra una colección de utensilios del fumador de los siglos XIX y XX confeccionados con diferentes tipos de metales **preciosos** y otros materiales. Esto demuestra la notable influencia de la industria del habano en artes como la orfebrería, la artesanía, la pintura, la litografía y la cerámica. Es muy interesante también la colección de fotos sobre las grandes personalidades mundiales consumidoras de los famosos puros.

Finalmente, en el mismo museo está La Casa del Habano, una tienda donde se vende todo tipo de habanos y útiles del fumador (encendedores, **cortapuros**, tabaqueras, **ceniceros**...).

DESPUÉS DE LEER

8–20 ¿Comprendes?

1. ¿Cuántas partes tiene la Fundación Havana Club?
2. ¿Cuáles de estos productos se puede obtener en la tienda del Museo del Ron?
   a. música   b. libros   c. arte
3. ¿Cuál de estos datos sobre el Museo del Tabaco es falso?
   a. Tiene una tienda de tabaco.   b. Expone arte y fotografía.   c. Se funda en el siglo XVIII.

8–21 Activando estrategias

1. ¿Qué significan las palabras "degustación", "coctelería" y "cortapuros"? ¿Puedes dividirlas en partes? Si la palabra *ceniza* significa *ash*, ¿qué significa "cenicero"?
2. ¿Qué significan las palabras "recrear", "adquirir" y "preciosos"? ¿Cómo lo sabes?
3. Busca en el diccionario la palabra "difunde". ¿Es nombre, verbo o adjetivo? ¿Qué necesitas buscar? ¿Qué significado es más apropiado en este contexto?

8–22 Expansión

¿Existe algún museo de este tipo en tu país? ¿Cómo es? Si no existe, piensa en un museo hipotético para el pueblo o ciudad donde vives. Justifica tu idea.

GENTE QUE ESCRIBE

ESTRATEGIAS PARA ESCRIBIR

Writing topic sentences and paragraphs

A good topic sentence (a) is normally at the beginning of a paragraph, (b) states the main idea of the paragraph, (c) focuses exclusively on one topic of interest, and (d) attracts the attention of the reader.

Here is a list of possible topic sentences for an opening paragraph about Santiago de Cuba. Which ones do you think are appropriate? Why?

> En Santiago está la primera catedral de Cuba.
> El clima de Santiago se caracteriza por tener dos estaciones.
> Santiago de Cuba es una ciudad al este de la isla.
> Santiago es una ciudad que atrae a muchos turistas.

The remaining sentences in the paragraph should contain details that develop the main idea stated in the topic sentence. When editing your paragraphs, be sure to get rid of any ideas that don't help develop the topic of the paragraph.

MÁS ALLÁ DE LA FRASE

Connectors for organizing information

We have already discussed the importance of organizing and sequencing ideas when writing. Let's review and expand some of these discourse markers:

- First idea: *primero…* (first), *en primer lugar…* (in the first place), *para empezar…* (to start)

- Intermediate ideas: *segundo / tercero…* (second / third), *a continuación…* (next), *después…* (next, after that), *luego…* (next), *en segundo / tercer lugar…* (second / third)

- Final idea: *finalmente…* (last), *al final…* (at the end), *por último…* (finally, last), *para terminar* (to conclude)

8-23 Crítica de un restaurante o comedor

Escribe una crítica de un restaurante que conoces bien para el periódico en español. La crítica debe tener tres partes: el tipo de cocina, el ambiente y un plato especialmente recomendado.

Piensa en los lectores de esta crítica y decide el registro que vas a usar (formal o informal). Después escribe **frases temáticas** para el párrafo de apertura, las tres partes de la crítica y un párrafo final. Presta atención a las frases temáticas:

- ¿Están al principio del párrafo?
- ¿Dan la idea central del párrafo?
- ¿Se centran en un solo tema de interés?
- ¿Atraen la atención del lector?

! *¡ATENCIÓN!*

Tu trabajo escrito debe seguir (*follow*) los Pasos 1 a 8 y tener contenidos bien organizados y relevantes. Usa conectores para organizar la información y sigue una secuencia lógica.

COMPARACIONES

8–24 El café en Latinoamérica

¿Cuáles de estos países latinoamericanos producen más café? Ordénalos de mayor a menor.

☐ El Salvador   ☐ Guatemala   ☐ México

☐ Colombia   ☐ Cuba   ☐ Costa Rica

8–25 Café y cultura cubana

¿Sabías que el café de Cuba es de una calidad excelente? Lee este texto para saber más. Luego responde a las preguntas.

El café forma parte importante de la cultura cubana. Para los cubanos, es parte inseparable de la identidad y cotidianeidad de su gente. El primer cafetal de Cuba data de 1748, pero es después de 1791 cuando se produce en Cuba una avalancha de haciendas cafetaleras con la llegada de colonos franceses de Haití, debido a la revolución en ese país.

Cuba posee la mayor cantidad de ruinas de haciendas cafetaleras con valor arqueológico en todo el mundo, muchas de ellas en buen estado de conservación. Son los primeros cafetales franco-haitianos de Santiago de Cuba y están ubicados al sudeste de esa provincia. Además, son patrimonio de la humanidad (Unesco) desde el año 2000 por su valor histórico. Hay cerca de un centenar, la mayoría ubicados en la provincia de Santiago de Cuba, aunque también hay muchos en Guantánamo. Estos lugares forman un extenso cinturón cafetalero en la región sudeste de Cuba.

Por regla general, los cafetales cubanos están en las serranías de la isla entre 500 y 800 metros sobre el nivel del mar. Esto es debido a que el cafeto, la planta del café, crece muy bien en este microclima. Hoy en día el café cubano no sobresale por grandes volúmenes de exportación, sino por su excelente calidad, sobre todo en la especie *arábica*, que lo ubica entre los preferidos del mundo. Entre las marcas más famosas están Cubita, Hola y la famosa Crystal Mountain.

Roel Caboverde Liacer
Recolectores de café

1. El café forma parte integral de la cultura de Cuba desde sus orígenes. Habla con la clase sobre el papel que tiene el consumo de café en tu propia cultura.
2. Piensa en las diferencias entre el café cubano y el café que se bebe en tu país. ¿Cuáles son?
3. Los patrimonios de la humanidad son lugares históricos y culturales de incalculable valor para la humanidad y pertenecen a todo el mundo. ¿Por qué crees que los cafetales de Cuba están en este grupo? ¿Puedes mencionar algunos lugares en tu país que son patrimonio de la humanidad?

CULTURA

En la actualidad hay en Estados Unidos más de 1,8 millones de cubano-estadounidenses, quienes forman el tercer grupo hispano más grande del país. En Miami y otras áreas de Florida reside el grupo más numeroso, seguido de Nueva Jersey y el oeste de Nueva York. Los cubanos tienen una larga historia de inmigración a Estados Unidos como consecuencia de cambios políticos en la isla y más tarde de factores económicos. La comunidad de origen cubano de Estados Unidos tiene mucha influencia en el mundo de los negocios y la política. Cuatro miembros del Congreso de Estados Unidos y dos del Senado son de ascendencia cubana.

Además de destacarse en la política y los negocios, hay cubano-estadounidenses que sobresalen en el deporte (como Yasiel Puig, jugador de béisbol de Los Angeles Dodgers), el cine (Rosario Dawson o Eva Mendes), la literatura (el Premio Pulitzer Oscar Hijuelos), la política (Bob Menéndez, senador de Nueva Jersey, o Marco Rubio, senador de Florida) y la moda (los diseñadores Narciso Rodríguez e Isabel Toledo).

Oscar Hijuelos

Go to **MySpanishLab** to review what you have learned in this chapter.

Flashcards | Oral Practice | Practice Test / Study Plan | amplifire Dynamic Study Modules | Tutorials | Videos | Extra Practice

 VOCABULARIO

Alimentos (Food)

el aceite — *oil*
el aguacate — *avocado*
el ajo — *garlic*
el apio — *celery*
el arroz — *rice*
el azúcar — *sugar*
la calabaza — *pumpkin*
el camarón — *shrimp*
la cebolla — *onion*
el cerdo — *pork*
el champiñón — *mushroom*
la fresa — *strawberry*
los frijoles — *beans*
las habichuelas — *green beans*
el huevo — *egg*
el jamón — *ham*
la lechuga — *lettuce*
el limón — *lemon*
el maíz — *corn*
la mantequilla — *butter*
el marisco — *seafood*
la naranja — *orange*
el pan — *bread*
el pavo — *turkey*
la papa / patata — *potato*
el pepino — *cucumber*
la pera — *pear*
la pimienta — *pepper (spice)*
el pimiento — *pepper (vegetable)*
la piña — *pineapple*
el plátano — *banana*
el pollo — *chicken*
el queso — *cheese*
la sandía — *watermelon*
el tomate — *tomato*
la uva — *grape*
la zanahoria — *carrot*

Bebidas (Drinks)

el agua — *water*
el café — *coffee*
el jugo — *juice*
la leche — *milk*
el refresco — *soft drink, soda pop*
el ron — *rum*
el té — *tea*
el vino — *wine*

Las medidas y los envases (Measures and containers)

la botella — *bottle*
la caja — *box*
la cantidad — *quantity*
la docena — *dozen*
el gramo — *gram*
el kilo — *kilogram*
la lata — *can*
el litro — *liter*
el paquete — *pack, package*
el peso — *weight*
la taza — *cup*

La cocina y el restaurante (Cooking and restaurant)

el aperitivo — *appetizer*
la cazuela — *casserole, pot*
el cocido; el guiso — *stew*
el/la cocinero/a — *chef, cook*
la copa — *wine glass*
la cuenta — *check, bill*
la ensalada — *salad*
el/la mesero/a — *waiter/waitress*
la parrilla — *grill*
el postre — *dessert*
la propina — *tip*
la sartén — *frying pan*
la sopa — *soup*

Adjetivos relacionados con la cocina (Adjectives related to cooking)

asado/a — *roasted*
blando/a — *soft*
caliente — *warm, hot*
crudo/a — *raw*
delicioso/a — *delicious*
duro/a — *hard*
fresco/a — *fresh*
frito/a — *fried*
fuerte — *strong*
picante — *hot, spicy*
rico/a — *tasty, delicious*
salado/a — *salty*
soso/a — *tasteless*
tierno/a — *tender*

Verbos (Verbs)

añadir — *to add*
asar — *to roast*
batir — *to beat*
calentar (ie) — *to heat*
cocinar — *to cook*
cortar — *to cut*
freír (i) — *to fry*
hervir (ie) — *to boil*
merendar (ie) — *to have a snack*
mezclar — *to mix*
pedir (i) — *to order (in a restaurant)*
pelar — *to peel*

CONSULTORIO GRAMATICAL

1 In a Restaurant

To inquire about the menu

¿Qué lleva la sopa?
What is in the soup?

¿Lleva mucha sal?
Does it have a lot of salt?

¿Es fuerte / picante?
Is it strong / spicy?

¿Qué hay / tienen de postre?
What is for dessert?

¿Tienen pastel de chocolate?
Do you have chocolate cake?

> When asking someone for something, the main difference between English and Spanish is that in English the verb or the action is projected towards the person who asks: **May/Can I have some more bread, please?** In Spanish the verb or the action is projected towards the person being asked: **¿Puede traerme un poco más de pan?**

To order

● **Yo** (voy a tomar) los macarrones y el bistec.
　Primero / después / para postre,...
　Para beber, agua sin gas.
○ **Para mí**, un café por favor.

—I'll have the macaroni and a steak.
　To start / then / for dessert ...
　I will have non-sparkling water, please
—I will have a coffee, please.

To ask the waiter to bring something

● **¿Me puede traer...**　　Can I have . . .
　la cuenta?
　un cuchillo / **una** botella de agua...?

　otro vaso de vino / café?　　(WITH NOUNS THAT CAN BE COUNTED)
　otra cerveza / ensalada?

　un poco de pan / salsa / agua / vino?　(WITH NOUNS THAT CANNOT BE COUNTED)

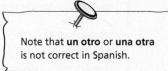

> Note that **un otro** or **una otra** is not correct in Spanish.

2 Impersonal *Se*

When the object in a sentence is a singular noun, the verb is also singular.

Aquí **se come un pescado** muy rico.
They eat very good fish here.

En estas tierras **se cultiva arroz**.
They grow rice in this land.

When the object is a plural noun, the verb is also plural.

En Cuba **se fabrican** excelentes **cigarros** habanos.
In Cuba **they make** excellent **cigars**.

When the object is not a noun, the verb is always singular.

En Cuba **se cena** tarde.
In Cuba **they have dinner late**.

El ajiaco **se prepara** con carne.
They cook ajiaco with meat.

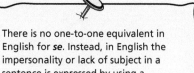

> There is no one-to-one equivalent in English for *se*. Instead, in English the impersonality or lack of subject in a sentence is expressed by using a symbolic subject such as **people**, as in: **People in Cuba have dinner late. / They have dinner late in Cuba**. Rather than a literal translation, a Spanish speaker would employ the impersonal **se** form to convey the same idea.

3 Quantifying

When these words are used as adjectives before nouns, they change form to agree in gender and number.

SINGULAR		PLURAL		
MASCULINE	FEMININE	MASCULINE	FEMININE	
poco	poca	pocos	pocas	(few, little, very little)

much**o**	much**a**	much**os**	much**as**	*(many, much, very much, a lot)*
demasiad**o**	demasiad**a**	demasiad**os**	demasiad**as**	*(too many, too much)*
	suficient**e**		suficient**es**	*(enough)*
	bastant**e**		bastant**es**	*(enough, quite a lot)*

Bebe demasiad**o** alcohol.	Toma much**os** helados.
Come poc**a** fibra.	Come demasiad**as** hamburguesas.
No hace suficient**e** ejercicio.	Tiene bastant**es** amigos.

When modifying verbs, these words don't change form, since in these cases they function as adverbs. Their form is always the masculine singular.

Come **poco**.	Lee **mucho**.
*S/he eats very **little**.*	*S/he reads **a lot**.*
Fuma **bastante**.	Trabaja **demasiado**.
*S/he smokes **quite a lot**.*	*S/he works **too much**.*

Come demasiadas golosinas y demasiados bocadillos.

Negative quantifiers

To indicate the complete absence of something, we make the sentence negative. The negative quantifying of something depends on what we are quantifying.

1. When the noun is something that cannot be counted, we always use the singular form:

No hay azúcar.	**No** pongo sal en la ensalada.
*There is **no** sugar.*	*I **don't** put salt in the salad.*
No tengo harina.	
*I **don't** have **any** flour.*	

To emphasize complete absence, sometimes we use **nada** (**de**).

En la nevera **no** hay **nada de** leche.	**No** pongo **nada de** sal en la ensalada.
*There is **no** milk in the refrigerator.*	*I **don't** put **any** salt in the salad.*

Esta receta **no** lleva **nada de** aceite.
*That recipe **does't** include **any** oil.*

If the noun has been mentioned previously, we use the word **nada**.

● ¿Tomas café por la noche? —Do you have coffee at night?
○ No, no tomo **nada**. —No, I don't have **anything**.

2. When the noun is something that can be counted:

SINGULAR: **No** tengo **ningún** plátano.   **No** hay **ninguna** manzana.
           *I **don't** have **any** bananas.*   *There **aren't any** apples.*

If the noun has been mentioned previously, it may be expressed in subsequent references by the pronouns ninguno/ninguna without repeating the original noun:

● ¿Tienes muchos plátanos?   —Do you have a lot of bananas?
¿Hay manzanas?   —Are there any apples?

SINGULAR	○ No, **no** tengo **ninguno**.	—No, I **don't** have any.
	No, **no** hay **ninguna**.	—No, there **isn't any**.
PLURAL	○ **No** tengo plátanos.	—I **don't** have **any** bananas.
	No tengo.	—I **don't** have **any**.

To ask about the existence or presence of something in English, we use the word **any**:

*Are there **any** strawberries?*
*Is there **any** milk?*

In the same context, in Spanish we don't need a particle corresponding to **any**:

*¿**Hay** fresas?*
*¿**Hay** leche?*

To give a negative answer in Spanish, the verb takes a negative form:

*No **hay** manzanas.*
*No **hay** leche.*

This is in contrast to English:

There are no strawberries.
There is no milk.

¡ATENCIÓN!

Several kinds of nouns that can be counted, however, don't follow this rule. In these cases, we use singular nouns, without articles or adjectives.

Nouns designating facilities, services, or appliances, which tend to be the only one of their kind in a given location: **piscina, teléfono, aire acondicionado, aeropuerto, garaje, jardín...**

No hay piscina en el hotel.   No tengo teléfono en casa.
There is no pool in the hotel.   *I don't have a phone at home.*

Nouns designating personal objects, garments, facial hair, or jewelry, which tend to be the only one of their kind used or worn by an individual at any given time: **computadora, carro, chaqueta, barba, bigote, anillo...**

● ¿Tienes coche?   —*Do you have a car?*
○ No, no tengo coche.   —*No, I don't have a car.*

Nouns designating personal relationships: **madre, novio, jefe...**

María tiene novio.
María has a boyfriend.

Weights and Measures

un kilo de carne	1 kg
un litro de leche	1 l
un cuarto de kilo de carne	1/4 kg
un cuarto de litro de leche	1/4 l
medio kilo de carne	1/2 kg
medio litro de leche	1/2 l
tres cuartos de kilo de carne	3/4 kg
tres cuartos de litro de leche	3/4 l
100 **gramos de** jamón	100 g
250 **gramos de** queso	250 g
una docena de huevos	(= 12)
media docena de huevos	(= 6)

Use the metric system in Spanish-speaking countries.

1 pound ≈ **0.45 kilos**
1 gallon ≈ **4 liters**

9 GENTE de CIUDAD

9–1 Ciudades peruanas

Mira las fotos de estas tres ciudades. Descríbelas con detalle. ¿Qué ves en ellas? ¿En qué se parecen y en qué se diferencian?

Arequipa

Lima

Cuzco

TAREA

Identificar y evaluar los problemas de una ciudad universitaria y proponer soluciones.

NUESTRA GENTE

Perú
Hispanos/latinos en Estados Unidos

Explore Peru with Club cultura!

CULTURA

Perú es el quinto país más poblado de Sudamérica. El 76% de la población vive en ciudades y el 24% en el campo. Las mayores ciudades se encuentran en la costa, como Piura, Chiclayo, Trujillo y Lima, su capital. En la sierra se destacan las ciudades de Arequipa, Cajamarca, Ayacucho y Cuzco. Finalmente, en la selva la más importante es Iquitos.

ACERCAMIENTOS

9–2 ¿Qué ciudad es?

¿A qué ciudades creen que corresponden estas informaciones? Hay algunas que pueden referirse a varias ciudades. Traten de averiguarlo con la ayuda de las fotos, el mapa y su profesor/a.

	a	b	c	d	e	f	g	h	i	j	k	l	m	n	ñ	o	p
Cuzco																	
Iquitos																	
Lima																	
Arequipa|																	

a. Es una de las 28 ciudades más pobladas del mundo.
b. Es la segunda ciudad más importante de Perú.
c. Está situada en la sierra al sur de Perú.
d. Es la capital de Perú y la ciudad más grande del país.
e. Es la capital del antiguo imperio inca y patrimonio de la humanidad.
f. Está ubicada a orillas del río Amazonas y es la ciudad más importante de la amazonía peruana.
g. Está a orillas del océano Pacífico y tiene playas por toda su costa.
h. Es una ciudad moderna y cosmopolita con mucho entretenimiento y vida cultural.
i. Su clima es tropical, cálido, húmedo y lluvioso, con una temperatura promedio anual de unos 28°C. La temporada de lluvias es de diciembre a marzo y la seca de mayo a septiembre.
j. En el idioma quechua, su nombre significa "ombligo" o centro del mundo.
k. Sus principales industrias son la madera, el ecoturismo y el comercio fluvial.
l. Tiene un puerto marítimo muy importante: El Callao.
m. Su clima es templado, seco y soleado todo el año, con una temperatura diurna de entre 15°C y 18°C, y una temperatura nocturna de hasta 0°C.
n. Solo se puede llegar a esta ciudad por vía aérea o fluvial.
ñ. Está rodeada de tres volcanes: Misti, Chachani y Pichu Pichu.
o. Hay muchas iglesias y monumentos de estilo colonial.
p. Su clima es templado, nublado y extremadamente húmedo. La temperatura varía entre 13°C y 22°C en el invierno y entre 24°C y 32°C en el verano.

EJEMPLO:

E1: Me parece que la A es Lima porque es la capital de Perú.
E2: Y la B es Cuzco.
E1: ¿Cuzco? No, yo creo que es Arequipa.

9–3 Otras ciudades

¿Saben en qué países están estas ciudades? Gana el grupo con más respuestas correctas.

Guadalajara _____   Guayaquil _____   Mendoza _____   Medellín _____
Sucre _____   Maracaibo _____   Valparaíso _____   Sevilla _____

 VOCABULARIO EN CONTEXTO

9–4 Calidad de vida

El ayuntamiento (*city council*) de la ciudad donde estás estudiando te da este cuestionario para conocer la opinión de los estudiantes sobre la calidad de vida de ese lugar.

Contesta individualmente al cuestionario. Luego lee tus respuestas y dale una "calificación" global a la ciudad o pueblo (máximo 10, mínimo 0).

AYUNTAMIENTO DE...
Área de Urbanismo

Encuesta sobre la calidad de vida

	SÍ	NO
TAMAÑO		
¿Cree usted que es una ciudad demasiado grande?	☐	☐
¿Piensa que es demasiado pequeña?	☐	☐
¿Cree que tiene el tamaño apropiado?	☐	☐
TRANSPORTES Y COMUNICACIÓN		
¿Está bien comunicada?	☐	☐
¿Hay mucho tráfico? ¿Hay embotellamientos?	☐	☐
¿Funciona bien el transporte público?	☐	☐
¿Se puede caminar? ¿Hay aceras?	☐	☐
CULTURA Y OCIO		
¿Hay suficientes instalaciones deportivas?	☐	☐
¿Tiene monumentos o museos interesantes?	☐	☐
¿Hay suficiente vida cultural (conciertos, teatros, cines, conferencias...)?	☐	☐
¿Hay ambiente nocturno (discotecas, restaurantes...)?	☐	☐
¿Son bonitos los alrededores?	☐	☐
ECOLOGÍA		
¿Hay mucha contaminación?	☐	☐
¿Tiene suficientes zonas verdes (jardines, parques...)?	☐	☐
¿Se recicla en esta ciudad?	☐	☐

CLIMA	sí	no	**COMERCIO**	sí	no
¿Nieva mucho?	☐	☐			
¿Hace demasiado frío/calor?	☐	☐	¿Es caro/a?	☐	☐
¿Llueve demasiado?	☐	☐	¿Hay suficientes tiendas?	☐	☐

LA GENTE	sí	no	**PROBLEMAS SOCIALES**	sí	no
¿La gente es amable?	☐	☐			
¿La gente participa?	☐	☐	¿Existen problemas de drogas?	☐	☐
¿La gente es solidaria?	☐	☐	¿Hay mucha delincuencia?	☐	☐
			¿Hay violencia?	☐	☐

Para mí, lo mejor es...
Lo peor es...
Yo pienso que falta/n...

9–5 Mi opinión

Informa a tus compañeros/as de tu decisión. Coméntales los aspectos positivos o negativos que consideras más importantes. Compara tus opiniones con las de tus compañeros/as de grupo.

EJEMPLO:

E1: Mi calificación es cuatro. A mí me parece que no hay suficientes instalaciones deportivas. Además, hay demasiado tráfico.

E2: Pues yo creo que es un siete porque hay mucha vida cultural y entretenimiento, y eso es muy importante.

9–6 Prioridades

Imagina que, por razones de trabajo, tienes que vivir dos años en una ciudad de Perú. ¿Qué es para ti lo más importante que tiene que tener una ciudad? Repasa los aspectos (ecología, clima, cultura y ocio, etc.) del cuestionario de la actividad 9–4 y establece tus prioridades.

Para mí, lo más importante es _____ y también _____.
Lo menos importante es _____ y _____.

9–7 Dos ciudades peruanas para vivir

Lee los textos. Después, haz una lista de los pros y contras de cada ciudad y luego decide qué ciudad prefieres. Explícales a tus compañeros/as de clase las razones de tu elección.

Iquitos

La ciudad de Iquitos, con unos 250.000 habitantes, está a orillas del Amazonas. A pesar de ser la ciudad más grande de la amazonía peruana, solo se puede acceder a ella por vía aérea o fluvial. En Iquitos sobreviven algunas muestras arquitectónicas de interés, como la Casa Eiffel, o los lujosos hoteles y casonas de estilo *art nouveau*, decorados con objetos traídos directamente de Europa. Su Biblioteca Amazónica es una de las más importantes de América. En los alrededores de la ciudad existen algunas etnias nativas que mantienen rasgos culturales originales. Iquitos tiene además una vida nocturna de gran vitalidad en el boulevard del Malecón Maldonado, en el que hay pubs y restaurantes muy concurridos.

Lima

La ciudad de Lima es una metrópoli de ocho millones y medio de habitantes situada a orillas del río Rímac, frente al océano Pacífico. Es una ciudad moderna en constante crecimiento, pero que mantiene la riqueza de su casco antiguo, declarado por la Unesco patrimonio cultural de la humanidad. Lima es el primer centro industrial y financiero de Perú. Es una ciudad donde se pueden ver muestras del período de la cultura prehispánica (como por ejemplo el santuario de Pachacamac) y del período colonial (como la Catedral, la plaza de Armas o el Convento de Santo Domingo). Además de su maravilloso casco antiguo con impresionantes conventos e iglesias, y de sus museos y plazas, también está la Lima moderna, con sus grandes edificios, centros comerciales, modernos hoteles, restaurantes, discotecas, bares y una animadísima vida nocturna. Por supuesto, como toda gran ciudad, Lima sufre de problemas como la contaminación, el tráfico y la inseguridad.

		LIMA	IQUITOS
pros	1.	1.	1.
	2.	2.	2.
	3.	3.	3.
contras	1.	1.	1.
	2.	2.	2.
	3.	3.	3.

GRAMÁTICA EN CONTEXTO

9–8 Mi ciudad

Compara tu ciudad natal con la ciudad donde estudias. Contrasta tu información con la de tu compañero/a.

EJEMPLO:

E1: Mi ciudad tiene **más** discotecas y restaurantes y es **más** bonita **que** esta. Es divertid**ísima**.

E2: En mi ciudad no hay **tantos** museos **como** en esta y además es **más** aburrida. Es aburrid**ísima**.

9–9 Atención a la gramática

Lee este texto sobre Cuzco. Fíjate en los pronombres relativos en negrita y clasifícalos en tres grupos. Identifica a qué o quién se refieren.

CUZCO

De día o de noche, Cuzco es una ciudad **que** tiene miles de encantos y atractivos, y **en la que** se puede disfrutar de tantas actividades y diversiones como en una gran ciudad. Es un lugar **donde** se funden la influencia española con el pasado andino, **en el que** todavía hoy se celebra el Inti Raymi o Fiesta del Sol durante el solsticio de invierno el 24 de junio de cada año. Es una ciudad **que** vive principalmente de la agricultura y el turismo. También tiene varias universidades **a las que** asisten miles de estudiantes cada año. Cuzco es una ciudad **a la que** viajan casi todas las personas **que** visitan Perú y tiene un aeropuerto **al que** se necesita ir para volar a las ruinas de Machu Picchu. En fin, es un lugar **del que** nunca puedes olvidarte.

	PRONOMBRES	SE REFIERE A...
Grupo 1	que	*ciudad*
Grupo 2		
Grupo 3		

9–10 ¿Qué tipo de ciudad te gusta?

Completa estas frases:

A mí me gustan las ciudades **que** _____

A mí me gustan las ciudades **en las que** _____

A mí me gustan las ciudades **donde** _____

A mí me gustan las ciudades **a las que** _____

A mí me gustan las ciudades **de las que** _____

A mí me gustan las ciudades con/sin _____

Ahora comparte la información con tu compañero/a.

COMPARACIÓN

Lima: *8.000.000* de habitantes
Arequipa: *1.000.000* de habitantes

Lima tiene **más** habitantes **que** Arequipa.
Arequipa tiene **menos** habitantes **que** Lima.

Lima es **más** grande **que** Arequipa.
Arequipa es **más** pequeña **que** Lima.

más bueno/a ⟶ **mejor**
más malo/a ⟶ **peor**

SUPERLATIVO

Lima es **la** ciudad **más** grande **de** Perú.

COMPARACIONES DE IGUALDAD

CON UN NOMBRE

Lima tiene { **tanto** encanto / **tanta** contaminación / **tantos** monumentos / **tantas** iglesias } **como** Cuzco.

Luis y Héctor tienen { **la misma** edad. / **el mismo** color de pelo. / **los mismos** problemas. / **las mismas** ideas. }

CON UN ADJETIVO

Cuzco es **tan** importante **como** Lima.

Son iguales.

Sí, ese es tan guapo como ese.

PRONOMBRES RELATIVOS

Lima es una ciudad...

en la que / donde	se vive muy bien.
que	tiene muchos museos.
a la que	vamos todos los veranos.

Son unas ciudades...

en las que / donde	se puede ver arte.
que	tienen muchos museos.
a las que	vamos todos los veranos.

A mí me parece que...
(Yo) pienso / creo que...

Yo (no) estoy de acuerdo { con Juan.
contigo.
con eso.

Sí, tienes razón.

Sí, claro, pero...
Eso es verdad, pero... } + OPINIÓN
Bueno, pero...

> Me parece que la economía está muy mal.

> Sí, tienes razón.

> A mí me parece que se vive mejor en el campo.

> Sí, es verdad.

ME GUSTARÍA

Me gustaría { ir a Lima.
visitar Lima.

> Me gustaría vivir cerca del mar.

Le gustaría vivir cerca del mar.

9–11 Ciudades del mundo

Piensa en una ciudad mundialmente famosa y escribe cuatro frases para describirla. El resto de la clase va a adivinar qué ciudad es.

EJEMPLO:

Es una ciudad **donde** hay muchos rascacielos.
Es una ciudad **a la que** van muchos turistas.

9–12 ¿París, Londres o Lima?

Elige ciudades para completar las frases.

París	Tokio	Berlín	Moscú
Rabat	Calcuta	Lima	La Habana
Barcelona	Acapulco	Monte Carlo	Ámsterdam
Dublín	Hong Kong	Managua	Las Vegas
Helsinki	Ginebra	Viena	Jerusalén

- A mí **me gustaría** pasar unos días en _____ porque _____
- A mí **me gustaría** ir de vez en cuando a _____ porque _____
- Yo quiero visitar _____ porque _____
- A mí **me gustaría** trabajar una temporada en _____ porque _____
- A mí **me gustaría** vivir en _____ porque _____
- No **me gustaría** nada tener que ir a _____ porque _____

 Ahora compara tus deseos (*wishes*) con los de tu compañero/a.

9–13 ¿Campo o ciudad?

Escucha las opiniones de estos dos amigos sobre el campo y la ciudad. ¿Qué prefieren y por qué?

	¿QUÉ PREFIERE?	¿POR QUÉ?
Gonzalo		_____ *tiene menos/más* _____ *que* _____.
		_____ *hay menos/más* _____ *que* _____.
		Hace menos/más _____ *que* _____.
Gabriela		_____ *tiene menos/más* _____ *que* _____.
		_____ *hay menos/más* _____ *que* _____.
		Hace menos/más _____ *que* _____.

9–14 ¿Y tú?

Piensa en más ventajas y desventajas de vivir en el campo o en la ciudad y después comparte tus opiniones con tu compañero/a. ¿Están de acuerdo?

EJEMPLO:

E1: **A mí me parece que** en el campo necesitas el carro para todo.
E2: **No estoy de acuerdo** porque en la ciudad también lo necesitas.
E1: **Tienes razón**, pero en el campo es **más** difícil vivir sin carro **que** en la ciudad.

INTERACCIONES

ESTRATEGIAS PARA LA COMUNICACIÓN ORAL

Collaboration in conversation (I)

Communicating in conversation is very different from communicating in writing. When having a conversation, speakers need to make sure they are understood, and that they understand. In real-life conversations there is ambiguity, sentences are shorter and often incomplete, there are many pauses and repetitions... and there is no time for planning. Speakers usually help each other out. This is even more the case when you are speaking a foreign language you are just acquiring.

At certain points in the conversation you need to ascertain whether others are following what you are saying and whether or not they are agreeing with you. These are some of the most common ways that Spanish speakers request this confirmation:

¿(Me) entiendes? / *¿(Me) comprendes?*	Do you understand?
¿Sabes?	You know?
¿Entiendes/sabes lo que quiero decir?	Do you understand / know what I mean?
¿OK? ¿Ya? ¿Mmmm?	

Likewise, you can show that you understand by using expressions such as:

(Sí), claro	(Yes), of course
(Sí), entiendo / comprendo	(Yes), I understand
Ya (veo)	I see

These rhetorical questions are important for maintaining the natural flow of conversation, and therefore you should try to incorporate them into your regular interactions.

¿Verdad?	Right?
¿No?¿No te parece?¿No crees?	Right? Don't you think?

🔊 Escucha otra vez el diálogo de 9–13. Fíjate en estas expresiones que usan Gonzalo y Gabriela. ¿Puedes cambiar las palabras en negrita por otras que expresen lo mismo?

-En el campo se está más fresco, **¿no?**
-**Ya**, pero es aburrido, no hay nada, **¿comprendes?**
-**Sí, claro**, pero tiene otras ventajas, **¿sabes?** La tranquilidad, el aire puro... A mí me encanta la naturaleza. Hay personas a las que no les gusta el ruido, **¿entiendes?**
-**Sí, pero** viviendo en el campo no tienen acceso a la vida cultural. Pierden algo, **¿no crees?**

9–15 ¿Frío o calor?

Uno de ustedes va a defender las ventajas de vivir en una ciudad como Fargo (ND) donde hace mucho frío. El otro va a defender las ventajas de vivir en una ciudad donde hace mucho calor como Brownsville (TX). Luego compartan sus opiniones con su compañero/a. ¿Están de acuerdo o no?

EJEMPLO:

E1: **Yo prefiero el calor. Pienso que** en una ciudad como Fargo el invierno debe ser my aburrido, **¿no?**
E2: **No estoy de acuerdo**. Hay nieve y los deportes de invierno son divertidos, **¿no crees?**

9–16 ¿El Barrio Chino o Barranco?

Están en Lima visitando la ciudad. Hoy tienen que decidir qué área de la ciudad desean visitar. Después de leer la información, decidan adónde van. No olviden que deben hacer comparaciones y llegar a un acuerdo.

El Barrio Chino

La colonia china en Perú es la tercera en importancia fuera de la República Popular China, con una población de más de 300.000 habitantes. El Barrio Chino está ubicado en pleno casco antiguo de Lima, a muy pocas cuadras del Congreso y del Palacio Presidencial. En esta parte de la ciudad, bohemios, compositores e intelectuales visitan sus conocidos salones de té, pastelerías y restaurantes (chifas) de comida china cantonesa acriollada que hoy forman parte importante de la gastronomía peruana. En esta zona de la capital peruana destacan el Arco Chino, la iglesia de las Trinitarias y el Molino de Santa Clara, entre otros monumentos interesantes.

Puente de los Suspiros, Lima

Barranco

Actualmente, Barranco es el principal barrio bohemio y nocturno de Lima. Aquí se ven casonas de estilo colonial y floridos parques, calles y avenidas, además de acogedores sitios frente al mar. Su clima es seco, a diferencia de otros distritos de la ciudad que son húmedos. En esta parte de la ciudad hay numerosos restaurantes donde se puede degustar la variada gastronomía peruana a cualquier hora. Los espectáculos musicales y culturales abundan en sus calles y en acogedores rincones a orillas del mar. Se debe visitar el viejo Puente de los Suspiros, rincón predilecto de los enamorados, y su malecón.

EJEMPLO:

E1: A mí me parece que el Barrio Chino es **más interesante que** Barranco porque es más exótico, ¿no?
E2: ¿**Más interesante que** Barranco? Yo creo que no... creo que Barranco tiene más cosas que ver... ¿**no creen?**
E3: Bueno, los dos tienen muchas cosas, pero el Barrio Chino es **el** tercero **más importante del** mundo...

9–17 Situaciones: ¿Nueva York o Los Ángeles?

A Peruvian student wants to visit the United States in February. He/she needs to decide between New York and Los Angeles, and calls a friend in the United States to ask for his/her opinion.

ESTUDIANTE A

You will be visiting the United States for the first time. You love big cities but can't decide between New York and Los Angeles. Call a friend in the United States to ask for his/her opinion. You want to compare different aspects in order to make the best decision. Also, keep in mind that

- you don't like to drive and prefer public transportation.
- you don't like cold weather.
- you love nightlife.
- you enjoy museums.

ESTUDIANTE B

A friend from Lima is coming to the United States for the first time. He/she loves big cities, but can't decide between New York and Los Angeles. Help him/her by comparing different aspects of both cities.

TAREA

Gente en acción

Identificar y evaluar los problemas de una ciudad universitaria y proponer soluciones.

PREPARACIÓN

Una ciudad universitaria o campus universitario se parece bastante a una ciudad real, con sus calles, tiendas, lugares de ocio, viviendas o dormitorios universitarios… Lean esta información sobre una ciudad universitaria que tiene 45.000 estudiantes. Van a tener que tomar decisiones importantes sobre el futuro del campus.

CAMPUS UNIVERSITARIO VILLANUBLA

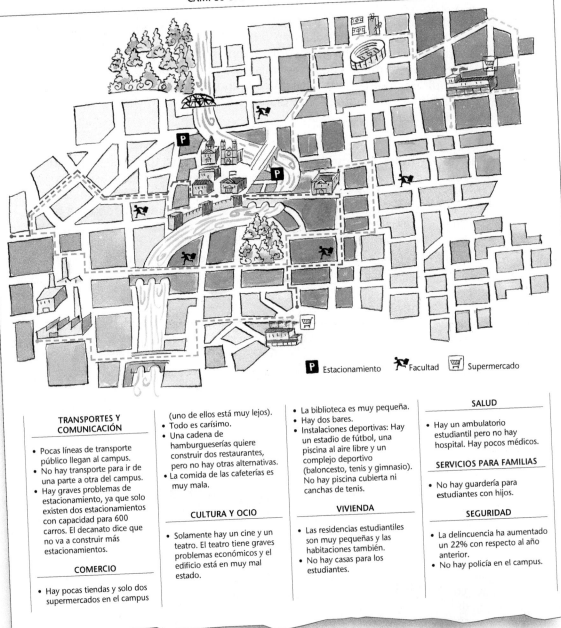

P Estacionamiento   Facultad   Supermercado

TRANSPORTES Y COMUNICACIÓN

- Pocas líneas de transporte público llegan al campus.
- No hay transporte para ir de una parte a otra del campus.
- Hay graves problemas de estacionamiento, ya que solo existen dos estacionamientos con capacidad para 600 carros. El decanato dice que no va a construir más estacionamientos.

COMERCIO

- Hay pocas tiendas y solo dos supermercados en el campus (uno de ellos está muy lejos).
- Todo es carísimo.
- Una cadena de hamburgueserías quiere construir dos restaurantes, pero no hay otras alternativas.
- La comida de las cafeterías es muy mala.

CULTURA Y OCIO

- Solamente hay un cine y un teatro. El teatro tiene graves problemas económicos y el edificio está en muy mal estado.

- La biblioteca es muy pequeña.
- Hay dos bares.
- Instalaciones deportivas: Hay un estadio de fútbol, una piscina al aire libre y un complejo deportivo (baloncesto, tenis y gimnasio). No hay piscina cubierta ni canchas de tenis.

VIVIENDA

- Las residencias estudiantiles son muy pequeñas y las habitaciones también.
- No hay casas para los estudiantes.

SALUD

- Hay un ambulatorio estudiantil pero no hay hospital. Hay pocos médicos.

SERVICIOS PARA FAMILIAS

- No hay guardería para estudiantes con hijos.

SEGURIDAD

- La delincuencia ha aumentado un 22% con respecto al año anterior.
- No hay policía en el campus.

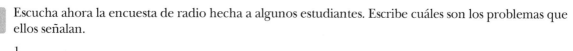 Escucha ahora la encuesta de radio hecha a algunos estudiantes. Escribe cuáles son los problemas que ellos señalan.

1. _____
2. _____
3. _____
4. _____
5. _____
6. _____

Paso 1 Identifiquen ahora los problemas de su propio campus o escuela. Decidan cuáles son los cuatro problemas más urgentes y ordénenlos según su importancia, de mayor a menor.

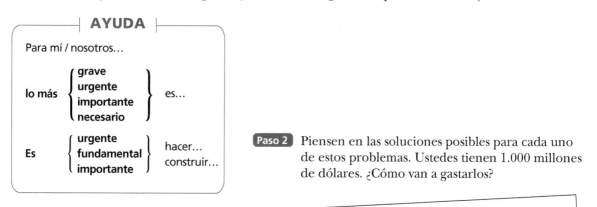

AYUDA

Para mí / nosotros...

lo más { grave / urgente / importante / necesario } es...

Es { urgente / fundamental / importante } hacer... / construir...

Paso 2 Piensen en las soluciones posibles para cada uno de estos problemas. Ustedes tienen 1.000 millones de dólares. ¿Cómo van a gastarlos?

Problema	Solución
1. _____	_____
2. _____	_____
3. _____	_____
4. _____	_____

Paso 3 Ahora escriban un informe con toda la información.

EJEMPLO:

Lo más importante es la falta de estacionamientos. Es fundamental construir más. Por eso vamos a invertir 200 millones para construir tres nuevos estacionamientos.

Paso 4 Informe para la clase.
Su representante va a defender las decisiones de su grupo ante las autoridades del campus.

Paso 5 La clase, con la ayuda de su profesor/a, compara los planes de los diferentes grupos.

EJEMPLO:

El grupo 2 piensa que el estacionamiento es más importante que la comida, pero nosotros creemos que no es tan importante.

Paso 6 Foco lingüístico.

NUESTRA GENTE

GENTE QUE LEE

ESTRATEGIAS PARA LEER

Word order in Spanish

In Spanish, the order of the words that make up a sentence is quite flexible. This means that

1. the subject of a sentence can appear before or after the verb. Look at these examples:

Juan** me llama todos los días.*   *Todos los días me llama **Juan.

2. the direct object can appear before or after the verb. Look at these examples:

*Juan compra **los boletos para Perú.***   ***Los boletos para Perú** los compra Juan.*

The most important elements are moved to the front of the sentence for emphasis. Thus, in the case of 1.2, the speaker or writer wants to emphasize the fact that it is everyday that Juan calls him/her. In the case of 2.2, the emphasis is on the tickets and not on who purchases them.

Identify the subject and object in the following sentences:

1. La lengua quechua la habla el 28% de la población peruana.
2. En Perú está la antigua ciudadela inca de Machu Picchu.
3. A la costa peruana puedes viajar de diciembre a abril (verano).

ANTES DE LEER

9–18 Grandes ciudades

Contesta a siguientes preguntas y después intercambia la información con tu compañero/a.

1. ¿Eres de una gran ciudad, de una ciudad pequeña o de un pueblo? ¿Cuál de estos tres lugares prefieres? ¿Por qué? Compara unos con otros.
2. ¿Qué tiene de atractivo tu ciudad? ¿Cuáles son los lugares más interesantes, las zonas más conocidas? ¿Hay buenas comunicaciones con otras ciudades o países?

9–19 Activando estrategias

1. Lee por encima el texto, su título y el mapa. ¿De qué crees que trata?
2. Observa su estructura y lee las frases temáticas de cada párrafo. ¿Qué información vas a leer?

DESPUÉS DE LEER

9–20 ¿Comprendes?

1. ¿Por qué Lima es una ciudad superpoblada?
2. Según el mapa, ¿qué está más lejos del casco antiguo: San Isidro, Barranco o Miraflores?
3. ¿Dónde puedo ir para ver cerámica precolombina? ¿Y para ver construcciones precolombinas?
4. ¿Y si quiero salir por la noche a divertirme?

A LEER

LIMA, CIUDAD DE LOS REYES

Lima es una ciudad de ocho millones y medio de habitantes (un tercio de la población total de Perú) y está en proceso de megalopolización. Es la quinta ciudad más poblada de América Latina y una de las 30 áreas metropolitanas más grandes del mundo. Esta **superpoblación** es producto de la migración rural de las últimas décadas. En esta ciudad se aplica como en ninguna otra ciudad del país el concepto de **comodidad**, ya que facilita la vida de sus habitantes manteniendo muchos de los restaurantes, farmacias, supermercados, **gasolineras** (en Perú llamadas *grifos*), bancos, centros comerciales y tiendas abiertos al público 24 horas al día.

Lima ofrece impresionantes construcciones coloniales, museos que recrean el milenario pasado peruano en arqueología, historia y arte, y yacimientos arqueológicos **preincaicos**. El casco antiguo, declarado patrimonio de la humanidad en 1988, **alberga** monumentos de valor incalculable. La plaza de Armas es el punto de partida para conocer Lima y la Catedral está a un costado de la plaza. El Palacio de Gobierno es la vivienda del presidente. <u>Muy cerca está la Plaza de San Martín</u>, dedicada al famoso libertador y considerada una de las más lindas de Lima. Para conocer mejor la cultura peruana, lo mejor es visitar alguno de los numerosos museos de Lima, como el Museo Arqueológico Rafael Larco Herrera, que expone la mayor colección de cerámica precolombina, o el Museo del Oro. Es posible también encontrar un legado arqueológico en diferentes construcciones y templos prehispánicos como

Pachacamac, centro de peregrinación prehispánico, o el centro ceremonial de Huallamarca.

Lima cuenta además con una amplia variedad de restaurantes donde se puede probar la cocina peruana, reconocida en todo el mundo. En 2006 Lima fue (*was*) declarada capital gastronómica de América Latina en la Cumbre Internacional de Gastronomía. En la cocina peruana se encuentra el aporte de las culturas preincaicas, de la cocina española, de los esclavos africanos, de los chefs franceses de la época de la revolución y de chinos-cantoneses, japoneses e italianos (llegados entre los siglos XIX y XX).

San Isidro, Barranco y Miraflores son los distritos de mayor **atractivo** turístico. San Isidro es un área residencial con buenos restaurantes, centros comerciales y un bonito parque. El distrito de Barranco alberga a artistas y escritores, y por las noches ofrece espectáculos de todo tipo. Finalmente, los mejores hoteles, restaurantes, centros comerciales y discotecas están en el distrito de Miraflores. <u>En Miraflores está también el Parque Kennedy</u>, punto de reunión de artistas y bohemios.

9–21 Activando estrategias

1. ¿Qué significa la palabra "superpoblación"? ¿Es: nombre o adjetivo? ¿Puedes dividirla en partes?
2. Si "gasolina" significa *gas*, ¿qué significa la palabra "gasolinera"?
3. ¿Qué significa la palabra "comodidad"? ¿De qué palabra viene? ¿Es nombre o adjetivo?
4. Divide la palabra *preincaico* en tres partes. ¿Es nombre o adjetivo? ¿Qué significa?
5. Busca la palabra *atractivo* en el diccionario. Elige su significado según el contexto.
6. Según su contexto, ¿qué significa la palabra *alberga*? ¿Es nombre o verbo?
7. Lee las dos frases subrayadas e identifica el sujeto y el complemento en cada una.

9–22 Expansión

¿Cuáles son las otras cuatro ciudades más grandes de América Latina? ¿Y de tu país? ¿En qué se parecen estas megalópolis y en qué se diferencian?

📖 **GENTE QUE ESCRIBE**

ESTRATEGIAS PARA ESCRIBIR

Adding details to a paragraph

Every sentence in a paragraph should contribute details that develop the idea stated in the topic sentence. Make a list in Spanish of related ideas that develop the topic. Then, organize them in a logical sequence. Write the paragraph and try to make it flow smoothly by using discourse markers. Eliminate anything you don't consider important. Lastly, rewrite your paragraph.

Look at the following topic sentence:

Cuzco es un ejemplo de ciudad inca precolombina.

Which of the following sentences gives unrelated information?

- *Es una ciudad construida con piedra tallada o adobe.*
- *En Perú hay muchas ciudades precolombinas.*
- *Cuzco tiene una gran plaza en el centro.*
- *Las calles de Cuzco son estrechas y rectas.*

Look at the final paragraph, which includes two connectors: *y* and *que* (relative pronoun):

*Cuzco es un ejemplo de ciudad inca precolombina. Es una ciudad construida con piedra tallada o adobe **que** tiene una gran plaza en el centro **y** calles estrechas y rectas.*

MÁS ALLÁ DE LA FRASE

Connecting information using relative pronouns

Relative pronouns are used to connect two sentences, one dependent on the other. These sentences have two pieces of information: the main idea and the secondary one. Thus, instead of writing two separate sentences such as:

Lima es una ciudad muy bonita. Tiene muchos monumentos.

You may want to integrate both sentences:

*Lima es una ciudad muy bonita **que** tiene muchos monumentos.*

Don't forget to use prepositions when needed.

*Lima es una ciudad muy bonita. Voy **a** Lima todos los veranos.* ⟶ *Lima es una ciudad muy bonita **a la que** voy todos los veranos.*

9–23 Carta al alcalde de tu ciudad

Haz una lista de los tres problemas principales que tiene la ciudad en la que vives (tráfico, contaminación, falta de servicios, etc.) y otra lista de tres soluciones posibles. Después escribe una carta al alcalde (*mayor*) para exponerle los problemas y ofrecer soluciones.

Toma en cuenta cuál es el propósito de esta carta y quién es el lector. Elige el registro adecuado. Después escribe un párrafo inicial donde presentas el tema, seguido de (*followed by*) tres párrafos con sus respectivas frases temáticas. Presta atención al desarrollo de cada párrafo.

❗ *¡ATENCIÓN!*

Tu trabajo escrito debe seguir los Pasos 1 a 8 y tener contenidos bien organizados y relevantes. Usa conectores para organizar la información.

COMPARACIONES

9–24 ¿Desde cuándo existen las ciudades?

Las primeras ciudades conocidas aparecen en Mesopotamia y Egipto hace 5.000 años. ¿De cuándo crees que datan estas ciudades?

Chichén Itzá (México)   Teotihuacán (México)   Cádiz (España)   Jamestown (Virginia)
Tikal (Guatemala)   Cholula (México)   San Agustín (Florida)   Cuzco (Perú)

9–25 Caral

¿Sabes cuál es la ciudad más antigua del mundo? ¿Y de América? Lee este texto y responde a las preguntas.

Caral, la primera ciudad de América

El descubrimiento arqueológico de una ciudad de 5.000 años de antigüedad en el norte de Perú es de una magnitud extraordinaria porque permite mostrar que una civilización florecía (*was flourishing*) en el antiguo Perú al mismo tiempo que las civilizaciones de Mesopotamia, China, Egipto e India. La ciudad preincaica de Caral está en el valle de Supe, a 200 kilómetros al norte de Lima. Se trata de la ciudad y la cultura más antiguas del continente americano. El sitio arqueológico de Caral-Supe es una de las primeras "cunas de la civilización" del mundo.

Entre los años 3000 y 1600 a.C., Caral fue (*was*) una ciudad de 65 hectáreas y alrededor de 3.000 habitantes. Sus construcciones de arquitectura monumental y residencial indican la existencia de una economía sólida y de una sociedad con una organización sociopolítica estatal, con una élite gobernante y una población dedicada a la producción agrícola y a la construcción. Con el paso del tiempo, las construcciones en Caral adquieren estructuras cada vez más complejas, lo que indica la evolución de las técnicas de construcción y el conocimiento de las ciencias exactas (aritmética, geometría, astronomía) de las antiguas culturas peruanas.

Caral tiene edificios con plataformas en las que caben dos estadios de fútbol y construcciones de cinco plantas. Algunas de las 32 pirámides encontradas tienen hasta 18 metros de altura. Al pie del Templo Mayor hay grandes plazas circulares, espacios de congregación para los habitantes de la ciudad.

1. ¿Qué similitudes y qué diferencias hay entre una ciudad antigua como esta y una ciudad moderna?
2. ¿Por qué es importante recuperar los restos de estas ciudades? ¿Qué nos muestran las ruinas de una ciudad milenaria sobre las sociedades que las habitan?
3. ¿Cuáles son otros ejemplos de restos arqueológicos importantes en países hispanohablantes?

CULTURA

En Estados Unidos la comunidad de origen peruano asciende a unas 600.000 personas, siendo aproximadamente la mitad ciudadanos estadounidenses. Es una comunidad relativamente reciente; gran parte llegó (*arrived*) al país después de 1990. Esta comunidad vive en muchos lugares pero particularmente en el norte de Nueva Jersey, Nueva York, el Sur de Florida y el área metropolitana de Washington, DC. La cocina peruana es muy popular en Estados Unidos, especialmente el ceviche y el pollo asado. La Inca Kola, el refresco de Perú, y el pisco, el licor nacional, se venden en muchas áreas con población latina. Los estadounidenses Carlos Noriega (astronauta) y Benjamin Bratt (actor) son de origen peruano.

Mario Vargas Llosa

El tenor Juan Diego Flórez, considerado uno de los mejores del mundo, y el escritor Mario Vargas Llosa, uno de los más importantes novelistas de América Latina y Premio Nobel de Literatura en 2010, son dos de los peruanos más famosos en todo el mundo.

Go to **MySpanishLab** to review what you have learned in this chapter.

Flashcards	Oral Practice	Practice Test / Study Plan	amplifire Dynamic Study Modules	Tutorials	Videos	Extra Practice

VOCABULARIO

La ciudad y los servicios (Cities and services)

la acera	sidewalk
el alcalde, la alcaldesa	mayor
los alrededores	outskirts
el aparcamiento	parking lot
el ayuntamiento	city council
el barrio	neighborhood
la cafetería	coffee shop
la carretera	road
el casco antiguo	historic district
la ciudad universitaria	college campus
el edificio	building
los espectáculos	shows
el estacionamiento	parking lot
el estadio	stadium
la gasolinera	gas station
la guardería	daycare, preschool
el habitante	inhabitant
la iglesia	church
el jardín	garden
las obras públicas	public works
el parque	park
el peatón	pedestrian
la plaza	square
la población	population
el puerto	harbor
los rascacielos	skyscrapers
la residencia estudiantil	dorm
el semáforo	traffic light
la señal de tráfico/tránsito	traffic sign
la urbanización	housing development
la vida nocturna	nightlife
la zona peatonal	pedestrian zone
la zona verde	green zone

Problemas de la ciudad (Problems of the city)

la basura	garbage, trash
la calidad de vida	quality of life
el caos	chaos
la delincuencia	crime
el desempleo	unemployment
la droga	drugs
el embotellamiento	traffic jam
el humo	smoke
el olor	smell
la pobreza	poverty
el ruido	noise
la violencia	violence

El clima y el medio ambiente (Weather and environment)

el aire	air
el calor	heat
el clima	climate, weather
la contaminación	pollution
la ecología	ecology
la lluvia	rain
el medio ambiente	environment
la niebla	fog
la nieve	snow
la polución	pollution

Adjetivos (Adjectives)

acogedor/a	welcoming, friendly, warm
ambiental	environmental
bien/mal situado/a	well/badly located
cálido/a	warm
caluroso/a	hot (weather)
colorido/a	colorful
grave	serious
húmedo/a	humid
limpio/a	clean
nublado/a	foggy
peligroso/a	dangerous
poblado/a	populated
seco/a	dry
soleado/a	sunny
sucio/a	dirty
superpoblado/a	overpopulated
templado/a	cool (weather)

Verbos (Verbs)

aburrirse	to get bored
construir	to build
contaminar	to pollute
crecer (zc)	to grow
criticar	to criticize, to critique
destinar	to assign
disponer de algo	to have something
faltar	to lack
funcionar	to function, to work
instalar	to install
instalarse	to settle down
llover (ue)	to rain
manejar	to drive
ocurrir	to happen
rebasar	to exceed
recibir	to receive
reciclar	to recycle
rodear	to surround

CONSULTORIO GRAMATICAL

1 Comparatives

We compare things that are different. The comparative forms **más... que...** and **menos... que...** can be used to compare nouns or adjectives.

Lima tiene **más** habitantes **que** Arequipa.
Lima has **more** inhabitants **than** Arequipa.

Arequipa tiene **menos** habitantes **que** Lima.
Arequipa has **fewer** inhabitants **than** Lima.

Lima es **más** grande **que** Arequipa.
Lima is **bigger than** Arequipa.

Arequipa es **más** pequeña **que** Lima.
Arequipa is **smaller than** Lima.

Some adjectives have special forms.

más bueno/a, *más bien	= **mejor** (better)	El campo es **mejor que** la ciudad.
más malo/a, *más mal	= **peor** (worse)	La ciudad es **peor que** el campo.
más grande / de más edad	= **mayor** (older)	Ana es **mayor que** mi padre.
más pequeño/a / de menos edad	= **menor** (younger)	Raúl es **menor que** su novia.

When referring to size you can use one of two forms: **mayor** or **más grande**, and **menor** or **más pequeño**.

Comparatives can also be used to compare actions (verbs).

VERB + **más / menos** + QUE

Raúl trabaja **más que** su novia.
Raúl works **more than** his girlfriend.

2 The Superlative

We use this form when we want to stress the superiority of something or someone against all others.

Lima es **la** ciudad **más** grande de Perú.
Lima is the **biggest** city in Peru.

El Amazonas es **el** río **más** caudaloso de Perú.
The Amazon is the **largest** river in Peru.

When it is clear from the context, we do not need to mention the others.

● ¿Cuál es **la ciudad más grande de** Perú?
—Which is the **largest** city in Peru?

o Lima es **la más grande**.
—Lima is the **largest**.

3 Comparisons of Equality

Nouns

We use **tanto** + noun + **como...** The adjective **tanto** must agree in gender and number with the noun: **tanto/a/os/as... como**.

Arequipa
- (no) tiene **tanto** turismo **como**
- (no) tiene **tanta** contaminación **como**
- (no) tiene **tantos** restaurantes **como**
- (no) tiene **tantas** zonas verdes **como**
Iquitos.

Arequipa
- doesn't have / has **as much** tourism **as**
- doesn't have / has **as much** pollution **as**
- doesn't have / has **as many** restaurants **as**
- doesn't have / has **as many** green areas **as**
Iquitos.

Verbs

With comparisons of equality involving actions (verbs), the form of **tanto** never changes: **tanto... como**.

María (**no**) duerme **tanto como** Laura.
María doesn't sleep / sleeps **as much as** Laura.

Adjectives

When comparing using an adjective, we use **tan... como...** The adverb **tan** never changes.

Lima es **tan** bonita **como** Arequipa.
Lima is **as** beautiful **as** Arequipa.

Tu país es **tan** bonito **como** mi país.
Your country is **as** beautiful **as** my country.

We can also use **igual de... que ...**

Lima es **igual de** bonita **que** Arequipa.
Lima is **as** beautiful as **Arequipa**.

Another way to compare two things is to use the adjective **mismo/a/os/as**.

Son dos regiones muy diferentes.

Claro, no tienen el mismo clima.

Las dos ciudades tienen
{
el mismo	tamaño.
la misma	reputación.
los mismos	problemas.
las mismas	instalaciones deportivas.

Both cities have
{
the same	size.
the same	reputation.
the same	problems.
the same	sports facilities.

4   Relative Pronouns

Relative pronouns introduce clauses that have the same function as an adjective.

Es una ciudad **que tiene mucha belleza** = Es una ciudad muy bella.

The relative pronoun **que** doesn't require a preposition when it relates to a subject or a direct object (except when the direct object requires the personal **a**).

Es una ciudad **que** tiene mucho encanto.
Es un plato **que** comemos mucho en Perú.

Relative pronouns require a preposition when they relate to any other part of the sentence that originally had a preposition.

Es un lugar	**en el que** (*in which*)	
Es una ciudad	**en la que** (*in which*)	se vive muy bien.
Es un lugar/una ciudad	**donde** (*where*)	

(**En** ese lugar / **En** esa ciudad se vive muy bien.)

Es un lugar	**al que** (*to which*)	
Es una ciudad	**a la que** (*to which*)	voy mucho.
Es un lugar/una ciudad	**adonde** (*where*)	

(**A** ese lugar / **A** esa ciudad voy mucho.)

Es un lugar	**por el que** (*through which*)	
Es una ciudad	**por la que** (*through which*)	
Es un lugar	**por donde** (*where*)	paso cada día.

(**Por** ese lugar paso cada día.)

Es una persona que hace yoga.

5   Expressing and Contrasting Opinions

To give your opinion, you can use:

Yo pienso/creo que
A mí me parece que
} + *OPINION*
la ciudad necesita otra escuela.

Yo no estoy de acuerdo con él.

¡Sí, tiene razón!

Bla, Bla, Bla...

	PENSAR
(yo)	pienso
(tú)	piensas
(él, ella, usted)	piensa
(nosotros/as)	pensamos
(vosotros/as)	pensáis
(ellos, ellas, ustedes)	piensan

When others give their opinion, you can react by agreeing, disagreeing, and/or adding more arguments to theirs.

Yo (no) estoy de acuerdo	con Juan.		I (don't) agree	with Juan.
	contigo.			with you.
	con eso.			with that.

> In Spanish the preposition **with** in the first and second persons is just one word and has a special form: **conmigo**, **contigo**.
>
> Dice que quieren ir **contigo**. (= He/She says they want to go **with you**.)

Sí, tienes razón.			Yes, you are right.	
Sí, claro,	} + OPINION		Yes, of course,	} + OPINION
Eso es verdad, pero			That's true, but	
Bueno, pero			Right, but	

> In this context **lo más** + **adjective** expresses the highest priority. The neuter article **lo** expresses the Spanish equivalent of the English **the thing** or **the idea**. For example: **The most** important thing now is to talk to her. (= *Lo más importante ahora es hablar con ella.*)

To establish priorities:

			INFINITIVE					INFINITIVE
	grave	es	solucionar el problema			serious thing	is	to solve the school's
	fundamental		de la escuela.			fundamental		problem.
Lo más	urgente		NOUNS		The most	urgent thing		NOUNS
	importante	es	la escuela nueva.			important thing	is	the new school.
	necesario	son	las escuelas nuevas.			needed thing	are	the new schools.

	importantísimo					very important		
	fundamental					fundamental		
Es	urgente		construir una escuela nueva.		It is	urgent		to build a new school.
	necesario					necessary		

Me gustaría

To express wishes or desires, it is common to use the conditional form of the verb gustar: **gustaría**. *It can only be followed by a verb.*

Me gustaría vivir en esta ciudad.   **Me gustaría** solucionar los problemas de la escuela.
I would like to live in this city.   *I would like to solve the school's problems.*

6 The Weather

Tiene un clima { muy bueno / suave / agradable.
{ tropical / templado / húmedo / seco.

		(no) llueve / llueve. (*it does (not) rain*)	
		(no) nieva (*it does (not) snow*)	
		(no) hace frío (*it is (not) cold*)	
	verano	calor (*it is (not) hot*)	
En	invierno	sol (*it is (not) sunny*)	
	primavera	viento (*it is (not) windy*)	
	otoño	buen / mal tiempo (*the weather is (not) good / bad*)	
		niebla (*fog*)	
	(no) hay	tormentas (*storms*)	
		huracanes (*hurricanes*) / ...	

> In English one talks about the weather using the "dummy subject" **it**, a pronoun for inanimate subjects. In Spanish the same idea is conveyed without using a subject pronoun at all: *Hace calor / Llueve...* (= **It's hot / It's raining...**)

10 GENTE e HISTORIAS (I)

 10–1 **Acontecimientos (*events*) en la historia de América**

Mira las imágenes y asocia cada una con un acontecimiento y una fecha. ¿Por qué son importantes en la historia de América?

1492	1. MÉXICO SE INDEPENDIZÓ DE ESPAÑA
1521	2. CRISTÓBAL COLÓN LLEGÓ A AMÉRICA
1565	3. LOS ESPAÑOLES FUNDARON SAN AGUSTÍN (FLORIDA)
1776	4. HERNÁN CORTÉS CONQUISTÓ EL IMPERIO AZTECA
1821	5. THOMAS JEFFERSON ESCRIBIÓ LA DECLARACIÓN DE INDEPENDENCIA DE ESTADOS UNIDOS

¿Con qué conceptos asocias cada acontecimiento?

la conquista   la libertad   la colonización   la esclavitud   la independencia

TAREA

Escribir la biografía de un personaje famoso a partir de datos previos.

NUESTRA GENTE

Chile
Hispanos/latinos en Estados Unidos.

Explore Chile with *Club cultura!*

ACERCAMIENTOS

10–2 Acontecimientos en la historia de Chile

Miren las fechas y asocien cada una con un acontecimiento de la historia de Chile.

1535	1. SALVADOR ALLENDE ES ELEGIDO PRESIDENTE DE CHILE.
1550	2. CHILE RECUPERA LA DEMOCRACIA DESPUÉS DE LA DICTADURA DE AUGUSTO PINOCHET.
1818	3. HAY UN GOLPE DE ESTADO EN CHILE Y COMIENZA LA DICTADURA DE AUGUSTO PINOCHET.
1970	4. EL CONQUISTADOR DIEGO DE ALMAGRO LLEGA A CHILE.
11/09/1973	5. COMIENZA LA GUERRA DE ARAUCO, ENTRE EL PUEBLO INDÍGENA MAPUCHE Y LOS HISPANO-CRIOLLOS DE CHILE.
11/03/1990	6. CHILE SE INDEPENDIZA DE ESPAÑA.
01/2006	7. MICHELLE BACHELET GANA LAS ELECCIONES PRESIDENCIALES.

EJEMPLO:

E1: La guerra de Arauco en 1818.
E2: ¡Noooo! En 1550.

Comparen sus respuestas con las de otros/as compañeros/as de clase.

10–3 Personajes famosos de la historia de América

Piensa en dos personajes de la historia de América. ¿En tu opinión, por qué son importantes? Puedes usar el presente para compartir esta información con la clase.

Ahora mira las fotos y relaciona a estos cuatro personajes con las descripciones.

Simón Bolívar (1783–1830)
Nació en Caracas, Venezuela, el 24 de julio de 1783. En 1813 luchó contra el ejército español y fue proclamado "El Libertador" de Venezuela. Además, dirigió las guerras independentistas de Colombia, Perú y Ecuador. También fundó Bolivia. Bolívar es considerado uno de los militares más brillantes de todos los tiempos. Murió en Colombia en 1830.

Cristóbal Colón (1451–1506)
Nació en 1451 (hay muchas teorías sobre su lugar de nacimiento) y murió en España en 1506. Fue navegante, almirante y gobernador general de las Indias al servicio de la Corona de Castilla, y es famoso por iniciar la conquista de América en 1492. Hizo cuatro viajes a tierras americanas en 1492, 1495, 1498 y 1502.

Bernardo O'Higgins (1778–1842)
Nació en Chile el 20 de agosto de 1778. En 1808 comenzó su vida política y más tarde su actividad revolucionaria. En 1813 se inició la guerra de la independencia y O'Higgins se incorporó al ejército. Consiguió la independencia de Chile en 1818. Murió en Perú en 1842.

Abraham Lincoln (1809–1865)
Fue el décimosexto presidente de Estados Unidos desde 1861 hasta 1865 cuando fue asesinado. Durante este período ocurrió la Guerra Civil. Lincoln consiguió la abolición de la esclavitud con su Proclamación de Emancipación en 1863.

VOCABULARIO EN CONTEXTO

10–4 Cuatro décadas

Estas son las descripciones de cuatro décadas del Siglo XX: los sesenta, los setenta, los ochenta y los noventa. Incluyen algunos de los acontecimientos más importantes. Lean las descripciones e identifiquen a qué década se refiere cada una.

EJEMPLO:

E1: Yo creo que la número dos es de los setenta.
E2: No, no puede ser, porque la invasión de Panamá es de los ochenta.

1

Los _____

La Unión Soviética **invade** Afganistán y **comienza** la Revolución Islámica en Irán. Richard Nixon **dimite** después del escándalo de Watergate. También en esta década **ocurre** el golpe de estado en Chile contra Salvador Allende y el General Augusto Pinochet **toma** el poder para establecer una dictadura militar. En esta década aparecen los primeros microprocesadores, las calculadoras de bolsillo y los videojuegos. Además Estados Unidos **lanza** el primer trasbordador espacial. **Termina** el período de crecimiento y prosperidad económica de las naciones desarrolladas y **comienza** uno de crisis. **Muere** Elvis Presley y los Beatles **se separan**.

2

Los _____

Se **descubre** el virus del SIDA. También se popularizan las computadoras personales, los videocasetes y los discos compactos. **Ocurre** el accidente nuclear de Chernobyl. La Guerra Fría **se intensifica**. Gorbachev **instaura** la Perestroika en la Unión Soviética. El muro de Berlín **cae** y las dos Alemanias **se unifican**. Israel **invade** Líbano. La guerra Irán-Irak **causa** cientos de miles de muertos. Unas 120.000 personas **salen** de Cuba en el barco Mariel con destino a Estados Unidos. En Chile, Augusto Pinochet **proclama** una nueva Constitución, **pierde** las elecciones y **se restaura** la democracia. Estados Unidos **invade** Panamá. David Chapman **asesina** a John Lennon.

3

Los _____

Esta década **es** muy turbulenta y **está** llena de revoluciones. La Unión Soviética **pone** al primer hombre (Gagarin) en el espacio y Estados Unidos pone al primer hombre en la Luna. **Se construye** el muro de Berlín. Estados Unidos trata de terminar con el régimen comunista de Fidel Castro en Cuba. En Estados Unidos **tiene lugar** el movimiento de derechos civiles y **asesinan** a Martin Luther King Jr. Un gran terremoto en el sur de Chile **causa** miles de muertos. Hay muchas protestas estudiantiles en Francia, México y Checoslovaquia. Muchos países europeos **experimentan** un gran crecimiento económico. **Nace** el rock and roll y los Beatles **se convierten** en el grupo musical más popular del mundo.

4

Los _____

En esta década **crece** la globalización y el capitalismo global. **Aumentan** los ataques terroristas en el mundo. **Ocurre** la explosión de Internet y se inventa el DVD. Los científicos **consiguen** clonar a un animal y **empiezan** a usar el ADN para la investigación criminal. La Unión Soviética se desintegra y **termina** la Guerra Fría. En Sudáfrica **se declara** el fin del apartheid. En Chile comienza la Transición a la democracia y en Irlanda **del Norte** el proceso de paz. **Desaparece** la Comunidad Económica Europea y **se crea** la Unión Europea. La música rap y el tecno pop son muy populares.

10–5 Historia y política

Fíjate en los verbos en negrita de los textos anteriores. Expresan acciones relacionadas con contextos históricos o sociopolíticos. Algunos se refieren a personas o países y otros se refieren a acontecimientos. ¿Puedes hacer dos listas?

CAMPO	VERBOS
PERSONAS/PAÍSES	Ejemplo: invadir
ACONTECIMIENTOS	Ejemplo: ocurrir

Ahora haz otra lista con sustantivos relacionados con la historia y la política que aparecen en el texto.

CAMPO	SUSTANTIVOS
HISTORIA/POLÍTICA	Ejemplo: revolución

 10–6 Una biografía: Michelle Bachelet, la primera presidenta de Chile

Lean los datos biográficos de Michelle Bachelet. Asocien los datos con el vocabulario de esta lista.

casarse	vivir	tener
crecer	enamorarse	separarse
la infancia	el nacimiento	la vida
estudiar	la juventud	la niñez
ser	nacer	estar

Datos biográficos
— Santiago, 29 de septiembre de 1951
— Bases aéreas de Chile (1952–1962)
— Washington, DC (1962–1965)
— Medicina–Universidad de Chile (1972–1975; 1979–1982)
— Exilio en Australia y Alemania (1975–1979)
— Esposo Jorge Dávalos (1977–1984)
— Tres hijos
— Ministra de Salud en 2000 y de Defensa en 2002
— Presidenta de Chile (2006–2010 y 2014–)
— Primera presidenta de la historia de Chile

EJEMPLO:

E1: Santiago, 29 de septiembre de 1951 se refiere al **nacimiento**, ¿no?
E2: Sí, **nació** en 1951.

¿Conocen otros presidentes de América? Compartan esta información con la clase.

GRAMÁTICA EN CONTEXTO

10–7 La vida de Marcelo Ríos

Escucha este fragmento de una entrevista con Marcelo Ríos, tenista chileno ex-campeón del mundo. Luego completa el cuadro con los acontecimientos mencionados.

1975	**Nació** en Santiago
1992	
1993	
1994	
1995	
1998	

10–8 ¿Cuándo fue?

Escucha las respuestas de dos concursantes del programa "¿Cuándo fue?" ¿Cuál de los dos tiene más respuestas correctas? Completa el cuadro.

	Pregunta 1		Pregunta 2		Pregunta 3	
	Correcto	Incorrecto	Correcto	Incorrecto	Correcto	Incorrecto
Concursante 1						
Concursante 2						

10–9 Años muy importantes

Piensa en años y acontecimientos específicos especialmente importantes en tu vida y completa el cuadro.

Familia/relaciones	Estudios	Trabajo	Viajes	Otros
2004				

Ahora compartan y comparen sus datos. ¿Hay algún año importante?

EJEMPLO:

E1: Yo **comencé** mis estudios en la universidad **en 2014**.
E2: Yo también, ¿y tú?
E3: Yo **en el 2013**.

EL PRETÉRITO

VERBOS REGULARES

TERMIN**AR**	CONOC**ER**	VIV**IR**
termin**é**	conoc**í**	viv**í**
termin**aste**	conoc**iste**	viv**iste**
termin**ó**	conoc**ió**	viv**ió**
termin**amos**	conoc**imos**	viv**imos**
termin**asteis**	conoc**isteis**	viv**isteis**
termin**aron**	conoc**ieron**	viv**ieron**

VERBOS IRREGULARES

SER/IR	TENER	ESTAR
fui	tuve	estuve
fuiste	tuviste	estuviste
fue	tuvo	estuvo
fuimos	tuvimos	estuvimos
fuisteis	tuvisteis	estuvisteis
fueron	tuvieron	estuvieron

HACER	DECIR
hice	dije
hiciste	dijiste
hizo	dijo
hicimos	dijimos
hicisteis	dijisteis
hicieron	dijeron

SABER	DAR
supe	di
supiste	diste
supo	dio
supimos	dimos
supisteis	disteis
supieron	dieron

FECHAS

¿Cuándo	}	nació?
¿En qué año/mes		fue?
¿Qué día		llegó?

Nació	}	en 1997/en el 97.
Fue		en junio.
Llegó		el (día) 6 de junio de 1997.

Tuve un accidente.

No me digas... ¿cuándo fue?

USO DEL PRETÉRITO

Presenta la información como aconteci-mientos. Se usa con marcadores como:

Ayer
Anteayer
Anoche
El otro día
El lunes/martes
} **fui** a Santiago.
de Chile.

El día 6
La semana pasada
El mes pasado
El año pasado
}

> ¿Y cuándo la conociste?

> El mes pasado, cuando fui a Chile.

SECUENCIA DE ACONTECIMIENTOS

Luego
Después
Entonces
Antes
} **viajamos** a Valparaíso.

Fui a la facultad pero **antes** estuve en la biblioteca.

Estuve en la biblioteca y **después** fui a casa.

Antes de + *INFINITIVE*
Antes de ir a casa, fui a la biblioteca.

Después de + *INFINITIVE*
Después de ir a la biblioteca, fui a casa.

> Antes de ir a Santiago fuimos a Valparaíso.

> ¿Y luego?

BIOGRAFÍAS
a los cinco años...
de niño / joven / soltero / estudiante

10–10 Dos poetas chilenos

Estos dos chilenos universalmente famosos tuvieron muchas cosas en común. Coméntalas con tu compañero/a.

EJEMPLO:

E1: No **usaron** sus nombres reales.
E2: Sí, es verdad, los dos **usaron** pseudónimos.

	Gabriela Mistral	Pablo Neruda
Nombre verdadero:	Lucía Godoy	Neftalí Ricardo Reyes Basualto
Profesiones:	Periodista, maestra, escritora	Maestro, escritor
Género literario:	Poesía	Poesía
Países de residencia:	México, Puerto Rico, Italia, Guatemala, Brasil, Portugal, Estados Unidos	Birmania, Ceilán, Singapur, España, Francia, México, Italia
Premio Nobel de Literatura:	1945	1971
Otros trabajos:	Cónsul	Cónsul, Embajador
Otros premios:	Premio Nacional de Literatura, Chile	Premio Nacional de Literatura, Chile
Muere en:	Nueva York, Estados Unidos	Santiago (Chile)
Obra más famosa:	*Desolación*	*Veinte poemas de amor y una canción desesperada*

¿Y ustedes? ¿Qué tienen en común? Hablen con su compañero/a para ver qué cosas tienen en común. Después compartan la información.

10–11 El detective privado

Un detective privado está siguiendo a un hombre llamado Valerio Guzmán. Ayer Valerio hizo estas cosas.

7:45 Sale de su casa. Entra en su casa otra vez.
8:00 Sale otra vez a la calle. Camina durante 15 minutos.
8:15 Un carro con una mujer para a su lado. Él sube.
8:35 Baja en la Plaza de Armas. Sigue a pie.
8:50 Entra en un edificio de oficinas.

Escribe tú ahora el informe del detective usando el pretérito y expresiones de secuencia.

INTERACCIONES

ESTRATEGIAS PARA LA COMUNICACIÓN ORAL

Using approximation and circumlocution

Having a conversation in Spanish can be challenging for an English speaker due to a lack of vocabulary. There are many strategies available to you that can keep the conversation flowing. Asking for the Spanish equivalent of a word is an easy strategy you can employ (*Perdona, ¿cómo se dice "envelope" en español?*). There are two other strategies:

1. Approximation: You can try a Spanish word that, although you know is not quite right, has a related meaning. It could be a more general word or a synonym. For example, you may not know the verb *limpiar* (to clean), but you may use *lavar* (to wash) instead. They are not interchangeable, but they are close. Your interlocutor might even provide you with the correct word.
2. Circumlocution: You can "work around" the word or concept that you don't know without switching to English. For example, if you don't know the word *cuchara* (spoon), you may say *la cosa que usas para comer sopa*.

Avoiding conversation or giving up entirely on conveying your message are poor strategies. Likewise, switching back and forth between Spanish and your first language may not be productive if your interlocutor doesn't speak your first language. Approximation and circumlocution, which are strategies that only involve the target language, can be successfully used with any Spanish speaker.

10–12 ¿Quién lo inventó?

Observen estos seis inventos. Su profesor/a les va a dar el nombre de tres inventos a cada uno. Un/a estudiante describe un invento y otro/a estudiante debe tratar de averiguar qué es. Luego pregunten quién lo inventó, cuándo y dónde.

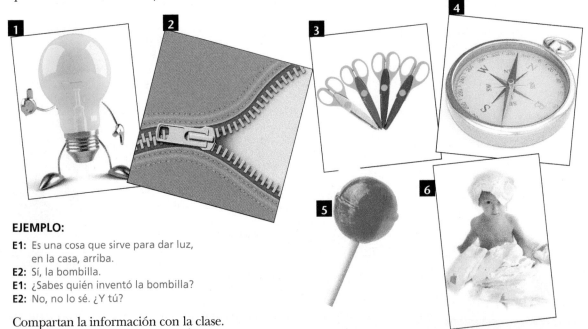

EJEMPLO:

E1: Es una cosa que sirve para dar luz, en la casa, arriba.
E2: Sí, la bombilla.
E1: ¿Sabes quién inventó la bombilla?
E2: No, no lo sé. ¿Y tú?

Compartan la información con la clase.

10–13 ¿Qué hicieron?

Aquí tienen un listado de personas famosas. Háganse preguntas el uno al otro para saber por qué son famosas. Si no saben algunas palabras, usen aproximaciones o circunloquios.

EJEMPLO:

E1: ¿Qué hizo Cristóbal Colón?
E2: Inició la colonización de América.

Louis Pasteur	Isaac Newton	Gabriel García Márquez	Diego de Almagro
Miguel de Cervantes	Alexander Graham Bell	Bernardo O'Higgins	Bill Gates
Dom Perignon	Vincent Van Gogh	Albert Einstein	Alexander Fleming

10–14 Un concurso

La clase se va a dividir en cuatro equipos. Primero juegan dos equipos y después los otros dos.

> **REGLAS DEL CONCURSO**
>
> - Hay dos equipos. Cada equipo prepara, por escrito, seis preguntas sobre hechos del pasado de su país (fechas, personajes, acontecimientos importantes). Luego le hace las preguntas al otro equipo.
> - Cada pregunta bien construida vale un punto. Solo valen las preguntas de las que se conocen las respuestas. El/la profesor/a las va a corregir antes de empezar el concurso. Deben usar interrogativos.
> - Cada respuesta correcta vale dos puntos.
> - Gana el equipo que obtiene más puntos.

¿Quién...?	¿En qué siglo...?	¿Cuál...?
¿Cuándo...?	¿Con quién...?	¿Desde cuándo...?
¿En qué año...?	¿Por qué...?	

EJEMPLO:

E1: ¿Quién fue el primer presidente de Estados Unidos?

10–15 Situaciones: *un robo en el dormitorio*

There was a robbery in a dorm last night. A detective is interrogating two students who seem suspicious. S/he is asking questions about their whereabouts the night before.

ESTUDIANTE A

You are a student living in the dorm where the robbery occurred. A detective wants to ask you some questions about the night before. Answer all his/her questions with as much detail as possible, so that s/he can rule you out as a suspect. Don't forget to mention that you were with Student B between 7:00 p.m. and 9:00 p.m.

ESTUDIANTE B

You are a student living in the dorm where the robbery occurred. A detective wants to ask you some questions about the night before. Answer all his/her questions with as much detail as possible, so that s/he can rule you out as a suspect. Don't forget to mention that you were alone in your room between 8:00 p.m. and 9:00 p.m.

ESTUDIANTE C

You are a dectective investigating this robbery. Ask the two suspects what they did the day before from the moment they woke up. The robbery occurred sometime between 7 p.m. and 9 p.m.

TAREA

Gente en acción

Escribir la biografía de un personaje famoso a partir de datos previos.

PREPARACIÓN

Elige cuál de estos dos personajes de Chile te interesa más. Luego, busca a tres compañeros/as interesados/as en el mismo personaje. Juntos van a escribir una biografía y después la van a presentar a la clase.

Dos vidas apasionantes

El primer presidente socialista de Chile SALVADOR ALLENDE
Colaboró en la fundación del Partido Socialista de Chile en 1933. Fue el primer marxista elegido presidente por voto popular en la historia del mundo occidental.

El marino que incorporó la isla de Pascua a Chile
POLICARPO TORO: 1851–1921
Su vida estuvo unida al mar y gracias a él la isla de Pascua se convirtió en territorio de Chile en 1888.

Paso 1 Escuchen a estos estudiantes chilenos que comentan dos acontecimientos o datos importantes en la vida de cada uno de estos personajes. Tomen nota del año también.

Toro 1: En _____, _____

2: En _____, _____

Allende 1: En _____, _____

2: En _____, _____

Paso 2 Ahora busquen en las cajas de la página siguiente los fragmentos que se refieren a su personaje.

Paso 3 Preparen una ficha con toda la información que tienen. Ordenen la información. Muestren el orden a su profesor/a para comprobar que es correcto.

Paso 4 Incorporen a su narración varios de estos **marcadores de secuencia** para dar fluidez a su narración.

(Número) + día(s) / mes(es) / año(s) después…
Después de (número) día(s) / mes(es) / año(s)…
Ese / aquel día / mes / año…
Más tarde…
Entonces, luego, después,…
Después de + *infinitivo*…
Antes de + *infinitivo*…
Poco / mucho tiempo después…

> **AYUDA**
>
> **a los**… años…
> **De** 1986 **a** 1990…
> **Desde** 1986 **hasta** 1990 vivió en París.
> Vivió en París **durante** cuatro años.
> El año **en el que**…
> La época **en la que**…

Paso 5 Preparen una presentación oral para la clase. Cada miembro del grupo presenta una parte, en orden cronológico.

- Fue senador entre 1945 y 1969 y durante esos años se postuló tres veces a la presidencia de Chile sin éxito. La cuarta vez que se postuló ganó las elecciones.
- En 1972, asistió a la Asamblea de las Naciones Unidas, donde denunció la agresión internacional hacia su país. Al final de su discurso, la Asamblea lo ovacionó de pie durante varios minutos.
- Nació en 1851 en Melipilla, Chile, e ingresó en la Escuela Naval a los 19 años.

- Estudió medicina y recibió su título de médico cirujano en 1932.
- En 1870 llegó a la isla de Pascua o Rapa Nui, ubicada a 3.760 kms. de la costa chilena. Este era un territorio desconocido para el resto del mundo hasta su descubrimiento el 5 de abril de 1722 por el holandés Roeggeween, en la época de Pascua de Resurrección.

- Recorrió las costas de la Patagonia, llegando hasta el río Santa Cruz. Al estallar la guerra ruso-turca se enroló en la Marina británica y recorrió el Mediterráneo y el Medio Oriente.
- En 1973 dijo: "...mucho más temprano que tarde, se abrirán las grandes alamedas, por donde pasará el hombre libre para construir una sociedad mejor. ¡Viva Chile, viva el pueblo, vivan los trabajadores!"

- En 1887 comenzó las gestiones para la incorporación a Chile de la isla de Pascua. Redactó un documento de estudio sobre el lamentable estado de la población. Negoció con las autoridades francesas y suscribió un compromiso de compraventa. Tomó posesión de Rapa Nui el 9 de septiembre de 1888.
- Vivió sus últimos años en Santiago, ciudad donde falleció en 1921.
- Gobernó desde 1970 hasta 1973, ya que el 11 de septiembre de 1973 se produjo el golpe de estado que lo destituyó.

Paso 6 Foco lingüístico.

NUESTRA GENTE

GENTE QUE LEE

ESTRATEGIAS PARA LEER

Following a chronology

When reading biographical or historical texts, you should be able to follow the sequence of events. Writers do not always present data in chronological order, and this may lead to misunderstandings. It is important to be familiar with:

(a) time expressions (*la semana pasada, el año siguiente, de niño, en esa época, antes, después,* etc.)
(b) cohesive markers, especially demonstratives (*este, ese, aquel...*), object pronouns (*lo, la...*), and relative pronouns (*el que, la que...*).

Take a look at this example:

> *Diego de Almagro llegó a América en 1514. Viajó a Perú con Pizarro en 1532 y **a los tres años** partió hacia Chile.*

You need to know that *a los tres años* means "three years later" to understand the sequence of events (first he was in Peru, then in Chile).

Now take a look at this example:

> *Almagro llegó a Chile en 1535. A **este** le sucedió Valdivia.*

It is important to know that *este* refers to Almagro (and also that Valdivia is the subject of the sentence) in order to understand that, chronologically, Almagro arrived to Chile before Valdivia.

ANTES DE LEER

10–16 Islas

¿Conoces estas islas? ¿Dónde están? ¿Son países o partes de un país? ¿Cuáles están en Sudamérica?

Groenlandia	Gran Bretaña	Hawai	Islas Canarias	Granada
Cuba	Malvinas	Japón	La Española	Puerto Rico

10–17 Activando estrategias

1. Lee el título de la lectura y mira la foto. ¿De qué trata este texto?
2. Identifica la frase temática de cada párrafo. ¿Qué tipo de información vas a encontrar?
3. Busca en el texto fechas (días, años, siglos). ¿Sobre qué período histórico crees que vas a leer?

DESPUÉS DE LEER

10–18 ¿Comprendes?

1. ¿Cuáles son las dos hipótesis sobre el origen de los pobladores de esta isla?
2. ¿Qué originó las guerras tribales en los siglos XVII y XVIII?
3. ¿Qué causó la disminución de población entre 1859 y 1877?
4. ¿Qué representan los moais?

A LEER

LA ISLA RAPA NUI

La isla de Pascua está ubicada en la Polinesia, en medio del océano Pacífico. Tiene una superficie de 163,6 km² y una población de unos 5.700 habitantes. El nombre tradicional que recibe esta isla es Rapa Nui, que significa "isla grande" en el idioma rapanui.

Según la tradición oral, el pueblo rapanui llegó a esta isla desde una **mítica** isla llamada Hiva, guiados por Hotu Matu'a, su primer rey, hacia el siglo IV. De acuerdo con algunas investigaciones arqueológicas, esta etnia proviene de la Polinesia, pero otros postulan un origen **preincaico**. Esta sociedad **tribal** estableció centros religiosos, políticos y ceremoniales, y construyó los moai, unas gigantescas cabezas **talladas** en piedra volcánica que representan a sus ancestros deificados. Todavía no se sabe cómo se realizó la construcción y **desplazamiento** de aquellas esculturas, de las que existen cerca de mil distribuidas por toda la isla. La población de Rapa Nui sufrió una crisis de **sobrepoblación** en los siglos XVII y XVIII, lo que provocó guerras entre las tribus. Estas guerras causaron la destrucción de muchos moais.

El capitán de la Armada de Chile, Policarpo Toro, llegó a la isla en 1870. Sin embargo, muchos años antes, en 1722, el holandés Jakob Roggeveen realizó el primer contacto europeo. Más tarde varias expediciones europeas visitaron la isla, que se

convirtió en un punto de escala de viajes hacia Oceanía. Entre 1859 y 1863, unos veinte barcos se llevaron alrededor de 2.000 **isleños** a trabajar como esclavos a las haciendas de Perú, matando a gran número de los que no pudieron llevarse. El exterminio de la clase sacerdotal significó una enorme pérdida. Años más tarde, en 1877, las epidemias de tuberculosis y viruela redujeron la población a un mínimo de 110 personas.

Dieciocho años después de llegar a la isla, Policarpo Toro la incorporó a Chile. El 9 de septiembre de 1888, Chile consiguió la firma de un tratado con los nativos, representados por su rey Atamu Tekena. Se redactó un documento en español y otro en rapanui. La tradición oral cuenta que el rey Atamu Tekena tomó un **trozo** de **pasto** con **tierra**; luego le entregó el pasto a los **emisarios** chilenos y se quedó con (*kept*) la tierra. La antropóloga Paloma Hucke dice que, con ese acto Atamu Tekena le dio la soberanía a Chile, pero se reservó el derecho sobre sus tierras. El gobierno chileno reservó una zona en la costa occidental para la población indígena y utilizó el resto del terreno para el pastoreo de ovejas y vacas. Los isleños no tuvieron derechos de ciudadanía hasta 1966.

10–19 Activando estrategias

1. Di qué significan estas palabras del texto (en negrita), y de qué palabras vienen: "preincaico", "tribal", "sobrepoblación", "isleños". ¿Son nombres o adjetivos?

2. Busca en el diccionario las siguientes palabras: "mítica", "talladas", "desplazamiento", "trozo", "pasto" y "emisarios".

3. Busca la palabra "tierra". ¿Cuántos significados tiene? ¿Cuál es el más adecuado en este contexto?

4. Identifica en los párrafos 3 y 4 todas las expresiones usadas para marcar la secuencia de acontecimientos. ¿Puedes hacer una línea temporal?

5. ¿A qué o a quién se refieren las expresiones subrayadas en el texto?

10–20 Expansión

1. Reflexionen sobre los efectos de la anexión de la isla de Pascua sobre las poblaciones originarias.

2. Piensen en otros ejemplos de islas que ahora son parte de otros países. ¿Cómo fue el proceso de anexión? ¿Qué efectos tuvo en la población?

GENTE QUE ESCRIBE

ESTRATEGIAS PARA ESCRIBIR

Writing a narrative (I): past actions and events

When you write a narrative, you are telling a story, recounting an event or a series of events in the past. These are some important factors to consider:

1. The actions and events of a narrative may be told in any order, but the most straightforward way is to narrate them in chronological order.
2. The time expressions and cohesive markers are the elements that help you (and your reader) to establish a coherent chronological sequence.
3. You can tell a story about yourself or about someone else. Be sure to pay close attention to the verb forms (first vs. third person) when narrating so that you don't confuse the reader.
4. A narrative consists of (a) past actions or events, and (b) situations and descriptions of the backgrounds in which those actions happened. For now, we will concentrate on actions: what happened and when. In the next chapter we will work on situations and backgrounds.

MÁS ALLÁ DE LA FRASE

Use of time markers in narratives

Time markers are used to give coherence and carry the story forward. Besides the ones you have already learned (Tarea section), you can use the following ones:

Hace *(número) día(s) / mese(s) / año(s)...*	(number) day(s) / month(s) / year(s) ago...
El *mes / año / siglo* ***pasado...***	Last month / year / century...
La *semana* ***pasada...***	Last week...
Al *día / mes / año* ***siguiente...***	The following day / month / year...
A los *(número) días / meses / años...*	(number) day(s) / month(s) / year(s) later...
Desde entonces...	Since then...
Desde ese / aquel *día / año /*	Since that day / year / moment / instant...
momento / instante...	
En ese/aquel momento / instante...	At that moment / instant...
De repente...	Suddenly...

10–21 Una biografía

Escribe la biografía de una persona que conoces (puede ser un miembro de tu familia, un amigo de la universidad o de tu ciudad, un profesor) o de un personaje famoso.

Piensa en lo que esta persona hizo y en acontecimientos relevantes de su vida y haz una lista. Luego decide la estructura: piensa en los párrafos y las frases temáticas y ordena la información de forma relevante.

¡ATENCIÓN!

Para escribir esta biografía debes seguir los Pasos 1 a 8. Presta atención a la organización cronológica. Usa una variedad de marcadores de tiempo y otros recursos cohesivos. No olvides revisar las formas del pretérito.

COMPARACIONES

10–22 Héroes americanos

¿Qué es un héroe? ¿Cuáles son los héroes de la historia de tu país? ¿De qué época son?

Ahora lee este texto sobre un héroe mapuche. Luego responde a las preguntas.

Lautaro (*Levtraru* en la lengua mapuche) fue un destacado líder militar mapuche en la guerra de Arauco durante la primera fase de la conquista española. Fue prisionero de los españoles durante seis años y en ese tiempo aprendió sus tácticas militares. En 1552 se escapó y regresó a su pueblo. Poco después dirigió una gran sublevación militar contra los españoles. Con la muerte de Lautaro, desapareció una figura notable de la guerra de Arauco.

Escucha ahora a Joaquín, quien nos da más datos sobre la historia de Lautaro. Anota dos datos importantes.

—¿Cuál fue la causa de Lautaro? ¿Crees que es una causa justa? ¿Por qué?
—¿Qué características del héroe tiene Lautaro?

10–23 Héroes indígenas

¿Conocen a alguno de estos héroes indígenas? Relacionen los nombres con los datos. ¿En qué se parecen a Lautaro? Expliquen las similitudes y diferencias.

A. Toro sentado   B. Caupolicán
C. Atahualpa   D. Tupac Amaru II

1. Jefe indio de la tribu de los sioux Hunkpapa. Vivió entre los años 1831 y 1890. Luchó contra el Séptimo de Caballería, bajo las órdenes del general Custer, en la batalla de Little Big Horn. Esta batalla fue ganada por los nativo-americanos el 25 de junio de 1876.
2. Fue un caudillo mapuche de la guerra de Arauco y sucesor de Lautaro. Junto con Lautaro fue uno de los conductores de los araucanos en las guerras del siglo XVI.
3. Vivió entre 1502 y 1533 y fue gobernante del imperio incaico entre 1532 y 1533. Fue apresado por Pizarro y condenado a muerte.
4. Su verdadero nombre fue José Gabriel Condorcanqui. A finales del siglo XVIII condujo una rebelión indígena contra la burocracia colonial española. Es considerado uno de los precursores de la independencia de Perú.

CULTURA

La comunidad chilena en Estados Unidos es bastante pequeña (unas 126.000 personas). La mayoría reside en Florida, California, Nueva York o Nueva Jersey. Una parte de esta población salió de Chile por motivos políticos (dictadura de Pinochet); otros vinieron para realizar estudios universitarios de posgrado y otros por motivos económicos. California tiene una presencia chilena desde la época de la "fiebre del oro" y varias calles en San Francisco y otras ciudades del norte de California tienen nombres chilenos.

Posiblemente los dos hispanos de ascendencia chilena más conocidos en Estados Unidos sean la escritora Isabel Allende y el académico Arturo Valenzuela. Isabel Allende, ciudadana de Estados Unidos desde 2003, es considerada la más popular novelista iberoamericana y sus novelas están traducidas a más de 27 idiomas. Entre las más importantes están *La casa de los espíritus* (1982) y *Cuentos de Eva Luna* (1989).

Arturo Valenzuela es un experto en análisis político y socioeconómico de Chile, México y el Cono Sur. Es director del Centro de Estudios Latinoamericanos de la Universidad de Georgetown. Fue consejero del presidente Bill Clinton para asuntos de Latinoamérica y Subsecretario de Asuntos Hemisféricos entre 2009 y 2011, nombrado por el presidente Barack Obama.

Go to **MySpanishLab** to review what you have learned in this chapter.

| Flashcards | Oral Practice | Practice Test / Study Plan | amplifire Dynamic Study Modules | Tutorials | Videos | Extra Practice |

VOCABULARIO

Biografías (Biographies)

la amistad	friendship
el amor	love
el crecimiento	growth
el destino	destiny
la generación	generation
la infancia	childhood
la juventud	youth
la muerte	death
la niñez	childhood
el nacimiento	birth
el pensamiento	thought
el sentimiento	feeling
la vejez	old age
la vida	life

Conceptos históricos y socio-políticos (Socio-political and historical concepts)

el acontecimiento	event
el acuerdo	agreement
el asesinato	murder
la conquista	conquest
el conquistador	conqueror
la costumbre	custom
los derechos civiles	civil rights
el descubrimiento	discovery
el discurso	speech
el ejército	military
las elecciones	elections
la esclavitud	slavery
el/la explorador/a	explorer
la firma	signature
el golpe de estado	coup d'état
la guerra	war
el/la indígena	native
la leyenda	legend
la libertad	freedom
la manifestación	demonstration, protest
el mito	myth
el movimiento	movement
la patria	homeland
la paz	peace
el premio	award
el pueblo	people, nation
la riqueza	wealth
el territorio	territory
el tratado	treaty

Verbos (Verbs)

anunciar	to announce
aumentar	to increase
casarse	to get married
casarse con alguien	to marry someone
comprometerse	to get engaged
conseguir (i)	to achieve
crecer (zc)	to grow up
darse cuenta de	to realize
desarrollar	to develop
descubrir	to discover
dimitir	to resign
divorciarse	to divorce
elegir (i)	to choose, to elect
enamorarse de	to fall in love
fundar	to found
ganar	to win
interrumpir	to interrupt
liberar	to free
llegar	to arrive
morir (ue)	to die
nacer (zc)	to be born
ocurrir	to happen
partir	to depart
perder (ie)	to lose
pertenecer zc)	to belong
preocuparse	to worry
regresar	to come back
suceder	to happen, to follow
trasladarse	to move, to relocate
unirse a	to join

Adjetivos (Adjectives)

conocido/a	known
conservador/a	conservative
desconocido/a	unknown
extraño/a	strange
feliz	happy
progresista	progressive
sorprendente	surprising

CONSULTORIO GRAMATICAL

1 The Preterit Tense

Regular verbs:

	-AR TERMINAR	-ER CONOCER	-IR VIVIR
(yo)	termin**é**	conoc**í**	viv**í**
(tú)	termin**aste**	conoc**iste**	viv**iste**
(él, ella, usted)	termin**ó**	conoc**ió**	viv**ió**
(nosotros/as)	termin**amos**	conoc**imos**	viv**imos**
(vosotros/as)	termin**asteis**	conoc**isteis**	viv**isteis**
(ellos, ellas, ustedes)	termin**aron**	conoc**ieron**	viv**ieron**

Two of the most frequently used irregular verbs:

	SER	IR
(yo)	**fui**	**fui**
(tú)	**fuiste**	**fuiste**
(él, ella, usted)	**fue**	**fue**
(nosotros/as)	**fuimos**	**fuimos**
(vosotros/as)	**fuisteis**	**fuisteis**
(ellos, ellas, ustedes)	**fueron**	**fueron**

*In many irregular verbs, the stressed syllable in the Preterit is shifted from the final syllable to the stem. This occurs in the first person singular (**yo**) and in the third person singular (**él, ella, usted**).*

tuve, **tu**vo
vine, **vi**no

Verbs that are irregular in the Preterit adopt a different stem and usually have these endings:

(yo)	-e
(tú)	-iste
(él, ella, usted)	-o
(nosotros/as)	-imos
(vosotros/as)	-isteis
(ellos, ellas, ustedes)	-ieron

PODER:	pud-	VENIR:	vin-
PONER:	pus-	ESTAR:	estuv-
QUERER:	quis-	SABER:	sup-
TENER:	tuv-		

	HACER	DECIR	DAR
(yo)	**hice**	**dije**	**di**
(tú)	**hiciste**	**dijiste**	**diste**
(él, ella, usted)	**hizo**	**dijo**	**dio**
(nosotros/as)	**hicimos**	**dijimos**	**dimos**
(vosotros/as)	**hicisteis**	**dijisteis**	**disteis**
(ellos, ellas, ustedes)	**hicieron**	**dijeron***	**dieron**

*Almost all **-er** and **-ir** verbs take **-ieron** in the third person plural; **decir** and some other verbs that end in **-cir** take **-eron**.

2 Use of the Preterit Tense

The preterit tense presents information as an event.

Ayer **llovió**.
It rained yesterday.

Ayer por la noche **estuvimos** en un restaurante muy bueno.
Last night **we were** in a very good restaurant.

Ayer Ana **fue** a una tienda y **se compró** un par de zapatos. Luego **volvió** a casa en taxi.
Yesterday Ana **went** to a store and **bought** a pair of shoes. Then she **went back** home by taxi.

These types of markers often accompany the preterit:

ayer
(yesterday)

anteayer
(the day before yesterday)

anoche
(last night)

el otro día
(the other day)

el lunes / martes...
(on Monday / Tuesday...)

el (día) 6 / 21 /...
(on the 6th, the 21st... [day])

la semana pasada
(last week)

el mes pasado
(last month)

el año pasado
(last year)

3 Talking about Dates

- ● ¿Qué día nació su hija?
- ○ **El (día)** 14 de agosto de 1992.

—On what day was your daughter born?
—**On** August 14, 1992.

- ● ¿Cuándo llegaste a Chile?
- ○ **En** marzo de 1992.

—When did you arrive in Chile?
—**In** March of 1992.

- ● ¿Cuándo terminó Juan sus estudios?
- ○ **En el** 2014.

—When did Juan finish his studies?
—**In** 2014.

- ● ¿En qué año se casó?
- ○ **En** 1985.

—In what year did he get married?
—**In** 1985.

4 Sequencing Past Events

*To indicate order, use **antes (de)**, **después (de)** y **luego**.*

Fui a la facultad, pero **antes** estuve en la biblioteca.
I went to the school, but **before that** I went to the library.

Estuve en la biblioteca y **después** fui a la facultad; **luego** volví a casa.
I was at the library and **afterwards** *I went to the school;* **then** *I went back home.*

Antes de + *INFINITIVE*

Antes de ir a la facultad, estuve en la biblioteca.

Después de + *INFINITIVE*

Después de estar en la biblioteca, fui a la facultad.
After *being at the library, I went to the school.*

Entonces *is a very common connector that is used...*

- *to refer to a time period that has already been mentioned:*

    Me fui a vivir a Italia en el 71. **Entonces** yo era muy joven.
    I went to live in Italy in '71. I was very young **then***.*

- *to refer to what happened next:*

    Juan fue a la bibioteca pero no pudo encontrar a su amigo. **Entonces** fue al apartamento pero tampoco lo encontró.
    Juan went to the library but couldn't find his friend. **Then** *he went to the apartment but couldn't find him there either.*

> To sequence actions or events in chronological order:
>
> **antes** = *before*
> **después** = *after/afterwards*
>
> Note that in Spanish the words for *after* and *before* are followed by an infinitive rather than by an *-ing* form:
>
> Después de **ver** el partido fuimos a cenar. (= *After* **watching** *the match, we went to get dinner.*)

11 GENTE e HISTORIAS (II)

11–1 Historia de Nicaragua

Indica cuándo ocurrieron los siguientes acontecimientos.

1821	1. Centroamérica fue una república federal (Costa Rica, El Salvador, Nicaragua, Honduras y Guatemala).
1824–1838	2. Ocurrieron las primeras elecciones democráticas.
1838	3. Ocurrió la revolución sandinista.
1927–1933	4. Augusto Sandino luchó contra la ocupación estadounidense.
1934–1979	5. Fue un período de gobiernos militares.
1979	6. Se declaró la independencia de Nicaragua.
1990	7. Nicaragua se separó de la República Federal de Centroamérica.
2006	8. Daniel Ortega, del Frente Sandinista de Liberación Nacional, ganó las elecciones.

¿Con qué conceptos asocias cada período o acontecimiento?

dictadura	*independencia*	*libertad*	*paz*
democracia	*héroe*	*guerra*	*gobierno*

TAREA

Escribir el relato de un episodio o período de la historia de nuestro país.

NUESTRA GENTE

Nicaragua
Hispanos/latinos en Estados Unidos

CULTURA

Nicaragua es un país centroamericano con una población de seis millones de habitantes, compuesta por: 69% de mestizos, 17% de descendientes de europeos, 9% de descendientes de africanos y 5% de población indígena. La lengua oficial es el español, pero en la costa atlántica se hablan inglés criollo, miskito y otras lenguas nativas.

Su capital es Managua, una ciudad rodeada de lagunas volcánicas.

CULTURA

La ciudad de Managua, la capital de Nicaragua, no tiene un centro porque el terremoto de 1972 lo destruyó. En los años sesenta, Managua era una de las principales capitales de América Latina. Sin embargo, tras el terremoto quedó totalmente devastada. Fueron afectados el 90% de sus edificios y 320.000 personas perdieron sus casas. El total de muertos fue de más de 10.000.

ACERCAMIENTOS

11–2 Geografía de Nicaragua

Mira el mapa en la página anterior y lee estos textos. Después identifica los lugares que se mencionan. ¿Qué información te parece más interesante? Escribe dos frases, cada una con una fecha específica.

En la época colonial, la zona del Pacífico era española, pero la zona del Caribe era inglesa. Las ciudades más importantes de aquella época, fundadas por los españoles, eran León y Granada. Los ingleses tenían influencia en la Costa de Mosquitos, un área que abarcaba toda la costa este de Nicaragua. La ciudad más importante del territorio era Bluefields. Los británicos mantuvieron su influencia sobre el área hasta 1860, cuando reconocieron la soberanía de Nicaragua.

Los Cayos Miskitos son un archipiélago situado en la costa nordeste caribeña de Nicaragua. La reserva biológica Cayos Miskitos es una de las 78 áreas protegidas de Nicaragua desde 1991.

Las Islas del Maíz están ubicadas a unos 70 kms. de la costa caribeña de Nicaragua. Son dos islas descubiertas por Cristóbal Colón en su cuarto viaje a las Indias en el año 1504. Las Islas del Maíz fueron un protectorado británico desde 1655 hasta 1894, y después Estados Unidos tuvo el derecho al uso de las islas hasta 1971.

EJEMPLO:

E1: Cristóbal Colón descubrió las Islas del Maíz en 1504.

11–3 Ometepe, la isla del fin del mundo

Lee ahora este texto sobre otra isla de Nicaragua.

La Isla de Ometepe es la más grande del mundo situada dentro de un lago de agua dulce, el Cocibolca, en pleno centro de Nicaragua. Tiene unos 35.000 habitantes, descendientes de toltecas, mayas, aztecas, nahuas, olmecas y chibchas, además de pueblos indígenas que poblaron la isla, que ya estaba habitada desde 1500 a.C. Cuando llegaron a la isla los colonizadores españoles, los indios que la habitaban se refugiaron en las cumbres de los volcanes Concepción y Madera, considerados durante generaciones el hogar de los dioses, y dejaron atrás los petroglifos de sus antepasados, llenos de imágenes misteriosas, que datan aproximadamente del año 300 d.C.

1. El origen y significado de los petroglifos de Ometepe está lleno de misterios e incógnitas. Aunque todo parece indicar que los petroglifos son ejemplos del desarrollo de las civilizaciones indígenas, algunas personas piensan que estos dibujos y grabados fueron hechos por extraterrestres. ¿Qué opinas?

2. ¿Conoces ejemplos similares a los de los petroglifos de Ometepe en otros países de América?

VOCABULARIO EN CONTEXTO

11-4 Los miskitos

Lean estos textos sobre una etnia de la región de Nicaragua. Después traten de identificar qué palabras faltan.

Los miskitos son un grupo étnico indígena de Centroamérica. Su _____ , que se extiende desde el sur de Honduras hasta el sur de Nicaragua, es muy inaccesible y por eso estuvieron aislados de la _____ española del área. Su origen étnico no está claro pero se cree que provienen de la mezcla de caribes (la población autóctona) y africanos. El rey miskito y los británicos llegaron a un _____ de amistad y alianza en 1740 y después, en 1749, la nación miskita se convirtió en un protectorado. El reino de los miskitos ayudó durante las _____ revolucionarias americanas atacando _____ españolas, y consiguieron numerosas victorias junto a los británicos. Aún así, después de la _____ del tratado de _____ en 1783, los británicos tuvieron que ceder el control sobre la costa.

tratado   firma   guerras   paz   conquista   territorio   colonias

Los colonos españoles comenzaron a llegar a las tierras miskitas en 1787, pero los miskitos continuaron dominando la región debido a su superioridad numérica y a su experiencia _____. Los miskitos nunca se sintieron controlados por el _____ nicaragüense, y muchos miskitos aún hoy día no se consideran nicaragüenses. El _____ miskito desapareció en 1894, cuando Nicaragua lo ocupó. El 16 de abril de 2009 el pueblo miskito, una comunidad de unas 500.000 personas, se declaró independiente de Nicaragua en una ceremonia en la que nombraron a su máximo _____ , el "wihta tara" o rey de la comunidad. Su objetivo es crear una _____ miskitia.

gobierno   líder   nación   estado   militar

11-5 ¿Cómo eran?

¿Recuerdas algunos de estos personajes que estudiamos en la *Lección 10* (p. 165)? ¿Cómo crees que eran? Usa el banco de adjetivos para describirlos.

valiente	misterioso	honrado	comprometido
cobarde	delgado	atractivo	innovador
conservador	malvado	fuerte	misterioso
liberal	bueno	débil	convincente

1. Simón Bolívar
2. Cristóbal Colón
3. Abraham Lincoln

EJEMPLO:

E1: Creo que Lincoln era un hombre muy
valiente y comprometido.

E2: Sí, estoy de acuerdo. Y físicamente era
muy delgado y no muy alto.

4.

Toro Sentado

5.

Tupac Amaru II

Mireille Vautier/Picture Desk, Inc./
Kobal Collection

11–6 Augusto Sandino

Mira la foto y lee la descripción de Augusto César Sandino (1895–1934), revolucionario nicaragüense y uno de los personajes más destacados de la historia reciente de Nicaragua.

Sandino era alto y delgado. Tenía una cara ovalada pero angulosa. En sus ojos oscuros brillaba con frecuencia la simpatía, pero también reflejaban gravedad y reflexión. Su voz era suave, convincente; no dudaba de sus conceptos, y sus palabras eran precisas. Sandino era un ferviente nacionalista y era considerado un buen militar y estadista. Se dice que era muy humano y popular, y que le gustaba mucho hablar con la gente.

¿Puedes pensar ahora en un familiar o amigo muy querido que ya no está vivo o al que no ves desde hace mucho tiempo?

- ¿Cómo se llamaba? _____
- ¿De dónde era? _____
- ¿Qué era (profesión, ocupación)? _____
- ¿Cómo era físicamente? _____
- ¿Cómo era (personalidad)? _____
- ¿Qué aficiones tenía? _____

Ahora comparte esta información con tu compañero/a.

11–7 Antes y ahora

Completen estas frases para cada uno de estos momentos de la historia de su país.

1. Antes de la llegada de los conquistadores…
2. Antes de la Declaración de Independencia…
3. Antes de la Declaración de Emancipación…
4. A principios del Siglo XX…
5. En la época de la Gran Depresión…
6. Después de la segunda Guerra Mundial…

1. _____(no) había / existía(n)_____. Ahora _____.
2. _____(no) tenía(n)_____. Ahora _____.
3. _____(no) era(n) / estaba(n) / existía(n) _____. Ahora _____.

EJEMPLO:

E1: Antes de la conquista de América había muchos indígenas. Ahora hay pocos.
E2: Sí, y Estados Unidos no existía. Ahora sí.

CULTURA

El primer explorador que recorrió Nicaragua fue Gil González de Ávila. La leyenda dice que cuando González de Ávila llegó a Nicaragua, el cacique Nicarao gobernaba la región y el nombre "Nicaragua" se deriva del nombre de Nicarao; sin embargo muchos historiadores creen que en realidad deriva del idioma náhuatl, dialecto hablado por sus primitivos pobladores en épocas precolombinas.

GRAMÁTICA EN CONTEXTO

11-8 La vida antes de Internet

Escucha esta entrevista con tres jóvenes nicaragüenses. Hablan sobre los efectos de Internet en su vida cotidiana. Escribe una de las cosas que estas personas **hacían** antes de Internet y que ahora no hacen.

1. Antes _____ y ahora _____.

2. Antes _____ y ahora _____.

3. Antes _____ y ahora _____.

Ahora escucha otra vez la entrevista e identifica los verbos **en el pasado**. Haz dos grupos: (1) verbos que se refieren a las **circunstancias o el contexto de un acontecimiento o actividad**, y (2) verbos que se refieren a **actividades o acontecimientos habituales** en el pasado.

11-9 Leyenda de Oyanka

Escucha y lee al mismo tiempo esta leyenda nicaragüense. Después clasifica los verbos en pasado de acuerdo a su significado y uso.

Oyanka, la princesa que se convirtió en montaña

Allá por 1590, en el Valle de Sébaco, habitaba una nación de indígenas matagalpas que trabajaba el oro. Su líder era el cacique Yamboa. Mientras tanto en Córdoba, España, vivía José López de Cantarero. José era un joven guapo y muy ambicioso que quería ir a Nicaragua a buscar tesoros. Un día se fue al puerto de Cádiz y tomó un barco a América. Cuando llegó a Nicaragua se instaló en Sébaco y allá conoció a la hija del cacique, que se llamaba Oyanka. Oyanka era bellísima y llevaba siempre muchas joyas de oro. José se enamoró de ella y ella de él. Pero José era muy ambicioso y quería saber de dónde extraía Yamboa el oro. Entonces Oyanka condujo a José hasta las montañas, donde había una cueva escondida. José, viendo todo aquel oro, se guardó siete pepitas grandes en su bolso. Cuando salían de la cueva, el caquique los encontró; vendió a José y encerró a la princesa. Oyanka se deprimió tanto que no quiso comer más y se durmió en un sueño profundo esperando el regreso de José. Pero José nunca regresó. Oyanka se convirtió en montaña y hoy puede verse, al norte del valle de Sébaco, el cerro de Oyanka.

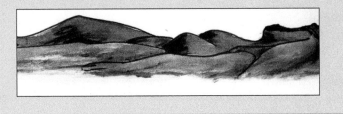

SIGNIFICADO / USO	VERBOS
Circunstancias / contexto	habitaba
Descripción	
Actividad / acontecimiento habitual	trabajaba
Acción puntual	se fue
Acción en progreso (*ongoing*)	

EL IMPERFECTO

Verbos regulares:

ESTAR	TENER, VIVIR
est**aba**	ten**ía**
est**abas**	ten**ías**
est**aba**	ten**ía**
est**ábamos**	ten**íamos**
est**abais**	ten**íais**
est**aban**	ten**ían**

Verbos irregulares:

SER	IR	VER
era	iba	veía
eras	ibas	veías
era	iba	veía
éramos	íbamos	veíamos
erais	ibais	veíais
eran	iban	veían

USOS DEL IMPERFECTO

Imperfecto: contraste **ahora / antes**

| Ahora | } | todo el mundo |
| Actualmente | | tiene Internet. |

Antes		
Cuando yo era niño/a	}	no **teníamos**
Entonces		Internet.
En esa/aquella época		

Imperfecto: **actividades** o **acontecimientos** **habituales**

		jugaba con trenes eléctricos.
De niño/a	}	
En esa/aquella época		**visitaba** con frecuencia a mis abuelos.

Cuando yo era rico tenía más problemas.

Sí, yo también.

Imperfecto: **circunstancias, descripciones**

Era Navidad.
Hacía frío.
No **había** nadie en la calle.
Estaba muy cansado.

Pretérito: información presentada como **acontecimientos** o **acciones puntuales**, con marcadores como:

Ayer...
Anteayer...
Anoche...
El otro día...
El lunes / martes... } **estuve** en
El día 6... } Nicaragua.
La semana pasada...
El mes / año pasado...
Entre 2006 y 2009...
Durante tres meses...

Imperfecto: información presentada como **circunstancias** en que una acción (pretérito) ocurre:

No **tenía** dinero. Por eso / Así que no pudo comer en el restaurante.

No llevaba corbata y por eso no me dejaron entrar en el club.

Cuando me encontré con Elvira **llovía** mucho.

Imperfecto: **acción en proceso** cuando otra acción (pretérito) ocurre

Caminaba por la calle cuando vi a Elvira.

Imperfecto: acción repetida o habitual en el pasado, no puntual

Antes **hacía** ejercicio todos los días.

Pretérito: acción repetida o habitual en el pasado durante un límite de tiempo específico

Hice ejercicio cada día durante tres meses.

11–10 Historia de William Walker

Lean este episodio de la historia de Nicaragua. Después pongan los verbos en pretérito o imperfecto según su uso: (1) acciones puntuales o acontecimientos, (2) estados o descripciones, (3) circunstancias y (4) acciones habituales en el pasado.

A mediados del Siglo XIX **COMENZAR** la "fiebre del oro" en California. En aquella época la mayor parte de los viajeros **IR** de la costa este a la costa oeste por mar. Normalmente **VIAJAR** a través de Nicaragua, que **SER** una ruta muy común. Esto **ATRAER** a muchos aventureros, como por ejemplo el estadounidense William Walker. William Walker **SER** un aventurero de Tennessee que **LLEGAR** a Nicaragua en 1855 con 56 hombres, llamados *filibusteros,* para participar en una guerra contra los conservadores. William Walker **QUERER** establecer un estado y controlar la ruta de tránsito a California, y por eso **APODERARSE** del país y **PROCLAMARSE** presidente. Entre 1855 y 1857 **OCURRIR** en Nicaragua la guerra nacional contra William Walker. En aquella época el idioma oficial **SER** el español pero bajo el dominio de Walker **DECLARARSE** el inglés como idioma oficial de Nicaragua. El 19 de marzo de 1857, cuando Walker **ESTAR** en La Hacienda Santa Rosa con sus hombres, las tropas nicaragüenses los **ATACAR** y los **EXPULSAR** del país.

11–11 El detective privado (II)

¿Recuerdas a Valerio Guzmán, en la Lección 10 (p. 169)? Esto es lo que Valerio hizo.

7:45 Salió de su casa. Entró en su casa otra vez.
8:00 Salió otra vez a la calle. Caminó durante 15 minutos.
8:15 Un carro con una mujer se detuvo a su lado. Él se subió.
8:35 Se bajó en la Plaza de Armas. Siguió a pie.
8:50 Entró en un edificio de oficinas.

Ahora escucha lo que Valerio explica a sus colegas a las 9:00 de la mañana. ¿Puedes completar el informe del detective?

ACCIÓN	CIRCUNSTANCIAS
1. **Salió** de casa sin darse cuenta de que _____. No _____.	
2. **Salió** a la calle otra vez pero _____ y _____.	
3. Entonces **vio** a su amiga Elvira que _____.	

CIRCUNSTANCIAS	ACCIÓN
4. _____ y por eso Elvira y Valerio **tardaron** veinte minutos.	
5. _____, así que Valerio **llegó** mojado a la oficina.	

INTERACCIONES

ESTRATEGIAS PARA LA COMUNICACIÓN ORAL

Collaboration in conversation (II)

When narrating a story or event, the speaker applies certain strategies to make sure that the listener is following the narration. Likewise, the listener uses expressions to show that he/she is understanding. We saw this in *Lección 9*.

As a listener, you may also want to show interest, surprise, and other reactions, with expressions like this:

¡No me digas!	No way!
¿De verdad?	Really? Is that right?
¿En serio?	Seriously?
¿Sí?	Really?
¡Qué bien!	Great!
¡Qué horror!	How awful!
¡Qué miedo!	How scary!
¡Qué pena / lástima!	What a shame!
¡Qué suerte!	How lucky!
¡Qué interesante / aburrido / divertido!	How interesting / boring / fun!
¡Qué gracioso / chistoso!	How funny!
¡Qué desastre!	What a disaster!
¡No lo puedo creer!	I can't believe it!
¡No te creo!	I don't believe you!
¡Qué mala suerte!	How unlucky!

11–12 Imprevistos, sorpresas, anécdotas

Piensa en tres sorpresas, anécdotas o cosas imprevistas que te ocurrieron en algún momento. Completa este cuadro.

	¿CUÁNDO?	¿DÓNDE?	¿EN QUÉ CINCUNSTANCIAS?	¿QUÉ PASÓ?
1.				
2.				
3.				

Comparte ahora estas historias con tu compañero/a.

EJEMPLO:

E1: Un verano, cuando era pequeño, mi hermano y yo estábamos en una barca en un lago, en un pueblo pequeño donde vivían mis abuelos. Yo remaba y mi hermano pequeño se cayó al agua. ¡Y yo no sabía nadar!

E2: ¿De verdad? ¡Qué susto, ¿no?! ¿Y qué hiciste?

E1: Pues lo agarré por la camiseta y lo subí a la barca.

E2: ¡Qué horror!

Ahora algunos/as voluntarios/as cuentan sus propias historias a la clase. Los demás deben reaccionar con expresiones de interés, sorpresa, etc.

11–13 Antes y ahora

Usa este esquema para describir ciertos aspectos de tu vida que contrastan entre antes y ahora.

	ANTES	FRECUENCIA	AHORA	FRECUENCIA
La comida				
El ejercicio				
Las bebidas				
La lectura				
Los restaurantes				
Las aficiones				
La ropa				
Los viajes / las vacaciones				

 Ahora compara tus datos con los de tu compañero/a.

EJEMPLO:

E1: Yo antes **comía** muchas frutas, cada día, pero ahora casi nunca las como.
E2: Sí, yo también. Yo **comía** mejor que ahora. Ahora como mal.

 ### 11–14 Entrevista

Prepara una lista de cinco preguntas para tu compañero/a sobre una de estas etapas de su vida. Luego entrevista a tu compañero/a.

1. Cuando eras niño/a.
2. Cuando estabas en la escuela secundaria.
3. Antes de llegar a la universidad.

EJEMPLO:

¿Qué hacías cuando eras niño? ¿Quiénes eran tus mejores amigos?

11–15 Situaciones: *Viaje al futuro*

A historical figure travels to the future where a journalist interviews him/her. The journalist wants to focus on two main events in the life of this person.

ESTUDIANTE 1

You are a journalist who has the opportunity to interview an important figure from the past. Prepare some questions for him/her related to two events or episodes in his/her life.

ESTUDIANTE 2

You are _____ . You have traveled to the future and are now being interviewed by a journalist. Think about two important events in your life: what happened, what did you do, when, where, and under what circumstances?

TAREA

Escribir el relato de un episodio o período de la historia de nuestro país.

PREPARACIÓN

Para comenzar vamos a conocer un período importante de la historia de otro país: Nicaragua.

Primero miren la foto y comenten con su profesor/a la relevancia de este personaje en la historia de Nicaragua.

Lean este breve esquema que resume un período de la historia de Nicaragua. El esquema presenta acontecimientos puntuales.

La revolución sandinista (1962–1979)

1962: Se funda el Frente Sandinista de Liberación Nacional (FSLN) para luchar contra la dictadura de los Somoza.

1963: Daniel Ortega se une al FSLN.

1974: El FSLN toma como rehenes a unos funcionarios del gobierno. Consigue la liberación de algunos presos políticos. Se difunde la causa del FSLN en todo el mundo.

1976: El Frente Sandinista se divide en varias tendencias. El apoyo popular crece.

1979: El FSLN lanza la ofensiva final. Somoza renuncia el 17 de julio y huye a Estados Unidos. El 19 de julio los sandinistas celebran el triunfo de su revolución.

Daniel Ortega

Ahora lean estos párrafos descriptivos y colóquenlos en el lugar apropiado del esquema anterior.

- Hay una dictadura militar muy represiva en el país desde 1933. El país es muy pobre y tiene muchos problemas sociales y económicos. La gente quiere un cambio.

- El presidente Luis Somoza es hijo de Anastasio Somoza, primer dictador de la dinastía. Es un hombre sin escrúpulos y trata muy mal a su pueblo.

Finalmente, escriban una narración incluyendo los datos anteriores. Decidan qué verbos deben estar en pretérito y cuáles en imperfecto. Usen varios de estos conectores para dar fluidez a su narración.

Acontecimientos puntuales
- Un mes / año antes (después)...
- Al mes / año siguiente...
- A los dos meses / años...
- Después de un mes / año / tiempo...
- Entonces, luego, (inmediatamente) después...
- Ese / aquel mes / año...
- A partir de + entonces / aquel mes / aquel año / aquel momento...

Circunstancias / contexto
- En aquella época...
- Entonces...

Paso 1 En grupo, decidan qué episodio o período de la historia de su país quieren narrar. Luego preparen una lista de los datos (acontecimientos o acciones) principales de forma cronológica.

Título (fechas)   **Acontecimientos**
Fecha 1: _____
Fecha 2: _____
Fecha 3: _____
Fecha 4: _____
_____: _____

Paso 2 Escriban ahora sobre las circunstancias relacionadas con cada acontecimiento específico de su lista. Piensen también en descripciones de lugares o personas importantes.

Circunstancias / contextos / descripciones
- _____
- _____
- _____
- _____

Paso 3 Piensen en algunas relaciones de causa y consecuencia.

| AYUDA |

Causa y consecuencia

- Pretérito + **porque** + imperfecto
  Se fue porque le **dolía** la cabeza.

- Imperfecto + **y por eso / así que** + pretérito
  Le **dolía** la cabeza así que / y por eso **se fue.**

- _____ porque _____.
- _____ y por eso _____.

Paso 4 Escriban su relato usando toda la información anterior de forma organizada. No olviden incluir conectores.

Paso 5 Cada miembro del grupo presenta una parte, en orden cronológico, a la clase.

Paso 6 Foco lingüístico.

📖 NUESTRA GENTE

GENTE QUE LEE

ESTRATEGIAS PARA LEER

Summarizing a text

Summarizing a passage that you have read in Spanish can help you synthesize its most important ideas. When reading a text, try to underline the main ideas and circle the key words and phrases. Then approach the task of summarizing it by asking the following five questions:

¿Quién? o ¿Quiénes?	(Who?)	*¿Dónde?*	(Where?)
¿Qué?	(What?)	*¿Por qué? o ¿Cómo?*	(Why? or How?)
¿Cuándo?	(When?)		

This is especially useful when reading stories or accounts of events that happened in the past.

ANTES DE LEER

11–16 Heroínas

¿Qué es una heroína? Mira esta lista de nombres. ¿Son heroínas? Justifica tus respuestas. Luego piensa en otras y justifica por qué son heroínas. ¿Conoces otras?

1. Harriet Tubman (1820–1913)

2. Clara Barton (1821–1912)

3. Madre Teresa de Calcuta (1910–1997)

4. Juana de Arco (1412–1431)

11–17 Activando estrategias

1. Mira el título y la foto del texto que vas a leer. ¿Qué información te dan sobre este texto? ¿Qué tipo de texto es?

2. Lee la primera frase del texto. ¿Confirma el tipo de texto? ¿De qué período histórico es?

DESPUÉS DE LEER

11–18 ¿Comprendes?

1. ¿Cuántos días duró la lucha?

2. ¿En qué año ocupó la fortaleza el capitán Nelson?

3. Responde a las preguntas y después haz un breve resumen.

¿Qué? _____

¿Quién? _____

¿Dónde? _____

¿Cuándo? _____

¿Por qué? _____

A LEER

RAFAELA HERRERA, UNA HEROÍNA NICARAGÜENSE

A mediados del siglo XVIII, Nicaragua era el principal objetivo de los ataques ingleses a causa de su importancia estratégica y las facilidades que presentaba para la comunicación **interoceánica**. Por eso, en 1762, el gobernador de Jamaica decidió invadir la provincia de Nicaragua por el río San Juan.

El 29 de julio llegó la armada inglesa para apoderarse de la **fortaleza** El Castillo, un lugar que los nicaragüenses usaban para defenderse de los piratas ingleses. El Castillo estaba situado sobre una colina a la orilla derecha del río San Juan. La fortaleza tenía muchos cañones para defenderse de los ataques enemigos. La armada de los invasores británicos contaba con 50 barcos y 2.000 hombres. El día de la invasión la situación en El Castillo no era buena: el comandante Don Pedro Herrera, que estaba gravemente enfermo, murió poco antes de la llegada de los ingleses.

Inmediatamente después de su llegada, el gobernador de Jamaica pidió las llaves de la fortaleza El Castillo a un soldado, pero en ese momento la hija de Don Pedro, Rafaela Herrera, que tenía solo 19 años, tomó el mando de la fortaleza. Cuenta la historia que Rafaela Herrera dirigió la lucha contra la expedición de soldados británicos y miskitos, logrando detenerlos después de sostener un combate de varios días. Inmediatamente después de tomar el mando, Rafaela dijo la célebre frase: "Que los **cobardes** se rindan y que los **valientes** se queden a morir conmigo". Después disparó varios **cañonazos** que provocaron el pánico y la huida de muchos de los piratas. Durante varios días y noches combatieron a los ingleses hasta que estos finalmente se retiraron el tres de agosto. Dieciocho años después la fortaleza cayó en manos del capitán inglés Horacio Nelson, el cual se hizo famoso en la batalla de Trafalgar.

Así fue como Rafaela Herrera pasó a la categoría de heroína. La historia de este personaje está llena de misterios sobre su origen y no se sabe mucho sobre su vida. Sin embargo, hoy es un símbolo de **valentía** y **patriotismo** para las mujeres nicaragüenses.

11–19 Activando estrategias

1. Di qué significan estas palabras del texto y de qué palabras provienen: "interoceánica" y "patriotismo".

2. Busca la palabra "fortaleza" en el diccionario. ¿Cuántos significados tiene? ¿Cuál es el apropiado en este contexto?

3. Si la palabra "cobardes" significa *cowards*, ¿qué significa la palabra "valientes"? ¿Son nombres o adjetivos? ¿Y la palabra "valentía" es un nombre o un adjetivo?

4. Si la palabra "cañón" significa *cannon*, ¿qué significa la palabra "cañonazos"? ¿Cómo se forma esta palabra?

5. ¿A qué o a quién se refieren las palabras subrayadas "detenerlos" y "estos"?

6. Identifica el sujeto, el verbo y los complementos de la frase subrayada en el texto.

11–20 Expansión

1. ¿Te parece que Rafaela fue una heroína? ¿Por qué?

2. ¿Una persona que defiende su país es siempre un héroe o heroína? Justifica tu opinión.

GENTE QUE ESCRIBE

ESTRATEGIAS PARA ESCRIBIR

Writing a narrative (II): including circumstances that surround events

A basic narrative is divided into three parts: (a) the introduction, which sets the scene (situación, contexto, circunstancias) and informs the reader about the events or actions leading up to the main plot of the story; (b) the main events or actions, or high point of the story; (c) the outcome or consequences of the principal events. As you already know, in Spanish this narrative structure is closely related to the effective use of the imperfect and preterit tenses.

1. Identifica las tres partes de la narración en la lectura de la página 193 sobre Rafaela Herrera.
2. Justifica la elección del autor de los tiempos verbales (pretérito e imperfecto) en el primer párrafo y en el segundo.

MÁS ALLÁ DE LA FRASE

Use of time markers in narratives (II)

As you know, past tenses are often introduced by specific time markers. A few markers are exclusive to one tense or the other, but most can be used with both.

These markers require the imperfect tense:

En esa / aquella época…	(*En esa época viajaba mucho; ahora no.*)
Antes…	(*Antes me gustaba la tele; ahora no.*)

While these ones require the preterit tense:

de repente…	(*…de repente oí un ruido.*)
entonces*, luego…	(*No tenía sueño; entonces me puse a ver la tele.*)

*Note that "entonces" can be used either to mark the consequence of an action (as in the example above), or to refer to a period of time in the past:

Entonces no había Internet.   (Back then, there was no Internet.)

The choice of the imperfect or the preterit tense and the selection of time markers are determined by the way the writer presents the narrative.

11–21 Un acontecimiento memorable

Escribe una narración sobre algo memorable que te ocurrió a ti: un accidente en casa o en la carretera, una sorpresa muy agradable, una primera cita que fue un desastre, la primera vez que hiciste algo, etc. Ten en cuenta las tres partes de la narración y escribe los párrafos correspondientes. Sigue los Pasos 1 a 8 (página 14, Lección 1).

 ¡ATENCIÓN!

Presta atención a la organización cronológica y a la cohesión de los párrafos y del texto. Usa una variedad de marcadores de tiempo y otros recursos cohesivos. Revisa el uso de los tiempos del pasado teniendo en cuenta qué función tienen en la narración: combina contextos y descripciones (uso del imperfecto) con acciones (uso del pretérito).

COMPARACIONES

11–22 Mark Twain en Nicaragua

Lee este texto sobre el viaje del escritor estadounidense Mark Twain a Nicaragua. Después comenta los temas con la clase.

Entre 1866 y 1867 Mark Twain, el periodista y escritor estadounidense autor de clásicos como *Las aventuras de Tom Sawyer* y *Las aventuras de Huckleberry Finn*, recorrió parte de Nicaragua en su viaje desde San Francisco a Nueva York, o sea, del oeste al este de Estados Unidos.

Twain salió de San Francisco en barco el 15 de diciembre de 1866 siguiendo la Ruta del Tránsito, que comunicaba el Atlántico y el Pacífico. Desembarcó en el puerto de San Juan del Sur, en el Pacífico nicaragüense, y desde allá viajó en diligencia hasta el puerto de La Virgen, en la costa suroeste del Lago de Nicaragua. En este puerto abordó un vapor con destino al puerto de San Carlos, situado en la costa sureste del lago. Desde San Carlos viajó por el río en lancha hasta el puerto de San Juan del Norte (o Greytown, como lo bautizaron los ingleses), en la costa atlántica de Nicaragua, donde tomó otro barco rumbo a Nueva York.

Durante su travesía por Nicaragua, Mark Twain elogió las bellezas naturales de la nación centroamericana. Según cuenta en el libro *Mark Twain's Travels with Mr. Brown*, a Twain le impresionó la belleza de la isla de Ometepe, situada en el centro del Lago de Nicaragua, el más grande de Centroamérica. En ese libro, el famoso escritor estadounidense dice de Ometepe:

Volcanes Concepción y Madera

"En el centro del bello Lago de Nicaragua se levantan dos magníficas pirámides, revestidas por el más suave y concentrado verdor, salpicadas de sombras y por los rayos del sol, cuyas cumbres penetran las ondulantes nubes. Se ven tan aisladas del mundo y su alboroto, tan tranquilas, tan maravillosas, tan sumidas en el sueño y el eterno reposo. [...] Monos aquí y allá; pájaros gorjeando; bellas aves emplumadas. El paraíso mismo, el reino imperial de la belleza —nada que desear para hacerla perfecta".

1. ¿Qué era la Ruta del Tránsito y por qué era famosa principalmente? ¿Por qué iba la gente, como Mark Twain, de la costa oeste a la costa este siguiendo esta ruta?

2. ¿Sabes por qué Twain viajaba con mucha frecuencia?

3. En el texto, Twain habla de dos pirámides. ¿A qué se refiere?

11–23 Viajeros ilustres

Todos estos famosos personajes viajaron por el continente americano con diferentes propósitos. ¿Sabes por dónde viajaron y por qué razón?

1. Lewis (1774–1809) y Clark (1770–1838)
2. Charles Darwin (1809–1882)
3. Francisco de Orellana (1511–1546)
4. Fernando de Magallanes (1480–1521)

CULTURA

En Estados Unidos viven alrededor de 395.000 personas de ascendencia nicaragüense, la mayor parte de ellas en el sur de Florida y California. La inmigración a Estados Unidos comenzó en los años sesenta y estaba motivada por razones económicas. Sin embargo durante los ochenta, y debido a la revolución sandinista, muchas familias de clase alta abandonaron Nicaragua y se establecieron en Estados Unidos. Más tarde, la revolución contra el gobierno sandinista provocó la llegada de más inmigrantes. En 1998 el huracán Mitch asoló el país y dejó a más de dos millones de nicaragüenses sin casa. Por ello muchos recibieron residencia temporal o permanente en Estados Unidos.

Sin duda la mujer latina de ascendencia nicaragüense más influyente en Estados Unidos es Hilda Solís, que fue Secretaria de Trabajo de Estados Unidos durante el primer mandato del presidente Obama. Nació en Los Ángeles y es hija de dos inmigrantes: su papá es mexicano y su mamá es nicaragüense. Hilda fue la primera persona de su familia que asistió a la universidad y pagó su educación con la ayuda de becas federales y con empleos a tiempo parcial. Antes de ser secretaria de trabajo fue congresista del estado de California.

Go to **MySpanishLab** to review what you have learned in this chapter.

Flashcards	Oral Practice	Practice Test / Study Plan	amplifire Dynamic Study Modules	Tutorials	Videos	Extra Practice

VOCABULARIO

Acontecimientos y conceptos históricos y político-sociales (Socio-political and historical concepts and events)

el apoyo	support
el/la aventurero/a	adventurer
la bandera	flag
el castillo	castle
la colonia	colony
la colonización	colonization, settlement
el/la colonizador/a	colonist
el/la colono/a	settler
el dictador	dictator
la dictadura	dictatorship
el estado	state
la fortaleza	fortress
el/la funcionario/a	government official
el gobierno	government
la independencia	independence
la lucha	fight
la nación	nation
el/la pirata	pirate
la pobreza	poverty
la revolución	revolution
la riqueza	riches, wealth
la ruta	route
el/la soldado	soldier
el terremoto	earthquake
el triunfo	triumph
el/la viajero/a	traveler

Verbos (Verbs)

alimentarse	to feed (oneself)
apoderarse (de)	to take possession of
apoyar	to support
atacar	to attack
convertirse en	to become
datar de	to date back to
desembarcar	to disembark
desolar	to ruin
embarcar	to embark, to board
encerrar	to lock down, to lock up
expulsar	to throw out, to expel

firmar	to sign
formar parte (de)	to be part of
gobernar	to govern
habitar	to inhabit, to dwell
huir	to escape, to run away
invadir	to invade
luchar	to fight
ocasionar	to cause
ocurrir	to take place
recorrer	to travel through
refugiarse	to take shelter
retirarse	to retreat, to withdraw
romper	to break

Adjetivos (Adjectives)

cobarde	cowardly
conservador/a	conservative
defensor/a	defender
escondido/a	hidden
honrado/a	honest, decent
independiente	independent
malvado/a	wicked
militar	military
nómada	nomadic
revolucionario/a	revolutionary
valiente	brave

CONSULTORIO GRAMATICAL

1 The Imperfect Tense

	-AR	-ER	-IR	
	HABLAR	TENER	VIVIR	
(yo)	hablaba	tenía	vivía	
(tú)	hablabas	tenías	vivías	
(él, ella, usted)	hablaba	tenía	vivía	REGULAR
(nosotros/as)	hablábamos	teníamos	vivíamos	
(vosotros/as)	hablabais	teníais	vivíais	
(ellos, ellas, ustedes)	hablaban	tenían	vivían	

	SER	IR	VER	
(yo)	era	iba	veía	
(tú)	eras	ibas	veías	
(él, ella, usted)	era	iba	veía	IRREGULAR
(nosotros/as)	éramos	íbamos	veíamos	
(vosotros/as)	erais	ibais	veíais	
(ellos, ellas, ustedes)	eran	iban	veían	

2 Uses of the Imperfect Tense

The imperfect tense is used to portray various aspects of the background of a story.

▨ *Details about the context in which the story takes place, such as the time, date, place, weather, etc.*

Eran las nueve.
***It was** nine o'clock.*

Era de noche.
***It was** evening.*

Hacía mucho frío y **llovía.**
***It was** very cold and raining.*

Estábamos cerca de Managua.
***We were** near Managua.*

▨ *The condition and description of the people in the story.*

Estaba muy cansado.
***I was** very tired.*

Me **sentía** mal.
*I **felt** sick.*

Yo no **llevaba** anteojos.
***I wasn't wearing** glasses.*

▨ *The existence of things that pertain to the story we are telling.*

Había mucho tráfico.
***There was** a lot of traffic.*

Había un camión parado en la carretera.
There was a truck parked on the road.

▨ To contrast the way things are now and the way they used to be.

Ahora hablo español y portugués. Antes solo **hablaba** inglés.
Now I speak Spanish and Portuguese. I used to speak only English.

Antes **tenía** muchos amigos. Ahora solo tengo dos o tres.
I used to have a lot of friends. Now I only have two or three.

▨ To talk about habitual actions in the past.

Cuando era niño, **íbamos** a la escuela a pie porque no había autobuses escolares.
When I was a child, we used to go to school by foot because there weren't any school buses.

Antes no **salía** nunca de noche; no me **gustaba**.
In the past I did not go out at night; I did not like it.

3 Contrasting the Preterit and the Imperfect Tenses

▨ The preterit tense presents information as an event.

Ayer **llovió**.
It rained yesterday.

Ayer por la noche **estuvimos** en un restaurante muy bueno.
Last night we were in a very good restaurant.

▨ The imperfect tense sets the background to an action that is expressed in the preterit tense.

Fuimos al cine por la noche y al salir, **llovía**.
We went to the movies in the evening, and it was raining when we came out.

Estábamos en un restaurante muy bueno y **llegó** Rogelio.
We were in a very good restaurant and Rogelio arrived.

▨ These types of markers often accompany the preterit tense:

ayer
anoche
el lunes / martes...
la semana pasada
el año pasado
anteayer
el otro día
el (día) 6
el mes pasado

4 Relating Past Events: Cause and Consequence

To demonstrate the consequences of an action we can use **así que** *and* **por eso**.

Mónica tuvo que trabajar para pagarse los estudios **porque** su familia no <u>tenía</u> mucho dinero.
*Monica had to work to pay her studies **because** her family didn't have a lot of money.*

Su familia no <u>tenía</u> mucho dinero, **así que** Mónica tuvo que trabajar para pagarse los estudios.
*Her family didn't have a lot of money, **so** Monica had to work to pay her studies.*

Se fue a casa **porque** le <u>dolía</u> la cabeza.
*He/She went home **because** he/she had a headache.*

Le <u>dolía</u> la cabeza, **por eso** se fue a casa.
*He/She had a headache **so** He/She went home.*

12 GENTE SANA

12–1 Para llevar una vida sana (*healthy*)…

¿Qué hay que hacer para llevar una vida sana? Den algunas recomendaciones.

EJEMPLO:

Para llevar una vida sana (no) hay que…

12–2 En Costa Rica

¿Qué sabes de Costa Rica? Lee este texto y mira los datos para saber más.

Los datos de 2013 de la Organización Mundial de la Salud (OMS) indican que Costa Rica es el país con mayor esperanza de vida de América Latina (79,8 años). El sistema de salud de Costa Rica es el mejor de América Latina. A nivel mundial está en el puesto 34.

☑ **TAREA**

Crear una campaña para la prevención de accidentes o problemas de salud.

NUESTRA GENTE

Costa Rica
Hispanos/latinos en Estados Unidos

Explore
Costa Rica with
Club cultura!

	FUENTE (SOURCE)	POSICIÓN MUNDIAL	POSICIÓN EN LATINOAMÉRICA
Desempeño Ambiental (2012)	Universidad de Yale	5	1
Grado de Democracia (2013)	*The Economist*	22	2
Paz Global (2014)	*The Economist*	42	3
Calidad de vida (2014)	*The Economist*	48	6
Índice de Prosperidad (2013)	Instituto Legatum	31	2
Desarrollo humano* (2013)	Naciones Unidas	68	7
Satisfacción de vida (2013)	Banco Interamericano de desarrollo	13	1

*El índice de desarrollo humano (IDH) es un indicador social estadístico compuesto de tres parámetros: vida larga y saludable, educación y nivel de vida digno.

Marca las afirmaciones correctas.

1. En Costa Rica se cuida mucho el medioambiente (*environment*).

2. Costa Rica tiene una de las democracias más estables del mundo.

3. Costa Rica es un país muy pacifista.

4. La calidad de vida en Costa Rica es la más alta de Latinoamérica.

5. Costa Rica es el país más próspero de Latinoamérica.

6. En general la gente de Costa Rica está contenta con su vida.

ACERCAMIENTOS

12–3 Consejos para un corazón sano

Un periódico costarricense publicó estos consejos para prevenir problemas de corazón. Léelos y decide si te estás cuidando bien.

¿Qué tal su corazón? ¡Cuídelo!

¡FUMA?

Si fuma, **déjelo.**
No será fácil. Al 50% de los fumadores les cuesta mucho.
Hay tratamientos que ayudan (chicles, parches, acupuntura, etc.), sin embargo la voluntad es lo más importante.

¿TIENE LA TENSIÓN ALTA?

Si las cifras de tensión son superiores a 140 de máxima y 90 de mínima, **visite** al médico.
La hipertensión es peligrosa. No causa molestias pero poco a poco va deteriorando las arterias y el corazón. Si está tomando medicinas, **no deje** el tratamiento.

¿TIENE EL COLESTEROL ALTO?

Si tiene el colesterol superior a 240 mg/dl, **reduzca** el consumo de grasas animales y **aumente** el de frutas y verduras.

¿BEBE ALCOHOL?

Un poco de vino es bueno para el corazón, pero más de dos vasos al día dejan de ser saludables. Y **no tome** más de cuatro: pueden ser peligrosos.

¿TIENE EXCESO DE PESO?

Divida su peso en kilos por el cuadrado de su altura.
Si el resultado está entre 25 y 29, **reduzca** su peso. Si está por encima de 30, debe visitar a un especialista. Si desea adelgazar, **no haga** dietas extremas.

Ejemplo: usted mide 1,73 metros y pesa 78 kilos.
Operaciones:
1. El cuadrado de su altura: $1,73 \times 1,73 \approx 3$.
2. El peso dividido entre el cuadrado de su altura: $78 \div 3 = 26$.
Conclusión: Usted debe reducir peso.

¿HACE EJERCICIO?

Dé un paseo diario de 45 minutos: Es el mejor ejercicio a partir de una cierta edad.
Tenga cuidado con los deportes violentos: pueden tener efectos negativos para su corazón.

¿TIENE ALGÚN RIESGO COMBINADO?

Si tiene varios de los factores de riesgo anteriores, debe vigilarlos mucho más.

UN FUMADOR DE 40 AÑOS QUE DEJA DE FUMAR GANA CINCO AÑOS DE VIDA CON RESPECTO A OTRO QUE SIGUE FUMANDO.
A LOS DOS AÑOS DE DEJARLO, SU CORAZÓN ES COMO EL DE UN NO FUMADOR.

☐ Cuido bien mi corazón.   ☐ ¡Tengo que cambiar urgentemente de vida!
☐ Tengo que cuidarme un poco más.

Ahora pregunta a tu compañero/a y decide si cuida bien su corazón. ¿Qué tiene que hacer para cuidarse más? Dale algún consejo.

EJEMPLO:
E1: ¿Fumas?
E2: Sí, un poco.
E1: Tienes que dejar de fumar. Es muy malo para el corazón.

VOCABULARIO EN CONTEXTO

12–4 Un verano tranquilo

Una compañía de seguros elaboró esta campaña informativa para evitar los problemas típicos del verano a sus clientes. Lee los textos y completa estas frases con recomendaciones y consejos.

ASEGÚRESE UN VERANO TRANQUILO
Aquí tiene una serie de consejos para evitar problemas de salud frecuentes en esta época del año.

LESIONES PROVOCADAS POR EL SOL

Tomar el sol moderadamente es beneficioso: el sol proporciona vitamina D. Sin embargo, si se toma en exceso, el sol se puede convertir en un peligro.

¿QUÉ HACER?

Quemaduras
Para calmar el dolor es conveniente aplicar agua fría, usar crema hidratante sin grasa y no poner nada en contacto con la piel durante unas horas.

Insolación
Si es ligera, aplíquese paños húmedos por el cuerpo y la cabeza, beba tres o cuatro vasos de agua salada, uno cada cuarto de hora, y descanse en un lugar fresco. Si es grave, llame al médico. Para prevenir quemaduras es aconsejable utilizar cremas con filtros solares, ponerse un gorro o buscar zonas de sombra, especialmente en las horas del mediodía.

INFECCIONES ALIMENTARIAS

El calor hace proliferar frecuentemente gérmenes en algunos alimentos, lo que puede provocar diarreas, vómitos y fiebre. No tome alimentos con huevo crudo o poco cocido. Controle también las fechas de caducidad de los productos envasados y enlatados.

¿QUÉ HACER?

Tras una intoxicación de este tipo, haga dieta absoluta el primer día. Tome únicamente limonada alcalina (1 litro de agua hervida, 3 limones exprimidos, una pizca de sal, una pizca de bicarbonato y 3 cucharadas soperas de azúcar). El segundo día puede tomar ciertos alimentos en pequeñas cantidades: arroz blanco, yogur, plátano, manzana, zanahoria, etc.

PICADURAS

En verano son frecuentes las picaduras. Las más comunes son las picaduras de abeja y avispa, que pueden provocar reacciones alérgicas, y las de mosquito. Los síntomas más frecuentes son inflamación, dolor y escozor. En algunos casos pueden aparecer diarreas, vómitos, dificultad al tragar, convulsiones, etc. En este caso, hay que llevar al paciente al servicio de emergencias más próximo.

---

1. Si tomas el sol... tienes que _____ una gorra y _____ cremas.
2. Si te quemaste muchísimo...
3. Si comes en un restaurante en verano...
4. Si te pica una abeja...
5. Si tienes diarrea...
6. Si, después de una picadura, tienes vómitos...
7. Si tienes síntomas muy graves...

12–5 Y a ellos, ¿qué les pasa?

Escucha este diálogo entre un paciente y un médico. Escribe qué le pasa al paciente, cómo ocurrió y la recomendación del médico.

¿Qué le pasa?	¿Por qué?	¿Qué tiene que hacer?
1. _____	_____	_____
2. _____	_____	_____
3. _____	_____	_____

12–6 Problemas en vacaciones

¿Has tenido tú alguno de estos problemas durante las vacaciones? ¿Dónde estabas? ¿Con quién estabas? ¿Qué te pasó? ¿Qué síntomas tenías? Cuéntaselo a tus compañeros/as.

EJEMPLO:

Yo una vez estaba en la costa de vacaciones con unos amigos, comimos langosta y a las dos horas me puse enfermísimo… Me dolía mucho el estómago.

12–7 ¿Qué le duele?

Una serie de personas llegan al hospital por razones diferentes. ¿A qué sección deben ir?

EJEMPLO:

José Luis tiene que ir a **odontología** en el quinto piso.

1. A Francisco le duele mucho la garganta, la nariz y los oídos. Está resfriado.
2. Marisa necesita anteojos nuevos.
3. Mercedes trajo a sus hijos a una revisión médica y a ponerles unas vacunas.
4. A José Luis le duelen las muelas.
5. Bartolomé se lesionó jugando al fútbol.
6. Reinaldo tuvo un infarto hace dos meses.
7. Rodrigo tiene depresión y está en tratamiento desde hace seis meses.
8. Rosalinda está embarazada y espera su bebé para noviembre.
9. Marcos está muy enfermo. Tiene cáncer de pulmón.

HOSPITAL SANTA MARÍA MILAGROSA
SAN JOSÉ, COSTA RICA

Cardiología (3er piso)	Odontología (5° piso)
Cirugía general (4° piso)	Oftalmología (5° piso)
Cuidados intensivos (4° piso)	Oncología (4° piso)
Emergencias médicas (1er piso)	Ortopedia (1er piso)
Gastroenterología (4° piso)	Otorrinolaringología (3er piso)
Ginecología (2° piso)	Pediatría (2° piso)
Medicina del deporte (1er piso)	Psiquiatría (3er piso)
Medicina familiar (2° piso)	Radiología (1er piso)

12–8 Síntomas

¿Conoces estas enfermedades? Elige una que conozcas y describe los síntomas, lo que hay que hacer y lo que no se debe hacer. Tu compañero/a tratará de adivinar cuál es.

el dolor de cabeza/ de oídos/de espalda/ de muelas

la conjuntivitis	la diabetes
la anemia	la migraña
el lumbago	la gripe
el asma	la bronquitis
otra: _____	

EJEMPLO:

E1: Cuando tienes esto te duelen los ojos. No hay que tomar el sol y hay que lavarse bien los ojos.

E2: ¡La conjuntivitis!

GRAMÁTICA EN CONTEXTO

12-9 La historia clínica

Juan José Morales tuvo que ir a emergencias porque se cayó. La enfermera completó esta ficha.

Nombre: Juan José   **Apellidos:** Morales Ramos
Edad: 31 años   **Peso:** 85 kilos   **Estatura:** 1,81 metros
Grupo sanguíneo: A+
Enfermedades: meningitis, hepatitis
Operaciones: apendicitis, menisco
Alergias: ninguna
Observaciones: paciente hipertenso, fumador
Medicación actual: cápsulas contra la hipertensión
Motivo de la visita: dolor agudo en la rodilla izquierda producido por una caída

Ahora escuchen este diálogo entre el enfermero y una paciente. Completen una ficha similar.

Nombre: Apellidos:
Edad: Peso: Estatura:
Grupo sanguíneo: Enfermedades:
Operaciones: Alergias:
Observaciones:
Medicación actual:
Motivo de la visita:
Diagnóstico preliminar:

EJEMPLO:

E1: ¿Es alérgico a algo?
E2: Sí, tiene alergia a la penicilina.

12-10 ¡Pobrecitos!

Mira las fotos de Javier, Félix y Juan. Escribe qué les pasa y qué crees que deben y no deben hacer. Usa formas de imperativo y algunos adverbios terminados en -*mente*.

Javier   Félix   Juan

	¿QUÉ LE PASA?	RECOMENDACIONES
Javier		¡**Camina** muy **lentamente**!
Félix		
Juan		

LA SALUD

¿Cuánto pesa/s?
¿Cuánto mide/s?
¿Cuál es su/tu grupo sanguíneo?
¿Es/eres alérgico/a a algo?
¿Ha/s tenido alguna enfermedad grave?
¿Lo/la/te han operado alguna vez?
¿De qué lo/la/te han operado?
¿Toma/s algún medicamento?
¿Qué le/te pasa?

Le duele mucho el estómago. Se encuentra muy mal.

¿Qué le pasa?

Estoy cansado / enfermo / mareado
No me encuentro bien.
No me siento bien.

Me siento / encuentro { cansado.
                            débil. }

Tengo { **un** resfriado.
            una indigestión.
            gripe.
            diarrea. }

Tengo dolor de { muelas.
                     cabeza.
                     barriga. }

Me / te / le duele { la cabeza.
                         el estómago.
                         una muela.
                         aquí. }

Me / te / le duelen { los ojos.
                          los pies. }

TÚ IMPERSONAL

Si **comes** demasiado, **engordas.**
Cuando **tienes** gripe, **te sientes** mal.

EL IMPERATIVO (MANDATOS)

Formas Regulares

TOMAR

tú	toma	no tomes
usted	tome	no tome

COMER

tú	come	no comas
usted	coma	no coma

VIVIR

tú	vive	no vivas
usted	viva	no viva

Formas Irregulares

HACER

tú	**haz**	no **hag**as
usted	**haga**	no **haga**

IR

tú	**ve**	no **vay**as
usted	**vay**a	no **vay**a

RECOMENDACIONES

IMPERSONALES

Cuando se tiene la tensión alta...

...**no hay que comer** sal.

...**no es conveniente comer** sal.

...**no se debe comer** sal.

Tener la tensión alta **puede** ser peligroso para el corazón.

PERSONALES

Si tienes la tensión alta...

...**no comas** sal.

...**no debes comer** sal.

...**puedes** enfermarte.

No coma mucha sal.

ADVERBIOS (–MENTE)

moderada	→	moderada**mente**
excesiva	→	excesiva**mente**
frecuente	→	frecuente**mente**
regular	→	regular**mente**
lenta	→	lenta**mente**

 12–11 A dieta

Estas amigas comentan dos dietas para adelgazar. ¿En qué consisten? ¿Cuál te parece mejor?

	TIENES QUE...	NO PUEDES...	HAY QUE...
dieta del "sirope"			
dieta del astronauta			

¿Tienes tú otras sugerencias para adelgazar?

12–12 Disfrute de la naturaleza en Costa Rica

Lee este texto sobre las actividades relacionadas con la naturaleza que ofrece Costa Rica. Después completa el cuadro.

- Playas: ideales para la práctica de actividades enfocadas en la naturaleza y el mar, como la pesca deportiva y el buceo, y también para disfrutar del sol y los paseos a orillas del mar. Las playas de la costa del Pacífico son preferidas para la práctica del surf.

- Aventura: Costa Rica es tierra de volcanes, bosques húmedos, enormes cataratas y ríos caudalosos. Esta naturaleza facilita una variada oferta de actividades, que incluye rafting, windsurf, buceo, kayaking, pesca deportiva o surf.

- Ecoturismo: El país está dividido en 20 parques naturales, ocho reservas biológicas y una serie de áreas protegidas que cautivan a los amantes de las actividades ecoturísticas. La oferta de excursiones es muy variada: desde paseos a caballo hasta caminatas por senderos montañosos y salidas guiadas para la observación de aves. El Parque Nacional Tortuguero es famoso por sus tortugas marinas.

	IMPERATIVO NEGATIVO	IMPERATIVO	TÚ IMPERSONAL
Si vas a las playas...	**no vayas** sin bronceador	**practica** el surf y la pesca	**puedes** bucear / **necesitas** bronceador
Si quieres aventura...			
Si te gusta el ecoturismo...			
Si quieres conocer algún parque natural...			
Si te gustan los animales...			
Si te gusta el deporte...			

INTERACCIONES

ESTRATEGIAS PARA LA COMUNICACIÓN ORAL

Verbal courtesy (II)

As we have seen in *Lección 8* and in this lesson, the command forms have many more functions than just giving orders or commands. We can use them to give advice, recommendations, and warnings. Other uses of the command forms are:

1. To attract someone's attention:
   - *Oye / oiga, ¿me puede decir qué hora es?*
   - *Disculpa / disculpe, ¿dónde está la oficina del doctor Rosales?*
   - *Mira / mire, este es el parque donde quiero ir de vacaciones.*
2. To encourage the listener:
   - *Pasa / pase y siéntate / siéntese, por favor.*
   - *No te preocupes / se preocupe. Todo va a salir bien.*
   - *¿Te importa si uso este libro?*
   - ○ *Sí, claro, úsalo.*
3. In fixed expressions:
   - *¡No me digas!* (You're kidding!)

12–13 Con cortesía

Pide a tu compañero/a permiso para hacer estas cosas. Tu compañero/a te debe responder usando imperativos para animarte (*encourage you*).

1. Quieres usar su coche.
2. Has perdido el bolígrafo que tu compañero te prestó. Necesitas otro.
3. Quieres ponerte su abrigo porque tienes frío.
4. Tocas la puerta. Quieres entrar en su cuarto.
5. Quieres comer más pizza.
6. Quieres poner la tele porque hay un partido de fútbol.

EJEMPLO:

E1: **Disculpa**, ¿puedo usar tu carro? Tengo que ir al aeropuerto.
E2: Sí, claro, **úsalo**.

12–14 Hacer deporte para estar sano

Completen individualmente el cuadro con información sobre los deportes que practican. Luego intercambien la información. Háganse preguntas para saber más de estos deportes.

DEPORTE	PROPÓSITO	TRES RECOMENDACIONES
1.	Para hacer/jugar a... Si quieres hacer/jugar...	
2.		
3.		

EJEMPLO:

E1: Yo hago surf. Para hacer surf **hay que** tener mucho equilibrio, **tienes que** concentrarte mucho y **debes** nadar muy bien. **Puede** ser peligroso.
E2: Si quiero aprender, ¿qué me recomiendas?
E1: **Mira**, te recomiendo tres cosas: **compra** una buena tabla, **ve** a una buena playa y **practica** mucho.

12–15 A la aventura

Ustedes están de vacaciones en Costa Rica. Uno de ustedes es experto en windsurfing y el otro en rafting. Den tres recomendaciones (basadas en la información de los textos) a su compañero/a.

Windsurfing

Los vientos que cruzan Costa Rica durante los meses secos crean las condiciones necesarias en la parte noroeste del país para realizar este deporte. En esta región se encuentra el lago Arenal, uno de los puntos más reconocidos y premiados mundialmente. Durante la estación seca el viento alcanza velocidades promedio de 33 millas por hora, algo que solamente pueden manejar los expertos del windsurfing. Durante los meses lluviosos los vientos se calman y es el lugar perfecto para aprender este deporte. La Costa Pacífica (Golfo de Papagayo) es la mejor área para surfeadores con menos experiencia, ya que hay aguas más tranquilas y vientos menos intensos.

Descenso de rápidos (rafting)

En Costa Rica se encuentran algunos de los mejores ríos del mundo para correr rápidos.

- Pacuare: Este río está en la lista de los 10 mejores del mundo para rafting y kayaking. Su curso atraviesa una serie de increíbles y densos bosques, y tiene al menos 20 cascadas. Su recorrido se puede hacer desde mediados de mayo hasta mediados de marzo.
- Sarapiqui: Un bellísimo río ideal para principiantes, disponible de mayo a mediados de marzo. Tiene salvajes viajes al principio, un suave flotar al final y una sección de interminables rápidos en el medio. Ideal para los amantes de la naturaleza.

EJEMPLO:

E1: ¿Cuándo me recomiendas aprender a hacer windsurf?
E2: Si quieres aprender a hacer windsurf **hazlo** durante los meses de lluvia, porque hay menos viento.

12–16 Situaciones: *En la clínica estudiantil*

Two students are at the student health clinic. They are in the doctor's office.

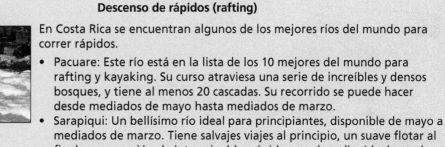

ESTUDIANTE A

When you were coming out of the dorm, you tripped and fell down the stairs. As a result, you are now in a lot of pain. Explain your symptoms to the doctor. Answer the doctor's questions as accurately as possible.

ESTUDIANTE B

After having lunch in the cafeteria, you got sick. Several hours passed but you didn't get better, so you decided to go to the doctor. Explain your symptoms to the doctor. Answer the doctor's questions as accurately as possible.

ESTUDIANTE C

You are a doctor at the student health clinic. Two students with different health problems come to see you. Listen to them, ask them questions, make diagnoses, and give them some recommendations.

TAREA

Crear una campaña para la prevención de accidentes o problemas de salud.

PREPARACIÓN

¿Cuál de los siguientes temas te parece más interesante? Ordénalos de más a menos interesante.

☐ los accidentes de tráfico ☐ las drogadicciones

☐ los trastornos alimenticios (anorexia, obesidad, etc.) ☐ la vida sedentaria

☐ la adicción al tabaco

Ahora observen estas fotos de campañas publicitarias. Relacionen cada una con los temas anteriores. Comenten los mensajes que transmiten y cómo los transmiten. Elijan el tema de su campaña y el dibujo que les sirve como inspiración.

Paso 1 Elaboren una lista de palabras o expresiones relacionadas con el tema que eligieron para su campaña. Usen el dibujo para pensar en palabras. Después piensen en otras imágenes o gráficos que podrían incluir en su campaña.

Paso 2 Para obtener más información, lean la noticia relacionada con el tema que han elegido. ¿Qué datos quieren incluir en su campaña?

1. Aumento de la anorexia

Según la ONU, Argentina es el segundo consumidor mundial de "anorexígenos". Una de cada 10 adolescentes argentinas sufre alguna patología alimentaria y unas 400.000 argentinas optan por consumir diariamente drogas para quitar el hambre. El aumento de su consumo es considerado un síntoma más de la excesiva obsesión por la figura que se vive en muchos países de América Latina. México, Colombia, Perú y Chile también están sufriendo una explosión de casos.

3. Aumenta el alcoholismo en menores

El número de niños y adolescentes que beben en exceso ha aumentado dramáticamente en los últimos años en Latinoamérica. Las estadísticas muestran un aumento del 20% en el número de menores de 18 años admitidos en hospitales por trastornos como envenenamiento de alcohol y un aumento del consumo de alcohol, especialmente en menores de 21 años. Los expertos afirman que parte del problema es el desconocimiento de los peligros del consumo de alcohol.

2. Fumar altera el cerebro "como las drogas"

Según un estudio publicado en el *Journal of Neuroscience*, fumar cigarrillos causa el mismo daño al cerebro que el uso de drogas ilícitas, como la cocaína, produciendo cambios en el cerebro que son evidentes años después de que alguien deja de fumar.

4. Más ejercicio, más felices

Según los científicos, el ejercicio físico intenso libera endorfinas en el cerebro, lo que explicaría la euforia que sienten las personas que lo practican. El ejercicio aumenta la sensación de bienestar y de felicidad.

5. Consumo de drogas en aumento

El aumento global en el consumo de drogas sintéticas supone una carga para toda la sociedad, ya que estas drogas están afectando a los sistemas de salud, que deben costear el tratamiento y la rehabilitación de los pacientes. Los efectos de las drogas sintéticas no son inmediatos, pero su excesivo consumo afecta a ciertas partes del cerebro que controlan los movimientos y la memoria. Estos daños son, en muchos casos, permanentes.

Paso 3 Escriban su campaña, incluyendo

1. la descripción del problema, sus causas y consecuencias principales,
2. una serie de recomendaciones y consejos para evitarlo y combatirlo, y
3. un eslogan.

Paso 4 Presentación de la campaña.
Presenten su folleto en forma de cartel y expongan ante la clase su campaña. La clase decide qué campaña es la mejor.

Paso 5 Foco lingüístico.

AYUDA

Relacionar ideas

La nicotina tiene efectos muy nocivos; **sin embargo**, muchas personas fuman.

La gente bebe mucho por la noche y **por eso** hay tantos accidentes de tráfico.

Adverbios en *-mente*
moderad**amente**
excesiv**amente**
especial**mente**
frecuente**mente**

NUESTRA GENTE

GENTE QUE LEE

ESTRATEGIAS PARA LEER

Considering the type of text

One important pre-reading strategy is to consider the type of text that you will be reading. For example, when you are about to read a newspaper article, you can anticipate certain structures (based on headlines or titles, subtitles, etc.), and a specific writing style. What could you expect to find if you were about to read the following types of texts?

1. un horario (*a schedule*)
2. una tabla o gráfico (*a chart or graphic*)
3. un cuento (*a short story*)
4. un panfleto (*a brochure*)
5. una carta
6. una entrevista
7. un poema
8. un menú
9. un correo electrónico

ANTES DE LEER

12–17 El sistema de salud ideal

Ordena, de más a menos importante, las características de un buen sistema de salud en cualquier país.

☐ acceso gratuito para los ciudadanos con menos recursos

☐ médicos que te prestan mucha atención y que son muy amables

☐ hospitales muy acogedores

☐ bajos precios de los servicios médicos

☐ rapidez en la atención médica (cirugías, urgencias...)

☐ acceso para todo el mundo (visitantes, inmigrantes...)

☐ médicos muy bien preparados

¿Conoces el sistema de salud de tu país? ¿Qué características tiene? Señala los aspectos positivos y los negativos.

12–18 Activando estrategias

1. Considera el título del texto. ¿Es informativo?
2. Mira por encima (*skim*) el texto durante 30 segundos. ¿Qué información has obtenido?
3. Busca la siguiente información en el texto usando la técnica del escaneado (*scanning*):
    A. Número de hospitales y clínicas en Costa Rica.
    B. Porcentaje de visitantes que van a Costa Rica para obtener servicios médicos.

DESPUÉS DE LEER

12–19 ¿Comprendes?

1. Costa Rica es el segundo país en esperanza de vida. Da dos razones que expliquen esto.
2. En Costa Rica no hay ejército. ¿Qué consecuencia positiva tiene este hecho?
3. ¿Por qué muchos médicos de Costa Rica hablan más de un idioma?
4. ¿Cuánto tiene que pagar un extranjero residente para tener acceso al sistema de salud?
5. ¿Por qué muchas personas van a Costa Rica para tener cirugía plástica?

A LEER

CUIDADO MÉDICO DE CALIDAD PARA TODO EL MUNDO

Según un informe de la Organización Mundial de la Salud (OMS), Costa Rica es el segundo país con mayor esperanza de vida del continente americano, detrás de Canadá y por encima de Estados Unidos y Chile. Esto es **especialmente** relevante si se considera que su renta per cápita es una décima parte de la de esos países. Ciertamente, algunas razones de este fenómeno se pueden encontrar en la forma de vida menos frenética de los costarricenses: los alimentos frescos, saludables y sin **conservantes**, el clima tropical…; sin embargo, la razón principal es que su gobierno continúa un **compromiso** de muchos años: el de ofrecer a cada uno de sus ciudadanos servicio **asequible** en uno de los mejores sistemas sanitarios del mundo.

El sistema médico de Costa Rica es el segundo de América Latina y figura entre los mejores del mundo. La ausencia de ejército y el énfasis del gobierno en el bienestar social y educativo de sus ciudadanos han dado como resultado un sistema de salud **altamente** desarrollado. El Dr. Soto, jefe de cirugía del Hospital México, dice que Costa Rica es única en su posición mundial con respecto a la sanidad. "He estudiado todos los sistemas de salud en las Américas y puedo asegurarle que en ninguna parte se puede encontrar lo que ofrece Costa Rica a sus ciudadanos". Con una red estatal de 29 hospitales y de más de 250 clínicas a través del país, el sistema público de salud tiene la responsabilidad de proporcionar servicios médicos de bajo costo a toda la gente de Costa Rica y a cualquier residente extranjero o visitante. Los extranjeros residentes solo tienen que pagar una pequeña tasa anual basada en sus ingresos.

Generalmente los doctores y dentistas de Costa Rica reciben su entrenamiento médico en Costa Rica. Después viajan al extranjero para formarse en especialidades diversas y lo hacen en excelentes universidades de Europa o Estados Unidos. Por eso no es extraño encontrar médicos que hablan dos o más idiomas. Muchos de ellos trabajan por la mañana en el sistema público y luego en su **consulta** privada.

Se calcula que alrededor del 14% de todos los visitantes que llegan a Costa Rica lo hacen con el propósito de recibir algún tipo de atención médica. Gente de todo el mundo llega para visitar dentistas, tener cirugías de diversos tipos o pasar una temporada en uno de los balnearios del país. Costa Rica también es destino para aquellos que buscan la fuente de la eterna juventud; los cirujanos plásticos de este país atienden diariamente a cientos de visitantes para llevar a cabo reconstrucciones faciales, reducciones o aumentos de pecho, lipoesculturas, eliminación permanente del **vello** no deseado, injertos capilares, borrado de cicatrices, y muchos otros tratamientos de belleza. Además, el costo de estos tratamientos y cirugías suele ser un tercio más bajo que el de otros países como los Estados Unidos, llegando a veces a costar la mitad.

12–20 Activando estrategias

1. Observa las tres palabras del primer párrafo marcadas en negrita: "especialmente", "conservantes" y "compromiso". ¿Crees que son cognados o falsos cognados? Usa el diccionario si no sabes la respuesta.

2. Usa el contexto para adivinar el significado de las palabras "asequible" y "consulta".

3. Si "alto" significa *tall*, ¿qué significa "altamente"? ¿Qué categoría gramatical es y cómo se forma? Busca dos palabras más en el texto de la misma categoría y formación.

4. Busca en el diccionario la palabra "vello". Identifica primero la categoría y dale el significado adecuado al contexto. ¿Sabes un sinónimo?

12–21 Expansión

¿Qué opinas del sistema de salud de Costa Rica? Menciona aspectos positivos y negativos. ¿Conoces otros países con sistemas de salud como este o mejores?

GENTE QUE ESCRIBE

ESTRATEGIAS PARA ESCRIBIR

The good foreign language writer

Good writers use similar strategies:

1. They have a plan, but are willing to change it as they write, coming up with new ideas.
2. They are willing to revise, and consider early drafts to be tentative.
3. They delay editing and worry about formal correctness only after they are satisfied with the ideas and the organization.
4. They stop frequently and reread what they have written.
5. They write a bit every day and take breaks. This strategy produces better writing.

MÁS ALLÁ DE LA FRASE

Reviewing your text for cohesion

In order to go beyond the sentence level, you need mechanisms to give cohesion to your text. When reviewing the text, make sure you have used a variety of connectors (to organize, to add and sequence ideas, to introduce examples, to clarify information, or to express relations of cause and effect). The use of referent words that carry information about previous elements (pronouns such as *él, la, ello, lo, la, los, las,* or demonstratives such as *este, esto,* etc.) will eliminate excessive repetition. To make sure you do not repeat information, revise your draft and look for information that can be replaced with these referents.

1. Find in the text about Costa Rica (*A leer* section) the following underlined words : "esto," "esos países," "este fenómeno," "muchos de ellos," and "lo." What or who are they referring to? How do they help you as a reader to understand the text?
2. Now find the underlined connectors "sin embargo," "después," "por eso," "luego," "también," and "además." What is their function?

12–22 Artículo informativo

El periódico en español de tu escuela necesita un artículo con recomendaciones y consejos para llevar una vida saludable durante el año académico. Escribe tu artículo después de reflexionar sobre los posibles significados de este gráfico.

¡ATENCIÓN!

Para generar ideas, piensa en el propósito de tu artículo y las personas que van a leerlo. Luego desarrolla un esquema y decide cómo quieres organizar la información. Sigue los Pasos 1 a 8 y revisa los mecanismos que has usado para conseguir cohesión textual.

COMPARACIONES

12–23 Salud y biodiversidad

¿Qué es la biodiversidad? ¿Crees que tiene relación con la salud? Da algunos ejemplos. Luego lee el texto y responde a las preguntas.

Biodiversidad en Costa Rica

Recientes investigaciones sobre biodiversidad y salud humana demuestran que la salud del ser humano depende completamente de la salud del ecosistema. Costa Rica es uno de los mejores ejemplos de un país que se preocupa por su biodiversidad. Está dividido en 20 parques naturales, 8 reservas biológicas y una serie de áreas protegidas. Su excelente sistema de conservación garantiza la supervivencia de las especies autóctonas.

El Parque Internacional La Amistad, patrimonio de la humanidad debido a su excepcional valor universal, tiene un gran número de extraordinarios hábitats. Una mezcla de bosques muy altos y húmedos cubre la mayor parte del territorio. Se han observado más de 263 especies de anfibios y reptiles, así como también mamíferos como pumas, jaguares, monos, etc. Hay más de 400 especies de aves.

La Isla del Coco, en el Océano Pacífico, es un laboratorio natural para el estudio de la evolución de las especies. Hay unas 235 especies de plantas, 85 de aves, 200 de peces y 18 de corales. También es común encontrar tiburones blancos y aves marinas como la gaviota y el pingüino. Las leyes de conservación mantienen el balance entre los ecosistemas de la isla y ayudan a preservar los organismos marinos en peligro de extinción.

1. ¿Existe en tu país una preocupación por la biodiversidad y la salud del medio ambiente? ¿Crees que es suficiente? ¿Hay parques nacionales y espacios naturales protegidos? Da algunos ejemplos.

2. Hagan una lista de seis recomendaciones para el gobierno de su país con el objetivo de mejorar la salud del ecosistema y, consecuentemente, la de todos.

CULTURA

La población de origen costarricense en Estados Unidos asciende a aproximadamente 125.000 personas y se ubica principalmente en California, Florida, Texas y el área de Nueva York. Los costarricenses que emigraron en el pasado a Estados Unidos no lo hicieron por problemas políticos o económicos. Por ello, solo unos 70.000 costarricenses han emigrado a Estados Unidos desde 1930.

Óscar Arias es el costarricense más conocido a nivel internacional. Recibió el Premio Nobel de la Paz en 1987 gracias a sus esfuerzos para conseguir la paz en América Central. Fue presidente de Costa Rica desde 2006 hasta 2010, y también desde 1986 a 1990.

Óscar Arias

Franklin Chang-Díaz es un astronauta y físico costarricense de nacimiento, nacionalizado estadounidense. Completó su doctorado en ingeniería nuclear en MIT. Fue el primer latinoamericano en la NASA y ha realizado siete misiones en transbordador espacial. En 2005 fundó un laboratorio llamado Ad Astra Rocket en Costa Rica. Su investigación se concentra en la construcción de un motor de plasma que permita la realización de viajes espaciales más rápidos y económicos. Chang-Díaz forma parte del Salón de la Fama de astronautas de la NASA desde 2012.

Franklin Chang-Díaz

Go to **MySpanishLab** to review what
you have learned in this chapter.

| Flashcards | Oral Practice | Practice Test / Study Plan | amplifire Dynamic Study Modules | Tutorials | Videos | Extra Practice |

VOCABULARIO

Medicina: síntomas y enfermedades
(Medicine: symptoms and illnesses)

la alergia	*allergy*
el ataque al corazón	*heart attack*
el cansancio	*tiredness*
el cigarrillo	*cigarette*
el/la cirujano/a	*surgeon*
la cirugía	*surgery*
la consulta	*(doctor's) office*
el dolor	*pain*
el dolor de cabeza	*headache*
el dolor de espalda	*backache*
el dolor de estómago	*stomachache*
el dolor de muelas	*toothache*
el dolor de oídos	*earache*
la enfermedad	*illness, sickness*
la fiebre	*fever*
el/la fumador/a	*smoker*
la gripe	*flu*
la inflamación	*swelling, inflammation*
la insolación	*sunstroke*
el insomnio	*sleeplessness, insomnia*
la intoxicación	*food poisoning*
el jarabe	*syrup*
la lesión	*injury*
el mareo	*dizziness*
el masaje	*massage*
la medicina	*medicine*
el/la médico	*doctor*
la operación	*surgery*
la pastilla	*pill*
el peso	*weight*
la picadura	*sting, bite*
la píldora	*pill*
la quemadura	*burn*
la receta	*prescription*
el régimen	*diet*
el resfriado	*cold*
el riesgo	*risk*
la salud	*health*
el seguro médico	*health insurance*
el servicio de emergencias	*emergency room*
el síntoma	*symptom*
la tensión	*blood pressure*
la tos	*cough*
el tratamiento	*treatment*

Adjetivos *(Adjectives)*

adicto/a	*addicted*
alérgico/a	*allergic*
grave	*severe, serious*
inconsciente	*unconscious*
mareado/a	*dizzy*
peligroso/a	*dangerous*
recomendable	*advisable*

Verbos *(Verbs)*

adelgazar	*to lose weight*
advertir (ie) (de)	*to notice, to warn*
aumentar	*to increase*
caerse	*to fall*
cansarse	*to get tired*
cuidarse	*to take care of oneself*
dejar de	*to stop doing something*
descansar	*to rest*
desmayarse	*to faint*
doler	*to hurt*
enfermarse	*to get sick*
engordar	*to gain weight*
estirarse	*to stretch*
evitar	*to avoid*
fumar	*to smoke*
lesionarse	*to get hurt, to get injured*
marearse	*to get dizzy*
medir (i)	*to measure*
operar	*to operate on*
operarse (de)	*to have surgery*
padecer (zc)	*to suffer*
pesar	*to weight*
picar	*to itch, to sting*
prevenir	*to prevent*
quemarse	*to get burned*
recetar	*to prescribe*
resfriarse	*to get a cold*
romperse (algo)	*to break (something)*
sudar	*to sweat*
toser	*to cough*
tumbarse	*to lie down*
vomitar	*to vomit*

Otras palabras y expresiones
(Other words and expressions)

la advertencia	*warning*
el consumo	*consumption*
estar resfriado/a	*to have a cold*
hacerse daño	*to hurt oneself*
ponerse enfermo / enfermarse	*to get sick*
tener exceso de peso	*to be overweight*
tener un accidente	*to have an accident*

CONSULTORIO GRAMATICAL

1 Command Forms

Commands in Spanish have affirmative and negative forms. In Lección 6 we studied affirmative forms. In this lesson we will review those, and also study negative commands.

(Please see the Consultorio gramatical in Lección 6 for a review of affirmative command forms, and the multiple uses of command forms in Spanish).

REGULAR FORMS

	TOMAR	BEBER	VIVIR
(tú)	toma / no tomes	bebe / no bebas	vive / no vivas
(usted)	tome / no tome	beba / no beba	viva / no viva

> **¡ATENCIÓN!**
>
> When asking others not to do something, the imperative form may come across as aggressive, and therefore it is only used in very casual situations, or when softened by other expressions.
>
> Por favor, **no se siente** ahí. Esa silla está rota.   Carlitos, **no comas** tan deprisa...
> Please, **don't sit** there. That chair is broken.   Carlitos, **don't eat** so quickly...

IRREGULAR FORMS

HACER	(tú)	**haz**	no **hagas**	SALIR	(tú)	**sal**	no **salgas**
	(usted)	**haga**	no **haga**		(usted)	**salga**	no **salga**
PONER	(tú)	**pon**	no **pongas**	DECIR	(tú)	**di**	no **digas**
	(usted)	**ponga**	no **ponga**		(usted)	**diga**	no **diga**
SER	(tú)	**sé**	no **seas**				
	(usted)	**sea**	no **sea**				
IR	(tú)	**ve**	no **vayas**				
	(usted)	**vaya**	no **vaya**				
VENIR	(tú)	**ven**	no **vengas**				
	(usted)	**venga**	no **venga**				
TENER	(tú)	**ten**	no **tengas**				
	(usted)	**tenga**	no **tenga**				

Ve a clase. Es tarde.

¡No vayas; espera! ¡Ven aquí!

Use of negative commands

Negative commands are used primarily to make recommendations, give warnings, and give advice.

No fumes tanto; tienes tos.
Don't smoke so much; you have a cough.

No salgas ahora; hay mucho tráfico.
Don't go out now; there is too much traffic.

No ponga sal en el pollo y **no beba** alcohol.
Don't put salt on the chicken and **don't drink** alcohol.

Pronoun placement

In contrast to what happens with the affirmative imperative, in the negative form the direct object, the indirect object, and reflexive pronouns precede the verb.

Di**le** a Luisa la verdad.
Tell Luisa the truth.

No **le** digas nada a Luisa.
Don't tell anything to Luisa.

Esas pastillas, tóma**las** en ayunas.
Those pills, take them before breakfast.

Esas pastillas, no **las** tomes en ayunas.
Those pills, don't take them before breakfast.

Póng**ase** la chaqueta.
Put the jacket on.

No **se** ponga la chaqueta.
Don't put the jacket on.

¿Me la dejas?

De acuerdo, pero cuídala bien.

2 Recommendations, Advice, and Warnings

As we saw in Lección 5, there are many ways to give recommendations and advice.
These ways can be more or less personal.

IMPERSONAL

Cuando tienes la tensión alta, | no se debe
Si tienes la tensión alta, | no hay que
 | no es bueno   **comer** sal.
 | no es aconsejable

When you have high blood pressure, | *you mustn't*
If you have high blood pressure, | *you shouldn't*
 | *it is not good to   eat salt.*
 | *it is not recommended to*

Algunos deportes **pueden** ser peligrosos para el corazón.
*Some sports **can** be dangerous for your heart.*

PERSONAL

Si tienes dolor de estómago, | no comas sal.
 | hay que tomar té.   *If you have a stomachache,* | *don't eat salt.*
 | debes tomar té. | *you should have tea.*
 | | *you must have tea.*

Si tomas tanto sol, te **puedes** quemar.
If you get so much sun, you can get sunburned.

Tienes que dejar de fumar.
Y debes ir al médico,
no tienes buena cara.

3 Impersonal *Tú*

The second person of a verb can have an impersonal meaning in Spanish. It can also serve as a way to talk about oneself indirectly, without saying yo.

Si **comes** demasiado, **engordas.**   Cuando **tienes** dolor de estómago, es bueno tomar té.
(= anybody, everybody)   (= anybody, everybody)
*If **you eat** too much, **you get fat.***   *When **you have** a stomachache, it is good to have tea.*

Sales, te acuestas tarde y luego **te sientes** muy mal.
***You go out, you go to bed** late and then **you feel** very sick.*

*Remember that we can also express impersonal meaning with **se** and the third person of the verb (see Lección 8).*

Si **se come** demasiado, **se engorda.**   Cuando **se tiene** dolor de estómago, es bueno tomar té.
*If **one eats** too much, **one gets fat.***   *When **one has** a stomachache, it is good to have tea.*

4 Talking about Health

Questions at the doctor's office

¿Cuál es tu / su grupo sanguíneo?   **¿Toma/s algún medicamento?**
What's your blood type?   *Do you take any medication?*

¿Es/Eres alérgico a algo?   **¿Cuánto mide/s?**
Are you allergic to anything?   *How tall are you?*

¿Ha/s tenido alguna enfermedad?   **¿Cuánto pesa/s?**
Have you ever had an illness?   *What's your weight?*

¿Lo / la / te han operado alguna vez?   **¿Cómo se/te siente/s?**
Have you ever had surgery?   *How do you feel?*

¿De qué lo / la / te han operado?   **¿Qué le/te pasa?**
What kind of surgery have you had?   *What's the problem?*

To describe physical conditions

Estoy / estás / está......
    cansado/a (tired)
    enfermo/a (sick)
    mareado/a (dizzy)
    resfriado/a (have a cold)

Tengo / tienes / tiene...
    un resfriado (a cold)
    una indigestión (an indigestion)
    gripe (a cold)
    diarrea (diarrhea)

Tengo / tienes / tiene... dolor de
    muelas (toothache)
    cabeza (headache)
    barriga (stomachache)

Me / te / le... duele
    la cabeza (my/your/his/her head hurts)
    el estómago (my/your/his/her stomach hurts)
    una muela (my/your/his/her tooth hurts)
    acá (it hurts here)

Me / te / le... duelen
    los ojos (my/your/his/her eyes hurt)
    los pies (my/your/his/her feet hurt)

Me encuentro / me siento...
    cansado (I feel tired)
    débil (I feel weak)
    bien/mal (I feel good/bad)

¡ATENCIÓN!

The verb doler is similar to gustar. The subject is the part of the body that hurts, not the person who expresses the condition.

The verbs sentirse and encontrarse are reflexive verbs. The subject is the person who experiences the sensation or condition.

	ENCONTRARSE	SENTIRSE
(yo)	me encuentro	me siento
(tú)	te encuentras	te sientes
(él, ella, usted)	se encuentra	se siente
(nosotros/as)	nos encontramos	nos sentimos
(vosotros/as)	os encontráis	os sentís
(ellos/as, ustedes)	se encuentran	se sienten

5 Adverbs ending in -mente

These adverbs are formed from the feminine form of an adjective and are commonly used in Spanish to express the way in which something is done.

Seguramente es una fractura de fémur.

Sí, ocurre frecuentemente con jugadores de fútbol.

		FEMININE ADJECTIVE + **mente**
moderada	⟶	modera**damente**
excesiva	⟶	excesiva**mente**
frecuente	⟶	frecuente**mente**
lenta	⟶	lenta**mente**
rápida	⟶	rápida**mente**

¡ATENCIÓN!

The meaning of the adverb created by adding **-mente** is not always the same as that of the adjective from which it was formed.

Yo **personalmente** pienso que eso no es verdad.
I **personally** think that isn't true.

Hola, Juan, **precisamente** estábamos hablando de ti.
Hello, Juan, we were **just** speaking about you.

Seguramente iremos de vacaciones a París.
We will **most likely** go on vacation to Paris.

¡Hola! **Justamente** quería llamarte.
Hi! I was **just** going to call you.

13 GENTE y LENGUAS

Hugo Ramos

Yo soy paraguayo, de un pueblecito cerca de Asunción, la capital. En mi casa, con mi familia, siempre hemos hablado guaraní, pero obviamente todos sabemos castellano y lo hablamos, por ejemplo, en el trabajo. A mí me gusta decir que soy bilingüe y bicultural. Además hablo y escribo inglés y ahora estoy estudiando francés.

Elisabeth Silverstein

Yo soy argentina, de origen alemán. De niña solo sabía español porque crecí en Argentina. Pero después fui a estudiar a Alemania y allá aprendí el alemán. También tengo conocimientos de hebreo porque soy judía y en mi familia todos hemos aprendido hebreo. En el terreno profesional tengo que leer mucho en inglés porque soy bióloga. La lengua internacional de la ciencia es sin duda el inglés.

Edurne Etxebarría

Yo soy española, del País Vasco. En casa de mis padres siempre hemos hablado euskera, o sea, vasco; nunca español. Mi marido es madrileño y ahora, en casa, hablo en español con él. A los niños mi marido les habla en español y yo en euskera. Además, me parece muy importante aprender inglés y por eso van a una escuela de idiomas cuatro veces por semana.

Alberto Fernández

Yo soy paraguayo, de San Pedro. Mi pasión son los idiomas. Además del español y el guaraní, que son mis lenguas maternas, tengo un buen nivel de francés, inglés, italiano y portugués. Estudié árabe por tres años pero quiero seguir perfeccionándolo. Y este año quiero empezar con el japonés. Me fascina conocer otros pueblos, otros países, y a mí me parece que la única manera de hacerlo es aprendiendo sus lenguas y sus culturas.

TAREA

Elaborar una lista de las razones más importantes para aprender español y de las mejores estrategias y recursos para aprenderlo.

NUESTRA GENTE

Paraguay
Hispanos/latinos en Estados Unidos

Explore **Paraguay** with *Club cultura!*

ACERCAMIENTOS

13–1 La importancia de aprender lenguas extranjeras

¿Crees que es importante hablar lenguas? ¿Por qué? Mira las fotos de estas personas y lo que nos dicen sobre este tema.

	¿QUÉ LENGUAS SABEN?	¿POR QUÉ SON BILINGÜES, TRILINGÜES O MULTILINGÜES?
Hugo:		
Elisabeth:		
Edurne:		
Alberto:		

13–2 ¿Y tú?

¿Cuántas características compartes con estas personas? Explícaselo a la clase.

EJEMPLO:

Yo también soy bilingüe, como Hugo, Edurne y Alberto.

Yo también estudié _____ pero no _____

A mí también me gusta(n) _____

Yo también tengo un buen nivel de _____

A mí también me parece que _____

13–3 Miles de lenguas

En el mundo se hablan aproximadamente 6.800 lenguas, repartidas en más de 220 países. ¿Sabes dónde se hablan? Mira la tabla.

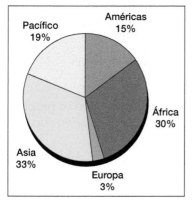

CONTINENTE	POBLACIÓN	LENGUAS VIVAS	PORCENTAJES
África	780 millones	2.011	30%
América	828 millones	1.000	15%
Asia	3.600 millones	2.165	33%
Europa	728 millones	225	3%
Pacífico	30 millones	1.202	19%
Total	6.000 millones	6.703	100%

Estos son los países con el mayor número de lenguas. La mitad de las lenguas del mundo se habla en tan solo ocho países:

Papúa-Nueva Guinea	832
Indonesia	731
Nigeria	515
India	400
México	288
Camerún	286
Australia	268
Brasil	234

En Latinoamérica hay más de 700 lenguas indígenas. Estos son los países con mayor número:

México	282	Guatemala	51
Brasil	234	Venezuela	40
Perú	96	Bolivia	33
Colombia	79		

- ¿Qué datos de estos cuadros te parecen más interesantes? ¿Por qué?
- La mitad de las lenguas del mundo está en peligro de desaparición. ¿Por qué crees que desaparece una lengua? ¿Cómo se pueden preservar las lenguas?

VOCABULARIO EN CONTEXTO

13–4 Paraguay, un país bilingüe

Lee este texto sobre Paraguay. Luego mira el gráfico y coméntalo con la clase.

Paraguay reconoció el guaraní (idioma autóctono) como lengua nacional en 1967. Desde 1992 es idioma oficial junto con el español y en las escuelas la enseñanza se hace en ambos idiomas.

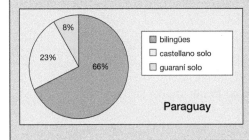

8%	
23%	▣ bilingües
66%	☐ castellano solo
	☐ guaraní solo

Paraguay

Artículo 140 de la Constitución de Paraguay
DE LOS IDIOMAS:
El Paraguay es un país pluricultural y bilingüe. Son idiomas oficiales el castellano y el guaraní. [...] Las lenguas indígenas, así como las de otras minorías, forman parte del patrimonio cultural de la Nación.

¿Conoces otros países bilingües en Latinoamérica? ¿Y en el resto del mundo? ¿Qué opinas de la enseñanza bilingüe?

 ### 13–5 La riqueza de las lenguas

Lee el texto de la página 221 y subraya las partes en las que se desarrollan las siguientes afirmaciones:

1. En una conversación la comunicación no verbal es tan importante como la verbal, o más.
2. El dominio de la gramática, del vocabulario y de la pronunciación no son suficientes para comunicarse en una lengua extranjera.
3. La comunicación no verbal se aprende por imitación.
4. Las reglas propias de la conversación no son iguales en todas las culturas.

Escribe 10 palabras del texto que se relacionan con el tema de las lenguas y la comunicación.

13–6 Anécdotas

 Debido a las diferencias culturales, en la comunicación intercultural a veces ocurren problemas. Tres personas nos explican sus experiencias. Escucha las anécdotas, marca la información correcta y completa las frases.

	el vocabulario
La 1ª persona tuvo problemas con...	la distancia física
La 2ª persona tuvo problemas con...	la gramática
La 3ª persona tuvo problemas con...	las fórmulas de cortesía
	las reglas de conversación

En particular, la 1ª persona _____

En particular, la 2ª persona _____

En particular, la 3ª persona _____

¿Has tenido alguna vez experiencias semejantes? Comparte esta información con la clase.

13–7 Miles de lenguas

Estas son las 12 lenguas más habladas del mundo. Intenten clasificarlas en orden según el número total de hablantes, de mayor a menor. Después su profesor/a va a dar las respuestas correctas. Gana el grupo con más aciertos.

francés	portugués	ruso	árabe	hindi	coreano
español	inglés	japonés	chino mandarín	bengalí	alemán

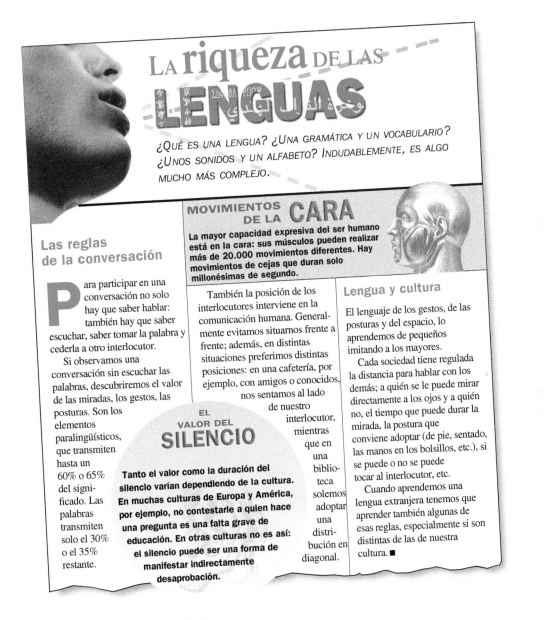

LA **riqueza** DE LAS **LENGUAS**

¿QUÉ ES UNA LENGUA? ¿UNA GRAMÁTICA Y UN VOCABULARIO? ¿UNOS SONIDOS Y UN ALFABETO? INDUDABLEMENTE, ES ALGO MUCHO MÁS COMPLEJO.

MOVIMIENTOS DE LA CARA

La mayor capacidad expresiva del ser humano está en la cara: sus músculos pueden realizar más de 20.000 movimientos diferentes. Hay movimientos de cejas que duran solo millonésimas de segundo.

Las reglas de la conversación

Para participar en una conversación no solo hay que saber hablar: también hay que saber escuchar, saber tomar la palabra y cederla a otro interlocutor.

Si observamos una conversación sin escuchar las palabras, descubriremos el valor de las miradas, los gestos, las posturas. Son los elementos paralingüísticos, que transmiten hasta un 60% o 65% del significado. Las palabras transmiten solo el 30% o el 35% restante.

También la posición de los interlocutores interviene en la comunicación humana. Generalmente evitamos situarnos frente a frente; además, en distintas situaciones preferimos distintas posiciones: en una cafetería, por ejemplo, con amigos o conocidos, nos sentamos al lado de nuestro interlocutor, mientras que en una biblioteca solemos adoptar una distribución en diagonal.

EL VALOR DEL SILENCIO

Tanto el valor como la duración del silencio varían dependiendo de la cultura. En muchas culturas de Europa y América, por ejemplo, no contestarle a quien hace una pregunta es una falta grave de educación. En otras culturas no es así: el silencio puede ser una forma de manifestar indirectamente desaprobación.

Lengua y cultura

El lenguaje de los gestos, de las posturas y del espacio, lo aprendemos de pequeños imitando a los mayores.

Cada sociedad tiene regulada la distancia para hablar con los demás; a quién se le puede mirar directamente a los ojos y a quién no, el tiempo que puede durar la mirada, la postura que conviene adoptar (de pie, sentado, las manos en los bolsillos, etc.), si se puede o no se puede tocar al interlocutor, etc.

Cuando aprendemos una lengua extranjera tenemos que aprender también algunas de esas reglas, especialmente si son distintas de las de nuestra cultura. ∎

13–8 ¿Sabes aprender español?

¿Eres buen estudiante de español? Lee el texto y marca las cosas que haces. Comparte tus datos con la clase.

El/La buen/a estudiante de lenguas...

- está dispuesto/a a comunicarse y a aprender en situaciones comunicativas,
- se fija en el contexto para entender el significado de lo que oye o lee,
- intenta descubrir por sí mismo/a reglas de la lengua que estudia,
- no tiene miedo de cometer errores cuando practica y sabe que sin cometer errores no se aprende,
- conoce y aplica diversas técnicas para aprender, para memorizar el vocabulario, para fijar estructuras gramaticales, para perfeccionar la pronunciación, para corregir sus errores y
- sabe que la lengua se usa de diversas maneras, cada una de ellas apropiada a las diversas circunstancias y situaciones: en textos escritos, oralmente, entre amigos, entre desconocidos, etc.

📖 GRAMÁTICA EN CONTEXTO

👥 13–9 ¿Qué te parece?

Clasifica esta lista de actividades de clase según tu opinión. Coméntala con tu compañero/a.

(3) Me parece divertido y útil para aprender
(2) Me gusta mucho pero me resulta muy difícil
(1) Me parece bastante útil pero muy aburrido
(0) No me parece útil

- ☐ Hablar de temas interesantes en español
- ☐ Escuchar conversaciones grabadas
- ☐ Conjugar verbos
- ☐ Escribir composiciones
- ☐ Hacer juegos en español
- ☐ Leer textos interesantes de la prensa
- ☐ Aprender listas de palabras
- ☐ Videos (películas, noticias, etc.)
- ☐ Tratar de descubrir reglas de gramática
- ☐ Juegos de situación
- ☐ Escuchar música y cantar en español
- ☐ Leer textos en voz alta en clase

EJEMPLO:

E1: A mí los videos no **me resultan** útiles.
E2: A mí **me gustan** mucho, **me parecen** muy útiles pero **me resultan** muy difíciles.
E1: A mí **me parece** más interesante hacer juegos. **Me encantan** los juegos.

🔊 13–10 Problemas y consejos

🔍

Estas personas estudian idiomas y tienen algunos problemas. Escucha sus comentarios y completa la información.

	A ÉL / A ELLA
1. Tomás	le encanta…
2. Fernando	le gusta mucho… le resulta muy difícil…
3. Yolanda	le cuesta mucho… le da miedo…
4. José	le cuesta mucho… le parece muy difícil…
5. Gemma	le da vergüenza… le pone nerviosa…

👥 13–11 ¿Y a ti te pasa lo mismo?

Dile a tu compañero/a qué problemas tienes con el español.

EJEMPLO:

E1: A mí **me cuesta** mucho hablar con nativos. **Me pone** muy nervioso.
E2: A mí no. A mí **me gusta**. Pero **me parece** muy aburrido estudiar la gramática.

Me pon**e** nervioso/a…
Me encant**a**…
Me result**a** fácil…
Me cuest**a**…
Me d**a** miedo…
Me parec**e** aburrid**o**/divertid**o**…
Me resultan aburrid**os**/divertid**os**…
Me parec**en** aburrid**as**/divertid**as**…

INFINITIVO	NOMBRE
hacer ejercicios.	el acento de Juan.
pronunciar la erre.	el libro de español.
aprender lenguas.	el vocabulario.
leer.	la pronunciación.
cometer errores.	el examen.
memorizar palabras.	el ejercicio.
	los videos.
	las reglas.

> A mí los pronombres me resultan muy difíciles.

> A mí me cuesta mucho aprender palabras nuevas.

> Y a mí me da miedo cometer errores.

PRESENTE PERFECTO

HABLAR
he
has
ha   } hablado
hemos
habéis
han

EL PARTICIPIO

hablar → hablado
tener → tenido
vivir → vivido

PARTICIPIOS IRREGULARES

ver → visto
hacer → hecho
escribir → escrito
decir → dicho

USO DEL: PERFECTO VS PRETÉRITO

EN ESPAÑA

Con el perfecto expresamos situaciones o eventos pasados en períodos **no concluidos** (todavía presente).

Esta semana
Este mes
Esta mañana
Hoy
Esta
tarde

} **he estado** en Asunción.

Con el pretérito expresamos situaciones o eventos **pasados** en períodos **concluidos**.

La semana pasada
El mes pasado
El semestre pasado
Ayer...

} **estuve** en Asunción.

EN LATINOAMÉRICA Y EE.UU.

Se prefiere la conjugación del pretérito en ambas situaciones.

Ayer estuve en Asunción.
Hoy estuve en Asunción.

Sin embargo, con marcadores como **siempre, ya, todavía, nunca,** y **toda mi vida** se prefiere el presente perfecto porque incluyen el presente:

Siempre he vivido en esta casa.
Ya hemos visto los mensajes.
Todavía no **he terminado**.
Nunca he viajado a Paraguay.
Toda mi vida he escrito poemas.

USOS DEL GERUNDIO

Responde a la pregunta ¿cómo?

Yo he aprendido idiomas yendo a clase.

Pues yo sin ir. Solo hablando, y viajando...

ESTAR + GERUNDIO

ACCIÓN EN PROGRESO

Los niños **están aprendiendo** español.

PERFECTO / PRETÉRITO DE **estar** + GERUNDIO = ACTIVIDAD FINALIZADA

Hoy **he estado / estuve trabajando** todo el día.
Ayer **estuve estudiando** hasta las 10.
El verano pasado **estuve estudiando** en Asunción.

13–12 ¿Dónde has estado?

Vas a escuchar dos versiones de una conversación. En la primera hablan dos amigos españoles. Después de escucharla, responde a las preguntas.

1. ¿Dónde **ha estado** Ricardo?
2. ¿Qué **ha estado haciendo** Ricardo durante la semana?
3. ¿Cuántas clases **ha tenido** este mes?
4. ¿Por qué **ha decidido** Ricardo aprender guaraní?
5. ¿Qué **hizo** Ricardo hace dos años?
6. ¿Qué **estuvo haciendo** la semana pasada?

Ahora escucha otra versión. Hablan dos amigos latinoamericanos. Luego responde a las preguntas.

1. ¿Dónde **estuvo** Ricardo?
2. ¿Qué **estuvo haciendo** Ricardo durante la semana?
3. ¿Cuántas clases **tuvo** este mes?
4. ¿Por qué **decidió** Ricardo aprender guaraní?
5. ¿Qué **hizo** Ricardo hace dos años?
6. ¿Qué **estuvo haciendo** la semana pasada?

Fíjate en la variación en el uso del **perfecto** (España) y el **pretérito** (Latinoamérica). Hay dos ocasiones en que en ambos diálogos se usa el **pretérito** y dos ocasiones en las que en ambos diálogos se usa el **perfecto**. ¿Cuáles? ¿Por qué?

13–13 Ahora tú

Completa este cuadro con cosas que **hiciste** (o no) y **has hecho** (o no) para aprender y mejorar tu español. Luego intercambia la información con tu compañero/a.

El año pasado _____   este año _____
El mes pasado _____ en cambio este mes _____
La semana pasada _____ pero esta semana _____
Ayer _____   hoy _____

EJEMPLO:

E1: Yo el año pasado **practiqué** mucho pero este año no **he practicado** nada.
E2: Yo por ejemplo ayer **estudié** un poco pero hoy no **he estudiado** nada.

13–14 ¿Qué sabes hacer?

Seguro que en tu vida has aprendido muchas otras cosas. ¿Qué sabes hacer? Dile a tu compañero/a si sabes hacer estas cosas y cuándo y cómo aprendiste.

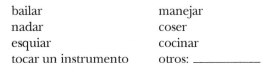

bailar   manejar
nadar   coser
esquiar   cocinar
tocar un instrumento   otros: _____

EJEMPLO:

E1: ¿Tú sabes esquiar?
E2: Sí, aprendí a esquiar cuando era niño. Soy bastante bueno.
E1: ¿Cómo aprendiste?
E2: Pues **practicando** mucho...

📖 **INTERACCIONES**

ESTRATEGIAS PARA LA COMUNICACIÓN ORAL

Expressing agreement during conversation

There are different degrees of expressing agreement, used for different purposes.

Agreement	*De acuerdo.*	Okay.
	Es cierto.	That's true.
	Bueno.	Okay.
	Así es.	That's right.
Strong agreement	*Por supuesto (que sí / que no).*	Of course (not).
	Claro (que sí / que no).	Of course (not).
	Cómo no.	Of course.
	Desde luego (que sí / que no).	Of course (not).
	Sí señor/a.	Of course; that's right.
	Sin lugar a dudas; sin duda.	No doubt about it.
	No cabe duda.	No doubt.
Personal agreement	*Tiene(s) razón.*	You are right.
	Estoy de acuerdo contigo / con usted.	I agree with you.
	Comparto tu / su punto de vista.	I share your point of view.
	Opino igual que tú / usted.	I think like you.

👥 **13–15 Una campaña publicitaria: "Aprende idiomas"**

Una escuela de idiomas de Asunción quiere lanzar una campaña publicitaria. Dos compañías de publicidad le han presentado dos ideas diferentes. ¿Qué opinan ustedes?

IDIPAR (IDIOMAS DE PARAGUAY)
ESPAÑOL Y GUARANÍ PARA EXTRANJEROS

Porque el multilingüismo es diálogo, cooperación, convivencia internacional

Porque cuando aprendes lenguas comprendes mejor el mundo que te rodea

Porque aprender idiomas es enriquecer nuestro horizonte personal

Porque un país de monolingües es un país pobre

ESPAÑOL Y GUARANÍ:
LOS IDIOMAS DE PARAGUAY

Idiomas Avañe'? - Karaiñe'?

Descubra la aventura de ser multilingüe: aprenda guaraní y español en inmersión

Descubra nuestras culturas aprendiendo nuestras lenguas

Viva con una familia que habla guaraní y español

Conozca a nuestra gente, hable nuestras lenguas, siéntase como en casa

EJEMPLO:

E1: A mí me parece muy interesante la primera: usa frases con "porque".
E2: A mí no; me resulta demasiado repetitivo. Me parece mejor la segunda.
E1: Estoy de acuerdo. Me parece más íntima, no sé… más familiar.

Elijan la mejor campaña y compartan esta información con la clase.

13–16 Condiciones óptimas de aprendizaje

Lean estas afirmaciones y decidan con cuáles están de acuerdo y con cuáles no. Luego presenten su lista a la clase y justifíquenla.

1 Todas las personas aprenden espontáneamente y sin esfuerzo a hablar su propia lengua. Una lengua extranjera también puede aprenderse espontáneamente y sin esfuerzo. Solo hay que seguir el método adecuado.

2 Lo mejor para el aprendizaje en el aula es crear situaciones de comunicación: los alumnos aprenden la lengua usándola.

3 Hay que pasar algún tiempo viviendo en un país donde se habla la lengua.

4 No hay que frustrarse si, en el contacto con la lengua auténtica, no es posible entenderlo todo desde el primer día. El buen estudiante tiene en cuenta el contexto, la situación y otros elementos para interpretar el sentido de lo que oye o lee.

5 Un factor clave: la motivación. Participar activamente en las tareas de clase y tomar la iniciativa.

6 Una buena medida: tratar temas interesantes. De otro modo, baja la motivación.

7 El aprendizaje de una lengua extranjera es, exclusivamente, un proceso intelectual. Por esa razón, la función principal del profesor es explicar la gramática.

8 Es muy importante el desarrollo de la conciencia intercultural: cada comunidad y cada sociedad tiene diferentes modos de organizar la vida social, y esto se refleja en los usos de la lengua.

9 Y una última ayuda: no solo hay que aprender la lengua, sino también "aprender a aprenderla". Conocerse a uno mismo como aprendiz y potenciar el uso de más estrategias es muy útil.

EJEMPLO:

E1: Pues estoy en desacuerdo con la primera porque aprender la lengua materna y una extranjera son cosas muy diferentes.

E2: ¡Por supuesto que sí! Son muy diferentes.

E1: ¡Claro que sí!

13–17 ¿Y tú?

Entrevista a tu compañero/a sobre (a) cómo aprendió español/otra lengua, y (b) qué cosas ha hecho para aprenderlo/a.

EJEMPLO:

E1: ¿Cómo aprendiste español/_____?

E2: Yo, hablando y haciendo ejercicios de gramática. ¿Y tú?

E1: Yo tomando clases. He tomado ya varias clases. ¿Y tú?

E2: Bueno, he viajado bastante a países donde se habla la lengua...

13–18 Situaciones: *Enseñando español*

A student is in the Language Center because s/he wants to be a tutor in Spanish. A person from the Language Center needs to interview her/him to see whether s/he qualifies for this position.

ESTUDIANTE A

You would like to work a few hours a week as a Spanish tutor at the Language Center. Ask the Director some questions about the requirements for this position, and answer her/his questions. It is important that you express your opinions about foreign language learning and teaching. Also, explain how you can help other students.

ESTUDIANTE B

You are the Language Center Director. You are interviewing a student who is interested in working as a Spanish tutor. Explain to her/him the requirements for the position, and ask her/him questions in order to determine whether s/he can be a good tutor.

TAREA

Elaborar una lista de las razones más importantes para aprender español y de las mejores estrategias y recursos para aprenderlo.

PREPARACIÓN

Prepara un cuadro como el de Jorge Dionich, un joven universitario paraguayo. Complétalo y después coméntalo con la clase. Busca a tres compañeros/as con una biografía lingüística similar.

¿CON QUÉ LENGUAS TENGO ALGÚN CONTACTO?	GUARANÍ	ESPAÑOL	INGLÉS	FRANCÉS	JAPONÉS
TIPO DE CONTACTO	Es mi lengua materna.	Es mi lengua materna.	Lo uso en mi trabajo y escucho mucha música.	Voy a Francia todos los veranos.	Tengo unos amigos japoneses.
QUÉ SÉ HACER	Hablar muy bien. Leer muy bien. Escribir bien. Soy nativo.	Hablar, leer, escribir, todo muy bien. Soy nativo.	Leer y comprender bastante bien. Hablar bastante bien y escribir, más o menos.	Puedo defenderme: saludar, pedir comidas, preguntar información.	Saludar, decir "hola", unas pocas cosas más.
CÓMO TUVE CONTACTO CON ESTA LENGUA	En casa, de niño, con mis padres. En la escuela.	En casa con mis padres y en la escuela.	Lo aprendí en la escuela y la universidad. También viajando y oyendo música.	Aprendí un poco yendo a Francia de vacaciones con mi familia.	Escuchando a mis amigos hablarlo.

Paso 1 Razones para aprender una lengua
Lean este texto y después completen el cuestionario.

En su libro *The Tongue-tied American: Confronting the Foreign Language Crisis*, el congresista Paul Simon de Illinois habla de razones económicas, políticas y sociales para estudiar las lenguas extranjeras. En cuanto a las razones económicas, los datos indican que cada año 200.000 estadounidenses pierden su trabajo porque no saben otra lengua; además, un tercio de las corporaciones de Estados Unidos están basadas en el extranjero, o son propiedad de otros países, y cuatro de cada cinco trabajos en Estados Unidos se crea como resultado del comercio con el extranjero. Desde el punto de vista social, el estudio de otras lenguas ayuda a desarrollar una conciencia de pluralismo cultural y una apreciación por otras perspectivas culturales. Finalmente, los datos del Servicio de Admisiones Universitarias (College Board) muestran una correlación positiva entre las puntuaciones de los exámenes SAT y el estudio de una o más lenguas extranjeras. Se sabe además que el conocimiento de lenguas extranjeras mejora destrezas cognitivas como la flexibilidad mental, la creatividad, el pensamiento divergente y la memoria.

1. ¿POR QUÉ ESTUDIO ESPAÑOL?
Marca una o varias respuestas.

❏ Para comunicarme con los latinos en Estados Unidos.
❏ Me interesan la lengua y la cultura de los países de habla hispana.
❏ Viajo frecuentemente a un país de habla española. ¿A cuál? ....
❏ Me interesa la literatura española/latinoamericana.
❏ Necesito el español en mi trabajo o en mis estudios.
❏ Otros motivos:
....

2. ¿PARA QUÉ VOY A USAR EL ESPAÑOL?
Marca una o varias respuestas.

❏ Mantener conversaciones con nativos.
❏ Leer periódicos, revistas o novelas.
❏ Leer documentos y textos profesionales.
❏ Ver películas y programas de TV.
❏ Escribir cartas y correos electrónicos personales.
❏ Escribir cartas y otros documentos profesionales.
❏ Otros objetivos: ....

3. MI NIVEL ACTUAL DE ESPAÑOL: AUTOEVALUACIÓN.
Marca tus puntos más fuertes (+), tus puntos más débiles (−) y tus capacidades medias (=).

❏ Hablar.
❏ Comprender.
❏ Escribir.
❏ Gramática.
❏ Vocabulario.
❏ Pronunciación.
❏ Leer.

Paso 2 Usando los datos del texto y los cuestionarios que completaron anteriormente, hagan una lista de cuatro razones y propósitos importantes para aprender español. La lista debe reflejar un consenso entre todos los miembros del grupo.

Paso 3 Escuchen esta entrevista con un experto en aprendizaje de lenguas y respondan a estas preguntas.

1. Aprender una lengua depende de _____ y _____.

2. ¿Cómo se aprende una lengua?
   • _____
   • _____
   • _____

3. ¿Qué es más efectivo?
   ☐ repetir   ☐ fijarse en palabras clave

4. _____ se aprende a leer y _____ se aprende a hablar.

¿Para Qué?
1. _____
2. _____
3. _____
4. _____

¿Por Qué?
1. _____
2. _____
3. _____
4. _____

Decidan si están de acuerdo o no con el profesor. Redacten una lista de las cuatro maneras más efectivas, en su opinión, de aprender una lengua.

1.	
2.	
3.	
4.	

Paso 4 El portavoz del grupo presenta sus decisiones a la clase.

Paso 5 Foco lingüístico.

📖 NUESTRA GENTE

GENTE QUE LEE

ESTRATEGIAS PARA LEER

Review of vocabulary strategies (I): using a bilingual dictionary

Using a dictionary effectively:

1. What part of speech is the word that you are looking for (verb, noun, adjective, adverb, preposition)?
2. If it is a verb, what is the infinitive form? If it is a noun, what is the masculine singular? That is how it will be listed in the dictionary.
3. Not all dictionaries use the same abbreviations, so make sure that you are familiar with the ones in your dictionary (vt, nm, adj, etc.)
4. Remember: many words have various translations and meanings. Make sure that you choose the correct definition by identifying the context in which the Spanish word is used.

Study this entry: **derecho**, **a** *adj right, right-hand* • *nm* (privilegio) *right*; (título) *claim, title*; (lado) *right(-hand) side*; (leyes) *law* • *nf right(-hand) side* • *adv straight, directly*; **~s** *nmpl* rights; (de autor) royalties

1. Which parts of speech can this word be?
2. Can you explain the information contained in this entry in your own words?

ANTES DE LEER

13–19 **Bilingüismo**

¿Hay comunidades bilingües en tu país? ¿Dónde? ¿Cómo crees que estas comunidades usan las dos lenguas: en contextos similares o diferentes? Da ejemplos.

13–20 **Activando estrategias**

1. Según el título, ¿qué información esperas encontrar en el texto?
2. Lee la primera frase de cada párrafo. ¿Cuál es la idea general de cada uno de los cinco párrafos?

DESPUÉS DE LEER

13–21 **¿Comprendes?**

1. ¿En qué áreas se usa el guaraní? ¿Y el castellano?
2. ¿Cuántos paraguayos del campo hablan español en su casa? ¿Cuántos de la ciudad?
3. ¿Qué porcentaje de la población total es bilingüe? ¿Y monolingüe en guaraní?
4. ¿Por qué hay poca literatura escrita en guaraní?
5. ¿Qué importancia tiene la Constitución de 1992?

13–22 **Activando estrategias**

1. Según el contexto, ¿qué crees que significa la palabra en negrita **forastero**? Ahora búscala en el diccionario y comprueba si tu predicción es correcta.
2. Busca en el diccionario las tres palabras marcadas en negrita en el texto. ¿Qué categoría gramatical tienen en este texto? ¿Qué entradas debes buscar en el diccionario? ¿Cuál es el significado adecuado para cada una?

Lee el siguiente texto de un periódico paraguayo para conocer la situación lingüística en ese país.

PARAGUAY, UN PAÍS BILINGÜE

La población paraguaya actual es el resultado de la mezcla de dos tipos étnicos y culturales diferentes: uno americano y otro europeo, mezcla que ha dado como resultado el Paraguay actual: un país pluricultural y bilingüe, con dos idiomas oficiales: español y guaraní.

Un 8% de los paraguayos solo habla guaraní; en las zonas rurales, tres de cada cuatro personas usan el guaraní para comunicarse en sus hogares, mientras que solo uno de cada cuatro paraguayos habla el español como medio de comunicación en el hogar. El 66% del total de la población es bilingüe. La lengua española, como en casi todo el continente, ha sido usada desde la creación de la nación paraguaya y cuenta con un número de hablantes considerable, calculado en poco más de la mitad de la población. Mientras el castellano era la lengua usada en documentos oficiales y relaciones con el gobierno cuando se fundó Paraguay, el guaraní se usaba en las relaciones íntimas, familiares y laborales, situación que persiste hoy en día.

Actualmente el guaraní se usa más en el campo, donde reside la mayoría de la población, y el castellano en las áreas urbanas; por eso, se podría decir que en Paraguay existe una cultura rural y otra urbana. Sin embargo, la gran movilidad social entre campo y ciudad produce una situación en la que las dos culturas siempre están en contacto permanente. No obstante, para algunos la única cultura verdaderamente nacional y paraguaya es la que se expresa en guaraní.

Los paraguayos que también hablan castellano participan de la cultura hispana, pero hablar solo castellano no **basta**: la cultura del español no es la única cultura del Paraguay. Así, el paraguayo bilingüe es también bicultural. Sin embargo, la literatura en guaraní es escasa porque en el pasado no se enseñaba a leer ni a escribir en esta lengua.

Aunque el guaraní todavía puede considerarse como lengua usada en situaciones informales, su estatus ha empezado a cambiar por su inclusión como lengua oficial en la Constitución Nacional de 1992. Además otro artículo en la Constitución la hace lengua obligatoria en la educación. Ser educado en las dos lenguas es un **derecho** de todo ciudadano paraguayo desde ese año. Cabe mencionar que desde el pasado 13 de diciembre de 2006, el guaraní es uno de los idiomas oficiales del MERCOSUR. Es cierto que el castellano continúa siendo la lengua de mayor prestigio en Paraguay, porque su conocimiento es importante y necesario para las relaciones con los países **vecinos**, el acceso a la educación, la justicia, el gobierno, los puestos de trabajo y la prosperidad económica. Sin embargo, el guaraní se considera índice de la nacionalidad paraguaya y se considera **forastero** a todo el que no lo habla.

13–23 Expansión

¿Qué opinas de la situación del bilingüismo en Paraguay? ¿Crees que puede cambiar? ¿Cómo? ¿Qué problemas y ventajas puede haber en un contexto de bilingüismo total?

📖 **GENTE QUE ESCRIBE**

ESTRATEGIAS PARA ESCRIBIR

Punctuation and capitalization: some differences between Spanish and English

1. Questions marks and exclamation points (*exclamaciones e interrogaciones*): in Spanish they are used both at the beginning and at the end of the sentence.

¿…? ¿Qué países son bilingües?	What countries are bilingual?
¡…! ¡Qué bonito es Paraguay!	How beautiful Paraguay is!

2. Upper case and lower case (*mayúsculas y minúsculas*): in Spanish lower case letters are used to write days of the week, months, seasons, languages, and nationalities.

El lunes nos vemos.	We'll see each other on Monday.
Marco habla español y ruso.	Marco speaks Spanish and Russian.

3. Numbers: in Spanish, whole numbers are separated by a period (.) and decimals by a comma (,). The same occurs with dollars and cents.

3.567.340	3,567,340	*34,2%*	34.2%
Me costó 4,95 dólares.	It cost $4.95.		

4. Comma (*coma*): in Spanish the colon is used after the greeting of both personal and business correspondence.

Querido Pedro:	Dear Pedro,	*Estimados señores:*	Dear sirs,

   A comma (,) is used after each item in a series, but it is omitted before the conjunction.

Rosa habla chino, japonés, hebreo y ruso.	Rosa speaks Chinese, Japanese, Hebrew, and Russian.

5. Colon (*dos puntos*): in Spanish we use a colon before introducing a direct quotation. A period (.) is placed outside the quotation marks.

   El presidente dijo: "Hoy es un día memorable". The President said, "Today is a memorable day."

6. Quotation marks (*comillas*): they are used in Spanish to quote direct speech. When citing a question, the question marks go inside the quotation marks.

   Carlos dijo: "¿Vamos a viajar a Paraguay?"   Carlos said, "Are we going to travel to Paraguay?"

13–24 Solicitud de admisión a un curso

Quieres ir a Asunción para mejorar tu español y aprender guaraní. Lee este anuncio de una escuela y haz una lista de temas que quieres tratar en un correo electrónico. Por ejemplo:

- Pedir más información (horarios, método que usan, opciones sobre los alojamientos, actividades fuera de la clase, niveles, …)
- Dar información sobre ti mismo/a referida a tu conocimiento de lenguas extranjeras.

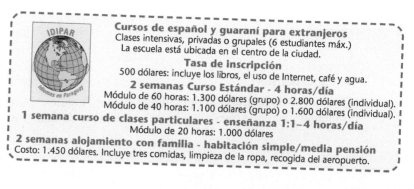

Cursos de español y guaraní para extranjeros
Clases intensivas, privadas o grupales (6 estudiantes máx.)
La escuela está ubicada en el centro de la ciudad.
Tasa de inscripción
500 dólares: incluye los libros, el uso de Internet, café y agua.
2 semanas Curso Estándar - 4 horas/día
Módulo de 60 horas: 1.300 dólares (grupo) o 2.800 dólares (individual).
Módulo de 40 horas: 1.100 dólares (grupo) o 1.600 dólares (individual).
1 semana curso de clases particulares - enseñanza 1:1– 4 horas/día
Módulo de 20 horas: 1.000 dólares
2 semanas alojamiento con familia - habitación simple/media pensión
Costo: 1.450 dólares. Incluye tres comidas, limpieza de la ropa, recogida del aeropuerto.

COMPARACIONES

13–25 Lenguas indígenas en Latinoamérica

Lee este texto y comenta luego las preguntas con la clase.

La situación lingüística de Paraguay no es la norma en Latinoamérica, sino la excepción. El mapa lingüístico de América Latina es muy diverso y depende del curso que siguió la historia de cada país.

Algunos países, como Cuba y Puerto Rico, casi no tienen idiomas autóctonos en su territorio. En la República Dominicana se habla además inglés y un dialecto de origen francés cerca de la frontera con Haití. En Uruguay la mayoría habla español y alrededor de un 3% de la población habla otras lenguas europeas como el italiano.

Hay países, como Guatemala y México, que tienen numerosas comunidades indígenas y donde existen muchos idiomas autóctonos. En México, por ejemplo, hay tres centenares de idiomas autóctonos, pero casi todos sus hablantes son bilingües y hablan también español.

Otros países tienen minorías que hablan un idioma autóctono, pero la casi totalidad de la población habla español. Este es el caso de Costa Rica, Honduras, Nicaragua, el Salvador, Venezuela, Colombia y Panamá. En el cono sur (Argentina y Chile) también existen comunidades que emplean idiomas indígenas, pero su uso es limitado. En Argentina, donde el 95% de los argentinos habla español, se usan además el italiano, varios idiomas autóctonos, el inglés e incluso el galés. En Chile, aparte del español hablado por casi todos los chilenos, se puede oír el alemán, el italiano y dialectos indios como el quechua o el mapuche.

Finalmente, hay cuatro países donde las lenguas autóctonas son habladas por más del 40% de la población: Bolivia, Perú, Ecuador y Paraguay. Sin embargo, solo las constituciones de Paraguay, Perú y más recientemente Bolivia reconocen las lenguas indígenas como oficiales. Ecuador reconoce como patrimonio cultural los idiomas autóctonos, como el *quechua*, siendo el español el único idioma oficial. Paraguay fue el primer país que reconoció un idioma autóctono como lengua nacional (en 1967) y lo reconoce como lengua oficial desde 1992, además de impartir educación bilingüe. Perú reconoce el *quechua*, el *aimara* y otras lenguas autóctonas como lenguas oficiales junto con el castellano.

1. Compara la situación de Paraguay, Perú y Bolivia con la del resto de los países hispanohablantes de América Latina. ¿Qué factores pueden causar estas situaciones tan diferentes?
2. En Latinoamérica, con la excepción de Paraguay, Perú y Bolivia, la lengua oficial es la lengua colonial, no las autóctonas. ¿Cuáles son los efectos de la imposición lingüística?
3. ¿Conoces la situación lingüística de España? ¿Cuántas lenguas oficiales tiene? ¿Dónde se hablan?
4. ¿Cuál es la situación en tu propia ciudad o pueblo? ¿Cuántos idiomas hay? ¿Quiénes los hablan?
5. Algunas personas dicen que países como Estados Unidos y Gran Bretaña son espacios monolingües. ¿Estás de acuerdo con esa afirmación?

CULTURA

Paraguay es un país de algo más de seis millones de habitantes. Se estima que hay unas 20.000 personas de ascendencia u origen paraguayo en Estados Unidos. La mayoría vive en Nueva York, Miami y Los Ángeles. Aunque no haya una contribución significativa de esta comunidad a la política, economía, artes o cultura popular de Estados Unidos, se pueden encontrar organizaciones a nivel local que promueven la cultura de Paraguay. Por ejemplo, Paraguay Hecho a Mano, Inc. es una organización sin fines de lucro (*non-profit*) en Wisconsin que promueve la cultura paraguaya educando y exponiendo manualidades (*crafts*) del país. Además, el estado de Kansas y Paraguay son "estados hermanos" y mantienen un programa de colaboración que promueve intercambios en agricultura, artes, comercio y salud. Finalmente, el Museo de Arte de Denver tiene una importante colección de arte indígena paraguayo.

Go to **MySpanishLab** to review what you have learned in this chapter.

Flashcards | Oral Practice | Practice Test / Study Plan | amplifire Dynamic Study Modules | Tutorials | Videos | Extra Practice

VOCABULARIO

Enseñanza y aprendizaje de lenguas
(Teaching and learning of languages)

el aprendiz	learner
el aprendizaje	learning
la autoevaluación	self-assessment
el conocimiento	knowledge
el ensayo	essay
el error	mistake
el escritor	writer
el esfuerzo	effort
el esquema	outline
la estrategia	strategy
la explicación	explanation
el gesto	gesture
el hablante	speaker
el idioma	language
el lector	reader
la lectura	reading
la lengua extranjera	foreign language
la lengua materna	mother tongue
la mayoría	majority
el mensaje	message
la minoría	minority
el nivel	level
la redacción	composition
la regla	rule
el sonido	sound
el trabajo escrito	paper, essay
la traducción	translation

Las lenguas (Languages)

el alemán	German
el chino	Chinese
el coreano	Korean
el finlandés	Finnish
el francés	French
el griego	Greek
el hebreo	Hebrew
el holandés	Dutch
el japonés	Japanese
el ruso	Russian
el sueco	Swedish
el turco	Turkish
el vascuence, el euskera	Basque

Adjetivos (Adjectives)

apropiado/a	adequate
bilingüe	bilingual
clave	key
complejo/a	complex
efectivo/a	effective
escrito/a	written
silencioso/a	silent

Verbos (Verbs)

acordarse (ue) de	to remember
adquirir (ie)	to acquire
animar	to encourage
aprovecharse de	to take advantage of
aumentar	to increase
cansarse	to get tired
callarse	to keep/remain quiet
costar	to find hard to
corregirse	to correct oneself
darse cuenta de	to realize
desanimarse	to get discouraged
desarrollar(se)	to develop
descubrir	to discover
durar	to last
frustrarse	to get frustrated
imitar	to imitate
involucrar	to involve
inscribirse	to enroll, to register
mejorar	to improve
molestar	to bother
olvidarse de	to forget
perfeccionar	to perfect
preocupar	to worry

Adverbios de modo (Modal adverbs)

atentamente	attentively
efectivamente	really, exactly
esencialmente	essentially
indudablemente	certainly
oralmente	orally

Otras palabras y expresiones
(Other words and expressions)

cometer errores	to make mistakes
prestar atención	to pay attention
hacer esquemas	to prepare outlines
hacer preguntas	to ask questions
hacerse un lío	to get all mixed up
tener curiosidad	to be curious

CONSULTORIO GRAMATICAL

1 Verbs Like *Gustar*: Expressing Sensations, Feelings, Difficulties, Value Judgments

The majority of verbs that we use to express sensations, feelings, and difficulties, and to evaluate activities, are verbs like gustar. These verbs can take an infinitive or a noun. Remember that the subject of the sentence is the thing, activity, or person that refers to the feeling, sensation, difficulty, or judgment that you are expressing in the sentence.

	INFINITIVE	*NOUN*
Me pon**e** nervioso *It makes me nervous*	hacer ejercicios de gramática	el acento de Juan
Me encant**a** / fastidi**a** / molest**a** *I love / I hate / It bothers me*	pronunciar la erre	el libro de español
Me cuest**a** *I find it hard*	leer en español	la pronunciación
Me d**a** miedo *I find it scary*	cometer errores	el examen
Me parec**e** aburrido / divertido *I think it is boring / fun*	memorizar vocabulario	este ejercicio

The infinitive and the noun can be placed at the beginning of the sentence or after the verb.

Estudiar gramática **me parece** aburrido.   *INFINITIVE*
Me parece aburrido **estudiar** gramática.

I find studying grammar boring.

La pronunciación me resulta difícil.   *SINGULAR NOUN*
Me resulta difícil **la pronunciación**.

I find pronunciation difficult.

Estos ejercicios me parecen muy buen**os**.   *PLURAL NOUN*
Me parecen muy buenos **estos ejercicios**.

I think these exercises are very good.

2 The Present Perfect

	PRESENT OF **HABER**	*PARTICIPLE*
(yo)	he	
(tú)	has	est**ado**
(él, ella, usted)	ha	com**ido**
(nosotros/as)	hemos	viv**ido**
(vosotros/as)	habéis	
(ellos, ellas, ustedes)	han	

Like the preterit and imperfect tenses, the present perfect provides us with a way to talk about the past in Spanish.

The present perfect is often used to talk about events in the recent past that continue in the present, or that are closely related to the present moment.

We also use the perfect tense when we are trying to express whether an action has ever taken place or not. The exact time of the event is not important, and therefore expressions such as **alguna vez, varias veces, nunca**, etc. are commonly used.

¿Has visto Casablanca?

Sí, la he visto varias veces.

> The present perfect in Spanish corresponds almost exactly to the present perfect in English when the exact time something took place is not specified:
>
> Silvia **ha estado** en Nueva Zelanda. (= Silvia **has been** to New Zealand.)
>
> For recent events, where English may use the present perfect: *We've just done this*, Spanish instead uses a completely different verbal construction: **Acabamos de hacer esto**.
>
> The same is true when we talk about continuing states and conditions:
>
> Lleva un año jugando en ese equipo de fútbol. (= S/he's been playing for that soccer team for a year.)

3 The Past Participle

-AR VERBS	-ado	-ER/-IR VERBS	-ido
HABLAR	habl**ado**	TENER	ten**ido**
TRABAJAR	trabaj**ado**	SER	s**ido**
ESTUDIAR	estudi**ado**	VIVIR	viv**ido**
ESTAR	est**ado**	IR	**ido**

Some of the most frequently used irregular past participles are:

VER ⟶ **visto**	HACER ⟶ **hecho**	PONER ⟶ **puesto**
ESCRIBIR ⟶ **escrito**	DECIR ⟶ **dicho**	VOLVER ⟶ **vuelto**
ABRIR ⟶ **abierto**	ROMPER ⟶ **roto**	CUBRIR ⟶ **cubierto**

The past participle is used in the present perfect tense and also with the verb **estar**. Since in the present perfect the participle is part of the verb construction, it never changes form. When it is used as an adjective with the verb **estar**, however, the participle always changes form to agree in number and gender with the noun it modifies.

In the present perfect:

He escrit**o** una carta a Juan.
I have written a letter to Juan.

He escrit**o** un libro.
I have written a book.

He escrit**o** unos artículos.
S/he has written some articles.

*With the verb **estar**:*

La c**a**rta est**á** bien escrit**a**.
The letter is well written.

El libro est**á** bien escrit**o**.
The book is well written.

Los artícul**os** est**án** bien escrit**os**.
The articles are well written.

¿Hoy no fuiste a trabajar?

No, salí con mi novia.

4 Perfect vs. Preterit

Use in the United States and Latin America

In the United States and Latin America, Spanish speakers use the preterit with markers such as **hoy, esta mañana, esta semana, este mes, este año, estas vacaciones, durante mi vida**, etc. This is because they consider the moment when the action takes place to be over.

Esta semana (This week) **estuve** en Asunción.
Este mes / año / semestre (This month / year / semester) **estuve** en Asunción.
Hoy (Today) **estuve** en Asunción.
Esta mañana/tarde/noche (This morning / afternoon / evening) **estuve** en Asunción.

Use in Spain

In Spain speakers use the perfect tense to talk about past situations and events that ocurred in time periods that the speakers consider not concluded (that is, still present).

Esta semana he estado en Asunción.
Este mes / año / semestre he estado en Asunción.

Hoy he estado en Asunción.
Esta mañana/tarde/noche he estado en Asunción.

The speaker doesn't always express the division of time explicitly; sometimes it is understood by the choice of the perfect or the preterit.

Estuve dos semestres en la Universidad de Asunción.
I spent two semesters at the University of Asunción.

(The experience took place in a period of time that the speaker considers to be over.)

He estudiado dos trimestres en Asunción.
I have studied two semesters in Asunción.

(The experience took place in a past that the speaker doesn't consider to be over.)

Use in the United States, Latin America and Spain

Most speakers use the preterit tense to talk about past situations and events that ocurred in time periods that they consider concluded.

La semana pasada (last week) **estuve** en Asunción.
El mes / año / semestre pasado (last month / year / semester) **estuve** en Asunción.

Similarly, most speakers use the present perfect to highlight the continuity of the past into the present. What is expressed is whether an action has ever taken place or not. The exact time of the event is not important, and therefore expressions such as **alguna vez, siempre, nunca, toda mi vida**, etc. are commonly used.

Siempre (always) **me han gustado** las lenguas.
Nunca (never) **me han gustado** las lenguas.

Toda mi vida (all my life) **me han gustado** las lenguas.

However, in the United States and Latin America, speakers sometimes use the preterit, especially in conversational Spanish.

Siempre me gustaron las lenguas.   **Toda mi vida me gustaron** las lenguas.   **Nunca me gustaron** las lenguas.

5   Uses of the Gerund

The gerund often answers different variations of the question "how?".

Viajo a Lima **pasando** por Asunción.   *(MANNER OR MEANS)*
I travel to Lima by way of Asunción.

Aprenderás mejor **hablando** mucho.   *(A CONDITION)*
You will learn better if you speak a lot.

The construction **llevar** + gerund expresses duration.

Anne **lleva** dos años **estudiando** español.
Anne has been studying Spanish for two years.

The construction **estar** + gerund expresses an action in progress.

Los niños **están cantando**.
The boys are singing.

Perfect vs. preterite of estar + gerund

We use these forms to refer to an activity that is over and done. This activity is presented as the principal piece of information, and not as the result of another event.

Hoy **he estado trabajando** hasta muy tarde.
Today I have been working until very late.

Ayer **estuvimos visitando** el museo de cera.
Yesterday we were visiting the wax museum.

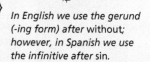

In English we use the gerund
(-ing form) after without;
however, in Spanish we use
the infinitive after sin.

Without studying
Sin estudiar

14 GENTE con PERSONALIDAD

TAREA

Elaborar preguntas y hacer una entrevista a una persona de nuestra universidad o entorno.

CULTURA

Honduras

Honduras es un país centroamericano con una población de aproximadamente ocho millones de habitantes, distribuida de la siguiente manera: un 90% es mestiza, un 6% es amerindia, un 1% es de raza negra y un 3% de raza blanca. Las dos principales ciudades de Honduras son Tegucigalpa, con más de un millón de habitantes, y San Pedro Sula, de aproximadamente un millón de habitantes.

NUESTRA GENTE

Honduras
Hispanos/latinos en Estados Unidos

Explore
Honduras with
Club cultura!

Guillermo Anderson

Guillermo Anderson

Guillermo Anderson es una de las figuras musicales más importantes de Honduras. Nació en La Ceiba, Honduras. Después de recibir su licenciatura en Literatura de la Universidad de California, Guillermo trabajó de músico y actor con diversas compañías profesionales de teatro en Estados Unidos y después regresó a su país, donde desarrolló su carrera artística como cantante. Debido a su trayectoria y a su importante papel en el panorama cultural de Honduras, fue nombrado embajador cultural de su país ante el mundo. Su canción "En mi país" se considera casi un himno en Honduras. Además, Guillermo ha colaborado con el gobierno hondureño y la UNESCO en diferentes causas y campañas de educación y salud. Guillermo y su grupo "Ceibana" fusionan percusiones hondureñas con sonidos contemporáneos, y mezclan ritmos tradicionales de la etnia garífuna con ritmos más conocidos del Caribe, como el "reggae". Sus canciones celebran el amor, la naturaleza y la vida cotidiana en esa bella parte del mundo que es Honduras.

Salvador Moncada

Salvador Moncada

Nació en Tegucigalpa en 1944 y es doctor en medicina, cirugía y farmacología. Sus investigaciones en el área de la farmacología han llevado a avances importantes en esta área de la ciencia. Ha sido profesor en diferentes universidades de Europa, Estados Unidos y Latinoamérica, y ha obtenido reconocimientos a nivel mundial. Actualmente dirige el Instituto Wolfson para la Investigación Biomédica de UCL (*University College London*). A Salvador Moncada le preocupa la modernización de la ciencia y le gustaría ver una conexión mayor entre la ciencia y la gente. Moncada cree que la ciencia siempre tiene que redundar en beneficios para la sociedad, por ejemplo en la creación de riqueza, empleo y mejores condiciones de vida.

ACERCAMIENTOS

14–1 Dos hondureños famosos

Lee la información sobre Guillermo Anderson y Salvador Moncada. Después completa la tabla. Usa los adjetivos del cuadro.

	NOMBRE	PARECE UNA PERSONA...
Me gustaría conocer a...		
Me gustaría trabajar con...		
Me encantaría cenar con...		
Me gustaría ser como...		
No me gustaría ser como...		
(No) me gustaría tener el trabajo de...		

EJEMPLO:

Me gustaría cenar con Guillermo Anderson porque parece una persona muy simpática y alegre.

interesante	simpático	inteligente	con sentido del humor
amable	antipático	trabajador	divertido
agradable	aburrido	tranquilo	desagradable

14–2 Una entrevista

Hagan una entrevista a su compañero/a para saber más de su personalidad. Atención: formulen preguntas completas. Después la clase puede hacer la entrevista a su profesor/a.

TEMAS	TU COMPAÑERO/A	TU PROFESOR/A
Lugar preferido para vivir		
Libro favorito		
Película favorita		
Comida preferida		
Ciudad preferida		
Cualidad que más admira		
Defecto que más odia		
Estación del año preferida		
Manía		
No le gusta...		
Problema que le preocupa		
Color que menos le gusta		
Actor/actriz favorito/a		
Pintor/a favorito/a		
Género musical que más le gusta		

EJEMPLO:

E1: ¿Cuál es tu comida preferida?
E2: El pollo con arroz. ¿Y cuál es tu comida favorita?
E1: Las papas fritas.

VOCABULARIO EN CONTEXTO

14–3 Preguntas personales

Lee ahora las respuestas de Guillermo Anderson a las "Preguntas muy personales". ¿Cómo crees que es? ¿Qué adjetivos se le pueden aplicar de la lista? Piensa en otros.

PREGUNTAS MUY PERSONALES

La clave de la felicidad es...	tomarse la vida con calma.
Su mayor virtud es ...	dicen que soy generoso... pero no sé...
Su mayor defecto es...	la impaciencia.
Su vicio es...	conversar por horas.
¿Qué le indigna más?	El racismo y la indiferencia.
Le preocupa...	la educación de los niños.
Le gustaría conocer a...	Mario Benedetti.
A una isla desierta se llevaría...	una guitarra y muchos libros.
¿Qué cualidad aprecia más en una persona?	la generosidad.
Le da vergüenza...	comer demasiado.
No podría vivir sin...	el mar.
Antes de dormir le gusta...	leer un poco.
¿Qué le gusta más?	La vida.
¿Qué le gustaría ver antes de morir?	Centroamérica unida.
Le pone nervioso...	la gente pesimista.
Le da miedo...	perder a mi esposa y a mis hijas.
Su vida cambió cuando...	regresé a Honduras para hacer música.

---

optimista	moderno	sociable	idealista
introvertido	valiente	engreído	maleducado
modesto	miedoso	conservador	hablador
complicado	antipático	simpático	egoísta
tranquilo	tímido	generoso	educado
nervioso	seguro	inseguro	alegre
pesimista	extrovertido	triste	sencillo

Ahora comparte tus opiniones con un/a compañero/a.

EJEMPLO:

E1: Yo creo que es un hombre **sociable**.
E2: Sí y también es muy **hablador** porque dice que su vicio es conversar por horas.

14–4 ¿Cómo eres tú?

Hazle ahora la misma entrevista de 14–3 a tu compañero/a. ¿Cómo es él/ella?

14–5 Cualidades

Elige dos cualidades que admiras y dos que detestas en cada una de estas personas. Justifica tus respuestas.

1. Un/a novio/a   2. Un/a amigo/a   3. Un/a profesor/a

alegría	impaciencia	mediocridad	seriedad	fidelidad
belleza	inseguridad	paciencia	simpatía	infidelidad
felicidad	cobardía	pureza	sinceridad	ternura
generosidad	inteligencia	sensatez	tristeza	hipocresía
hermosura	madurez	creatividad	valentía	maldad
honestidad		dulzura	estupidez	

EJEMPLO:

En un novio admiro la **honestidad** y la **generosidad**, y detesto la **estupidez** y la **hipocresía**.

 ¿Qué cualidades admiran en estas situaciones? Escriban dos para cada caso.

	EN UNA RELACIÓN DE PAREJA	EN UNA RELACIÓN PROFESIONAL	PARA COMPARTIR CASA
LO PEOR ES…			
LO MÁS IMPORTANTE ES…			

14–6 Atención a la forma

Clasifiquen los nombres de 14–5 en seis grupos, de acuerdo a sus terminaciones. ¿Son estas palabras masculinas o femeninas?

-DAD	
-ÍA	
-URA	
-EZA	
-EZ	
-CIA	

14–7 Gente con cualidades

Estas personas están hablando de otras. Escribe la información sobre cada persona.

	ES… (ADJETIVOS)	CUALIDADES	DEFECTOS
1			
2			
3			
4			
5			

 ### 14–8 Modelos para imitar (o no)

Hagan una lista de tres personajes públicos a quienes admiran y tres a quienes no admiran. Digan las cualidades que admiran de ellos y las que no admiran.

Admiramos a _____ por su _____, _____ y _____.
_____ por su _____, _____ y _____.
_____ por su _____, _____ y _____.
Los tres son personas muy _____ y _____.

No admiramos a _____ por su _____, _____ y _____.
_____ por su _____, _____ y _____.
_____ por su _____, _____ y _____.
Los tres son personas muy / poco _____ y nada _____.

📖 GRAMÁTICA EN CONTEXTO

14–9 ¿Con quién te llevarías (*you would get along*) bien?

Estas personas están buscando amigos. ¿Con quién te llevarías bien? ¿Con quién no? ¿Por qué? Comparte tus opiniones con la clase.

ANA ÁLVAREZ LONDOÑO

Gustos: No soporto a la gente cobarde. Me encantan el riesgo, la aventura y conocer gente. Me gusta la música disco y el cine de acción. Soy vegetariana. Tomo demasiado café.

Costumbres: Estudio por las noches, salgo mucho y, en vacaciones, hago viajes largos.

Aficiones: Vela, esquí acuático y parapente.

Manías: Me cae mal la gente que fuma. Tengo que hablar con alguien por teléfono antes de acostarme.

Carácter: Soy un poco despistada y muy generosa. Tengo mucho sentido del humor.

SUSANA MARTOS DÍAZ

Gustos: Odio la soledad y las discusiones. Me encanta la gente comunicativa, bailar y dormir la siesta. Cocino muy bien. Me fastidia limpiar la casa; no me parece tan importante.

Costumbres: Casi siempre estoy en casa. Me encanta estar en casa.

Aficiones: Colecciono libros de cocina y juego al póquer. Tengo seis gatos.

Manías: No puedo salir a la calle sin maquillarme. Me molestan mucho los ruidos.

Carácter: Soy muy desordenada. Siempre estoy de buen humor.

FELIPE HUERTA SALAS

Gustos: La gente que habla mucho y el desorden me ponen nervioso. Me encantan la soledad, el silencio y la tranquilidad. Me gusta la música barroca y leer filosofía. Como muy poco; la comida no me interesa mucho.

Costumbres: Soy muy ordenado. Me levanto muy pronto y hago cada día lo mismo, a la misma hora.

Aficiones: Colecciono estampillas e insectos. También tengo en casa dos serpientes.

Manías: Duermo siempre con los calcetines puestos.

Carácter: Soy muy serio y un poco tímido.

Yo me llevaría bien con _____ porque_____ y podríamos _____. En cambio, me llevaría muy mal con _____ porque _____ . No _____ .

VERBOS COMO *GUSTAR*: EXPRESAR SENTIMIENTOS

La gente falsa **me cae** muy mal.
La**s** persona**s** falsa**s** **me caen** muy mal.

(A mí) la publicidad **me divierte**.
(A mí) lo**s** anuncio**s** **me divierten**.

(A mí) **me da miedo** ir al dentista.
(A mí) **me dan miedo** la**s** serpiente**s**.

OTROS VERBOS COMO GUSTAR
me da/**n** (mucha) risa / pena / miedo
(no) me interesa/**n** (mucho / nada)
me pone/**n** (muy / un poco) nervioso/a
me preocupa/**n** (mucho / un poco)
me molesta/**n** (mucho / un poco)
me fastidia/**n** (mucho / un poco)
me emociona/**n**
me indigna/**n**

PRONOMBRES

a mí	**me**
a ti	**te**
a él/ella/usted	**le**
a nosotros/as	**nos**
a vosotros/as	**os**
a ellos/ellas/ustedes	**les**

Esteban me pone muy nerviosa.

A mí me ponen nervioso sus hermanas.

EL FUTURO

(yo)		**-é**
(tú)	via**j**ar	**-ás**
(él, ella, usted)	comer	**-á**
(nosotros/as)	dormir	**-emos**
(vosotros/as)		**-éis**
(ellos, ellas, ustedes)		**-án**

FORMAS IRREGULARES

TENER	tendr-	**-é**
SALIR	saldr-	**-ás**
QUERER	querr-	**-á**
PONER	pondr-	**-emos**
DECIR	dir-	**-éis**
HACER	har-	**-án**
PODER	podr-	

EL CONDICIONAL

	LLEVARSE
(yo)	me llevaría
(tú)	te llevarías
(él, ella, usted)	se llevaría
(nosotros/as)	nos llevaríamos
(vosotros/as)	os llevaríais
(ellos, ellas, ustedes)	se llevarían

FORMAS IRREGULARES

PODER	podr		ía
SABER	sabr		ías
TENER	tendr	+	ía
QUERER	querr		íamos
HACER	har		íais
			ían

Tomaría clases de piano, pero no tengo dinero.

PREGUNTAS DIRECTAS

¿**Cuál es** tu deporte preferido?
¿**Qué** deporte prefieres: el fútbol o el golf?
¿**A qué hora** te acuestas?
¿**Dónde pasas** las vacaciones?
¿**Con quién** vives?
¿**De dónde** eres?
¿**En qué** hotel te alojas?
¿**De qué** están hablando?
¿**Con cuál** viajarás?
¿**De cuál** estás hablando?
¿**Desde cuándo** vives en Honduras?
¿**En quién** confías más?
¿**Hacia dónde** se dirige el avión?

PREGUNTAS INDIRECTAS

Me gustaría saber	{	cuál...
Quiero preguntar		qué...
		dónde...
Me interesa saber		cuándo...
		con quién...

Ahora rellena tú una ficha similar con tu descripción. Tu profesor/a recogerá todas las fichas y las repartirá en la clase. Cada estudiante lee una descripción y explica si se llevaría bien con esa persona o no y por qué.

14–10 ¿Qué más quieres saber?

Finalmente tienes que vivir con la persona de 14–9 más incompatible contigo. ¿Qué más cosas quieres saber? Haz una lista de seis cosas.

Me gustaría saber
si _____
cómo _____
qué _____
de dónde _____
desde cuándo _____
con quién _____

14–11 ¿Qué harás?

Los dos deciden escribir una lista donde se comprometen a hacer cinco cosas para asegurar una convivencia sin problemas. Escribe una lista de cinco promesas: cosas que harás o no harás.

EJEMPLO:

(Vas a vivir con Felipe)
Seré muy ordenado y no **dejaré** cosas por el suelo.

Escribe también cinco promesas que la otra persona debe firmar.

EJEMPLO:

(Susana va a vivir contigo)
Limpiarás la casa todas las semanas.

14–12 ¿Qué harías?

Para conocer más a tu compañero/a, te interesa saber qué haría en ciertas situaciones hipotéticas. Hazle preguntas sobre las siguientes situaciones y sobre una inventada por ti.

1. Estás sentado en un autobús y a tu lado hay una señora mayor de pie.
2. Estás en una playa y ves a una persona gritando en el agua.
3. Estás en una boda y ves que llevas una media negra y otra verde.
4. Estás en un banco y llegan unos ladrones para robarlo.
5. Estás en un restaurante y tu novio/novia te dice que se ha enamorado de otra persona.
6. Estás paseando por un parque y ves a tu actor/actriz favorito/a.
7. Estás conduciendo por la carretera y ves a una persona haciendo autostop.
8. _____

EJEMPLO:

E1: ¿Qué **harías** en el autobús?
E2: Por supuesto me **levantaría** y **cedería** mi asiento a la señora.

INTERACCIONES

ESTRATEGIAS PARA LA COMUNICACIÓN ORAL

Expressing disagreement during conversation

Expressing disagreement is as important as conveying agreement. This is especially true when debating an issue. You can express varying degrees of disagreement with these expressions:

Disagreement	*Eso no es así.*	It's not like that.
	No es cierto/ verdad.	That's not true.
	No puede ser.	That can't be.
Strong disagreement	*De ninguna manera/ de ningún modo.*	No way.
	Eso es imposible/ absurdo…	That's impossible, absurd…
	Ni hablar.	No way.
	Para nada.	Not at all.
	En absoluto.	Absolutely not.
Personal disagreement	*(Creo que) te equivocas.*	(I believe) you are wrong.
	Estás (totalmente) equivocado/a.	You are (totally) wrong.
	Estoy en contra.	I am against that.
	No estoy (nada) de acuerdo (contigo).	I disagree (with you).
	No lo veo así.	I don't see it like that.

14–13 ¿Cómo se resolverían estos problemas?

Completa este cuadro con soluciones hipotéticas para estos problemas. Agrega un problema más que te preocupe y da su solución. Luego habla con tu compañero/a para ver si está de acuerdo.

1. Las diferencias entre ricos y pobres (disminuir) con…

2. La contaminación en las grandes ciudades (terminarse) con…

3. La destrucción de la capa de ozono (frenar) con…

4. Los conflictos entre Israel y Palestina (solucionarse) con…

5. La piratería musical (desaparecer) con…

6. _____

EJEMPLO:

E1: En mi opinión, las diferencias entre ricos y pobres **disminuirían** con más **solidaridad** de la gente rica.
E2: **Yo no lo veo así**: lo importante es tener las mismas oportunidades desde el principio.

14–14 Nuestra sociedad

Decidan cuáles son los tres defectos más graves de la sociedad en que vivimos, y cuáles son las tres cualidades que debería tener. Luego compartan sus decisiones con la clase.

DEFECTOS	CUALIDADES
1.	1.
2.	2.
3.	3.

EJEMPLO:

E1: Yo creo que el mayor defecto es el egoísmo y la avaricia. La gente es muy egoísta.
E2: No, te equivocas; lo peor es la falta de solidaridad. A la gente no le preocupa la pobreza.
E3: No lo veo así. A muchos les preocupa la pobreza.

14–15 Julio Visquerra, un pintor hondureño

Cada uno de ustedes va a leer un texto sobre un artista hondureño. En cada texto falta parte de la información. Preparen una lista de preguntas para su compañero/a referidas a la información que no tienen.

Cuadro de Julio Visquerra

ESTUDIANTE A

Nació en _____, Honduras, en 1943. De muy niño se trasladó a la ciudad de _____, donde cursó la enseñanza elemental. A lo largo de estos estudios no tuvo estímulos para las actividades artísticas. Al contrario, él dice que _____ siempre desaprobó las muestras de dibujo que le presentaba, criticándolas de forma despectiva. Al principio tuvo muchas dificultades para ganarse la vida, pero logró sostenerse trabajando como vendedor de libros y restaurador de antigüedades. Esto le dio la base para visitar museos, conocer galerías privadas y tratar con numerosos pintores nacionales y extranjeros. Además hizo viajes a países con importante actividad artística, como por ejemplo España y otros países vecinos, principalmente _____. Sus obras han sido expuestas en países como Austria, España, Estados Unidos y Francia. Un elemento básico de la pintura visquerreana es la presencia de _____ en muchos de sus cuadros. Las frutas son el símbolo inequívoco: representan _____, _____ y _____. Por eso las vemos siempre cayendo, casi nunca en estado inerte.

ESTUDIANTE B

Nació en Olanchito, Honduras, en _____. De muy niño se trasladó a la ciudad de La Ceiba, donde cursó la enseñanza elemental. A lo largo de estos estudios no tuvo estímulos para las actividades artísticas. Al contrario, él dice que uno de sus profesores siempre desaprobó las muestras de dibujo que le presentaba, criticándolas de forma despectiva. Al principio tuvo muchas dificultades para _____, pero logró sostenerse trabajando como _____ y _____. Esto le dio la base para visitar museos, conocer galerías privadas y tratar con numerosos _____. Además hizo viajes a países con importante actividad artística, como por ejemplo España y otros países vecinos, principalmente Francia. Sus obras han sido expuestas en países como _____, _____, _____ y _____. Un elemento básico de la pintura visquerreana es la presencia de frutas en muchos de sus cuadros. Las frutas son el símbolo inequívoco: representan vida, esperanza y movimiento. Por eso las vemos siempre cayendo, casi nunca en estado inerte.

EJEMPLO:

E1: ¿**A qué** ciudad se trasladó Julio de niño?
E2: A La Ceiba.

¿Te gustaría conocer a Julio? ¿Por qué? ¿Qué le preguntarías?

14–16 Situaciones: ¿Somos compatibles?

Two students interview each other in order to find out whether they are compatible. They want to see whether they could share a room during one academic year. Each prepares a questionnaire with six questions about aspects they consider important (personality, habits, etc.). The questionnaires also include three hypothetical situations.

ESTUDIANTE A

You need to interview a potential roommate. Before the interview, you need to prepare a questionnaire with six questions and three hypothetical situations. You are very organized, study quite a lot, and are very traditional.

ESTUDIANTE B

You need to interview a potential roommate. Before the interview, you need to prepare a questionnaire with six questions and three hypothetical situations. You are quite disorganized, don't like to study, and are very liberal.

TAREA

Elaborar preguntas y hacer una entrevista a una persona de nuestra universidad o entorno.

PREPARACIÓN

Escucha la primera parte de esta entrevista con el pintor hondureño Julio Visquerra.

1. ¿Sobre qué temas hace preguntas el periodista? Márcalos a continuación.

Julio Visquerra

☐ EL AMOR
☐ LAS PINTURAS
☐ LAS EXPERIENCIAS PASADAS
☐ LA INFANCIA
☐ LAS OPINIONES
☐ LOS PROYECTOS
☐ LOS GUSTOS
☐ LA PERSONALIDAD
☐ LAS COSTUMBRES

2. ¿Dónde tiene lugar la entrevista?
3. ¿Cómo era Julio de niño? Describe su personalidad.
4. Según Julio, ¿cuál es el secreto del éxito (*success*)?
5. ¿Cuántos años vivió Julio en Europa?

En esta segunda parte de la entrevista se borraron las preguntas. Trata de escribirlas tú.

1. ¿Qué significa la fruta que aparece en muchas de sus obras?

2.

3.

4.

5.

6.

Ahora compara tus preguntas con las de un/a compañero/a.

Paso 1 La persona
Piensen en una persona a quien les gustaría entrevistar. Puede ser un hispanohablante de nuestra universidad, un familiar hispanohablante, alguien de nuestra comunidad, su profesor/a, etc.

Paso 2 Los temas
Pónganse de acuerdo sobre qué temas son los más importantes para conocer bien a alguien. Luego piensen en posibles preguntas relacionadas con esos temas.

LISTA DE TEMAS

1. _____

2. _____

3. _____

Paso 3 Las preguntas
Cada uno de ustedes debe formular cuatro preguntas. Tengan en cuenta lo que saben sobre la formulación de preguntas. Por ejemplo, podemos preguntar...

¿**Cómo** es usted?

¿**Cuál** es su tipo de arte preferido?

    a. el abstracto
    b. el clásico
    c. todos

¿**Qué** animal le **gustaría** ser?

¿**De qué** cosas se avergüenza usted?

Elijan las mejores preguntas y elaboren el cuestionario con 12 preguntas que van a usar para la entrevista.

Paso 4 Presenten su cuestionario a la clase con las preguntas que prepararon y justifiquen por qué eligieron estas preguntas para esta persona.

Paso 5 La entrevista
Hagan la entrevista a su invitado/a.

Paso 6 Foco lingüístico.

| AYUDA |

A mí me gustaría saber...

    si...
    dónde...
    con quién...
    por qué...
    qué...
    cuándo...

Ése es un tema **muy** importante / interesante.

Ése **no** es un tema **tan** importante.

Ése es un tema **demasiado** personal.

Me gustaría saber si está casada.

NUESTRA GENTE

GENTE QUE LEE

ESTRATEGIAS PARA LEER

Review of vocabulary strategies (II): Word formation and Spanish affixes

Words are formed by adding *affixes* to their roots. For example, the adjective *honestos* is formed by the root *honest* and the affix *-os*. The root contains its meaning; the affix, information about its gender and/or number (in this case, it tells us that the word is masculine and plural). If we added the affix *des-* to this word, we would change its meaning: *deshonestos* means the opposite of *honestos*. Here are affixes that change the meaning or category of a word by being placed *before* the word:

ante-	*(anteponer)*	in-/im-	*(incierto, imposible)*	re-	*(reacción, repintar)*
anti-	*(antibalas, antirobo)*	pos-	*(posmoderno, posponer)*	sobre-	*(sobrenatural, sobresalir)*
contra-	*(contradecir)*	pre-	*(prehistoria, predecir)*	sub-	*(subsuelo, submarino)*
des-	*(descubrir)*				

Can you ad an affix to the roots below? Did you make up some new words? What do they mean?

desarrollo (development)   *ataque* (attack)   *título* (title)   *guerra* (war)
aprobar (approve)   *hacer* (do)   *personal* (personal)   *ojos* (eyes)
discutible (debatable)   *nombre* (name)   *mamá* (mom)   *brazo* (arm)

New words are also formed by compounding two words to form a new one. Can you guess what these words mean by looking at their parts?

telaraña = tela + araña   *portafolio = portar + folio*
boquiabierto = boca + abierto   *salvavidas = salvar + vidas*
medianoche = media + noche   *hispanohablante = hispano + hablante*
abrelatas = abrir + latas   *altibajo = alto + bajo*

ANTES DE LEER

14–17 Hispanos en la televisión

¿Conoces personajes hispanos en la televisión de Estados Unidos? Nombra algunos.

14–18 Activando estrategias

1. Lee el título del texto y mira el texto por encima. ¿Qué tipo de texto vas a leer? ¿Cómo lo sabes?
2. Lee el primer párrafo. ¿Te da información adicional sobre el contenido del texto?

DESPUÉS DE LEER

14–19 ¿Comprendes?

1. ¿Qué opina América Ferrera de la familia hispana que aparece en su serie? ¿Es estereotípica o no?
2. ¿Qué piensa América Ferrera de la belleza?
3. ¿Tuvo América Ferrera problemas por ser hispana para trabajar en televisión?
4. ¿Cree América Ferrera que hay estereotipos sobre los hispanos en televisión?
5. ¿Qué consejo da América Ferrera a las mujeres que son tímidas?

A LEER

AMÉRICA FERRERA: UNA ACTRIZ DE ORIGEN HONDUREÑO

La actriz estadounidense América Ferrera interpreta el papel principal en la serie de televisión estadounidense *Ugly Betty*: la hispana Betty Suárez. Este programa, basado en la serie original colombiana *Yo soy Betty, la fea* fue muy **exitoso** en Estados Unidos entre 2006 y 2010. Para Ferrera, **definitivamente** este ha sido su mayor logro como actriz. En esta entrevista, Ferrera habla sobre la serie que **protagonizó**, su concepto de belleza y el papel de las mujeres latinoamericanas en Hollywood.

América Ferrera

P: ¿Qué le parece la manera en que se retrata a la familia hispana en *Ugly Betty*? ¿Piensa que esto contribuye a la imagen que tiene el público de Estados Unidos de la comunidad latina?

R: Yo estoy muy **orgullosa** de la manera en que nuestra comunidad es mostrada en la serie, porque la familia de Betty no es tradicional y rompe los estándares típicos. La familia de Betty es pequeña, en contraste con la típica familia latina que se veía en la televisión en el pasado, donde había muchos hijos, y primos, y los abuelos.... . **Sin embargo** la serie trata temas que siempre han sido relevantes dentro de la comunidad latina que vive en Estados Unidos, **como** la emigración o los seguros médicos.

P: ¿Es decir, la serie no intenta presentar un estereotipo de lo hispano?

R: **Exactamente**, porque no hay una familia típica hispana en Estados Unidos. Hay muchas. Los latinos en Estados Unidos viven de formas muy diferentes.

P: Usted se ha convertido en una de las mayores figuras latinas en Hollywood. ¿Ha tenido algún problema en su carrera debido a su apariencia o a su origen?

R: No, nunca. Las cosas han cambiado mucho. Ahora hay latinos en cualquier programa de televisión. Me siento **sumamente** afortunada de vivir en una época donde es posible tener una carrera como latina, **ya que** sé que hace diez o quince años esto no habría sido (*would not have been*) posible. **Asimismo**, pienso que todavía hay barreras y estereotipos, pero **ciertamente** se han dado grandes pasos para superar<u>los</u>.

P: ¿Qué consejo le daría a las mujeres que tienen timidez o inseguridades?

R: Yo les diría que todas las personas tienen sus **inseguridades**, pero hay que aprender a superar<u>las</u>.

P: ¿Por qué piensa que el tema de la belleza ha atraído a tantos espectadores a ver esta serie?

R: En mi opinión, en nuestra sociedad hay un enfoque excesivo en la vanidad y la belleza de las personas, pero yo creo hay muchas maneras de ser bello. Hay mujeres que simplemente se sienten bonitas, como Betty, **mientras que** hay otras que son muy bellas pero no han desarrollado su máximo potencial y no son felices. Ésa es la gran lección de la serie, y creo que por eso atrae a tanta gente.

14–20 Activando estrategias

1. Según el contexto, ¿qué crees que significa la palabra 'protagoniza' (p. 1)? Búscala en el diccionario y comprueba si tu predicción era correcta.

2. ¿Qué función tienen los conectores 'sin embargo', 'como", 'mientras que' y 'ya que'?

3. Busca en el diccionario el conector 'asimismo'. ¿Qué significa y qué función tiene?

4. Mira las palabras terminadas en -*mente*. ¿Cuáles son cognados y cuáles no?

5. Explica cómo se han formado y qué significan estas palabras: 'exitoso', 'orgullosa' e 'inseguridades'.

6. ¿A qué o quién se refieren los pronombres subrayados 'superar<u>los</u>' y 'superlar<u>las</u>' al final del texto?

14–21 Expansión

¿Cómo presenta la televisión de Estados Unidos a los hispanos? ¿Hay estereotipos? ¿Crees que la población hispana está bien representada en la televisión?

📖 **GENTE QUE ESCRIBE**

ESTRATEGIAS PARA ESCRIBIR

Using a bilingual dictionary

When you write in Spanish, it is sometimes necessary to use a bilingual dictionary. Before looking up words, familiarize yourself with your dictionary. Dictionary entries, especially those for the most commonly used words, are not simple. They contain symbols and abbreviations that you need to recognize and interpret. They are not standard; every dictionary is different. Let's see an example: You are writing about a person you really dislike, and one of the characteristics that bothers you about this person is the fact that he is fake, so you look up this word.

> **fake** n (painting etc) *falsificación* f; (person) *impostor(a)* m/f; ◆ adj *falso* ◆ vt *fingir*; (painting, etc.) *falsificar*

What do these abbreviations mean (n, f, m/f, adj, vt)? Are you looking for a noun, a verb, or an adjective? If you followed the process, you came up with **falso**. Thus, you would write something like this: *Me cae muy mal porque es una persona muy falsa.*

MÁS ALLÁ DE LA FRASE

Cohesive writing (II): Using connectors

Cohesive devices include *discourse markers*, also called *transition words* or *connectors*. They can serve multiple functions in a text: to organize information in a sequence (*primero, después…*), to express cause and effect (*por eso, ya que…*), to introduce examples (*por ejemplo, como…*), to clarify information (*o sea, es decir…*), to add information or ideas (*además, también…*), to sequence events in time (*más tarde, antes…*), to summarize ideas (*en resumen, para resumir…*), to introduce conclusions (*en conclusión, para concluir…*), to make generalizations (*en general*), to point out similarities (*de modo similar, igualmente…*), and to draw comparisons and contrasts (*en cambio*). We will review these connectors in detail within the next lessons. Always review how you used these cohesive mechanisms during the editing part of the writing process.

14–22 Una reseña sobre tu cantante o grupo musical favorito

Tu cantante o grupo musical favorito va a dar un concierto en tu escuela o universidad. Escribe una reseña para una revista en español. Aquí tienes algunos aspectos que podrías incluir en tu reseña. Puedes pensar en otros.

☐ datos biográficos relevantes   ☐ personalidad y carácter   ☐ influencias
☐ discos y canciones más relevantes   ☐ género(s) y estilo(s)   ☐ temática de sus canciones

❗ *¡ATENCIÓN!*

Piensa en las personas que van a leer esta reseña (los lectores de la revista). Asegúrate de que hay una secuencia lógica entre los párrafos y dentro de cada párrafo; usa el diccionario para buscar significados y conceptos que no sabes expresar en español; presta atención al uso de conectores.

COMPARACIONES

14–23 ¿Cómo eran los mayas de Copán?

Lean esta información y decidan cuáles son los seis datos más interesantes para ustedes. Organicen los datos de más a menos interesantes. Escriban su lista y después compárenla con las del resto de la clase.

Conociendo a los mayas de Copán

Las mayas fueron una de las más esplendorosas culturas conocidas de Mesoamérica. Su civilización de más de 3.000 años se extendió por lo que hoy es la parte occidental de Honduras y El Salvador, todo el territorio de Guatemala y Belice y el sur de México. Hoy, cerca de dos millones y medio de personas descienden directamente de antepasados mayas y hablan todavía unos 28 idiomas diferentes.

Durante el período clásico (entre los años 250 a.C. y 900 d.C.) la cultura maya floreció en Copán (Honduras), una de sus más importantes ciudades-estado, la cual contaba con unos 20.000 habitantes. Sin embargo, para el año 1200 d.C. la ciudad estaba abandonada. Tal vez los investigadores puedan algún día resolver el gran misterio de Copán.

Los mayas sobrevivieron seis veces más tiempo que el imperio romano y construyeron más ciudades que los antiguos egipcios. Fueron una de las cinco culturas antiguas que desarrollaron un lenguaje escrito. En Copán está el texto jeroglífico más largo del mundo, que contiene datos calendarios y astronómicos, e información sobre los gobernantes.

Los mayas fueron hábiles arquitectos y escritores, desarrollaron las matemáticas y diseñaron un calendario solar más exacto del que hoy conocemos. Eran politeístas. La belleza era muy importante para los mayas. Llevaban muy poca vestimenta pues no la consideraban importante para su apariencia personal. En cambio, usaban plumas y otras pieles de animales como vestidos y también como joyas.

14–24 Otras antiguas civilizaciones

¿Cómo eran los antiguos pobladores de tu región o país? ¿En qué se parecen y en qué se diferencian?

CULTURA

La población de ascendencia hondureña en Estados Unidos es de aproximadamente 700.000 personas, y está localizada principalmente en grandes ciudades como Nueva Orleans, Miami, Nueva York, Houston y Washington, DC. Los hondureños que han emigrado a Estados Unidos desde los años 60 lo han hecho principalmente por razones económicas.

Roberto Quesada nació en Honduras en 1962 y desde 1989 reside en Nueva York. Ha dado conferencias en varias universidades norteamericanas y en la actualidad es el Primer Secretario de la Embajada de Honduras ante la ONU. Entre los temas que más le preocupan a Quesada, y sobre los que escribe, está la migración latinoamericana a Estados Unidos. *Big Banana*, su tercera novela escrita en inglés, trata de un joven hondureño que quiere triunfar como actor en Estados Unidos y para ello se traslada a Nueva York, donde entra en contacto con la comunidad latina y donde le suceden innumerables aventuras.

Uno de los personajes de ascendencia hondureña más populares en Estados Unidos es la actriz América Ferrera, hija de padres hondureños inmigrantes. Ha sido elegida Mujer latina del año por varias organizaciones, y fue nombrada Líder Latina en 2007 por el Congressional Hispanic Caucus. Ese mismo año ganó el Globo de Oro como mejor actriz.

Go to **MySpanishLab** to review what you have learned in this chapter.

| Flashcards | Oral Practice | Practice Test / Study Plan | amplifire Dynamic Study Modules | Tutorials | Videos | Extra Practice |

 VOCABULARIO

El carácter y la personalidad
(Personality traits)

la alegría	happiness
la amistad	friendship
la avaricia	greed
la belleza	beauty
la bondad	goodness
el defecto	fault, defect
la dulzura	sweetness
el egoísmo	egoism
la envidia	envy
la estupidez	stupidity
la felicidad	happiness
la fidelidad	fidelity, loyalty
la generosidad	generosity
la hipocresía	hypocrisy
la honestidad	honesty
la impaciencia	impatience
la inseguridad	insecurity
la inteligencia	intelligence
la pedantería	pedantry
el sentido del humor	sense of humor
la seriedad	seriousness
la simpatía	warmth, charm
la sinceridad	sincerity
el talento	talent
la tenacidad	tenacity
la ternura	tenderness
la vanidad	vanity
el vicio	vice
la virtud	virtue

Adjetivos (Adjectives)

alegre	happy
amable	nice, kind
autoritario/a	authoritarian
avaro/a	miserly, avaricious
bello/a	beautiful
bonito/a, lindo/a	pretty
desordenado/a	disorderly, untidy
despistado/a	absent-minded
divertido/a	funny
educado/a	well mannered, educated

egoísta	selfish
envidioso/a	envious, jealous
fiel	faithful, loyal
generoso/a	generous
hipócrita	hypocritical
honesto/a	honest
inseguro/a	insecure
maleducado/a	ill-mannered
miedoso/a	fearful
nervioso/a	nervous
optimista	optimist
pesimista	pessimist
progresista	liberal
sensible	sensitive
serio/a	reliable, serious
sincero/a	sincere, genuine
sociable	sociable, friendly
hablador/a	talkative
introvertido/a	introvert
extrovertido/a	extrovert
testarudo/a	stubborn
tierno/a	tender, soft
tranquilo/a	calm, quiet

Verbos (Verbs)

actuar	to perform
angustiar	to distress
anunciar	to announce
apreciar	to notice, to appreciate
borrar	to delete, to erase
coleccionar	to collect
deprimir	to depress
emocionar	to excite, to touch
especializarse (en)	to specialize (in)
indignar	to anger
meditar	to meditate
odiar	to hate
preocupar	to worry
roncar	to snore
soportar	to stand, to bear, to put up with
suavizar	to smooth
tener algo en común	to have something in common
tropezar (ie) con	to run into

CONSULTORIO GRAMATICAL

1 Verbs Like *Gustar (II)*

The subject of a sentence that contains a verb like gustar is NOT the person experiencing the feeling or the person who makes a value judgment: it is the thing, issue, person, or activity about which one expresses such feeling or judgment. Here is a list of verbs and the grammar that governs this structure.

	gusta	**salir** de noche solo.	*INFINITIVE*
	encanta	**ir** al médico.	
	molesta	**trabajar** mucho.	
	preocupa		
	emociona		
	da risa / miedo		
(A mí) **me**	interesa	**este** programa.	*SINGULAR NOUN*
(A ti) **te**	pone nervioso/a / triste	**esta** noticia.	
(A él, ella, usted) **le**	hace gracia / parece chistoso		
(A nosotros/as) **nos**	gustan		
(A vosotros/as) **os**	encantan		
(A ellos, ellas, ustedes) **les**	molestan	**estos** programas.	*PLURAL NOUN*
	preocupan	**estas** noticias.	
	interesan		
	emocionan		
	dan risa / miedo		
	ponen nervioso/a / triste		
	hacen gracia / parecen chistosos		

To say we like or dislike someone.

Me		muy/bastante bien.
Te	cae (*ONE PERSON*)	muy/bastante mal.
Le	caen (*SEVERAL PEOPLE*)	regular.
No me cae/n		(muy) bien.

To express varying degrees we can use adverbs.

me		**muchísimo**	
te	gusta/n	**mucho**	
le	interesa/n	**bastante**	
me		**mucho** miedo	**mucha** pena
te	da/n	**bastante** miedo	**bastante** pena
le		**un poco de** miedo	**un poco de** pena
no { me		**demasiado** miedo	**demasiada** pena
te	da/n	**mucho** miedo	**mucha** pena
le		**nada de** miedo	**nada de** pena
me		**muy** nervioso/a, triste...	
te	pone/n	**bastante** nervioso/a, triste...	
le		**un poco** nervioso/a, triste...	
no { me		**muy** nervioso/a	
te	pone/n	**demasiado** nervioso/a	
le		**nada** nervioso/a	

A mí me da mucho miedo salir solo de noche.

A mí no me da nada de miedo.

2 The Future Tense: Form and Uses

Future actions can be expressed with the future indicative (with or without explicit indication of a future time). The future indicative is a very consistent tense, and most verbs have a regular form of the future tense, which is formed by adding endings to the infinitive form.

	INFINITIVE + ENDINGS
(yo)	-é
(tú)	via**j**ar	-ás
(él, ella, usted)	com**er**	-á
(nosotros/as)	dorm**ir**	-emos
(vosotros/as)		-éis
(ellos, ellas, ustedes)		-án

Irregular forms

TENER	tendr-	-é
SALIR	saldr-	-ás
VENIR	vendr-	-á
PONER	pondr-	-emos
HABER	habr-	-éis
DECIR	dir-	-án
HACER	har-	
PODER	podr-	
SABER	sabr-	

¡En noviembre correré el maratón de 42 kilómetros 195 metros!

Uses of the future tense

We already know that IR a + infinitive (with or without an explicit indication of time) is a common way to express future actions in Spanish, especially in conversational Spanish and when we express plans or intentions that refer to future actions. The future tense can also be used in both of these sentences. The speaker chose the IR a + Infinitive because s/he is emphasizing that s/he has the intention to do so.

(El próximo año) **vamos a hacer** más ejercicio y trabajar menos.
(Next year) we are going to do more exercise and work less.

Mañana **vamos a revisar** la gramática de la Lección 14.
Tomorrow we are going to review the grammar of Lesson 14.

The future tense is used more often in formal Spanish; it is used to express the result of a condition, to reassure someone about something, or to express a promise.

Si intentas ser más simpático, **tendrás** más amigos.   Si tienes pensamientos positivos, **te pondrás** contento.
If you try to be nicer, you will have more friends.   *If you have positive thoughts, you will get happy.*

3 The Conditional Tense: Form and Uses

As with the future tense, the conditional is also formed by adding the endings to the infinite form. Those verbs that are irregular in the future are also irregular in the conditional.

Regular forms

CHARLAR	charlar-	
CENAR	cenar-	-ía
BESAR	besar-	-ías
CONOCER	conocer-	-ía
ENTENDER	entender-	-íamos
PERDER	perder-	-íais
IR	ir-	-ían
VIVIR	vivir-	

Irregular forms

PODER	podr-	
SABER	sabr-	-ía
HACER	har-	-ías
HABER	habr-	-ía
PONER	pondr-	-íamos
DECIR	dir-	-íais
TENER	tendr-	-ían
SALIR	saldr-	
VENIR	vendr-	

Uses of the conditional tense

We use the conditional to talk about hypothetical actions and situations.

Creo que **me llevaría** bien con tu hermana; parece muy simpática.
I think I would get along with your sister; she seems very nice.

We also use it to talk about what we would like to do, usually with the verbs **gustar** *and* **encantar.**

Me gustaría conocer a una persona divertida, inteligente y honesta.   **Me encantaría** salir contigo.
I would like to meet a funny, intelligent and honest person.   *I would love to go out with you.*

We can express recommendations and advice.

Yo **iría** a ver esa película: parece que es muy buena.   **Deberías** salir más y conocer gente.
I would go see that movie: it is supposed to be very good.   *You should go out more and meet people.*

We can express wishes that are difficult or impossible to achieve.

Tomaría un avión y **me iría** al Caribe ahora mismo.   **Cenaría** contigo pero tengo otro compromiso.
I would take a plane and go to the Caribbean right now.   *I would have dinner with you but I have another commitment.*

4 Direct and Indirect Questions

Direct questions

In Lecciones 4 and 5 (Estrategias para la comunicación oral) we studied multiple ways to formulate direct questions. These questions are introduced by interrogative words such as **dónde, cómo, cuándo, cuánto, qué, quién/es,** and **por qué.**

¿Dónde pasas la Navidad?   **¿Cómo** vas a trabajar, en carro o en autobús?
Where do you spend Christmas?   *How do you go to work, by car or by bus?*

¿Por qué vienes tan tarde?   Y en esta fotografía, **¿quiénes** son tus padres?
Why do you come so late?   *In this picture, who are your parents?*

¿Qué haces mañana? / **¿Qué** prefieres, un té o un café? (+ VERB)
What are you doing tomorrow? / What do you prefer, a tea or a coffee?

¿Qué carro es mejor? / **¿Qué** tipo de música te gusta? (+ NOUN)
Which car is better? / What kind of music do you like?

When we wish to single out a person or a thing from among a group we use **cuál / cuáles.**

● ¿Me das **un libro** para leer esta noche?   —*Can you give me a book to read tonight?*
○ Sí, claro, estos dos están muy bien...   —*Yes, sure, these two are very good...*
  ¿Cuál prefieres?   *Which one do you prefer?*

In questions with a preposition, the preposition is placed before the question word.

¿De dónde eres?   **¿A cuál** te refieres?   **¿De cuál** estás hablando?
Where are you from?   *Which one are you referring to?*   *Which one are you talking about?*

¿Hasta cuándo serás cantante?   **¿Con quién** hablas cada día?   **¿Desde cuándo** vives en Honduras?
*How much longer will you be a singer?**   *Who do you speak with everyday?*   *How long have you been living in Honduras?*

¿Con cuántos músicos viajas?   **¿Contra quién** juega Honduras?   **¿En quién** confías más?
How many musicians are you traveling with?   *Who is Honduras playing against?*   *Who do you trust more/the most?**

¿En qué hotel te alojas?   **¿De qué** están hablando?   **¿Hacia dónde** se dirige el avión?
What hotel are you staying in?   *What are they talking about?*   *Where is the plane heading?**

¿A qué te refieres?   **¿Con cuál** viajarás?
What are you referring to?   *Which one will you travel with?*   *In these English translations, the
                                                                           preposition disappears.

Indirect questions

Me gustaría saber
Me parece interesante saber
Quiero preguntarte

⎧ *YES / NO ANSWERS:*
⎪ **si** vive solo. (*whether he lives alone*)
⎨ **si** le gusta bailar. (*whether s/he likes dancing*)
⎪
⎪ *OPEN-ENDED ANSWERS:*
⎪ **dónde** vives. (*where you live*)
⎩ **cómo** se llama tu esposa. (*what your wife's name is*)

15 GENTE que se DIVIERTE

15–1 Divertirse en España

Lee el texto sobre España. ¿En qué áreas destaca España culturalmente? ¿Qué tipo de diversión les gusta a los españoles?

Ahora fíjate en las cinco fotos. ¿Qué crees que anuncia cada una? ¿Por qué?

una película	una exposición de pintura / de fotografía
una obra de teatro	un bar de tapas / de copas
una discoteca	un espectáculo de danza / magia / flamenco
una ópera	un festival de teatro / de danza / de cine
un restaurante	un concierto de rock / de música clásica

TAREA

Planificar un fin de semana en una ciudad de España.

NUESTRA GENTE

España
Hispanos/latinos en Estados Unidos

Explore **Spain** with **Club cultura!**

1

Ven a nuestras cenas mágicas y vive una noche muy especial en

La mandrágora
El primer restaurante mágico y esotérico

MENÚ SELECCIONADO astrológicamente para cada día
A LA HORA DE LAS BRUJAS, actos mágicos y parapsicológicos realmente espectaculares
CARTA ASTRAL para cada uno de los comensales
RESPUESTAS A SUS PREGUNTAS con las artes adivinatorias del tarot

SHOW DE HIPNOSIS Y MENTALISMO
Y TODO ELLO POR UN PRECIO ÚNICO Y AJUSTADÍSIMO
Calabria, 171. Reservas individuales y grupos. Tel. 226 42 53 - 226 60 42

2

OPERA 2001 PRESENTA

VERDI
UN BAILE DE MÁSCARAS

SOLISTAS Y COROS DE OPERA 2001
CON LA COLABORACIÓN DE LA ORQUESTA FILARMÓNICA DE PLEVEN (BULGARIA)
ÓPERA EN TRES ACTOS VERSIÓN ORIGINAL EN ITALIANO (SUBTÍTULOS EN ESPAÑOL)

CULTURA

España es un país miembro de la Unión Europea y su forma de gobierno es la monarquía parlamentaria. De acuerdo con su Constitución, el castellano es lengua oficial del país y la lengua materna del 89% de los españoles. La Constitución reconoce tres lenguas más: el euskera, el catalán y el gallego, que se hablan en ciertas regiones del territorio español.

España es un país con una riqueza cultural increíble que se manifiesta en todas las áreas: arquitectura, pintura, literatura, música, gastronomía, moda, cine, teatro, danza, fiestas populares, etc. Además tiene uno de los patrimonios culturales más importantes del mundo.

La diversión (cine, teatro, espectáculos, restaurantes, bares y discotecas) se caracteriza por tener lugar en la noche, incluso hasta altas horas de la madrugada. La vida nocturna comienza tarde. Muchos clubes abren a la medianoche y no cierran hasta el amanecer.

ACERCAMIENTOS

15-2 ¿Qué les gusta hacer?

Escucha a estas personas. ¿Cuál de estas actividades les gusta hacer los fines de semana?

1. MARTA: _____

2. PABLO: _____

3. JUAN ENRIQUE: _____

4. LORETO: _____

5. CARMIÑA: _____

¿Y a ti? ¿Qué te interesa más? ¿Por qué?

EJEMPLO:

E1: A mí me gusta ir a la ópera.
E2: Pues a mí me gusta ver buenas películas.

15-3 Los sábados por la noche

¿Qué haces normalmente los sábados por la noche? Coméntalo con tus compañeros/as.

	NORMALMENTE	A VECES	(CASI) NUNCA
Voy a algún concierto.			
Voy al teatro.			
Voy al cine.			
Tomo algo con amigos.			
Salgo a cenar.			
Me quedo en casa viendo la tele.			
Voy a casa de amigos.			
Voy a bailar.			
Otras cosas:			

EJEMPLO:

E1: Yo, normalmente, los sábados por la noche me quedo en casa: veo la tele, leo...
E2: Yo no, yo salgo con amigos a tomar algo, o voy al cine.

VOCABULARIO EN CONTEXTO

15–4 ¿Qué hacen los españoles en su tiempo libre?

Lean estos datos del Ministerio de Cultura español sobre las prácticas culturales y de ocio de los españoles.

Frecuencia de hábito (en % de población total)					
	DIARIO	**UNA VEZ A LA SEMANA**	**UNA VEZ AL MES**	**UNA VEZ AL AÑO**	**TOTAL**
Lectura					
Libros	22,4	30,1	40,9		59,1
Prensa	30,3	58,4	65,3		79,7
Revistas		13,1	40,6		65,0
Bibliotecas		7	13,1	19,1	28,5
Museos				27,4	42,1
Teatro			2,8	23,7	31,9
Opera				2,7	8,7
Conciertos música clásica				8,4	18,3
Conciertos música actual				24,9	42,5
Cine		7,5	31,1	58,6	72,1
Vídeo / DVD	3,3	27,8	42,9		61,8
Televisión					98,0
Ordenador	15,1	28,3	30,3		51,3
Toros					8,6
Espectáculos deportivos					25

Comenten los datos y saquen al menos cinco conclusiones relevantes sobre los españoles y su ocio.

EJEMPLO:

Los españoles no visitan mucho a las bibliotecas; los datos dicen que el 7% las visita una vez a la semana y solamente el 19,1% las visita una vez al año.

¿Crees que estos comportamientos respecto al ocio y la cultura son similares a los de tu país?

15–5 Planes para el viernes

Es viernes y Valentín no sabe qué hacer. Sus compañeros y compañeras de trabajo están haciendo planes para esta noche. Escucha las cuatro conversaciones.

	¿QUÉ VA(N) A HACER?	**¿POR QUÉ?**
Clara	No **lo** sabe.	Ha llamado a Tina pero ella tiene planes.
Tina	_____	_____
Claudia y Lola	_____	_____
Federico y Alejandro	_____	_____
Ramón y Beatriz	_____	_____

15–6 Tres conversaciones

¿Te has fijado en las palabras y las expresiones que usan en las conversaciones 1, 2 y 3 de 15–5? Escucha otra vez y anota algunas.

CONTEXTO	CONVERSACIÓN 1	CONVERSACIÓN 2	CONVERSACIÓN 3
PROPONER ACTIVIDADES			
ASENTIR			
HACER CITAS	He quedado (quedar con alguien)		
ACTIVIDADES Y LUGARES DE OCIO			

15–7 Guía del ocio

Mira la guía del ocio. Identifica a qué lugares van a ir los personajes y descríbelos.

GUÍA DEL OCIO

ÁNGELES CAÍDOS
General Ramos, 3. Cócteles, humor y karaoke hasta las 3 de la madrugada. Tarjetas. Lunes cerrado.

EL SÉPTIMO CIELO
Cenas con música clásica. Venus, 15 (esquina Peligro) tel. 234 56 11. Parking clientes.
Especialidad en buey a la parrilla y marisco. Menú gastronómico: 42 €-. Abierto de 8h a 1.30h. Viernes y sábados hasta 2.30h.

HABANA CLUB
Tapas y copas
Salsa y jazz en vivo
Precios jóvenes en un ambiente tropical
Mahón, 21
(metro Bilbao / bus 45 y 32)

REAL MADRID - F.C. BARCELONA
Retransmisión desde el Estadio Santiago Bernabéu
HOY a las 22.00 en Antena 3

CaSa FERNANDO Pizzeria Restaurante
Cocina italiana. Ensaladas, pizzas y carnes.
Tel. 902 22 46 78

	¿ADÓNDE VA(N)?	DESCRÍBELO
Claudia y Lola	_____	_____
Tina	_____	_____
Federico y Alejandro	_____	_____
Ramón y Beatriz	_____	_____

15–8 La cita de Valentín

Lean la información sobre Valentín. ¿Con quién creen que puede salir esta noche?

VALENTÍN ES MUY AFICIONADO AL FÚTBOL Y NO LE GUSTA DEMASIADO IR AL CINE.

ACABA DE ROMPER CON ELENA, SU NOVIA, Y ESTÁ UN POCO TRISTE.

ESTÁ UN POCO GORDO, TIENE EL COLESTEROL ALTO Y ESTÁ A DIETA.

NO SOPORTA BAILAR PERO LE ENCANTA LA MÚSICA CLÁSICA.

LE GUSTA CLARA.

	SÍ	NO	¿POR QUÉ?
con Clara			
con Tina			
con Claudia y con Lola			
con Federico y con Alejandro			
con Ramón y con Beatriz			

¿Y tú con quién saldrías (o no) esta noche? ¿Por qué? Compáralo con tus compañeros/as de clase.

Yo (no) saldría con _____ porque_____.

GRAMÁTICA EN CONTEXTO

15-9 Cine

¿Has visto algunas de estas películas? Añade dos más a la lista. Luego piensa en una y di algo sobre ella sin mencionar el título. Tus compañeros/as tienen que adivinar el título y decir si la han visto o no.

EJEMPLO:

E1: Es una película de aventuras y sale Harrison Ford. Es **buenísima**.

E2: Sí. ¡Indiana Jones! La he visto también. **Me encantó**.

E3: ¿De qué trata?

El laberinto del fauno	El secreto de sus ojos
Volver	El mago de Oz
Babel	El padrino

_____   _____

15-10 ¿Habéis visto...?

Recomienda a tus compañeros una buena película. En primer lugar, cada uno de ustedes va a rellenar esta fichas con su película favorita. Luego deben describir su película y dar su opinión.

Director _____
Salen (actor y/o actriz principales) _____
Trata de: _____
Es _____-ísima. A mí _____

EJEMPLO:

¿Han/Habéis visto Gladiador? Trata de un gladiador romano. Es **de** Ridley Scott. **Sale** Russell Crowe que es un actor **buenísimo**. A mí **me encantó**.

15-11 ¿Te apetece ir al zoo?

Lean la información sobre dos lugares para pasarlo bien una tarde en Madrid. Cada uno de ustedes prefiere un lugar diferente. Traten de convencer a su compañero/a con una propuesta.

MUSEO THYSSEN-BORNEMISZA, Madrid

Horario
De martes a domingo de 10:00 a 19:00 horas.
Lunes cerrado. La taquilla cierra a las 18:30 horas.
El museo cierra los días 1 de enero, 1 de mayo y el 25 de diciembre.

Admisión: Colección permanente: 8 euros.
Estudiantes: 5,50 euros.

Información
Inaugurado en 1992 tras un acuerdo entre el Barón Thyssen (era su colección privada) y el estado español. Con tres plantas, el museo recorre la historia de la pintura occidental desde el siglo XVIII hasta el siglo XX. De interés especial: los maestros holandeses, las salas de pintura italiana del siglo XVI, las salas impresionistas y expresionistas, _El Paraíso_ de Tintoretto y _Arlequín con espejo_ de Picasso.

HABLAR SOBRE ESPECTÁCULOS Y PRODUCTOS CULTURALES

- ¿Han/Habéis visto _Los Otros?_
- Yo no.
  Yo sí, es...
  ...genial / buenísima / divertidísima.
  ...bastante buena / interesante.
  ...un rollo / muy mala.

A mí { me encantó.
      me gustó bastante.
      no me gustó nada.

No **soporto** ese tipo de películas.

Es una comedia. { de miedo/terror/suspense.
una película   { de acción.
               { del oeste.
               { de aventuras.
               { de guerra.
               { de ciencia ficción.

- ¿De quién es? / ¿Quién es el director?
- **El director es** Alejandro Amenábar.
  Es una película de Alejandro Amenábar.

- ¿Quién sale?
- El protagonista es Antonio Banderas.
  Sale Penélope Cruz.

- ¿De qué trata?
- **Trata de** un periodista que va a Bosnia y...

PONERSE DE ACUERDO PARA HACER ALGO

PREGUNTAR A LOS DEMÁS
¿Adónde podemos ir?
¿Qué te/le/os/les apetece hacer?
¿Adónde te/le/os/les gustaría ir?
¿Quieres quedar para hacer algo?

PROPONER
¿Por qué no vamos al cine?
¿Te/os/le/les apetece ir a tomar algo?
Podríamos ir al cine.

ACEPTAR
Vale.
Buena idea.

EXCUSARSE
Es que { hoy   no puedo.
        esta noche   no me va bien.

LA CITA
¿Dónde quedamos?
¿Quedamos en la puerta del cine?

Hoy no puedo.
Pero podemos quedar para otro día.

PRESENTE DE SUBJUNTIVO

VERBOS REGULARES

HABLAR	COMER	VIVIR
hable	coma	viva
hables	comas	vivas
hable	coma	viva
hablemos	comamos	vivamos
habléis	comáis	viváis
hablen	coman	vivan

VERBOS IRREGULARES

SER	IR	PODER
sea	vaya	pueda
seas	vayas	puedas
sea	vaya	pueda
seamos	vayamos	podamos
seáis	vayáis	podáis
sean	vayan	puedan

haber	hay-	tener	teng-
poner	pong-	decir	dig-
hacer	hag-	salir	salg-
venir	veng-	saber	sep-

USO DEL SUBJUNTIVO: EXPRESIÓN DE OPINIÓN, PROBABILIDAD Y DUDA

PRESENTAR LA PROPIA OPINIÓN

(Yo) creo que...
(Yo) pienso que... } + INDICATIVO
En mi opinión,...

...ese restaurante **es** carísimo.

(Yo) no creo que...
Dudo que... } + SUBJUNTIVO
No estoy seguro/a de que...

...ese restaurante **sea** carísimo.

EXPRESAR PROBABILIDAD O DUDA

Es posible que
Es probable que } + SUBJUNTIVO
(No) es probable que...

...ese restaurante **sea** carísimo.

SER: LUGAR Y HORA DE EVENTOS

La película **es** a las ocho y media.
Es en el Cine Rex.

ZOO AQUARIUM MADRID

Horario
De 10.30 h. hasta el anochecer

Precio
Adultos; 18,50 euros. Niños y tercera edad;
15 euros

Información
El Zoo de Madrid es uno de los más modernos e importantes de Europa y el único que reúne en un mismo espacio un zoológico, un acuario, un delfinario y un aviario. El zoo ocupa una extensión de 20 hectáreas. Además ofrece exhibiciones de focas y leones marinos, un pabellón de naturaleza misteriosa y un invernadero con plantas tropicales.

EJEMPLO:

E1: ¿**Por qué no** vamos al museo Thyssen?
E2: No sé... No **me apetece**. Prefiero ir al zoo.

15–12 ¿Quedamos?

Llama a tu compañero/a para hacer planes para el sábado por la noche. Deben decidir dónde y cuándo quedarán y qué harán. Tu compañero/a no está seguro/a de poder ir, y tiene que expresar probabilidad o duda.

15–13 Excusas, excusas...

Hablen con su compañero/a para proponerle ir a ciertos eventos. Digan dónde y a qué hora son. Ustedes deben buscar una excusa para no ir, pero traten de ser convincentes.

1. Un concierto de Juanes el sábado por la tarde a las seis.
2. Un partido de baloncesto con su equipo favorito.
3. Una obra de teatro en español.
4. Una fiesta en casa de un/a amigo/a.
5. _____
6. _____

EJEMPLO:

E1: Hay un concierto de Juanes el sábado. ¿Te apetece ir?
E2: **No creo que pueda**. Es que tengo una cena. ¿A qué hora **es**?
E1: **Es** a las ocho.
E2: No sé, me va muy mal.
E1: **Quizá termines** la cena antes.
E2: No sé, **no creo que termine** antes de las ocho.

INTERACCIONES

ESTRATEGIAS PARA LA COMUNICACIÓN ORAL

Verbal courtesy (III)

The conditional tense is widely used in Spanish to express courtesy for different communicative purposes (suggestions, advice, opinions, requests, etc.). Basically, it attenuates whatever is suggested, requested, and so on. Expressing courtesy is not the only function of the conditional tense, and not all verbs can be used in this way. These are the most frequent verbs used in the conditional: *deber, decir, desear, gustar, importar, necesitar, poder, querer, tener que.*

- Advice and suggestions:
  - *- **Deberías** estudiar más.*
  - *- Yo me **llevaría** un paraguas. Está lloviendo.*
- Opinions:
  - *- Yo **diría** que esto no es correcto.*
- Wishes:
  - *- Me **gustaría** ir al cine esta noche.*
- Petitions, requests:
  - *- ¿Le **importaría** bajar el volumen de la radio?*
  - *- ¿**Podrías** prestarme 20 euros?*
- Proposals:
  - *- ¿**Te apetecería** venir conmigo al teatro?*
  - *- ¿Le **gustaría** ir a cenar conmigo?*

In general, the more formal the context, the more advisable it is to use verbal courtesy; however, it is important to note that English and Spanish differ in the use and amount of verbal courtesy. For example, about 60% of all petitions in formal contexts in Spanish are made using the imperative, while in English they constitute only about 20%.

15-14 ¿Qué dirías?

¿Qué dirías a tu compañero/a en cada una de estas ocasiones? Tu compañero/a te debe responder. Recuerden la cortesía verbal.

1. Quieres proponerle ir a cenar contigo.
2. Necesitas su carro/coche porque el tuyo está en el taller.
3. Pasa demasiadas horas enfrente de la tele.
4. Quieres saber qué quiere hacer en su cumpleaños.
5. Quieres saber su opinión sobre el programa de televisión _____ .
6. Tu amigo/a tiene un examen mañana pero va a salir de fiesta esta noche.

15-15 Te recomiendo...

Recomienda a tu compañero/a un lugar o actividad de ocio en la ciudad donde estudias.

> un lugar para hacer deporte   un restaurante   una discoteca
> un club   un museo   un café   una biblioteca   un parque   un monumento

EJEMPLO:

Si te gusta la música disco, yo iría a Mirabelle. Me encanta.

15-16 ¿Qué ponen hoy en la tele?

Esto es una programación de un canal de televisión español. Intenten adivinar qué tipo de programas aparecen, y pregunten a su profesor/a sobre los programas que no sepan. Después intercambien sus opiniones sobre cada uno de estos tipos de programa y comenten si los ven o no.

	TIPO DE PROGRAMA
08:10 PRIMERA PLANA Todos los públicos.	
09:10 DORA LA EXPLORADORA Todos los públicos.	
10:45 EL PROGRAMA DEL VERANO Incluye *Karlos Arguiñano en tu cocina.* Todos los públicos.	
14:30 INFORMATIVOS TELECINCO Todos los públicos.	
15:30 AQUÍ HAY TOMATE Recomendado para mayores de 13 años.	
16:30 PECADO ORIGINAL Todos los públicos.	
19:35 ¡MIRA QUIÉN BAILA! Todos los públicos.	
20:30 INFORMATIVOS TELECINCO Todos los públicos.	
21:15 ÍDOLO ESPAÑOL Todos los públicos.	
22:00 LOS SERRANO "Algo sucio" Recomendada para mayores de 13 años.	
23:00 MUJERES DESESPERADAS Recomendada para mayores de 13 años.	
24:00 MADRUGADA DE CINE *Terror en la oscuridad.* Recomendada para mayores de 18 años.	
02:30 DOCUMENTAL *Del hombre al mono.* Todos los públicos.	

EJEMPLO:

E1: "Los Serrano" es una película española.
E2: **No creo que sea** una película. Me parece que es una serie de televisión.
E1: A mí las series me encantan. Veo varias todas las semanas. ¿Y tú?

15–17 Situaciones: *Ocio y entretenimiento*

Two students have just arrived to the place where you study for summer school. They visit the Office of Student Life in order to obtain information about things to do on weekends and in their free time.

ESTUDIANTE A

You are very interested in art (painting, photography. . .) and you like cultural activities, such as exhibitions and concerts. You don't like going out at night very much. You love all types of music, especially classical. You also love quiet places in which to walk and meditate.

ESTUDIANTE B

You love going out at night to bars and discos and dancing. Night life and exotic places are more interesting to you than museums or quiet places.

ESTUDIANTE C

You work for the Office of Student Life. Two students visit your office to obtain information about things to do on weekends and in their free time. Answer their questions and give them suggestions and recommendations based on their interests.

TAREA

Gente en acción

Planificar un fin de semana en Madrid, la capital de España.

PREPARACIÓN

Antes de planear las actividades, vamos a leer todas estas informaciones que aparecen en la revista *Gente de Madrid.*

MADRID DÍA Y **NOCHE**

Madrid es una de las ciudades con más vida de Europa. El clima y el carácter de los madrileños han hecho proliferar muchos locales dedicados al ocio. Además de las posibilidades de diversión concretas -zoo, parques de atracciones, museos, etc.- hay innumerables bares, discotecas, cabarets, *after hours* y locales de música en vivo. En especial si visita la capital de España en primavera o en verano, prepárese para acostarse muy tarde, pues poquísimas ciudades en el mundo tienen una vida nocturna como la de Madrid. En Madrid se sale a cenar entre las 10 y las 11. Se acude a un bar hasta más o menos las 2 y luego se va a una o varias discotecas. Algunas cierran a altas horas de la madrugada.

VISITAS DE INTERÉS

EL MADRID DE LOS AUSTRIAS
Los edificios más antiguos de Madrid (s. XVI). Pequeñas plazas y las calles con más encanto de la ciudad, ideales para recorrer a pie.

LA GRAN VÍA
El centro de Madrid por excelencia, una calle que nunca duerme. Cafeterías, cines, tiendas, librerías...

LA PLAZA DE SANTA ANA
Centro favorito de reunión de los turistas y estudiantes extranjeros. Ofrece una enorme variedad de bares de tapas, restaurantes, cafés, clubs de jazz, pensiones y hoteles.

EL BARRIO DE SALAMANCA
Una de las zonas más elegantes de Madrid. Tiendas lujosas en calles como Serrano o Velázquez, restaurantes...

EL PALACIO REAL (s. XVIII)
En su interior se pueden admirar cuadros de Goya y de artistas franceses, italianos y españoles. C/ Bailén. De lunes a sábado: 9-18h. Festivos: 9-15h.

LA PUERTA DEL SOL
El centro oficial del territorio español, donde se halla el Km 0 de la red viaria. Bares, tiendas y mucha animación.

EL BARRIO DE CHUECA
El distrito que nunca duerme. La modernidad de Madrid se concentra en sus calles. Restaurantes de diseño, las mejores tiendas de la ciudad, clubs de noche, terrazas...

EL BARRIO DE MALASAÑA
Ambiente bohemio y *underground* en bares de rock y en cafés literarios abiertos hasta la madrugada.

EL PASEO DE RECOLETOS Y LA CASTELLANA
Los edificios más modernos de Madrid, como las sedes de los grandes bancos, la Torre Picasso o las Torres KIO.

EL PARQUE DE EL RETIRO
Un parque enorme con agradables paseos y un lago para remar.

EN CARTEL

SARA BARAS EN MARIANA PINEDA
Sobre una idea de Federico García Lorca y con coreografía de Sara Baras vuelve a Madrid *Mariana Pineda*. 6 únicas funciones. Teatro Lope de Vega (Gran Vía, 57). De martes a jueves, 21h; de viernes a domingo, 22h. Precio: 36 euros.

ARTE Y CULTURA

GABRIEL GARCÍA MÁRQUEZ
Conferencia sobre el escritor G. García Márquez en el Círculo de Bellas Artes: "El concepto de realidad en la narrativa hispanoamericana". Domingo, 18h.

CENTRO DE ARTE REINA SOFÍA
Santa Isabel, 52. Tel. 914 675 062. http://museoreinasofia.mcu.es Organiza interesantes exposiciones de arte contemporáneo que incluyen las últimas vanguardias. Cierra los martes.

MUSEO DEL PRADO
Paseo del Prado. Tel. 913 302 800. http://museoprado.mcu.es. Horario: de martes a domingo, de 9 a 19h. Lunes cerrado. La mejor pinacoteca del mundo. Posee las incomparables colecciones de Goya, Velázquez, El Greco...

THYSSEN-BORNEMISZA
Paseo del Prado, 8. Tel. 913 690 151. www.museothyssen.org. De martes a domingo de 10 a 19h. La mejor colección privada de pintura europea.

DE NOCHE

MOBY DICK CLUB
www.mobydickclub.com. Sala de conciertos, con una original decoración, donde se realizan actuaciones de música, transmisiones en directo, actuaciones en vivo. Los lunes a partir de las 23.30h, sesiones a la carta: el público escoge los temas que quiere que toque la banda de música.

LOLITA
www.lolitalounge.net. Ritmos electrónicos, disco y *funk* en dos plantas. Ambientado en la estética de la Dolce Vita y decorado a lo retro, este local ofrece planes alternativos para el ocio: los viernes, proyección de cortometrajes; los jueves, café-teatro y una vez al mes, pasarela de las últimas creaciones de jóvenes diseñadores de moda.

CHOCOLATE
C. Barbieri, 15. Tel. 915 220 133. www.interocio.es/chocolate. Este café-restaurante, situado en Chueca, ofrece una cocina imaginativa, además de un cocktail-bar. Menú de día y de noche.

TABERNA CASA PATAS
C. Cañizares, 10. Tel. 913 690 496. www.casapatas.com. Las noches de flamenco con más duende de Madrid, con artistas de la talla de Remedios Amaya o Niña Pastori, en un tablao nunca saturado por autobuses de turistas. Antes y durante el espectáculo se sirven tapas de jamón, queso, lomo o chorizo, platos de pescadito frito, entrecots y la especialidad de la casa: rabo de toro. Horario de restaurante de lunes a domingo: de 12 a 17h y de 20 a 2h. Espectáculo: L, M, X y J a las 22.30h. V y S a las 24h.

MONTANA
C. Lagasca, 5. Tel. 914 359 901. Restaurante de cocina mediterránea, donde puede degustar los productos de la temporada, la magia de una cocina directa y natural: huevos estrellados, aves y bacalao son algunas de sus especialidades. Menú a mediodía.

DEPORTES

LIGA DE CAMPEONES
Final de la *Champions League* en Madrid. Sábado a las 21h. Estadio Santiago Bernabéu. Entradas: 912 222 345.

Ahora escribe tus preferencias para el fin de semana.

Plan para el fin de semana en Madrid

		ACTIVIDADES
Viernes	viernes por la noche	
Sábado	por la mañana	
	comida del sábado	
	sábado por la tarde	
	sábado por la noche	
Domingo	por la mañana	
	comida del domingo	
	domingo por la tarde	

🔊 Escucha el programa de radio "Gente que se divierte" y completa o modifica tus planes para el fin de semana.

👥 **Paso 1** ¿Qué quieren hacer?

En grupos de seis personas, cada uno/a explica las cosas que más le apetece hacer durante el fin de semana y busca un/a compañero/a para hacerlas. El grupo se dividirá en parejas. Luego, cada pareja tiene que organizar la cita: decidir la hora, el lugar, quién reserva las entradas, etc.

EJEMPLO:

E1: Pues a mí, el sábado por la mañana **me apetece** ir de compras al barrio de Salamanca. ¿A quién le apetece?
E2: A mí.
E1: Pues podemos ir juntos, si quieres.
E2: Vale, ¿a qué hora quedamos? ¿A las diez?
E1: Mejor un poco más tarde, ¿qué tal a las once?
E2: Perfecto.

Paso 2 Ahora cada persona completa su agenda de planes con información específica.

EJEMPLO:

He quedado con Jason el sábado por la mañana a las nueve para ir a la Gran Vía a desayunar.

Paso 3 El grupo escribirá un informe con los seis lugares más populares entre los miembros del grupo. Después presentará su lista a la clase.

Paso 4 Foco lingüístico.

AYUDA

¿DÓNDE Y CUÁNDO?
El concierto **es** a las ocho.
El concierto **es** en el Teatro Real.

PARA CONCERTAR UNA CITA
¿Cómo
¿A qué hora } **quedamos**?
¿Dónde

¿Quedamos en mi hotel?
¿Te/os/le/les va bien...
   ...delante del cine?
   ...a las seis?
   ...el sábado?

PARA PROPONER OTRO LUGAR U OTRO MOMENTO
Preferiría / Me va mejor...
   ...un poco más tarde.
   ...por la tarde.

PARA HABLAR DE UNA CITA
He quedado a las tres con María para ir al Museo del Prado.

NUESTRA GENTE

GENTE QUE LEE

ESTRATEGIAS PARA LEER

Review of pre-reading strategies

Before reading a text in depth, it is important to get a general idea of what you are about to read. Many elements surrounding a text can give you information about its content.

1. What type of text are you reading? A newspaper article, a letter, a recipe, an e-mail, a movie review?
2. Look at visuals, such as pictures, graphics, maps, and charts. These give you an indication of what you are about to read. Try to predict the content.
3. Read the title and subtitles: These can give you an idea of the content, as well as the order in which it will be presented.
4. If the text is organized in clear paragraphs, read the first sentence of each paragraph: In many cases, this is the topic sentence, which tells you what kind of information the paragraph will contain.
5. What do you already know about the topic? Are you familiar with it? If so, it will be easier to understand the text.

These pre-reading strategies are not a substitute for reading. As you read, you will be checking the information from the text against the information that you expected to find.

ANTES DE LEER

15–18 El cine español

Marca los nombres de directores, actores o actrices españoles que conoces. Luego comparte esta información con la clase. Cuidado: hay tres que no son españoles. Identifícalos.

- ☐ Pedro Almodóvar
- ☐ Javier Bardem
- ☐ Icíar Bollaín
- ☐ Alfonso Cuarón
- ☐ Benicio del Toro
- ☐ Belén Rueda
- ☐ Salma Hayek
- ☐ Penélope Cruz
- ☐ Julio Medem

15–19 Activando estrategias

1. Lee el título y la cita que aparece debajo. ¿Qué información anticipan sobre el texto que vas a leer?
2. Observa la foto. ¿Anticipa nueva información?
3. Lee la primera frase del texto. ¿Qué tipo de texto crees que vas a leer?
4. Ahora lee las primeras palabras de cada párrafo. ¿De qué aspectos específicos trata este texto?
5. ¿Qué sabes de la película española *Mar adentro* y de su director Alejandro Amenábar?

DESPUÉS DE LEER

15–20 ¿Comprendes?

1. ¿Qué personajes componen el "triángulo amoroso" de esta película?
2. ¿Cuáles son las dos mejores partes del guión?
3. ¿Con qué dos aspectos demuestra Bardem que es el mejor actor español?
4. ¿Quién es el compositor de parte de la música de esta película?
5. El texto dice que esta es la mejor película de Amenábar.   Verdadero   Falso

A LEER

MAR ADENTRO: EL DERECHO A MORIR

"¿Quién soy yo para juzgar a los que quieren vivir?"
RAMÓN SAMPEDRO

En la película *Mar Adentro*, Alejandro Amenábar demuestra una excepcional **sabiduría** convirtiendo una historia sobre la muerte en una reflexión sobre la vida.

La historia narrada es ya conocida: Ramón Sampedro, tetrapléjico, lleva ya casi 30 años en una cama al cuidado de su familia. Su única ventana al mundo es la de su habitación, cerca del mar (el mar donde de joven viajó, el mar que le dio la vida y se la quitó). Desde entonces, su único deseo es terminar con su vida dignamente, y en este proceso la **llegada** de dos mujeres altera su mundo: Julia, una abogada que apoya legalmente su lucha, y Rosa, una chica de pueblo **enamorada** de Ramón y convencida de que vivir **merece la pena**. Para **este**, sin embargo, la persona que de verdad lo ame lo ayudará a realizar ese último viaje.

El soberbio guión de Amenábar, con el humor e ironía constantes de Ramón Sampedro, ofrece un justo equilibrio entre drama y sonrisas. Por encima de los diálogos, destaca el enfoque de ensueño de los viajes al mar del protagonista, y la secuencia del accidente, un triste momento que cambia la vida **de golpe**.

Un magnífico guión interpretado por magníficos actores. En primer lugar, el protagonista, el magistral Javier Bardem, que muestra una vez más que es, sencillamente, el mejor actor español que existe, en un **papel** complicado, por el sorprendente maquillaje y por el hecho de limitar la **expresividad** a un rostro, una mirada, y los diálogos de un hombre que sufre y llora riendo. En segundo lugar están los excelentes roles co-estelares y de apoyo de Belén Rueda (Julia, maravillosa y clásica) y Lola Dueñas (Rosa, con una sonrisa que llena la pantalla y pone la parte dulce a este melodrama). Estos dos personajes y Ramón forman un complejo triángulo **amoroso**.

La música, obra del mismo director, es hermosa y sirve de apoyo perfecto al guión: los tres **personajes** principales son acompañados por un tema —compuesto por el director— que reaparece, y la **banda sonora** es de una fuerza tan poderosa como las imágenes. Formando parte de esta banda sonora, unas exquisitas selecciones de ópera —arias y clásicos— nos tocan el corazón.

Esta **cinta** marca un cambio drástico de estilo en la filmografía de Amenábar, definitivamente uno de los mejores directores y compositores que existen. No es la mejor película de este genio detrás de las cámaras, pero será recordada como un canto

a la libre voluntad, como una película emocionante, **bellísima**, elegante, como un drama realista, como una historia romántica, que además trata de comprender lo que significa tomar la decisión de dejar de vivir antes de tiempo y defender**la** ante los demás.

15–21 Activando estrategias

1. Si "saber" significa *to know*, ¿qué significa la palabra en negrita "sabiduría"?

2. Según el contexto, ¿qué significan las palabras "papel", "personajes", "banda sonora" y "cinta"?

3. Busca en el diccionario las expresiones "merece la pena" y "de golpe".

4. Explica cómo se han formado las palabras "llegada", "enamorada", "expresividad", "amoroso" y "bellísima".

5. ¿A qué o quién se refieren los pronombres "este" y "defender**la**"?

15–22 Expansión

¿Conoces otras películas donde se trata el tema de la eutanasia? ¿Crees que lo hacen de forma objetiva?

GENTE QUE ESCRIBE

ESTRATEGIAS PARA ESCRIBIR

Editing your writing for content, organization, and cohesion

Good writers plan, review, edit, and revise. The planning stage entails considering readers and purpose, developing an outline, and creating topic sentences. Good writers also review what they are writing: they stop and reread, go back and make changes (edit), and plan what to write next. During this part of the process, they focus on the content more than on the language. It is advisable to edit your writing for content and organization before beginning to revise the grammar, vocabulary, and so on.

- Content: is it relevant, interesting, appropriate, well-developed? Think again about your readers and the purpose of your writing. Are you achieving this purpose?
- Organization: Are there summary sentences? Are your paragraphs well organized? Is your composition easy to follow?
- Cohesion in paragraphs: Do they have clear topic sentences? Do the other sentences in the paragraph contain more specific information than the topic sentence? Are they related to the topic sentence? Did you repeat key words or structures, or use referent words (pronouns or demonstratives)? Did you connect your sentences with transitions (connectors)?

Take a moment to evaluate the content and organization of the reading *Mar adentro: el derecho a morir*. Analyze the cohesion in the reading. In particular, comment on (a) how the paragraphs achieve coherence (give specific examples), and (b) what specific elements in the sentences and between the sentences help achieve cohesion.

MÁS ALLÁ DE LA FRASE

Expository writing (I): Connectors for adding and sequencing ideas, summarizing, and concluding

Adding:	◆ *también* (also) ◆ *además* (also, moreover; furthermore) ◆ *asimismo* (likewise) ◆ *igualmente* (likewise); *es más* (furthermore)
Sequencing:	◆ *para empezar* (first of all, to start) ◆ *en primer lugar* (first of all, in the first place) ◆ *en segundo lugar* (second of all, in the second place) ◆ *en tercer lugar* ◆ *para continuar* (to continue) ◆ *después* (next) ◆ *a continuación* (then, next) ◆ *al mismo tiempo* (at the same time) ◆ *por último* (finally, last) ◆ *en último lugar* (last)
Summarizing:	◆ *para terminar* (finally) ◆ *para resumir* (to sum up) ◆ *en resumen* (in sum) ◆ *para concluir* (to conclude) ◆ *en conclusión* (in conclusion) ◆ *así pues* (therefore)

15–23 Una reseña cinematográfica

Estás a cargo de la sección de cine de una revista en español. Esta semana te toca escribir una reseña sobre _____ (título de la última película que has visto). Aquí tienes algunas ideas. Puedes fijarte en el estilo y formato de la lectura anterior.

- Datos generales: director, actores y actrices, año
- Introducción
- Argumento
- Guión
- Dirección
- Interpretación (actores, actrices)
- Música
- Otros

COMPARACIONES

15–24 Dos ciudades españolas para pasarlo bien

Estos textos describen la oferta cultural y de ocio para jóvenes de estas ciudades.

Bilbao es una moderna metrópoli de más de un millón de habitantes. El Museo Guggenheim es solo un ejemplo de su modernidad. La vanguardia del arte, la moda, la música y el ocio está presente en Bilbao con grandes conciertos de música pop y rock. Además hay encuentros anuales como la Muestra de Cine Fantástico de Bilbao, o el Festival Internacional de Cine Documental y Cortometraje. Bilbao se ha convertido en un atractivo centro de actividad nocturna para los jóvenes de la zona norte, uniéndose las tradicionales zonas de copas y "marcha" con iniciativas como Bilbao. Gaua (Bilbao. Noche), del Ayuntamiento de Bilbao. Este programa de ocio nocturno ofrece a los jóvenes numerosas actividades lúdicas, juegos, cursos, talleres y sesiones de cine en los diversos barrios de la ciudad.

Barcelona es una ciudad mediterránea y cosmopolita con un riquísimo patrimonio histórico-artístico. La agenda cultural conduce al visitante a museos, exposiciones y a una excelente programación de música, teatro y danza. En Barcelona se organizan numerosos festivales. El BAM (Barcelona Acció Musical), Sónar (Festival Internacional de Música Avanzada y Arte Multimedia) o el BAC! (Barcelona de Arte Contemporáneo) demuestran el interés por las últimas tendencias artísticas y musicales. Las fiestas tradicionales, como las fiestas de la Mercè, o las más modernas como el Festival de Verano del Grec, convocan a los grupos más prestigiosos del panorama internacional. Para la noche, discotecas, salas de música en directo, bares y restaurantes que se encuentran en lugares emblemáticos de la ciudad como la Diagonal, el barrio de Gràcia y terrazas en el Port Olímpic. A orillas del mar Mediterráneo hay muchas playas urbanas en las que disfrutar del buen clima, o practicar windsurf, vela, buceo o piragüismo.

1. ¿Qué te parece lo más interesante de cada una de estas ciudades? Imagina que estás en Bilbao. ¿Qué actividades te interesarían más? ¿Y si estás en Barcelona?

2. ¿Es este tipo de actividades típico de la ciudad donde vives o estudias? ¿Hay diferencias? ¿Qué actividades de ocio hace la gente joven en una ciudad?

CULTURA

En Estados Unidos hay unas 700.000 personas de ascendencia española. La presencia de exploradores y colonizadores españoles en Estados Unidos comienza en 1513 en Florida con Juan Ponce de León. El primer asentamiento español fue la ciudad de San Agustín (Florida), fundada en 1565, seguido de otros en Nuevo México, California, Arizona y Texas. Desde el siglo XIX, Nueva York y Florida han recibido a muchos españoles, y durante la época de la dictadura de Franco (especialmente entre 1936 y 1956) muchos intelectuales se exiliaron a Estados Unidos. El actor Martin Sheen y el astronauta Miguel López Alegría son dos importantes estadounidenses de ascendencia española.

CULTURA

Un número significativo de doctores, ingenieros, artistas y profesores universitarios españoles ha contribuido a la ciencia, la cultura y el arte de Estados Unidos. Algunos de ellos son: José Andrés, cocinero y empresario que ha dado reconocimiento a la gastronomía española; Plácido Domingo, uno de los mejores cantantes de ópera del mundo y Director de la Ópera de Washington y de Los Ángeles; Antonio Banderas, Javier Bardem y Penélope Cruz, actores que han conseguido gran éxito en todo el mundo; Enrique Iglesias y Alejandro Sanz, dos de los cantantes con más fama en Estados Unidos; Valentín Fuster, el mayor experto mundial en cirugía cardiovascular y director de Cardiología del Hospital Monte Sinaí en Nueva York; y Santiago Calatrava, uno de los mejores arquitectos del mundo, que ha construido museos y puentes en Estados Unidos, ha diseñado el rascacielos más alto del país en Chicago y ha diseñado la estación de transportes del World Trade Center, en Nueva York.

P. Domingo

Go to **MySpanishLab** to review what you have learned in this chapter.

| Flashcards | Oral Practice | Practice Test / Study Plan | amplifire Dynamic Study Modules | Tutorials | Videos | Extra Practice |

VOCABULARIO

El cine y la televisión (Movies and television)

la actuación	acting, performance
el argumento	plot
la cadena	TV network
el canal	TV channel
la cartelera	movie guide
el cine	cinema, movies
el concurso	contest
el cortometraje	short film
el documental	documentary
la entrada	ticket
el guión	script
las noticias	the news
la película de acción	action movie
de terror	horror movie, thriller
del oeste	western
ciencia ficción	science fiction
policíaca	detective movie
la programación	programming
el/la protagonista	main actor/actress
la retransmisión	broadcasting
la serie	TV series
la taquilla	box office
el telediario	news
la telenovela	soap opera
la temporada	season

Los espectáculos y la oferta cultural (Arts and entertainment)

el baile	dance
la banda sonora	soundtrack
la colección de arte	art collection
el compositor	composer
el concierto	concert
el cuadro	painting
la diversión	enjoyment
la danza	classic or traditional dance
la exposición	exhibition
la música en vivo	live music
la obra de arte	work of art
la obra de teatro	(theater) play
el parque de atracciones/ diversiones	amusement park
el partido de fútbol	soccer game
la plaza de toros	bullfighting ring
el teatro	theater

El ocio y el tiempo libre (Free time and leisure)

el ambiente	atmosphere
la cita	appointment, date
las copas	drinks

el espectáculo	show
la feria	fair
el placer	pleasure
la taberna	bar
la tendencia	trend
la terraza	outdoor seating
la vida nocturna	night life

Adjetivos (Adjectives)

animado/a	lively
conmovedor/a	moving
diurno/a	daytime, day
emocionante	exciting, thrilling
encantador/a	charming
entretenido/a	entertaining
genial	extraordinary
impresionante	impressive
innovador/a	innovative
lindo/a	nice
nocturno/a	night
pesado/a	boring, slow, tedious

Verbos (Verbs)

acudir (a)	to attend, to turn up
agradecer (cz)	to thank
amanecer (cz)	to dawn
arrepentirse (ie)	to regret
asistir	to attend, to be present at
celebrarse	to take place, to occur
disfrutar	to enjoy
divertirse (ie)	to have fun
excusarse	to excuse oneself
planear, planificar	to plan
quedar (con)	to make an appointment with
quedarse	to stay
reunirse con	to meet with
salir (lg)	to go out
sorprender	to surprise
sorprenderse	to be surprised, to be amazed

Expresiones útiles (Useful expressions)

concertar una cita	to make an appointment
dar una excusa	to make an excuse
echar un vistazo a	to take a quick look
ir de copas	to go out for a drink
salir a cenar	to go out for dinner
ser un rollo	to be very boring
ser aficionado/a a	to be a regular of, to be a fan of
tener lugar	to take place
tomar unas copas	to have a drink

CONSULTORIO GRAMATICAL

1 The Present Subjunctive

The present subjunctive is formed by replacing the infinitive endings of the verbs (-ar, -er, -ir), and adding the endings of the present subjunctive to the verb stem.

	REGULAR			IRREGULAR		
-AR	**-ER/-IR**	**O/UE**	**E/IE**			
HABLAR	VIVIR	PODER	QUERER	HABER	SER	IR
habl**e**	viv**a**	**pueda**	**quiera**	**haya**	**sea**	**vaya**
habl**es**	viv**as**	**puedas**	**quieras**	**hayas**	**seas**	**vayas**
habl**e**	viv**a**	**pueda**	**quiera**	**haya**	**sea**	**vaya**
habl**emos**	viv**amos**	pod**amos**	quer**amos**	**hayamos**	**seamos**	**vayamos**
habl**éis**	viv**áis**	pod**áis**	quer**áis**	**hayáis**	**seáis**	**vayáis**
habl**en**	viv**an**	**puedan**	**quieran**	**hayan**	**sean**	**vayan**

The stem of the present subjunctive of irregular verbs is the same as that of the first person of the present indicative.

The same occurs with other irregular verbs: tener (tengo—tenga), decir (digo—diga), pedir (pido—pida), salir (salgo—salga), sentir (siento—sienta), oír (oigo—oiga), etc.

		INDICATIVE	SUBJUNCTIVE
TENER	(yo)	**teng**o	**teng**-a
PONER	(yo)	**pong**o	**pong**-a
DECIR	(yo)	**dig**o	**dig**-a
HACER	(yo)	**hag**o	**hag**-a
SALIR	(yo)	**salg**o	**salg**-a
VENIR	(yo)	**veng**o	**veng**-a

2 Use of Present Subjunctive to State Your Opinion

The subjunctive mode is used most of the time in subordinate clauses with different functions. In this lesson, we will concentrate on noun clauses.

A noun clause is a subordinate clause that depends on a main clause and that has the same function as a noun; therefore, it can be replaced by a pronoun. It is always introduced by **que**.

Yo creo que **la democracia en España es muy estable hoy día.**

[main clause]   [noun (subordinate) clause]

Yo creo **ESTO.**

[pronoun]

When the verb of the main clause expresses opinion, the noun clause will have a verb in indicative.

creo
pienso
considero   } que + INDICATIVO
me parece

Creo que	**iré** a ver esa película: es muy buena.
	puedo salir esta noche: no tengo trabajo.
I think that	**I will go** see that movie: it is very good.
	I can go out tonight: I don't have work.

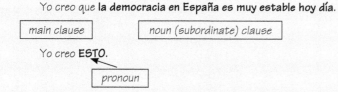

¿Quieres ir al cine esta noche conmigo?

No creo que pueda. Tengo muchísimo trabajo.

However, if the main clause is negative, the subjunctive mode is used in the noun clause.

No creo que	**vaya** a ver esa película: es muy mala.
	pueda salir esta noche: tengo mucho trabajo.
I don't think that	**I will go** see that movie: it is very bad.
	I will be able to go out tonight: I have a lot of work.

3 Use of Present Subjunctive to State Probability or Doubt

When we are certain of something, the verb of the noun clause will be in indicative.

Estoy seguro de que	la película **tendrá** mucho éxito.
I am sure that	*the movie will be very successful.*

Seguro que	el zoo está abierto hasta las nueve.
I am sure that	*the zoo is open until 9.*

Quizá regrese antes de las doce, pero no estoy segura.

Vale, no te preocupes.

If we want to express a certain degree of uncertainty, the subjunctive mode will be used in the noun clause.

Es posible que
Es probable que
No estoy seguro de que ⎬ la película **tenga** éxito.
Dudo que el zoo **esté** abierto hasta las nueve.
No creo que

It is possible that
It is probable that
I am not sure that ⎬ the movie will be successful.
I doubt that the zoo will be open until nine.
I don't think that

Some expressions of probability are followed by the subjunctive mode as independent clauses (not noun clauses).

Posiblemente
Probablemente ⎬ esa película **tenga** éxito.
Quizá *(maybe)* el zoo **esté** abierto hasta las nueve.
Tal vez *(maybe)*

A lo mejor me lo compro. Es interesantísimo.

*However, the common expression **a lo mejor** (maybe) always takes indicative.*

A lo mejor esa película **tiene** éxito.

4 Talking about Arts and Entertainment

- ¿Has visto *Mar adentro*?
- ¿Has leído *La tabla de Flandes*?
- ¿Has oído el último disco de *Ojos de brujo*?

-Have you seen *Mar adentro*?
-Have you read *La tabla de Flandes*?
-Have you heard *Ojos de Brujo's* last record?

o Sí, (no) está muy bien.
o Sí, me encantó / no me gustó nada.
   me gustó muchísimo.
   me pareció algo aburrido/a.
o Sí, es genial / fantástico/a / horrible / extraordinario/a.
o Sí, es buenísimo/a / malísimo/a / divertidísimo/a / aburridísimo/a.
o Sí, es una maravilla / es un desastre / es un rollo.
o Sí, es muy bueno/a / Sí, es muy malo/a.

-Yes, it is (not) very good.
-Yes, I loved it/I did not like it at all.
   I liked it a lot.
   I thought it was a bit boring.
-Yes, it is great/fantastic/horrible/outstanding.
-Yes, it is really good/really bad/really funny/really boring.
-Yes, it is wonderful/a disaster/a bore.
-Yes, it is very good/ Yes, it is very bad.

No soporto (*I can't stand*)		películas.
No me interesa (*I am not interested in*)	ese tipo de ⎬	música.
		libros.

¡ATENCIÓN!
SUPERLATIVE = ADJECTIVE FORM MINUS THE LAST VOWEL + **ísimo/a/os/as**

bueno ⟶ buen**ísimo/s**   divertido ⟶ divertid**ísima/s**

interesante ⟶ interesant**ísimo/s**   malo ⟶ mal**ísima/s**

Talking about genres of film, television...

Es una comedia / un drama / una película policíaca.
Es una película de acción / de terror / de aventuras / de ciencia ficción / del oeste.

El director es Almodóvar. = **Es una película de** Almodóvar.
La directora es Icíar Bollaín. = **Es una película de** Icíar Bollaín.

El / la protagonista es }
Sale Javier Bardem / Penélope Cruz.

- ¿ **De qué trata la película?** (*What is the film about?*)
- **Trata de** una chica que se enamora de... (*It's about a girl who falls in love with...*)

5 Planning and Agreeing on Activities

To ask others what they want to do

¿Adónde podemos ir? (*Where can we go?*)
¿Adónde te/le/os/les gustaría ir? (*Where would you like to go?*)
¿Qué te/le/os/les apetece hacer? (*What do you feel like doing?*)

Proposing an activity

¿Por qué no vamos al cine? (*Why don't we go to the movies?*)
¿Te/os/le/les apetece ir al cine? (*Do you feel like going to the movies?*)
Podríamos ir al cine. (*We could go to the movies.*)
Me apetece dar un paseo. (*I feel like going for a walk.*)
Me gustaría dar una vuelta. (*I would like to go for a walk.*)

Accepting an invitation

Vale, de acuerdo. (*Okay, great.*)
Buena idea. (*Good idea.*)
Perfecto. (*Perfect.*)
Muy bien. (*Very well.*)

Declining an invitation

No, es que
(*No, the thing is that*) {
hoy
esta noche **estoy ocupado/a.**
el lunes **no puedo.**
a las diez
}

> *Unlike in English, the conditional of* **gustar** *and other similar verbs is not generally used for accepting invitations, but rather to soften the tone when declining an invitation using an excuse.*
>
> **Me gustaría,** pero... no puedo.
> **Me encantaría,** pero... es que tengo mucho trabajo.

Setting a time and a place to meet

¿Cómo quedamos? (*When / where are we meeting?*)

¿A qué hora { **quedamos?** (*What time are we meeting?*)
¿Dónde { **nos vemos?** (*Where are we meeting?*)

¿Quedamos en mi hotel? (*Should we meet in my hotel?*)

- ¿**Te va bien** el martes? (*Does Tuesday work for you?*)
- No, el martes **me va mal.** Tengo otra cita. (*No, Tuesday doesn't work for me. I have another appointment.*)

¿Qué tal el martes? (*How about Tuesday?*)
          a las diez? (*How about at ten?*)

¿Quieres quedar mañana? (*Do you want to meet tomorrow?*)

Talking about time and place of events

El concierto **es** en el Teatro Real.   El partido **es** a las ocho.
*The concert **is** at the Teatro Real.*   *The game **is** at 8.*

16 GENTE INNOVADORA

TAREA

Diseñar una "casa inteligente"

16–1 Uruguay: ciencia y tecnología

Lee las dos notas culturales referidas a Uruguay. ¿Qué nos indican sobre este país?

NUESTRA GENTE

Uruguay
Hispanos/latinos en Estados Unidos

Explore **Uruguay** with *Club cultura!*

 16–2 Tecnología e innovación

Piensen en beneficios y problemas relacionados con estas innovaciones tecnológicas. Después ordénenlos de más (1) a menos (8) importante para el progreso de la humanidad. Finalmente, compartan y comparen sus ideas con la clase.

	Beneficio	Problema
☐ Teléfono móvil	_____	_____
☐ Internet	_____	_____
☐ Libro electrónico	_____	_____
☐ Carros híbridos	_____	_____
☐ Correo electrónico	_____	_____
☐ Sistema de navegación GPS	_____	_____
☐ Clase virtual	_____	_____

CULTURA

Uruguay es el país de América Latina con la menor brecha (*gap*) digital, es decir, respecto al acceso de su población a las tecnologías de la información y la comunicación. Le siguen Chile y Argentina. En el continente americano Canadá es el número uno y Estados Unidos el número dos.

CULTURA

Uruguay se convirtió en 2009 en el primer país del mundo donde cada niño que asiste a la escuela tiene una computadora. La computadora portátil "de 100 dólares" XO fue diseñada para niños, y además de ser duradera, tiene varias innovaciones, entre ellas una pantalla que se puede leer a la luz del sol. Además, se puede cargar con energía solar.

ACERCAMIENTOS

16–3 Más innovaciones

Ahora la clase debe votar para decidir cuál de estas tres innovaciones es la más importante.

SISTEMA DE IDENTIFICACIÓN DE GANADO BOVINO
Uruguay es el único país del mundo en el que existe una plataforma digital que registra e identifica de forma individual el 100% del ganado bovino del país: su historia, su ubicación geográfica. La plataforma permite responder a emergencias sanitarias como enfermedades del ganado.

LA RADIO SOCIAL
Creada por el argentino Roberto Gluck, es una aplicación que convierte el texto de tus redes sociales en audio y lo mezcla con tu música favorita desde cualquier dispositivo móvil, creando una experiencia 'sociomusical'. Introduce una nueva forma de consumir redes sociales que no requiere la atención visual del usuario.

VIDEOCONFERENCIAS PARA PAÍSES EMERGENTES
Es un software con el que se pueden hacer videoconferencias en regiones emergentes donde el acceso a Internet es difícil. Permite crear un aula virtual interactiva donde los profesores pueden impartir clases a 50 alumnos y hablar con ellos con un simple 'clic' en un enlace y desde cualquier ordenador.

16–4 ¿Para qué sirven?

Aquí tienen una serie de cosas que usamos cada día. ¿Cuándo se inventaron y qué utilidad tienen?

vacuna	papel	tarjeta de crédito	rueda	lápiz
reloj	fotocopiadora	anteojos	fósforos	frenos de disco

AÑO	INVENTO	SIRVE PARA...
5500 a.C.		
105		
1268		
1500		
1565		
1795		
1821		
1902		
1938		
1950		

EJEMPLO:

E1: Yo creo que el lápiz se inventó en 1268.
E2: No, no, fue más tarde: en el año 1795 o 1821.
E3: No, yo creo que es anterior: en el 1565, porque se inventó en el siglo XVI.

16–5 Su innovación

Piensen en algo revolucionario e innovador que todavía no exista. ¿Cómo se llama? ¿Qué tiene? ¿Para qué es? Luego completen la ficha y expliquen a la clase su invento. Al final la clase va a votar por el grupo que haya presentado la innovación más original.

Se llama _____

Es un/a _____

que tiene _____

para _____

📖 VOCABULARIO EN CONTEXTO

16–6 **Inventos para todos**

Estos inventos han cambiado nuestras vidas. ¿Cuál de ellos te parece más necesario? ¿Por qué?

EL CIERRE DE CREMALLERA (1912)

Desde que existe, todo cierra mejor y más deprisa: carteras, abrigos, bolsillos, pantalones, etc. En los últimos años le salieron competidores como el velcro y los botones de clip, pero, por el momento, parece que tiene asegurada la supervivencia.

EL BOLÍGRAFO O LAPICERA (1940)

Conocido en Argentina como "la birome", por el nombre de su inventor, el señor Biro, fue patentado y popularizado por el señor Bic. Este invento convirtió la pluma en objeto elegante y de lujo. Su futuro está amenazado por las computadoras, las agendas electrónicas y otros inventos que están cambiando los hábitos de escritura de la gente.

LA LAVADORA (1901)

La primera lavadora apareció gracias a Alva John Fisher. Su uso se popularizó cuando la electricidad llegó a todos los hogares. Desde la máquina de Fisher —un tambor lleno de agua y jabones, con un motor que lo hacía girar— hasta ahora, las lavadoras han evolucionado muchísimo. Algunas lavan y secan la ropa, pueden programarse para ponerse en funcionamiento a horas específicas, reducen el consumo de electricidad, etc.

LA COMPUTADORA (1946)

En 1946 se terminó la construcción del ENIAC (*Electronic Numerical Integrator and Computer* por sus siglas en inglés, o Computador e Integrador Numérico Electrónico), el primer ordenador electrónico de la historia. Era capaz de realizar en un segundo 5.000 sumas y 300 multiplicaciones. A partir de ese momento, la evolución de las computadoras adquirió un ritmo cada vez más acelerado. Una computadora actual es siete millones de veces más rápida que el ENIAC.

EL TELÉFONO CELULAR (1983)

El concepto de una red de radio celular surgió en 1947 en los laboratorios Bell, pero hasta 1983 no se fabricaron los primeros teléfonos celulares. La evolución de estos aparatos de uso personal y su generalización en el mercado han sido espectaculares. Los teléfonos actuales sirven para muchas más cosas que llamar por teléfono, como por ejemplo enviar mensajes de texto, almacenar fotos y música, navegar en Internet y ver la televisión.

LA CÁMARA DIGITAL (1991)

Kodak creó en 1991 la primera cámara digital profesional, dirigida a los profesionales del periodismo fotográfico, pero la primera cámara digital para el mercado de consumo, y que conectaba a una computadora con cable, fue diseñada por Apple en 1994. Su uso se ha extendido de manera impresionante entre el público en general desde el 2003. Las grandes empresas de fotografía ya casi no fabrican las antiguas cámaras analógicas y producen más cámaras digitales.

👥 16–7 **Más inventos**

¿Qué otras cosas añadirían a la lista de objetos que han cambiado nuestras vidas? Piensen en cuatro inventos y justifiquen sus decisiones.

1. El/la _____ porque _____.
2. El/la _____ porque _____.
3. El/la _____ porque _____.
4. El/la _____ porque _____.

Elijan los dos primeros y escriban textos similares a los del ejercicio 16–6.

_____

_____

_____

_____

16–8 ¿Para qué sirven?

Mira los dibujos y examina las partes de la computadora. Después, explica a tu compañero/a cómo es tu computadora actual o una que desees tener.

el archivo

el cable

el ratón

el enlace

el teclado

el procesador de textos

la pantalla

la memoria

el sitio web

Windows xp
el sistema operativo

la impresora

la aplicación

EJEMPLO:

E1: Mi computadora es una Mac, tiene una pantalla de 20 pulgadas, el disco duro es de tres GBs. Tengo varios programas instalados…

E2: La computadora que quiero es una PC; la pantalla es de 17 pulgadas y el disco duro es de un GB.

16–9 Nuevas tecnologías

¿Conocen estas nuevas tecnologías, programas y aplicaciones? ¿Cómo han cambiado su vida?

Wikipedia	Firefox	YouTube
Facebook	Banca en línea	Wi-Fi
iTunes	Twitter	Televisión de alta definición
Instagram	Google	Otro/a:
iPad	Blogs	_____
Tumblr	Consola de videojuegos	

GRAMÁTICA EN CONTEXTO

16–10 Bingo

Vamos a jugar al bingo. Antes de comenzar la actividad, cada estudiante escribe seis de las palabras en el cuadro (tarjeta) de abajo. Uno/a de ustedes es el director del juego y describe los objetos (de qué están hechos, qué forma tienen, para qué sirven, etc.), pero sin decir el nombre. Cuando el director describe un objeto, los estudiantes que lo tienen en su cuadro lo marcan. Gana el/la que termine de llenar primero todas las casillas en su tarjeta.

(la) bombilla	(la) linterna	(las) gafas 3D
(el) iPad	(el) enchufe	(el) escáner
(el) libro electrónico	(la) memoria USB	(el) microondas

EJEMPLO:

E1: Es una cosa **que** sirve **para** poner los datos de tus amigos, familia, etc. **Se usa** también **para** escribir las cosas que tenemos que hacer cada día. **Es** cuadrado y tiene teclas para escribir. **Se puede** poner en el bolso.
E2: La agenda electrónica.

16–11 Innovaciones ecológicas

Escucha estas tres noticias y después completa las frases.

1. TransMilenio es un sistema de autobuses que _____ y con el que _____. Estos autobuses sirven para _____.

2. La bicilavadora es una máquina que _____ y con la que no _____. Con la bicilavadora se puede _____.

3. La cocina solar es un aparato que _____ y con el que _____. Con la cocina se puede _____ pero no se puede _____.

¿Cuál de estos tres inventos te parece el más importante? ¿Por qué?

16–12 Inventos prácticos, divertidos o imposibles

Aquí hay una lista de cosas que no existen. Relaciona las dos columnas y completa la información que falta. ¿Cuáles de estas cosas crees que son necesarias para el progreso?

una máquina	que **responda** a las órdenes de la voz humana.
un carro	que no **ocupe** más espacio que un libro.
una moto	que **pase** las páginas él solo.
un periódico	que **tenga** más horas por la noche.
un libro	que no **haga** ruido.
un reloj	que no **pueda** superar los 100 km/hora.
una computadora	que _____
un teléfono	que _____
un/una _____	que _____

EJEMPLO:

Yo creo que es necesario inventar un carro **que no haga** ruido.

DESCRIBIR OBJETOS

Es un país...
   ...**pequeño.**
   ...**con** mucha tecnología.
   ...**que** tiene muchos teléfonos celulares.

FORMA Y MATERIAL

Es	grande	pequeño/a
de	tela / plástico / madera / cristal / papel	

PARTES Y COMPONENTES

un teléfono **con** contestador
(= **que tiene** contestador)
una televisión **con** TiVO
(= **que tiene** TiVO)

UTILIDAD

Sirve para cocinar.
Se usa para escribir.

FUNCIONAMIENTO

Se enchufa.
Se abre solo/a.
Funciona **con** energía solar.

PROPIEDADES

Se puede/No se puede... { conectar. / usar en el carro.

FRASES RELATIVAS: INDICATIVO O SUBJUNTIVO

Uruguay es un país...
   ...**que tiene** educación gratuita.
¿Conoces algún país...
   ...**que tenga** educación gratuita?

RELATIVOS CON PREPOSICIÓN

Es una cosa...
   ...**con la que** puedes abrir latas.
   ...**en la que** pones libros.

Es un aparato con el que ahorras mucha electricidad.

SE: IMPERSONALIDAD

En Uruguay **se usan** mucho los teléfonos celulares.

En Uruguay **se ve** a mucha gente con teléfonos celulares.

LO/LA/LOS/LAS, LE/LES

	Objeto directo	Objeto indirecto
él, usted	lo	le
ella, usted	la	le
ellos, ustedes	los	les
ellas, ustedes	las	les

OI:
- ¿Qué tienes que comprar**le** a Juan?
- **Le** tengo que comprar una memoria USB.

OD:
- ¿Dónde compraste esa computadora? Es muy buena.
- **La** compré en Circuit One.

DOBLE PRONOMBRE: INDIRECTO + DIRECTO
- ¿Te dieron un premio?
- Sí, **me lo** dieron la semana pasada.

- ¿A Juan le dieron un premio?
- Sí, **se** (=le) **lo** dieron la semana pasada.

DUPLICACIÓN DE OBJETO DIRECTO
- ¿Dónde compraste esos pantalones y esa cartera? Son preciosos.
- **Los pantalones los** compré en Madrid y **la cartera la** compré en Montevideo.

¿Esa cartera la compró en Montevideo?

DUPLICACIÓN DE OBJETO INDIRECTO
A Jaime **le** di los libros y a María **le** envié los discos.

 16–13 Uruguay, un país de futuro

Ahora lean los datos sobre Uruguay. Después completen el texto.

Población total	3.460.000
Población por encima del nivel de pobreza	96.5%
Tasa de alfabetización	98% (la más alta de Latinoamérica)
Índice de desarrollo humano (IDH)	0.792 (tercero más alto de Latinoamérica)
Distribución de la riqueza	45,3 (uno de los países con mayor igualdad de Latinoamérica)
Educación gratuita	100% (primaria, secundaria y universitaria)
Telecomunicaciones digitalizadas	100%
Porcentaje de computadoras por habitante	22,1% (segundo más alto de Latinoamérica)
Porcentaje de usuarios de Internet	58% (primero de Latinoamérica)
Acceso a la energía eléctrica	99% del territorio

Uruguay es un país **que** _____ y **en el que se puede** _____. Además es un lugar **donde** _____ y **en el que** _____. Es un país **que** _____, **que** _____ y **donde** _____. Finalmente, es un país **donde se puede** _____.

Ahora piensen en otro país…

…**que tenga** una red de telecomunicaciones altamente digitalizada
…**en el que** la educación **sea** gratuita
…**que tenga** una tasa de alfabetización muy alta
…**en el que** el acceso a Internet y computadoras **sea** muy alto:

EJEMPLO:

E1: A ver… un país **que tenga** educación gratuita… ¡Canadá!
E2: Sí, creo que en Canadá **se puede** estudiar gratis.

 16–14 ¿Puedes comprármelo?

Piensa en cinco aparatos, aplicaciones o programas que no tengas. Después pregunta a tu compañero/a si puede comprártelo o prestártelo. Tu compañero/a te dará alguna solución alternativa.

EJEMPLO:

E1: No tengo una memoria USB. ¿Puedes **prestármela**?
E2: No, lo siento, no **te la puedo prestar**, porque solo tengo una y **la** necesito. Quizá puedas **pedírsela** a tu mamá por tu cumpleaños.

📖 INTERACCIONES

ESTRATEGIAS PARA LA COMUNICACIÓN ORAL

Some common expressions used in conversation (I)

- To show surprise or disbelief:

  ¿Sí? (Really?)
  ¿De verdad / veras? (Really?)   ● *Han inventado un robot que puede hacer tu tarea.*
  ¡No me digas! (You don't say!)   ○ *¿Sí? ¡No me digas!*
  ¡No puede ser! (That can't be!)   ● *¿Qué? ¡No puede ser!*

- To show that something is not normal:

  ¡Qué raro! (How weird / odd!)   ● *Mi computadora es nueva, pero no funciona.*
  ¡Qué extraño! (How strange / odd!)   ○ *¡Qué raro!*

- To express satisfaction / sadness about recent news or events:

  ¡Qué bien! (Great!)   ● *Me han regalado un iPod.*
  ¡Qué suerte! (How lucky!)   ○ *¿Sí? ¡Qué suerte!*
  ¡Qué pena / lástima! (How sad!)   ● *Pero no tiene cámara de fotos.*
                                                         ○ *¡Ah, **qué pena**!*

- To express a total lack of knowledge about something:

  ¡No tengo ni idea! (I have no idea!)   ● *Oye, ¿cuántos megabites de memoria tiene tu computadora?*
  ¡Ni idea! (No idea!)   ○ *¡Ni idea!*

👥 16–15 **Las compras en Uruguay**

Uno de ustedes viajó a Uruguay y estuvo en Montevideo
dos semanas. Compró muchos recuerdos del viaje para
llevar a casa. Muéstrale a tu compañero/a las cosas que
compraste. Fíjense en el modelo.

EJEMPLO:

E1: Compré esta estatua en una tienda de artesanía. Es **de cerámica**
     y está hecha a mano.
E2: ¿A mano? **¡No me digas!**
E1: Sí, a mano. Y era la última que había en la tienda.
E2: ¿Sí? **¡Qué suerte!**
E1: ¿Y **el cuadro**? ¿**Lo** compraste en esa tienda también?
E2: No, **el cuadro lo** compré en el museo.

Tortugas de cerámica hechas a mano

**Cuadro de Rafael
Pérez Barradas, artista
uruguayo**

**Póster del carnaval
de Montevideo**

Balón de fútbol

Mates

16–16 ¿Tienes…?

Vamos a hacer grupos de cuatro personas. Cada persona del grupo tiene que pedir tres cosas a otros/as compañeros/as de clase. Fíjense en el modelo. El juego termina cuando un grupo consigue reunir las 12 cosas.

ESTUDIANTE A

- un libro digital
- una computadora con cámara
- un aparato para escuchar música en el autobús

ESTUDIANTE C

- una tarjeta de crédito sin límite
- un carro con navegador GPS
- algo para hacer café o té en tu cuarto

ESTUDIANTE B

- un teléfono móvil con acceso a Internet
- algo para grabar la voz
- un programa para editar video

ESTUDIANTE D

- una televisión con pantalla plana
- un despertador con música
- una radio digital

EJEMPLO:

E1: ¿Tienes un libro **que sea** digital?
E2: Lo siento, pero no tengo libros **que sean digitales**.
E1: ¡Qué lástima! ¿Y algo **que sirva** para grabar la voz?
E2: Sí, tengo un iPhone **que puede** grabar la voz.
E1: ¡Qué bien! Gracias.

16–17 ¿Qué hay que inventar?

Inventen un objeto útil para cada uno de estos grupos de personas. Después compartan con la clase sus inventos.

Los despistados (*absent-minded*)   Los perezosos
Los tímidos   Los _____

EJEMPLO:

E1: Para los daltónicos, lápices de colores **que tengan** escrito el nombre de cada color.
E2: Sí, o **que digan** los colores cuando los tocas.

Ahora piensen en dos cosas que les gustaría tener pero todavía no se han inventado.

EJEMPLO:

Un aparato encuentracosas, que encuentre siempre las cosas que estoy buscando.

16–18 Situaciones: *En la oficina de patentes*

A student has invented a _____. S/he is visiting the patent office to register her/his invention.

ESTUDIANTE A

You invented a _____. You are at the patent office to register your invention. Explain what it is, how it works, what its purpose is, what properties it has, and so on. Be very specific.

ESTUDIANTE B

You work at a the patent office. A student is in your office registering her/his invention. Ask questions related to its purpose, functioning, and properties. React to the inventor's explanations.

TAREA

Diseñar un "dormitorio inteligente"

PREPARACIÓN

Lean este texto. Después miren la casa y hagan una lista de los problemas que tienen estas personas. Añadan otros problemas que tiene la gente en su vida cotidiana.

¿Qué es la domótica?

Esta palabra viene del latín *domus*, que significa "casa". Es el conjunto de sistemas que automatizan una vivienda y que pueden ser de cuatro tipos: seguridad, ahorro de energía, bienestar y comunicación. Estos sistemas pueden estar integrados por medio de redes interiores y exteriores de comunicación, con cable o inalámbricos, y se pueden controlar desde dentro o fuera de la casa.

EJEMPLO:

Muchas veces no hay agua caliente en un baño porque otra persona está usando la ducha, por ejemplo.

 Paso 1 Ahora completen el cuestionario de la página 281.

**¿VIVES EN UN DORMITORIO O APARTAMENTO INTELIGENTE?
¿TE GUSTARÍA? RESPONDE A ESTE CUESTIONARIO.**

SEGURIDAD

1. ¿Se encienden y apagan las luces cuando no estás en casa, para dar la impresión de que hay alguien? . . . . Sí ☐ No ☐
2. ¿Tienes alarma de detección de incendios? . . . . Sí ☐ No ☐
3. ¿Tienes cámaras fuera de tu casa para ver quién está afuera? . . . . Sí ☐ No ☐

COMODIDAD

4. ¿Se encienden y se apagan las luces cuando vas de un cuarto a otro? . . . . Sí ☐ No ☐
5. ¿Se cierran y abren tus persianas en función de la luz solar? . . . . Sí ☐ No ☐
6. ¿Se regula la temperatura de tus cuartos de forma independiente? . . . . Sí ☐ No ☐
7. ¿Puedes hacer funcionar tu televisor, estéreo, etc., con la voz? . . . . Sí ☐ No ☐

AHORRO DE ENERGÍA Y AGUA

8. ¿Se cierran los grifos automáticamente después de unos segundos? . . . . Sí ☐ No ☐
9. ¿Tienes aparatos que solo funcionan en horas de tarifa reducida? . . . . Sí ☐ No ☐
10. ¿Usas energías renovables? . . . . Sí ☐ No ☐

COMUNICACIÓN

11. ¿Puedes controlar equipos y aparatos por Internet? . . . . Sí ☐ No ☐
12. ¿Son tus controles inalámbricos? . . . . Sí ☐ No ☐

Paso 2 Elijan los seis problemas más importantes que aparecen en el cuestionario. Completen la tabla con problemas de cada categoría.

SEGURIDAD	COMODIDAD	AHORRO ENERGÍA/AGUA	COMUNICACIÓN
1.	1.	1.	1.
2.	2.	2.	2.

Paso 3 Ustedes van a idear un dormitorio "inteligente". Debe ser ecológico y cómodo. Solo puede tener seis innovaciones tecnológicas. Para cada problema que identificaron en el Paso 2, piensen en una tecnología que lo resuelva.

SEGURIDAD	COMODIDAD	AHORRO DE ENERGÍA	COMUNICACIÓN
1.	1.	1.	1.
2.	2.	2.	2.

Paso 4 Presenten su proyecto a la clase explicando y justificando las seis innovaciones. La clase votará por el mejor proyecto.

Paso 5 Foco lingüístico.

AYUDA

Es una máquina **para**...
Es una herramienta que **sirve para**...
Es un aparato **con el que se puede**...
...tiene un sistema **con el que se puede**...
...tiene unos aparatos **que** sirven **para**...

NUESTRA GENTE

GENTE QUE LEE

ESTRATEGIAS PARA LEER

The journalistic text (news)

The news text attempts to answer all the basic questions about any particular event—who, what, when, where, and why. The structure of a news piece is sometimes called "inverted pyramid": it starts with key information and gives supporting information in subsequent paragraphs. News stories also meet at least one of these characteristics (relative to the intended audience): proximity, prominence, timeliness, human interest, oddity, or consequence.

Newspapers generally use an expository writing mode and style, but they can incorporate more or less objectivity and sensationalism. A piece of news should be intelligible to the vast majority of potential readers, as well as engaging and succinct. There is normally a headline or title of the story, a sub-headline (a sentence or several sentences near the title), and a first sentence, which normally tries to answer most or all of the five questions. This structure enables readers to stop reading at any point and still come up with the essence of a story.

ANTES DE LEER

16–19 **Tecnología en el cine**

En los años ochenta comenzó la era digital en el cine. ¿Conoces películas realizadas con técnicas digitales (con computadora)? ¿Cuáles de estas películas crees que son mejores desde el punto de vista tecnológico?

La guerra de las galaxias (1977)	*Gravity* (2013)	*The Day After Tomorrow* (2004)
Origen (2010)	*El señor de los anillos* (2001)	*The Matrix* (1999)
Titanic (1997)	*Lo imposible* (2012)	*Avatar* (2009)

DESPUÉS DE LEER

16–20 **¿Comprendes?**

1. ¿Dónde realizó Álvarez el cortometraje *Ataque de pánico*?
2. ¿Por qué las productoras de Hollywood estaban interesadas en Álvarez?
3. Según Álvarez, ¿cuáles son los tres requisitos para un cortometraje de calidad? ¿Cuál es el requisito más importante?
4. ¿En qué se inspiró Álvarez para realizar su cortometraje?
5. ¿Cuál será el tema de su próxima película? ¿Dónde se filmará?

16–21 **Activando estrategias**

1. Pronombres objeto. ¿Qué tipo de objeto son: directo o indirecto? ¿A qué o quién se refieren? "lo", "colgarlo", "preguntarle", "le" (p. 2); "manejarlas", comprándolo", "bajándolo" (p. 4).

2. Pronombres relativos: ¿A qué o quién se refieren estos relativos? "en los que", "con los que" (p. 3); "en el que", "lo que", "en los que" (p. 4); "en el que" (p. 6).

3. Expresiones referenciales: ¿A qué se refieren las expresiones "todas las demás" (p. 2) y "a todo ello" (p. 4)?

4. ¿Qué significan las palabras "desembarca" (título) y "aterriza" (p.1); "colgó", "desechó" (p. 2); "herramientas", "hilo" (p. 4)? Usa el diccionario. ¿Qué entradas debes buscar?

A LEER

DE MONTEVIDEO A HOLLYWOOD

*E*l uruguayo Federico Álvarez **desembarca** en Hollywood tras destruir Montevideo con robots gigantes

Después de poner fin a la quietud y sosiego de Montevideo con un **cortometraje** sobre titánicos robots que aniquilan la ciudad, el novel director de cine uruguayo Federico Álvarez **aterriza** en Hollywood dispuesto a comandar una invasión alienígena de dimensiones millonarias.

A sus 31 años, este **montevideano** se ha convertido en el **cineasta** debutante mejor pagado por la industria de Hollywood, después de comprobar la excelencia técnica de *Ataque de pánico*, cortometraje que realizó con solo 300 dólares y que se convirtió en un "boom" **en cuanto lo colgó** en YouTube. Dos semanas después de colgar**lo** en la red, empresarios de compañías como Dreamworks, Fox y Warner invitaron a Álvarez a Los Ángeles, para preguntar**le**: "Si hiciste esto con 300 dólares, ¿qué serías capaz de hacer con 40 millones?" **Sin embargo**, **en cuanto** el uruguayo escuchó la oferta de la productora de Sam Raimi, director de *Spiderman*, que **le** ofreció 40 millones de dólares para rodar una película de ciencia ficción, **desechó todas las demás**.

A los 8 años, este uruguayo ya filmaba a sus muñecos Playmobil con la cámara de video casera que su padre trajo de Europa, y a los 14 tenía su propio ordenador y sus primeros programas de animación, **en los que** "dibujaba con el ratón", recuerda. Cuando llegó a la universidad para estudiar comunicación, Álvarez ya había rodado y editado tanto que su única obsesión era disponer de equipos técnicos verdaderos **con los que** hacer realidad lo que florecía en su imaginación.

Según Álvarez, la calidad de su cortometraje fue posible porque dispuso de las **herramientas** técnicas necesarias, sabía cómo manejar**las** y contó con un **hilo** argumental (la destrucción de su ciudad natal). A su juicio, cualquiera puede cumplir esos tres requisitos: "Hoy todo el mundo tiene acceso al software, comprándo**lo** o bajándo**lo** de Internet". Aprender a usar esas herramientas también está al alcance de cualquiera[1], pues solo hay que bajar las instrucciones de uso de la red. El tercer requisito quizá sea el más importante, **ya que** "montones de efectos especiales acumulados, si no hay un mínimo hilo narrativo, no tienen sentido", dice Álvarez. En su caso, la inspiración llegó tras ver un pequeño corto **en el que** unos robots destruían Ámsterdam. "Yo también quise generar la sensación de una historia extraordinaria que ocurre a la vuelta de la esquina"[2], dice. **A todo ello** se sumó su tendencia a "mirar el entorno, observar cómo arde el fuego o cómo se refleja la luz", **lo que** hizo posible el realismo de *Ataque de Pánico*, cuatro minutos de ficción **en los que** cualquier montevideano temblaría de miedo.

Para diseñar las explosiones de los edificios —todos emblemas de la ciudad, como el Palacio Salvo o el Palacio Legislativo— el cineasta se fijó en imágenes de guerras, **en particular** de la guerra de Irak. "La referencia no fue otra película, sino que fue la realidad", resalta.

Gracias a Hollywood, Álvarez volverá a rodar en Uruguay, aunque ahora un **largometraje** millonario, **en el que** adelanta que "no habrá más robots" pero sí una invasión alienígena.

[1]anyone's reach   [2]around the corner

---

5. Palabras compuestas o derivadas. ¿Cómo se han formado y qué significan estas palabras: "cortometraje" (p. 1); "montevideano", "cineasta" (p. 2), "largometraje" (p. 6)?

6. Di el significado y función de estos conectores: "en cuanto", "sin embargo" (p. 2), "ya que" (p. 4), "en particular" (p. 5).

16–22 Expansión

1. ¿Piensas que la tecnología ha tenido un efecto positivo o negativo en el cine?

2. ¿Por qué crees que las películas con buenos efectos especiales tienen tanto éxito? ¿Crees que esto es lo más importante en una película?

📖 **GENTE QUE ESCRIBE**

ESTRATEGIAS PARA ESCRIBIR

Reviewing the vocabulary and grammar of your written work

Reviewing vocabulary means revising both the **forms** (gender and number issues, agreement, spelling) and the **meanings** of the words or expressions. Ask yourself the following questions:

a. Are words spelled correctly and with the right gender or number, if applicable?
b. Have I used any false cognates?
c. Have I tried to incorporate newly learned vocabulary and expressions?
d. Have I tried to "translate" complex ideas from English into Spanish?
e. Are there repeated words? Could I use synonyms instead? Could I paraphrase instead?
f. Is my composition representative of the amount of vocabulary that I know?

When reviewing grammar, here are some questions you may ask yourself:

a. Does my composition represent a variety of grammatical structures?
b. Have I tried to include any new structures that have just been introduced in class?
c. Does every sentence have a conjugated verb? Are the verb forms correct?
d. Did I use more than one verb tense? Are they correct in their form and their intended use?
e. Have I checked the composition for agreement (gender and number) between articles and nouns, between nouns and all adjectives, and between subjects and verbs?
f. Am I sure that I have used direct and indirect object pronouns correctly?

MÁS ALLÁ DE LA FRASE

Expository writing (II): connectors for giving examples, restating ideas, generalizing, and specifying

Giving an example:	◆ *como* (like, such as) ◆ *como por ejemplo* (such as, for example) ◆ *como ejemplo* (as an example) ◆ *para ilustrar esto* (to illustrate)
Restating:	◆ *o sea* (I mean; that is) ◆ *es decir* (that is) ◆ *en otras palabras* (in other words)
Generalizing:	◆ *en general* (generally) ◆ *generalmente* (generally)
Specifying:	◆ *en particular* (in particular) ◆ *específicamente* (specifically)

16–23 El mejor software del campus

Esta semana la revista en español necesita un artículo que describa los tres tipos de software más útiles para un estudiante que acaba de llegar (*just arrived*) a tu universidad o escuela. El artículo debe tener

- un título;
- una introducción que justifique la elección de este software; y
- tres párrafos que describan **qué necesita** un/a nuevo/a estudiante en materia de software, con una descripción de cada uno de los tipos de software (para qué sirve, cómo funciona, etc.).

COMPARACIONES

16–24 Ciencia en Uruguay

Lee estas dos noticias. ¿Cuál te parece más importante? ¿Por qué?

Julio Ángel Fernández, astrónomo uruguayo, redefinió en 2006 el concepto de "planeta". Como consecuencia de esta propuesta, el sistema solar está integrado por ocho planetas, ya que Plutón no integra la categoría. Esto continúa siendo una cuestión muy debatida por la comunidad científica.

Tres doctores y tres ingenieros uruguayos compartieron con Al Gore el premio Nobel de la Paz en 2007 por su trabajo sobre el cambio climático. Ellos integran el Panel Intergubernamental de Cambio Climático (IPCC por sus siglas en inglés) junto a cientos de científicos de todo el mundo.

16–25 Premios Nobel de las ciencias

Hay solamente siete ganadores de un Nobel en Medicina o Química en Latinoamérica y España. Estos son dos de ellos. ¿Cuál les parece más interesante?

NOMBRE	DISCIPLINA	APORTACIÓN	AÑO	PAÍS
Mario Molina (1943–)	Química	Sus estudios sobre la química de la atmósfera, especialmente sobre la formación y descomposición del ozono, son fundamentales para la prevención del adelgazamiento de la capa de ozono.	1995	México
Severo Ochoa (1905–1993)	Medicina	Sus estudios en el campo de la biología molecular son decisivos para el desciframiento del código genético (ADN) de los seres humanos.	1959	España

16–26 Más innovadores

Ordenen estos descubrimientos de más importante (1) a menos importante (4). Justifiquen sus opiniones.

Luis Miramontes	México	primera pastilla anticonceptiva	1951
Jacinto Convit	Venezuela	vacuna contra la lepra	1989
Manuel Elkin Patarroyo	Colombia	investigación para conseguir la vacuna sintética contra la malaria	hoy en día
Carlos Finlay	Cuba	identificación del mosquito que causa la fiebre amarilla	1881

CULTURA

Uruguay tiene unos 3,4 millones de habitantes, de los que aproximadamente 1,1 millones viven en Montevideo, la capital. Durante los años 70 y 80 unos 600.000 uruguayos emigraron a España, Italia, Argentina y Brasil. Unos cuantos miles llegaron a Estados Unidos. En las últimas dos décadas la emigración ha continuado. La población uruguaya o de ascendencia uruguaya en Estados Unidos es muy pequeña (unas 60.000 personas) y se ubica en Miami, Nueva Jersey y Washington, DC.

Go to **MySpanishLab** to review what you have learned in this chapter.

Flashcards | Oral Practice | Practice Test / Study Plan | amplifire Dynamic Study Modules | Tutorials | Videos | Extra Practice

VOCABULARIO

Los materiales *(Materials)*

el algodón	*cotton*
el cartón	*cardboard*
el cobre	*copper*
el cristal, vidrio	*glass*
el cuero	*leather*
la lana	*wool*
la madera	*wood*
el metal	*metal*
el oro	*gold*
el plástico	*plastic*
la plata	*silver*
la seda	*silk*
la tela	*cloth*

Ciencia y tecnología *(Science and technology)*

la agenda electrónica	*electronic calendar, planner*
el archivo	*file*
la batería, pila	*battery*
el/la biólogo/a	*biologist*
la cámara digital	*digital camera*
el/la científico/a	*scientist*
el/la computador/a	*computer*
la computadora de bolsillo	*pocket computer*
la computadora portátil	*laptop*
el descubrimiento	*discovery*
el disco compacto	*compact disc*
el DVD (reproductor de)	*DVD player*
la electricidad	*electricity*
el enchufe	*plug*
la energía	*energy*
el enlace	*link*
el escáner	*scanner*
la fotocopiadora	*copy machine*
la impresora	*printer*
la máquina	*machine*
la memoria	*memory*
el navegador	*browser*
el ordenador	*computer*
la pantalla	*screen*
el procesador de textos	*word processor*
el ratón	*mouse*
la red	*the Web*
el teclado	*keyboard*
el teléfono celular/móvil	*cell phone*
la vacuna	*vaccine*

Adjetivos para describir objetos y aparatos *(Adjectives describing objects and appliances)*

complicado/a	*complicated*
digitalizado/a	*digitized*
económico/a	*inexpensive*
eléctrico/a	*electric*
importado/a	*imported*
inalámbrico/a	*wireless*
lento/a	*slow*
ligero/a	*light*
pesado/a	*heavy*
práctico/a	*convenient, handy*
rápido/a	*fast*
roto/a	*broken*
silencioso/a	*quiet*

Verbos *(Verbs)*

apagar	*to turn off*
arreglar	*to repair, to fix*
averiarse	*to break down*
averiguar	*to find out*
avisar	*to warn, to inform*
bajar	*download*
descubrir	*to discover*
desenchufar	*to unplug*
digitalizar	*to digitize*
encender	*to turn on*
enchufar	*to plug in*
estropearse	*to get damaged, to break down*
funcionar	*to work (for a machine)*
fundirse	*to blow*
grabar	*to record*
inventar	*to invent*
llevar a cabo	*to carry out*
malograrse; averiarse	*to break down*
ocurrir	*to happen*
patentar	*to patent*
prender	*to turn on*
reparar	*to repair, to fix*
romperse	*to break*
subir	*upload*
superar	*to surpass, excel*

CONSULTORIO GRAMATICAL

1 Describing Objects

When describing something, we attach certain qualities or properties to a noun. There are many grammar structures that we can use after the noun:

Una maleta   **pequeña** *(small)*   *(ADJECTIVE)*
(A suitcase)   **negra** *(black)*

      sin ruedas *(without wheels)*
      de tela *(made of cloth)*
      con cerradura *(with a lock)*   }   *(PREPOSITION + NOUN)*
      para una muchacha joven *(for a young woman)*

      para viajar *(for traveling)*   *(PREPOSITION + INFINITIVE)*

We can also use a relative pronoun that introduces a relative clause. The relative clause has the same function as the three structures above (to describe something):

Es una maleta **que no tiene ruedas** = Es una maleta sin ruedas *(QUE + CONJUGATED VERB)*
Es una maleta **que pesa muy poco** = Es un maleta ligera.

To describe shape and material

	ADJECTIVE		*DE + NOUN*
	largo/a *(long)*		tela *(cloth)*
	corto/a *(short)*		cuero *(leather)*
un objeto / una figura	**cuadrado/a** *(square)*	**de** *(made of)*	plástico *(plastic)*
	redondo/a *(round)*		madera *(wood)*
	rectangular *(rectangular)*		cristal *(crystal)*
	plano/a *(flat)*		papel *(paper)*

To describe parts and components

una maleta **sin** ruedas (= que no tiene ruedas)   un teléfono **con** pantalla (= que tiene pantalla)
a suitcase **without** wheels   a telephone **with** a screen

To describe the purpose

Es un aparato que **sirve para** medir la temperatura.   Son unos aparatos **sin los que** no podríamos trabajar.
It's a device **used for** measuring temperature.   They are devices **without which** we would not be able to work.

Es un aparato **con el que** se puede hacer café.   Son unas televisiones **a las que** les puedes conectar un iPod.
It's a device **with which** one can make coffee.   They are televisions **to which** you can connect an iPod.

Es una cosa **en la que** se puede poner mantequilla.
It's something **in which** one can put butter.

To describe the operation

Se enchufa. *(You can plug it in.)*
Se abre solo/a. *(It opens automatically.)*
Lleva pilas. *(It works with batteries.)*
Funciona con... *(It works with...)*
         ...gasolina. *(gas.)*
         ...energía solar. *(solar energy.)*

To describe the properties

(No) se puede... {   ...mojar *(get wet)*.
                ...doblar *(bend)*.
                ...usar en el carro.

Es una cosa con la que puedes hablar con otras personas. Es de plástico y puede ser de muchos colores.

¡Un teléfono!

2 Impersonal Se

Impersonal sentences are those that have no explicit subject. The Spanish language has several ways to present information without making the subject explicit. One of them is the use of the pronoun **se** *followed by a verb. The verb is always in the third person singular, except when it is followed by a complement that is plural and is not introduced by a preposition.*

En España **se investiga** sobre fuentes alternativas de energía. (SE + third-person singular)
In Spain, **research is conducted** *about alternative sources of energy.*

Se necesita mucho dinero para hacer investigación. (SE + third-person singular)
A lot of money **is needed** *to conduct research.*

Hoy día **se hacen** muchos teléfonos celulares en China. (SE + third-person plural)
Today many cell phones **are made** *in China.*

Se enchufa y se aprieta el botón verde.

¿Y ya está?

Sí, se enciende automáticamente.

- ¿Cómo funciona este teléfono?   —*How does this phone work?*
- Muy fácil: **se abre, se aprieta** la   —*Very easy: you open it, press the*
  tecla verde y **se marca** el número.   *green key, and dial the number.*

> **¡ATENCIÓN!**
>
> *In Spanish, if reflexive verbs are used, then the impersonal* **se** *is avoided so that it is not repeated. Other impersonal constructions, such as TÚ or UNO/UNA, are used.*
>
> - ¿Y cómo es la vida en la escuela?
> - Bueno, durante la semana, **uno se levanta** temprano para ir a clase.
>   **(tú) te levantas**

3 Direct and Indirect Object Pronouns

We already know that there are two types of object (not subject) pronouns: indirect and direct.

Subject pronouns	Direct object pronouns	Indirect object pronouns
yo	me	me
tú	te	te
nosotros/as	nos	nos
vosotros/as (third person)	os	os
él, usted	lo	le
ella, usted	la	le
ellos, ustedes	los	les
ellas, ustedes	las	les

*The third-person indirect object pronouns (***le*** and* ***les***) usually refer to people.*

Tengo que enviar una copia de este diseño a Juan = **Le** tengo que enviar una copia.
I have to send a copy of this design to Juan. I have to send **him** *a copy.*

*The third-person direct object pronouns (***lo, la, los,*** and* ***las***) can refer to people or things.*

- ¿Dónde compraste esa computadora? Es muy buena.   —*Where did you buy that computer? It is very good.*
- **La** compré en Circuit One.   —*I bought* **it** *at Circuit One.*

- ¿Y esos CDs?   —*And those CDs?*
- **Los** venden en Circuit One también.   —*They sell* **them** *in Circuit One as well.*

> **¡ATENCIÓN!**
>
> *Remember that direct objects that are human usually require the preposition* **a***.*
>
> - ¿Conoces **a** ese ingeniero?   —¿Conoces **a** estos doctores?
> - No, no **lo** conozco.   —No, no **los** conozco.

When we use two object pronouns (direct and indirect) in a sentence, the order in which they are positioned is as follows: the indirect object is placed before the direct object pronoun. If both are third person pronouns, the indirect object pronoun le becomes **se**.

- ¿Te dieron un premio?   —Did they give you an award?
- Sí, **me lo** dieron la semana pasada.   —Yes, they gave **it to me** last week.

- ¿A Juan le dieron un premio?   —Did they give an award to Juan?
- Sí, **se** (=le) **lo** dieron la semana pasada.   —Yes, they gave **it to him** last week.

When a direct or indirect object has already been mentioned, it is normally positioned at the beginning of the sentence, before the verb. When the direct object is brought to the front of the sentence, we must also use the direct object pronoun. This is called **duplication**.

- ¿Qué quieres hacer con estos libros y esos CDs?   —What do you want to do with these books and those CDs?
- **Los libros los** voy a regalar y **los discos los** voy a guardar.   —I'm going to give **the books** away, and I'm going to keep **the CDs**.

When the indirect object is brought to the front of the sentence, the indirect object pronoun follows.

A Jaime le di los libros y **a María le** envié los CDs.
*I gave the books **to Jaime**, and I sent the CDs **to María**.*

Las puertas las pintas de azul y las ventanas las dejas como están.

4 Subjunctive versus Indicative in Relative Clauses

As we studied in Lección 15, the subjunctive mode is used in subordinate clauses with different functions. In this lesson, we will concentrate on relative clauses (clauses that have the same function as an adjective).

When the relative clause describes people that we know personally, or specific things that we know exist, we use the indicative mode.

Es una maleta **que tiene** ruedas.   Tengo una computadora **que tiene** mucha memoria.
*It is a suitcase **that has** wheels.*   *I have a computer **that has** a lot of memory.*

Es un artista **que diseña** cosas muy prácticas.
*S/he is an artist **who designs** many practical things.*

We use the subjunctive mode, however, to talk about the characteristics of unknown, unspecified, or hypothetical people or things.

Quiero comprar una maleta **que tenga** ruedas.   Necesito una computadora **que tenga** mucha memoria.
I want to buy a suitcase with wheels.   *I need a computer with a lot of memory.*

¿Conoces a algún artista uruguayo **que diseñe** cosas prácticas?
*Do you know an Uruguayan artist **who designs** practical things?*

5 Relative Clauses with Prepositions

Relative pronouns require a preposition (**de, con, en, a, por, para,** etc.) when they relate to any other part of the sentence that originally had a preposition.

    Es una maleta **con la que** viajo mucho. (= Viajo mucho **con** esta maleta.)
    *It's a suitcase **with which** I travel a lot. (= I travel a lot with this suitcase.)*

In cases like those described above, the definite article is required and there is always agreement in gender and number with the noun.

    Es una una computadora **con la que** puedo acceder a Internet.
    Necesito una computadora **con la que** pueda acceder a Internet.
    Tenemos unas computadoras **con las que** se puede acceder a Internet.
    Necesitamos unas computadoras **con las que** se pueda acceder a Internet.

    *It's a computer **with which** I can access the Internet.*
    *I need a computer **with which** I can access the Internet.*
    *We have computers **with which** the Internet can be accessed.*
    *We need computers **with which** the Internet can be accessed.*

Quiero un televisor que tenga alta definición y que cueste menos de 6.000 pesos.

Bueno, tengo uno que cuesta 5.600 pesos y que es HDTV.

17 GENTE que cuenta HISTORIAS

17–1 Bolivia en la historia

¿Qué sabes de Bolivia? Describe las fotos y di qué te sugieren. Luego lee los datos sobre Bolivia en diferentes puntos de su historia y escribe cuatro frases en que se contrasten los datos.

EJEMPLO:

En 1850 la capital de Bolivia era Sucre, pero desde 1900 es La Paz.

1. Hace 12.000 años	el territorio de Bolivia ya estaba habitado.
2. Antes del siglo XIII	había culturas preincaicas como la de Tiahuanaco.
3. En el siglo XIII	Bolivia era parte del imperio incaico.
4. En el siglo XVI	Bolivia era parte del imperio español.
5. En 1809	Bolivia no era una nación independiente.
6. En 1850	la capital era Sucre. Bolivia era una nación independiente.
7. Desde 1900	la capital es La Paz.
8. Hoy día	Bolivia es una nación independiente. La Paz y Sucre son las capitales.

TAREA

Escribir el final de un relato de misterio.

NUESTRA GENTE

Bolivia
Hispanos/latinos en Estados Unidos

★ ★ ★ ★ ★ ★
Explore
Bolivia with
Club cultura!

Tiahuanaco, Bolivia

Sucre, Bolivia

La Paz, Bolivia

ACERCAMIENTOS

17–2 Bolivia en la historia (II)

¿Sabías estas cosas sobre Bolivia?

1. La Cultura de Tiahuanaco se desarrolló cerca del lago Titicaca.

2. Diego de Almagro llegó al actual territorio de Bolivia en 1535. Fue el primer europeo en territorio boliviano.

3. La ciudad de Potosí fue la mayor productora de plata del mundo durante todo el siglo XVII.

4. Bolivia se declaró independiente el 6 de agosto de 1825 con el nombre de República de Bolivia, en honor a Simón Bolívar, quien fue su primer presidente.

5. Entre 1964 y 1982 Bolivia tuvo muchos gobiernos militares.

6. En 2006 ganó las elecciones presidenciales Evo Morales, el actual presidente de Bolivia.

Antiguos indígenas bolivianos

Potosí, Casa de la moneda

EJEMPLO:

No sabía que Almagro llegó a Bolivia en 1535.

17–3 Tu país en la historia

Escribe tres frases como las de 17–1 y tres frases como las de 17–2 referidas a tu país. Después comparte esta información con la clase. ¿Lo sabían?

1. Antes del siglo XIII...

2. En el siglo XVI...

3. En _____ ...

4. En...

5.

6.

📖 VOCABULARIO EN CONTEXTO

17–4 Una caso misterioso

El martes 13 de abril a las cuatro de la tarde todo parecía normal en el Hotel Presidente de La Paz, Bolivia. Sin embargo, unas horas después, sucedió algo muy extraño: una famosa actriz desapareció de forma misteriosa. Observen a los once personajes que están en el vestíbulo del hotel y lean las once frases. Luego escriban en el cuadro quién creen que dijo cada cosa.

Valerio Pujante "Dejé de fumar el mes pasado".	_____ "Yo viajo mucho. El mes pasado, por ejemplo, estuve en Santiago, en Nueva York y en Madrid".
_____ "Tuve un accidente de coche la semana pasada. Por suerte, no fue muy grave".	_____ "Ayer llevé en carro a Laura al club de tenis".
_____ "Ayer llegué con dos de mis hombres a La Paz a una reunión de negocios".	_____ "Ayer llegó un grupo muy grande de turistas y hoy tenemos mucho trabajo".
_____ "Sí, ayer gané".	_____ "Ayer tuve una entrevista con Pedro Almodóvar".
_____ "El año pasado estuve varias veces en este hotel. Cada año vengo a La Paz en verano y hago entrevistas a los ricos y famosos que pasan sus vacaciones acá".	_____ "Anteayer me llamó el jefe y me dijo que tenía un "trabajo" para mí: algo fácil".
_____ "Soy viuda desde el mes pasado".	

EJEMPLO:

E1: "Soy viuda desde el mes pasado".
E2: Eso lo dijo Sonia Vito. En la imagen está vestida de negro.

17–5 Misterio en el Hotel Presidente

Lean este artículo de periódico. Después escriban qué relación tienen los personajes mencionados en el artículo con la actriz desaparecida.

> Miércoles 14 de abril
>
> EL PLANETA
>
> # Misteriosa desaparición de la actriz Cristina Rico en un lujoso hotel de La Paz
>
> La Paz / EL PLANETA
>
> **Según fuentes bien informadas, la policía no dispone todavía de ninguna pista ni realizó ninguna detención. El inspector Palomares, responsable del caso, declaró que piensa interrogar a clientes y personal del hotel, en busca de alguna pista que aclare el paradero de la actriz.**
>
> A la 1h de esta madrugada pasada, el chofer y guardaespaldas de Cristina Rico, Valerio Pujante, avisó a la policía de la misteriosa desaparición de la famosísima actriz boliviana. Valerio Pujante, de
>
>
>
> **La actriz Cristina Rico**
>
> nacionalidad chilena, la estuvo esperando en la recepción del hotel donde esta se alojaba. La actriz le había dicho que iba a cenar con un amigo y que iba a salir del hotel a las diez y media de la noche. A las once y media la actriz todavía no había salido de su cuarto y por eso la llamó desde la recepción. Nadie respondió. En ese momento decidió avisar a la dirección del hotel. Después de comprobar que no estaba en su habitación, el director comunicó la extraña desaparición a la policía.
>
> Últimamente Cristina Rico se ha convertido en una de las más cotizadas actrices bolivianas. El mes pasado firmó un contrato para protagonizar una película junto a Leocadio Dicarpio. También fue noticia en los últimos meses por su relación con Santiago Puértolas,
>
> banquero y propietario de la revista *15 segundos* y otras revistas del corazón. El conocido hombre de negocios también se encontraba en el hotel la noche de la desaparición. La representante de la actriz, Sonia Vito, declaró a este periódico: "Es muy extraño. Todo el mundo la quiere. Estamos muy preocupados".
>
> También se aloja en el hotel la tenista Laura Toledo, íntima amiga de la actriz, acompañada por su novio y entrenador, el peruano Carlos Rosales. Laura Toledo declaró que estaba consternada y que no podía encontrar ninguna explicación a la misteriosa desaparición de su amiga. Probablemente la tenista sea la última persona que vio a Cristina, ya que estuvo con ella hasta las diez de la noche en su cuarto.
>
> La popular Clara Blanchart, periodista de la revista *15 Segundos*, comentó que la noche de la desaparición también vieron en el hotel al conocido hombre de negocios Enrique Ramírez, que fuentes bien informadas vinculan a una mafia que actúa en el área.

1. Valerio Pujante: _____
2. Santiago Puértolas: _____
3. Sonia Vito: _____
4. Laura Toledo: _____
5. Carlos Rosales: _____
6. Clara Blanchart: _____
7. Enrique Ramírez: _____

17–6 Conversaciones telefónicas

Ahora escuchen las conversaciones telefónicas. ¿Quiénes hablan? Completen el cuadro con sus hipótesis.

	Creo que son...	Creo que están hablando de...	Quizá...
CONVERSACIÓN 1	_____	_____	_____
CONVERSACIÓN 2	_____	_____	_____
CONVERSACIÓN 3	_____	_____	_____

GRAMÁTICA EN CONTEXTO

17–7 **Aquella noche...**

En este relato de misterio aparecen **acciones** (en pretérito), pero no están las **circunstancias** en que sucedieron. Escriban el relato incluyendo las circunstancias. Añadan conectores (*y, pero, entonces, así que...*).

> Aquella noche el inspector Palomares se acostó temprano. A las 7h de la mañana sonó el teléfono. Como siempre: una llamada urgente de la comisaría y un nuevo caso. Se levantó, se vistió y tomó un café rápidamente. Salió inmediatamente a la calle y buscó su viejo carro. A las 7.30 llegó al Hotel Presidente de La Paz. Estacionó el carro y fue al mostrador de recepción. El director, Cayetano Laínez, lo recibió inmediatamente. Palomares fue directo al grano:
> —¿Sospecha de alguien? —preguntó Palomares.
> —No —respondió el director—, en absoluto.
> —¿Cuándo se enteró usted de la desaparición de Cristina Rico?
> —A las doce. A las doce de la noche. El chofer vino a verme y me lo explicó.
> —¿Habló usted con alguien más?
> —Anoche, no. Esta mañana hablé con el recepcionista del hotel.
> —Bueno. Quiero interrogar a todo el personal

CIRCUNSTANCIAS

1. **Estaba** cansado.
2. **Hacía** mucho calor.
3. **Había** poco tráfico.
4. **Era** bajito y **tenía** bigote.
5. Yo **estaba** en el restaurante

Ahora añadan al relato que han escrito estos cuatro **eventos anteriores**. Incluyan también expresiones temporales cuando sea necesario (*la noche antes, el día anterior...*).

1. El sol ya **había salido.**
2. **Había trabajado** mucho.
3. Una actriz famosa **había desaparecido** en el hotel Presidente.
4. Afortunadamente, lo **había estacionado** cerca de la casa.

17–8 **Errores**

Un periódico publicó la historia de la desaparición de Cristina Rico, pero hay ocho errores. Hagan las correcciones necesarias. Luego comparen sus correcciones con las del resto de la clase.

EL PLANETA   Miércoles 14 de abril

Desaparición de famosa modelo

Cristina Rico, una modelo chilena, desapareció anoche del hotel Florida Park. El director del hotel avisó a la policía de la desaparición de Cristina. Cristina es novia del famoso Pablo García Cano. Su hermana, la tenista Laura Toledo y su novio venezolano, Leonardo Oliveira, la vieron por última vez a las 12 de la noche.

EJEMPLO:

E1: Dice que Cristina Rico es chilena.
E2: Sí, pero no es chilena, **sino** boliviana.

PRETÉRITO VS. IMPERFECTO

El PRETÉRITO
expresa acciones y eventos pasados.

El IMPERFECTO
- evoca las circunstancias de una acción o un evento en el pasado;
- describe lugares, gente, costumbres, ideas u opiniones pasadas.

Estaba cansado y se acostó pronto. (causa–efecto)

Salió a la calle. **Eran las nueve** de la mañana. (contexto temporal)

Cuando se levantó, **hacía** sol.

Yo **pensaba** que Bolivia **tenía** mar.

> Yo pensaba que el español era muy difícil.

> Sí, pero es fácil.

PLUSCUAMPERFECTO

había		
habías		estado
había	+	ido
habíamos		dicho
habíais		
habían		

El PLUSCUAMPERFECTO
- expresa acciones, circunstancias o eventos pasados, anteriores a otros.

> Estaba muy cansado y me acosté a las 9 de la noche.

> ¿A las 9?

> Sí, es que me había levantado a las 5 de la mañana.

La noche anterior **había dormido** poco y se acostó pronto.

Cuando se levantó, ya **había salido** el sol.

ESTAR + GERUNDIO

ESTABA + GERUNDIO

Expresa una acción en progreso que sirve de contexto para otra acción que sucede al mismo tiempo.

Estábamos dando un paseo cuando vimos a Carmen.

ESTUVE + GERUNDIO

Expresa una acción en progreso que ocurre durante un tiempo específico.

Estuvo estudiando toda la tarde.

¿Por qué no viniste al partido?

No pude. Estuve estudiando todo el día para un examen.

PERO / SINO

NO... SINO

Corrige informaciones erróneas. Añade datos contrapuestos.

No fue el domingo **sino** el lunes.
No estuvo en mi casa **sino** en la de Ana.

No querían pizza con pollo sino con salchicha.

Lo siento. Me equivoqué.

NO... PERO

Corrige informaciones erróneas. Añade datos adicionales no contrapuestos.

No estuvo en mi casa **pero** me llamó por teléfono.

 17–9 ¿Qué hizo Cristina el martes?

El inspector Palomares está investigando qué hizo Cristina Rico el martes 13. En la habitación de la actriz encontró estas pistas. ¿Pueden ayudarlo? Completen el cuaderno de notas del inspector escribiendo frases relacionadas a partir de las primeras frases que aparecen en el cuaderno.

EL MARTES A LAS 5 DE LA TARDE FUE A CLASE DE GOLF
Dos horas antes había comido con Sonia en Arabella.

_____
_____
_____
_____
_____

17–10 Coartadas

Escucha a Laura Toledo y Carlos Rosales. ¿Tienen buenas coartadas?

LAURA   ¿Qué **estuvo haciendo**?
        ¿Qué **estaba haciendo** cuando tocaron la puerta de su cuarto?

CARLOS   ¿Qué **estuvo haciendo**?
        ¿Qué **estaba haciendo** cuando lo vio alguien de la recepción?

17–11 Su coartada

Hagan estas preguntas a su compañero/a para ver si tienen una buena coartada. Después expliquen a la clase si creen que su compañero/a es sospechoso/a.

1. ¿Qué estabas haciendo a las 10 de la noche del martes?

2. ¿Qué estuviste haciendo el martes entre las 8 y las 12 de la noche?

EJEMPLO:

Jen es sospechosa porque el martes a las diez **estaba viendo** la tele, sola, en su cuarto.

INTERACCIONES

ESTRATEGIAS PARA LA COMUNICACIÓN ORAL

Some common expressions used in conversations (II)

- To let someone know about something (emphatic)
  ¿Sabes? (You know?)
  ¿Sabes qué? (You know what?)

  - *¿Adónde vamos: al cine o al teatro?*
  ○ *¿Sabes qué? Prefiero ir al cine. No me gusta mucho el teatro ¿sabes?*

- To talk about new information about events, people...
  ¿Sabes que...? (Do you know that...?)
  ¿Sabías que...? (Did you know that...?)

  - *¿Sabías que Juan se casó con Rosa?*
  ○ *No, no lo sabía. / ¡No, no tenía ni idea!*

17-12 ¿Sabías que...?

Lean los datos que su profesor/a les asignó. Compartan la información con su compañero/a.

EJEMPLO:

E1: ¿**Sabías que** la moneda de Bolivia se llama "boliviano"?
E2: No, **no tenía ni idea. A propósito,** ¿sabías tú que el país se llama Estado Plurinacional de Bolivia?
E2: No, **no lo sabía.**

ESTUDIANTE 1

Independencia	6 de agosto de 1825
Moneda	Boliviano
Lenguas oficiales	Español, quechua, aymara y guaraní
	La nueva constitución de 2009 reconoce además 37 lenguas originarias.
Ciudades	Potosí es la segunda ciudad más alta del mundo.
Ríos y lagos	
Río Amazonas	Es uno de los dos ríos más grandes del mundo (con el Nilo).
Lago Titicaca	Es el lago más grande del mundo por encima de 2.000 m de altura.

ESTUDIANTE 2

Nombre oficial	Estado Plurinacional de Bolivia
Datos históricos	
1836–1838	Formó parte de la Confederación Peruano-boliviana.
1883	Perdió definitivamente el departamento del Litoral (actual región de Antofagasta de Chile) y su salida al mar.
1982	Se restauró la democracia en Bolivia.
Población	Tiene unos 10,5 millones de habitantes. La población indígena constituye aproximadamente el 55% de la población, la población mestiza el 30% y la población blanca el 15%.
Lema nacional	"La unión es la fuerza"

17–13 ¡No me digas!

Cada uno de ustedes elige una caja y lee solo la información de esa caja. Después cuenten a sus compañeros/as una anécdota basada en los elementos de la caja. Sus compañeros/as les harán preguntas.

hace unos días
en casa tranquilamente
escuchar un ruido
ver a unos ladrones en la casa de al lado
llamar a la policía
los ladrones escaparse
estar asustado/a
dos días antes un robo en la casa de al lado

anoche
en casa
a punto de dormirse
sonar el teléfono
escuchar una voz extraña en otro idioma
llamar dos veces más
tener miedo
una hora antes ver película de terror

ayer por la tarde
ir por la calle
encontrar $1.000 en el suelo
comprarse ropa, música, libros
invitar a cenar a un amigo
la semana antes encontrar $100

el verano pasado
en carro por una carretera secundaria
pararse el carro de repente
ver un OVNI
parar frente al carro
bajar un ser muy extraño
el año anterior un amigo visitar otro planeta

17–14 Lo vi en las noticias

Cada uno de ustedes debe escribir dos noticias de la semana pasada. Después cuéntenle estas noticias a su compañero/a. Su compañero/a le va a hacer preguntas sobre las circunstancias que rodearon los eventos.

EJEMPLO:

E1: ¿**Sabes que** robaron un cuadro del Museo de Arte de La Paz?
E2: No, **no tenía ni idea**. ¿Cómo fue?
E1: Pues, parece que a las 4 de la mañana entraron dos hombres y...

17–15 Situaciones: *Una novela/película interesantísima*

Two students have seen the movie/read the book _____, which tells an interesting story about _____. Another student has not seen/read it, but wants to know what it is about.

ESTUDIANTE A

You and your friend have read the book/seen the movie _____, which is a story about _____. Another friend wants to know what it is about. You tell the story, but you have a very bad memory and give a lot of incorrect information.

ESTUDIANTE B

You and your friend have read the book/seen the movie _____, which is a story about _____. Another friend wants to know what it is about. Your friend starts telling the story but s/he has a bad memory and gives a lot of incorrect information. You need to correct her/him.

ESTUDIANTE C

You have not seen/read _____ but are very interested in knowing about the story. Ask two friends about it.

TAREA

Escribir el final de un relato de misterio.

PREPARACIÓN

¿Qué hicieron aquella noche?
Escucha y completa el cuadro con lo que hicieron aquella noche cada uno de los personajes siguientes. ¿Tienen buenas coartadas?

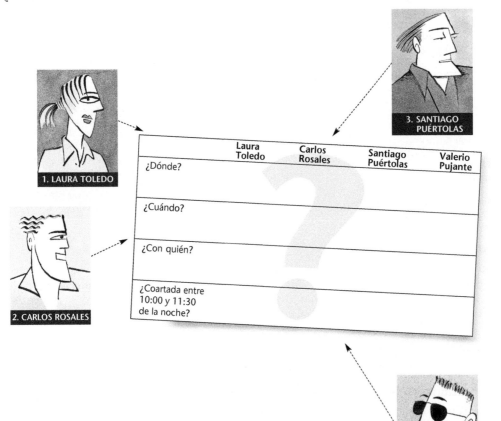

	Laura Toledo	Carlos Rosales	Santiago Puértolas	Valerio Pujante
¿Dónde?				
¿Cuándo?				
¿Con quién?				
¿Coartada entre 10:00 y 11:30 de la noche?				

Ahora hagan grupos de cuatro personas y comprueben que todos comprendieron la información de las audiciones.

Paso 1   Los sospechosos
Pongan a todas estas personas en orden, de más sospechosa a menos sospechosa. Decidan quiénes son sus tres principales sospechosos.

☐ Valerio Pujante   ☐ Clara Blanchart   ☐ Carlos Rosales

☐ Santiago Puértolas   ☐ Pablo García Cano   ☐ Juana Ferret

☐ Sonia Vito   ☐ Laura Toledo   ☐ Enrique Ramírez

Paso 2 Sus hipótesis

¿Por qué desapareció Cristina Rico del Hotel Presidente? Formulen hipótesis terminando estas frases.

☐ Cristina había decidido romper el contrato de la película con Leocadio Dicarpio y...

☐ La tenista había descubierto que su novio estaba enamorado de Cristina y...

☐ El chofer y ella habían decidido escaparse a una isla desierta y...

☐ Cristina estaba enamorada de...

☐ La mafia secuestró a Cristina para...

☐ Juana Ferret era la madre de Cristina pero...

¿Cuáles de las posibles explicaciones les parecen más lógicas?
Elijan las tres explicaciones más convincentes.

Paso 3 ¿Qué pasó?

| AYUDA |

A mí **me parece que** ...
No puede ser porque...
No fue... **sino**...
No estuvo en... **sino** en...
No cenó con... **sino** con...

El inspector Palomares ya sabe lo que pasó. ¿Y ustedes? Revisen sus hipótesis anteriores y hagan una lista de todos los datos que tienen de ejercicios anteriores. Después escriban una historia contando lo que, en su opinión, sucedió.

Paso 4 Un/a representante de cada equipo presentará el relato a la clase. La clase votará cuál es el relato más convincente.

Paso 5 Foco lingüístico.

NUESTRA GENTE

GENTE QUE LEE

ESTRATEGIAS PARA LEER

Reading a narration

Narration is a universal genre, and there are basic aspects shared by narratives in all languages. They usually begin with an orientation, where the setting of the story is presented (time and place) as well as the characters and their roles; then there is a story line (oftentimes with a problem and a resolution), and finally some sort of conclusion or reflection. When reading narrative texts, try to identify these elements. Narrations can be in the first person (the narrator is part of the story) or in the third person (the narrator is not usually part of the story). Also, make sure you understand the sequence of events. Look for time expressions (*el año siguiente, en esa época*, etc.), and time markers (*antes, durante*, etc.).

ANTES DE LEER

17–16 Cuentos

1. ¿Qué es un cuento? ¿Son los cuentos solo para niños o también para adultos?

2. ¿Qué escritores famosos de cuentos para adultos conoces? ¿Conoces a alguno de estos escritores?

☐ Gabriel García Márquez (Colombia)   ☐ Juan Rulfo (México)

☐ Jorge Luis Borges (Argentina)   ☐ Julio Cortázar (Argentina)

DESPUÉS DE LEER

17–17 ¿Comprendes?

1. ¿Desde dónde hasta dónde viajó el protagonista/narrador de esta historia? ¿Por qué?

2. ¿Cuál fue el primer problema que tuvo el protagonista cuando comenzó su viaje?

3. ¿Qué le preguntaron los policías en el aeropuerto?

4. ¿Qué vio el protagonista cuando salió a la calle en el auto de la policía?

5. ¿A dónde lo llevaron primero? ¿Qué estuvo haciendo allí?

6. ¿A dónde lo llevaron después? ¿Qué hizo allí?

17–18 Activando estrategias

1. Identifica en el texto las tres partes de una narrativa (orientación, desarrollo y conclusión).

2. Revisa la lista de marcadores de tiempo de la sección *Más allá de la frase*. Luego subraya todos los que aparecen en el texto y explica su función.

3. Revisa la secuencia de eventos. ¿Hay un orden cronológico?

4. Usa las estrategias de vocabulario que conoces para averiguar el significado de las palabras en negrita. Explica qué estrategias usaste para cada una de ellas.

17–19 Expansión

1. ¿Qué es el país de las maravillas? Busca las referencias a la literatura infantil que aparecen en el texto y explícalas. ¿Por qué crees que el autor las usa?

2. ¿Qué opinión tiene el autor del país donde reside? ¿Es positiva o negativa? Da ejemplos.

3. Compartan sus impresiones sobre la primera vez que llegaron a un país extranjero o un lugar diferente de donde viven.

A LEER

EN EL PAÍS DE LAS MARAVILLAS DE VÍCTOR MONTOYA

El avión despegó como un pájaro gigante y se elevó al cielo, dejando atrás la tierra que me vio nacer. [...] La azafata, una muchacha hecha de marfil y sonrisa, me entregó una caja de comida y dijo algo que no entendí. Después hizo **ademanes** con las manos, como una muda que se dirige a un sordo, pero tampoco entendí. Entonces se volvió y desapareció en el compartimiento que estaba cerca de la puerta de acceso. Me quedé pensativo, avergonzado, al constatar que el idioma, aparte de ser un instrumento de comunicación, era también una barrera infranqueable. Cuando el avión aterrizó en el aeropuerto de Arlanda, tras muchas horas de viaje, salí con el **maletín** en la mano y avancé por un pasillo que me llevó hacia una cabina de control de pasaportes, donde me detuvieron dos policías que, tomándome por los brazos, me condujeron a un cuarto que parecía una oficina. [...] Me senté en la silla de enfrente, sujetando el maletín en la mano.

—¿A qué viniste a Suecia? —me preguntó en español, mientras miraba detenidamente el pasaporte.
—Vine a solicitar asilo político —contesté, mirándolo con la misma intensidad con que él miraba el pasaporte.

[...] Al final del interrogatorio, me hicieron firmar un formulario, imprimieron un sello rojo en el pasaporte y me sacaron rumbo a un garaje, donde estaba aparcado un auto de color azul, que tenía dos sirenas en el techo y una inscripción donde decía: "Polis". Me acomodé en el asiento **trasero**, y el auto, **a poco de** dar vueltas en un laberinto subterráneo, salió hacia un paisaje **blanquecino**, que era el más hermoso que jamás había visto en mi vida. Era invierno y el termómetro marcaba 15 grados bajo cero [...]. En el trayecto, a medida que iba contemplando los bosques y las casas que parecían **arrancadas** de los cuentos de hadas, cayó el manto de la noche a las 15 y 30 de la tarde. En ese instante pensé que el clima de Suecia, con su frío y su oscuridad, era distinto al clima de mi pueblo, donde el sol ardía en la franela azul del cielo y la tierra calentaba los pies.

El auto se detuvo delante de un hotel. En las calles había mujeres hermosas como Blancanieves y hombres enfundados en ropas que me recordaron a los esquimales de las tarjetas postales. Los policías, sin dirigirme la mirada ni la palabra, me bajaron del auto y me acompañaron hasta la oficina del hotel, donde hablaron con el administrador [...] quien, sonriéndome desde detrás del mostrador, me alcanzó las llaves de una habitación. Las paredes de la habitación estaban decoradas con una serie de cuadros y grabados, la cama lucía una sábana impecable, la repisa tenía televisor y teléfono, y el **ropero** era demasiado grande para lo poco que llevaba en el maletín. [...] Prendí el televisor a colores. [...] Estaban transmitiendo un programa culinario, donde dos hombres, vestidos con delantales impecables, preparaban una comida exótica; una visión que, por supuesto, me golpeó de inmediato; era la primera vez que veía a dos hombres en la cocina, manejando los instrumentos con habilidad y destreza.

[...] Cerca del mediodía, ya de pie, bien cambiado y peinado, esperé a los policías que, un día antes, me habían traído al hotel. Y, mientras miraba los copos de nieve que caían danzando a través de la ventana, escuché unos golpes en la puerta. Abrí y me enfrenté al hombre que me entregó las llaves de la habitación. Me saludó en un idioma desconocido, me tomó amigablemente por el brazo y me condujo hacia el restaurante, donde me enseñó una mesa llena de comidas y bebidas. Quedé **boquiabierto** y no supe qué hacer. El hombre del hotel, al verme abobado en medio de tanta comida, me miró a los ojos, se llevó una mano vacía a la altura de la boca, hizo un **ademán** como hacen las madres cuando dan de comer a sus hijos y me señaló la mesa con la otra mano. Después se volvió y se fue. [...] Me retiré hacia una mesa del fondo, desde donde pude observar a quienes comían en abundancia, mientras pensaba en lo injusto del mundo, donde pocos tienen todo y muchos nada. **A ratos**, no podía concebir cómo este país, ubicado en el techo del mundo, podía ser tan rico siendo tan pequeño. Era una verdadera sociedad de consumo, donde se arrojaban los restos de la comida en bolsas de plástico, con la misma facilidad con que se tiraban las ropas usadas, los muebles y los aparatos electrodomésticos.

Cuando volví a la habitación, encontré a los dos policías en la puerta. Uno de ellos [...] dijo: "**Alista** tus cosas". No pregunté por qué. Alisté mi maletín y salí del hotel junto a ellos. Afuera, el frío calaba hasta los huesos y el viento arrojaba puñados de nieve en la cara. El policía abrió la puerta del auto [...] cerró la puerta de un golpe y no volvió a decir palabra, hasta que llegamos a un campamento de refugiados [...] En el campamento de refugiados, que estaba a medio camino entre el infierno y el paraíso, volví a nacer de nuevo. Allí aprendí un nuevo idioma, me acostumbré a un nuevo clima y hasta me enamoré de una muchacha hermosa, cuya sonrisa amplia, tan amplia como la naturaleza sueca, me devolvió las esperanzas que tenía perdidas. Desde ese día han pasado muchos años y en el país de las maravillas han cambiado muchas cosas. Pero esta es otra historia, que les contaré otro día.

GENTE QUE ESCRIBE

ESTRATEGIAS PARA ESCRIBIR

Writing a narrative

When writing a narrative in Spanish, keep these recommendations in mind:

1. Pay attention to the pacing of your narrative, so as to keep your readers interested. Pacing a narrative is the art of glossing over insignificant details while focusing on the significant ones.
2. Maintain a consistent point of view (first person or third person).
3. Include appropriate details in your text. Writers include enough pertinent details to make the event being described clear to their readers.
4. Pay attention to your use of preterit, imperfect, and pluperfect.
5. If possible, present your narrative in chronological order, and include enough discourse markers to make your story coherent and easy to follow.

17–20 ¿Cómo nació nuestra escuela?

Escribe un artículo sobre la historia de tu universidad o escuela. El artículo debe

- incluir una introducción u orientación;
- tener una parte central con un buen equilibrio entre descripción y acción;
- incluir un final, conclusión o reflexión.

MÁS ALLÁ DE LA FRASE

Narrative writing: Connectors of time used in narratives

REFERIDOS A UN TIEMPO POSTERIOR

luego, después	*then*
(inmediatamente) después (de)	*immediately after*
más tarde	*later*
enseguida	*right away, immediately*
a las/los ⎫ + cantidad de tiempo al cabo de ⎭	*amount of time + later*
el/la + día / año / mes / semana + siguiente	*the following / next + day / year / month / week*
número + días / años / meses + después	*number + days / years / months later*
desde entonces	*since then*
desde ese / aquel momento / día / año	*since that moment/day*

REFERIDOS A UN TIEMPO ANTERIOR

antes (de)	*before, earlier*
número + días / años / semanas / meses + antes	*number + days / years / weeks / months earlier*
el/la + día / año / semana / mes + antes	*the day / year / week / month before*

REFERIDOS A LA INSTANTANEIDAD

entonces	*then*
de repente / de pronto	*suddenly*
en ese / aquel momento / instante	*at that moment / instant*

REFERIDOS A LA SIMULTANEIDAD

mientras	*while*
entre tanto	*meanwhile*
al (mismo) tiempo	*at the same time*

COMPARACIONES

17–21 Bolivia: la unión del presente y el pasado

Lee estos dos textos sobre el actual presidente de Bolivia y sobre las ruinas de Tiahuanaco. ¿Cómo se relaciona la información de estos dos textos? ¿Qué crees que significó para la población indígena la elección de Morales?

Evo Morales, presidente de Bolivia

Evo Morales se convirtió en 2006 en el primer indígena en ocupar la presidencia de Bolivia. Morales nació en 1959 en una familia indígena aymara. En 1983 emigró a las selvas tropicales del oriente del país, donde tuvo una importante participación en el movimiento cocalero. Esto le llevó a la escena política. En 2002 se presentó como candidato a la presidencia de Bolivia, y para sorpresa de muchos quedó en segundo lugar. Tres años más tarde ganó las elecciones. Días antes de ser nombrado presidente, Evo Morales fue proclamado máxima autoridad indígena de Bolivia en una ceremonia mística dirigida por sacerdotes de todas las etnias del país y celebrada en el santuario precolombino de Tiahuanaco, a 71 kilómetros al oeste de La Paz. La proclamación de Morales congregó a cientos de periodistas de todo el mundo, que asistieron atónitos a su toma de posesión. Los indios aymaras bolivianos aclamaron al 65° presidente de Bolivia en una ceremonia a la que asistieron decenas de miles de personas. Morales ganó las últimas elecciones en Bolivia en el año 2014.

Tiahuanaco
A 21 kilómetros del lago Titicaca, el mar interior más grande de la tierra, se encuentran los restos del que fue el primer gran conjunto ceremonial de las altas culturas andinas: Tiahuanaco. Tiahuanaco es un enigma más de cuantos componen la historia de las culturas de Los Andes, ya que existen múltiples teorías sobre su origen y desaparición. Arthur Posnansky, descubridor de las ruinas, consideró el emplazamiento como la cuna de la cultura americana, con una antigüedad superior a 14.000 años. Puede decirse que el florecimiento de esta cultura se sitúa entre los años 900 al 1200 de nuestra era.

17–22 El poder indígena en Bolivia

Comenten estas afirmaciones en relación con lo que han leído en 17–21.

1. El 55% de la población de Bolivia se declara indígena, pero los indígenas ganaron el derecho al voto en Bolivia hace solo 50 años.
2. La planta de coca es la mayor fuente de ingresos y uno de los principales motores de la economía boliviana.
3. Bolivia es uno de los países más pobres de América del Sur, pero tiene la segunda mayor reserva de gas.
4. La Constitución de Bolivia de 2009 contiene todo un capítulo sobre los derechos de las naciones y pueblos indígenas originarios campesinos.

Ahora reflexionen sobre la situación en su país. ¿Incluye la Constitución a este segmento de la población? ¿Está bien representada la población indígena en la política?

CULTURA

La población de ascendencia u origen boliviano en Estados Unidos es pequeña: unas 80.000 personas. Los bolivianos, sobre todo de la clase media, han dejado su país principalmente por razones políticas o económicas. El nivel educativo de los boliviano-americanos es alto y por ello forman un grupo cualificado que estudia en Estados Unidos u ocupa puestos en corporaciones o el gobierno. Su nivel de ingreso es más alto que el de otros grupos hispanos. Esta población se sitúa principalmente en el área de Washington, DC, Los Ángeles y Chicago. En Estados Unidos las tradiciones culturales bolivianas son muy populares. Por ejemplo, los grupos de baile bolivianos de Arlington, Virginia, participan en desfiles, festivales, escuelas y teatros por todo el país.

Entre los personajes bolivianos (de origen o ascendencia) más relevantes en Estados Unidos están Jaime Escalante, un maestro de matemáticas cuya vida se llevó al cine (*Stand and Deliver*, 1987) y el escritor de literatura infantil Ben Mikaelsen.

Go to **MySpanishLab** to review what you have learned in this chapter.

| Flashcards | Oral Practice | Practice Test / Study Plan | amplifire Dynamic Study Modules | Tutorials | Videos | Extra Practice |

VOCABULARIO

La literatura (Literature)

el argumento	*plot*
el/la autor/a	*author*
el cuento	*short story, tale*
el ensayo	*essay*
el/la escritor/a	*writer*
la narración	*narration*
el/la narrador/a	*narrator*
la novela	*novel*
de misterio	*mystery novel*
de aventuras	*adventure story*
de ficción	*fiction novel*
el/la novelista	*novelist*
el personaje	*character*
el/la protagonista	*main character*
el relato	*story, tale*

El relato de misterio (Mystery story)

la búsqueda	*search*
la coartada	*alibi*
la comisaría	*police station*
el/la cómplice	*accomplice*
la declaración	*statement*
la desaparición	*disappearance*
la detención	*arrest, detention*
las fuentes	*sources*
el/la guardaespaldas	*bodyguard*
la huella	*trace, print, handprint, footprint*
el/la implicado/a	*person involved*
el interrogatorio	*questioning*
la investigación	*investigation*
el mayordomo	*butler*
el/la millonario/a	*millionaire*
el misterio	*mystery*
la pista	*clue*
la prueba	*proof, evidence*
el secuestro	*kidnapping*
el/la sospechoso/a	*suspect*
el suceso	*incident*
el testigo	*witness*

Verbos (Verbs)

aclarar	*to clarify*
contar (ue)	*to tell (a story)*
demostrar (ue)	*to demonstrate*
disfrazarse (de)	*to disguise oneself as*
firmar	*to sign*
fugarse	*to escape*
hojear	*to skim/glance through*
interrogar	*to question*
investigar	*to investigate*
narrar	*to narrate*
relatar	*to tell (a story)*
resolver un caso	*to solve a case*
salir con	*to go out with*
secuestrar	*to kidnap*
sospechar (de)	*to suspect*
suponer	*to suppose*
vincular (a)	*to link*

Otras expresiones (Other expressions)

como era de esperar	*as expected*
echar una mano	*to help, to lend a hand*
en efectivo	*cash*
estar harto/a (de)	*to be tired of, fed up with*
ir directo al grano	*to get to the point*
por suerte	*luckily*

CONSULTORIO GRAMATICAL

1 Review: Uses of the Imperfect Tense

The imperfect is used:

■ To describe the context in which the story takes place: time, date, weather, place, presence of people or things surrounding the incident we are relating, etc.

Eran las doce de la noche cuando llegó la policía.
It was midnight when the police arrived.

Cuando Palomares entró en el hotel, en la recepción no **había** mucha gente.
When Palomares entered the hotel, there weren't many people in the lobby.

To talk about the condition and description of the people in the story.

Era un hombre alto, moreno; **tenía** unos 30 años.
He was a tall, dark man; he was about 30 years old.

Estaba muy cansado. Me **encontraba** mal.
I was very tired. I was feeling sick.

■ To contrast a current state of affairs with a previous one.

Antes **viajaba** mucho. (= Ahora no tanto.)
I used to travel a lot. (= Now, not so much.)

Mi vecino antes **estaba** muy gordo. (= Ahora está menos gordo.)
My neighbor used to be very fat. (= Now he is less fat.)

Antes solo **hablaba** inglés. (= Ahora hablo español y portugués.)
I used to speak only English. (= Now, I speak Spanish and Portuguese.)

■ To describe past habits or customs.

De pequeños **íbamos** todos los domingos de campamento.
When we were kids, we used to go camping every Sunday.

Antes no **salía** nunca de noche; no me **gustaba**.
Before, I never used to go out at night; I didn't like it.

Cuando vivía en la costa **iba** mucho a la playa.
When I lived on the coast, I used to go to the beach a lot.

■ To evoke circumstances. The circumstances surrounding an event can be of several kinds:

CAUSE–EFFECT
Rosa tuvo que trabajar para pagarse los estudios porque su familia **era** pobre.
Rosa had to work to pay for her own studies because her family was poor.

Su familia **era** pobre, así que Rosa tuvo que pagarse sus estudios.
Her family was poor, so Rosa had to pay for her own studies.

Juan se fue a casa porque le **dolía** la cabeza.
Juan went home because he had a headache.

Le **dolía** la cabeza; por eso Juan se fue a casa.
He had a headache; that's why Juan went home.

SPATIAL CONTEXT
Se levantó tarde; por la ventana **entraba** ya la luz del día.
S/he woke up late; the daylight was already entering through the window.

TEMPORAL CONTEXT
Salió a la calle. **Eran** las nueve de la noche.
S/he went out. It was nine o'clock in the evening.

The same set of circumstances can be expressed in different ways by varying the order of presentation or by changing the conjunctions.

Gustavo **se acostó** temprano. **Estaba** cansado.
Gustavo went to bed early. He was tired.

Estaba cansado y **se acostó** temprano.
He was tired and went to bed early.

Gustavo **se acostó** temprano porque **estaba** cansado.
Gustavo went to bed early because he was tired.

To talk about ideas or opinions that one had before. Sometimes the imperfect expresses surprise or establishes the reason for an excuse.

Yo **creía** que Ana **estaba** casada.
I thought Ana was married.

Yo creía que **eras** hondureño.
I thought you were Honduran.

Yo no **sabía** que la reunión **era** a las cuatro.
I didn't know the meeting was at 4 o'clock.

Perdona, es que **creía** que no **ibas** a venir.
Sorry, I thought you were not coming.

2 Preterit vs. Imperfect

A story is a series of events that we generally tell by using the preterit. With each incident that we relate, we move the story forward.

Se acostó temprano. **Tardó** mucho en dormirse. A las 7.15 **sonó** el despertador. No lo **oyó**. A las 7.45 lo **llamaron** por teléfono; esta vez sí que lo **oyó**. **Respondió**. **Se levantó** enseguida y...

He went to bed early. It took him some time to fall asleep. At 7.15 the alarm rang. He didn't hear it. At 7.45 he got a phone call; this time he heard it. He answered. He woke up right away and...

With each event we relate, we could also pause to explain what's going on around it. We do this by using the imperfect. These verbs do not move the story forward, but rather expand upon important details.

Aquel día **hacía** mucho calor y **estaba** muy cansado; por eso se acostó pronto. Pero tardó mucho en dormirse: **tenía** muchos problemas y no **podía** dejar de pensar en ellos. A las 7.15 sonó el despertador...

It was a very hot day and he was very tired; so he went to bed early. But it took him some time to fall asleep: he had a lot of problems and couldn't stop thinking about them. At 7.15 the alarm rang...

The preterit presents information as an event.

Ayer Ana **fue** a una zapatería y **se compró** un par de zapatos. Luego **volvió** a casa en taxi.
Yesterday, Ana went to a shoe store and bought a pair of shoes. Then she went back home by taxi.

The imperfect tense presents information as the background of some event or as an ongoing action at the time that something happened.

Ana **estaba** aburrida y no **tenía** nada que hacer. Por eso fue de compras y se compró un par de zapatos.
Ana was bored and didn't have anything to do. For that reason, she went shopping and bought a pair of shoes.

Ayer fui con Ana de compras. Mientras se **compraba** un par de zapatos, yo di una vuelta por el departamento de música.
Yesterday I went shopping with Ana. While she was buying a pair of shoes, I went to the music department.

Cuando **volvía** a casa en taxi, se dio cuenta de que había olvidado su bolso.
When she was going home in a taxi, she realized that she had forgotten her purse.

3 The Pluperfect

This tense is formed with the imperfect of haber + the past participle. As we already know, some past participles (also used to form the present perfect) can be irregular (see Lección 13).

		-AR TRABAJAR	-ER COMER	-IR SALIR
(yo)	había			
(tú)	habías			
(él, ella, usted)	había			
(nosotros/as)	habíamos	trabajado	comido	salido
(vosotros/as)	habíais			
(ellos, ellas, ustedes)	habían			

The pluperfect tense refers to past events that took place before other past events or circumstances. It is used to present an event or circumstance as a premise of another event or circumstance.

> PREVIOUS EVENTS = premise
> **Había dormido** muy mal.
> *He had slept poorly.*

Se despertó cansado... Una tormenta no lo **había dejado** dormir. ...se levantó y tomó una ducha.
He woke up tired... A storm had not let him sleep. ...he got out of bed and took a shower.

> CIRCUMSTANCES AT THE TIME OF THE EVENT
> No **se sentía** nada bien.   **Tenía** un fuerte dolor de cabeza.
> *She didn't feel well at all.   He had a strong headache.*

4 *Estar* + Gerund (Preterit vs. Imperfect)

*We use **estar + imperfect** when we want to refer to an action in progress in the past that serves as the frame of reference for the main information (which is in the preterit).*

Estaba trabajando cuando escuché la noticia en la radio.
I was working when I heard the news on the radio.

- Yo, señor detective, **estaba durmiendo** cuando desapareció Cristina.
- ¿Y había alguien más en casa?
- Sí, mis hijos, que estaban estudiando.

—*I, mister detective, was sleeping when Cristina disappeared.*
—*Was there anyone else at home?*
—*Yes, my children, who were studying.*

*This structure is also used with verbs other than **estar**, such as **ir** or **venir**, especially when referring to an activity carried out while moving.*

Estábamos caminando cuando vimos a Carmen. **Venía hablando** con unas amigas.
We were walking when we saw Carmen. She was talking with some girlfriends.

*In contrast, we use **estar + preterite** when we want to refer to the duration of an action that occurs within a specified period of time.*

Estuve trabajando toda la tarde.
I was working all afternoon.

- ¿Qué hizo ayer entre las seis y las ocho de la tarde?
- **Estuve revisando** unos documentos.

—*What did you do yesterday between six and eight in the evening?*
—*I was reviewing some documents.*

5 *Pero* vs. *Sino*

*Like **but** in English, **pero** introduces an element that contrasts or limits what was said earlier.*

Estaba en casa **pero** no quise abrir la puerta.   Toqué la puerta **pero** nadie contestó.
I was home but I didn't want to open the door.   I knocked on the door but no one answered.

*When we negate something, we can use **pero** or **sino** (both = but) with different purposes. The phrase **No... pero** negates the erroneous information and then supplies other details.*

No estuvo en mi casa, **pero** me llamó por teléfono.   Bolivia **no** tiene acceso al mar,
*S/he wasn't in my house, **but** s/he called me on the phone.*   **pero** lo tuvo en el pasado.
    Bolivia has no access to the
    sea, **but** it had it in the past.

No... sino is used to negate and correct erroneous information or suppositions. The two ideas linked are mutually exclusive.

No estuvo en mi casa **sino** en la de Ana.   La capital de Bolivia **no** es Bogotá **sino** La Paz.
*S/he wasn't in my house **but** in Ana's.*   *Bolivia's capital isn't Bogotá **but** La Paz.*

18 GENTE de NEGOCIOS

18–1 Economía de Panamá

✅

¿Qué saben de Panamá y su economía? Lean este texto para saber más.

TAREA

Crear un negocio y un anuncio para promoverlo.

NUESTRA GENTE

Panamá
Hispanos/latinos en Estados Unidos

Explore Panamá with Club cultura!

CULTURA

Según datos del Banco Mundial, Panamá tiene el Producto Interior Bruto (PIB) per cápita más alto de la región centroamericana y su economía está en rápido crecimiento. Su moneda oficial es el Balboa, equivalente al dólar estadounidense que circula legalmente en todo su territorio. La política económica de Panamá se basa en el sector de servicios (bancos, comercio internacional, comunicaciones, turismo, empresa privada), que representa el 63% de su Producto Interior Bruto. Panamá tiene un sistema de libre mercado, con énfasis en las exportaciones, y el Canal de Panamá contribuye enormemente a su economía.

18–2 Empresas en Panamá

Observa estas imágenes con logotipos publicitarios de cinco empresas panameñas. ¿A qué área o áreas crees que se dedican?

ACERCAMIENTOS

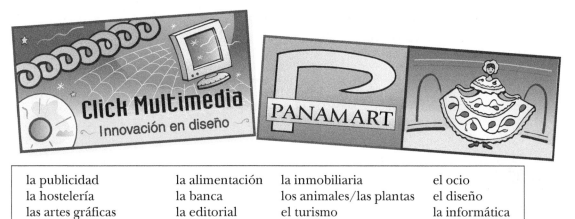

la publicidad	la alimentación	la inmobiliaria	el ocio
la hostelería	la banca	los animales/las plantas	el diseño
las artes gráficas	la editorial	el turismo	la informática
las telecomunicaciones	la educación		

Ahora lee estas descripciones y comprueba si tus predicciones eran correctas.

1. La cadena de Supermercados Mr. Fresco cuenta con diez sucursales abiertas desde 2003. Mr. Fresco se ha convertido en la alternativa predilecta de sus vecinos, ya que solo en Mr. Fresco puede encontrar frutas y verduras frescas de buena calidad, panadería con pan fresco y la farmacia de todos, FarmaPrecio, con productos de muy bajo precio.

2. Aventura en Panamá es una empresa pionera en giras de aventuras en el Parque Nacional Chagres, el río Mamoni, Chiriqui (próximo a Costa Rica) y otros destinos. Ofrecemos *rafting*, escalada, campamento, excursiones y más.

3. El Banco Nacional de Panamá es la primera institución financiera del país con 53 sucursales. Ofrecemos servicios de préstamos personales, hipotecarios y comerciales. El Banco Nacional de Panamá es de todos los panameños y contribuye al crecimiento económico y progreso social del país.

4. Click Multimedia es una firma de diseño interactivo de sitios web y multimedia. La meta es innovar con soluciones simples y confiables. Tratamos de combinar lo visual con lo funcional. Nuestros principales servicios son diseño gráfico, imagen corporativa, diseño de sitios web, animación en Macromedia Flash, presentaciones multimedia y consultoría.

5. Panamart es una compañía dedicada a artes gráficas impresas en general. Nos especializamos en libros fotográficos de encargo en formato *coffee table*. Poseemos una gran colección de fotografías de Panamá, paisajes, arquitectura y personas, que puede adquirir para usos comerciales en nuestra página web. Centramos nuestros esfuerzos en proyectos que contribuyan a destacar la cultura, el arte y el folklore de Panamá.

18–3 Un empresa

¿Y esta empresa? ¿A qué crees que se dedica?

A DOMICILIO

te pone las cosas fáciles

☎ 96 542 24 15

¿Te has encontrado alguna vez en una situación en la que necesitabas algo urgente?

¿Te gustaría tener en tu casa una cena lista con solo una llamada telefónica?

¿Y poder llamar por teléfono y tener lista en una hora esa camisa que quieres ponerte para una cita especial?

¿Alguna vez has querido enviar un ramo de flores y no tenías una floristería cerca?

¿Se terminó el café después de una cena maravillosa con tus mejores amigos?

¿Se te ha estropeado la computadora cuando querías enviar un mensaje urgente por Internet un domingo por la tarde?

¿Sabes cuántas cosas podemos hacer por ti?

VOCABULARIO EN CONTEXTO

18–4　La campaña publicitaria de A DOMICILIO

Lee este anuncio para saber cómo funciona la empresa de servicios de A DOMICILIO. Luego completa la encuesta.

Por favor, marca con una X aquellos servicios que creas que puedes necesitar. ¿Desearías añadir algún otro?

- ☐ PANADERÍA ✳ *Pan, pastelería, tortas...*
- ☐ SANDWICHES ✳ *De jamón dulce y queso, de pollo, de verduras...*

RESTAURANTES

- ☐ RESTAURANTE CHINO ✳ *Pollo al curri, rollitos de primavera...*
- ☐ RESTAURANTE ITALIANO ✳ *Pizzas, pastas, ensaladas...*
- ☐ RESTAURANTE MEXICANO ✳ *Tacos, nachos, enchiladas...*

- ☐ LIMPIEZA ✳ *Del cuarto, fiestas...*
- ☐ INFORMÁTICA ✳ *Computadoras, programas, juegos de video...*

- ☐ LIBRERÍA ✳ *Libros de texto, bolígrafos, lápices, tinta para impresora...*

VARIOS

- ☐ SERVICIO DE DESPERTADOR ✳ *A cualquier hora del día*
- ☐ FELICITACIÓN PERSONAL ✳*A domicilio, por teléfono...*
- ☐ MASAJISTA ✳ *Deportivo, estético, dolencias...*

¿Cómo funciona A DOMICILIO?

SERVICIO DE DÍA ✳
De 7 a 24h.
Tel.: 96 542 24 15

Si deseas cualquier cosa durante el día, llama al 96 542 24 15 para realizar tu pedido. Te atenderemos con la máxima rapidez y amabilidad.

SERVICIO PERMANENTE NOCTURNO ☾
De 24 a 7h.
Tel.: 96 542 24 15

Durante la noche también puedes disponer de servicios varios. Para ello tendrás que llamarnos por teléfono y te llevaremos inmediatamente lo que desees: medicamentos, cigarrillos, libros, fotocopias, comida, pilas, periódicos, flores

A DOMICILIO
Paseo de la Estación, 10

18–5 Servicios

Seleccionen los tres servicios de la empresa A DOMICILIO que más les interesan. Luego comprueben si son similares a los que eligieron los demás grupos en la clase.

18–6 Nuevos servicios

Escucha el anuncio de la radio. ¿Cuáles son los servicios que ofrece esta empresa competidora? ¿Cuál te interesa más?

1. _____

2. _____

3. _____

18–7 Más servicios

¿Pueden pensar en dos servicios más para estudiantes que podrían ofrecer estas empresas? Escriban un anuncio para uno de ellos similar a los que escucharon en 18–6. Luego léanlo en voz alta. La clase tiene que adivinar qué servicio es.

18–8 Una empresa con futuro en Panamá

Quieren abrir una empresa en Panamá, pero primero van a leer unos datos económicos del país. ¿Qué sector de su economía les parece más importante?

ACTIVIDADES ECONÓMICAS	% del PIB en 2013
Banca y actividades financieras	8,1%
Comercio	14,7%
Turismo	10%
Construcción	7,2%
Transporte y comunicaciones	24,1%
Actividades inmobiliarias y de alquiler	13,8%
Hoteles y restaurantes	2,8%
Agricultura	2,8%
Industrias de manufacturas	4,9%

A partir de la información de la tabla, piensen en cuatro tipos de empresa que ustedes podrían crear en Panamá, cada una relacionada con una de las actividades económicas. Usen palabras de esta lista.

mercado	compañía	consumidores	desarrollo	importación
exportación	comerciar	invertir	ofrecer	banco

EJEMPLO:

E1: Yo creo que una empresa para organizar viajes de aventura podría tener éxito.
E2: Y también una agencia de viajes. El turismo es un aspecto muy importante de su economía.

📖 GRAMÁTICA EN CONTEXTO

👥 18–9 ¿Tendrán éxito?

En el periódico encontraron estos anuncios de unas empresas.
Ustedes quieren invertir dinero en una. ¿Creen que tendrán éxito?
Den a cada una entre 0 (poco éxito) y 3 puntos (mucho éxito).

Ahora hablen sobre las posibilidades de cada empresa. ¿En cuáles?
Usen estas previsiones de futuro y condiciones para el éxito.

CONDICIONES PARA EL ÉXITO
- un servicio rápido
- un catálogo muy amplio
- las últimas novedades
- precios no muy altos
- productos o servicios de calidad

PREVISIONES DE FUTURO
- tener muchos clientes
- ser un éxito
- recibir muchos pedidos
- ser un buen negocio
- dar mucho dinero

EJEMPLO:

E1: ¿Qué te parece la escuela de inglés? ¿Crees que **tendrá** éxito?
E2: Yo creo que sí, especialmente **si ofrece** horarios de tarde y noche, porque **habrá** más gente que quiera aprender inglés después del trabajo.

👥 18–10 Para tener éxito...

Escriban seis requisitos para tener éxito en un negocio. Usen
diferentes formas impersonales.

EJEMPLO:

Uno necesita tener dinero para invertir.
Se necesita dinero para invertir.
Necesitas dinero para invertir.

👥 18–11 Anuncios

Elijan un anuncio de 18–9 y creen un pequeño texto. Fíjense en el
ejemplo.

EJEMPLO:

A **cualquier hora que** nos **llame** ... **Estaremos** ... **todo** el tiempo que usted **necesite**. Llámenos **cuando quiera** y....

CONDICIONES CON SI

Expresar una condición posible y su resultado

SI + presente indicativo + futuro

- Este hotel, **si ofrece** buen servicio, **tendrá** muchos clientes.
- Y **si** los precios no **son** muy caros, **puede ser** muy popular.

¿Tú crees que esta idea puede ser interesante?

Si diseñamos una buena campaña, será un éxito.

CUALQUIER + NOMBRE

	SINGULAR NOUN	
cualquier	cliente	(= any client)
cualquier	empresa	(= any business)

Llámenos en **cualquier momento**, pídanos **cualquier cosa**.

CUALQUIERA (= pronombre)

- ¿Cuál prefieres? ¿Este o aquel?
- **Cualquiera** (= any, it doesn't matter)

TODO/A/OS/AS

CON ARTÍCULO
todo el dinero
toda la pizza
todos los pedidos
todas las botellas
Tenemos **todos los** servicios que usted desea, **toda la** información que necesita.

SIN ARTÍCULO (requiere un pronombre de OD)

- ¿Y el champagne?
- **Lo** bebí **todo**.
- ¿Y las botellas?
- **Las** repartí **todas**.

PRONOMBRES RELATIVOS + SUBJUNTIVO

lo que pidas (= *whatever you order*)
todo lo que pidas (= *everything you order*)
donde quieras (= *wherever you want*)
cuando quieras (= *whenever you want*)
como tú quieras (= *however you want*)

Le llevamos **todo lo que quiera** (neutro), **donde quiera, cuando quiera, como quiera.**

PRONOMBRES OI + OD: SE + LO/LA/LOS/LAS

le, les + lo/la/los/las = se

● ¿Y el pollo?
○ **Se lo** llevaré ahora mismo.
● Sí, por favor, no **se lo** lleves tarde.

Colocación

- Con infinitivos e imperativo afirmativo:
  después del verbo
  Es necesario llevár**selo** ahora.
  Lléva**selo** pronto, por favor.

- Con perífrasis que tienen infinitivos o gerundios: antes o después del verbo

Se lo debemos llevar pronto.	Debemos llevár**selo** pronto.
Ahora **se lo** están llevando.	Ahora están llevándo**selo**.
¿**Se lo** vas a llevar ahora?	¿Vas a llevár**selo** ahora?

IMPERSONAL

1) **se** + tercera persona singular / plural

Cuando **se compra** un producto de calidad, **se paga** un precio mayor.

Cuando **se compran** producto**s** de calidad, **se pagan** precio**s** mayore**s**.

2) segunda persona singular

Cuando **compras** un producto de calidad, **pagas** un precio mayor.

3) **uno** + tercera persona singular

Cuando **uno compra** un producto de calidad, **paga** un precio mayor.

18–12 Esto no es lo que yo pedí

Un mensajero llevó unos pedidos a unos estudiantes pero cometió errores. Los estudiantes llaman para protestar. Escucha lo que dicen y escríbelo.

	N° 1	N° 2
les llevaron…		
habían pedido…		

Ahora escucha otra vez y fíjate en estas estructuras que usan los interlocutores. Identifica a qué se refieren los pronombres.

DIÁLOGO 1

> Estudiante: No. Yo quiero dos pollos. Y tráigan**melos** rápido, por favor, que ya son las once de la noche.
> Empleado: No se preocupe. Ahora mismo **se los** envío.
> Estudiante: ¿Y qué hago con las tortillas? ¿**Se las** doy al mensajero?
> Empleado: Sí, sí, dé**selas** a él por favor.

DIÁLOGO 2

> Estudiante: Pues, que yo **las** había pedido bien frías, y **me las** trajeron calientes.
> Empleado: ¿**Se las** llevaron calientes?
> Estudiante: Exacto. ¿No **me** puede traer unas cervezas frías?
> Empleado: Sí claro, **las** tengo aquí mismo. **Se las** envío cuando quiera.
> Estudiante: ¿Cuándo quiera? ¡**Las** quiero ahora mismo!
> Empleado: Sí, por supuesto. Ahora mismito **se las** lleva el mensajero.

18–13 Ahora ustedes

Ustedes tienen que repartir los siguientes pedidos. Cada cosa debe ir al cliente correcto. Uno/a de ustedes dará órdenes a su compañero/a, y repetirá las órdenes para evitar errores. Su compañero/a debe tomar nota de las instrucciones y repetirlas en voz alta.

PRODUCTO	CLIENTE
Tortillas	Rosamari Huertas
Nachos	Nuria París
Vino	Gloria Vázquez
Cervezas	Rafael Ceballos
2 Pollos	Carmelo Márquez
Pizza	

EJEMPLO:

E1: Los nachos lléva**selos** a Nuria París. ¿OK? **Se los** llevas a Nuria París.
E2: OK… los nachos **se los** llevo a Nuria París… ¿Qué más?

INTERACCIONES

ESTRATEGIAS PARA LA COMUNICACIÓN ORAL

Resources for debating (I)

You already know what basic language resources you can use to express your opinion and to show agreement or disagreement with someone's opinion. In this lesson, and in the next two lessons, we will look at other resources that you are likely to need when debating a topic:

- Stating lack of understanding:
  - *Lo siento, pero no comprendo / entiendo.*
    (I'm sorry, but I don't understand.)

- Asking for clarification or reformulation:
  - *¿Qué quieres decir?*
    (What do you mean?)
  - *¿Puedes clarificar eso, por favor?*
    (Can you clarify that for me, please?)
  - *¿Puedes / podrías darme un ejemplo?*
    (Can / Could you give me an example?)

- Making sure you understood your interlocutor:
  - *¿Lo que quieres decir es que...?*
    (You mean that...?)
  - *Entonces, para ti / usted...?*
    (So, in your opinion / for you...?)
  - *No sé si te / le comprendí bien.*
    (I'm not sure I understood you.)

- Clarifying further or reformulating your point:
  - *Yo no digo que...*+ subjunctive
    (I'm not saying that...)
  - *Lo que quiero decir es que...* + indicative
    (What I mean is...)
  - *Me explico:...*
    (Let me explain:...)

18–14 Inversiones

¿En cuáles de estas nuevas empresas invertirán dinero? ¿Por qué? Debatan todas las opciones y completen el cuadro. Pueden invertir en un máximo de dos empresas. No olviden usar los recursos para debatir.

EJEMPLO:

E1: La cadena de escuelas es una buena inversión porque muchos quieren aprender inglés.
E2: ¿Qué quieres decir?
E1: Lo que quiero decir es que...

	SÍ	NO	PORQUE...
MUNDILENGUA (cadena de escuelas de idiomas)	☐	☐	_____
SOLARIS (instalación de paneles de energía solar)	☐	☐	_____
VISCONTI (salas de cine)	☐	☐	_____
MR. LIMPIO (servicio de limpieza de cuartos de estudiantes)	☐	☐	_____

18–15 Un anuncio para la nueva empresa

Creen un anuncio publicitario para uno de los negocios en los que han decidido invertir. Luego compartan sus ideas con la clase.

18–16 Hombres y mujeres de negocios

Decidan a qué personas del grupo les recomiendan cada una de estas empresas, marcando sus respuestas en el cuadro. Luego compartan sus resultados con la clase.

EJEMPLO:

E1: El hotel para animales, ¿se lo damos a John?
E2: No. Mejor se lo damos a Justin, porque le encantan los animales.
E3: Sí, dénmelo a mí, por favor.

	SE LO RECOMENDAMOS A...	PORQUE...
Hotel para animales		
Tienda de tatuajes		
Tienda de discos		
Libros usados		
Cosméticos ecológicos		

18–17 Situaciones: *Los inversores*

A student has invented a _____ with the name of _____, and s/he wants to start a company. A rich businessman/woman is very interested in this product and wants to invest a substantial amount of money. They are having a meeting.

ESTUDIANTE A

You have invented a _____, and need someone to invest money in a new company. You are having an interview with a potential investor. Explain the type of business you would like to start, and the advantages of such a business. Try to convince the potential investor.

ESTUDIANTE B

You are a rich businessman/woman and are very interested in knowing everything you can about a new product called _____. You want to invest in this business but realize that you need more information. Ask the inventor of the new product all you need to know about it.

TAREA

Crear un negocio y un anuncio para promoverlo.

PREPARACIÓN

Lee estos anuncios de dos empresas innovadoras. ¿Cuál te parece más interesante? ¿Por qué?

Atención a las formas
Identifiquen las formas gramaticales estudiadas en esta lección que se utilizaron en estos anuncios. ¿Qué efecto tienen?

La zapatería virtu@l

Comodidad, rapidez y eficiencia. Compre sus zapatos por Internet. Nosotros se los enviaremos en menos de 48 horas. Usted se los prueba y tiene otras 48 horas para devolvérnoslos. En nuestra zapatería virtual encontrará todas las marcas, todos los estilos y los precios más bajos del mercado.

EL CHEF AMBULANTE

¿ESTÁ USTED HARTO de la comida rápida? ¿Ha decidido no comer más pizzas congeladas, arroces recalentados, comida con sabor a envase de papel o de plástico?
Nosotros tenemos la solución: no encargue la comida, encargue el cocinero. Vamos a su domicilio cuando usted quiera, nos dice qué quiere comer y se lo prepararemos para la hora que quiera. Si lo desea, también le haremos las compras en el mercado.

¿Qué piensan los consumidores?
Escriban dos ventajas y dos desventajas de este tipo de negocios frente a los negocios tradicionales. Tomen el punto de vista de los consumidores, de manera que el grupo tenga más ideas para su propia empresa.

	VENTAJAS	DESVENTAJAS
Zapatería virtual	1.	1.
	2.	2.
El chef ambulante	1.	1.
	2.	2.

AYUDA

Para referirse a la cantidad de personas

todo el mundo
la gente
la mayoría (de las personas)
mucha gente
casi nadie
nadie

Para expresar impersonalidad

En la Zapatería Virtual…
…**puedes** comprar…
…**uno puede** comprar…
…**se puede** comprar…

Paso 1 Su grupo va a crear una empresa o negocio innovador orientado a la población estudiantil de su escuela o universidad. Primero, piensen en una necesidad de los estudiantes, sus principales clientes. ¿Qué necesitan regularmente? ¿Qué competencia existe en el área? Fíjense en el ejemplo.

NECESIDADES	NEGOCIOS YA EXISTENTES (Competencia)	NEGOCIOS NO EXISTENTES
Cortarse el pelo	1 Nombre: *Clips* Características: *Barato, rápido* 2. Nombre: _____ Características: _____	*Una peluquería que tenga en cada silla una pantalla de vídeo para ver video-clips, noticias, y para acceder a Internet.*
Comer	1. Nombre: _____ Características: _____ 2. Nombre: _____ Características: _____	

Ahora su grupo va a decidir qué empresa quiere crear. ¿Cómo la van a llamar?

Paso 2 Elaboren un anuncio
Van a dar a conocer la empresa que crearon por medio de un anuncio. Hay que tomar las siguientes decisiones.

> - Nombre y eslogan de la empresa;
> - Información que dará el anuncio:
>   - servicios que ofrecerá,
>   - innovaciones respecto a otras similares,
>   - posibles descuentos
> - Ideas para convencer a la audiencia.

Paso 3 Escriban el guión de su anuncio
Al escribir el anuncio, no olviden usar los recursos lingüísticos que vimos en la lección para convencer a la audiencia.

Paso 4 Presenten su anuncio a la clase
Después de que cada grupo presente su anuncio, la clase decidirá cuál es el mejor por votación.

Paso 5 Foco lingüístico.

NUESTRA GENTE

ESTRATEGIAS PARA LEER

Reading an essay

An essay is written from a subjective point of view: the author presents an argument in a way that supports his or her opinion. Some of the questions you should ask yourself when reading an essay are:

1. What is the author's intention and point of view?
2. What is the author's thesis? Does s/he present it in a convincing way? How? Why not? Remember: a thesis is a claim about a topic, supported with reasons and facts.
3. What type of information does the author include?
4. What kind of tone does the author use?
5. How has the author organized the essay?

ANTES DE LEER

18–18 Comercio mundial

¿Sabes cuáles son las rutas marítimas más importantes para el comercio mundial? ¿Qué sabes sobre el Canal de Panamá?

18–19 Activando estrategias

Mira el título de la lectura y la foto. ¿Qué te dicen sobre el contenido del texto? ¿Anticipa el título qué tipo de texto vas a leer: narración, ensayo, exposición, etc.? ¿Cómo?

DESPUÉS DE LEER

18–20 Activando estrategias

1. Busca en el diccionario las palabras "juego" y "esclusas" (p. 1), "hacer frente" (p. 2), "bolsillos", "se resientan" (p. 4), "aparejados" y "alimentará" (p. 5). ¿Qué entrada buscaste para cada palabra?
2. Explica la formación de estas palabras: "intermodal" y "petrolero" (p. 3), "aparejados" y "prevé" (p. 5) y "espinoso" (p. 6). Ayuda: petróleo significa *oil*, y espina significa *thorn*.
3. Identifica a qué o quién se refieren los referentes "ellos" (p. 1), "darle" (p. 3) y "de los cuales" (p. 5).

18–21 ¿Comprendes?

1. Resume los argumentos que da el autor para apoyar su tesis.
2. ¿Cuáles son los principales competidores del Canal de Panamá?
3. ¿Cuál es la razón del incremento en el tráfico marítimo entre el Atlántico y el Pacífico?
4. ¿Cuánto dinero le costará a Panamá la ampliación del Canal? ¿De dónde vendrá este dinero?
5. ¿Cuál es el punto más conflictivo de este proyecto?

A LEER

LA AMPLIACIÓN DEL CANAL DE PANAMÁ ABRE SUS COMPUERTAS A UN NUEVO DESARROLLO ECONÓMICO

El Canal de Panamá es el principal motor económico del istmo centroamericano y un pilar del comercio internacional, <u>ya que</u> permite comunicar los océanos Atlántico y Pacífico, y con **ellos**, los intercambios entre Asia y Europa, pasando por América. Esta importancia explica la transcendencia del proyecto de ampliación, iniciado con un referéndum en 2006, respaldado por el 78% de votantes, y que terminará en 2016, cuando abra sus compuertas el nuevo **juego** de **esclusas** en medio de los actos conmemorativos del centenario del Canal.

Quizás el dato que mejor resuma la transcendencia actual y futura del Canal sea el citado por la profesora de la Universidad de Panamá Vielka Vásquez, cuando apunta que, actualmente, por esta infraestructura "transita el 4% del comercio mundial", y gracias a la ampliación, "estaremos en condiciones óptimas, a partir del 2015, de poder **hacer frente** a un aumento de más del 6% del comercio mundial por el istmo de Panamá".

La ampliación hace que Panamá esté en situación óptima de competir con sus dos principales rivales: el Canal de Suez y el sistema **intermodal** estadounidense (los buques llegan a puerto y atraviesan por tierra todo el país), en una época en que el tráfico marítimo entre el Atlántico y el Pacífico está aumentando debido al crecimiento del 7% anual que está teniendo el comercio asiático. China juega un papel fundamental, con su espectacular desarrollo económico y apetito energético, que el istmo centroamericano podrá aprovechar para **darle** servicio con el paso de **petroleros**.

Se estima que durante los 11 primeros años de vida de la ampliación del Canal, se recaudarán unos 30.000 millones de balboas (en torno a 30.588 millones de dólares). Esta cifra es seis veces superior a los 5.200 millones de dólares que ha destinado el gobierno

panameño a todo el proyecto de ampliación del Canal. <u>Además</u>, para que los **bolsillos** de la población no **se resientan**, se financiará la obra con la misma actividad del Canal, incrementando las tarifas que pagan los usuarios de esta infraestructura. La obra permitirá incrementar un 1,2% el PIB actual el país. Y lo más importante, atraerá inversión extranjera y el desarrollo industrial en torno al sector marítimo.

Solo durante el periodo de obras, se **prevé** un impacto en el empleo de 40.000 puestos de trabajo, **de los cuales** 7.000 estarán directamente relacionados con las labores de construcción. Cuando el tercer juego de esclusas ya esté operativo, el número de puestos de trabajo que llevará **aparejados** oscilará entre 150.000 y 250.000 empleos. El impacto económico de la ampliación del Canal beneficiará no solo a Panamá, sino a toda Latinoamérica, porque atraerá industria y **alimentará** los intercambios comerciales en la región.

El punto más **espinoso** de todo este proceso ha sido el impacto medioambiental que podía tener la nueva obra; <u>no obstante</u> numerosos estudios han confirmado su viabilidad. Todo proyecto de esa naturaleza va a generar impactos ambientales, porque al construir un tercer juego de esclusas se modifica el paisaje natural. Esa modificación significa que gran parte de la **tierra firme** será inundada, con el consecuente impacto de carácter medioambiental; <u>sin embargo</u> lo fundamental es que ese impacto, según todos los informes hechos por nacionales y extranjeros, será mínimo en comparación a los grandes beneficios que puede generar el Canal.

18–22 Activando estrategias

1. ¿Cuál es la tesis del autor? ¿Es convincente? ¿Por qué?

2. ¿Qué tipo de información incluye para apoyar su tesis?

3. ¿Qué argumento del autor te parece más convincente? ¿Por qué?

4. ¿Qué argumento del autor te parece menos convincente? ¿Por qué?

5. ¿Incluye el autor argumentos opuestos?

18–23 Expansión

¿Puedes pensar en argumentos en contra de este proyecto?

GENTE QUE ESCRIBE

ESTRATEGIAS PARA ESCRIBIR

Estrategias para escribir

The essay: Thesis and development

Writing an essay requires a topic and a thesis. To make your topic into a thesis statement, you need to make a claim about it. Your job is to show your readers that what you claim is true. Look carefully at your thesis and ask yourself: Why do I believe this statement is true? What have I seen or done or read or heard that has caused me to make this statement?

1. Think about a series of reasons that support your thesis and write them down in complete sentences. Each reason will in turn be the basis for the topic sentence of a future paragraph. You will need to support each of these reasons, as well as your general thesis.
2. Develop each reason into a solid, detailed paragraph. Think about the facts, examples, and details that support each of them, and that would help the reader understand your ideas and reasoning. List them under each topic sentence.
3. Finally, develop your paragraphs by filling them with your explanations, clarifications, examples, and/or facts and statistics.

MÁS ALLÁ DE LA FRASE

Writing an essay: Use of connectors and referent words

In any essay, it is crucial that you support your reasoning using facts, examples, clarifications, details, and statistics. You will need to make use of a variety of connectors and referent words. Remember: without organization your reader will not see your point, and your arguments will be weakened.

   Identifica los cuatro conectores subrayados en la lectura. ¿Qué significan y qué función tienen?

18–24 Comercio justo

Escribe un pequeño ensayo para el periódico en español donde intentes demostrar los beneficios del comercio justo.

El ensayo debe

- explicar qué es el comercio justo;
- tener un tema y una tesis bien delimitados;
- incluir ejemplos, clarificaciones, explicaciones o datos que apoyen la idea; y
- tener conectores y una secuencia lógica dentro de cada parte y entre las partes.

! **¡ATENCIÓN!**

Sigue los Pasos 1 a 8. Piensa en las personas que van a leer este artículo. Luego desarrolla un esquema y decide cómo quieres organizar y presentar la información. Utiliza lo que sabes sobre la escritura de ensayos.

COMPARACIONES

18–25 El Canal de Panamá

Lee estos datos sobre el Canal de Panamá, una empresa para el comercio internacional. Luego marca los tres datos que te parecen más interesantes y explica por qué.

1914	Inauguración del Canal el 15 de agosto
1977	Tratado Torrijos-Carter. El Canal pasa a manos del gobierno panameño en 1999.
Principales usuarios	Bahamas, Grecia, Noruega, Estados Unidos, Filipinas, Ecuador, Alemania, Japón
Rutas principales	- De la costa este de Estados Unidos al lejano oriente (Japón especialmente)
	- De la costa este de Estados Unidos a la costa oeste de Sudamérica
	- Desde Europa a la costa oeste de Estados Unidos y Canadá
Beneficios para Panamá	- Total de ingresos: 2.400 millones de dólares en 2014
	- Generación de empleos
	- Suministro de agua potable a las ciudades de Panamá y Colón

18–26 Zonas libres o francas

Muchos países tienen áreas libres de impuestos con el fin de promover el desarrollo: son las zonas libres o zonas francas. Lee el texto y responde a las preguntas.

La zona libre de Colón

Colón es la segunda ciudad de Panamá y el principal puerto para el tráfico de casi toda la mercancía de importación y exportación de la nación. Situada en la zona atlántica del Canal de Panamá, es la mayor zona libre de comercio internacional en el hemisferio occidental. Esto se debe a tres razones: la existencia del Centro Financiero Internacional (con más de 120 bancos de todo el mundo), la libre circulación del dólar estadounidense (a la par con el *balboa*, la moneda nacional), beneficios de impuestos. Más de 1.600 compañías operan en este puerto, la zona franca más grande del mundo después de Hong Kong y la más importante del mundo occidental. Las empresas lo utilizan para importar, almacenar, ensamblar, reempacar y reexportar sus productos. Otros elementos que apoyan el transporte son: seis aeropuertos, cinco puertos marítimos con todas las facilidades modernas, una carretera interamericana (desde Alaska), otra que se extiende del Atlántico al Pacífico, el Ferrocarril Transístmico, y el Canal de Panamá. La zona libre ofrece un moderno sistema de comunicaciones y un servicio turístico para sus usuarios, además de un tratamiento tributario especial: "sin impuestos" es la frase clave.

Ciudad de Colón

1. ¿Conoces otras zonas libres o puertos francos en el mundo? ¿Has estado en alguna de ellas?

2. ¿Has comprado alguna vez productos en un aeropuerto internacional libre de impuestos? ¿Dónde estabas y qué compraste? ¿Hay algún lugar en tu país donde no se paguen impuestos?

3. ¿Qué ciudades en tu país crees que tienen más medios para los intercambios comerciales: aeropuertos, puertos, carreteras, etc.? ¿Conoces alguna ciudad hispanohablante famosa por su comercio? ¿Cuáles son sus productos más conocidos?

CULTURA

Panamá tiene una población de 3,3 millones de habitantes. La población panameña en Estados Unidos —por nacimiento o ascendencia— se estima en unas 130.000 personas, aunque hacia 1970 los panameños constituían uno de los grupos centroamericanos más grandes en Estados Unidos. La ciudad de Nueva York, Florida y California son las tres zonas con más población panameña. Su presencia es evidente en el sector de los servicios, en múltiples sectores del gobierno, en la educación y en la empresa privada. Los lazos culturales entre Panamá y Estados Unidos son muy importantes, y muchos panameños vienen a Estados Unidos para estudiar o formarse tras la universidad. Entre los panameños más conocidos internacionalmente está el músico y actor Rubén Blades, autor e intérprete de la famosa canción "Pedro Navaja."

Go to **MySpanishLab** to review what you have learned in this chapter.

Flashcards | Oral Practice | Practice Test / Study Plan | amplifire Dynamic Study Modules | Tutorials | Videos | Extra Practice

VOCABULARIO

Las empresas y negocios
(Companies and businesses)

la alimentación	food
el almacén	warehouse, storage room, store
las artes gráficas	graphic arts
la asesoría	consulting service
la cadena	chain
el/la cerrajero/a	locksmith
la compañía	company
el diseño	design
la editorial	publishing company
el/la electricista	electrician
la empresa	company, business
la entrega	delivery
la floristería	florist's
el mercadeo	marketing
el mercado	market
el negocio	business
el pedido	order
la publicidad	advertising
la reclamación	claim, complaint
el reparto	delivery, distribution
el seguro	insurance
el servicio	service
el servicio a domicilio	home delivery
el taller	workshop, car repair
la tintorería	dry cleaner
el/la trabajador/a	worker

La economía y el comercio
(Economy and commerce)

la agricultura	agriculture
la banca	banking
el banco	bank
el comercio	trade
el consumidor	consumer
la demanda	demand
el desarrollo	development
el descuento	discount
la exportación	exports
la ganadería	livestock
la importación	imports
los impuestos	taxes
la industria	industry
la inversión	investment
el inversor, inversionista	investor
la mercancía	goods, merchandise
la minería	mining industry
la moneda	currency

la oferta	supply
el peaje	toll
el préstamo	loan
el Producto Interior Bruto (PIB)	gross domestic product

Adjetivos (Adjectives)

marítimo/a	sea
comercial	business-related
anticuado/a	antiquated, out-of-date
deshonesto/a	dishonest
inmobiliario/a	real estate-related
justo/a	fair
gubernamental	government-related
novedoso/a	novel, new, innovative
financiero/a	financial
empresarial	business-related

Verbos (Verbs)

comerciar	to trade, to do business
convencer	to convince
desarrollar	to develop
devolver (ue)	to return
disculparse	to apologize
diseñar	to design
encargar	to order
estropear	to damage, to break
financiar	to fund
fundar	to found
inventar	to invent, to make up
invertir (ie)	to invest
mejorar	to improve, to make better
presionar	to pressure, to put pressure
promover (ue)	to promote
reclamar	to claim
surgir	to emerge

Otras palabras y expresiones
(Other words and expressions)

a punto	ready
a punto de	on the verge of
en crecimiento	growing
prestar un servicio	to provide a service
realizar un pedido	to order
solicitar un servicio	to request a service
tomar una decisión	to make a decision

CONSULTORIO GRAMATICAL

1 *SI* Clauses with Indicative

The most common particle to express a condition is si (= if). When we are referring to a condition that we consider possible, either in the present or in the future, the verb of the conditional clause is always in the present indicative, never in the future. The verb of the main clause (the one that expresses the result of the condition) can be in the present or in the future indicative.

- **Si** este hotel **ofrece** buen servicio, **tendrá** muchos clientes.   —If this hotel offers good service, it will have a lot of customers.
- Y **si** los precios no **son** muy altos, **puede ser** muy popular.   —And if prices are not too high, it might be very popular.

2 *Cualquier* + Noun

When accompanying a noun, it doesn't change: it is always masculine and singular.

	SINGULAR NOUN	
cualquier	cliente	(= any client, it does not matter who)
cualquier	empresa	(= any business)

Llámenos a **cualquier hora**, pídanos **cualquier cosa**, y se la llevaremos a **cualquier sitio**.
Call us at any time, ask us anything, and we will take it anywhere for you.

When replacing a noun (i.e. as a pronoun) the form changes to **cualquiera**.

- ¿Cuál prefieres? ¿Este o aquel?   —Which one do you prefer? This one or that one?
- Cualquiera.   —Any (it doesn't matter).
- ¿Cuál prefieres? ¿La grande o la pequeña?   —Which one do you prefer? The big one or the small one?
- Cualquiera.   —Any.

3 Relative Pronouns (*Donde / Cuando / Como / Todo Lo Que...*) + Subjunctive

As we studied in Lección 16, a relative clause has the same function as an adjective. When the relative clause describes people whom we know personally, or specific things that we know exist, we use the indicative mode. We use the subjunctive mode to talk about the characteristics of unknown, unspecified, or hypothetical people or things.

Es una empresa **que tiene mucho éxito.** = exitosa
It's a company with a lot of success. = successful

Quiero fundar una empresa **que tenga éxito.** = exitosa
I want to found a company that will be successful.

Other relative pronouns to introduce relative clauses are **donde, como, cuando, lo que**, and **todo lo que**. They are usually followed by the subjunctive because they refer to places, manners, times, quantities, or things that are unknown, unspecified, or hypothetical.

FUTURE		+ SUBJUNCTIVE
Te llevaremos	**lo que** pidas	(= whatever you order)
Te llevaremos	**todo lo que** pidas	(= everything you order)
Te llevaremos tu pedido	**donde** quieras	(= wherever you want)
Lo haremos	**como** tú quieras	(= however you want)

They are followed by the indicative when we refer to specific things that we know exist:

Haremos por usted **todo lo que** necesite. (= everything you need)
Por favor, dígame **todo lo que** tengo que saber. (= everything I need to know)

> ¡Dios mío! ¡Se llevaron todo lo que tenía!

! **¡ATENCIÓN!**

Todo/a/os/as is usually accompanied by the corresponding article. When accompanying a noun, the article agrees with the noun.

	NOUN
todo el	dinero
toda la	pizza
todos los	pedidos
todas las	botellas

When replacing a noun that acts as a direct object, we often use the corresponding direct object pronoun: **lo, la, los, las.**

- ● ¿Y el arroz? — And the rice?
- ○ Me **lo** he comido **todo.** — I ate it all.

- ● ¿Y los libros? — And the books?
- ○ **Los** he traído **todos.** — I brought them all.

---

4 Direct and Indirect Object Pronouns: *Se + Lo/La/Los/Las*

When we use two object pronouns (direct and indirect) in a sentence, the order in which they are positioned is as follows: the indirect object is placed before the direct object pronoun. When the indirect object pronouns **le** and **les** are combined with the direct object pronouns **lo, la, los, las,** a change is required: **le** and **les** turn into **se.**

> ¿La pizza se la tengo que llevar ahora o puedo dársela más tarde?

> Mejor llévasela ahora.

- ● ¿Y el pollo? — And the chicken?
- ○ **Se lo** llevaré ahora mismo. — I will take it to her/him right away.
- ● Sí, por favor, no **se lo** lleves tarde. — Yes, please, don't take it to her/him late.

PRONOUN PLACEMENT

	BEFORE THE VERB	AFTER THE VERB
WITH INFINITIVES AND AFFIRMATIVE COMMANDS		Es necesario llevár**selo** ahora. *(It is necessary to take it to her/him now.)* Lléva**selo** pronto, por favor. *(Take it to her/him soon, please.)*
WITH PERIPHRASES	**Se lo** debemos llevar pronto. *(We should take it to her/him soon.)*	Debemos llevár**selo** pronto.
WITH INFINITIVES AND GERUNDS	Ahora **se lo** están llevando. *(Now they are taking it to her/him.)* ¿**Se lo** vas a llevar ahora? *(Are you taking it to her/him now?)*	Ahora están llevándo**selo**. ¿Vas a llevár**selo** ahora?

5 Review of Impersonal Expressions

We can express impersonality in Spanish in three different ways:

*1. With the construction **se** + third-person singular / plural.*

Cuando **se compra** un producto de calidad, **se paga** un precio mayor.
When a quality product is bought, a higher price is paid.

Cuando **se compran** productos de calidad, **se pagan** precios mayores.
When quality products are bought, higher prices are paid.

2. With the second-person singular. When using this construction, the speaker is also included or implicated in the action. It is appropriate for spoken language.

Es una tienda en la que **puedes** elegir entre muchos modelos y **te** sale muy barato.
Además, si el modelo no **te** gusta más, lo **puedes** cambiar.

It is a store where you can choose among many models, and it is very cheap.
Also, if you don't like the model anymore, you can exchange it.

*3. With **uno/a** + third-person singular. This structure is most frequent in spoken language.*

Cuando uno quiere productos de calidad, tiene que pagarlos.
When one wants quality products, one has to pay for them.

*This construction is commonly used to express impersonality with a reflexive verb in both spoken and written language, since using the impersonal **se** and the reflexive **se** at the same time is not possible.*

Cuando **uno se acuesta** muy tarde, el día siguiente se siente muy mal.
When one goes to bed too late, the following day one feels very bad.

¡Vaya! Una no puede dejar una caja de bombones en esta casa.

¡Es verdad! Si no la escondes, desaparece.

19 GENTE que OPINA

Mercado indígena

TAREA

Debatir sobre un problema mundial y decidir las cinco áreas de actuación más importantes para solucionarlo.

NUESTRA GENTE

Guatemala
Hispanos/latinos en Estados Unidos

Explore Guatemala with *Club cultura!*

MEXICO

Tikal • BELICE

GUATEMALA
Lago de Izabal
San Pedro de la Laguna
San Juan Comalapa
Lago Atitlán
Ciudad de Guatemala
Santiago Atitlán
HONDURAS
EL SALVADOR

Ciudad maya de Tikal

Niños en la escuela, Chimaltenango

Ciudad de Guatemala

Lago Atitlán y volcán San Pedro, Guatemala

ACERCAMIENTOS

19–1 **Temas de debate**

Observa las fotos de Guatemala. Relaciona cada una de ellas con algunos de estos temas de debate.

- Los movimientos indígenas
- La conservación del medio ambiente
- La educación
- Los movimientos ecologistas
- El comercio justo

- La erradicación de la pobreza
- La globalización
- La esperanza de vida
- La contaminación de lagos, ríos y mares
- Otros: _____

19–2 **La vida dentro de 90 años**

¿Cómo será la vida a finales del siglo XXI? Lee la información sobre cuatro ámbitos diferentes y piensa en las cosas que pasarán en el futuro. Piensa tú en otro ámbito. Después, elige cinco temas y escribe una frase para cada uno.

EJEMPLO:

Yo creo que muy pronto podremos comunicarnos con otras civilizaciones.

LA CONSERVACIÓN DEL MEDIO AMBIENTE
- La contaminación de los mares
- La deforestación del planeta
- El agujero de la capa de ozono
- El cambio climático

LOS ADELANTOS CIENTÍFICOS Y TECNOLÓGICOS
- La manipulación genética
- La informática
- La asistencia sanitaria
- Los efectos de la medicina en la esperanza de vida

LAS RELACIONES INTERNACIONALES
- Las guerras y conflictos locales
- Los movimientos migratorios
- El crecimiento de la población mundial
- El comercio mundial

LOS PAÍSES EN VÍAS DE DESARROLLO
- El hambre y la pobreza
- La educación de los niños
- La desigualdad entre países ricos y países pobres

Otro:

1. _____
2. _____
3. _____
4. _____
5. _____

Ahora seleccionen las tres áreas en las que crean que habrá mayores cambios y decidan qué consecuencias tendrán todos estos cambios.

EJEMPLO:

E1: Yo creo que habrá grandes avances en la esperanza de vida.
E2: Yo también. Creo que la gente vivirá mucho más: como 90 o 100 años de promedio.
E3: Sí, y por eso aumentará la población mundial.

Finalmente, compartan sus ideas con la clase.

VOCABULARIO EN CONTEXTO

19–3 El cambio climático

Lee este artículo en el periódico de hoy sobre el cambio climático.

¿QUÉ es el cambio climático?

El cambio climático es una alteración significativa de los patrones del clima. Sus causas pueden ser naturales –erupciones volcánicas, circulación oceánica– o humanas, por ejemplo la emisión de CO_2 y otros gases que atrapan calor, o la alteración del uso de grandes extensiones de suelos. En el pasado los cambios en el clima ocurrieron lentamente, durante millones de años; sin embargo el cambio climático actual –causado por el hombre– está ocurriendo muy rápido. Uno de los fenómenos que está causando este cambio climático es el calentamiento global.

Los peligros del calentamiento global

El calentamiento global –aumento de la temperatura de la atmósfera terrestre– está ocurriendo desde finales del siglo XIX. La temperatura global promedio aumentó 0.74°C durante el siglo XX y el aumento en los últimos 50 años fue mucho más acelerado. La subida de las temperaturas provoca el derretimiento de las capas de hielo, glaciares y nieves, y un aumento de los niveles del mar. Esto a su vez causa bruscos fenómenos meteorológicos.

Existe una certeza del 100% en la comunidad científica de que la causa del calentamiento es el aumento de los gases de efecto invernadero que resultan de las actividades humanas como la quema de combustibles fósiles (carbón, gasolina, gas natural y petróleo) y la deforestación. El dióxido de carbono es el contribuidor principal al cambio climático actual y su concentración ha aumentado enormemente desde la era preindustrial hasta la actualidad.

Con un/a compañero/a haz una lista de todas las palabras que aparecen en el artículo relacionadas con estas áreas.

GEOGRAFÍA	MEDIO AMBIENTE

19–4 ¿Y tú?

¿Cómo contribuyes tú al problema del calentamiento global? Piensa en tres actividades.

Ahora comparte la lista con tu compañero/a. ¿En qué coinciden? Compartan la información con la clase.

19–5 Desaparecerán

El cambio climático afectará al mundo de muchas maneras. Lee este texto para saber qué cosas desaparecerán por efecto del cambio climático.

¿Tienen los días contados?

Alimentos
Para el año 2050 la temperatura aumentará 3°C lo que hará que el cultivo de cacao sea imposible, provocando la desaparición del chocolate. Lo mismo ocurrirá con las manzanas y con muchas clases de vinos.

Islas
Con el incremento del nivel de agua en el mar, gran parte de Cuba y su hermosa capital, La Habana, desaparecerán de los mapas ya que están tan solo a un par de metros sobre el nivel del mar. Las estructuras coloniales de la bella ciudad quedarán sumergidas en el fondo del Caribe. Del mismo modo, las famosas cabezas de la Isla de Pascua (Chile) quedarán en el fondo del mar.

Glaciares
Los glaciares de Ecuador desaparecerán en 70 años al ritmo actual de deshielo por el calentamiento global, lo que alterará el volumen de agua para consumo humano. Una situación similar se observa en Perú, Bolivia y Colombia, que comparten con Ecuador los glaciares "tropicales" de América.

Animales
Cada año es más grande el porcentaje de reducción del hielo en el Ártico, hábitat de los osos polares. Si continúan derritiéndose las capas de hielo, los osos polares desaparecerán en 75 años. Algunos científicos predicen que para 2020 en el Ártico ya no existirá la mayor parte de las capas de hielo.

Ahora completa estas frases:

• Muchas islas desaparecerán porque _____.
• El chocolate desaparecerá porque _____.
• Habrá una reducción del agua potable en Ecuador, Perú y Bolivia porque _____.
• Los osos polares desaparecerán porque _____.

19–6 ¿Sí o no?

Piensen en otros alimentos, animales, lugares, o aspectos que serán afectados por el cambio climático. Usen estas expresiones para decir algo sobre cada uno de ellos.

-desaparecerá/n
-dejará/n de existir

-continuará/n existiendo
-está/n desapareciendo

EJEMPLO:

E1: A mí me parece que muchas especies de animales desaparecerán.
E2: Sí, yo también lo creo. Ya están desapareciendo ahora.

GRAMÁTICA EN CONTEXTO

19–7 **En el año 2050**

Escucha los comentarios de estas personas. ¿Estás de acuerdo, tienes dudas o estás en desacuerdo? Escríbelo.

1. _____
2. _____
3. _____
4. _____
5. _____
6. _____
7. _____
8. _____
9. _____

Ahora comenta tus opiniones con dos compañeros/as. Reaccionen expresando su opinión personal.

EJEMPLO:

E1: A mí me parece que todavía **habrá** enfermedades graves como el SIDA.
E2: No, **no estoy de acuerdo**. No creo que **haya** SIDA en el 2050.
E3: Pues yo **no estoy muy seguro**. Yo **pienso que** todavía **existirá** el problema del SIDA.

19–8 **Consecuencias de algunos cambios**

Ahora expliquen las consecuencias de los cambios que habrá en el año 2050.

EJEMPLO:

E1: **Cuando** las máquinas **hagan** nuestro trabajo, **tendremos** más tiempo libre.
E2: Sí, y **cuando tengamos** más tiempo libre, **podremos** disfrutar más de la vida.

19–9 **¿Seguiremos haciendo lo mismo?**

¿Cuáles de estas cosas crees que seguirás haciendo en 2050? ¿Cuáles ya no harás? Señálalo.

1. hablar por teléfono celular
2. reciclar
3. ver películas en una sala de cine
4. comprar música
5. conducir un coche a gasolina
6. estudiar idiomas
7. comer carne
8. tomar medicinas

EJEMPLO:

E1: Yo creo que **seguiré usando** el correo electrónico, pero ya no lo usaré en la computadora.
E2: Pues yo no como carne ahora, y **seguiré sin** comerla.

CUANDO

CON IDEA DE PRESENTE HABITUAL
Cuando + indicativo

Cuando salgo de clase, siempre **paso** por el supermercado para comprar frutas.

CON IDEA DE FUTURO
Cuando + subjuntivo

Cuando llegue el año 2045 habrá bases habitadas en la Luna.
Cuando salga de clase, pasaré por el supermercado para comprar frutas.

Cuando tenga cuatro años, iré al colegio con mi hermano.

CONTINUIDAD E INTERRUPCIÓN

Seguir, continuar	+ gerundio
Seguir sin	+ infinitivo
Dejar de	+ infinitivo
Ya no	+ presente

¿Sigues yendo de vacaciones a Saturno?

No, dejé de ir el año pasado.

Yo sigo sin tener vacaciones

👥 **19–10 Radiografía de Guatemala**

Lean estos datos sobre Guatemala. Después completen el texto con sus opiniones.

Población	15.806.517 habitantes
Lenguas	Español y 21 lenguas indígenas mayas
Demografía	El 45% de la población total desciende de naciones indígenas mayas, el 45% son mestizos y el 10% criollos (descendientes de europeos)
Religión	Católicos (55%), protestantes (40%), religiones indígenas (5%)
Expectativa de vida	68,2 años (hombres); 75,2 años (mujeres)
Desarrollo	Más del 50% de la población vive bajo la línea de la pobreza
Analfabetismo	16,6% de la población
Unidad monetaria	Quetzal
Economía y exportaciones	Rural: café, azúcar, banana, carne, petróleo
Gobierno	Democracia parlamentaria con un presidente cada cuatro años
Historia reciente	1970 – Programa del gobierno militar para erradicar a activistas de izquierda. Unos 50.000 muertos. 1976 – Terremoto: 27.000 muertos y más de un millón de personas sin techo. 1960–1996 – Guerra civil. Más de 200.000 muertos, más de 600 masacres en poblados mayas. 2012 – Otto Pérez Molina es elegido presidente.

Creemos que Guatemala _____, y **en nuestra opinión**, _____. Además, **pensamos que** _____.
Nosotros creemos que **es muy probable que** _____.
Tenemos la impresión de que _____ porque
_____.

👥 **19–11 ¿Es posible?**

Hagan una lista de cinco cosas que creen que ocurrirán en Guatemala en el futuro. Usen los datos de las dos columnas.

EJEMPLO:

E1: En unos pocos años **creo que habrá** elecciones otra vez.
E2: Sí, y **elegirán** a otro presidente.

El año que viene	es probable / posible que
En tres o cuatro años	dudo que
Pronto	seguro que
Dentro de _____ años	creo que
Cuando tenga _____ años	no creo que
	tal vez

Ahora intercambien sus listas. Hagan preguntas sobre las consecuencias de estas cosas.

EJEMPLO:

E1: ¿Qué ocurrirá **cuando haya** un nuevo presidente?
E2: **Tal vez pueda** mejorar el acceso a la educación para más gente.

INTERACCIONES

ESTRATEGIAS PARA LA COMUNICACIÓN ORAL

Resources for debating (II)

When debating an issue, you may have to show partial agreement or disagreement with the opinions expressed by your interlocutor. These expressions will be helpful:

■ Disagreeing in part

• *Sí pero...*	Yes, but...
• *No sé, pero yo creo que...*	I don't know, but I think that...
• *Tal vez / A lo mejor, pero...*	Maybe that's so, but...
• *Puede ser que / Quizá tengas razón, pero...*	You may be right, but...
• *Quizá / A lo mejor sí, pero...*	It may be so, but...

■ Expressing possibility, doubt, or skepticism.

• *(Sí), probablemente.*	(Yes), probably.
• *(Sí), es probable.*	(Yes), it is possible.
• *(Sí), puede ser.*	(Yes), maybe.
• *Quizá.*	Maybe.
• *(Yo) no estoy (muy) seguro/a de eso.*	I am not (so) sure of that.
• *No sé...*	I don't know...
• *No lo creo.*	I don't think so.
• *Lo dudo (mucho).*	I (really) doubt it.
• *¿Tú crees? / ¿Usted cree?*	Do you think so?

19–12 En desacuerdo

Uno/a de ustedes debe expresar las opiniones que aparecen en la lista y su compañero/a tiene que responder mostrando desacuerdo parcial, duda o escepticismo. Traten de usar diferentes fórmulas. En total deben mantener cinco conversaciones.

OPINIONES

1. El dinero es mucho más importante que la salud o el amor.

2. Aprender lenguas no es muy necesario: lo más importante es saber inglés.

3. La pobreza es un problema que no tiene solución.

4. Los científicos exageran mucho sobre los efectos del cambio climático.

5. En el futuro habrá menos gente en el mundo.

19–13 ¿Qué pasará?

Formen grupos de tres personas. Primero, intercambien opiniones sobre el futuro de estos problemas (si dejarán de existir, seguirán existiendo o ya no existirán).

1. La desigualdad entre hombres y mujeres

2. El calentamiento global

3. El cáncer y otras enfermedades incurables

4. Las epidemias y el hambre

5. La deforestación

EJEMPLO:

E1: Yo creo que las desigualdades dejarán de existir.
E2: No, no estoy de acuerdo en absoluto. Creo que continuarán existiendo.
E3: Quizá, pero no serán tan grandes, ¿no creen?

Ahora un representante del grupo expondrá sus conclusiones a la clase.

19–14 Mini debates

En grupos de seis, para cada uno de estos temas polémicos, decidan cuál es su posición.

1. La legalización de la marihuana

2. El suicidio asistido o eutanasia

3. La educación bilingüe obligatoria

EJEMPLO:

E1: En mi opinión, la eutanasia debe ser prohibida.
E2: No, no estoy seguro de que deba ser prohibida porque en algunos casos es necesaria.

Ahora decidan qué tema quieren debatir. Luego se dividirán en dos grupos de tres personas cada uno (a favor y en contra). Escriban los tres argumentos principales para defender su posición.

> GRUPO A: ¿A favor o en contra?
> Argumento 1: _____
> Argumento 2: _____
> Argumento 3: _____

> GRUPO B: ¿A favor o en contra?
> Argumento 1: _____
> Argumento 2: _____
> Argumento 3: _____

Debatan durante unos minutos.

19–15 Situaciones: *Los candidatos*

Two students are candidates for the presidency of the student council. Each has a list of proposals. Candidates are participating in a public debate in order to defend their proposals. Another student will moderate the debate.

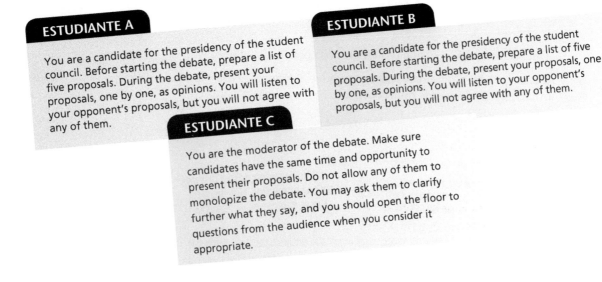

ESTUDIANTE A

You are a candidate for the presidency of the student council. Before starting the debate, prepare a list of five proposals. During the debate, present your proposals, one by one, as opinions. You will listen to your opponent's proposals, but you will not agree with any of them.

ESTUDIANTE B

You are a candidate for the presidency of the student council. Before starting the debate, prepare a list of five proposals. During the debate, present your proposals, one by one, as opinions. You will listen to your opponent's proposals, but you will not agree with any of them.

ESTUDIANTE C

You are the moderator of the debate. Make sure candidates have the same time and opportunity to present their proposals. Do not allow any of them to monolopize the debate. You may ask them to clarify further what they say, and you should open the floor to questions from the audience when you consider it appropriate.

TAREA

Debatir sobre un problema mundial y decidir las cinco áreas de actuación más importantes para solucionarlo.

PREPARACIÓN

El programa de televisión *A Debate* tiene un tema muy interesante: "Preparamos hoy el mundo de mañana". En el programa los invitados debatirán el futuro del planeta Tierra. Los siete invitados son un grupo de personas que representan a diversos sectores sociales y organizaciones públicas.

CIENTÍFICOS / INVESTIGADORES   MIEMBROS DE ONGs   JÓVENES
ECOLOGISTAS   POLÍTICOS   FEMINISTAS
EDUCADORES   EMPRESARIOS   ECONOMISTAS

¿Qué sector social crees que representa cada personaje? ¿Por qué?

Al principio del programa, el presentador lee algunos titulares (*headlines*) de los periódicos a sus invitados. Relaciona cada noticia con uno o más temas de la lista.

MUCHAS DE LAS VÍCTIMAS DEL CAMBIO CLIMÁTICO NO CONTRIBUYEN CASI NADA A LAS EMISIONES DE GASES DE EFECTO INVERNADERO

EN 40 PAÍSES RICOS HAY HOY 76,5 MILONES DE NIÑOS QUE VIVEN BAJO EL UMBRAL DE LA POBREZA

UNICEF CALCULA QUE 61 MILLONES DE NIÑOS EN EL MUNDO NO RECIBEN EDUCACIÓN ESCOLAR

La selva del Amazonas, un ecosistema extendido por nueve países que le da el 20% del agua dulce al planeta y gran parte del oxígeno, estará casi perdida en 40 años, según la Red Amazónica de Información Socioambiental (RAIS).

Según OXFAM, la brecha entre los más ricos y los más pobres no deja de crecer. Y cada día son más los que viven con menos.

TEMAS/ÁREAS PARA EL DEBATE
-La desigualdad
-La educación universal
-La convervación del medio ambiente
-Los derechos humanos

El presentador va a hacer cinco preguntas a sus invitados. Elige un personaje del debate. Imagina cómo respondería a estas preguntas.

Escribe un párrafo para el personaje.

EJEMPLO:

Para Alba Páramo, que es ecologista, lo más importante es la conservación del medio ambiente. Los dos problemas más grandes son la destrucción de la capa de ozono y la deforestación. Por ejemplo, la selva amazónica está en peligro porque las industrias continúan talando árboles. Ella cree que estos problemas dejarán de existir cuando haya más educación medioambiental, sobre todo en las escuelas, y cuando los gobiernos tengan leyes más estrictas para proteger el medio ambiente. Piensa que si las leyes no protegen el medio ambiente, nadie podrá protegerlo.

PREGUNTAS DEL PRESENTADOR

1. ¿Cuál es el tema o área más importante?
2. Díganme dos problemas que tiene el mundo en relación con este tema.
3. Denme un ejemplo específico.
4. ¿Cuándo y cómo se solucionará este problema?
5. Denme razones y argumentos para defender su opinión.

Paso 1 Preparando nuestro debate
Elijan el tema de la lista anterior que les parezca más importante.

1. Hagan una lista de tres problemas que tiene el mundo actual relacionados con el tema.
2. Den un ejemplo específico de estos problemas.
3. ¿Cuándo y cómo se solucionarán estos problemas? Den posibles soluciones.
4. Preparen razones y argumentos para defender su opinión.

Paso 2 El debate
Su grupo va a debatir con otro grupo de la clase que ha elegido un tema diferente. Cada grupo debe defender su tema y exponer los problemas que con él se relacionan. Además, cada grupo debe explicar claramente por qué considera que su tema es el más importante.

Paso 3 El plan de actuación
Tras el debate, la clase debe llegar a un consenso sobre cuál es el problema más importante y decidir un programa que incluya seis puntos de actuación.

Paso 4 Foco lingüístico.

📖 NUESTRA GENTE

GENTE QUE LEE

ESTRATEGIAS PARA LEER

Reading an argumentative essay

In argumentative writing, the author tries to persuade readers to agree with the facts or opinions as s/he sees them. In order to read and evaluate the effectiveness of a persuasive text, you can use these questions:

1. What is the writer's claim? Is it stated directly and clearly? Is it well-focused? If it is not stated explicitly, can the reader recognize it?
2. What reasons or background information is provided to support the claim? Are they organized in order of importance?
3. Are there any fallacies in the argument?
4. Are the arguments supported by reason, ethics, or emotion?
5. How does the text conclude? Does it summarize the claim, or elaborate on its implications?

ANTES DE LEER

19–16 Problemas mundiales

1. Miren esta lista de temas y piensen en dos problemas específicos para cada uno.

EJEMPLO:

La discriminación: de las mujeres en el trabajo, o de los indígenas en muchas partes del mundo.

la discriminación   la globalización   el racismo   la esclavitud   el comercio

2. Piensen en las poblaciones indígenas de América Latina o de su país. ¿Cuáles de los problemas anteriores tienen relación directa con ellos?

DESPUÉS DE LEER

19–17 ¿Comprendes?

1. ¿Cómo describe el mundo de hoy Rigoberta Menchú? ¿Qué características tiene?

2. ¿Qué opina Menchú sobre el problema del cambio climático?

3. ¿Qué tres reivindicaciones tienen los pueblos indígenas?

4. ¿Qué problemas deberían dejar de existir en el siglo XXI?

5. ¿Quién puede solucionar, según Rigoberta, estos problemas?

19–18 Activando estrategias

1. ¿Qué significan las palabras "añejos" (p. 1), "equitativo" (p. 4), "incumplida" y "sojuzgaron" (p. 5)? Usa diversas estrategias.

2. Busca en el diccionario "tomar en cuenta" (p. 1), "desafía", "interpelemos" y "vorágine" (p. 5). ¿Qué clase de palabras son? ¿Qué entradas vas a buscar?

3. ¿Qué significa la expresión "desarrollo sostenible" (p. 4)? ¿Cómo lo sabes?

4. Identifica a qué se refiere el referente "los cuales" (p. 5).

5. ¿Qué significa y qué función tiene el conector "no obstante" (p. 3)?

A LEER

REFLEXIÓN SOBRE EL RACISMO Y LA DISCRIMINACIÓN

Por Rigoberta Menchú Tum, activista indígena guatemalteca, Premio Nobel de la Paz y Embajadora de Buena Voluntad de la UNESCO

Estamos iniciando un nuevo siglo en el que problemas tan **añejos** como la discriminación, la xenofobia y la intolerancia siguen existiendo. Podemos preguntarnos si este mundo globalizado es el que queremos para nuestros hijos: la mundialización de las finanzas y de la especulación [...] del narcotráfico, de la pobreza y la marginación, del exterminio de la naturaleza y de la destrucción de la esperanza en el planeta. ¿Debemos permitir la imposición de un pensamiento único que lleva a que solo una minoría privilegiada —el 20% de la población del mundo— consuma el 80% de lo que produce nuestra Madre Tierra [...]? Todavía estamos a tiempo de reflexionar, de **tomar en cuenta** otras opciones.

Durante miles de años, los pueblos originarios hemos sabido convivir con la naturaleza, respetando sus ciclos de vida y de regeneración. Desafortunadamente, cuando tienen que tomarse en cuenta nuestras sugerencias, proposiciones y advertencias sobre los daños irreversibles que está ocasionando el actual modelo de

desarrollo, se nos ignora y se nos restringe la participación, reproduciendo el mismo sistema excluyente y discriminatorio que domina el resto de los espacios internacionales de decisión.

El cambio climático que está padeciendo el planeta nos empuja a unir esfuerzos para encontrar solución a lo que seguramente, a muy corto plazo, se convertirá en una situación de emergencia global. **No obstante**, en espacios como el Protocolo de Kyoto y la Convención marco de las Naciones Unidas sobre el cambio climático, las voces de los pueblos indígenas fueron totalmente marginadas.

Una de las mejores ilustraciones de ese histórico fenómeno de marginación [...] se manifiesta en los procesos para la participación en la reciente Conferencia mundial contra el racismo, la xenofobia y la intolerancia, que se llevó a cabo en la ciudad de Durban, Sudáfrica. Me refiero a la falta de inclusión en el documento original [...] de un capítulo específico para tratar nuestra realidad. De este modo, no se recoge la esencia de las reivindicaciones que nuestros pueblos han reiterado [...] y que pueden resumirse en el respeto a nuestra existencia como pueblos, el reconocimiento de nuestra contribución histórica al desarrollo de la humanidad y nuestro derecho a un **desarrollo sostenible**, digno y **equitativo**, con pleno acceso y control de nuestros territorios y recursos.

En el mundo de hoy, nuestra presencia **desafía** la **incumplida** promesa del sistema de Naciones Unidas de poner fin a los regímenes neocoloniales que **sojuzgaron** a nuestros pueblos y crearon instituciones de esclavitud y servidumbre. **Interpelemos** a los gobernantes de nuestros países, a los dirigentes de las naciones más poderosas y a los altos funcionarios de los organismos mundiales que dictan las leyes globales, para exigir un alto en el camino para la reflexión y detener esta **vorágine** que nos arrastra. Es tiempo de sumar esfuerzos y sabidurías para revertir fenómenos tan terribles como la destrucción ecológica, el aumento de la pobreza y el hambre, la intolerancia, el racismo y la exclusión, **los cuales** deberían dejar de existir en este milenio.

19–19 Activando estrategias

Evalúa el estilo argumentativo o persuasivo del texto.

1. Identifica la tesis. ¿Dónde está?
2. ¿Qué razones da la autora para apoyar la tesis?
3. ¿Hay ejemplos para apoyar la tesis?
4. Da algún ejemplo de los recursos retóricos que la autora emplea.
5. ¿Se apoyan los argumentos en razonamientos, ética o emociones? Da ejemplos.

19–20 Expansión

Son todos estos problemas exclusivos de las comunidades indígenas?

GENTE QUE ESCRIBE

ESTRATEGIAS PARA ESCRIBIR

Writing argumentative texts (I)

The goal of an argumentative text is to convince your readers that your central claim is correct. This claim is like a thesis statement, and it is not objective, but subject to debate. Because of this, it is very important to foresee and overcome objections. Consider these questions:

1. What could the opposing arguments be?
2. How can I refute these arguments?
3. Who are my readers, and how opposed could they be to my arguments?

Write each point and develop it into a paragraph. You will need arguments that support your claim and others that refute it. Try to convince your readers by using reason, ethics, or emotion, and combine them into a single convincing argument.

- Introduction: explain why the issue is important.
- Statement of the claim: explain your claim and give background information.
- Proposition: state your central proposition (thesis) and perhaps announce important sub points that will be presented.
- Refutation: examine opposed arguments.
- Confirmation: develop and support your own claim. You can use examples, facts, and statistics to back up your claims.

MÁS ALLÁ DE LA FRASE

Connectors for argumentative texts

- To add more arguments: *además, también* (also, moreover); *incluso* (even)
  *El gobierno se ha equivocado con esa decisión. **Incluso** el presidente lo ha reconocido.*
- To underscore an argument: *en cualquier caso, de cualquier forma, de todas maneras, de todos modos* (in any event/case)
  *No es una buena solución pero, **en cualquier caso**, es la única que podemos aplicar ahora.*
- To introduce opposed arguments: *no obstante* (nevertheless), *sin embargo* (however)
  *Es un país muy rico; **no obstante**, gran parte de la población vive en la miseria.*
- To refer to an already-mentioned topic: *en cuanto a* (as for), *con respecto a* (with respect to)
  ***En cuanto a** los problemas ambientales, la deforestación es sin duda uno de los más graves.*
- To conclude: *en conclusión* (in conclusion), *en suma* (to sum up), *para terminar* (to end)

19-21 Un artículo argumentativo

Elige un tema sobre el que tengas una opinión que quieras defender. Luego escribe un artículo para la sección de opinión del periódico en español. Antes de empezar a escribir, prepara una lista de los aspectos que vas a tratar y los argumentos que vas a ofrecer para cada punto. Aquí tienes algunas ideas que te ayudarán a escribir tu texto.

- puntos a favor
- puntos en contra
- clarificaciones
- ejemplos
- conclusiones
- razones
- contradicciones
- otros

COMPARACIONES

19–22 Derechos indígenas en Guatemala

Lean este texto sobre los indígenas de Guatemala.

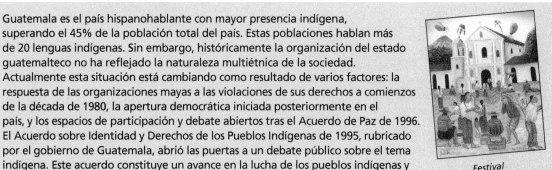

Guatemala es el país hispanohablante con mayor presencia indígena, superando el 45% de la población total del país. Estas poblaciones hablan más de 20 lenguas indígenas. Sin embargo, históricamente la organización del estado guatemalteco no ha reflejado la naturaleza multiétnica de la sociedad. Actualmente esta situación está cambiando como resultado de varios factores: la respuesta de las organizaciones mayas a las violaciones de sus derechos a comienzos de la década de 1980, la apertura democrática iniciada posteriormente en el país, y los espacios de participación y debate abiertos tras el Acuerdo de Paz de 1996. El Acuerdo sobre Identidad y Derechos de los Pueblos Indígenas de 1995, rubricado por el gobierno de Guatemala, abrió las puertas a un debate público sobre el tema indígena. Este acuerdo constituye un avance en la lucha de los pueblos indígenas y el punto de partida de un proceso de reivindicación de sus derechos.

Festival San Pedro de la Laguna, Matías González Chavajay

¿Cuál de estos derechos les parece más fundamental? Ordénenlos de más a menos importante.

- ☐ derecho a la no discriminación étnica
- ☐ derecho al reconocimiento de su pasado histórico
- ☐ derecho al reconocimiento de sus identidades lingüísticas y culturales
- ☐ derecho a sus propias leyes
- ☐ derecho a la protección de su medio ambiente
- ☐ derecho a sus tierras y recursos naturales

19–23 El gran reto de Guatemala

Lee este párrafo de un texto sobre el futuro de Guatemala. Lee la frase en negrita. ¿Estás de acuerdo? ¿Por qué?

En Guatemala, la brecha entre ricos y pobres es más que evidente. Más del 50% de la población vive por debajo de la línea de pobreza. Entre tanto, el 10% de la población más rica recibe el 40,3% del total de ingresos del país. Una de las soluciones para cerrar esta brecha es fomentar la reinversión en el área social: **el que invierte en educación y salud, invierte en el futuro de su país**.

1. ¿Conoces algunos ejemplos de países hispanohablantes con un buen sistema educativo? ¿Y con un buen sistema de salud?
2. ¿Qué factores crees que son más importantes para determinar el progreso y futuro de tu país?

CULTURA

La llegada de guatemaltecos a Estados Unidos no fue significativa hasta finales de los años setenta, cuando las circunstancias políticas y económicas llevaron a miles, tanto profesionales como indígenas y campesinos, a emigrar a Estados Unidos. Se estima que entre 1980 y 2012 más de 300.000 guatemaltecos han llegado a Estados Unidos. En 2010 en total había aproximadamente 1.200.000 guatemaltecos de origen o ascendencia. El mayor grupo se halla en Los Ángeles, seguido de Houston, Chicago, Nueva York, Washington, DC, y el sur de Florida. Los guatemaltecos contribuyen de múltiples maneras a la vida artística, académica, científica y cultural del país.

Un ejemplo de ello es Luis Von Ahn, profesor de la universidad Carnegie Mellon, un genio pionero del campo de la computación humana y una de las personas más influyentes en el campo de la tecnología en Estados Unidos. Actualmente Von Ahn trabaja en un proyecto mundial de digitalización de más de 100 millones de libros.

Luis Von Ahn

Go to **MySpanishLab** to review what you have learned in this chapter.

| Flashcards | Oral Practice | Practice Test / Study Plan | amplifire Dynamic Study Modules | Tutorials | Videos | Extra Practice |

VOCABULARIO

Los grupos sociales
(Social groups)

la clase social	social class
el/la indígena	native
el/la marginado/a	marginalized person
el/la mestizo/a	person of mixed race
la organización no gubernamental (ONG)	non-governmental organization (NGO)
los pobres	poor
el/la refugiado/a	refugee
los ricos	rich

La ciencia y el medio ambiente
(Science and environment)

el adelanto científico	scientific advance
los bienes de consumo	consumer goods
el calentamiento global	global warming
el cambio climático	climate change
la capa de ozono	ozone layer
la conservación	conservation
el consumo	consumption
la contaminación	pollution
el efecto invernadero	greenhouse effect
la esperanza de vida	life expectancy
la marea negra	oil spill, large oil slick
el medio ambiente	environment
los recursos naturales	natural resources
la sequía	drought
el subsuelo	underground
la tala de árboles	tree-felling
la tierra	earth
los viajes espaciales	space travels

El desarrollo
Development

la brecha	gap
el comercio justo	fair trade
el crecimiento	growth
el desempleo	unemployment
la desigualdad	inequality
la enfermedad	sickness
la esclavitud	slavery
la guerra	war
el hambre	hunger
la igualdad	equality
la justicia social	social justice
la libertad	freedom

el país en vías de desarrollo	developing country
la paz mundial	world peace
las personas sin hogar, sin techo	homeless
la pobreza	poverty
la riqueza	wealth, richness

Adjetivos (Adjectives)

desafortunado/a	unfortunate, less fortunate
desarrollado/a	developed
desconfiado/a	distrustful, suspicious (of)
digno/a	honorable, decent
escaso/a	rare
escéptico/a	skeptical
ético/a	ethical
libre	free
medioambiental	environmental
privilegiado/a	privileged
valioso/a	valuable

Verbos (Verbs)

agotarse	to run out, to be used up
agravar	to make worse, to aggravate
ahorrar	to save
alimentar	to feed
amenazar	to threaten
atreverse	to dare
autorizar	to authorize
botar	to throw away
contradecir (irreg.)	to contradict
descartar	to discard
diagnosticar	to diagnose
disfrutar	to enjoy
empezar (ie)	to start
iniciar	to start
mentir (ie)	to lie
opinar	to express an opinion
pasar	to happen
posponer (irreg.)	to postpone
prever	to foresee
solucionar	to solve

Otras palabras y expresiones
(Other words and expressions)

por desgracia	unfortunately
profundamente	deeply
sacar conclusiones	to draw conclusions

CONSULTORIO GRAMATICAL

1 Use of Subjunctive to State Opinions

The subjunctive mode is used in subordinate noun clauses. A noun clause is a subordinate clause that depends on a main clause and that has the same function as a **noun; therefore, it could be replaced by a pronoun**. It is always introduced by **que**.

Yo creo que **el cambio climático es un asunto muy importante** (= I think climate change is a very important matter).

| main clause | | noun (subordinate) clause |

Yo creo **ESTO**.

pronoun

When the verb of the main clause expresses **opinion**, the noun clause will have a verb in indicative.

(Yo) creo (I think/believe)
(Yo) pienso (I think)
(Yo) considero (I consider)   } que + INDICATIVE
(A mí) me parece (It seems to me)   el cambio climático **es** un asunto muy importante.

Creo que   la pobreza **es** el principal problema del mundo.
             hay mucha deforestación en la selva amazónica.

I think   poverty is the main problem in the world.
             there is too much deforestation in the Amazon forest.

However, if the main clause is negative, the subjunctive mode is used in the noun clause.

(Yo) **no** creo
(Yo) **no** pienso
(Yo) **no** considero   } que + SUBJUNCTIVE
(A mí) **no** me parece   el cambio climático **sea** un asunto muy importante.
No tengo la impresión de

No creo que   la pobreza **sea** el principal problema del mundo.
                haya mucha deforestación en la selva amazónica.

2 Use of Subjunctive to State Probability or Doubt

When we are certain of something, the verb of the noun clause will be in the indicative mode.

                              INDICATIVE
Estoy seguro/a de que   la guerra **terminará** pronto.
I am sure that   the war will end soon.

Seguro que   }
Seguramente   } se **solucionará** el problema del medio ambiente.
Surely   the problem of the environment will be solved.

However, if we want to express a certain degree of uncertainty, the subjunctive mode will be used in the noun clause.

Es posible que (It's possible that)
Es probable que (It's probable that)   } SUBJUNCTIVE
No estoy seguro de que (I'm not sure that)   la guerra **termine** pronto.
Dudo que (I doubt that)   se **solucione** el problema del medio ambiente.
No creo que (I don't think that)

Yo estoy seguro de que funcionará.

¿Usted cree? Yo dudo que se ponga en marcha.

Es posible que funcione, pero... ¿para qué sirve?

Some expressions of probability are followed by the subjunctive mode as independent clauses (not noun clauses).

Posiblemente *(Possibly)*
Probablemente *(Probably)* } la guerra **termine** pronto.
Quizá *(Maybe)*   se **solucione** el problema del medio ambiente.
Tal vez *(Maybe)*

However, the common expression **a lo mejor** *(maybe) always takes the indicative mode.*

A lo mejor   se **soluciona** el problema del medio ambiente.
                         la guerra **termina** pronto.

3 *Cuando* + Subjunctive: Talking about the Future

To talk about a future event that is, in turn, related to another future action or state, we can use the construction **cuando** + *subjunctive.*

Cuando tengamos más tiempo, iremos a Argentina de vacaciones.
When we have more time, we will go to Argentina on vacation.

Cuando llegue el año 2045, habrá bases habitadas en la Luna.
When the year 2045 arrives, there will be inhabited bases on the Moon.

However, when we are referring to a past or present event, we use the indicative.

Cuando tengo tiempo, leo libros de ciencia ficción.
Cuando tenía cinco años, leía muchos cuentos.

When I have time, I read science-fiction books.
When I was five years old, I used to read many stories.

Other conjunctions to express time are:

En cuanto *(as soon as)*
Tan pronto como *(as soon as)*
Siempre que *(as long as)*
Mientras *(while, as long as)*
Hasta que *(until, for as long as)*

En cuanto
Tan pronto como
Siempre que   } **pueda,** voy a colaborar con una organización no gubernamental.
Mientras
Hasta que

4 Expressing Continuity or Interruption

These verbal constructions are used to express actions that either continue, or stop occurring.

Seguir + GERUND	Juan **sigue** viviendo en Guatemala. (= continues to live in Guatemala)
Seguir sin + INFINITIVE	José **sigue sin** encontrarse bien. (= continues NOT to feel well)
Dejar de + INFINITIVE	Gracia **dejó de** trabajar. (= stopped / quit working)
Ya no + PRESENT INDICATIVE	Gracia **ya no** trabaja. (= no longer works)

Seguir + gerund denotes an ongoing action: *Juan still lives in Guatemala.*

Seguir sin + infinitive refers to something that still hasn't happened: *José still doesn't feel well.*

Dejar de + infinitive expresses an action that has been discontinued: *Gracia quit working.*

Ya no + present indicative likewise indicates an activity that no longer takes place: *Gracia doesn't work anymore.*

20–1 Cuatro películas llenas de emociones

Lean individualmente estas sinopsis de cuatro películas. Luego asocien cada póster con una sinopsis. ¿Qué aspectos les ayudaron?

El hijo de la novia (2001)
Director: Juan José Campanella
País: Argentina

Los abrazos rotos (2009)
Director: Pedro Almodóvar
País: España

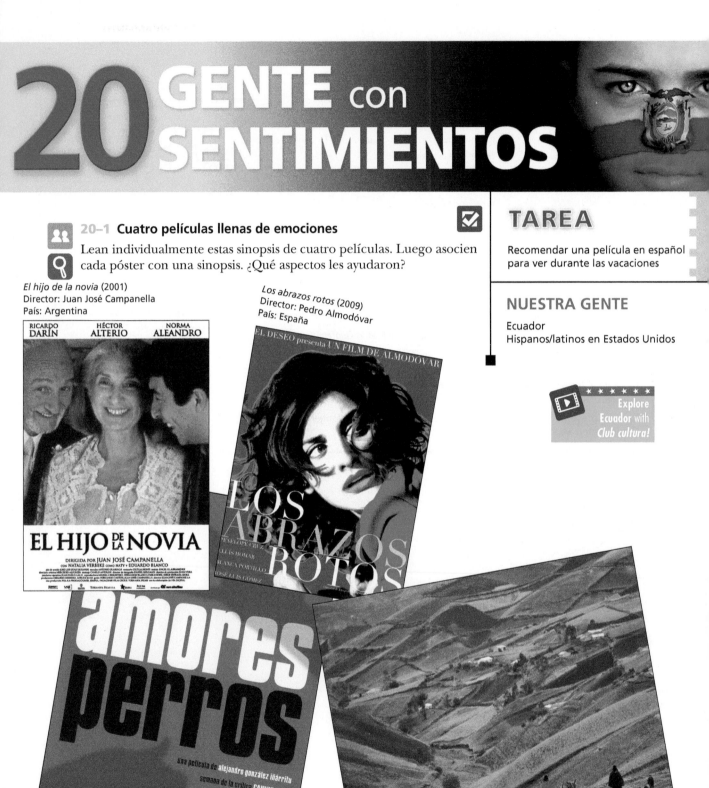

Amores perros (2000)
Director: Alejandro González Iñárritu
País: México

Qué tan lejos (2007)
Director: Camilo Luzuriaga
País: Ecuador

TAREA

Recomendar una película en español para ver durante las vacaciones

NUESTRA GENTE

Ecuador
Hispanos/latinos en Estados Unidos

Explore Ecuador with *Club cultura!*

ACERCAMIENTOS

A
Rafael Belvedere está descontento con la vida que lleva pero es incapaz de dar un giro. No puede conectarse con sus cosas, con su gente; nunca tiene tiempo. Sobrevive estresado y adicto a su celular. No tiene ideales, vive agobiado en el restaurante fundado por su padre; está divorciado, no se ha tomado el tiempo suficiente para ver crecer a su hija Vicky, se siente solo, no tiene amigos y elude un mayor compromiso con su novia. Además, hace más de un año que no visita a su madre, que padece de Alzheimer y está internada en una residencia. Rafael solo quiere que lo dejen en paz. Pero una serie de acontecimientos inesperados obligará a Rafael a replantearse su situación y en el camino, ayudará a su padre a cumplir el viejo sueño de su madre: casarse por la iglesia.

B
Ciudad de México, un fatal accidente automovilístico. Tres vidas chocan entre sí y nos revelan lo peor de la naturaleza humana: traición, angustia, pecado, egoísmo, esperanza, dolor, muerte. Octavio, un joven adolescente, decide fugarse con Susana, la esposa de su hermano. El Cofí, su perro, se convierte en un vehículo para conseguir el dinero necesario para poder escapar juntos, complicando un triángulo pasional en donde el amor clandestino se convierte en un camino sin retorno. Al mismo tiempo, Daniel, un hombre de 42 años, deja a su esposa y a sus hijos para irse a vivir con Valeria, una hermosa modelo. El mismo día en que ambos festejan su nueva vida, el destino conduce a Valeria a ser atropellada en un trágico accidente. ¿Qué hace un hombre que cree tenerlo todo y un solo instante le cambia la vida?

C
Mateo es un guionista de cine que catorce años antes sufrió un accidente automovilístico. En el accidente perdió la vista y a Lena, la mujer de su vida. Este hombre usa dos nombres: Harry Caine, seudónimo con el que firma sus trabajos literarios y guiones, y Mateo Blanco, su nombre real, con el que vive y firma las películas que dirige. Después del accidente, Mateo Blanco decide ser solamente su seudónimo, Harry Caine, y se convence de que Mateo Blanco murió junto a su amada Lena. Harry es un hombre solitario que vive gracias a los guiones que escribe y a la ayuda de su directora de producción, Judit García, y de Diego, el hijo de esta. Una noche Diego tiene un accidente, y Harry se hace cargo de él. Diego le pregunta por la época en que era Mateo Blanco, y Harry le cuenta a Diego lo ocurrido hace catorce años. Esta es una historia dominada por la fatalidad, los celos, el abuso de poder y la traición. Una historia emocionante y terrible cuya imagen más expresiva es la foto de dos amantes abrazados, rota en mil pedazos.

D
Esperanza es una española que llega a Ecuador para conocer el país. En su viaje conoce a Teresa, una ecuatoriana que se presenta con el nombre de "Tristeza" y que quiere encontrarse con su amor. Las dos unen sus intereses en una peculiar experiencia que les llevará a recorrer el país. A través de huelgas, acontecimientos populares, solas o en compañía de otros viajeros, Esperanza y Teresa van a aprender mucho sobre su entorno. Pero sobre todo, se van a conocer a sí mismas. Se trata de una *road movie* muy emotiva que presenta la aventura de dos veinteañeras en tierras de Ecuador a través de nuevas técnicas narrativas.

20–2 Los personajes y sus sentimientos

¿A qué película(s) crees que corresponden estas afirmaciones sobre sus personajes?

1. Los personajes están enamorados.
2. El protagonista se lleva mal con mucha gente.
3. Los protagonistas desarrollan una amistad.
4. El protagonista es una persona solitaria.
5. Unos personajes traicionan a otros.
6. Hay personajes casados que se enamoran de otras personas.

¿Puedes pensar en otras películas que respondan a esas características?

20–3 ¿Final feliz?

Señala cuál de estas películas crees que tiene un final feliz y cuál no. ¿Puedes mencionar películas famosas que tengan un final triste?

VOCABULARIO EN CONTEXTO

20–4 Citas célebres

Lean estas citas y clasifíquenlas en estas áreas. Escriban el número de cada cita en el lugar correspondiente.

SENTIMIENTOS

AMOR Y AMISTAD	ODIO Y ENEMISTAD	MIEDO	FELICIDAD	TRISTEZA	ENVIDIA

1. "La envidia es la raíz de los grandes males de la sociedad".
   Fernando Savater

2. "Perdona siempre a tu enemigo. No hay nada que le enfurezca más".
   Oscar Wilde

3. "Intenta no ocupar tu vida en odiar y tener miedo".
   Stendhal

4. "El hombre más feliz es el que hace la felicidad del mayor número de sus semejantes".
   Denis Diderot

5. "Lo único peor que estar enamorado es no estar enamorado".
   Paul Hurgan

6. "La verdadera felicidad no consiste en tenerlo todo, sino en no desear nada".
   Séneca

7. "Sólo un idiota puede ser totalmente feliz".
   Mario Vargas Llosa

8. "Triste época la nuestra. Es mas fácil desintegrar un átomo que superar un prejuicio".
   Albert Einstein

9. "Normalmente cuando las personas están tristes, no hacen nada. Pero cuando su tristeza se convierte en indignación, son capaces de hacer cambiar las cosas."
   Malcolm X

10. "El enamoramiento es un estado de miseria mental en que la vida de nuestra conciencia se estrecha, empobrece y paraliza".
    José Ortega y Gasset

Hagan dos listas: una lista de las citas con las que están de acuerdo y otra de las citas con las que no están de acuerdo. Expliquen a la clase las razones de su acuerdo o desacuerdo con estas citas.

20–5 Problemas y conflictos

Fíjate en las ilustraciones y luego escucha a estas personas. Están hablando de los problemas de otras personas que conocen.

¿Qué les pasa? Trata de resumir el conflicto.

¿QUIÉNES TIENEN EL PROBLEMA?	¿QUÉ RELACIÓN TIENEN?	¿QUÉ LES PASA?
1. _____	_____	_____
2. _____	_____	_____
3. _____	_____	_____
4. _____	_____	_____

Escucha otra vez y asocia cada imagen con un diálogo.

Asocia cada expresión con uno o varios personajes de las situaciones anteriores. ¿Quiénes...

1. ...se llevan muy mal? _____

2. ...están deprimidos? _____

3. ...están celosos? _____

4. ...están sorprendidos? _____

5. ...están preocupados? _____

6. ...están contentos? _____

7. ...están enojados? _____

8. ...están tristes? _____

9. ...están felices? _____

10. ...están enamorados? _____

20–6 Estados de ánimo

Piensen en cómo reaccionan ante estas situaciones. Usen los adjetivos que aparecen en la tabla.

celoso/a	triste	feliz	nervioso/a
preocupado/a	contento/a	sorprendido/a	molesto/a
deprimido/a	asustado/a	tranquilo/a	decepcionado/a

- Cuando mi profesor/a no viene a clase...
- Cuando alguien me da un regalo sin una razón particular...
- Cuando mi novio/a sale por la noche con otro/a muchacho/a...
- Cuando veo las imágenes de una guerra...
- Cuando viajo en avión y hay mucha turbulencia...
- Cuando mi profesor/a va a dar los resultados de un examen...
- Cuando voy al dentista...

EJEMPLO:

E1: Yo, cuando el profesor no viene a clase, estoy sorprendido. ¿Y tú?
E2: Yo estoy sorprendida también, ¡y feliz!

20–7 Más adjetivos

Estos adjetivos de personalidad forman pares de opuestos. ¿Puedes encontrarlos?

abierto/a	alegre	extrovertido/a	antipático/a	autoritario/a	sociable
cerrado/a	trabajador/a	flexible	dialogante	perezoso/a	egoísta
inflexible	responsable	generoso/a	irresponsable	mentiroso/a	triste
modesto/a	sincero/a	orgulloso/a	introvertido/a	tímido/a	simpático/a

GRAMÁTICA EN CONTEXTO

20–8 Reacciona

Lean estos seis titulares. ¿Con qué conceptos relacionan cada uno de ellos?

pobreza   medioambiente   política
desempleo   indígenas   derechos
economía   emigración   naturaleza

> 1. El Amazonas está sufriendo la peor sequía en más de 30 años. Muchas comunidades están sin alimentos ni agua.

> 2. En el Ecuador se hablan 10 lenguas indígenas, siendo el quechua la que tiene mayor cantidad de hablantes. La Constitución actual de Ecuador establece que las lenguas indígenas forman parte del patrimonio cultural del país y constituyen lenguas principales de educación en las áreas de su dominio.

> 3. Uno de los peores desastres medioambientales del mundo ocurrió en Ecuador. Cuando la compañía Texaco retiró sus operaciones de perforación en la selva del Ecuador en 1994, dejó atrás una enorme extensión contaminada. Los desechos abandonados envenenaron los ríos y arroyos de los cuales las comunidades indígenas y los agricultores dependen para beber, bañarse y lavar.

> 4. Se estima que 1,5 millones de ecuatorianos han salido del país en los últimos años en busca de mejores oportunidades de empleo debido a la crisis financiera de 1999 y a la crisis económica.

> 5. Ecuador se ha convertido en el primer país del mundo que reconoce en su Constitución derechos inalienables a la naturaleza, convirtiéndola de esta manera en sujeto de derecho. Ecuador, uno de los países más biodiversos del mundo, tiene ecosistemas únicos como la selva amazónica o el archipiélago de las Islas Galápagos. Las últimas estadísticas revelan que Ecuador es uno de los 15 países con mayor biodiversidad del planeta.

> 6. En la ciudad ecuatoriana de Latacunga se transmite un canal de televisión con el 30% de la programación en quechua, intentando revitalizar una lengua que estuvo marginada durante siglos. Se estima que entre 6 y 13 millones de personas hablan el quechua, principalmente en Bolivia, Perú y Ecuador.

¿Qué emociones les producen?

EJEMPLO:

E1: A mí **me da mucha lástima que haya** desastres naturales tan terribles como el del Amazonas.

E2: Sí, especialmente **me pone triste que haya** gente sin alimentos ni agua.

SUBJUNTIVO: SENTIMIENTOS Y EMOCIONES

me	da	vergüenza...
te		miedo...
le		risa...
nos	pone	...
os		contento/a...
les		triste...
	duele...	de buen / mal humor...

... + INFINITIVO

...que + SUBJUNTIVO

> Me da miedo que la policía me descubra.

> No te preocupes, Florencio.

Me da miedo estar solo.
(A MÍ)   (YO)
Me pone triste que la gente se pelee.
(A MÍ)   (LA GENTE)
Me duele que María no me llame.
(A MÍ)   (MARÍA)

VERBOS REFLEXIVOS: SENTIMIENTOS Y EMOCIONES

Ponerse

me	pongo	
te	pones	triste, contento/a...
se	pone	de buen / mal humor...

nos	ponemos	
os	ponéis	tristes
se	ponen	nerviosos/as...

Me enojo		+ INDICATIVO
		...**cuando** la gente se pelea.
Luis **se siente**		
		...**si** la gente se pelea.
Me pongo triste...		

SUBJUNTIVO: CONSEJOS Y VALORACIONES

IMPERSONALES: CON INFINITIVO
Es bueno / interesante / necesario **escuchar** a los hijos.

PERSONALES: CON SUBJUNTIVO
Es bueno / interesante / necesario **que** (tú) **escuches** a tus hijos.

ESTAR + ADJETIVO

- ¿Qué le pasa?

○ Está
- contento / preocupado por su novia / nervioso.
- enojado conmigo / contigo / con él / con ella / con...
- de buen/mal humor.

- ¿Cómo está?

○ Está
- **muy** contento/a.
- **bastante** nervioso/a.

SER + ADJETIVO

- ¿Cómo es?
○ Es **muy**   amable.
    bastante   agradable.

Es **poco** generoso/a. (ADJETIVOS POSITIVOS)

Es **un poco** egoísta. (ADJETIVOS NEGATIVOS)

No es nada
- celoso/a.
- egoísta.

CAMBIOS EN LAS PERSONAS

CAMBIOS DE ESTADO DE ÁNIMO

Ponerse
- nervioso/a.
- contento/a.
- triste.
- de mal / buen humor.

CAMBIOS DE CARÁCTER Y PERSONALIDAD

Volverse
- reservado/a.
- **muy** tímido/a.
- **más** sensible.

DESARROLLO O EVOLUCIÓN PERSONAL

Hacerse
- rico/a.
- ecuatoriano/a.

- Juan **se puso** muy nervioso cuando me vio.
○ Sí, desde que su esposa lo dejó **se ha vuelto** muy introvertido.

- ¿Cuántas casas tiene Manuel?
○ Creo que tiene ocho casas. **Se hizo** millonario cuando ganó la lotería.

Se ha vuelto un poco raro desde que se ha hecho rico.

20–9 Y tú, ¿cómo te sientes?

Cada miembro del grupo escribe en un papel cuatro frases sobre cómo se siente en determinadas situaciones. Una de las cuatro debe ser falsa. Luego se las lee a sus compañeros/as y ellos/as tienen que decir cuáles son verdad y cuál no.

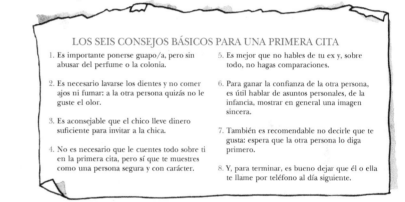

EJEMPLO:
- **A mí me da muchísimo miedo ir** al dentista.
- **A mí me pone de mal humor que** mis amigos no me **llamen** por teléfono.
- **Yo me pongo muy nervioso** cuando tengo que hablar en público.
- **Me duele mucho que me digan** mentiras.

20–10 La primera cita

La revista *El Cosmopolita* publicó este artículo. ¿Estás de acuerdo con todo lo que dice?

LOS SEIS CONSEJOS BÁSICOS PARA UNA PRIMERA CITA

1. Es importante ponerse guapo/a, pero sin abusar del perfume o la colonia.

2. Es necesario lavarse los dientes y no comer ajos ni fumar: a la otra persona quizás no le guste el olor.

3. Es aconsejable que el chico lleve dinero suficiente para invitar a la chica.

4. No es necesario que le cuentes todo sobre ti en la primera cita, pero sí que te muestres como una persona segura y con carácter.

5. Es mejor que no hables de tu ex y, sobre todo, no hagas comparaciones.

6. Para ganar la confianza de la otra persona, es útil hablar de asuntos personales, de la infancia, mostrar en general una imagen sincera.

7. También es recomendable no decirle que te gusta: espera que la otra persona lo diga primero.

8. Y, para terminar, es bueno dejar que él o ella te llame por teléfono al día siguiente.

Identifica las construcciones: **es + adjetivo + infinitivo**
                                  es + adjetivo + que + subjuntivo.

¿Puedes escribir dos consejos más para una primera cita?

Es importante que _____

Es aconsejable _____

20–11 Cambios

Lean esta noticia del periódico referida a las Islas Galápagos (Ecuador). Después hagan seis preguntas a su compañero/a usando los verbos en negrita del texto.

El 'Solitario Jorge', el último ejemplar de la especie de tortugas Geochelone nigra abingdoni, murió sin descendencia. La tortuga **se puso** enferma hace unos meses y fue encontrada sin vida por Fausto Llerena, su cuidador en los últimos 40 años, quien **se puso** muy triste cuando encontró a Jorge. "Siento que se ha ido mi mejor amigo... me da mucha pena". Fausto dice que Jorge tenía una personalidad compleja: "Cuando era joven era más sociable pero cuando **se hizo** mayor **se volvió** muy reservado. También **se volvió** más lento con los años. Pero comunicaba mucho con la mirada". Se estima que Jorge tenía más de 100 años, pero estas tortugas pueden vivir hasta 200 años. En 1972 un científico húngaro lo vio por primera vez en la isla Pinta. Jorge **se hizo** muy famoso y desde hace años era un símbolo de las Islas Galápagos. La noticia de su muerte ha dado la vuelta al mundo. Llerena cree que es una pérdida no sólo para Ecuador sino para todo el mundo y tiene un mensaje para la juventud: "Tenemos que tener más conciencia sobre las especies naturales".

EJEMPLO:

E1: ¿Sabes por qué **se puso enfermo** Jorge?
E2: No sé, pero era muy mayor, ¿no?

INTERACCIONES

ESTRATEGIAS PARA LA COMUNICACIÓN ORAL

Resources for debating (III)

When debating an issue, you will need strategies to make sure that you have opportunities to express your points of view. It is also important to ensure that your interlocutor is following your arguments.

- Interrupting and taking the floor

Perdón / disculpa, pero…	(Sorry/excuse me, but …)
¿Podría decir algo?	(Can I say something?)
Lamento interrumpir, pero…	(Sorry to interrupt, but …)
Perdona/e que interrumpa, pero…	(Sorry to interrupt, but …)

- Requesting confirmation of an opinion, or maintaining someone's attention

…¿no?	(…right?; …isn't it?)
…¿verdad?	(…right?)
…¿no crees / cree?	(…don't you think?)
…¿no te / le parece?	(…don't you think?)

20–12 Problemas de convivencia

Cada uno de ustedes tiene uno de estos problemas. Lean su problema individualmente y después expliquen su problema a sus compañeros/as. Traten entre todos de resolver sus diferencias.

ALEJANDRO

Es argentino. Un gourmet y un excelente cocinero, pero nunca lava los platos. Es muy desorganizado, especialmente en la cocina. Le encanta hacer fiestas en casa con muchos amigos y ver películas de terror. El olor a tabaco lo pone de mal humor y los animales lo ponen nervioso.

JESÚS

Es español. Le gusta muchísimo ver fútbol en televisión; es fanático del Real Madrid. Fuma mucho y le gusta comer hamburguesas y escuchar música hasta muy tarde. Es bastante tacaño en los gastos de la casa. Los animales lo ponen de mal humor y le molesta mucho el sonido del teléfono.

RICARDO

Es ecuatoriano. Es muy despistado: siempre se olvida de pagar su parte del alquiler y de limpiar el baño. Tiene un perro, Bafú, al que le encanta comer hamburguesas crudas. Las películas de terror le dan mucho miedo y el fútbol no le gusta y lo pone de mal humor.

JOAQUÍN

Es venezolano. Es el más sano de todos: solo come verduras y frutas. No le gusta nada la tele, especialmente cuando transmiten fútbol, y las personas que no limpian ni son ordenadas lo ponen de muy mal humor. Pasa horas en el teléfono hablando con novias y amigos, y cuando suena el teléfono se pone muy contento. Se acuesta todos los días muy temprano y no soporta el ruido.

EJEMPLO:

E1: Yo no soporto la tele todo el día; me vuelve loco.

E2: ¿Sí? A mí me pone de mal humor el olor del tabaco y…

E3: **Perdona que interrumpa.** Tú siempre estás viendo esas películas que me dan miedo. Quizá deberías ver menos la tele, **¿no?**

Ahora traten entre todos de resolver sus diferencias dando recomendaciones.

EJEMPLO:
E1: Creo que es importante que dejes de fumar dentro de la casa.
E2: Sí, de acuerdo, pero es necesario que seas más ordenado, ¿**no crees**?

20–13 Los Objetivos del Milenio en Ecuador

Lean el texto y miren la información. Representa el progreso de Ecuador en varias metas. Completen de forma individual el cuadro y compartan sus valoraciones con un/a compañero/a. Después preparen una lista de cuatro recomendaciones para el país.

> En el año 2000, los países miembros de Naciones Unidas (ONU) decidieron tratar de alcanzar (*reach*) para 2015 ocho objetivos de desarrollo mundial: los Objetivos del Milenio (ODM). La meta es reducir la pobreza, las enfermedades, el analfabetismo, la degradación del medio ambiente y la discriminación contra la mujer. La más importante: reducir a la mitad el porcentaje de personas que viven con menos de 1 dólar al día.

METAS	Año 2000	Año 2014	¿Se ha cumplido?	Valoración
1A: Reducir a la mitad la pobreza extrema	19,2%	3,2%		*Es fantástico que …* *pero me preocupa que …*
2A: Acceso universal a la educación primaria	98,3%	100%		*Me pone muy feliz que …* *pero es necesario que …*
3A: Igualdad de género: mujeres en el parlamento	14,6%	41,6%		
4A: Reducir en 2/3 la mortalidad infantil	28,3/1000	19/1000		
5B: Reducir la mortalidad materna	120/100.000	86/100.000		
6B: Acceso universal a tratamiento de VIH/SIDA	69,2%	85,1%		
7C: Reducir a la mitad el no acceso al agua potable	87,2%	99,3%		

EJEMPLO:
E1: Me parece fantástico que haya menos pobreza en Ecuador, pero es muy importante que continúen trabajando en este aspecto después de 2015, ¿**no crees**?

20–14 Situaciones: ¿Qué me aconsejas?

Two students are talking about problems they encounter in personal relationships. A friend gives them advice and recommendations.

ESTUDIANTE 1

You argued with your best friend about something silly, and now you are upset with each other. You are stubborn, and your friend, too. You haven't spoken to each other in two months. Neither of you wants to be the first to initiate contact again.

ESTUDIANTE 2

You are very much in love with your partner, but you can't stand your partner's mother. She is a very unfriendly woman. You are rather shy and nervous. You are afraid to tell your partner, who is very sensitive to your feelings but is getting increasingly upset about the situation. You don't know what to do.

ESTUDIANTE 3

You are very savvy about personal relationships. Two of your friends tell you their problems and look to you for advice. Give them some advice.

TAREA

Gente en acción

Recomendar una película en español para ver durante las vacaciones

PREPARACIÓN

Lean las sinopsis de estas cuatro películas. Dos se presentaron al principio de la lección. Después completen el cuadro.

Qué tan lejos (2007)
Director: Camilo Luzuriaga
País: Ecuador

Los abrazos rotos (2009)
Director: Pedro Almodóvar
País: España

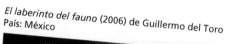

Diarios de motocicleta (2004) de Walter Salles
País: Brasil

El laberinto del fauno (2006) de Guillermo del Toro
País: México

	DIRECTOR	PAÍS	GÉNERO	TEMA
Qué tan lejos				
Los abrazos rotos				
Diarios de motocicleta				
El laberinto del fauno				

En 1952, dos jóvenes argentinos, Ernesto Guevara y Alberto Granado, emprenden un viaje por carretera para descubrir la verdadera América Latina. Los dos amigos dejan el familiar entorno de Buenos Aires en una desvencijada motocicleta del año 1939, imbuidos de un romántico espíritu aventurero. Aunque la moto se avería, los viajeros prosiguen en auto-stop. Poco a poco van tomando contacto con una Latinoamérica diferente, reflejada en las personas que encuentran en su viaje. El cambio en sus perspectivas parece encontrar reflejo en la variedad de la geografía por la que transitan. Su ruta los lleva hasta las alturas de Machu Picchu, donde las majestuosas ruinas y la extraordinaria presencia de la herencia inca ejercen un profundo efecto sobre ambos.

España, año 1944. Ofelia, una niña de 13 años, se traslada junto a su madre Carmen, convaleciente a causa de un avanzado estado de gestación, hasta un pequeño pueblo en el que se encuentra Vidal, un cruel capitán del ejército franquista, nuevo marido de Carmen y por el que Ofelia no siente ningún afecto. La misión de Vidal es acabar con los últimos vestigios de la resistencia republicana, escondida en los montes de la zona. Una noche, Ofelia descubre las ruinas de un laberinto donde se encuentra con un fauno, una extraña criatura que le hace una increíble revelación.

Paso 1 Escuchen la opinión de este crítico de cine sobre las cuatro películas. Tomen notas de los aspectos positivos y negativos que menciona, y digan si es una crítica positiva o negativa.

	POSITIVOS	NEGATIVOS	VALORACIÓN	TOTAL
Qué tan lejos				
Los abrazos rotos				
Diarios de motocicleta				
El laberinto del fauno				

Paso 2 Vean ahora los tráilers de estas cuatro películas. ¿Qué sentimientos y emociones les producen?

Paso 3 Teniendo en cuenta lo que saben de las películas y la crítica que han escuchado, decidan cuál de estas películas van a recomendar a otros estudiantes. Pongan las películas en orden de interés, de mayor a menor.

Paso 4 Escriban un párrafo justificando su recomendación. Presenten sus conclusiones a la clase.

Paso 5 Foco lingüístico.

NUESTRA GENTE

GENTE QUE LEE

ESTRATEGIAS PARA LEER

Reading an argumentative essay: Cause and effect

By using cause and effect, the writer gives us her/his arguments about the causes and consequences of an event, phenomenon, or problem. As in any persuasive text, there is always a claim. The author usually gives us some background so that we can better understand the problem. Then, the text will introduce a convincing argument to persuade us that the presented causes and effects are plausible. In order to do that, the author uses facts, supporting evidence, examples, or anecdotes. The text usually ends by summarizing the claim, elaborating on it, emphasizing the consequences, or encouraging readers to take some action.

ANTES DE LEER

20–15 El medio ambiente

¿Cuáles de estas afirmaciones crees que son verdaderas (V) y cuáles falsas (F)?

☐ El ser humano es una de las causas más importantes de la extinción de fauna y flora.

☐ Las especies con más movilidad son las más amenazadas de extinción.

☐ Ecuador es uno de los países con mayor biodiversidad del planeta.

☐ El comercio de especies en extinción mueve 500 millones de dólares anuales.

☐ La actual tasa global de extinción es de unas 2.000 especies al año.

☐ En la historia de la tierra han vivido 500 millones de especies; ahora queda el 2%.

¿En qué regiones de tu país existen especies amenazadas? ¿Hay organizaciones para protegerlas?

DESPUÉS DE LEER

20–16 ¿Comprendes?

1. ¿Cuántas especies están en peligro de extinción en las Galápagos?

2. ¿Cuáles son los dos factores que amenazan la biodiversidad de las islas?

3. ¿Verdadero o falso? El texto dice que...

   a. Las tortugas y tiburones son muy agresivos.

   b. La mayor parte de los visitantes son ecoturistas.

   c. En las islas vive demasiada gente.

4. Antes había _____ tortugas gigantes; ahora solo quedan _____.

5. ¿Por qué este problema tiene difícil solución?

20–17 Activando estrategias

1. ¿Qué significan las palabras en negrita "cenizas", "derramó" (p. 2), "cupo" (p. 3) y "radicada" (p. 5)? ¿Qué estrategias usaste para averiguar sus significados?

2. ¿Cómo se han formado y qué significan las palabras "asentamientos" y "sobreexplotación" (p. 4)?

3. Busca en el diccionario las palabras en negrita "embestidas", "encalló" (p. 2) y "desechos" (p. 4). Primero determina si son nombres, adjetivos o verbos; después determina cuál es la entrada que tienes que buscar.

4. Explica el significado de los tres conectores subrayados.

5. Identifica un conector de consecuencia en el párrafo 3 y un conector de causa en el párrafo 5.

A LEER

LAS ISLAS GALÁPAGOS, AMENAZADAS

A mediados del siglo XIX, el marino y escritor Herman Melville escribió en su diario de viaje que el archipiélago de las Galápagos "… parecía un grupo de volcanes con el aspecto que el mundo tendría después de un incendio devastador". ¿Fue una premonición?

Situado en el océano Pacífico a mil kilómetros de las costas de Ecuador, el archipiélago de Colón o islas Galápagos, uno de los más frágiles ecosistemas del mundo, continúa sufriendo las **embestidas** de la "modernidad". En 1985, un incendio gigantesco destruyó 400 km^2 de vegetación en Isabela (la mayor de las islas), y en 1994, en el mismo lugar, otro incendio redujo a **cenizas** 3.000 hectáreas de cultivos. En 2001, un buque que **encalló** frente a la isla San Cristóbal **derramó** un millón de litros de petróleo.

En las Galápagos, donde Charles Darwin concibió su teoría de la evolución de las especies (1835), habita el 50% de las aves, el 32% de las plantas, el 86% de los reptiles y el 23% de la fauna marina de la costa del Pacífico. Sin embargo, debido a la afluencia masiva de visitantes que las empresas navieras **disfrazan de** "ecoturistas", la biodiversidad de las Galápagos (con un patrimonio exclusivo de 1.900 especies) está gravemente amenazada. El número de visitantes crece cada año. Inicialmente el **cupo** anual era de 12.000 turistas. En 1979 llegaron 11.475 y en 1993 la cifra se elevó a 46.810. En 2002 llegaron más de 100.000 personas. Como consecuencia de todo esto, más de 70 especies están en peligro de extinción. Lobos marinos, tortugas y tiburones, especies que siempre fueron muy dóciles en el ecosistema de estas islas, se están volviendo agresivas. La tortuga gigante o galápago figura en el *Libro rojo de especies amenazadas*, publicado por la Unión Mundial para la Naturaleza. En 1535 existía en las Galápagos medio millón de tortugas gigantes pero a principios de 1900 se habían reducido a 250.000. Hoy quedan unas 15.000.

Otra de las causas de este desastre es la migración de colonos del continente, atraídos por el dólar fácil del turismo. La tasa de crecimiento de población de la provincia de Galápagos es de un 6% anual, la más alta de Ecuador. Actualmente, más de 10.000 habitantes pueblan la región, demasiados colonos para unas islas que exigen que se respete su disciplina de vida. Los **asentamientos** urbanos conllevan la **sobreexplotación** de los recursos marinos, la acumulación de **desechos**, y la introducción de enfermedades, plantas e insectos, entre otros.

La Fundación Charles Darwin (**radicada** en las islas desde 1959) recomienda que se congelen el flujo turístico y la migración. No obstante, es poco lo que se puede hacer, ya que las islas constituyen el 78% de los ingresos por turismo de Ecuador, o sea, más de 100 millones de dólares anuales.

20–18 Activando estrategias: la argumentación de causa y efecto.

1. ¿Cuál es el objetivo del autor del texto?
2. ¿Cómo argumenta el autor sobre el problema específico?
3. ¿Ofrece ejemplos?
4. ¿Cómo termina la argumentación?
5. ¿Qué aspectos mejorarías?

20–19 Expansión

Piensen en cuatro soluciones concretas para mejorar el problema de la destrucción medioambiental.

📖 **GENTE QUE ESCRIBE**

ESTRATEGIAS PARA ESCRIBIR

Writing argumentative texts (II): cause and effect

In order to write cause–effect arguments, you should consider these recommendations:

1. State the problem and give the readers some background.
2. Consider a number of possible and appropriate causes for this problem, and the consequences or effects in question.
3. Try to offer a convincing argument to persuade readers that the causes and effects presented are plausible. Use facts, supporting evidence, examples, or anecdotes.
4. Some causal statements are not arguments but established facts ("smoking can cause lung cancer"). Try to avoid these kinds of statements.
5. Discuss alternate causes (the ones that readers may have in mind) and provide a reasoned dismissal of them.

MÁS ALLÁ DE LA FRASE

Connectors of cause and effect

• To introduce cause: *ya que* (since), *dado que* (given that), *a causa de que* (due to), *debido a que* (due to), *puesto que* (since), *como* (since), *a causa de* (due to), *dado/a/os/as* (given)

*Resolver el problema ecológico es difícil **ya que / dado que / puesto que** muchas empresas se oponen.*

***Como** muchas empresas se oponen, resolver el problema ecológico es difícil.*

*Resolver el problema ecológico es difícil **debido a/ a causa de / dada** la oposición de las empresas navieras.*

• To introduce consequence: *(y) por eso* (because of that), *entonces* (so), *por (lo) tanto* (therefore), *en/como consecuencia* (in/as a consequence), *por consiguiente* (therefore, consequently), *así que* (so)

*Las empresas se oponen, **y por eso / y por consiguiente** es difícil resolver este problema.*

*Las empresas se oponen; **así que / por lo tanto / como consecuencia** es difícil resolver este problema.*

Now write six sentences that contain cause–effect relationships using this information:

1. Muchas especies están en peligro de extinción.
2. Un excesivo número de turistas continúa visitando la zona.

20–21 Un artículo de opinión

Elige uno de estos temas relacionados con el medioambiente y escribe un artículo de opinión.

vertidos ilegales	ruidos	erosión y desertización
pesticidas	efecto invernadero	destrucción del ozono

RECOMENDACIONES

1. especifica el problema (dónde, cuándo, quién, etc.),
2. determina la(s) causa(s) de este problema y los efectos o consecuencias,
3. piensa en algunos ejemplos específicos y algunos datos que sustenten tus argumentos,
4. piensa en alguna estrategia para persuadir al público.

COMPARACIONES

20–22 Ecuador, en la mitad del mundo

Lean este texto sobre Ecuador y después respondan a las preguntas.

Ecuador se ubica en la costa occidental de Sudamérica y es atravesado por la línea equinoccial. En 1736, los científicos franceses Pierre Bouguer, Louis Godin y Charles Marie de La Condamine, junto con los marinos españoles Jorge Juan y Antonio de Ulloa, y el científico ecuatoriano Pedro Vicente Maldonado, llevaron a cabo la empresa más grande jamás intentada y determinaron que el paralelo cero pasa por el territorio ecuatoriano. Un monumento que representa al mundo fue construido en 1979 para conmemorar ese gran momento. Sin embargo, aunque el monumento premia el ingenio de la misión de científicos europeos y ecuatorianos, se sabe que hace miles de años los indígenas ya habían ubicado este punto, guiados por los rayos del sol. Estos antiguos pobladores (pre-incaicos) celebraban las fiestas del equinoccio el 21 de marzo y 23 de septiembre.

La mitad del mundo

Este monumento de forma piramidal-cuadrangular tiene la orientación geográfica de los cuatro puntos cardinales y se encuentra localizado en la línea ecuatorial de latitud cero grados, cero minutos y cero segundos. Esta línea pasa por diversos países y continentes, pero únicamente hay un solo país que basa todo su nombre en ello: La República del Ecuador. En el extremo superior de la pirámide hay un globo terráqueo. La orientación del globo corresponde a la posición real de la Tierra. En el interior del monumento se puede visitar el Museo Etnográfico, donde se pueden ver muestras de los diferentes grupos étnico-culturales del país. El objetivo del museo es presentar a Ecuador como un país multiétnico, pluricultural y multilingüístico.

1. ¿Sabes si hay otros países hispanohablantes por donde pasa la línea del Ecuador? ¿Y otros países del mundo? ¿Has estado en algunos de ellos? ¿Sabes por qué países pasa el meridiano de Greenwich? ¿Has visitado algunos de ellos?

2. Piensa en otros monumentos famosos de tu país o de otros países. ¿Qué conmemoran o representan? ¿Se construyeron para provocar sentimientos específicos (orgullo, alegría, reflexión, etc.)? ¿Con qué otros objetivos se construyeron?

20–23 Los derechos de la naturaleza en Ecuador

Este es uno de los cuatro artículos que la Constitución de Ecuador (2008) dedica a los derechos de la naturaleza.

Art. 71.- La naturaleza o Pacha Mama, donde se reproduce y realiza la vida, tiene derecho a que se respete integralmente su existencia y el mantenimiento y regeneración de sus ciclos vitales, estructura, funciones y procesos evolutivos.

¿Crees que la naturaleza debe tener derechos protegidos constitucionalmente? ¿Qué consecuencias puede tener esto en la práctica? ¿Qué problemas?

CULTURA

Se estima que en los últimos 30 años entre el 3% y el 5% de la población ecuatoriana ha emigrado a Estados Unidos. Actualmente alrededor de 650.000 ecuatorianos vive en Estados Unidos, la gran mayoría (60%) en el área de Nueva York. Los ecuatorianos constituyen el cuarto grupo latino más grande de esta ciudad, después de los puertorriqueños, dominicanos y mexicanos. El segundo grupo más grande se halla en el área de Los Ángeles. Su perfil económico es diverso y abarca tanto a la clase obrera como a empresarios y universitarios que se incorporan al mundo profesional como doctores o ingenieros. Un grupo que contribuye de manera única a la economía y sociedad de Estados Unidos es el formado por los indios otavaleños, cuyos textiles se exportan a todo el mundo.

Go to **MySpanishLab** to review what
you have learned in this chapter.

| Flashcards | Oral Practice | Practice Test / Study Plan | amplifire Dynamic Study Modules | Tutorials | Videos | Extra Practice |

VOCABULARIO

Sentimientos y emociones
(Feelings and emotions)

los celos	*jealousy*
la envidia	*envy*
la forma de ser	*the way someone is*
la fuerza	*strength*
el miedo	*fear*
la pena	*sorrow*
el sueño	*dream*
la vergüenza	*shame, embarrassment*

Adjetivos: personalidad, sentimientos y emociones
(Personality, feelings, and emotions)

abierto/a	*open-minded*
agradable	*nice*
anticuado/a	*old-fashioned*
antipático/a	*unpleasant*
asustado/a	*scared*
autoritario/a	*authoritarian*
celoso/a	*jealous*
cerrado/a	*narrow-minded*
comprensivo/a	*understanding*
decepcionado/a	*disappointed*
deprimido/a	*depressed*
desconcertante	*disconcerting, upsetting*
dialogante	*open, open-minded*
dulce	*sweet*
egoísta	*selfish*
generoso/a	*generous*
idealista	*idealist*
insoportable	*unbearable, intolerable*
loco/a	*crazy*
maravilloso/a	*wonderful*
mentiroso	*liar*
modesto/a	*modest*
molesto/a	*bothersome, tiresome*
nervioso/a	*nervous*
orgulloso/a	*proud*
perezoso/a	*lazy*
poderoso/a	*powerful*
preocupado/a	*worried*
profundo/a	*profound*
raro/a	*strange*
responsable	*responsible*

rígido/a	*rigid, inflexible*
sincero/a	*honest*
sociable	*friendly*
sorprendido/a	*surprised*
trabajador/a	*hardworking*
tranquilo/a	*calm, quiet*

Verbos *(Verbs)*

alabar	*to praise*
atraer(se)	*to attract*
averiarse	*to break down*
discutir	*to argue about something*
enojarse	*to get angry*
entenderse con	*to get along with*
gritar	*to shout*
molestar	*to bother*
molestarse	*to get upset*
pelearse	*to fight, to have an argument*
preocupar	*to worry*
preocuparse de	*to worry about, to care*
prohibir	*to forbid*
renunciar a	*to renounce, to give up*
soportar	*to bear, to put up with*
transformarse	*to transform oneself/itself*

Relaciones personales y sentimientos *(Personal relations and feelings)*

aguantar a	*to put up with*
caer bien/mal	*to like/dislike someone*
dar lástima	*to feel sorry for someone/ something*
enamorarse de	*to fall in love with*
estar de buen/mal humor	*to be in a good/bad mood*
estar enfadado/disgustado (con)	*to be mad at someone*
estar hart/a de	*to be fed up with*
hacer caso a	*to pay attention to*
llevarse bien/mal con	*to (not) get along with*
pasar vergüenza	*to be embarrassed*
ponerse celoso/a	*to get jealous*
ponerse contento/a	*to get happy*
sentirse angustiado/a	*to feel anguish/stress*
tener celos (de)	*to be jealous (of)*
tener miedo (a/de)	*to be afraid (of) (about)*

CONSULTORIO GRAMATICAL

1 Use of Subjunctive with Verbs Like Gustar (Feelings and Emotions)

*The majority of verbs that we use to express sensations, emotions, or feelings are verbs like **gustar**. These verbs can take an infinitive, a noun, or a subordinate clause with a verb in the subjunctive mode. Here is a list of verbs and the grammar that governs this structure.*

(A mí) **me** (A ti) **te** (A él, ella, usted) **le** (A nosotros/as) **nos** (A vosotros/as) **os** (A ellos, ellas, ustedes) **les**	gusta encanta divierte indigna molesta preocupa emociona da risa / miedo interesa pone nervioso/a pone triste hace gracia	**ver** pintura cubista. **ir** a los museos. **trabajar** mucho.	*INFINITIVE*
		la pintura cubista. este cuadro.	*SINGULAR NOUN*
	gustan encantan divierten indignan molestan preocupan interesan emocionan dan risa / miedo ponen nervioso/a, ponen triste	la**s** ob**ras** de arte. est**os** cuad**ros**.	*PLURAL NOUN*

To express varying degrees of feeling, we can use adverbs.

me te le	gusta/n interesa/n	**muchísimo** **mucho** **bastante**		**no** {	me te le	gusta/n interesa/n	**demasiado** **mucho** **nada** **nada de nada**

me te le	da/n	**mucho** miedo **bastante** miedo **un poco de** miedo	**mucha** pena **bastante** pena **un poco de** pena	**no** {	me te le	da/n	**demasiado** miedo **mucho** miedo **nada de** miedo	**demasiada** pena **mucha** pena **nada de** pena

me te le	pone/n	**muy** nervioso/a, triste... **bastante** nervioso/a, triste... **un poco** nervioso/a, triste...	**no** {	me te le	pone/n	**muy** nervioso/a **demasiado** nervioso/a **nada** nervioso/a

*We use the infinitive construction when the person who carries out the action (**ver**, **vivir**...) and the person who experiences the emotion (**dar vergüenza, preocupar**...) are one and the same.*

Me da vergüenza **ver** esas cosas.
(a mí)   =   (yo)
Seeing those things makes me ashamed.

¿No **te preocupa** vivir en un mundo así?
    (a ti)   =   (tú)
Doesn't it worry you to live in a world like that?

Me pone nervioso **estar** solo en casa.
(a mí)   =   (yo)
Being home alone makes me nervous.

A Juan le fastidia ver tanta pobreza en el mundo.
    (a él)   =   (él)
Seeing so much poverty in the world bothers Juan.

When the person who carries out the action (**ver, vivir...**) and the one who experiences the emotion (**dar vergüenza, preocupar...**) are not the same person, we use the construction **que** + subjunctive.

Me da pena que me **digas** eso.
(a mí)   ≠   (tú)
It makes me sad that you are telling me that.

¿No **te preocupa** que la gente **viva** en un mundo así?
(a ti)   ≠   (la gente)
Doesn't it bother you that people live in a world like that?

Me pone nervioso **que estés** solo en casa.
(a mí)   ≠   (tú)
It makes me nervous that you are home alone.

A Juan le fastidia que sus hijos vean tanta pobreza.
(a él)   ≠   (sus hijos)
It bothers Juan that his children see so much poverty.

2 Reflexive Verbs to State Feelings and Emotions

Some verbs that are used to express feelings and emotions can have both a grammatical form, like that of **gustar**, and a reflexive form. Their meanings are the same, but they are grammatically different.

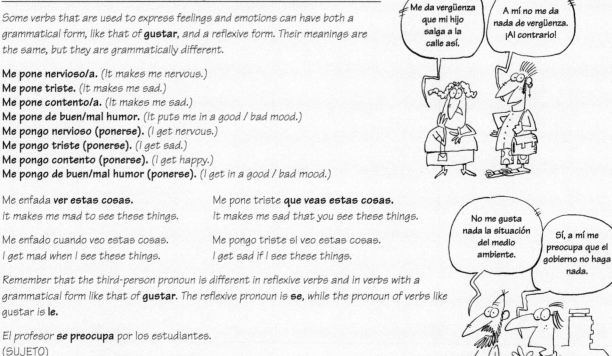

Me pone nervioso/a. *(It makes me nervous.)*
Me pone triste. *(It makes me sad.)*
Me pone contento/a. *(It makes me sad.)*
Me pone de buen/mal humor. *(It puts me in a good / bad mood.)*
Me pongo nervioso (ponerse). *(I get nervous.)*
Me pongo triste (ponerse). *(I get sad.)*
Me pongo contento (ponerse). *(I get happy.)*
Me pongo de buen/mal humor (ponerse). *(I get in a good / bad mood.)*

Me enfada **ver estas cosas.**
It makes me mad to see these things.

Me pone triste **que veas estas cosas.**
It makes me sad that you see these things.

Me enfado cuando veo estas cosas.
I get mad when I see these things.

Me pongo triste si veo estas cosas.
I get sad if I see these things.

Remember that the third-person pronoun is different in reflexive verbs and in verbs with a grammatical form like that of **gustar**. The reflexive pronoun is **se**, while the pronoun of verbs like gustar is **le**.

El profesor **se preocupa** por los estudiantes.
(SUJETO)

Al profesor **le preocupan** los estudiantes.
↑   (SUJETO)
(**A** el profesor)

3 Use of Subjunctive to State Advice and Value Judgments

We use the infinitive construction when the advice we give is generic and we are not explicitly directing it toward anyone in particular.

	ADJECTIVE	INFINITIVE
Es	fundamental	**ayudar** a los pobres.
Me parece	interesante	**visitar** los museos de esta ciudad.
	necesario	
	importante	

It is	crucial	to help the poor.
	interesting	to visit the museums of this city.
	necessary	
	important	

However, when we are referring the advice to a specific person, we use **que** + *subjunctive.*

	ADJECTIVE	que + SUBJUNCTIVE
Es	fundamental	**que ayudemos** a los pobres.
Me parece	exagerado	**que visites** los museos de esta ciudad.
	importante	
	necesario	

4 Changes in People

There are three reflexive verbs that are used to express changes in people.

1) *We use* **ponerse** *to express spontaneous and non-permanent changes in someone's frame of mind.*

Se puso muy nerviosa cuando vio a su exnovio.   **Me puse** enfermísimo después de comer ese pescado.
She became / got very nervous when she saw her ex-boyfriend.   *I became / got very sick after eating that fish.*

2) *We use* **volverse** *to talk about more permanent changes in character, personality, or behavior.*

Marta se ha vuelto más sensible.
Marta has become more sensitive.

Usually, this involves a change toward a negative condition.

Julian se ha vuelto un poco egoísta.   **Se volvió** muy autoritario.
Julian has become a little bit selfish.   *He became very authoritarian.*

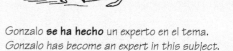

3) **Hacerse** *is used to express personal, professional, or social development, or evolution that is decided by the subject.*

Mi abuela **se hizo** rica invirtiendo en la bolsa.
My grandmother got rich by investing in the stock market.

Después de pasar 15 años en Ecuador, Javier **se hizo** ecuatoriano.   Gonzalo **se ha hecho** un experto en el tema.
Javier became Ecuadorian after spending 15 years in Ecuador.   *Gonzalo has become an expert in this subject.*

5 *Ser* + Adjective vs. *Estar* + Adjective

When used with an adjective, **ser** *expresses personality or moral characteristics that define the identity or nature of a subject.*

● ¿Cómo es?		—What is she like?
○ Es **muy**	amable.	—She is very kind.
○ Es **bastante**	agradable.	—She is quite nice.

Estar *is used with adjectives to describe the state or condition of the subject, especially one susceptible to change. These adjectives do not denote an inherent property of the subject.*

● **Estoy** muy cansada hoy.	—I am very tired today.
○ ¿**Estás** enferma?	—Are you sick?
● No, solo **estoy** un poco deprimida.	—No, I'm just a little depressed.

● ¿Qué le pasa?		—What's wrong with him?
○ Está **preocupado** por su novia.		—He's worried about his girlfriend.
	enfadado conmigo.	mad at me.
	triste.	sad.

Verb Charts

REGULAR VERBS: SIMPLE TENSES

Infinitive / Present Participle / Past Participle	Indicative					Subjunctive		Imperative
	Present	Imperfect	Preterit	Future	Conditional	Present	Imperfect	Commands
hablar hablando hablado	hablo hablas habla hablamos habláis hablan	hablaba hablabas hablaba hablábamos hablabais hablaban	hablé hablaste habló hablamos hablasteis hablaron	hablaré hablarás hablará hablaremos hablaréis hablarán	hablaría hablarías hablaría hablaríamos hablaríais hablarían	hable hables hable hablemos habléis hablen	hablara hablaras hablara habláramos hablarais hablaran	habla (tú), no hables hable (usted) hablemos hablad (vosotros), no habléis hablen (Uds.)
comer comiendo comido	como comes come comemos coméis comen	comía comías comía comíamos comíais comían	comí comiste comió comimos comisteis comieron	comeré comerás comerá comeremos comeréis comerán	comería comerías comería comeríamos comeríais comerían	coma comas coma comamos comáis coman	comiera comieras comiera comiéramos comierais comieran	come (tú), no comas coma (usted) comamos comed (vosotros), no comáis coman (Uds.)
vivir viviendo vivido	vivo vives vive vivimos vivís viven	vivía vivías vivía vivíamos vivíais vivían	viví viviste vivió vivimos vivisteis vivieron	viviré vivirás vivirá viviremos viviréis vivirán	viviría vivirías viviría viviríamos viviríais vivirían	viva vivas viva vivamos viváis vivan	viviera vivieras viviera viviéramos vivierais vivieran	vive (tú), no vivas viva (usted) vivamos vivid (vosotros), no viváis vivan (Uds.)

REGULAR VERBS: PERFECT TENSES

Indicative

	Present Perfect		Past Perfect		Preterite Perfect		Future Perfect		Conditional Perfect	
he	hablado	había	hablado	hube	hablado	habré	hablado	habría	hablado
has	comido	habías	comido	hubiste	comido	habrás	comido	habrías	comido
ha	vivido	había	vivido	hubo	vivido	habrá	vivido	habría	vivido
hemos		habíamos		hubimos		habremos		habríamos	
habéis		habíais		hubisteis		habréis		habríais	
han		habían		hubieron		habrán		habrían	

Subjunctive

	Present Perfect		Past Perfect	
haya	hablado	hubiera	hablado
hayas	comido	hubieras	comido
haya	vivido	hubiera	vivido
hayamos		hubiéramos	
hayáis		hubierais	
hayan		hubieran	

IRREGULAR VERBS

Infinitive / Present Participle / Past Participle	Indicative Present	Imperfect	Preterit	Future	Conditional	Subjunctive Present	Imperfect	Imperative Commands
andar / andando / andado	ando / andas / anda / andamos / andáis / andan	andaba / andabas / andaba / andábamos / andabais / andaban	anduve / anduviste / anduvo / anduvimos / anduvisteis / anduvieron	andaré / andarás / andará / andaremos / andaréis / andarán	andaría / andarías / andaría / andaríamos / andaríais / andarían	ande / andes / ande / andemos / andéis / anden	anduviera / anduvieras / anduviera / anduviéramos / anduvierais / anduvieran	anda (tú), no andes, ande (usted), andemos, andad (vosotros), no andéis, anden (Uds.)
caer / cayendo / caído	caigo / caes / cae / caemos / caéis / caen	caía / caías / caía / caíamos / caíais / caían	caí / caíste / cayó / caímos / caísteis / cayeron	caeré / caerás / caerá / caeremos / caeréis / caerán	caería / caerías / caería / caeríamos / caeríais / caerían	caiga / caigas / caiga / caigamos / caigáis / caigan	cayera / cayeras / cayera / cayéramos / cayerais / cayeran	cae (tú), no caigas, caiga (usted), caigamos, caed (vosotros), no caigáis, caigan (Uds.)
dar / dando / dado	doy / das / da / damos / dais / dan	daba / dabas / daba / dábamos / dabais / daban	di / diste / dio / dimos / disteis / dieron	daré / darás / dará / daremos / daréis / darán	daría / darías / daría / daríamos / daríais / darían	dé / des / dé / demos / deis / den	diera / dieras / diera / diéramos / dierais / dieran	da (tú), no des, dé (usted), demos, dad (vosotros), no deis, den (Uds.)

IRREGULAR VERBS (CONTINUED)

Infinitive Present Participle Past Participle	Indicative					Subjunctive		Imperative
	Present	Imperfect	Preterit	Future	Conditional	Present	Imperfect	Commands
decir diciendo dicho	digo dices dice decimos decís dicen	decía decías decía decíamos decíais decían	dije dijiste dijo dijimos dijisteis dijeron	diré dirás dirá diremos diréis dirán	diría dirías diría diríamos diríais dirían	diga digas diga digamos digáis digan	dijera dijeras dijera dijéramos dijerais dijeran	di (tú), no digas diga (usted) digamos decid (vosotros), no digáis digan (Uds.)
estar estando estado	estoy estás está estamos estáis están	estaba estabas estaba estábamos estabais estaban	estuve estuviste estuvo estuvimos estuvisteis estuvieron	estaré estarás estará estaremos estaréis estarán	estaría estarías estaría estaríamos estaríais estarían	esté estés esté estemos estéis estén	estuviera estuvieras estuviera estuviéramos estuvierais estuvieran	está (tú), no estés esté (usted) estemos estad (vosotros), no estéis estén (Uds.)
haber habiendo habido	he has ha hemos habéis han	había habías había habíamos habíais habían	hube hubiste hubo hubimos hubisteis hubieron	habré habrás habrá habremos habréis habrán	habría habrías habría habríamos habríais habrían	haya hayas haya hayamos hayáis hayan	hubiera hubieras hubiera hubiéramos hubierais hubieran	
hacer haciendo hecho	hago haces hace hacemos hacéis hacen	hacía hacías hacía hacíamos hacíais hacían	hice hiciste hizo hicimos hicisteis hicieron	haré harás hará haremos haréis harán	haría harías haría haríamos haríais harían	haga hagas haga hagamos hagáis hagan	hiciera hicieras hiciera hiciéramos hicierais hicieran	haz (tú), no hagas haga (usted) hagamos haced (vosotros), no hagáis hagan (Uds.)
ir yendo ido	voy vas va vamos vais van	iba ibas iba íbamos ibais iban	fui fuiste fue fuimos fuisteis fueron	iré irás irá iremos iréis irán	iría irías iría iríamos iríais irían	vaya vayas vaya vayamos vayáis vayan	fuera fueras fuera fuéramos fuerais fueran	ve (tú), no vayas vaya (usted) vamos, no vayamos id (vosotros), no vayáis vayan (Uds.)

IRREGULAR VERBS (CONTINUED)

Infinitive / Present Participle / Past Participle	Indicative					Subjunctive		Imperative
	Present	Imperfect	Preterit	Future	Conditional	Present	Imperfect	Commands
oír / oyendo / oído	oigo / oyes / oye / oímos / oís / oyen	oía / oías / oía / oíamos / oíais / oían	oí / oíste / oyó / oímos / oísteis / oyeron	oiré / oirás / oirá / oiremos / oiréis / oirán	oiría / oirías / oiría / oiríamos / oiríais / oirían	oiga / oigas / oiga / oigamos / oigáis / oigan	oyera / oyeras / oyera / oyéramos / oyerais / oyeran	oye (tú), no oigas / oiga (usted) / oigamos / oíd (vosotros), no oigáis / oigan (Uds.)
poder / pudiendo / podido	puedo / puedes / puede / podemos / podéis / pueden	podía / podías / podía / podíamos / podíais / podían	pude / pudiste / pudo / pudimos / pudisteis / pudieron	podré / podrás / podrá / podremos / podréis / podrán	podría / podrías / podría / podríamos / podríais / podrían	pueda / puedas / pueda / podamos / podáis / puedan	pudiera / pudieras / pudiera / pudiéramos / pudierais / pudieran	
poner / poniendo / puesto	pongo / pones / pone / ponemos / ponéis / ponen	ponía / ponías / ponía / poníamos / poníais / ponían	puse / pusiste / puso / pusimos / pusisteis / pusieron	pondré / pondrás / pondrá / pondremos / pondréis / pondrán	pondría / pondrías / pondría / pondríamos / pondríais / pondrían	ponga / pongas / ponga / pongamos / pongáis / pongan	pusiera / pusieras / pusiera / pusiéramos / pusierais / pusieran	pon (tú), no pongas / ponga (usted) / pongamos / poned (vosotros), no pongáis / pongan (Uds.)
querer / queriendo / querido	quiero / quieres / quiere / queremos / queréis / quieren	quería / querías / quería / queríamos / queríais / querían	quise / quisiste / quiso / quisimos / quisisteis / quisieron	querré / querrás / querrá / querremos / querréis / querrán	querría / querrías / querría / querríamos / querríais / querrían	quiera / quieras / quiera / queramos / queráis / quieran	quisiera / quisieras / quisiera / quisiéramos / quisierais / quisieran	quiere (tú), no quieras / quiera (usted) / queramos / quered (vosotros), no queráis / quieran (Uds.)
saber / sabiendo / sabido	sé / sabes / sabe / sabemos / sabéis / saben	sabía / sabías / sabía / sabíamos / sabíais / sabían	supe / supiste / supo / supimos / supisteis / supieron	sabré / sabrás / sabrá / sabremos / sabréis / sabrán	sabría / sabrías / sabría / sabríamos / sabríais / sabrían	sepa / sepas / sepa / sepamos / sepáis / sepan	supiera / supieras / supiera / supiéramos / supierais / supieran	sabe (tú), no sepas / sepa (usted) / sepamos / sabed (vosotros), no sepáis / sepan (Uds.)
salir / saliendo / salido	salgo / sales / sale / salimos / salís / salen	salía / salías / salía / salíamos / salíais / salían	salí / saliste / salió / salimos / salisteis / salieron	saldré / saldrás / saldrá / saldremos / saldréis / saldrán	saldría / saldrías / saldría / saldríamos / saldríais / saldrían	salga / salgas / salga / salgamos / salgáis / salgan	saliera / salieras / saliera / saliéramos / salierais / salieran	sal (tú), no salgas / salga (usted) / salgamos / salid (vosotros), no salgáis / salgan (Uds.)

IRREGULAR VERBS (CONTINUED)

Infinitive Present Participle Past Participle	Indicative					Subjunctive		Imperative
	Present	Imperfect	Preterit	Future	Conditional	Present	Imperfect	Commands
ser siendo sido	soy eres es somos sois son	era eras era éramos erais eran	fui fuiste fue fuimos fuisteis fueron	seré serás será seremos seréis serán	sería serías sería seríamos seríais serían	sea seas sea seamos seáis sean	fuera fueras fuera fuéramos fuerais fueran	sé (tú), no seas sea (usted) seamos sed (vosotros), no seáis sean (Uds.)
tener teniendo tenido	tengo tienes tiene tenemos tenéis tienen	tenía tenías tenía teníamos teníais tenían	tuve tuviste tuvo tuvimos tuvisteis tuvieron	tendré tendrás tendrá tendremos tendréis tendrán	tendría tendrías tendría tendríamos tendríais tendrían	tenga tengas tenga tengamos tengáis tengan	tuviera tuvieras tuviera tuviéramos tuvierais tuvieran	ten (tú), no tengas tenga (usted) tengamos tened (vosotros), no tengáis tengan (Uds.)
traer trayendo traído	traigo traes trae traemos traéis traen	traía traías traía traíamos traíais traían	traje trajiste trajo trajimos trajisteis trajeron	traeré traerás traerá traeremos traeréis traerán	traería traerías traería traeríamos traeríais traerían	traiga traigas traiga traigamos traigáis traigan	trajera trajeras trajera trajéramos trajerais trajeran	trae (tú), no traigas traiga (usted) traigamos traed (vosotros), no traigáis traigan (Uds.)
venir viniendo venido	vengo vienes viene venimos venís vienen	venía venías venía veníamos veníais venían	vine viniste vino vinimos vinisteis vinieron	vendré vendrás vendrá vendremos vendréis vendrán	vendría vendrías vendría vendríamos vendríais vendrían	venga vengas venga vengamos vengáis vengan	viniera vinieras viniera viniéramos vinierais vinieran	ven (tú), no vengas venga (usted) vengamos venid (vosotros), no vengáis vengan (Uds.)
ver viendo visto	veo ves ve vemos veis ven	veía veías veía veíamos veíais veían	vi viste vio vimos visteis vieron	veré verás verá veremos veréis verán	vería verías vería veríamos veríais verían	vea veas vea veamos veáis vean	viera vieras viera viéramos vierais vieran	ve (tú), no veas vea (usted) veamos ved (vosotros), no veáis vean (Uds.)

STEM-CHANGING AND ORTHOGRAPHIC-CHANGING VERBS

Infinitive Present Participle Past Participle	Indicative					Subjunctive		Imperative
	Present	Imperfect	Preterit	Future	Conditional	Present	Imperfect	Commands
almorzar (z, c) almorzando almorzado	almuerzo almuerzas almuerza almorzamos almorzáis almuerzan	almorzaba almorzabas almorzaba almorzábamos almorzabais almorzaban	almorcé almorzaste almorzó almorzamos almorzasteis almorzaron	almorzaré almorzarás almorzará almorzaremos almorzaréis almorzarán	almorzaría almorzarías almorzaría almorzaríamos almorzaríais almorzarían	almuerce almuerces almuerce almorcemos almorcéis almuercen	almorzara almorzaras almorzara almorzáramos almorzarais almorzaran	almuerza (tú) no almuerces almuerce (usted) almorcemos almorzad (vosotros) no almorcéis almuercen (Uds.)
buscar (c, qu) buscando buscado	busco buscas busca buscamos buscáis buscan	buscaba buscabas buscaba buscábamos buscabais buscaban	busqué buscaste buscó buscamos buscasteis buscaron	buscaré buscarás buscará buscaremos buscaréis buscarán	buscaría buscarías buscaría buscaríamos buscaríais buscarían	busque busques busque busquemos busquéis busquen	buscara buscaras buscara buscáramos buscarais buscaran	busca (tú) no busques busque (usted) busquemos buscad (vosotros) no busquéis busquen (Uds.)
corregir (g, j) corrigiendo corregido	corrijo corriges corrige corregimos corregís corrigen	corregía corregías corregía corregíamos corregíais corregían	corregí corregiste corrigió corregimos corregisteis corrigieron	corregiré corregirás corregirá corregiremos corregiréis corregirán	corregiría corregirías corregiría corregiríamos corregiríais corregirían	corrija corrijas corrija corrijamos corrijáis corrijan	corrigiera corrigieras corrigiera corrigiéramos corrigierais corrigieran	corrige (tú) no corrijas corrija (usted) corrijamos corregid (vosotros) no corrijáis corrijan (Uds.)
dormir (ue, u) durmiendo dormido	duermo duermes duerme dormimos dormís duermen	dormía dormías dormía dormíamos dormíais dormían	dormí dormiste durmió dormimos dormisteis durmieron	dormiré dormirás dormirá dormiremos dormiréis dormirán	dormiría dormirías dormiría dormiríamos dormiríais dormirían	duerma duermas duerma durmamos durmáis duerman	durmiera durmieras durmiera durmiéramos durmierais durmieran	duerme (tú), no duermas duerma (usted) durmamos dormid (vosotros), no durmáis duerman (Uds.)

STEM-CHANGING AND ORTHOGRAPHIC-CHANGING VERBS (CONTINUED)

Infinitive Present Participle Past Participle	Indicative					Subjunctive		Imperative
	Present	Imperfect	Preterit	Future	Conditional	Present	Imperfect	Commands
incluir (y) incluyendo incluido	incluyo incluyes incluye incluimos incluís incluyen	incluía incluías incluía incluíamos incluíais incluían	incluí incluiste incluyó incluimos incluisteis incluyeron	incluiré incluirás incluirá incluiremos incluiréis incluirán	incluiría incluirías incluiría incluiríamos incluiríais incluirían	incluya incluyas incluya incluyamos incluyáis incluyan	incluyera incluyeras incluyera incluyéramos incluyerais incluyeran	incluye (tú), no incluyas incluya (usted) incluyamos incluid (vosotros), no incluyáis incluyan (Uds.)
llegar (g, gu) llegando llegado	llego llegas llega llegamos llegáis llegan	llegaba llegabas llegaba llegábamos llegabais llegaban	llegué llegaste llegó llegamos llegasteis llegaron	llegaré llegarás llegará llegaremos llegaréis llegarán	llegaría llegarías llegaría llegaríamos llegaríais llegarían	llegue llegues llegue lleguemos lleguéis lleguen	llegara llegaras llegara llegáramos llegarais llegaran	llega (tú) no llegues llegue (usted) lleguemos llegad (vosotros) no lleguéis lleguen (Uds.)
pedir (i, i) pidiendo pedido	pido pides pide pedimos pedís piden	pedía pedías pedía pedíamos pedíais pedían	pedí pediste pidió pedimos pedisteis pidieron	pediré pedirás pedirá pediremos pediréis pedirán	pediría pedirías pediría pediríamos pediríais pedirían	pida pidas pida pidamos pidáis pidan	pidiera pidieras pidiera pidiéramos pidierais pidieran	pide (tú), no pidas pida (usted) pidamos pedid (vosotros), no pidáis pidan (Uds.)
pensar (ie) pensando pensado	pienso piensas piensa pensamos pensáis piensan	pensaba pensabas pensaba pensábamos pensabais pensaban	pensé pensaste pensó pensamos pensasteis pensaron	pensaré pensarás pensará pensaremos pensaréis pensarán	pensaría pensarías pensaría pensaríamos pensaríais pensarían	piense pienses piense pensemos penséis piensen	pensara pensaras pensara pensáramos pensarais pensaran	piensa (tú), no pienses piense (usted) pensemos pensad (vosotros), no penséis piensen (Uds.)
producir (zc) produciendo producido	produzco produces produce producimos producís producen	producía producías producía producíamos producíais producían	produje produjiste produjo produjimos produjisteis produjeron	produciré producirás producirá produciremos produciréis producirán	produciría producirías produciría produciríamos produciríais producirían	produzca produzcas produzca produzcamos produzcáis produzcan	produjera produjeras produjera produjéramos produjerais produjeran	produce (tú), no produzcas produzca (usted) produzcamos producid (vosotros), no produzcáis produzcan (Uds.)

STEM-CHANGING AND ORTHOGRAPHIC-CHANGING VERBS (CONTINUED)

Infinitive Present Participle Past Participle	Indicative					Subjunctive		Imperative
	Present	Imperfect	Preterit	Future	Conditional	Present	Imperfect	Commands
reír (i, i) riendo reído	río ríes ríe reímos reís ríen	reía reías reía reíamos reíais reían	reí reíste rio reímos reísteis rieron	reiré reirás reirá reiremos reiréis reirán	reiría reirías reiría reiríamos reiríais reirían	ría rías ría riamos riáis rían	riera rieras riera riéramos rierais rieran	ríe (tú), no rías ría (usted) riamos reíd (vosotros), no riáis rían (Uds.)
seguir (i, i) (ga) siguiendo seguido	sigo sigues sigue seguimos seguís siguen	seguía seguías seguía seguíamos seguíais seguían	seguí seguiste siguió seguimos seguisteis siguieron	seguiré seguirás seguirá seguiremos seguiréis seguirán	seguiría seguirías seguiría seguiríamos seguiríais seguirían	siga sigas siga sigamos sigáis sigan	siguiera siguieras siguiera siguiéramos siguierais siguieran	sigue (tú), no sigas siga (usted) sigamos seguid (vosotros), no sigáis sigan (Uds.)
sentir (ie, i) sintiendo sentido	siento sientes siente sentimos sentís sienten	sentía sentías sentía sentíamos sentíais sentían	sentí sentiste sintió sentimos sentisteis sintieron	sentiré sentirás sentirá sentiremos sentiréis sentirán	sentiría sentirías sentiría sentiríamos sentiríais sentirían	sienta sientas sienta sintamos sintáis sientan	sintiera sintieras sintiera sintiéramos sintierais sintieran	siente (tú), no sientas sienta (usted) sintamos sentid (vosotros), no sintáis sientan (Uds.)
volver (ue) volviendo vuelto	vuelvo vuelves vuelve volvemos volvéis vuelven	volvía volvías volvía volvíamos volvíais volvían	volví volviste volvió volvimos volvisteis volvieron	volveré volverás volverá volveremos volveréis volverán	volvería volverías volvería volveríamos volveríais volverían	vuelva vuelvas vuelva volvamos volváis vuelvan	volviera volvieras volviera volviéramos volvierais volvieran	vuelve (tú), no vuelvas vuelva (usted) volvamos volved (vosotros), no volváis vuelvan (Uds.)

SPANISH TO ENGLISH VOCABULARY

A

abajo *below* (5)
abandonar *to abandon* (11)
abarcar *to include* (11)
abeja *bee* (12)
abierto/a *open-minded* (20)
abobado/a *amazed; spellbound* (17)
abogado/a *lawyer* (2)
abolición *abolition* (10)
abordar *to tackle, to approach* (11)
abrazar *to embrace* (20)
abrebotellas *bottle opener* (8)
abrelatas *can opener* (8)
abrigo *coat* (4)
abril *April* (3)
abrir *to open* (7)
absurdo *absurd* (14)
abuelo/a *grandfather/grandmother* (2)
abuelos *grandparents* (2)
abundancia *abundance* (17)
aburrido/a *boring* (1) (7)
aburrirse *to get bored* (9)
abusar *to abuse* (20)
abuso *abuse* (20)
acá *here* (12)
acabar de *to have just* (7)
acampar *to go camping* (7)
a causa de que *due to* (20)
acceder *to access* (3)
accidente *accident* (10)
acción *action* (11)
aceite *oil* (8)
acelga *Swiss chard* (8)
acercamiento *approach* (3)
aclamar *to acclaim; applaud* (17)
aclarar *to clarify* (17)
acogedor/a *welcoming; friendly; warm* (9)
acomodarse *to make onself comfortable* (17)
acompañante *companion* (7)
aconsejable *advisable* (20)
acontecimiento *event* (10)
a continuación *next* (8)
acordarse (ue) de *to remember* (13)
acostarse (ue) *to go to bed* (5)
acostumbrarse *to become accustomed* (17)
actividad *activity* (5)
actor *actor* (2)
actriz *actress* (2)
actuación *acting; performance* (15)
actualmente *currently* (2)
actuar *to perform; act* (14)
acuario *aquarium* (15)
acudir (a) *to attend; turn up* (15)
acuerdo *agreement* (10)
acumulación *accumulation* (20)
acumular *to accumulate* (16)
adecuado/a *appropriate* (4)

adelanto científico *scientific advance* (19)
adelgazamiento *thinning* (16)
adelgazar *to lose weight* (5)
ademán *gesture* (17)
además *besides; moreover* (4)
a diario *daily activity* (8)
adicción *addiction* (5)
adicto/a *addicted* (12)
a diferencia de *in contrast to* (7)
adivinar *to guess* (1)
adjetivo *adjective* (1)
admirar *to admire* (14)
adolescente *adolescent* (20)
adquirir (ie) *to acquire* (4)
advertencia *warning* (12)
advertir (ie) (de) *to notice; warn* (12)
aeropuerto *airport* (1)
a favor *in favor of* (19)
afectar *to affect* (11)
afición *interest* (2)
aficionado/a *fan* (5)
afirmar *affirm* (8)
afluencia *affluence* (20)
afortunado/a *fortunate* (14)
afuera *outside* (16)
agarrar *to get hold of; to take* (11)
agenda electrónica *electronic agenda* (16)
ágil *agile; flexible* (5)
agobiar *to oppress; to put down* (20)
agosto *August* (3)
agotarse *to run out; to be used up* (19)
agradable *agreeable* (5); *pleasant; nice* (2)
agradecer (zc) *to thank* (15)
agravar *to make worse* (19)
agrícola *agricultural* (9)
agricultura *agriculture* (18)
agropecuario/a *agricultural; farming* (18)
agua *water* (1)
aguacate *avocado* (8)
agua mineral *mineral water* (4)
aguantar a *to put up with* (20)
aguardiente *firewater; hard liquor* (5)
agudo/a *acute* (12)
agujero *hole* (19)
ahora *now* (11)
ahorrar *to save* (4)
ahorro *savings* (16)
aire *air* (9)
aire acondicionado *air conditioning* (3)
aislado/a *isolated* (3)
ajeno/a *distant; alien* (7)
ajo *garlic* (8)
ajustar *to adjust to* (15)
alabar *to praise* (20)
a la derecha *to the right* (6)
a la izquierda *to the left* (6)
alameda *tree-lined avenue* (10)
albañil *builder* (6)

albergar *to house* (9)
albergue *lodging* (3)
alcalde/sa *mayor* (9)
alcaldía *city hall* (3)
alcance *reach; scope* (16)
alcanzar *to be enough; reach* (7)
al contrario *on the contrary* (14)
alegre *happy* (2)
alegría *happiness* (14)
alemán *German* (13)
Alemania *Germany* (18)
alergia *allergy* (12)
alérgico/a *allergic* (12)
alfabetización *literacy* (16)
al final *finally* (8)
algo *something* (11)
algodón *cotton* (16)
alguien *someone* (17)
alguno/a *some* (10)
alianza *alliance* (11)
alimentación *food* (18)
alimentar *to feed* (5)
alimentarse *to feed (oneself)* (11)
alimento *food* (8)
alistar *to get ready* (17)
allá *there* (4)
allí *there* (2)
alma *soul* (1)
almacén *warehouse; storage room; store* (18)
almacenar *to warehouse; to store* (18)
al menos *at least* (5)
almíbar *syrup* (8)
almirante *admiral* (10)
al mismo tiempo *at the same time* (15)
aló *hello* (6)
alojamiento *lodging* (3)
alojarse (en) *to lodge* (3)
a lo mejor *maybe* (15)
alquilar *to rent* (3)
alquiler *rent* (6)
alrededor *around; about* (10)
alrededores *outskirts; surroundings* (9)
altibajos *ups and downs* (14)
alto/a *high* (1)
altura *height* (12)
amabilidad *friendliness* (18)
amable *nice; kind* (2)
amanecer (zc) *to dawn* (15)
amante *lover* (12)
amar *to love; to like a lot* (20)
amargura *bitterness* (14)
amarillo/a *yellow* (4)
ambicioso/a *ambitious* (11)
ambiental *environmental* (9)
ambiente *atmosphere* (8)
ambos *both* (13)
ambulante *traveling* (18)
ambulatorio *outpatient department* (9)

a mediados de *about the middle of* (11)
amenazar *to threaten* (19)
a menudo *often* (5)
amigo/a *friend* (2)
amistad *friendship* (10)
amor *love* (10)
ampliación *extension* (18)
amplio/a *ample* (6)
amueblado/a *furnished* (6)
amueblar *to furnish* (6)
anaranjado/a *orange* (4)
anécdota *anecdote* (11)
anexión *annexation* (10)
anfiteatro *amphitheater* (7)
anguloso/a *angular* (11)
angustia *anguish* (20)
angustiar *to distress* (14)
anillo *ring* (8)
animación *animation; liveliness* (15)
animado/a *lively* (15)
animar *to encourage* (12)
anímico/a *of the mind* (5)
aniquilar *to annihilate* (16)
anís *anise* (8)
anoche *last night* (10)
anochecer *sunset; nightfall* (15)
anotar *to note* (5)
ansiedad *anxiety* (5)
anteayer *day before yesterday* (7)
antena parabólica *satellite dish* (7)
anteojos *eyeglasses* (4)
antepasado *ancestor* (11)
anteponer *to place before; to prefer* (14)
antes (de) *before* (3)
antes de ayer *day before yesterday* (7)
antibalas *bulletproof* (14)
anticipar *to anticipate* (18)
anticuado/a *antiquated; out-of-date* (18);
   old-fashioned (20)
antigüedad *antique* (4)
antiguo/a *old* (3)
antipático/a *unpleasant; unfriendly* (2)
antirrobo *anti-theft* (14)
antropólogo/a *anthropologist* (10)
anunciar *to announce* (10)
anuncio *ad* (3)
añadir *to add* (8)
añejo/a *old* (19)
año *year* (12)
apagar *to turn off* (16)
aparato *device* (16)
aparcamiento *parking lot* (9)
aparejar *to prepare; to equip* (18)
apariencia *appearance* (14)
apartamento *apartment* (3)
apellido *last name* (1)
aperitivo *appetizer* (8)
apertura *opening* (8)
apetecer *to feel like doing* (15)
a pie *by foot* (11)
apio *celery* (8)

aplicación *application* (16)
aplicar *to apply* (9)
apoderarse (de) *to take possession of* (11)
aporte *contribution* (9)
apoyar *to support* (11)
apoyo *support* (11)
apreciación *appreciation* (13)
apreciar *to notice; to appreciate* (7)
aprender *to learn* (1)
aprendiz/a *learner* (13)
aprendizaje *learning* (13)
a principios de *at the beginning of* (20)
aprobar *to approve* (14)
apropiado/a *adequate* (13)
a propósito *by the way* (17)
aprovechar *to benefit from* (13)
aprovecharse de *to take advantage of* (13)
aproximadamente *approximately* (2)
apuntar *to point; to write down* (18)
a punto *ready* (18)
a punto de *on the verge of* (18)
apurado/a *in a hurry* (5)
árabe *arabic* (13)
árbol *tree* (2)
archipiélago *archipelago* (11)
archivo *file* (16)
arder *to burn* (17)
argentino/a *Argentinian* (2)
argumento *plot* (15)
aritmética *arithmetic* (9)
arma *arm; weapon* (1)
armada *navy* (11)
armario *closet* (6)
arqueológico/a *archaeological* (8)
arquitecto *architect* (2)
arquitectura *architecture* (2)
arrancar *to start; to pull out* (17)
arrastrar *to sweep along* (19)
arreglar *to repair; to fix* (16)
arrepentirse (ie) *to regret* (15)
arrojar *to throw* (17)
arroyo *stream* (20)
arroz *rice* (8)
arte *art* (2)
artesanía *craft; artisan work* (4)
artes gráficas *graphic arts* (18)
artista *artist* (2)
asado *roast* (8)
asado/a *roasted* (8)
asamblea *assembly* (10)
asar *to roast* (8)
ascendencia *descent; extraction; ancestry* (2)
ascender *to ascend; to climb; to promote* (9)
ascenso *ascent* (5)
ascensor *elevator* (6)
asegurar *to assure* (12)
asentamiento *settlement* (6)
asequible *affordable* (12)
asesinar *to murder* (10)
asesinato *assassination; killing* (10)
asesor/a *advisor; consultant* (10)

asesoría *consulting service* (18)
asiento *seat* (14)
asilo *asylum* (17)
asimismo *likewise* (14)
así pues *therefore* (15)
así que *so* (3)
asistencia *assistance; care* (19)
asistente *assistant* (6)
asistir *to attend; to be present at* (2)
asma *asthma* (12)
asociar *to associate* (20)
asunto *affair* (19)
asunto de interés mundial *world affair* (19)
asustado/a *scared* (20)
asustar *to frighten* (17)
atacar *to attack* (11)
ataque *attack* (10)
ataque al corazón *heart attack* (12)
atentamente *attentively* (13)
aterrizar *to land* (7)
a tiempo completo *full-time* (6)
a tiempo parcial *part-time* (6)
atmósfera *atmosphere* (16)
átomo *atom* (20)
atracción *attraction* (8)
atractivo/a *attractive* (9)
atraer(se) *to attract* (4)
atravesar *to cross* (12)
a tráves de *across; through* (5)
atreverse *to dare* (19)
atropellar *to run down; to knock down;
   to assault* (20)
aula *classroom* (13)
aumentar *to increase* (10)
aumento *increase* (18)
aunque *although* (18)
ausencia *absence* (7)
austero/a *austere* (2)
autobús *bus* (3)
autóctono/a *indigenous; native* (11)
autoevaluación *self-assessment* (13)
automatizar *to automate* (16)
automóvil *car* (6)
autopista *highway* (6)
autor/a *author* (11)
autoridad *authority* (17)
autoritario/a *authoritarian* (14)
autorizar *to authorize* (19)
avalancha *avalanche* (8)
avance *advance* (14)
avanzar *to move forward; to make progress* (17)
avaricia *greed* (14)
avaro/a *miserly; avaricious* (14)
ave *bird* (6)
avellana *hazelnut* (8)
aventurero/a *adventurous* (11)
avergonzado/a *ashamed* (17)
averiarse *to break down* (16)
averiguar *to find out* (2)
aviario *aviary* (15)
avión *plane* (3)

avisar *to warn; to inform* (16)
avispa *wasp* (12)
ayer *yesterday* (7)
ayudar *to help* (6)
ayunas *before breakfast* (12)
ayuntamiento *city hall* (7)
azafato/a *flight attendant* (17)
azúcar *sugar* (5)
azucarar *to sweeten* (8)
azul *blue* (4)

B

bailar *to dance* (2)
baile *dance* (1)
bajar *to download* (16); *to go down; get out* (13)
bajo/a *low; below* (6)
ballena *whale* (17)
balneario *spa* (12)
baloncesto *basketball* (3)
banca *banking* (18)
banco *bank* (3)
banda sonora *soundtrack* (15)
bandeja *tray* (8)
bandera *flag* (11)
banquero/a *banker* (19)
baño *bathroom; toilet* (6)
barato/a *cheap* (4)
barco *boat; ship* (3)
barra *bar* (12)
barrera *barrier* (14)
barriga *stomach* (12)
barrio *neighborhood* (9)
barroco/a *Baroque* (14)
bastante *enough* (5); *quite a lot* (8)
basura *garbage* (9); *junk food* (5)
batalla *battle* (11)
batería *battery* (16)
batir *to beat* (8)
bautizar *to baptize* (11)
beber *to drink* (5)
bebida *drink* (5)
beca *scholarship* (11)
béisbol *baseball* (5)
belleza *beauty* (3)
bello/a *beautiful* (3)
beneficiar *to benefit* (18)
beneficioso/a *beneficial* (12)
berenjena *eggplant* (8)
besar *to kiss* (14)
biblioteca *library* (2)
bicicleta *bicycle* (3)
bien *well; good* (11)
bienes de consumo *consumer goods* (19)
bienestar *well-being* (2)
bien/mal situado/a *well/badly located* (9)
bigote *mustache* (8)
bilingüe *bilingual* (6)
biodiversidad *biodiversity* (12)
biografía *biography* (10)
biólogo/a *biologist* (16)

biométrico/a *biometric* (19)
bistec *steak* (8)
blanco/a *white* (4)
blando/a *soft* (8)
blanquecino/a *whitish* (17)
blusa *blouse* (4)
boca *mouth* (5)
boca abajo *face down* (7)
bodega *wine store* (4)
boleto *ticket* (3)
boleto de ida *one-way ticket* (7)
boleto de ida y vuelta *round-trip ticket* (7)
bolígrafo *pen* (12)
boliviano/a *Bolivian* (2)
bolsa *stock market* (20)
bolsillo *pocket* (10)
bolso *purse* (4)
bombero/a *fireman/woman* (6)
bombilla *lightbulb* (4)
bombo *drum* (4)
bombón *candy* (18)
bondad *goodness* (14)
bonito/a *beautiful; pretty* (1)
boquiabierto/a *astonished; speechless* (14)
bordado *embroidery* (20)
borrado *removal* (12)
borrar *to delete; to erase* (14)
bosque *forest* (3)
bota *boot* (4)
botar *to throw away* (19)
botella *bottle* (8)
botón *button* (16)
boxeo *boxing* (19)
brazo *arm* (5)
brecha *gap* (19)
breve *brief* (2)
brillar *to shine* (5)
británico/a *British* (10)
bronce *bronze* (5)
bronquitis *bronchitis* (12)
bruja *witch* (15)
bucear *to dive* (7)
buceo *diving* (3)
bueno *hello* (6)
bueno/a *good* (2); *tasty* (5)
buey *ox* (15)
bullicio *noise* (20)
buñuelo *fritter* (8)
buque *ship; boat* (18)
burla *joke* (5)
burocracia *bureaucracy* (10)
bus *bus* (3)
buscar *to look for; to search* (1)
buscar en el texto *to scan* (7)
búsqueda *search* (17)

C

caballo *horse* (4)
cabaña *cabin* (3)
caber *to fit; to hold* (13)

cabeza *head* (5)
cabo *end* (5)
cacique *chief* (11)
cada *each* (1)
cadena *chain* (3); *TV network* (15)
cadera *hip* (5)
caducidad *lapse* (12)
caer *to fall* (10)
caer bien/mal *to like/dislike someone* (20)
caer(se) *to fall down* (11)
café *coffee* (8)
cafetalero/a *coffee grower* (8)
cafetería *coffee shop* (9)
cafeto *coffee tree* (8)
caja *box* (8)
cajero/a *bank clerk; cashier* (4)
cajero automático *automated teller machine* (19)
calabaza *pumpkin* (4)
calcetín *sock* (4)
calendario *calendar* (14)
calentamiento global *global warming* (19)
calentar (ie) *to heat* (8)
calidad *quality* (4)
cálido/a *warm* (9)
caliente *warm; hot* (8)
calificación *rating; qualification; grade* (9)
callado/a *quiet; silent* (5)
callarse *to keep/remain quiet* (13)
calle *street* (3)
calmar *to calm* (5)
calor *heat* (9)
caluroso/a *hot (weather)* (9)
cama *bed* (6)
cámara de fotos *camera* (7)
cámara de video *video camera* (7)
cámara digital *digital camera* (16)
camarero/a *waiter/waitress* (2)
camarón *shrimp* (8)
cambiar *to change* (2)
cambio *change* (4)
cambio climático *climate change* (19)
camello *camel* (4)
caminar *to walk* (5)
caminata *hike* (7)
camino *road; journey* (20)
camión *truck* (11)
camisa *shirt* (4)
camiseta *t-shirt* (4)
campamento *camp* (3)
campaña *campaign* (12)
campeonato *championship* (5)
campo *countryside* (3); *field* (7)
Canadá *Canada* (18)
canal *TV channel* (15)
cancelación *cancellation* (7)
cancelar una reservación *to cancel* (7)
cáncer *cancer* (12)
cancha *court* (9)
canción *song* (14)
candidato/a *candidate* (6)
canela *cinnamon* (8)

cansado/a *tired* (5)
cansancio *tiredness* (12)
cansarse *to get tired* (12)
cantante *singer* (1)
cantidad *quantity* (2)
cañón *cannon* (11)
cañonazo *cannonshot* (11)
caos *chaos* (9)
capacidad *ability* (6)
capa de ozono *ozone layer* (14)
capaz *capable* (16)
capitán *captain* (5)
cara *face* (5)
cara a cara *face to face* (7)
carácter *character* (14)
característica *characteristic* (5)
caracterizar *to characterize* (15)
cargar *to charge* (16)
cargo *position; job* (6)
caribeño/a *Caribbean* (8)
cariñoso/a *tender a* (5)
carne *meat* (5)
caro/a *expensive* (4)
carrera *career* (10)
carretera *road; highway* (3)
carro *car* (4)
carta *letter* (4)
cartel *poster* (4)
cartelera *movie guide* (15)
cartera *wallet* (4)
cartero/a *postal carrier* (6)
cartón *cardboard* (16)
casa *house* (6)
casado/a *married* (2)
casarse *to get married* (10)
casarse con alguien *to marry someone* (10)
cascada *waterfall* (3)
casco *helmet* (5)
casco antiguo *historic district* (9)
casero/a *domestic; homemade* (8)
casi *almost* (1)
casona *big house* (9)
castellano *Spanish* (13)
castillo *castle* (11)
catalán *Catalan* (15)
catarata *waterfall* (3)
catástrofe *catastrophe* (6)
catastrófico/a *catastrophic* (5)
católico/a *Catholic* (19)
catorce *fourteen* (1)
caucho *rubber* (15)
caudaloso *large (river)* (3)
caudillo *leader; chief; strong man* (10)
causa *cause* (5)
causar *to cause* (6)
cautivar *captivate* (12)
cayo *key* (3)
caza *hunting* (19)
cazuela *to casserole; pot* (8)
cebolla *onion* (8)
cecina *beef jerky; dried beef* (8)

ceder la palabra *to give the floor* (13)
celebrar *to celebrate* (11)
celebrarse *to take place; occur* (15)
célebre *famous* (11)
celos *jealousy* (20)
celoso/a *jealous* (20)
cena *dinner* (2)
cenar *to dine* (6)
cenicero *ashtray* (8)
ceniza *ash* (20)
centenar *hundred* (8)
céntrico/a *central* (6)
centro *city center; downtown* (3)
centro comercial *shopping mall* (4)
ceramista *ceramicist* (2)
cerca de *near* (7)
cercano/a *nearby* (6)
cerdo *pork* (8)
cerebro *brain* (12)
cero *zero* (17)
cerrado/a *closed* (7); *narrow-minded* (20)
cerradura *lock* (16)
cerrajería *locksmith's shop* (18)
cerrajero/a *locksmith* (18)
cerrar *to close* (1)
cerro *mountain* (11)
certificado *certificate* (7)
certificado de nacimiento *birth certificate* (7)
cerveza *beer* (4)
cestería *basket making* (4)
champaña *champagne* (19)
champiñón *mushroom* (8)
chapado/a *plated* (6)
chaqueta *jacket* (4)
charlar *to chat* (14)
chequeo médico *medical checkup* (5)
chicle *gum* (12)
chileno/a *Chilean* (2)
chino/a *Chinese* (13)
chistoso/a *funny* (11)
chocar *to clash* (20)
chofer *chauffer* (17)
cicatriz *scar* (12)
ciclo *cycle* (19)
cien *one hundred* (2)
ciencia *science* (14)
ciencia ficción *science fiction* (15)
científico/a *scientist* (2)
cientos *hundreds* (4)
cierre *zipper* (16)
ciertamente *certainly* (14)
cierto/a *certain* (5); *true* (13)
cifra *figure* (18); *sign* (12)
cigarrera *cigar/cigarette case; cigar/cigarette maker or vendor* (4)
cigarrillo *cigarette* (12)
cigarro *cigar* (8)
cima *summit* (3)
cinco *five* (1)
cincuenta *fifty* (2)
cine *cinema; movies; movie theater* (1)

cineasta *film enthusiast; film critic* (16)
cintura *waist* (5)
cinturón *belt* (4)
circulación sanguínea *circulation of blood* (5)
circundante *surrounding* (3)
circunstancia *circumstance* (11)
cirugía *surgery* (12)
cirujano/a *surgeon* (12)
cita *appointment; date* (15)
citar *to cite* (18)
ciudad *city* (1)
ciudadanía *citizenship* (10)
ciudad universitaria *college campus* (9)
claro *of course; sure* (7)
claro que no *of course not* (7)
clase *class* (10)
clase social *social class* (19)
clásico/a *classic* (4)
clasificar *to classify* (11)
clave *key* (5)
clima *climate; weather* (6)
climático/a *climatic* (19)
coartada *alibi* (17)
cobarde *cowardly* (11)
cobardía *cowardliness* (14)
cobre *copper* (16)
coca *coca plant* (17)
cocalero *coca grower* (17)
coche *car* (4)
cocido *stew* (8)
cocina *cooking* (8); *kitchen* (6)
cocinar *to cook* (2)
cocinero/a *chef; cook* (2)
coco *coconut* (8)
cóctel *cocktail* (8)
codiciar *to covet* (19)
cocido/a *cooked* (12)
código *code* (1)
código genético (ADN) *genetic code (DNA)* (16)
codo *elbow* (5)
coherencia *coherence* (14)
colaborar *to collaborate* (10)
colar (ue) *to strain* (8)
colección *collection* (7)
coleccionar *to collect* (2)
colección de arte *art collection* (15)
colega *colleague* (11)
colesterol *cholesterol* (12)
colgar (ue) *to hang* (16)
colibrí *hummingbird* (3)
coliflor *cauliflower* (8)
colina *hill* (11)
collar *necklace* (4)
colocar *to place* (4)
colombiano/a *Colombian* (2)
colonia *colony* (11)
colonización *colonization; settlement* (10)
colonizador/a *colonist* (11)
colono *settler* (11)
colorido/a *colorful* (9)

columna *column* (5)
coma *comma* (13)
comandante *commander* (11)
comedor *dining room* (3)
comentar *to comment* (6)
comenzar (ie) *to begin; start* (5)
comer *to eat* (2)
comercial *business-related* (18)
comercializar *to commercialize* (16)
comerciante *merchant* (20)
comerciar *to trade; to do business* (18)
comercio *commerce; trade* (18)
comercio justo *fair trade* (19)
cometer errores *to make mistakes* (13)
comida *food* (1)
comilla *quotation mark* (13)
comisaría *police station* (17)
comodidad *comfort* (9); *convenience* (17)
cómodo/a *comfortable* (3)
como era de esperar *as expected* (17)
cómo no *of course* (3)
como por ejemplo *for example; such as* (16)
compañero/a de clase *classmate* (1)
compañía *company; firm* (6)
comparación *comparison* (9)
compartir *to share* (1)
competir *to compete* (18)
complejo/a *complex* (7)
complemento *object* (8)
complicado/a *complicated* (5)
cómplice *accomplice* (17)
componer *to compose; to fix* (5)
compositor *composer* (15)
comprar *to buy* (4)
compraventa *buying and selling* (10)
comprender *to understand* (7)
comprensivo/a *understanding* (20)
comprobar *to check; confirm* (18)
comprometerse *to get engaged* (10)
compromiso *commitment* (5)
compuerta *floodgate; sluice* (18)
computación *computing* (4)
computador/a *computer* (16)
computadora de bolsillo *palmtop
   computer* (16)
computadora portátil *laptop* (4)
comsumidor *consumer* (18)
comunicar *to inform; contact* (11)
comunidad *community* (6)
concebir *to conceive* (17)
concertar una cita *to make an
   appointment* (15)
conciencia *awareness* (6)
concierto *concert* (15)
concluir *to conclude* (6)
concurso *contest* (15)
condenar *to condemn* (10)
conducir *to lead; to drive* (7)
conductor *leader; driver* (10)
conectarse *to get along with* (20)
conexión *connection* (4)

confiable *dependable* (18)
confianza *confidence* (20)
confiar *to trust* (14)
congelado/a *frozen* (18)
congelarse *to freeze* (20)
congresista *member of Congress* (11)
conmemorar *to commemorate* (20)
conmemorativo/a *commemorative* (18)
conmigo *with me* (9)
conmovedor/a *moving* (15)
conocer (zc) *to know; to be familiar with* (1)
conocido/a *known* (10)
conocimiento *knowledge* (13)
conquista *conquest* (10)
conquistador *conqueror* (10)
consciente *conscious* (5)
consecuencia *consequence* (19)
conseguir (i) *to achieve* (10); *to obtain* (5)
consejero/a *counselor* (5)
consejo *advice* (5)
conservación *conservation* (8)
conservador/a *conservative* (10)
conservante *preservative* (12)
conservar *to conserve* (2)
considerar *to consider* (8)
constatar *to verify* (17)
constituir *to make up* (2)
construir (irreg.) *to build* (6)
consulta *(doctor's) office* (12)
consultorio *office* (18)
consumidor/a *consumer* (8)
consumo *consumption* (5)
contaminación *pollution* (9)
contaminar *to pollute* (9)
contar (ue) *to tell (a story)* (3)
contar (ue) con *to count on* (6)
contenedor *container* (18)
contenido *contents* (6)
contigo *with you* (9)
continuar *to continue* (11)
contra *against* (5)
contradecir (irreg.) *to contradict* (19)
contradicción *contradiction* (19)
contratar *to hire* (6)
contrato *contract* (6)
contribuir *to contribute* (2)
convaleciente *convalescent* (20)
convencer *to convince* (6)
conveniente *convenient* (5)
conversación *conversation* (2)
conversar *to converse* (8)
convertir *to convert* (15)
convertirse en *to become* (10)
convincente *convincing* (11)
convivir con *to live with* (19)
copa *drink* (15); *wine glass* (8)
copia *copy* (6)
copo *snowflake* (17)
corazón *heart* (3)
corbata *tie* (4)
cordero *lamb* (8)

cordillera *mountain range; the Andes* (3)
coreano *Korean* (13)
corregir *to correct* (10)
corregirse *to correct oneself* (13)
correr *to run* (2)
corridas de toros *running of the bulls* (19)
cortapuro *cigar cutter* (8)
cortar *to cut* (8)
cortarse el pelo *to cut one's hair* (18)
cortesía *courtesy* (6)
corto/a *short* (7)
cortometraje *short film* (15)
cosa *thing* (1)
cosecha *harvest* (6)
coser *to sew* (13)
cosméticos *cosmetics* (18)
costa *coast* (10)
costado *side* (9)
costar (ue) *to cost* (4); *to find hard to* (13)
costarricense *Costa Rican* (2)
costilla *rib* (8)
costoso/a *costly* (4)
costumbre *custom* (10); *habit* (5)
cotidianidad *daily activity* (2)
cotidiano/a *everyday* (11)
cotizar *to quote* (5)
crear *to create* (6)
creatividad *creativity* (14)
crecer (zc) *to grow* (1); *to grow up* (10)
crecimiento *growth* (9)
creer *to believe* (6)
crema *cream* (12)
criatura *creature* (20)
crisol *melting pot* (4)
crispar *to tense with pain* (20)
cristal *glass* (16)
crítica *review* (2)
criticar *to critique* (9)
cronológico/a *chronological* (10)
crucero *cruise* (3)
crudo/a *raw* (8)
cruzar *to cross* (12)
cuaderno *notebook* (17)
cuadra *block* (9)
cuadrado/a *square* (16)
cuadro *painting* (5); *table* (11)
cuál *which* (4)
cualquier *any* (1)
cuándo *when* (4)
cuánto(s) *how many; how much* (2)
cuarenta *forty* (2)
cuarto *bedroom; room* (6); *fourth* (6);
   quarter (7)
cuatro *four* (1)
cuatrocientos/as *four hundred* (4)
cubano/a *Cuban* (2)
cubrir *to cover* (5)
cuchara *spoon* (10)
cucharada *tablespoon* (12)
cuchillo *knife* (4)
cuello *neck* (5)

cuenta *check; bill* (8)
cuento *short story; tale* (7)
cuento de hada *fairy tale* (17)
cuero *leather* (4)
cuerpo *body* (5)
cuestionario *questionnaire* (6)
cueva *cave* (11)
cuidado *care* (12)
cuidar *to care for* (12)
cuidarse *to take care of oneself* (12)
culinario/a *culinary* (17)
cultivar *to grow* (8)
cultivo *growing* (5)
cultura *culture* (1)
cumbre *summit* (11)
cumpleaños *birthday* (4)
cuna *crib; birthplace* (7)
cuota *membership fees* (19)
cupo *course* (20)
cupón *coupon* (4)
cúpula *dome* (4)
currículo *résumé; CV* (6)
curso *course* (1)

D

dado/a/os/as *given* (20)
dado que *given that* (20)
danza *dance (classic or traditional)* (2)
danzar *to dance* (17)
daño *damage; harm* (12)
dar *to give* (1)
dar lástima *to feel sorry for someone/ something* (20)
dar miedo *to scare; to frighten* (13)
dar risa *to make laugh* (14)
darse cuenta de *to realize* (10)
dar una excusa *to make an excuse* (15)
dar una vuelta *to go for a walk* (17)
dar un paseo *to take a walk* (5)
dar vergüenza *to embarrass* (13)
datar *to date* (11)
datar de *to date back to* (11)
dátil *date (fruit)* (8)
dato *date; piece of information* (10)
de acuerdo *okay* (13)
debajo de *under* (3)
debatir *to debate* (19)
deberse *to be owing to* (6)
debido a *due to* (3); *owing to* (6)
década *decade* (5)
decanato *dean* (9)
decena *ten* (17)
decepcionado/a *disappointed* (20)
decidir *to decide* (6)
décima *tenth* (2)
decir (irreg.) *to say* (1)
declaración *statement* (17)
declarar *to declare* (10)
de cualquier forma *in any case / event* (19)
de día *during the day* (7)

dedicarse *to dedicate oneself* (2)
de dónde *from where* (4)
defecto *fault; defect* (14)
defensor/a *defender* (11)
definitivamente *definitively* (14)
deforestación *deforestation* (19)
deformar *to deform* (5)
de golpe *suddenly* (15)
degustación *tasting* (8)
degustar *to taste* (8)
deificar *to deify* (10)
dejar *to leave* (6); *to permit* (8)
dejar de *to stop doing something* (12)
de la madrugada *in the early morning* (7)
de la mañana *in the morning* (7)
de la noche *in the evening* (7)
delantal *apron* (17)
delante de *in front of* (17)
de la tarde *in the afternoon* (7)
deletrear *to spell* (1)
delfín *dolphin* (7)
delfinario *dolphinarium* (15)
delgado/a *slender; thin* (2)
delicioso/a *delicious* (8)
delincuencia *crime* (9)
demanda *demand* (18)
demasiado/a *too much; too many* (5)
demencia *dementia* (20)
de modo similar *similarly* (14)
demostrar (ue) *to demonstrate* (8)
de ninguna manera *no way* (3)
de niño/a *as a child* (14)
de noche *at night* (7)
dentista *dentist* (7)
dentro de *inside* (8)
de nuevo *again* (17)
denunciar *to denounce* (10)
de parte de *on the part of* (6)
depender *to depend* (13)
dependiente/a *store clerk* (8)
deporte *sport* (1)
deportes acuáticos *water sports* (3)
deportista *sportsman/sportswoman* (2)
deportivo/a *sporty; casual* (3)
depresión *depression* (5)
deprimido/a *depressed* (5)
deprimir *to depress* (14)
deprimirse *to become depressed* (11)
de pronto *suddenly* (17)
derecha *right* (6)
derecho *law* (10)
derechos civiles *civil rights* (10)
de repente *suddenly* (11)
derivar *to derive* (11)
derramar *to spill* (20)
derrotar *to destroy* (10)
desacuerdo *disagreement* (3)
desafiar *challenge* (19)
desafortunadamente *unfortunately* (19)

desafortunado/a *unfortunate; less fortunate* (19)
desanimarse *to get discouraged* (13)
desaparecer *to disappear* (10)
desaparición *disappearance* (17)
desaprobación *disapproval* (13)
desaprobar *to disapprove* (14)
desarrollado/a *developed* (19)
desarrollar *to develop* (10) (18)
desarrollar(se) *to develop* (13)
desarrollo *development* (17)
desastre *disaster* (11)
desayunar *to have breakfast* (5)
desayuno *breakfast* (5)
descansar *to rest* (3)
descanso *rest* (5)
descarga *discharge; shock* (16)
descartar *to discard* (19)
descender *to descend* (14)
descendiente *descendent* (11)
descenso de rápidos *rafting* (12)
descifrar *to decode* (16)
descomposición *decomposition* (16)
desconcertante *disconcerting; upsetting* (20)
desconectar *disconnect* (16)
desconfiado/a *distrustful; suspicious (of)* (19)
desconocido/a *stranger* (13); *unknown* (10)
desconocimiento *ignorance* (12)
descontento/a *discontent* (20)
describir *to describe* (7)
descubrimiento *discovery* (9)
descubrir *to discover* (7)
descuento *discount* (4)
desde *until* (5)
desde cuándo *since when* (4)
desde luego *of course* (7)
desde luego que no *of course not* (7)
desear *to desire* (11)
desechar *to discard; to reject* (16)
desecho *waste* (20)
desembarcar *to disembark* (11)
desempeño *fulfillment; performance* (12)
desempleado/a *unemployed* (19)
desempleo *unemployment* (9) (19)
desenchufar *to unplug* (16)
desenfrenado/a *unbridled* (19)
deseo *wish* (9)
desfile *parade* (17)
deshacer *to unpack* (7)
deshonesto/a *dishonest* (18)
desierta *desert* (14)
desigualdad *inequality* (19)
desintegrar *to disintegrate* (10)
desmayarse *to faint* (12)
desnivel *unevenness* (3)
desodorante *deodorant* (4)
desolar *to ruin* (11)
desorden *mess* (14)
desordenado/a *disorderly; untidy* (14)
desorganizado/a *disorganized* (20)
despacho *office* (6)

despacio *slow* (1)
despedir (i) *to fire* (6)
despedirse (i) de *to say goodbye to* (7)
despegar *to take off* (7)
despertador *alarm clock* (17)
despertarse (ie) *to wake up* (5)
despierto/a *awake* (17)
despistado/a *absent-minded* (14)
desplazamiento *displacement* (10)
desprestigiarse *to lose* (7)
después (de) *next; after; afterwards* (8)
destacar *to stand out; emphasize* (5)
destinar *to assign* (9)
destino *destination* (3); *destiny* (10)
destituir *to dismiss; remove* (10)
destreza *skill* (6)
destrucción *destruction* (19)
destruir *to destroy* (6)
desvencijado/a *rickety; falling apart* (20)
desventaja *disadvantage* (18)
detallado/a *detailed* (4)
detección *detection* (16)
detención *arrest; detention* (17)
detener *to stop; to detain* (11)
detener(se) *to halt* (11)
deteriorar *deteriorate* (12)
determinar *to determine* (20)
de todas maneras *in any case / event* (19)
de todos modos *in any case / event* (19)
detrás de *behind* (12)
devastador/a *devastating* (20)
devastar *to devastate* (11)
de verdad *really* (11)
de vez en cuando *once in a while* (5)
devolver (ue) *to return* (6)
diagnosticar *to diagnose* (19)
dialogante *open; open-minded* (20)
diarrea *diarrhea* (12)
dibujante *draftsman* (2)
dibujar *to draw* (2)
dibujo *drawing* (2)
diciembre *December* (3)
dictador *dictator* (11)
dictadura *dictatorship* (10)
diecinueve *nineteen* (1)
dieciocho *eighteen* (1)
dieciséis *sixteen* (1)
diecisiete *seventeen* (1)
diente *tooth* (18)
dieta *diet* (8)
diez *ten* (1)
difícil *difficult* (1)
dificultad *difficulty* (8)
difundir *to spread* (8)
diga *hello* (6)
digitalización *digitalization* (19)
digitalizado/a *digitalized* (16)
digitalizar *to digitize* (16)
digno/a *honorable; decent* (6)
diligencia *diligence* (11)
dimitir *to resign* (10)

dinámico/a *dynamic* (6)
dinastía *dynasty* (11)
dinero *money* (3)
dirección *address* (7)
dirigir *to direct* (10)
disco compacto *compact disc* (16)
discriminación *discrimination* (19)
disculparse *to apologize* (18)
disculpe *excuse me* (8)
discurso *speech* (10)
discutible *debatable* (14)
discutir *argue* (5)
diseñador/a *designer* (7)
diseñar *to design* (6) (14)
disfrazarse (de) *to disguise oneself (as)* (17)
disfrutar *to enjoy* (3)
disminución *reduction* (10)
dispensar *to excuse; to pardon; to grant* (20)
disponer de algo *to have something* (9)
disponible *available* (6)
dispositivo *device; mechanism* (16)
dispuesto *disposed; available; ready* (6)
distribución *distribution* (2)
distribuir *to distribute* (10)
distrito *district* (15)
diurno/a *daily* (9)
diversión *enjoyment* (8); *fun* (1)
divertido/a *fun* (1); *funny* (14)
divertirse (ie) *to enjoy oneself* (3);
  to have fun (15)
divorciado/a *divorced* (2)
divorciarse *to divorce* (10)
doblar *to bend* (5)
doce *twelve* (1)
docena *dozen* (8)
dócil *docile* (20)
documental *documentary* (15)
dólar *dollar* (16)
doler (ue) *to hurt* (11)
dolor *pain* (12)
dolor de barriga *stomachache* (12)
dolor de cabeza *headache* (12)
dolor de espalda *backache* (12)
dolor de estómago *stomachache* (12)
dolor de muelas *toothache* (12)
dolor de oídos *earache* (12)
domicilio *domicile; legal residence* (18)
dominar *to dominate* (11)
domingo *Sunday* (5)
dominicano/a *Dominican* (2)
dominio *mastery* (6)
donación *donation* (6)
dónde *where* (4)
dormir (ue) *to sleep* (2)
dormirse (ue) *to fall asleep* (5)
dormitorio *bedroom* (6)
dos *two* (1)
doscientos/as *two hundred* (4)
droga *drug* (12)
drogadicciones *drug addictions* (12)
ducharse *to shower* (5)

dudar *to doubt* (11)
dueño/a *owner* (8)
dulce *sweet; candy* (5)
dulzura *sweetness* (14)
duplicación *duplication* (16)
duración *duration* (7)
duradero/a *long-lasting* (16)
durante *during* (7)
durar *to last* (7)
dureza *hardness; harshness* (8)
duro/a *hard* (8)
DVD (reproductor de) *DVD player* (16)

E

echar una mano *to help; to lend a hand* (17)
echar un vistazo a *to take a quick look* (15)
ecología *ecology* (9)
ecologista *ecologist* (19)
economía *economy* (18)
económico/a *inexpensive* (16)
ecosistema *ecosystem* (12)
ecuatoriano/a *Ecuadorian* (2)
edad *age* (2)
edificación *edification* (3)
edificio *building* (3)
editar *to publish* (16)
editorial *publishing company* (18)
educado/a *well-mannered; well-educated* (14)
efectivamente *really; exactly* (13)
efectivo/a *effective* (5)
efecto *effect* (6)
eficiencia *efficiency* (18)
egipcio/a *Egyptian* (14)
egoísmo *egoism* (14)
egoísta *selfish* (2)
ejercer *to exert* (20)
ejercicio *exercise* (5)
ejército *military* (10)
elaborar *to elaborate* (8)
elección *choice* (9)
elecciones *elections* (10)
electricidad *electricity* (16)
electricista *electrician* (18)
eléctrico/a *electric* (16)
electrodomésticos *electronic appliances* (4)
elegante *elegant* (4)
elegir (i) *to choose* (1); *to elect* (3)
elevar *to elevate* (16)
eliminar *to eliminate* (8)
eludir *to elude* (20)
embajador/a *ambassador* (14)
embarazada *pregnant* (12)
embarcar *to embark; to board* (11)
embestido/a *ravage; havoc* (20)
embotellamiento *traffic jam* (9)
emigración *emigration* (14)
emigrante *emigrant* (7)
emigrar *to emigrate* (12)
emocionante *exciting; thrilling* (15)
emocionar *to excite; to touch* (14)

emotivo/a *emotional* (20)
empacar *to pack up* (18)
empezar (ie) *to begin; to start* (6)
emplazamiento *site; location* (17)
empleado/a *employee* (6)
emplear *to employ* (5)
empleo *job; employment* (6)
emplumado/a *fledged* (11)
empobrecer *impoverish* (20)
emprender *to undertake* (20)
empresa *business; company; firm* (6)
empresarial *business-related* (18)
empresario *manager; promoter* (15)
empujar *to push* (19)
en absoluto *absolutely not* (14)
enamorado/a *lover* (9)
enamoramiento *infatuation* (20)
enamorarse de *to fall in love with* (10)
encabezar *to head; to lead* (3)
encallar *to run aground* (20)
encantador/a *charming* (15)
encantar *to love; to like a lot* (3); *to please* (13)
encanto *charm* (9)
encargar *to order* (18)
encendedor *lighter* (8)
encender *to turn on* (16)
encerrar *to lock down; to lock up* (11)
enchufar *to plug in* (16)
enchufe *plug* (16)
encima *on top* (8)
en/como consecuencia *in/as a consequence* (20)
en conclusión *in conclusion* (6)
en contra *against* (19)
encontrar (ue) *to find out* (3)
encontrarse (ue) *to find oneself* (12)
en crecimiento *growing* (18)
en cualquier caso *in any case / event* (19)
en cuanto a *as for* (16); *with respect to* (13)
encuentro *meeting; conference* (15)
encuesta *survey* (3)
en efectivo *cash* (17)
en el extranjero *abroad* (1)
enemigo/a *enemy* (11)
enemistad *enmity* (20)
energía *energy* (16)
energía solar *solar energy* (16)
enero *January* (3)
enfadado/a *angry* (20)
énfasis *emphasis* (12)
enfermarse *to get sick* (12)
enfermedad *illness; sickness* (12)
enfermo/a *sick; ill* (4)
enfoque *focus* (14)
enfrentar *to confront* (5)
enfrente (de) *in front of* (17)
enfriar *to cool down* (8)
enfriarse *to get cold* (8)
enfundado/a *to sheathe; to wear* (17)
enfurecer *to infuriate* (20)
engordar *to gain weight* (5)

engreído/a *conceited; vain* (14)
enlace *link* (16)
enlatado *canned* (12)
enojado/a *angry; annoyed* (20)
enojarse *to get angry* (20)
enorme *huge; enormous* (15)
en otras palabras *in other words* (5)
en primer lugar *in the first place* (6)
en punto *on the dot; sharp* (7)
en resumen *in short* (6)
enriquecer *to enrich* (13)
enrolar *to enroll* (10)
ensalada *salad* (4)
ensamblar *to join; to assemble* (18)
ensayo *essay* (13)
enseguida *at once; right away* (17)
en segundo lugar *in the second place* (6)
enseñanza *teaching* (13)
en serio *seriously* (11)
ensueño *daydream; fantasy* (15)
en suma *to sum up* (19)
entender *to understand* (1)
entenderse con *to get along with* (20)
enterarse *to find out* (17)
en tercer lugar *in the third place* (6)
entonces *so* (20); *then* (11)
entorno *setting; environment; climate* (3)
en torno a *around* (20)
entrada *entry* (6); *ticket* (15)
entrar *to enter* (19)
entre *among* (2)
entrega *delivery* (18)
entregar *to hand over; to give; to deliver* (10)
entrenador/a *trainer* (17)
entrenamiento *training* (5)
entrenar *to train* (5)
entre tanto *meanwhile* (17)
entretenido/a *entertaining* (15)
entretenimiento *entertainment* (9)
entrevistar *to interview* (1)
en último lugar *last* (15)
envasar *to pack* (12)
envase *container* (8)
envenenamiento *poison* (12)
en vez de *instead of* (3)
enviar *to send* (4)
envidia *envy* (14)
envidioso/a *envious; jealous* (14)
en vista de *in the face of* (7)
en voz alta *out loud* (18)
epidemia *epidemic* (10)
época *epoch; era* (10)
equilibrio *balance* (5)
equinoccio *equinox* (20)
equipaje *luggage* (7)
equipo *team* (3)
equitativo/a *fair; just* (6)
equivocarse *to be wrong* (14)
erguido/a *erect* (5)
erradicación *eradication* (19)
error *mistake* (13)

escala *scale* (10)
escalada *climbing* (18)
escalera *staircase* (5)
escanear *to scan* (12)
escáner *scanner* (16)
escapar *to escape* (10)
escaso/a *rare* (19)
escena *scene* (17)
escénico/a *scenic* (15)
escepticismo *skepticism* (19)
escéptico/a *skeptical* (19)
esclavitud *slavery* (10)
esclavo *slave* (10)
esclusa *lock* (18)
esconder *to hide* (18)
escondido/a *hidden* (11)
escozor *stinging; burning sensation* (12)
escribir *to write* (1)
escrito/a *written* (13)
escritor/a *writer* (2)
escritorio *desk* (6)
escrúpulo *scruples* (11)
escuchar *to listen* (1)
escuela *school* (7)
escultor/a *sculptor* (5)
escultura *sculpture* (2)
es decir *in other words* (1)
esencia *essence* (19)
esencialmente *essentially* (13)
esfera *face (of a clock)* (7)
esfuerzo *effort* (12)
eslogan *slogan* (12)
es más *furthermore* (15)
espacial *spatial* (10)
espaguetis *spaghetti* (8)
espalda *back* (5)
español *Spanish* (11)
Española *Hispaniola* (10)
español/a *Spaniard/Spanish* (2)
especial *special* (7)
especializarse (en) *to specialize (in)* (14)
especialmente *especially* (18)
especie *species* (6)
especificar *to specify* (20)
específico/a *specific* (11)
espectáculo *show* (15)
espectáculos *shows* (9)
especulación *speculation* (19)
espejo *mirror* (6)
esperanza *hope; expectancy* (12)
esperanza de vida *life expectancy* (19)
esperar *to wait; to hope* (4)
espina *thorn* (18)
espinaca *spinach* (8)
espinoso *thorny; difficult; dangerous* (18)
esplendoroso/a *splendorous; magnificent* (14)
espontáneamente *spontaneously* (13)
esposo/a *husband/wife* (2)
esquema *outline* (13); *scheme* (11)
esquiar *to ski* (5)
esquimal *Eskimo* (17)

esquina *corner* (16)
estabilidad *stability* (5)
estable *stable* (12)
establecer *to establish* (6)
estación *season* (3); *station* (16)
estacionamiento *parking; parking lot* (6)
estacionar *to park* (17)
estadía *stay* (7)
estadio *stadium* (9)
estadista *statesman* (11)
estadístico/a *statistical* (12)
estado *state* (1)
estado civil *marital status* (2)
Estados Unidos *United States* (10)
estadounidense *U.S. citizen/from the U.S.* (2)
estallar *to break out* (10)
estampilla *stamp* (14)
estándar *standard* (14)
estante/estantería *shelf* (6)
estar *to be* (1)
estar a dieta *to be on a diet* (5)
estar a punto de *to be at the point of* (7)
estar de acuerdo *to agree* (3)
estar de buen/mal humor *to be in a good/bad mood* (20)
estar de rebajas *to be on sale* (4)
estar en contra *to be against* (14)
estar enfadado/disgustado (con) *to be mad (at)* (20)
estar en forma *to be fit; to be in shape* (5)
estar harto/a (de) *to be tired of; to fed up with* (17) (20)
estar resfriado/a *to have a cold* (12)
estar sentado *to be seated* (5)
estatal *state* (12)
este *east* (3)
estelar *stellar* (15)
estéreo *stereo* (6)
estereotípico/a *stereotypical* (14)
estereotipo *stereotype* (14)
estética *aesthetic* (15)
estilo *style* (2)
estimar *to estimate* (6)
estirar *to stretch; to extend* (5)
estrategia *strategy* (13)
estratégico/a *strategic* (11)
estrecho/a *narrow* (9)
estrella *star* (5)
estrés *stress* (5)
estresado/a *stress* (20)
estricto/a *strict* (7)
estropear *to damage; to break* (18)
estropearse *to get damaged; to break down* (16)
estructura *structure* (10)
estudiante *student* (2)
estudiantil *student* (18)
estudiar *to study* (1)
estudio *studio* (6)
estupidez *stupidity* (14)
etapa *stage* (6)

eterna *eternal* (12)
ético/a *ethical* (19)
etiqueta *label* (1)
etnia *ethnic group; race* (10)
étnico/a *ethnic* (11)
europeo/a *European* (2)
euskera *Basque* (15)
eutanasia *euthanasia* (19)
evaluar *to evaluate* (8)
evitar *to avoid* (12)
exactamente *exactly* (14)
exagerado/a *exaggerated* (5)
examinar *to examine* (4)
excelente *excellent* (8)
excesivamente *excessively* (12)
exceso *excess* (5)
excluyente *exclusive* (19)
excursión *field trip* (3)
excusarse *to excuse oneself* (15)
exhalar *to exhale* (5)
existir *to exist* (8)
éxito *success* (2)
exitoso/a *successful* (14)
exótico/a *exotic* (3)
expedición *expedition* (10)
expediente *expedient; means* (6)
experiencia *experience* (6)
experto *expert* (20)
explicación *explanation* (13)
explicar *to explain* (5)
exploración del espacio *space exploration* (19)
explorador/a *explorer* (10)
exponer *to expose* (5)
exportación *exportation* (18); *exports* (18)
exportar *to export* (7)
exposición *exhibition* (15); *exposition* (5)
expresar *to express* (18)
expresividad *expressivity* (15)
expulsar *to throw out; to expel* (11)
extenderse *to extend; stretch* (14)
exterminio *extermination* (10)
extraer *to extract* (11)
extranjero/a *foreigner* (2)
extraño/a *strange; odd* (10)
extraterrestre *extraterrestrial* (11)
extrovertido/a *extrovert* (14); *outgoing* (2)

F

fabricación *making; production* (8)
fabricar *to make* (8)
fabuloso/a *fabulous* (3)
facción *faction* (2)
fácil *easy* (1)
facilidad *ease* (17)
facilitar *to facilitate* (9)
facturar la(s) maleta(s) *to check luggage* (7)
facultad *school* (10)
falda *skirt* (4)
fallecer *to die* (10)
faltar *to lack* (9)

fama *fame* (6)
familiar *relative* (2)
farmacia *pharmacy* (3)
farmacología *pharmacology* (14)
fase *phase* (7)
fastidiar *to bother* (13)
fatalidad *fatality* (20)
febrero *February* (3)
fecha *date* (7)
felicidad *happiness* (14)
feliz *happy* (10)
fenómeno *phenomenon* (3)
feria *fair* (15)
ferrocarril *railroad* (18)
ferviente *fervent* (11)
festejar *to celebrate* (20)
festival *contest* (1)
fibra *fiber* (4)
ficha *card* (2)
fidelidad *fidelity; loyalty* (14)
fiebre *fever* (10)
fiel *faithful; loyal* (14)
fiesta *festivity; party* (1)
fijar *to fix* (13)
fijarse en *to notice* (7)
Filipinas *Philippines* (18)
filmar *to film* (16)
filosofía *philosophy* (14)
filósofo *philosopher* (19)
filtro *filter* (12)
finalmente *finally* (2)
financiar *to fund* (18)
financiero/a *financial* (18)
finanzas *finances* (19)
fin de semana *weekend* (4)
fingir *to pretend; imagine* (14)
finlandés *Finnish* (13)
fino/a *fine* (2)
firma *signature* (10)
firmar *to sign* (10)
firmeza *firmness* (5)
físico/a *physical* (5)
flauta *flute* (4)
flexión *push-up* (5)
flexionar *to bend* (5)
flor *flower* (18)
florecer *to flourish* (9)
florería *flower shop* (4)
floristería *florist's shop* (18)
flotar *to float* (5)
fluidez *fluency* (10)
flujo *flow* (20)
folleto *prospect; brochure* (7)
fomentar *to promote* (19)
fondo *back* (17); *fund* (6)
forastero/a *outsider* (13)
formación *training; education* (6)
forma de ser *the way someone is* (20)
formar parte (de) *to be part of* (11)
formato *format* (18)
fórmula *formula* (19)

formular *formulate* (14)
formulario *form* (17)
forrado/a *lined; bound* (4)
fortalecimiento *strengthening* (5)
fortaleza *fortress* (11)
fósforo *match* (16)
fotocopiadora *copy machine; photocopier* (16)
fotografía *picture* (1)
fotógrafo/a *photographer* (2)
frágil *fragile* (20)
francés *French* (13)
Francia *France* (12)
franela *flannel* (17)
frase *sentence* (4)
frase temática *topic sentence* (4)
frecuentemente *frequently* (12)
freír (i) *to fry* (8)
frenar *to brake* (12)
freno *brake* (16)
frente *forehead* (5)
fresa *strawberry* (8)
fresco/a *fresh* (4)
frijoles *beans* (8)
frío *cold* (9)
frito/a *fried* (8)
frontera *border* (13)
frustrarse *to get frustrated* (13)
fruta *fruit* (5)
frutero *fruit seller; fruit dish* (8)
fuego *fire* (8)
fuente *source* (8) (17)
fuera de *outside of* (6)
fuerte *strong* (5)
fuerza *strength* (20)
fugarse *to escape* (17)
fumador/a *smoker* (12)
fumar *to smoke* (5)
funcionar *to function; to work* (5)
funcionario/a *government official* (11)
fundado/a *founded* (7)
fundar *to found* (10)
fundirse *to blow* (16)
fútbol *soccer* (2)

G

gafas *glasses* (16)
galés/galesa *Welsh* (13)
gallego *Galician* (15)
gamba *shrimp* (8)
ganadería *livestock* (18)
ganador *winner* (4)
ganar *to earn* (6); *to win* (2)
garaje *garage* (17)
garantizar *to guarantee* (12)
gasolinera *gas station* (9)
gastar *to spend* (3)
gato *cat* (4)
gaviota *seagull* (12)
generación *generation* (10)
generar *to generate* (12)

género *genre* (14)
generosidad *generosity* (14)
generoso/a *generous* (14)
genial *extraordinary; great* (15)
genio *genius* (19)
gente *people* (1)
geografía *geography* (1)
gerente *manager* (6)
germen *germ* (5)
gestación *gestation* (20)
gestión *management* (10)
gesto *gesture* (13)
gigante *giant* (17)
gigantesco/a *gigantic* (7)
gimnasio *gym* (3)
girar *to turn* (16)
giro *turn* (20)
giro postal *money order* (7)
globalización *globalization* (19)
globo *globe* (20)
gobernador *governor* (10)
gobernar *to govern* (11)
gobierno *government* (11)
golfista *golf player* (5)
golpear *to hit* (17)
golpe de estado *coup d'état* (10)
gordo/a *fat* (5)
gorjear *to trill* (11)
gorra *cap* (3)
gorro *hat* (4)
grabado *etching* (11)
grabar *to record* (16)
gracias *thanks; thank you* (1)
gracioso/a *funny* (11)
grado *degree* (12)
gráfico *graphic* (12)
gramo *gram* (8)
Gran Bretaña *Great Britain* (10)
grande *big* (1)
granja *farm; country house* (18)
grano *bean* (17)
grasa *fat* (5)
gratis *free* (7)
gratuito *free* (12)
grave *severe; serious* (9)
gravedad *gravity* (11)
Grecia *Greece* (18)
griego *Greek* (13)
grifo *gas station (Perú)* (9)
gripe *flu* (5)
gris *gray* (4)
gritar *to shout* (20)
grito *yell* (20)
Groenlandia *Greenland* (10)
gruñón/a *grumpy* (3)
grupo *group* (1)
grupo sanguíneo *blood type* (12)
guantes *gloves* (4)
guapo/a *good-looking; handsome/pretty* (2)
guardacostas *coast guard* (14)
guardaespaldas *bodyguard* (17)

guardar *to keep* (16)
guardería *daycare; preschool* (9)
guardia de seguridad *security guard* (6)
guatemalteco/a *Guatemalan* (2)
gubernamental *government-related* (18)
guerra *war* (5)
guía *guide* (3)
guiar *to guide; to direct* (4)
guion *script* (15)
guionista *scriptwriter* (20)
guisantes *peas* (8)
guiso *stew* (8)
gustar *to like; to be pleasing to* (3)

H

haber *to have (in compound tenses)* (1)
habichuelas *green beans* (8)
habilidad *skill; cleverness* (17)
habitación *room* (3)
habitante *inhabitant* (1)
habitar *to inhabit; to dwell* (11)
hábito *habitación* (8)
hablador/a *talkative* (14)
hablante *speaker* (2)
hablar *to speak* (1)
hace calor *it is hot* (9)
hace frío *it is cold* (9)
hacer (irreg.) *to make; to do* (2)
hacer caso a *to pay attention to* (20)
hacer cola/fila *to wait in line* (7)
hacer de *to play the role of* (8)
hacer deporte *to play; to practice sports* (5)
hacer ejercicio *to exercise* (5)
hacer esquemas *to prepare outlines* (13)
hacer la(s) maleta(s) *to pack* (7)
hacer muecas *to make a face* (7)
hacer preguntas *to ask questions* (13)
hacerse (irreg.) *to become* (20)
hacerse daño *to hurt oneself* (12)
hacerse un lío *to get all mixed up* (13)
hacer una reservación *to make a reservation* (7)
hacer un regalo *to give a gift* (4)
hacer yoga *to do yoga* (5)
hace sol *it is sunny* (9)
hace viento *it is windy* (9)
hacia *toward* (7)
hacienda *estate; farm* (10)
hallar *to find* (20)
hambre *hunger* (12)
hamburguesa *hamburger* (20)
harina *flour* (8)
harto/a (de) *fed up (with)* (18)
hasta *until* (10)
hasta cuándo *until when* (4)
Hawai *Hawaii* (10)
hay *there is; there are* (1)
hebreo *Hebrew* (13)
hecho *fact* (10)
hectárea *hectare* (3)

heladería *ice cream shop* (4)
helado *ice cream* (4)
hemisferio *hemisphere* (18)
heredero/a *heir/heiress* (8)
herencia *heritage* (3)
hermano/a *brother/sister* (2)
hermosura *beauty* (14)
héroe *hero* (10)
heroína *heroine* (11)
herramienta *tool* (16)
hervir (ie) *to boil* (8)
híbrido/a *hybrid* (16)
hidratante *hydrating* (12)
hierbabuena *mint* (8)
higiénico *hygienic* (18)
hijo/a *son/daughter* (2)
hilar *to spin* (20)
hilo *thread* (16)
hincapié *emphasis; stress* (5)
hipocresía *hypocrisy* (14)
hipócrita *hypocritical* (14)
hipotecario/a *mortgage* (18)
hipótesis *hypothesis* (10)
hispano/a *Hispanic* (2)
hispanohablante *Spanish speaker* (14)
historia *history* (1)
hogar *home* (6)
hoja *leaf* (6)
hojear *to skim/glance through* (17)
hola *hello* (1)
holandés/a *Dutch* (10)
hondureño/a *Honduran* (2)
honestidad *honesty* (14)
honesto/a *honest; decent* (11)
hora *hour* (5)
horario *schedule* (5)
hormigón *concrete* (6)
hostelería *hotel management;*
  hotel business (18)
hotel *hotel* (3)
hoy en día *these days* (19)
huelga *strike* (20)
huella *trace; print* (2)
huevo *egg* (8)
huida *flight* (11)
huir *to escape; to run away* (11)
húmedo/a *humid* (3)
humo *smoke* (9)
huracán *hurricane* (6)

I

ida y vuelta *round trip* (3)
idealista *idealist* (20)
identificar *to identify* (6)
idioma *language* (1)
ídolo *idol* (15)
iglesia *church* (3)
ignorar *to be ignorant; to not know* (19)
igual *same; equal* (8)
igual... de *as . . . as* (9)

igualdad *equality* (19)
igual de *equally* (7)
ilegal *illegal* (20)
ilícito/a *illegal* (12)
ilustración *illustration* (20)
ilustrar *to illustrate* (16)
ilustre *illustrious* (11)
imagen *image* (3)
imaginar *to imagine* (19)
imbuido/a *imbued* (20)
imitar *to imitate* (13)
impaciencia *impatience* (14)
imperio *empire* (9)
impermeable *raincoat* (3)
implicado/a *person involved* (17)
importación *imports* (18)
importado/a *imported* (16)
importar *to matter* (12)
imposición *imposition* (19)
impresión *impression* (19)
impresionante *impressive* (15);
  outstanding (3)
impreso/a *printed* (18)
impresora *printer* (16)
imprevisto/a *unforeseen* (11)
imprimir *to impress* (17)
impuestos *taxes* (18)
inalámbrico/a *wireless* (16)
inauguración *inauguration* (18)
incapaz *incapable* (20)
incendio *fire* (16)
incierto/a *uncertain* (8)
inclinar *to lean* (5)
incluir *to include* (4)
incluso *even; including* (19)
incógnito/a *unknown* (11)
incómodo/a *uncomfortable* (3)
inconfundible *unmistakeable* (5)
inconsciente *unconscious* (12)
incorporar *to incorporate; to unite* (8)
increíble *incredible* (3)
incrementar *to increase* (18)
incumplir *to break* (19)
independencia *independence* (10)
independiente *independent* (11)
independizar *to become independent* (10)
indicar *to indicate* (9)
índice *index* (12)
indígena *indigenous person; native* (2)
indigestión *indigestion* (12)
indignar *to anger* (14)
indudablemente *certainly* (13)
industria *industry* (18)
inequívoco/a *unmistakeable* (14)
inesperado/a *unexpected* (20)
infancia *childhood* (10)
infección *infection* (12)
infidelidad *infidelity* (14)
infierno *hell* (17)
inflamación *swelling; inflammation* (12)
influyente *influential* (4)

información *information* (5)
informal *casual* (4)
informática *computer science; computers* (6)
informe *report* (1)
infraestructura *infrastructure* (18)
infranqueable *insurmountable;*
  unbridgeable (17)
ingeniería *engineering* (12)
ingeniería genética *genetic engineering* (19)
ingeniero/a *engineer* (20)
ingenio *ingenuity; inventiveness* (20)
inglés/inglesa *English* (11)
ingresos *income* (6)
inhalar *to inhale* (5)
iniciar *to start* (10)
injerto *graft* (12)
injusto *injustice* (17)
inmediatamente *immediately* (11)
inmersión *immersion* (13)
inmigración *immigration* (11)
inmigrante *immigrant* (4)
inmobiliario/a *real estate-related* (18)
innovador *innovator* (2)
innovador/a *innovative* (15)
innovar *to innovate* (18)
inolvidable *unforgettable* (3)
inscribirse *to enroll* (13); *to register* (7)
inscrito/a *registered* (7)
inseguridad *insecurity* (9)
inseguro/a *insecure* (14)
insolación *sunstroke* (12)
insomnio *sleeplessness; insomnia* (12)
insoportable *unbearable; intolerable* (20)
inspirar *to inspire* (6)
instalaciones *facilities* (3) (5)
instalar *to install* (9)
instalarse *to settle down* (9)
instantaneidad *instantaneity* (17)
instante *instant* (10)
instaurar *to establish* (10)
instrumento *instrument* (2)
inteligencia *intelligence* (14)
inteligente *intelligent* (2)
intemporal *timeless* (2)
intensidad *intensity* (17)
intentar *to try; intend* (14)
intercambio *exchange* (2)
interés *hobby* (1); *interest* (11)
interesante *interesting* (1)
interesar *to interest* (3)
internar *to intern* (20)
interpelar *to question* (19)
interpretación *performance* (14)
interrogar *to question* (17)
interrogatorio *questioning* (17)
interrumpir *to interrupt* (10)
intoxicación *food poisoning* (12)
introvertido/a *introverted; shy* (14)
inundar *to inundate* (18)
invadir *to invade* (10)
inventar *to invent; to make up* (10)

invernadero *greenhouse; glasshouse* (15)
inversión *investment* (18)
inversionista *investor* (18)
inversor/a *investor* (18)
invertir (ie) *to invest* (9)
investigación *research; investigation* (16)
investigador/a *researcher* (19)
investigar *to research; to investigate* (16)
invierno *winter* (3)
invitado/a *guest* (18)
invitar *to invite* (20)
involucrado/a *involved* (7)
involucrar *to involve* (13)
ir (irreg.) *to go* (2)
ir a *to be going to* (1)
ir de camping *to go camping* (7)
ir de compras *to go shopping* (4)
ir de copas *to go out for a drink* (15)
Irlanda *Ireland* (10)
ironía *irony* (15)
irse (irreg.) *to leave* (6)
irse del hotel *to check out* (7)
isla *island* (3)
isleño *islander* (10)
istmo *isthmus* (18)
Italia *Italy* (10)
itinerario *itinerary* (7)
izquierda *left* (6)

J

jabón *soap* (16)
jamás *never* (20)
jamón *ham* (8)
Japón *Japan* (10)
japonés *Japanese* (13)
jarabe *syrup* (12)
jarana *revelry; trick; jest* (20)
jardín *garden; yard* (3)
jaula de bateo *batting cage* (7)
jeroglífico *hieroglyphic* (14)
jonrón *home run* (7)
joven *youth* (6)
joya *jewel* (14)
joyería *jewelry* (4)
jubilar *to retire* (19)
judías verdes *green beans* (8)
judío/a *Jewish* (13)
juego *game* (7)
juego de video *video game* (18)
jueves *Thursday* (5)
jugador/a *player* (2)
jugar (ue) *to play* (2)
jugo *juice* (8)
juguete *toy* (4)
juguetería *toy store* (4)
julio *July* (3)
junio *June* (3)
junto/a *together* (6)
justicia social *social justice* (19)
justo/a *fair; just* (18)

juvenil *juvenile* (4)
juventud *youth* (10)

K

kilo *kilogram* (8)

L

laberinto *labyrinth* (17)
lado *side* (5)
ladrillo *brick* (6)
ladrón *thief* (17)
lago *lake* (3)
lamentar *to lament; to be sorry* (20)
lana *wool* (4)
lancha *motorboat* (11)
langosta *lobster* (12)
lapicera *pen* (16)
lápiz *pencil* (16)
largometraje *full-length film; feature film* (16)
lástima *shame; pity* (11)
lata *can* (8)
latino/a *Latino* (2)
latinoamericano/a *Latin American* (2)
lavadora *washing machine* (16)
lavandería *laundromat* (3)
lavar *to wash* (10)
lazo *bond* (4)
lección *lesson* (14)
leche *milk* (8)
lechuga *lettuce* (8)
lector *reader* (13)
lector de CD-Rom *CD-Rom reader* (16)
lectura *reading* (13)
leer *to read* (1)
leer por encima *to skim* (7)
legalización *legalization* (19)
legumbres *legumes* (8)
lejano/a *far* (18)
lejos de *far from* (7)
lengua *language* (13)
lengua extranjera *foreign language* (13)
lengua materna *mother tongue* (13)
lentamente *slowly* (12)
lentes de sol *sunglasses* (4)
lento/a *slow* (7)
leña *wood* (3)
león marino *sea lion* (15)
lesión *injury* (12)
lesionarse *to get hurt; to get injured* (12)
levantar *to lift* (5)
levantarse *to get up* (5)
ley *law* (3)
leyenda *legend* (11)
liberación *release* (5)
liberar *to free* (10)
libertad *freedom* (10)
libre *free* (8) (19)
librería *bookstore* (2)
libreta *notebook* (4)

libro *book* (2)
licencia de conducir *driver's license* (6)
licor *liquor* (4)
licorería *liquor store* (18)
líder *leader* (10)
lienzo *canvas* (5)
liga *league* (6)
ligado/a *linked* (5)
ligero/a *light* (12)
límite *limit* (7)
limón *lemon* (8)
limonada *lemonade* (12)
limpiar *to clean* (3)
limpio/a *clean* (9)
lindo/a *nice* (15); *pretty* (14)
línea *line* (10)
linterna *lantern; lamp* (3)
listo/a *clever; ready; witty* (5)
literario/a *literary* (20)
litro *liter* (5)
llamada *call* (18)
llamar *to call* (3)
llamarse *to be called* (1)
llanuras *plains* (1)
llave *key* (11)
llavero *key ring; key maker* (4)
llegada *arrival* (7)
llegar *to arrive* (1)
llegar a tiempo *to arrive on time* (7)
llegar con retraso *to be delayed* (7)
llegar tarde *to arrive late; to be late* (7)
lleno/a *booked* (7)
llevar *to carry* (6); *to live (a healthy life)* (12); *to wear* (4)
llevar a cabo *to carry out* (16)
llevarse bien/(mal) con *to (not) get along with* (14)
llorar *to cry* (15)
llover (ue) *to rain* (9)
lluvia *rain* (9)
lluvioso/a *rainy* (9)
lobo marino *seal* (20)
localización *location* (7)
localizar *to locate* (1)
loco/a *crazy* (20)
lógico/a *logic* (5)
logotipo *logo* (18)
lograr *to achieve* (6)
lomo *back* (15)
loro *parrot* (3)
lo siento *sorry* (7)
lucha *fight* (11)
luchar *to fight* (6)
lucro *profit* (6)
lúdico/a *playful* (15)
luego *next; then* (8)
lugar *place* (3)
lugareño *villager* (20)
lujoso/a *luxurious* (6)
lunes *Monday* (5)
luz *light* (16)

M

macarrones *macaroni* (8)
madera *wood* (6)
madre *mother* (2)
madrileño/a *resident of Madrid* (15)
madrugada *early morning* (7)
madrugar *to get up early* (3)
madurez *maturity* (14)
maestro/a *teacher* (2)
maíz *corn* (5)
majestuoso/a *majestic* (20)
maldad *wickedness* (14)
malecón *sea wall* (9)
maleducado/a *ill-mannered* (14)
maleta *suitcase* (7)
maletín *briefcase* (17)
malo/a *bad* (4)
malograrse *to break down* (16)
malvado/a *wicked* (11)
mamífero *mammal* (7)
manatí *manatee* (7)
mandar *to send* (6)
mando *command* (11)
manejar *to drive* (6)
manía *mania* (14)
manifestación *demonstration* (10)
manifestar *to show* (10)
mano *hand* (5)
mantel *tablecloth* (20)
mantener *to maintain* (9)
mantequilla *butter* (8)
manto *mantle; cloak* (17)
manualidad *craft* (13)
manzana *apple* (8)
mañana *tomorrow* (7)
maquillarse *to put on makeup* (14)
máquina *machine* (16)
mar *sea; ocean* (3)
maravilla *marvel* (17)
maravilloso/a *marvellous; wonderful* (3)
marcador *marker* (11)
marcar *to dial* (6)
marco *frame; mark* (4)
mareado/a *dizzy* (12)
marearse *to get dizzy* (12)
mareas negras *oil spill; large oil slick* (19)
mareo *dizziness* (12)
marfil *ivory* (17)
marginación *marginalization* (19)
marginado/a *marginalized* (19)
marido *husband* (20)
marihuana *marijuana* (19)
marino *sailor* (20)
marisco *seafood* (8)
marítimo/a *maritime; sea* (7)
mármol *marble* (5)
marrón *brown* (4)
martes *Tuesday* (5)
marzo *March* (3)
más... que *more . . . than* (9)

masaje *massage* (12)
masajista *masseuse* (18)
matar *to kill* (17)
mate *small pot* (4)
matemáticas *mathematics* (14)
máximo *maximum* (11)
mayo *May* (3)
mayordomo *butler* (17)
mayoría *majority* (3)
mayúscula *uppercase letter* (13)
medianoche *midnight* (4)
medicamento *medication* (12)
medicina *medicine* (12)
médico *doctor* (2)
medida *measure* (8)
medioambiental *environmental* (18)
medio ambiente *environment* (9)
mediocridad *mediocrity* (14)
mediodía *noon* (7)
medios de transporte *transportation* (3)
medir (i) *to measure* (12)
meditar *to meditate* (14)
mejillón *mussel* (8)
mejor *the best* (3); *better* (9)
mejorar *to improve; to make better* (5)
melocotón *peach* (8)
memoria *memory* (16)
memorizar *to memorize* (13)
mencionar *to mention* (5)
menos *less* (1)
mensaje *message* (6)
mensajería *courier service* (18)
mensajero/a *courier* (18)
mente *mind* (5)
mentir (ie) *to lie* (19)
mentiroso/a *lying; deceptive* (20)
menú *menu* (8)
mercadeo *marketing* (18)
mercado *market; grocery store* (7)
mercancía *goods; merchandise* (18)
mercardo laboral *labor market* (7)
merecer (zc) *to merit; to be worth* (15)
merendar (ie) *to have a snack* (8)
mes *month* (3)
mesa *table* (2)
mesero/a *waiter/waitress* (2)
meseta *plateau* (3)
mestizo/a *biracial; person of mixed race* (11)
meta *goal* (18)
metal *metal* (16)
método *method* (13)
metro *subway* (3)
metrópoli *metropolis* (15)
mexicano/a *Mexican* (2)
mezcla *mixture* (11)
mezclar *to mix* (5)
microondas *microwave* (16)
miedo *fear* (11)
miedoso/a *fearful; scary* (14)
miembro *member* (5)
mientras *while* (6)

mientras tanto *while* (11)
miércoles *Wednesday* (5)
migración *migration* (9)
migraña *migraine* (12)
mil *thousand* (4)
milenario *millenial* (9)
milenio *millenium* (19)
militar *military* (10)
milla *mile* (16)
millón *million* (4)
millonario/a *millionaire* (17)
minería *mining industry* (18)
mínimo *minimum* (10)
minoría *minority* (13)
minúscula *lowercase letter* (13)
mirada *glance* (15)
mirar *to look* (1)
miseria *misery* (20)
mismo/a *same* (9)
misterio *mystery* (17)
misterioso/a *mysterious* (11)
mitad *half* (1)
mítico/a *mythic* (10)
mito *myth* (2)
mobiliario *furniture* (18)
mochila *backpack* (4)
moda *fashion* (4)
moderadamente *moderately* (12)
moderar *to moderate* (5)
moderno/a *modern* (4)
modesto/a *modest* (20)
modificar *to modify* (18)
mojado/a *wet* (11)
molestar *to bother* (13)
molestarse *to get upset* (20)
molestia *discomfort* (12)
molesto/a *bothersome; tiresome* (20)
monarquía *monarchy* (15)
moneda *currency* (7)
monje/monja *monk/nun* (19)
mono *monkey* (3)
montaña *mountain* (1)
montañismo *mountain climbing* (7)
montañoso/a *mountainous* (12)
montar bicicleta *to ride a bike* (5)
montarse en el tren, avión, autobús *to get on the train, plane, bus* (7)
monte *mountain* (20)
montevideano *resident of Montevideo* (16)
montón *pile; heap; mass* (16)
morado/a *purple* (4)
moreno/a *dark* (2)
morir (ue) *to die* (10)
mostaza *mustard* (8)
mostrar *to show* (1)
motivar *to motivate* (11)
moto *motorcycle* (16)
motocicleta *motorcycle* (20)
movilizado/a *mobilized* (6)
movimiento *movement* (10)

movimiento migratorio *migration movement* (19)
muchas veces *many times* (5)
mudarse *to move* (6)
muebles *furniture* (6)
muela *tooth* (12)
muerte *death* (6)
multiétnico/a *multiethnic* (19)
mundial *worldwide; international* (5)
mundialización *globalization* (19)
mundo *world* (1)
muñeco/a *doll* (16)
muro *wall* (10)
músculo *muscle* (5)
museo *museum* (6)
música *music* (2)
música en vivo *live music* (15)
músico *musician* (2)
muslo *thigh* (5)

N

nacer (zc) *to be born* (10)
nacimiento *birth* (1)
nación *nation* (6)
nacionalidad *nationality* (2)
nacionalizado/a *nationalized* (7)
nada *hardly* (2); *none; not any; nothing* (8)
nadar *to swim* (11)
nadie *no one* (18)
naranja *orange* (4)
narcotráfico *drug trafficking* (19)
nariz *nose* (5)
narración *narration* (11)
narrador/a *narrator* (17)
narrar *to narrate* (11)
natal *native* (9)
naturaleza *nature* (1)
navegador *browser* (16)
navegante *sailor* (6)
navegar *to sail* (3)
Navidad *Christmas* (4)
naviera *shipping company* (20)
necesario/a *necessary* (5)
necesidad *necessity* (6)
necesitar *to need* (4)
negocio *business* (6)
negrita *bold* (2)
negro/a *black* (4)
nervioso/a *nervous* (14)
nevera *refrigerator* (8)
nicaragüense *Nicaraguan* (2)
niebla *fog* (9)
nieve *snow* (9)
ni hablar *no way* (7)
ningún; ninguno/a *none; not any* (8)
niñero/a *babysitter* (18)
niñez *childhood* (10)
nivel *level* (5)
no cabe duda *no doubt* (13)

noche *night; evening* (6)
nocturno/a *nightly* (15)
nómada *nomadic* (11)
nombrar *to name* (5)
nombre *first name* (1)
no me digas *no way* (11)
no obstante *however* (19)
nordeste *northeast* (11)
noroeste *northwest* (12)
norte *north* (3)
noruega *Norwegian* (18)
noticias *news* (1) (15)
novecientos/as *nine hundered* (4)
novedad *novelty* (18)
novedoso/a *novel; new; innovative* (18)
novela *novel* (17)
novela de aventuras *adventure story* (17)
novela de ficción *fiction novel* (17)
novela de misterio *mystery novel* (17)
novelista *novelist* (17)
noventa *ninety* (2)
noviembre *November* (3)
novio/a *boyfriend/girlfriend* (2)
nublado/a *foggy* (9)
nueve *nine* (1)
nuevo/a *new* (4)
nuez *nut* (4)
número *number* (1)
nunca *never* (5)

O

oaxaqueño/a *Oaxacan* (2)
obesidad *obesity* (5)
obligar *to obligate* (20)
obra *work* (5)
obra de arte *work of art* (15)
obra de teatro *(theater) play* (15)
obras públicas *public works* (9)
obrero/a *worker* (20)
observar *to observe* (6)
obtener *to obtain* (5)
ocasionar *to cause* (11)
océano *ocean* (10)
ochenta *eighty* (2)
ocho *eight* (1)
ochocientos *eight hundred* (4)
ocio *leisure* (9)
octubre *October* (3)
ocupado/a *busy* (7)
ocupar *to occupy* (11)
ocuparse (de) *to take care of* (7)
ocurrir *to happen; take place* (9)
odiar *to hate* (14)
odontología *dentistry* (12)
oeste *west* (3)
ofensiva *offensive* (11)
oferta *offer* (7); *supply* (18)
oferta cultural *entertainment* (15)
ofertas *sales* (7)
oficina *office* (6)

oficinista *office clerk* (6)
ofrecer (zc) *to offer* (1)
oído *ear* (12)
oír *to hear* (17)
ojo *eye* (5)
óleo *oil painting* (5)
olor *smell* (9)
olvidar *to forget* (4) (13)
ómnibus *bus* (3)
once *eleven* (1)
ónix *onyx* (4)
operación *surgery* (12)
operar *to operate on* (12)
operarse (de) *to have surgery* (12)
opinar *to express an opinion* (19)
opinión *opinion* (19)
oportunidad *opportunity* (6)
optimista *optimist* (14)
óptimo/a *optimal* (18)
opuesto/a *opposite* (18)
oración *sentence; prayer* (5)
oralmente *orally* (13)
orden *order* (4)
ordenado/a *orderly* (14)
ordenador *computer* (15)
organización no gubernamental (ONG) *nongovernmental organization (NGO)* (6)
organizado/a *organized* (6)
organizar *to organize* (2)
orgulloso/a *proud* (14)
orientación *direction* (17)
oriente *east* (7)
origen *origin* (2)
originario/a *native* (17)
orilla *bank* (3)
oro *gold* (11)
ortografía *spelling* (6)
oscilar *to oscillate* (18)
oscuridad *obscurity* (17)
oscuro/a *dark* (11)
o sea *that is to say* (14)
oso *bear* (3)
oso hormiguero *anteater* (3)
otoño *fall* (3)
ovacionar de pie *to give a standing ovation* (10)
ovalado/a *oval-shaped* (11)
oveja *sheep* (4)

P

pabellón *pavilion; canopy; banner* (15)
paciencia *patience* (6)
paciente *patient* (6)
padecer (zc) *to suffer* (12)
padre *father* (2)
padres *parents* (2)
pagar *to pay* (4)
página *page* (10)
país *country* (1)

país en vías de desarrollo *developing country* (19)
paisaje *landscape* (1)
pájaro *bird* (7)
paje *page; valet; attendant* (4)
palabra *word* (11)
paladar *palate; taste* (8)
pan *bread* (8)
panadería *bakery* (18)
panameño/a *Panamanian* (2)
pánico *panic* (11)
pantalla *monitor* (16); *screen* (1)
pantalones *pants* (4)
paño *cloth* (12)
pañuelo *handkerchief* (4)
Papá Noel *Father Christmas* (4)
papa *potato* (8)
papas fritas *French fries* (4)
papel *paper* (16); *role* (14)
paquete *pack; package* (8)
paraguas *umbrella* (8)
paraguayo/a *Paraguayan* (2)
paraíso *paradise* (3)
paralelo *parallel* (20)
paralizar *to paralyze* (20)
parámetro *parameter* (12)
parapente *paragliding* (7)
para que *for what purpose* (4)
parar *to stop* (8)
parche *patch* (12)
parecer *to appear* (5)
pared *wall* (3)
pareja *pair* (1)
parrilla *grill* (3), (8)
parque *park* (3)
parque de atracciones/diversiones *amusement park* (15)
párrafo *paragraph* (4)
participar *to participate* (1)
partido *game; match* (3)
partido de fútbol *soccer game* (15)
partir *to depart* (10)
pasado *past* (11)
pasado mañana *day after tomorrow* (7)
pasantía *internship* (7)
pasaporte *passport* (7)
pasar *to happen* (19); *to spend* (6)
pasarela *gangplank* (15)
pasar lista *to take attendance* (1)
pasarlo bien *to have a good time* (4)
pasarlo mal *not to have a good time* (4)
pasar vergüenza *to be embarrassed* (20)
pase *come in* (8)
pasear *to take a walk* (3)
pasillo *corridor; hallway* (6)
pasión *passion* (5)
paso *step* (1)
pastel *cake* (4)
pastelería *pastry shop* (4)
pastilla *pill* (12)

pasto *pasture* (10)
pastoreo *grazing* (10)
patata *potato* (8)
patentar *to patent* (16)
patología *pathology* (12)
patria *homeland* (10)
pavo *turkey* (8)
paz *peace* (10)
peaje *toll* (18)
peatón *pedestrian* (9)
pecado *sin* (20)
pecho *breast; chest* (12)
pedantería *pedantry* (14)
pedazo *piece* (8)
pedido *order* (18)
pedir *to order (in a restaurant)* (8)
peinar *to comb* (17)
pelar *to peel* (8)
pelearse *to fight; to have an argument* (20)
película *film* (2)
película de acción *action movie* (15)
película del oeste *western* (15)
película policíaca *detective movie* (15)
película de terror *horror movie* (15)
peligro *danger* (7)
peligroso/a *dangerous* (3)
pelo *hair* (5)
pelota *ball* (4)
peluquería *hairdresser; barber* (3)
pena *grief; sadness; sorrow* (11)
pendiente *earring* (4)
penetrar *to penetrate* (11)
pensamiento *thought* (10)
pensar (en) *to think (about)* (2)
pensión *lodging house* (7)
peor *worse* (8); *the worst* (5)
pepino *cucumber* (8)
pepita *seed* (11)
pequeño/a *small* (1)
pera *pear* (8)
perder *to lose* (10)
pérdida *loss* (10)
perdonar *to pardon* (20)
peregrinación *pilgrimage* (9)
perezoso/a *lazy* (2)
perfeccionar *to perfect* (13)
perfil *profile* (20)
perforación *drilling* (20)
perfumería *perfume store* (4)
periódico *newspaper* (3)
periodista *journalist* (2)
período *period* (11)
permiso *permission* (12)
permiso de conducir *driver's license* (7)
permiso de trabajo *work permit* (7)
permitir *to permit* (6)
pero *but* (1)
persiana *blind; shutter* (16)
personaje *character* (3)
personalidad *personality* (2)
personas sin hogar, sin techo *homeless* (19)

persuadir *to persuade* (20)
pertenecer (zc) *to belong* (10)
pertenencia *belonging* (6)
peruano/a *Peruvian* (2)
pesado/a *boring; slow; tedious* (15); *heavy* (16)
pesar *to weigh* (12)
pescadería *fishmonger; fish market* (8)
pescado *fish* (5)
pesimista *pessimistic* (14)
peso *weight* (5)
pesticida *pesticide* (20)
petróleo *oil; petroleum* (19)
petrolero/a *oil* (18)
pez *fish* (3)
picado/a *ground* (8)
picadura *sting; bite* (12)
picante *hot; spicy* (8)
picar *to itch; to sting* (12)
pico *peak; beak* (3)
pie *foot* (5)
piedra *rock; stone* (10)
piel *skin* (12)
pierna *leg* (5)
pila *battery* (4)
pilar *pillar* (18)
píldora *pill* (12)
pimienta *pepper (spice)* (8)
pimiento *pepper (vegetable)* (8)
pinacoteca *art gallery* (15)
pingüino *penguin* (12)
pintar *to paint* (2)
pintor/a *painter* (2)
pintura *painting* (2)
piña *pineapple* (8)
pionero/a *pioneer* (18)
piragüismo *canoeing* (15)
pirámide *pyramid* (6)
pirata *pirate* (11)
piscina *swimming pool* (3)
pista *clue* (17); *court; rink* (3)
pizca *pinch* (12)
placer *pleasure* (15)
planear *to plan* (15)
planificar *to plan* (15)
plano *map; plan* (7)
plano/a *flat* (3)
planta *floor* (4)
plástico *plastic* (16)
plata *silver* (4)
plataforma *platform* (9)
plátano *banana* (8)
plato *dish* (4)
playa *beach* (1)
plaza *square* (9)
plaza de toros *bullfighting ring* (15)
plazo *period; term; time* (19)
pleno/a *full* (9)
pluma *feather* (14); *pen* (16)
población *population* (1)

poblado/a *populated* (6)
poblador/a *settler* (10)
poblar *to populate* (20)
pobres *poor* (19)
pobreza *poverty* (6)
poco *a little bit* (1)
poder *power* (10)
poder (ue) *to be able to; can* (4)
poderoso/a *powerful* (20)
policía *policeman/woman* (6)
politeísta *polytheist* (14)
política *politics* (1)
político/a *politician* (2)
pollo *chicken* (4)
polución *pollution* (9)
poner (irreg.) *to put* (8)
poner nervioso/a *to make nervous* (13)
ponerse *to become* (20)
ponerse celoso/a *to get jealous* (20)
ponerse contento/a *to get happy* (20)
ponerse enfermo *to get sick* (12)
por aquí cerca *nearby* (3)
porcentaje *percentage* (12)
por consiguiente *therefore; consequently* (20)
por desgracia *unfortunately* (19)
por ejemplo *for example* (5)
por encima de *on top of* (5)
por eso *because of that* (4); *so* (11)
por la mañana *in the morning* (7)
por la noche *in the evening* (7)
por la tarde *in the afternoon* (7)
por lo tanto *therefore* (20)
porque *because* (1)
por supuesto *of course* (3)
portafolio *portfolio* (14)
portavoz *spokesman* (4)
portero/a *goalkeeper* (5)
portugués *Portuguese* (11)
por último *last* (2)
por vía aérea *by air* (9)
por vía fluvial *by water* (9)
posada *inn* (7)
posgrado *postgraduate* (10)
posición *position* (12)
posmoderno/a *postmodern* (14)
posponer (irreg.) *to postpone* (19)
postal *postcard* (7)
postre *dessert* (4)
postular *to run (for office)* (10)
postura *posture* (5)
potenciar *to empower* (13)
practicar *to practice* (2)
práctico/a *convenient; handy* (16)
precio *price* (4)
precioso/a *beautiful* (4); *precious* (8)
precisamente *precisely* (12)
preciso/a *precise* (11)
predecir *to predict* (14)
predicción *prediction* (14)
predominar *to predominate* (6)
preferir *to prefer* (6)

prefijo *prefix* (6)
pregunta *question* (1)
preguntar *to ask questions* (17)
preincaico/a *pre-Inca* (9)
prejuicio *prejudice* (6)
prematuro/a *premature* (20)
premiado/a *prized* (12)
premio *prize; award* (4)
premonición *premonition* (20)
prenda de vestir *garment* (4)
prender *to turn on* (16)
prensa *press* (15)
preocupado/a *worried* (20)
preocupar *to worry* (13)
preocuparse de *to worry about; to care* (20)
preparar *to prepare* (8)
presencia *presence* (19)
presentador *presenter* (19)
presentar *to introduce* (1)
presentarse *to introduce oneself* (1)
presionar *to pressure; to apply pressure* (18)
presión *blood pressure* (5)
préstamo *loan* (6)
prestar *to lend* (12)
prestar atención *to pay attention* (4)
prestar un servicio *to provide a
   service* (18)
prestigio *prestige* (2)
presupuesto *budget* (4)
pretensión *pretension* (2)
prevenir *to prevent* (12)
prever *to foresee* (19)
previo/a *previous* (6)
primavera *spring* (3)
primer/a *first* (1)
prioridad *priority* (5)
prisionero *prisoner* (10)
privado/a *private* (11)
privilegiado/a *privileged* (19)
privilegiar *to privilege* (19)
probar *to try on* (4)
problema *problem* (2)
procesador de textos *word processor* (16)
proclamar *to proclaim* (10)
producir *to produce* (10)
producto interno bruto (PIB) *gross domestic
   product* (18)
productos lácteos *dairy products* (5)
profesión *profession* (2)
profesor/a *professor* (2)
profundamente *deeply* (19)
profundo/a *deep* (5); *profound* (20)
programación *programming* (15)
progresista *progressive; liberal* (10)
prohibir *to forbid* (20); *to prohibit* (19)
proliferar *to proliferate* (12)
promedio *average* (4)
promesa *promise* (19)
promover (ue) *to promote* (18)
pronombre *pronoun* (5)
propietario/a *proprietary* (6)

propina *tip* (8)
propio/a *own* (6)
proponer *to propose* (8)
proporcionar *to provide* (12)
proposición *proposition* (19)
propósito *goal* (6)
propuesta *proposal* (8)
proseguir *to continue; to follow* (20)
próspero/a *prosperous* (12)
protagonista *main actor/actress* (15); *main
   character* (17)
protagonizar *to play the role of* (14)
protectorado *protectorate* (11)
protector solar *sunblock* (3)
proteger *to protect* (5)
protestar *to protest* (18)
protocolo *protocol* (19)
provenir *to come from* (10)
provincia *province* (8)
provocar *to provoke* (11)
próximo/a *next* (7)
proyecto *project* (19)
prueba *proof; evidence* (17)
púa *spine; tooth* (16)
publicidad *advertising* (18)
público/a *public* (1)
pudín *pudding* (8)
pueblo *people; nation* (10); *town* (3)
puente *bridge* (15)
puerta *door* (6) (17)
puerto *harbor* (9); *port* (11)
puertorriqueño *Puerto Rican* (2)
puesto de trabajo *position; job* (6)
puesto que *since* (20)
pulmón *lung* (12)
pulsar *to press* (19)
pulsera *bracelet* (4)
punto *point* (12)
punto de partida *starting point* (7)
puntual *punctual* (11)
puñado *handful* (17)
pureza *purity* (14)

Q

quedar (con) *to make an appointment with* (15)
quedarse *to be (located); to be left,
   to remain* (10); *to stay* (15)
quemadura *burn* (12)
quemar *to burn* (12)
quemarse *to get sunburned* (12)
querer (ie) *to want* (1)
queso *cheese* (8) (18)
quietud *calm; quietness* (16)
química *chemistry* (16)
quince *fifteen* (1)
quinientos/as *five hundred* (4)
quitamanchas *cleaner; stain
   remover* (14)
quitar *to get rid of* (12)
quizá *maybe* (7)

R

racismo *racism* (19)
radicarse *to settle* (20)
raíz *root* (7)
ramo *bunch; branch* (18)
rápidamente *rapidly* (12)
rapidez *rapidity* (18)
rápido/a *fast* (7)
raro/a *weird; odd; strange* (16)
rascacielos *skyscraper* (9)
rato *while; time* (17)
ratón *computer mouse* (16)
rayo *ray* (11)
razón *reason* (4)
razonamiento *reasoning* (19)
reaccionar *to react* (11)
realidad *reality* (11)
realizar *to make* (17)
realizar un pedido *to order* (18)
rebajas *sales* (4)
rebanada *slice* (8)
rebasar *to exceed* (9)
rebelión *rebellion* (10)
recado *message* (6)
recaudar *to collect* (18)
recepción *reception desk* (7)
recepcionista *front-desk attendant* (6); *receptionist* (7)
receta *prescription* (12); *recipe* (8)
recetar *to prescribe* (12)
recibir *to receive* (4)
reciclar *to recycle* (9)
reciente *recent* (9)
recientemente *recently* (5)
reclamar *to claim* (18)
recoger *to pick up* (7)
recomendable *advisable* (5)
recomendación *recommendation* (12)
recomendar *to recommend* (18)
reconocer *to recognize* (11)
recordar *to remind* (6)
recorrer *to travel through* (11)
recoveco *turn; bend* (20)
recto/a *straight* (9)
recuperar *to recuperate* (10)
recursos *resources* (18)
recursos naturales *natural resources* (19)
red *network* (12); *the Web* (16)
redacción *composition* (13)
redactar *to write* (10)
redondo/a *round* (16)
reducir *to reduce* (10)
referente *referent* (18)
referir *to refer* (4)
refinar *to refine* (6)
reflejar *to reflect* (11)
reflexión *reflection* (11)
refresco *soft drink; soda pop* (8)
refugiado/a *refugee* (17)
refugiarse *to take refuge* (11)

refutar *to refute* (19)
regalar *to give a gift* (4)
regalo *gift* (4)
regeneración *regeneration* (19)
régimen *diet* (12)
registro *register* (6)
regla *rule* (5)
regresar *to come back; to return* (10)
regreso *return* (11)
rehén *hostage* (11)
reino *kingdom* (11)
reinversión *reinvestment* (19)
reiterar *to reiterate* (19)
reivindicación *demand* (19)
relajación *relaxation* (5)
relajarse *to relax* (5)
relatar *to tell (a story)* (17)
relato *story; tale* (17)
rellenar *to fill out* (14)
reloj *watch* (4)
remojar *to soak; steep* (8)
remolacha *beet* (8)
rendirse *to surrender* (5)
renovable *renewable* (16)
renunciar a *to renounce; to give up* (20)
reparar *to repair; to fix* (16)
repartir *to diestribute* (14)
reparto *delivery; distribution* (18)
repasar *to review* (9)
repelente *repellent* (3)
repetir *to repeat* (1)
repisa *shelf* (17)
replantearse *to rethink; to reconsider* (20)
reportaje *interview; story; feature* (19)
reposo *repose* (11)
represivo/a *repressive* (11)
reproducir (zc) *to reproduce* (8)
requisito *requirement* (6)
rescribir *rewrite* (17)
resentirse *to resent* (18)
reseña *review* (14)
reservar *to reserve* (3)
resfriado *cold* (12)
resfriarse *to get a cold* (12)
residencia estudiantil *dorm* (9)
residir *to reside* (9)
resolver (ue) *to resolve* (6)
resolver un caso *to solve a case* (17)
respaldar *to back* (18)
respecto a *with respect to* (18)
respetar *to respect* (19)
respirar *to breathe* (20)
responder *to respond* (7)
responsable *responsible* (6)
respuesta *answer* (1)
restante *remaining* (13)
restaurante *restaurant* (8)
restaurar *to restore* (17)
resto *rest* (3)
restringir *to restrict* (19)
resultado *result* (13)

resumen *summary* (11)
resumir *to sum up* (6)
retirarse *to retreat; to withdraw* (11)
reto *challenge* (19)
retórico/a *rhetorical* (19)
retorno *return* (20)
retransmisión *broadcasting* (15)
retraso *delay* (7)
retratar *to portray; to depict* (14)
reunión *meeting* (7)
reunir *to have; to include* (14)
reunirse (con) *to meet* (7)
revelación *revelation* (20)
revelar *to reveal* (3)
revelar fotos *to develop photos* (7)
revestido/a *clad* (11)
revisar *to review* (2)
revisión *revision; review* (12)
revista *magazine* (4)
revolución *revolution* (8)
revolucionario/a *revolutionary* (11)
rey *king* (4)
rico/a *rich* (2); *tasty; delicious* (8)
riesgo *risk* (12)
rígido/a *rigid; inflexible* (20)
rincón *corner* (9)
río *river* (3)
riqueza *richness; wealth* (7)
risa *laughter* (14)
ritmo *rhythm* (8)
robo *robbery* (10)
rodaja *slice* (8)
rodear *to surround* (9)
rodilla *knee* (5)
rojo/a *red* (4)
rollito de primavera *spring roll* 19
rollo *film* (15)
romper *to break* (11)
romperse (algo) *to break (something)* (12)
ron *rum* (8)
roncar *to snore* (14)
ropa *clothing* (3)
ropa interior *underwear* (4)
ropero *closet; wardrobe* (17)
rosa *pink* (4)
rosca *roll (bread)* (8)
rostro *face* (2)
roto/a *broken* (16)
rueda *wheel* (16)
ruido *noise* (9)
ruidoso/a *noisy* (3)
ruina *ruin* (8)
rumbo a *bound for* (11)
ruso/a *Russian* (13)
rústico/a *rustic* (4)
ruta *route* (7)

S

sábado *Saturday* (5)
sábana *sheet* (17)

saber (irreg.) *to know (a fact)* (1)
sabiduría *wisdom; knowledge* (15)
sabor *flavor* (8)
sacar *to take (out)* (5)
sacar conclusiones *to draw conclusions* (19)
sacerdotal *priestly* (10)
sacrificio *sacrifice* (5)
sal *salt* (8)
sala *living room* (6)
salado/a *salty* (8)
salida *departure* (7)
salir *to go out* (15)
salir a cenar *to go out for dinner* (15)
salir con *to go out with* (17)
secuestrar *to kidnap*
sospechar (de) *to suspect*
salir del avión, tren, autobús... *to get off the plane, train, bus . . .* (7)
salón/sala *living room* (6)
salpicado/a *flecked* (11)
saltar *to jump* (5)
salto *jump; leap; gap* (3)
salto de agua *waterfall* (3)
salud *health* (5)
saludable *healthy* (12)
saludar *to greet* (6)
salvadoreño/a *Salvadorean* (2)
salvaje *savage* (12)
salvar las apariencias *to save face* (7)
salvavidas *life preserver* (14)
sandalia *sandal* (4)
sandía *watermelon* (8)
sanitario/a *sanitary* (19)
sano/a *healthy* (5)
santuario *sanctuary* (9)
sartén *frying pan* (8)
satisfacción *satisfaction* (12)
satisfacer *to satisfy* (6)
seco/a *dry* (3)
secuencia *sequence* (5)
secuestro *kidnapping* (17)
secundario/a *secondary* (11)
seda *silk* (16)
seguido de *followed by* (9)
seguir *to continue* (6); *to follow* (2)
según *according to* (2)
segundo/a *second* (1)
seguramente *surely* (12)
seguro *insurance* (18); *safe; certain; a sure thing* (5)
seguro médico *health insurance* (12)
seis *six* (1)
seiscientos/as *six hundred* (4)
seleccionar *to select* (5)
sello *seal; stamp* (17)
selva *jungle* (3)
semáforo *traffic light* (9)
semana *week* (17)
semanal *weekly* (4)
semejante *fellow man* (20)
semestre *semester* (13)

semilla *seed* (6)
senador *senator* (10)
sencillo *simple; plain; modest* (2)
sendero *path* (12)
sensatez *common sense* (14)
sensibilidad *sensitivity* (14)
sensible *sensitive* (14)
sentarse (ie) *to sit down* (5)
sentido del humor *sense of humor* (14)
sentimiento *feeling* (10)
sentir *to be sorry; to feel* (11)
sentirse angustiado/a *to feel anguish/ stress* (20)
señalar *to signal* (12)
señal de tráfico/tránsito *traffic sign* (9)
separarse *to separate* (10)
septiembre *September* (3)
sequía *drought* (19)
ser (irreg.) *to be* (1)
ser aficionado a *to be a regular of; to be a fan of* (15)
ser humano *human being* (16)
serie *TV series* (15)
seriedad *seriousness* (14)
serio/a *reliable; serious* (2)
ser un rollo *to be very boring* (15)
servicio *service* (5)
servicio a domicilio *home delivery* (18)
servicio de emergencias *emergency room* (12)
servidumbre *servitude* (19)
servilleta *napkin* (4)
servir (i) *to serve* (5)
sesenta *sixty* (2)
sesión *session* (17)
setecientos *seven hundred* (4)
setenta *seventy* (2)
seudónimo *pseudonym* (20)
sí *of course* (7); *hello* (6)
si *if* (2)
sida *AIDS* (19)
siempre *always* (5)
sierra *mountains* (9)
siete *seven* (1)
siglo *century* (10)
significado *meaning* (11)
significar *to mean* (1)
siguiente *following* (10)
silencioso/a *silent; quiet* (13)
silla *chair* (4)
sillón *armchair* (6)
símbolo *symbol* (11)
simpatía *sympathy; warmth; charm* (11)
simpático/a *nice* (2)
sinceridad *sincerity* (14)
sincero/a *sincere; genuine; honest* (14)
sin embargo *nevertheless* (4)
sin fines de lucro *nonprofit* (13)
sino *but; but rather* (17)
sinopsis *synopsis* (20)
síntoma *symptom* (12)

sísmico/a *seismic* (6)
sistema de navegación GPS *GPS navigation system* (16)
sistema operativo *operating system* (16)
sitio *site* (3)
situación *situation* (2)
situar *to situate* (6)
soberanía *sovereignty* (10)
sobre *about* (2)
sobreexplotación *overexploitation* (20)
sobrenatural *supernatural* (14)
sobresalir *to stand out; to excel* (8)
sobrevivir *to survive* (7)
sociable *friendly* (20); *sociable* (14)
sociedad *society* (10)
sofá *sofa* (6)
sofisticado/a *sophisticated* (6)
sojuzgar *to subdue* (19)
sol *sun* (9)
soldado *soldier* (11)
soleado/a *sunny* (9)
soledad *solitude; loneliness* (14)
soler (ue) *to usually do something* (13)
solicitante *applicant* (6)
solicitar *to apply for* (6)
solicitar una visa *to apply for a visa* (7)
solicitar un servicio *to request a service* (18)
solicitud *application* (7)
solidaridad *solidarity* (14)
sólido/a *solid* (9)
solitario/a *lonely* (3)
solo/a *alone* (3)
soltero/a *single* (2)
solucionar *to solve* (9)
sombra *shadow* (11)
sonar (ue) *to sound* (20)
sonido *sound* (13)
sonreír *to smile* (17)
sonrisa *smile* (15)
sopa *soup* (8)
sopera *soup tureen* (12)
soportar *to tolerate; to bear; to put up with* (14)
sordo/a *deaf* (17)
sorprendente *surprising* (10)
sorprender *to surprise* (15)
sorprenderse *to be surprised; amazed* (15)
sorprendido/a *surprised* (20)
sorpresa *surprise* (3)
sosiego *calm; peace; quiet* (16)
soso/a *tasteless* (8)
sospechar *to suspect* (17)
sospechoso/a *suspect* (17)
sostener *to sustain* (11)
sostenible *sustainable* (19)
suave *soft* (9)
suavizar *to smooth* (14)
subida *rise; ascent* (3)
subir *to raise; to go up* (1); *to upload* (16)
sublevación *revolt; uprising* (10)
subrayar *to underline* (2)

subsuelo *underground* (14)
suceder *to happen; to follow* (10)
suceso *incident* (5)
sucio/a *dirty* (9)
sucursal *branch* (18)
sudar *to sweat* (12)
sudeste *southeast* (8)
sueco *Swedish* (13)
sueldo/salario *salary; wage* (6)
sueño *dream* (20); *sleep* (5)
suerte *luck* (11)
suéter *sweater* (4)
suficiente *enough* (8)
sufrir *to suffer* (5)
sugerencia *suggestion* (19)
sugerir *to suggest* (17)
sumar *to add; to add up; to amount to* (19)
sumergir *to dip* (8)
sumido/a *absorbed* (11)
superar *to overcome* (14); *to surpass; to excel* (16)
superficie *surface* (7)
superfluo/a *superfluous* (19)
supermercado *supermarket* (4)
superpoblado/a *overpopulated* (9)
supervivencia *survival* (12)
suponer *to suppose* (17)
sureste *southeast* (3)
surgir *to emerge* (18)
suroeste *southwest* (2)
surtido *stock; supply* (18)
suscribir *to sign; to endorse* (10)
sustentar *to sustain; to support; to feed; to nourish* (20)
sustituir *to substitute* (19)
susto *fright* (11)

T

tabaco *tobacco* (8)
tabaquera *tobacco pouch* (8)
taberna *bar* (15)
tabla *table* (12)
tacaño/a *stingy* (20)
tacón *heel* (4)
táctica *tactic* (10)
tala de árboles *tree-felling* (19)
talento *talent* (14)
tales como *such as* (5)
talla *size* (4)
tallado/a *carved* (9)
taller *workshop; car repair* (18)
tal vez *maybe* (15)
tamaño *size* (5)
también *also* (1)
tampoco *neither* (3)
tan... como *as . . . as* (9)
tanto... como *as . . . as* (9)
tapiz *tapestry* (4)
taquilla *box office* (15)
tardar *to be late* (11)
tarde *late* (7)

tarea *task/homework* (1)
tarifa *tariff* (16)
tarjeta de crédito *credit card* (4)
tasa *rate* (12)
tasa de natalidad *birth rate* (1)
tasajo *dried beef* (8)
tatuaje *tattoo* (18)
taxi *cab* (7)
taxista *taxi driver* (6)
taza *cup* (8)
té *tea* (8)
teatro *theater* (2)
tecla *key* (16)
teclado *keyboard* (16)
técnica *technique* (5)
tecnológico/a *technological* (19)
tejedor/a *weaver* (20)
tejer *to weave; to knit* (4)
tela *cloth* (4)
telaraña *spider web* (14)
tele *television* (11)
telediario *news* (15)
teléfono *phone* (1)
teléfono celular/móvil *cell phone* (16)
telenovela *soap opera* (15)
televisor *television* (6)
tema *topic* (1)
templado/a *cool (weather)* (9)
templo *temple* (6)
temporada *season* (15)
temprano *early* (7)
tenacidad *tenacity* (14)
tendencia *trend* (1)
tender (ie) a *to tend to* (5)
tener (ie) *to have* (1)
tener algo en común *to have something in common* (14)
tener celos (de) *to be jealous (of)* (20)
tener curiosidad *to be curious* (13)
tener en cuenta *to keep in mind* (2)
tener exceso de peso *to be overweight* (12)
tener éxito *to be successful* (5)
tener lugar *to take place* (15)
tener miedo (a/de) *to be afraid (of) (about)* (20)
tener que *to have to* (2)
tener razón *to be right* (3)
tener un accidente *to have an accident* (12)
tenis *tennis* (4)
tenista *tennis player* (5)
tensión *blood pressure* (5) (12)
teoría *theory* (17)
tercer; tercero/a *third* (2)
tercio *third* (9)
terminación *ending* (2)
terminar *to end* (8)
termómetro *thermometer* (17)
ternura *tenderness* (14)
terraza *outdoor seating* (15)
terremoto *earthquake* (6)
territorio *territory* (10)

tesis *thesis* (19)
tesoro *treasure* (11)
testarudo *stubborn* (14)
testigo *witness* (17)
tetrapléjico *quadriplegic* (15)
texto *text* (2)
tiburón *shark* (12)
tienda de campaña *tent* (7)
tienda de deportes *sports store* (4)
tienda de juguetes *toy store* (4)
tienda de regalos *gift store* (4)
tienda de ropa *clothing store* (4)
tierno/a *tender; soft* (8)
tierra *land; earth* (11)
tímido/a *shy* (2)
tintorería *dry cleaner* (18)
típico/a *typical* (8)
tirar *to throw; to throw away* (17)
titular *headline* (19)
título *degree* (6)
tocar *to touch* (5)
tocar *to play (instruments)* (2)
tocino *bacon* (8)
todavía *still* (2)
tomar *to take* (3)
tomar (alcohol) *to drink (alcohol)* (5)
tomar el sol *to sunbathe* (3)
tomar en cuenta *to take into account* (19)
tomar fotos *to take pictures* (7)
tomar notas *to take notes* (2)
tomar prestado/a *to borrow* (20)
tomar una decisión *to make a decision* (18)
tomar una copa *to have a drink* (15)
tomate *tomato* (8)
tonificación *toning* (5)
tormenta *storm* (6)
torta *cake* (18)
tortuga *turtle* (3)
tos *cough* (12)
toser *to cough* (12)
toxina *release* (5)
trabajador/a *hardworking* (20); *worker* (18)
trabajar *to work* (1)
trabajo *position; job* (6)
trabajo en equipo *team work* (6)
trabajo escrito *essay; paper* (13)
tradición *tradition* (1)
traducción *translation* (13)
traductor/a *translator* (6)
traer *to bring* (4)
tráfico *traffic* (9)
tragar *to swallow* (12)
traición *betrayal* (20)
traje *suit* (5)
traje de baño *bathing suit* (4)
tranquilidad *calm; peacefulness* (5)
tranquilo/a *calm; quiet* (3)
transformarse *to transform oneself/itself* (20)
transitar *to go through* (20)
transmitir *to transmit* (17)
transportar *to transport* (5)

trascendencia *transcendence* (18)
trastorno *disorder; disturbance* (5)
trasbordador *ferry* (10)
trasero/a *rear* (17)
trasladarse *to move* (10)
trastorno alimenticio *eating disorder* (12)
tratado *treaty* (10)
tratamiento *treatment* (5)
tratar de *to try* (11)
travesía *crossing* (11)
trayecto *journey; route; path* (17)
trayectoria *trajectory* (14)
trece *thirteen* (1)
treinta *thirty* (2)
treinta y dos *thirty-two* (2)
treinta y uno *thirty-one* (2)
tren *train* (3)
tres *three* (1)
trescientos/as *three hundred* (4)
triángulo *triangle* (15)
tribu *tribe* (10)
trimestre *trimester* (13)
triste *sad* (14)
tristeza *sadness* (14)
triunfar *to triumph* (7)
triunfo *triumph* (11)
tronco *trunk* (5)
tropezar (ie) con *to run into* (14)
trozo *piece; fragment; passage* (8)
tumba *tomb* (6)
tumbarse *to lie down* (12)
turco *Turkish* (13)
turismo *tourism* (3)
turrón *type of Christmas candy* (4)

U

ubicación *location* (3)
únicamente *only* (12)
único/a *unique* (12)
Unión Europea *European Union* (10)
Unión Soviética *Soviet Union* (10)
unirse a *to join* (10)
universidad *college; university* (2)
uno *one* (1)
unos/as *some* (2)
urbanización *housing development* (9)
urgencia *emergency* (12)
uruguayo/a *Uruguayan* (2)
uso *use* (11)
usuario/a *user* (18)
utensilio *utensil* (6)
útil *useful* (8)
utilizar *to use* (18)
uva *grape* (8)

V

vaca *cow* (10)
vacaciones *vacation* (1)

vacío/a *empty* (7)
vacuna *vaccine* (16)
valentía *courage* (14)
valer *to be worth* (4)
valiente *brave* (11)
valioso/a *valuable* (19)
valle *valley* (9)
valor *value* (6)
vanidad *vanity* (14)
vascuense *Basque* (13)
vasija *vase* (4)
vaso *glass* (12)
vecino/a *neighbor* (2)
vegetales *vegetables* (8)
vehículo *vehicle* (6)
veinte *twenty* (1)
veinticinco *twenty-five* (2)
veinticuatro *twenty-four* (2)
veintidós *twenty-two* (2)
veintinueve *twenty-nine* (2)
veintiocho *twenty-eight* (2)
veintiséis *twenty-six* (2)
veintisiete *twenty-seven* (2)
veintitrés *twenty-three* (2)
veintiuno *twenty-one* (2)
vejez *old age* (10)
vela *sailing* (3)
vello no deseado *unwanted hair* (12)
velocidad *velocity* (16)
vencer *to overcome; to defeat; to win* (20)
vendedor/a *sales associate* (4)
vender *to sell* (4)
venezolano/a *Venezuelan* (2)
venir *to come* (6)
ventaja *advantage* (9)
ventana *window* (6)
ver *to see* (2)
verano *summer* (3)
verdad *true; right* (9)
verdadero/a *true* (1)
verde *green* (4)
verdor *greenness* (11)
verdura *vegetable* (5)
vergüenza *shame; embarrassment* (13)
verter *to pour* (8)
vestíbulo *lobby; foyer* (17)
vestido *dress* (4)
vestimenta *clothes* (14)
vez *time; instant* (8)
viajar *to travel* (2)
viaje *trip* (1)
viajero/a *traveler* (11)
viajes espaciales *space travels* (19)
vianda *meat* (8)
vicio *vice* (14)
vida *life* (10)
vida nocturna *nightlife* (9)
vidrio *glass* (16)
viento *wind* (9)
viernes *Friday* (5)

vigilar *to watch* (5)
vincular (a) *to link (to)* (17)
viñeta *vignette* (6)
vino *wine* (8)
vinoteca *collection of wines* (4)
violación *violation* (19)
violencia *violence* (9)
violeta *purple* (4)
virtud *virtue* (14)
viruela *smallpox* (10)
visa; visado *visa* (7)
visitante *visitor* (7)
visitar *to visit* (2) (3)
víspera de Navidad *Christmas Eve* (8)
viudo/a *widower/widow* (2)
vivienda *housing* (6)
viviente *living* (8)
vivir *to live* (2)
volar (ue) *to fly* (7)
volcán *volcano* (6)
voltio *volt* (16)
volumen *volume* (5)
voluntad *will* (12)
voluptuosidad *voluptuosity* (5)
volver (ue) *to return* (7)
volverse (ue) *to become* (20)
vomitar *to vomit* (12)
vómito *vomit* (12)
vorágine *whirl* (19)
votación *voting* (5)
voto *vote* (17)
voz *voice* (11)
vuelo *flight* (7)
vuelta *walk* (15)

X

xenofobia *xenophobia* (19)

Y

ya *already* (4)
yacimiento *site* (9)
ya no *no longer* (19)
ya que *since; as* (3)
yogur *yogurt* (8)
yuca *yucca* (8)

Z

zanahoria *carrot* (8)
zapatería *shoe store* (4)
zapato *shoe* (3)
zona peatonal *pedestrian zone* (9)
zona verde *green zone* (9)

ENGLISH TO SPANISH VOCABULARY

A

abandon *abandonar* (11)
ability *capacidad* (6)
abolition *abolición* (10)
about *sobre* (2); *alrededor* (10)
abroad *en el extranjero* (1)
absence *ausencia* (7)
absent-minded *despistado/a* (14)
absolutely not *en absoluto* (14)
absorbed *sumido/a* (11)
absurd *absurdo* (14)
abundance *abundancia* (17)
abuse *abusar, abuso* (20)
access *acceder* (3)
accident *accidente* (10)
acclaim *aclamar* (17)
accomplice *cómplice* (17)
according to *según* (2)
accumulate *acumular* (16)
accumulation *acumulación* (20)
achieve *conseguir (i)* (10); *lograr* (6)
acquire *adquirir (ie)* (4)
across *a tráves de* (5)
act *actuar* (14)
acting *actuación* (15)
action *acción* (11)
activity *actividad* (5)
actor *actor* (2)
actress *actriz* (2)
acute *agudo/a* (12)
ad *anuncio* (3)
add *añadir* (8); *sumar* (19)
addicted *adicto/a* (12)
addiction *adicción* (5)
address *dirección* (7)
adequate *apropiado/a* (13)
adjective *adjetivo* (1)
adjust to *ajustar* (15)
admiral *almirante* (10)
admire *admirar* (14)
adolescent *adolescente* (20)
advance *avance* (14)
advantage *ventaja* (9)
adventure story *novela de aventuras* (17)
adventurous *aventurero/a* (11)
advertising *publicidad* (18)
advice *consejo* (5)
advisable *aconsejable* (20); *recomendable* (5)
advisor *asesor/a* (10)
aesthetic *estética* (15)
affair *asunto* (19)
affect *afectar* (11)
affirm *afirmar* (8)
affluence *afluencia* (20)
affordable *asequible* (12)
after *después (de)* (8)
afterwards *después (de)* (8)

again *de nuevo* (17)
against *contra* (5); *en contra* (19)
age *edad* (9)
agile *ágil* (5)
agree *estar de acuerdo* (3)
agreeable *agradable* (5)
agreement *acuerdo* (10)
agricultural *agrícola* (9); *agropecuario/a* (18)
agriculture *agricultura* (18)
AIDS *SIDA* (19)
air *aire* (9)
air conditioning *aire acondicionado* (3)
airport *aeropuerto* (1)
alarm clock *despertador* (17)
alibi *coartada* (17)
alien *ajeno/a* (7)
allergic *alérgico/a* (12)
allergy *alergia* (12)
alliance *alianza* (11)
almost *casi* (1)
alone *solo/a* (3)
already *ya* (4)
also *también* (1)
although *aunque* (18)
always *siempre* (5)
amazed *abobado/a* (17)
ambitious *ambicioso/a* (11)
among *entre* (3)
amount to *sumar* (19)
amphitheater *anfiteatro* (7)
ample *amplio/a* (6)
amusement park *parque de atracciones/diversiones* (15)
ancestor *antepasado* (11)
ancestry *ascendencia* (2)
anecdote *anécdota* (11)
anger *indignar* (14)
angry *enfadado/a* (20)
anguish *angustia* (20)
angular *anguloso/a* (11)
animation *animación* (15)
anise *anís* (8)
annexation *anexión* (10)
annihilate *aniquilar* (16)
announce *anunciar* (10)
answer *respuesta* (1)
anteater *oso hormiguero* (3)
anthropologist *antropólogo/a* (10)
anticipate *anticipar* (18)
antiquated *anticuado/a* (18)
antique *antigüedad* (4)
anti-theft *antirobo* (14)
anxiety *ansiedad* (5)
any *cualquier* (1)
apartment *apartamento* (3)
apologize *disculparse* (18)
appear *parecer* (5)

appearance *apariencia* (14)
appetizer *aperitivo* (8)
applaud *aclamar* (17)
apple *manzana* (8)
applicant *solicitante* (6)
application *aplicación* (16); *solicitud* (7)
apply *aplicar* (9)
apply for *solicitar* (6)
apply pressure *presionar* (18)
appointment *cita* (15)
appreciate *apreciar* (7)
appreciation *apreciación* (13)
approach *acercamiento* (3)
appropriate *adecuado/a* (4)
approve *aprobar* (14)
approximately *aproximadamente* (2)
April *abril* (3)
apron *delantal* (17)
aquarium *acuario* (15)
arabic *árabe* (13)
archaeological *arqueológico/a* (8)
archipelago *archipiélago* (11)
architect *arquitecto* (2)
architecture *arquitectura* (2)
Argentinian *argentino/a* (2)
argue *discutir* (5)
arithmetic *aritmética* (9)
arm *brazo* (5)
armchair *sillón* (6)
around *alrededor* (10); *en torno a* (20)
arrest *detención* (17)
arrival *llegada* (7)
arrive *llegar* (1)
art *arte* (2)
art collection *colección de arte* (15)
art gallery *pinacoteca* (15)
artisan work *artesanía* (4)
artist *artista* (2)
as . . . as *igual... de, tan... como, tanto... como* (9)
as a child *de niño/a* (14)
ascend *ascender* (9)
ascent *ascenso* (5); *subida* (3)
as expected *como era de esperar* (17)
as for *en cuanto a* (16)
ash *ceniza* (20)
ashamed *avergonzado/a* (17)
ashtray *cenicero* (8)
ask questions *hacer preguntas* (13); *preguntar* (17)
assassination *asesinato* (10)
assault *atropellar* (20)
assemble *ensamblar* (18)
assembly *asamblea* (10)
assign *destinar* (9)
assistance *asistencia* (19)
assistant *asistente* (6)
associate *asociar* (20)
assure *asegurar* (12)

asthma *asma* (12)
astonished *boquiabierto/a* (14)
asylum *asilo* (17)
at least *al menos* (5)
atmosphere *ambiente* (8); *atmósfera* (16)
at night *de noche* (7)
atom *átomo* (20)
at once *enseguida* (17)
attack *atacar* (11); *ataque* (10)
attend *acudir (a)* (15); *asistir* (2)
attendant *paje* (4)
attentively *atentamente* (13)
at the beginning of *a principios de* (20)
at the same time *al mismo tiempo* (15)
attract *atraer(se)* (4)
attraction *atracción* (8)
attractive *atractivo/a* (9)
August *agosto* (3)
austere *austero/a* (2)
author *autor/a* (11)
authoritarian *autoritario/a* (14)
authority *autoridad* (17)
authorize *autorizar* (19)
automate *automatizar* (16)
automated teller machine *cajero automático* (19)
available *disponible; dispuesto* (6)
avalanche *avalancha* (8)
avaricious *avaro/a* (14)
average *promedio* (4)
aviary *aviario* (15)
avocado *aguacate* (8)
avoid *evitar* (12)
awake *despierto/a* (17)
award *premio* (4)
awareness *conciencia* (6)

B

babysitter *niñero/a* (18)
back *espalda* (5); *fondo* (17); *respaldar* (18)
backache *dolor de espalda* (12)
backpack *mochila* (4)
bacon *tocino* (8)
bad *malo/a* (4)
bakery *panadería* (18)
balance *equilibrio* (5)
ball *pelota* (4)
banana *plátano* (8)
bank *banco* (3); *orilla* (3)
bank clerk *cajero/a* (4)
banker *banquero/a* (19)
banking *banca* (18)
banner *pabellón* (15)
baptize *bautizar* (11)
bar *barra* (12); *taberna* (15)
barber *peluquería* (3)
Baroque *barroco/a* (14)
barrier *barrera* (14)
baseball *béisbol* (5)
basketball *baloncesto* (3)

basket making *cestería* (4)
Basque *euskera* (15); *vascuense* (13)
bathing suit *traje de baño* (4)
bathroom *baño* (6)
battery *batería* (16); *pila* (4)
batting cage *jaula de bateo* (7)
battle *batalla* (11)
be *estar* (1); *ser (irreg.)* (1)
be (located) *quedarse* (10)
be able to *poder (ue)* (4)
beach *playa* (1)
be a fan of *ser aficionado a* (15)
be afraid (of) (about) *tener miedo (a/de)* (20)
be against *estar en contra* (14)
beak *pico* (3)
bean *grano* (17)
beans *frijoles* (8)
bear *oso* (3); *soportar* (14)
beat *batir* (8)
be at the point of *estar a punto de* (7)
beautiful *bello/a* (3); *bonito/a* (1); *precioso/a* (4)
beauty *belleza* (3); *hermosura* (14)
be born *nacer* (10)
be called *llamarse* (1)
because *porque* (1)
because of that *por eso* (4)
become *convertirse en* (10); *hacerse (irreg.)* (20); *ponerse (irreg.)* (20); *volverse (ue)* (20)
become accustomed *acostumbrarse* (17)
become depressed *deprimirse* (11)
become independent *independizar* (10)
be curious *tener curiosidad* (13)
bed *cama* (6)
be delayed *llegar con retraso* (7)
bedroom *cuarto* (6); *dormitorio* (6)
bee *abeja* (12)
beef jerky *cecina* (8)
be embarrassed *pasar vergüenza* (20)
beer *cerveza* (4)
beet *remolacha* (8)
be fed up with *estar harto/a de* (17) (20)
be fit *estar en forma* (5)
before *antes (de)* (3)
before breakfast *ayunas* (12)
begin *comenzar (ie)* (5); *empezar (ie)* (6)
be going to *ir a* (1)
behind *detrás de* (12)
be ignorant *ignorar* (19)
be in a good/bad mood *estar de buen/mal humor* (20)
be in shape *estar en forma* (5)
be jealous (of) *tener celos (de)* (20)
be late *llegar tarde* (7); *tardar* (11)
believe *creer* (6)
belong *pertenecer (zc)* (10)
belonging *pertenencia* (6)
below *abajo* (5); *bajo/a* (6)
belt *cinturón* (4)
be mad (at) *estar enfadado/disgustado (con)* (20)

bend *doblar* (5); *flexionar* (5); *recoveco* (20)
beneficial *beneficioso/a* (12)
benefit *beneficiar* (18)
benefit from *aprovechar* (13)
be on a diet *estar a dieta* (5)
be on sale *estar de rebajas* (4)
be overweight *tener exceso de peso* (12)
be owing to *deberse* (6)
be part of *formar parte (de)* (11)
be pleasing to *gustar* (3)
be present at *asistir* (2)
be right *tener razón* (3)
be seated *estar sentado* (5)
besides *además* (4)
be sorry *lamentar* (20); *sentir* (11)
be successful *tener éxito* (5)
be surprised *sorprenderse* (15)
be tired of *estar harto/a (de)* (17)
betrayal *traición* (20)
better *mejor* (9)
be used up *agotarse* (19)
be very boring *ser un rollo* (15)
be worth *merecer (zc)* (15); *valer* (4)
be wrong *equivocarse* (14)
bicycle *bicicleta* (3)
big *grande* (1)
big house *casona* (9)
bilingual *bilingüe* (6)
bill *cuenta* (8)
biodiversity *biodiversidad* (12)
biography *biografía* (10)
biologist *biólogo/a* (16)
biometric *biométrico/a* (19)
biracial *mestizo/a* (11)
bird *ave* (6); *pájaro* (7)
birth *nacimiento* (1)
birth certificate *certificado de nacimiento* (7)
birthday *cumpleaños* (4)
birthplace *cuna, lugar de nacimiento* (7)
birth rate *tasa de natalidad* (1)
bite *picadura* (12)
bitterness *amargura* (14)
black *negro/a* (4)
blind (window) *persiana* (16)
block *cuadra* (9)
blood pressure *presión/tensión* (5)
blood type *grupo sanguíneo* (12)
blouse *blusa* (4)
blow *fundirse* (16)
blue *azul* (4)
board *embarcar* (11)
boat *barco* (3); *buque* (18)
body *cuerpo* (5)
bodyguard *guardaespaldas* (17)
boil *hervir (ie)* (8)
bold *negrita* (2)
Bolivian *boliviano/a* (2)
bond *lazo* (4)
book *libro* (2)
booked *lleno/a* (7)
bookstore *librería* (2)

boot *bota* (4)
border *frontera* (13)
boring *aburrido/a* (1) (7); *pesado/a* (15)
borrow *tomar prestado/a* (20)
both *ambos* (13)
bother *fastidiar, molestar* (13)
bothersome *molesto/a* (20)
bottle *botella* (8)
bottle opener *abrebotellas* (8)
bound *forrado/a* (4)
bound for *rumbo a* (11)
box *caja* (8)
boxing *boxeo* (19)
box office *taquilla* (15)
boyfriend/girlfriend *novio/a* (2)
bracelet *pulsera* (4)
brain *cerebro* (12)
brake *frenar* (12); *freno* (16)
branch *ramo* (18); *sucursal* (18)
brave *valiente* (11)
bread *pan* (8)
break *romper* (11)
break (something) *romperse (algo)* (12)
break down *averiarse* (16); *estropearse* (16);
   malograrse (16)
breakfast *desayuno* (5)
break out *estallar* (10)
breast *pecho* (12)
breathe *respirar* (20)
brick *ladrillo* (6)
bridge *puente* (15)
brief *breve* (2)
briefcase *maletín* (17)
bring *traer* (4)
British *británico/a* (10)
broadcasting *retransmisión* (15)
brochure *folleto* (7)
broken *roto/a* (16)
bronchitis *bronquitis* (12)
bronze *bronce* (5)
brother/sister *hermano/a* (2)
brown *marrón* (4)
browser *navegador* (16)
budget *presupuesto* (4)
build *construir (irreg.)* (6)
builder *albañil* (6)
building *edificio* (3)
bulletproof *antibalas* (14)
bullfighting ring *plaza de toros* (15)
bunch *ramo* (18)
bureaucracy *burocracia* (10)
burn *quemadura* (12); *quemar* (12);
   arder (17)
burning sensation *escozor* (12)
bus *autobús; bus; ómnibus* (3)
business *empresa* (6); *negocio* (6)
business-related *comercial; empresarial* (18)
busy *ocupado/a* (7)
but *pero* (1); *sino* (17)
butler *mayordomo* (17)
butter *mantequilla* (8)

button *botón* (16)
buy *comprar* (4)
buying and selling *compraventa* (10)
by air *por vía aérea* (9)
by foot *a pie* (11)
by the way *a propósito* (17)
by water *por vía fluvial* (9)

C

cab *taxi* (7)
cabin *cabaña* (3)
cake *pastel* (4); *torta* (18)
calendar *calendario* (14)
call *llamada* (18); *llamar* (3)
calm *calmar* (5); *tranquilidad* (5);
   tranquilo/a (3)
camel *camello* (4)
camera *cámara de fotos* (7)
camp *campamento* (3)
campaign *campaña* (12)
can *lata* (8)
can (be able to) *poder (ue)* (4)
Canada *Canadá* (18)
cancel *cancelar* (7)
cancellation *cancelación* (7)
cancer *cáncer* (12)
candidate *candidato/a* (6)
candy *bombón* (18); *dulce* (5)
canned *enlatado* (12)
cannon *cañón* (11)
cannonshot *cañonazo* (11)
canoeing *piragüismo* (15)
can opener *abrelatas* (8)
canopy *pabellón* (15)
canvas *lienzo* (5)
cap *gorra* (3)
capable *capaz* (16)
captain *capitán* (5)
captivate *cautivar* (12)
car *carro* (4); *coche* (4); *automóvil* (6)
card *ficha* (2)
cardboard *cartón* (16)
care *cuidado* (12); *preocuparse de* (20)
career *carrera* (10)
care for *cuidar* (12)
Caribbean *caribeño/a* (8)
car repair *taller* (18)
carrot *zanahoria* (8)
carry *llevar* (6)
carry out *llevar a cabo* (16)
carved *tallado/a* (9)
cash *en efectivo* (17)
cashier *cajero/a* (4)
casserole *cazuela* (8)
castle *castillo* (11)
casual *deportivo/a* (3); *informal* (4)
Catalan *catalán* (15)
catarata *waterfall* (4)
catastrophe *catástrofe* (6)
catastrophic *catastrófico/a* (5)

Catholic *católico/a* (19)
cauliflower *coliflor* (8)
cause *causa* (5); *causar* (6); *ocasionar* (11)
cave *cueva* (11)
CD-Rom reader *lector de CD-Rom* (16)
celebrate *celebrar* (11); *festejar* (20)
celery *apio* (8)
cell phone *teléfono celular/móvil* (16)
central *céntrico/a* (6)
century *siglo* (10)
ceramicist *ceramista* (2)
certain *cierto/a; seguro* (5)
certainly *ciertamente* (14)
certificate *certificado* (7)
chain *cadena* (3)
chair *silla* (4)
challenge *desafío; reto* (19)
champagne *champaña* (19)
championship *campeonato* (5)
change *cambiar* (2); *cambio* (4)
chaos *caos* (9)
character *personaje* (3); *carácter* (14)
characteristic *característica* (5)
characterize *caracterizar* (15)
charge *cargar* (16)
charged *embestido/a* (20)
charm *encanto* (9); *simpatía* (11)
charming *encantador/a* (15)
chat *charlar* (14)
chauffer *chofer* (17)
cheap *barato/a* (4)
check *comprobar* (18); *cuenta* (8)
check luggage *facturar la(s) maleta(s)* (7)
check out *irse del hotel* (7)
cheese *queso* (8)
chef *cocinero/a* (2)
chemistry *química* (16)
chest *pecho* (12)
chicken *pollo* (4)
chief *cacique* (11)
childhood *infancia; niñez* (10)
Chilean *chileno/a* (2)
Chinese *chino/a* (13)
choice *elección* (9)
cholesterol *colesterol* (12)
choose *elegir (i)* (1) (3)
Christmas *Navidad* (4)
Christmas Eve *víspera de Navidad; Nochebuena* (8)
chronological *cronológico/a* (10)
church *iglesia* (3)
cigar *cigarro* (8)
cigar/cigarette case *cigarrera* (4)
cigar/cigarette maker or vendor *cigarrera* (4)
cigar cutter *cortapuro* (8)
cigarette *cigarrillo* (12)
cinema *cine* (1)
cinnamon *canela* (8)
circulation of blood *circulación sanguínea* (5)
circumstance *circunstancia* (11)
cite *citar* (18)
citizenship *ciudadanía* (10)

city *ciudad* (1)
city center *centro* (3)
city hall *alcaldía* (3); *ayuntamiento* (7)
civil rights *derechos civiles* (10)
claim *reclamar* (18); *reivindicación* (19)
clarify *aclarar* (17)
clash *chocar* (20)
class *clase* (10)
classic *clásico/a* (4)
classify *clasificar* (11)
classmate *compañero/a de clase* (1)
classroom *aula* (13)
clean *limpiar* (3); *limpio/a* (9)
cleaner *quitamanchas* (14)
clever *listo/a* (5)
cleverness *habilidad* (17)
climate *clima* (6); *entorno* (3)
climate change *cambio climático* (19)
climatic *climático/a* (19)
climb *ascender* (9)
climbing *escalada* (18)
cloak *manto* (17)
close *cerrar* (1)
closed *cerrado/a* (7)
closet *armario* (6); *ropero* (17)
cloth *paño* (12); *tela* (4)
clothes *vestimenta* (14)
clothing *ropa* (3)
clothing store *tienda de ropa* (4)
clue *pista* (17)
coast *costa* (10)
coast guard *guardacostas* (14)
coat *abrigo* (4)
coca grower *cocalero* (17)
coca plant *coca* (17)
cocktail *cóctel* (8)
coconut *coco* (8)
code *código* (1)
coffee *café* (8)
coffee grower *cafetalero/a* (8)
coffee shop *cafetería* (9)
coffee tree *cafeto* (8)
coherence *coherencia* (14)
cold (illness) *resfriado* (12)
cold (temperature) *frío* (9)
collaborate *colaborar* (10)
colleague *colega* (11)
collect *coleccionar* (2); *recaudar* (18)
collection *colección* (7)
college *universidad* (2)
college campus *ciudad universitaria* (9)
Colombian *colombiano/a* (2)
colonist *colonizador/a* (11)
colonization *colonización* (10)
colony *colonia* (11)
colorful *colorido/a* (9)
column *columna* (5)
comb *peinar* (17)
come *venir* (6)
come back *regresar* (10)
come from *provenir* (10)

come in *pase* (8)
comfort *comodidad* (9)
comfortable *cómodo/a* (3)
comma *coma* (13)
command *mando* (11)
commander *comandante* (11)
commemorate *conmemorar* (20)
commemorative *conmemorativo/a* (18)
comment *comentar* (11)
commerce *comercio* (18)
commercialize *comercializar* (16)
commitment *compromiso* (5)
common sense *sensatez* (14)
community *comunidad* (6)
compact disc *disco compacto* (16)
companion *acompañante* (7)
company *compañía* (6)
comparison *comparación* (9)
compete *competir* (18)
complex *complejo/a* (7)
complicated *complicado/a* (5)
compose *componer* (5)
composer *compositor* (15)
composition *redacción* (13)
computer *computador/a* (16); *ordenador* (15)
computer mouse *ratón* (16)
computer science *informática* (6)
computing *computación* (4)
conceited *engreído/a* (14)
conceive *concebir* (17)
concert *concierto* (15)
conclude *concluir* (6)
concrete *hormigón* (6)
condemn *condenar* (10)
conference *encuentro* (15)
confidence *confianza* (20)
confirm *comprobar* (18)
confront *enfrentar* (5)
connection *conexión* (4)
conqueror *conquistador* (10)
conquest *conquista* (10)
conscious *consciente* (5)
consequence *consecuencia* (19)
consequently *por consiguiente* (20)
conservation *conservación* (8)
conservative *conservador/a* (10)
conserve *conservar* (2)
consider *considerar* (8)
consultant *asesor/a* (10)
consulting service *asesoría* (18)
consumer *comsumidor* (18); *consumidor/a* (8)
consumer goods *bienes de consumo* (19)
consumption *consumo* (5)
contact *comunicar* (11)
container *contenedor* (18); *envase* (8)
contemptuous *despectivo/a* (13)
contents *contenido* (6)
contest *concurso* (15); *festival* (1)
continue *seguir* (6); *continuar* (11)
contract *contrato* (6)
contradict *contradecir (irreg.)* (19)

contradiction *contradicción* (19)
contribute *contribuir* (2)
contribution *aporte* (9)
convalescent *convaleciente* (20)
convenience *comodidad* (16)
convenient *conveniente* (5); *práctico/a* (16)
conversation *conversación* (2)
converse *conversar* (8)
convert *convertir* (15)
convince *convencer* (6)
convincing *convincente* (11)
cook *cocinar* (2); *cocinero/a* (2)
cooked *cocido/a* (12)
cooking *cocina* (8)
cool (weather) *templado/a* (9)
cool down *enfriar* (8)
copper *cobre* (16)
copy *copia* (6)
copy machine *fotocopiadora* (16)
corn *maíz* (5)
corner *esquina* (16); *rincón* (9)
correct *corregir* (10)
correct oneself *corregirse* (13)
corridor *pasillo* (6)
cosmetics *cosméticos* (18)
cost *costar (ue)* (4)
Costa Rican *costarricense* (2)
costly *costoso/a* (4)
cotton *algodón* (16)
cough *tos; toser* (12)
counselor *consejero/a* (5)
count on *contar (ue) con* (6)
country *país* (1)
country house *granja* (18)
countryside *campo* (3)
coup d'état *golpe de estado* (10)
coupon *cupón* (4)
courage *valentía* (14)
courier *mensajero/a* (18)
courier service *mensajería* (18)
course *curso* (1)
court *pista* (3); *cancha* (9)
courtesy *cortesía* (6)
cover *cubrir* (5)
covet *codiciar* (19)
cow *vaca* (10)
cowardliness *cobardía* (14)
cowardly *cobarde* (11)
craft *artesanía* (4); *manualidad* (13)
crazy *loco/a* (20)
cream *crema* (12)
create *crear* (6)
creativity *creatividad* (14)
creature *criatura* (20)
credit card *tarjeta de crédito* (4)
crib *cuna* (7)
crime *delincuencia* (9)
critique *criticar* (9)
cross *atravesar* (12); *cruzar* (12)
crossing *travesía* (11)
cruise *crucero* (3)

cry *llorar* (15)
Cuban *cubano/a* (2)
cucumber *pepino* (8)
culinary *culinario/a* (17)
culture *cultura* (1)
cup *taza* (8)
currency *moneda* (7)
currently *actualmente* (2)
custom *costumbre* (10)
cut *cortar* (8)
cut one's hair *cortarse el pelo* (18)
CV *currículo* (6)
cycle *ciclo* (19)

D

daily *diurno/a* (9)
daily activity *cotidianidad* (2); *a diario* (8)
dairy products *productos lácteos* (5)
damage *daño* (12); *estropear* (18)
dance *bailar* (2); *baile* (1); (classic or traditional) *danza* (2); *danzar* (17)
danger *peligro* (7)
dangerous *espinoso* (18); *peligroso/a* (3)
dare *atreverse* (19)
dark *moreno/a* (2); *oscuro/a* (11)
date *cita* (15); *datar* (11); *dato* (10); *fecha* (7)
date (fruit) *dátil* (8)
date back to *datar de* (11)
dawn *amanecer (cz)* (15)
day after tomorrow *pasado mañana* (7)
day before yesterday *anteayer, antes de ayer* (7)
daycare *guardería* (9)
daydream *ensueño* (15)
deaf *sordo/a* (17)
dean *decanato* (9)
death *muerte* (6)
debatable *discutible* (14)
debate *debatir* (19)
decade *década* (5)
December *diciembre* (3)
decent *digno/a* (6); *honesto/a* (11)
deceptive *mentiroso/a* (20)
decide *decidir* (6)
declare *declarar* (10)
decode *descifrar* (16)
decomposition *descomposión* (16)
dedicate oneself *dedicarse* (2)
deep *profundo/a* (5)
deeply *profundamente* (19)
defeat *vencer* (20)
defect *defecto* (14)
defender *defensor/a* (11)
definitively *definitivamente* (14)
deforestation *deforestación* (19)
deform *deformar* (5)
degree *grado* (12); *título* (6)
deify *deificar* (10)
delay *retraso* (7)
delete *borrar* (14)
delicious *delicioso/a* (8); *rico/a* (8)

deliver *entregar* (10)
delivery *entrega* (18); *reparto* (18)
demand *demanda* (18)
dementia *demencia* (20)
demonstrate *demostrar (ue)* (8)
demonstration *manifestación* (10)
denounce *denunciar* (10)
dentist *dentista* (7)
dentistry *odontología* (12)
deodorant *desodorante* (4)
depart *partir* (10)
departure *salida* (7)
depend *depender* (13)
dependable *confiable* (18)
depict *retratar* (14)
depress *deprimir* (14)
depressed *deprimido/a* (5)
depression *depresión* (5)
derive *derivar* (11)
descend *descender* (14)
descendent *descendiente* (11)
descent *ascendencia* (2)
describe *describir* (7)
desert *desierta* (14)
design *diseñar* (6) (14)
designer *diseñador/a* (7)
desire *desear* (11)
desk *escritorio* (6)
dessert *postre* (4)
destination *destino* (3)
destiny *destino* (10)
destroy *destruir* (6)
destruction *destrucción* (19)
detailed *detallado/a* (4)
detain *detener* (11)
detection *detección* (16)
detective movie *película policíaca* (15)
detention *detención* (17)
deteriorate *deteriorar* (12)
determine *determinar* (20)
devastate *devastar* (11)
devastating *devastador/a* (20)
develop *desarrollar* (10) (18); *desarrollar(se)* (13); develop photos *revelar fotos* (7)
developed *desarrollado/a* (19)
developing country *país en vías de desarrollo* (19)
development *desarrollo* (17)
device *aparato* (16); *dispositivo* (16)
diagnose *diagnosticar* (19)
dial *marcar* (6)
diarrhea *diarrea* (12)
dictator *dictador* (11)
dictatorship *dictadura* (10)
die *morir (ue)* (10)
diet *dieta* (8); *régimen* (12)
difficult *difícil* (1); *espinoso* (18)
difficulty *dificultad* (8)
digital camera *cámara digital* (16)
digitalization *digitalización* (19)

digitalize *digitalizar* (16)
digitalized *digitalizado/a* (16)
diligence *diligencia* (11)
dine *cenar* (6)
dining room *comedor* (3)
dinner *cena* (2)
dip *sumergir* (8)
direct *dirigir* (10); *guiar* (4)
direction *orientación* (17)
dirty *sucio/a* (9)
disadvantage *desventaja* (18)
disagreement *desacuerdo* (3)
disappear *desaparecer* (10)
disappearance *desaparición* (17)
disappointed *decepcionado/a* (20)
disapproval *desaprobación* (13)
disapprove *desaprobar* (14)
disaster *desastre* (11)
discard *descartar* (19); *desechar* (16)
discharge *descarga* (16)
discomfort *molestia* (12)
disconcerting *desconcertante* (20)
disconnect *desconectar* (16)
discontent *descontento/a* (20)
discount *descuento* (4)
discover *descubrir* (7)
discovery *descubrimiento* (9)
discrimination *discriminación* (19)
disembark *desembarcar* (11)
disguise oneself (as) *disfrazarse (de)* (17)
dish *plato* (4)
dishonest *deshonesto/a* (18)
disintegrate *desintegrar* (10)
dismiss *destituir* (10)
disorder *transtorno* (5)
disorderly *desordenado/a* (14)
disorganized *desorganizado/a* (20)
displacement *desplazamiento* (10)
disposed *dispuesto* (6)
disrespectful *irrespetuoso* (14)
distant *lejano/a* (7)
distress *angustiar* (14)
distribute *distribuir* (10); *repartir* (14)
distribution *distribución* (2); *reparto* (18)
district *distrito* (15)
distrustful *desconfiado/a* (19)
disturbance *transtorno* (5)
dive *bucear* (7)
diving *buceo* (3)
divorce *divorciarse* (10)
divorced *divorciado/a* (2)
dizziness *mareo* (12)
dizzy *mareado/a* (12)
do *hacer (irreg.)* (2)
do business *comerciar* (18)
docile *dócil* (20)
doctor *médico* (2)
doctor's office *consulta* (12)
documentary *documental* (15)
doll *muñeco/a* (16)
dollar *dólar* (16)

dolphin *delfín* (7)
dolphinarium *delfinario* (15)
dome *cúpula* (4)
domestic *casero/a* (8)
domicile *domicilio* (18)
dominate *dominar* (11)
Dominican *dominicano/a* (2)
donation *donación* (6)
door *puerta* (6) (17)
dorm *residencia estudiantil* (9)
doubt *dudar* (11)
download *bajar* (16)
downtown *centro* (3)
do yoga *hacer yoga* (5)
dozen *docena* (8)
draftsman *dibujante* (2)
draw *dibujar* (2)
draw conclusions *sacar conclusiones* (19)
drawing *dibujo* (2)
dream *sueño* (20)
dress *vestido* (4)
dried beef *cecina* (8); *tasajo* (8)
drilling *perforación* (20)
drink *beber* (5); *bebida* (5); *copa* (15)
drink (alcohol) *tomar (alcohol)* (5)
drive *conducir* (7); *manejar* (6)
driver *conductor* (10)
driver's license *licencia de conducir* (6);
  permiso de conducir (7)
drought *sequía* (19)
drug *droga* (12)
drug addictions *drogadicciones* (12)
drug trafficking *narcotráfico* (19)
drum *bombo* (4)
dry *seco/a* (3)
dry cleaner *tintorería* (18)
due to *debido a* (3); *a causa de* (20)
duplication *duplicación* (16)
duration *duración* (7)
during *durante* (7)
during the day *de día* (7)
Dutch *holandés/a* (10)
DVD player *DVD (reproductor de)* (16)
dwell *habitar* (11)
dynamic *dinámico/a* (6)
dynasty *dinastía* (11)

E

each *cada* (1)
ear *oído* (12); *oreja* (5)
earache *dolor de oídos* (12)
early *temprano* (7)
early morning *madrugada* (7)
earn *ganar* (6)
earring *pendiente* (4)
earth *tierra* (11)
earthquake *terremoto* (6)
ease *facilidad* (17)
east *este* (3); *oriente* (7)
easy *fácil* (1)

eat *comer* (2)
eating disorder *trastorno alimenticio* (12)
ecologist *ecologista* (19)
ecology *ecología* (9)
economy *economía* (18)
ecosystem *ecosistema* (12)
edification *edificación* (3)
education *formación* (6)
effect *efecto* (6)
effective *efectivo/a* (5)
efficiency *eficiencia* (18)
effort *esfuerzo* (12)
egg *huevo* (8)
eggplant *berenjena* (8)
egoism *egoísmo* (14)
Egyptian *egipcio/a* (14)
eight *ocho* (1)
eighteen *dieciocho* (1)
eight hundred *ochocientos* (4)
eighty *ochenta* (2)
elaborate *elaborar* (8)
elbow *codo* (5)
elect *elegir (i)* (3)
elections *elecciones* (10)
electric *eléctrico/a* (16)
electrician *electricista* (18)
electricity *electricidad* (16)
electronic agenda *agenda electrónica* (16)
electronic appliances *electrodomésticos* (4)
elegant *elegante* (4)
elevate *elevar* (16)
elevator *ascensor* (6)
eleven *once* (1)
eliminate *eliminar* (8)
elude *eludir* (20)
embark *embarcar* (11)
embarrass *dar vergüenza* (13)
embarrassment *vergüenza* (13)
embassador *embajador/a* (14)
embrace *abrazar* (20)
embroidery *bordado* (20)
emerge *surgir* (18)
emergency *urgencia* (12)
emergency room *servicio de emergencias* (12)
emigrant *emigrante* (7)
emigrate *emigrar* (12)
emigration *emigración* (14)
emotional *emotivo/a* (20)
emphasis *énfasis* (12); *hincapié* (5)
emphasize *destacar* (5)
empire *imperio* (9)
employ *emplear* (5)
employee *empleado/a* (6)
employment *empleo* (6)
empower *potenciar* (13)
empty *vacío/a* (7)
encourage *animar* (12)
end *cabo* (5); *terminar* (8)
ending *terminación* (2)
endorse *suscribir* (10)

enemy *enemigo/a* (11)
energy *energía* (16)
engineer *ingeniero/a* (20)
engineering *ingeniería* (12)
English *inglés/inglesa* (11)
enjoy *disfrutar* (3)
enjoyment *diversión* (8)
enjoy oneself *divertirse (ie)* (3)
enmity *enemistad* (20)
enormous *enorme* (15)
enough *bastante* (5); *suficiente* (8)
enrich *enriquecer* (13)
enroll *enrolar* (10); *inscribirse* (13)
enter *entrar* (19)
entertaining *entretenido/a* (15)
entertainment *entretenimiento* (9); *oferta
  cultural* (15)
entry *entrada* (6)
envious *envidioso/a* (14)
environment *entorno* (3); *medio ambiente* (9)
environmental *ambiental* (9);
  medioambiental (18)
envy *envidia* (14)
epidemic *epidemia* (10)
epoch *época* (10)
equal *igual* (8)
equality *igualdad* (19)
equally *igual de* (7)
equinox *equinoccio* (20)
equip *aparejar* (18)
era *época* (10)
erase *borrar* (14)
erect *erguido/a* (5)
eradication *erradicación* (19)
escape *escapar* (10); *fugarse* (17); *huir* (11)
Eskimo *esquimal* (17)
especially *especialmente* (18)
essay *ensayo* (13); *trabajo escrito* (13)
essence *esencia* (19)
essentially *esencialmente* (13)
establish *establecer* (6); *instaurar* (10)
estate *hacienda* (10)
estimate *estimar* (6)
etching *grabado* (11)
eternal *eterna* (12)
ethical *ético/a* (19)
ethnic *étnico/a* (11)
ethnic group *etnia* (10)
European *europeo/a* (2)
European Union *Unión Europea* (10)
euthanasia *eutanasia* (19)
evaluate *evaluar* (8)
even *incluso* (19)
evening *noche* (6)
event *acontecimiento* (10)
everyday *cotidiano/a* (11)
evidence *prueba* (17)
exactly *efectivamente* (13); *exactamente* (14)
exaggerated *exagerado/a* (5)
examine *examinar* (4)
exceed *rebasar* (9)

excel *sobresalir* (8); *superar* (16)
excellent *excelente* (8)
excess *exceso* (5)
excessively *excesivamente* (12)
exchange *intercambio* (2)
excite *emocionar* (14)
exciting *emocionante* (15)
exclusive *excluyente* (19)
excuse *dispensar* (20)
excuse me *disculpe* (8)
excuse oneself *excusarse* (15)
exercise *ejercicio, hacer ejercicio* (5)
exert *ejercer* (20)
exhale *exhalar* (5)
exhibition *exposición* (15)
exist *existir* (8)
exotic *exótico/a* (3)
expectancy *esperanza* (12)
expedient *expediente* (6)
expedition *expedición* (10)
expel *expulsar* (11)
expensive *caro/a* (4)
experience *experiencia* (6)
expert *experto* (20)
explain *explicar* (5)
explanation *explicación* (13)
explorer *explorador/a* (10)
export *exportar* (7)
exportation *exportación* (18)
exports *exportación* (18)
expose *exponer* (5)
exposition *exposición* (5)
express *expresar* (18); *exprimir* (12)
express an opinion *opinar* (19)
expressivity *expresividad* (15)
extend *estirar* (5); *extenderse* (14)
extension *ampliación* (18)
extermination *exterminio* (10)
extract *extraer* (11)
extraction *ascendencia* (2)
extraordinary *genial* (15)
extraterrestrial *extraterrestre* (11)
extrovert *extrovertido/a* (14)
eye *ojo* (5)
eyeglasses *anteojos* (4)

F

fabulous *fabuloso/a* (3)
face *cara* (5); *rostro* (2)
face (of a clock) *esfera* (7)
face down *boca abajo* (7)
face to face *cara a cara* (7)
facilitate *facilitar* (9)
facilities *instalaciones* (3)   (5)
fact *hecho* (10)
faction *facción* (2)
faint *desmayarse* (12)
fair *equitativo/a* (6); *feria* (15); *justo/a* (18)
fair trade *comercio justo* (19)
fairy tale *cuento de hada* (17)

faithful *fiel* (14)
fall *caer* (10); *otoño* (3)
fall asleep *dormirse (ue)* (5)
fall down *caer(se)* (11)
falling apart *desvencijado/a* (20)
fall in love with *enamorarse de* (10)
fame *fama* (6)
famous *célebre* (11)
fan *aficionado/a* (5)
fantasy *ensueño* (15)
far *lejano/a* (4)
far from *lejos de* (7)
farm *granja* (18)
farming *agropecuario/a* (18)
fashion *moda* (4)
fast *rápido/a* (7)
fat *gordo/a* (5); *grasa* (5)
fatality *fatalidad* (20)
father *padre* (2)
Father Christmas *Papá Noel* (4)
fault *defecto* (14)
fear *miedo* (11)
fearful *miedoso/a* (14)
feather *pluma* (14)
feature *reportaje* (19)
feature film *largometraje* (16)
February *febrero* (3)
fed up (with) *harto/a (de)* (18)
fed up with *estar harto/a (de)* (17)
feed *alimentar* (5); *sustentar* (20)
feed (oneself) *alimentarse* (11)
feel *sentir* (11)
feel anguish/stress *sentirse angustiado/a* (20)
feeling *sentimiento* (10)
feel like doing *apetecer* (15)
feel sorry for someone/something *dar lástima* (20)
fellow man *semejante* (20)
ferry *trasbordador* (10)
fervent *ferviente* (11)
festivity/party *fiesta* (1)
fever *fiebre* (10)
fiber *fibra* (4)
fiction novel *novela de ficción* (17)
fidelity *fidelidad* (14)
field *campo* (7)
field trip *excursión* (3)
fifteen *quince* (1)
fifty *cincuenta* (2)
fight *lucha* (11); *luchar* (6); *pelearse* (20)
figure *cifra* (18)
file *archivo* (16)
fill out *rellenar* (14)
film *filmar* (16); *película* (2); *rollo* (15)
film critic *cineasta* (16)
film enthusiast *cineasta* (16)
filter *filtro* (12)
finally *finalmente* (2); *al final* (8)
finances *finanzas* (19)
financial *financiero/a* (18)

find *hallar* (20)
find hard to *costar (ue)* (13)
find oneself *encontrarse (ue)* (12)
find out *averiguar* (2); *encontrar (ue)* (3); *enterarse* (17)
fine *fino/a* (2)
Finnish *finlandés* (13)
fire *despedir (i)* (6); *fuego* (8); *incendio* (16)
fireman/woman *bombero/a* (6)
firewater *aguardiente* (5)
firm *compañía; empresa* (6)
firmness *firmeza* (5)
first *primer/a* (1)
first name *nombre* (1)
fish *pescado* (5); *pez* (3)
fish market *pescadería* (8)
fishmonger *pescadería* (8)
fit *caber* (13)
five *cinco* (1)
five hundred *quinientos/as* (4)
fix *componer* (5); *fijar* (13); *reparar* (16); *arreglar* (16)
flag *bandera* (11)
flannel *franela* (17)
flat *plano/a* (3)
flavor *sabor* (8)
flecked *salpicado/a* (11)
fledged *emplumado/a* (11)
flexible *ágil* (5)
flight *huida* (11); *vuelo* (7)
flight attendant *azafato/a* (17)
float *flotar* (5)
floodgate *compuerta* (18)
floor *planta* (4)
florist's shop *floristería* (18)
flour *harina* (8)
flourish *florecer* (9)
flow *flujo* (20)
flower *flor* (18)
flower shop *florería* (4)
flu *gripe* (5)
fluency *fluidez* (10)
flute *flauta* (4)
fly *volar (ue)* (7)
focus *enfoque* (14)
fog *niebla* (9)
foggy *nublado/a* (9)
follow *seguir* (2); *suceder* (10)
followed by *seguido de* (9)
following *siguiente* (10)
food *alimentación* (18); *alimento* (8); *comida* (1)
food poisoning *intoxicación* (12)
foot *pie* (5)
forbid *prohibir* (20)
forehead *frente* (5)
foreigner *extranjero/a* (2)
foreign language *lengua extranjera* (13)
foresee *prever* (19)

forest *bosque* (3)
for example *por ejemplo* (5)
forget *olvidar* (4); *olvidarse de* (13)
form *formulario* (17)
format *formato* (18)
formula *fórmula* (19)
formulate *formular* (14)
fortress *fortaleza* (11)
fortunate *afortunado/a* (14)
forty *cuarenta* (2)
for what purpose *para que* (4)
found *fundar* (10)
founded *fundado/a* (7)
four *cuatro* (1)
four hundred *cuatrocientos/as* (4)
fourteen *catorce* (1)
fourth *cuarto* (6)
foyer *vestíbulo* (17)
fragile *frágil* (20)
fragment *trozo* (8)
frame *marco* (4)
France *Francia* (12)
free *gratis* (7); *libre* (8); *liberar* (10);
  gratuito (12)
freedom *libertad* (10)
freeze *congelarse* (20)
French *francés* (13)
French fries *papas fritas* (4)
frequently *frecuentemente* (12)
fresh *fresco/a* (4)
Friday *viernes* (5)
fried *frito/a* (8)
friend *amigo/a* (2)
friendliness *amabilidad* (18)
friendly *sociable* (14)
friendship *amistad* (10)
fright *susto* (11)
frighten *asustar* (17); *dar
  medio* (13)
fritter *buñuelo* (8)
from where *de dónde* (4)
front-desk attendant *recepcionista* (6)
frozen *congelado/a* (18)
fruit *fruta* (5)
fruit dish *frutero* (8)
fruit seller *frutero* (8)
fry *freír (i)* (8)
frying pan *sartén* (8)
fulfillment *desempeño* (12)
full *pleno/a* (9)
full-length film *largometraje* (16)
full-time *a tiempo completo* (6)
fun *diversión; divertido/a* (1)
function *funcionar* (5)
fund *financiar* (18); *fondo* (6)
funny *chistoso/a* (11); *gracioso/a* (11);
  divertido/a (14)
furnish *amueblar* (6)
furnished *amueblado/a* (6)
furniture *mobiliario* (18); *muebles* (6)
furthermore *es más* (15)

G

gain weight *engordar* (5)
Galician *gallego* (15)
game *juego* (7); *partido* (3)
gangplank *pasarela* (15)
gap *brecha* (19); *salto* (3)
garage *garaje* (17)
garbage *basura* (9)
garden *jardín* (3)
garlic *ajo* (8)
garment *prenda de vestir* (4)
gas station *gasolinera* (9)
gas station (Perú) *grifo* (9)
generate *generar* (12)
generation *generación* (10)
generosity *generosidad* (14)
generous *generoso/a* (14)
genetic code (DNA) *código genético
  (ADN)* (16)
genetic engineering *ingeniería genética* (19)
genius *genio* (19)
genre *género* (14)
genuine *sincero/a* (14)
geography *geografía* (1)
germ *germen* (5)
German *alemán* (13)
Germany *Alemania* (18)
gestation *gestación* (20)
gesture *ademán* (17); *gesto* (13)
get a cold *resfriarse* (12)
get all mixed up *hacerse un lío* (13)
get along (poorly) with *llevarse bien/(mal)
  con* (14)
get along with *conectarse; entenderse con* (20)
get angry *enojarse* (20)
get bored *aburrirse* (9)
get cold *enfriarse* (8)
get damaged *estropearse* (16)
get discouraged *desanimarse* (13)
get dizzy *marearse* (12)
get engaged *comprometerse* (10)
get frustrated *frustrarse* (13)
get happy *ponerse contento/a* (20)
get hold of *agarrar* (11)
get hurt *lesionarse* (12)
get injured *lesionarse* (12)
get jealous *ponerse celoso/a* (20)
get married *casarse* (10)
get on *montarse en* (7)
get out *bajar* (13)
get ready *alistar* (17)
get rid of *quitar* (12)
get sick *enfermarse; ponerse enfermo* (12)
get sunburned *quemarse* (12)
get tired *cansarse* (12)
get up *levantarse* (5)
get up early *madrugar* (3)
get upset *molestarse* (20)
giant *gigante* (17)
gift *regalo* (4)

gift store *tienda de regalos* (4)
gigantic *gigantesco/a* (7)
give *dar* (1); *entregar* (10)
give a gift *hacer un regalo; regalar* (4)
give a standing ovation *ovacionar de pie* (10)
given *dado/a/os/as* (20)
given that *dado que* (20)
give the floor *ceder la palabra* (13)
give up *renunciar a* (20)
glance *mirada* (15)
glass *vaso* (12); *cristal* (16); *vidrio* (16)
glasses *gafas* (16)
glasshouse *invernadero* (15)
globalization *globalización; mundialización* (19)
global warming *calentamiento global* (19)
globe *globo* (20)
gloves *guantes* (4)
go *ir (irreg.)* (2)
goal *meta* (18); *propósito* (6)
goalkeeper *portero/a* (5)
go camping *acampar; ir de camping* (7)
go down *bajar* (13)
go for a walk *dar una vuelta* (17)
gold *oro* (11)
golf player *golfista* (5)
good *bueno/a* (2)
good-looking *guapo/a* (2)
goodness *bondad* (14)
goods *mercancía* (18)
go out *salir* (15)
go out for a drink *ir de copas* (15)
go out for dinner *salir a cenar* (15)
go out with *salir con* (17)
go shopping *ir de compras* (4)
go through *transitar* (20)
go to bed *acostarse (ue)* (5)
go up *subir* (1)
govern *gobernar* (11)
government *gobierno* (11)
government official *funcionario/a* (11)
government-related *gubernamental* (18)
governor *gobernador* (10)
GPS navigation system *sistema de navegación
  GPS* (16)
grade *calificación* (9)
graft *injerto* (12)
gram *gramo* (8)
grandfather/grandmother *abuelo/a* (2)
grandparents *abuelos* (2)
grant *dispensar* (20)
grape *uva* (8)
graphic *gráfico* (12)
graphic arts *artes gráficas* (18)
gravity *gravedad* (11)
gray *gris* (4)
grazing *pastoreo* (10)
great *genial* (15)
Great Britain *Gran Bretaña* (10)
Greece *Grecia* (18)
greed *avaricia* (14)
Greek *griego* (13)

green *verde* (4)
green beans *habichuelas* (8); *judías verdes* (8)
greenhouse *invernadero* (15)
Greenland *Groenlandia* (10)
greenness *verdor* (11)
green zone *zona verde* (9)
greet *saludar* (6)
grief *pena* (11)
grill *parrilla* (3) (8)
grocery store *mercado* (7)
gross domestic product *producto interno bruto (PIB)* (18)
ground *picado/a* (8)
group *grupo* (1)
grow *crecer (zc)* (1); *cultivar* (8)
growing *cultivo* (5); *en crecimiento* (18)
growth *crecimiento* (9)
grow up *crecer (zc)* (10)
grumpy *gruñón/a* (3)
guarantee *garantizar* (12)
Guatemalan *guatemalteco/a* (2)
guess *adivinar* (1)
guest *invitado/a* (18)
guide *guía* (3); *guiar* (4)
gum *chicle* (12)
gym *gimnasio* (3)

H

habit *costumbre* (5)
habitación *hábito* (8)
hair *pelo* (5)
hairdresser *peluquería* (3)
half *mitad* (1)
hallway *pasillo* (6)
halt *detener(se)* (11)
ham *jamón* (8)
hamburger *hamburguesa* (20)
hand *mano* (5)
handful *puñado* (17)
handkerchief *pañuelo* (4)
hand over *entregar* (10)
handsome/pretty *guapo/a* (2)
handy *práctico/a* (16)
hang *colgar (ue)* (16)
happen *ocurrir* (9); *suceder* (10); *pasar* (19)
happiness *alegría* (14); *felicidad* (14)
happy *alegre* (2); *feliz* (10)
harbor *puerto* (9)
hard *duro/a* (8)
hard liquor *aguardiente* (5)
hardly *nada* (2)
hardness *dureza* (8)
hardworking *trabajador/a* (20)
harm *daño* (12)
harshness *dureza* (8)
harvest *cosecha* (6)
hat *gorro* (4)
hate *odiar* (14)
have *tener (ie)* (1)
have (in compound tenses) *haber* (1)

have a cold *estar resfriado/a* (12)
have a drink *tomar una copa* (15)
have a good time *pasarlo bien* (4)
have an accident *tener un accidente* (12)
have an argument *pelearse* (20)
have a snack *merendar (ie)* (8)
have breakfast *desayunar* (5)
have fun *divertirse (ie)* (15)
have just *acabar de* (7)
have something *disponer de algo* (9)
have something in common *tener algo en común* (14)
have surgery *operarse (de)* (12)
have to *tener que* (2)
havoc *embestido/a* (20)
Hawaii *Hawai* (10)
hazelnut *avellana* (8)
head *cabeza* (5)
headache *dolor de cabeza* (12)
headline *titular* (19)
health *salud* (5)
health insurance *seguro médico* (12)
healthy *sano/a* (5); *saludable* (12)
heap *montón* (16)
hear *oír* (17)
heart *corazón* (3)
heart attack *ataque al corazón* (12)
heat *calentar (ie)* (8); *calor* (9)
heavy *pesado/a* (16)
Hebrew *hebreo* (13)
hectare *hectárea* (3)
heel *tacón* (4)
height *altura* (12)
heir/heiress *heredero/a* (8)
hell *infierno* (17)
hello *aló* (6); *bueno* (6); *diga* (6); *hola* (1); *sí* (6)
helmet *casco* (5)
help *ayudar* (6); *echar una mano* (17)
hemisphere *hemisferio* (18)
here *acá* (12)
heritage *herencia* (3)
hero *héroe* (10)
heroine *heroína* (11)
hidden *escondido/a* (11)
hide *esconder* (18)
hieroglyphic *jeroglífico* (14)
high *alto/a* (1)
highway *autopista* (6); *carretera* (3)
hike *caminata* (7)
hill *colina* (11)
hip *cadera* (5)
hire *contratar* (6)
Hispanic *hispano/a* (2)
Hispaniola *Española* (10)
historic district *casco antiguo* (9)
history *historia* (1)
hit *golpear* (17)
hobby *interés* (1)
hold *caber* (13)
hole *agujero* (19)

home *hogar* (6)
home delivery *servicio a domicilio* (18)
homeland *patria* (10)
homeless *personas sin hogar/sin techo* (19)
homemade *casero/a* (8)
home run *jonrón* (7)
Honduran *hondureño/a* (2)
honest *sincero/a* (14); *honesto/a* (11)
honesty *honestidad* (14)
honorable *digno/a* (6)
hope *esperanza* (12); *esperar* (4)
horror movie *película de terror* (15)
horse *caballo* (4)
hostage *rehén* (11)
hot *caliente* (8); *picante* (8)
hot (weather) *caluroso/a* (9)
hotel *hotel* (3)
hotel business; hotel management *hostelería* (18)
hour *hora* (5)
house *albergar* (9); *casa* (6)
housing *vivienda* (6)
housing development *urbanización* (9)
however *no obstante* (19)
how many; how much *cuánto(s)* (2)
huge *enorme* (15)
human being *ser humano* (16)
humid *húmedo/a* (3)
hummingbird *colibrí* (3)
hundred *centenar* (8)
hundreds *cientos* (4)
hunger *hambre* (12)
hunting *caza* (19)
hurricane *huracán* (6)
hurt *doler (ue)* (11)
hurt oneself *hacerse daño* (12)
husband *marido* (20)
husband/wife *esposo/a* (2)
hybrid *híbrido/a* (16)
hydrating *hidratante* (12)
hygienic *higiénico* (18)
hypocrisy *hipocresía* (14)
hypocritical *hipócrita* (14)
hypothesis *hipótesis* (10)

I

ice cream *helado* (4)
ice cream shop *heladería* (4)
idealist *idealista* (20)
identify *identificar* (6)
idol *ídolo* (15)
if *si* (2)
ignorance *ignorancia; desconocimiento* (12)
ill *enfermo/a* (4)
illegal *ilegal* (20); *ilícito/a* (12)
ill-mannered *maleducado/a* (14)
illness *enfermedad* (12)
illustrate *ilustrar* (16)
illustration *ilustración* (20)
illustrious *ilustre* (11)

image *imagen* (3)
imagine *fingir* (14); *imaginar* (19)
imbued *imbuido/a* (20)
imitate *imitar* (13)
immediately *inmediatamente* (11)
immersion *inmersión* (13)
immigrant *inmigrante* (4)
immigration *inmigración* (11)
impatience *impaciencia* (14)
imported *importado/a* (16)
imports *importación* (18)
imposition *imposición* (19)
impoverish *empobrecer* (20)
impress *imprimir* (17)
impression *impresión* (19)
impressive *impresionante* (15)
improve *mejorar* (5)
in a hurry *apurado/a* (5)
in any case/event *de cualquier forma; de todas maneras; de todos modos; en cualquier caso* (19)
in/as a consequence *en/como consecuencia* (20)
inauguration *inauguración* (18)
incapable *incapaz* (20)
incident *suceso* (5)
include *abarcar* (11); *incluir* (4); *reunir* (14)
including *incluso* (19)
income *ingresos* (6)
in conclusion *en conclusión* (6)
in contrast to *a diferencia de* (7)
incorporate *incorporar* (8)
increase *aumentar* (10); *aumento* (18); *incrementar* (18)
incredible *increíble* (3)
independence *independencia* (10)
independent *independiente* (11)
index *índice* (12)
indicate *indicar* (9)
indigenous *autóctono/a* (11)
indigenous person *indígena* (2)
indigestion *indigestión* (12)
industry *industria* (18)
inequality *desigualdad* (19)
inexpensive *económico/a* (16)
infatuation *enamoramiento* (20)
in favor of *a favor* (19)
infection *infección* (12)
infidelity *infidelidad* (14)
inflammation *inflamación* (12)
inflexible *rígido/a* (20)
influential *influyente* (4)
inform *avisar* (16); *comunicar* (11)
information *información* (5)
infrastructure *infraestructura* (18)
in front of *delante de* (17); *enfrente (de)* (17)
infuriate *enfurecer* (20)
ingenuity *ingenio* (20)
inhabit *habitar* (11)
inhabitant *habitante* (1)
inhale *inhalar* (5)

injury *lesión* (12)
injustice *injusto* (17)
inn *posada* (7)
innovate *innovar* (18)
innovative *innovador/a* (15); *novedoso/a* (18)
innovator *innovador* (2)
in other words *en otras palabras* (5); *es decir* (1)
insecure *inseguro/a* (14)
insecurity *inseguridad* (9)
in short *en resumen* (6)
inside *dentro de* (8)
insomnia *insomnio* (12)
inspire *inspirar* (6)
install *instalar* (9)
instant *instante* (10); *vez* (8)
instantaneity *instantaneidad* (17)
instead of *en vez de* (3)
instrument *instrumento* (2)
insurance *seguro* (18)
insurmountable *infranqueable* (17)
intelligence *inteligencia* (14)
intelligent *inteligente* (2)
intend *intentar* (14)
intensity *intensidad* (17)
interest *afición* (2); *interesar* (3); *interés* (11)
interesting *interesante* (1)
intern *internar* (20)
international *mundial* (5)
internship *pasantía* (7)
interrupt *interrumpir* (10)
interview *entrevistar* (1); *reportaje* (19)
in the afternoon *de la tarde; por la tarde* (7)
in the early morning *de la madrugada* (7)
in the evening *de la noche; por la noche* (7)
in the face of *en vista de* (7)
in the first place *en primer lugar* (6)
in the morning *de la mañana; por la mañana* (7)
in the second place *en segundo lugar* (6)
in the third place *en tercer lugar* (6)
intolerable *insoportable* (20)
introduce *presentar* (1)
introduce oneself *presentarse* (1)
introverted *introvertido/a* (14)
inundate *inundar* (18)
invade *invadir* (10)
invent *inventar* (10)
inventiveness *ingenio* (20)
invest *invertir (ie)* (9)
investigate *investigar* (16)
investigation *investigación* (16)
investment *inversión* (18)
investor *inversionista* (18); *inversor/a* (18)
invite *invitar* (20)
involve *involucrar* (13)
involved *involucrado/a* (7)
Ireland *Irlanda* (10)
irony *ironía* (15)
island *isla* (3)
islander *isleño* (10)

isolated *aislado/a* (3)
isthmus *istmo* (18)
Italy *Italia* (10)
itch *picar* (12)
itinerary *itinerario* (7)
it is cold *hace frío* (9)
it is hot *hace calor* (9)
it is sunny *hace sol* (9)
it is windy *hace viento* (9)

J

jacket *chaqueta* (4)
January *enero* (3)
Japan *Japón* (10)
Japanese *japonés* (13)
jealous *celoso/a* (20); *envidioso/a* (14)
jealousy *celos* (20)
jest *jarana* (20)
jeweler *joyería* (4)
jewelry *joya* (14)
Jewish *judío/a* (13)
job *cargo* (6); *empleo* (6); *puesto de trabajo* (6); *trabajo* (6)
join *ensamblar* (18); *unirse a* (10)
joke *burla* (5)
journalist *periodista* (2)
journey *camino* (20); *trayecto* (17)
juice *jugo* (8)
July *julio* (3)
jump *saltar* (5); *salto* (3)
June *junio* (3)
jungle *selva* (3)
junk food *comida basura* (5)
just *equitativo/a* (6); *justo/a* (18)
juvenile *juvenil* (4)

K

keep *guardar* (16)
keep in mind *tener en cuenta* (2)
keep/remain quiet *callarse* (13)
key *cayo* (3); *clave* (5); *llave* (11); *tecla* (16)
keyboard *teclado* (16)
key maker *llavero* (4)
key ring *llavero* (4)
kidnap *secuestrar* (17)
kidnapping *secuestro* (17)
kill *matar* (17)
killing *asesinato* (10)
kilogram *kilo* (8)
kind *amable* (2)
king *rey* (4)
kingdom *reino* (11)
kiss *besar* (14)
kitchen *cocina* (6)
knee *rodilla* (5)
knife *cuchillo* (4)
knock down *atropellar* (20)
know (be familiar with) *conocer (zc)* (1)
know (a fact) *saber (irreg.)* (1)

knowledge *conocimiento* (13); *sabiduría* (15)
known *conocido/a* (10)
Korean *coreano* (13)

L

label *etiqueta* (1)
labor market *mercado laboral* (7)
labyrinth *laberinto* (17)
lack *faltar* (9)
lake *lago* (3)
lamb *cordero* (8)
lament *lamentar* (20)
lamp *linterna* (3)
land *aterrizar* (7); *tierra* (11)
landscape *paisaje* (1)
language *idioma* (1); *lengua* (13)
lapse *caducidad* (12)
laptop *computadora portátil* (4)
large (river) *caudaloso* (3)
large oil slicks *mareas negras* (19)
last *por último* (2); *durar* (7); *en último lugar* (15)
last name *apellido* (1)
last night *anoche* (10)
late *tarde* (7)
lantern *linterna* (3)
Latin American *latinoamericano/a* (2)
Latino *latino/a* (2)
laughter *risa* (14)
laundromat *lavandería* (3)
law *ley* (3); *derecho* (10)
lawyer *abogado/a* (2)
lazy *perezoso/a* (2)
lead *conducir* (7)
leader *líder* (10)
leaf *hoja* (6)
league *liga* (6)
lean *inclinar* (5)
leap *salto* (3)
learn *aprender* (1)
learner *aprendiz* (13)
learning *aprendizaje* (13)
leather *cuero* (4)
leave *dejar, irse (irreg.)* (6)
left *izquierda* (6)
leg *pierna* (5)
legalization *legalización* (19)
legal residence *domicilio* (18)
legend *leyenda* (11)
legumes *legumbres* (8)
leisure *ocio* (9)
lemon *limón* (8)
lemonade *limonada* (12)
lend *prestar* (12)
lend a hand *echar una mano* (17)
less *menos* (1)
less fortunate *desafortunado/a* (19)
lesson *lección* (14)
letter *carta* (4)

lettuce *lechuga* (8)
level *nivel* (5)
liberal *progresista* (10)
library *biblioteca* (2)
lie *mentir (ie)* (19)
lie down *tumbarse* (12)
life *vida* (10)
life expectancy *esperanza de vida* (19)
life preserver *salvavidas* (14)
lift *levaentar* (5)
light *ligero/a* (12); *luz* (16)
lightbulb *bombilla* (4)
lighter *encendedor* (8)
like *gustar* (3)
like a lot *amar* (20); *encantar* (3)
like/dislike someone *caer bien/mal* (20)
likewise *asimismo* (14)
limit *límite* (7)
line *línea* (10)
lined *forrado/a* (4)
link *vincular* (8); *vínculo* (8); *enlace* (16); *vincular (a)* (17)
linked *ligado/a* (5)
liquor *aguardiente* (5); *licor* (4)
liquor store *licorería* (18)
listen *escuchar* (1)
liter *litro* (5)
literacy *alfabetización* (16)
literary *literario/a* (20)
little bit *poco* (1)
live *vivir* (2)
live (a healthy life) *llevar* (12)
liveliness *animación* (15)
lively *animado/a* (15)
live music *música en vivo* (15)
livestock *ganadería* (18)
live with *convivir con* (19)
living *viviente* (8)
living room *salón; sala* (6)
loan *préstamo* (6)
lobby *vestíbulo* (17)
lobster *langosta* (12)
locate *localizar* (1)
location *ubicación* (3)
lock *cerradura* (16); *esclusa* (18)
lock down *encerrar* (11)
locksmith *cerrajero/a* (18)
locksmith's shop *cerrajería* (18)
lock up *encerrar* (11)
lodge *alojarse (en)* (3)
lodging *albergue* (3); *alojamiento* (3)
lodging house *pensión* (7)
logic *lógico/a* (5)
logo *logotipo* (18)
loneliness *soledad* (14)
lonely *solitario/a* (3)
long-lasting *duradero/a* (16)
look *mirar* (1)
look for *buscar* (1)
lose *perder (ie)* (6)
lose weight *adelgazar* (5)

loss *pérdida* (10)
love *amor* (10); *amar* (20)
lover *amante* (12); *enamorado/a* (9)
low *bajo/a* (6)
lowercase letter *minúscula* (13)
loyal *fiel* (14)
loyalty *fidelidad* (14)
luck *suerte* (11)
luggage *equipaje* (7)
lung *pulmón* (12)
luxurious *lujoso/a* (6)
lying *mentiroso/a* (20)

M

macaroni *macarrones* (8)
machine *máquina* (16)
magazine *revista* (4)
main actor/actress *protagonista* (15)
main character *protagonista* (17)
maintain *mantener* (9)
majestic *majestuoso/a* (20)
majority *mayoría* (3)
make *hacer (irreg.)* (2)
make a decision *tomar una decisión* (18)
make a face *hacer muecas* (7)
make an appointment *concertar una cita* (15)
make an appointment with *quedar (con)* (15)
make an excuse *dar una excusa* (15)
make a reservation *hacer una reservación* (7)
make better *mejorar* (5)
make laugh *dar risa* (14)
make mistakes *cometer errores* (13)
make nervous *poner nervioso/a* (13)
make onself comfortable *acomodarse* (17)
make progress *avanzar* (17)
make up *constituir* (2); *inventar* (10)
make worse *agravar* (19)
making *fabricación* (8)
mammal *mamífero* (7)
management *gestión* (10)
manager *gerente* (6)
manatee *manatí* (7)
mania *manía* (14)
mantle *manto* (17)
many times *muchas veces* (5)
map *plano* (7)
marble *marfil* (17); *mármol* (5)
March *marzo* (3)
marginalization *marginación* (19)
marginalized *marginado/a* (19)
marijuana *marihuana* (19)
marital status *estado civil* (2)
maritime *marítimo/a* (7)
mark *marco* (4)
marker *marcador* (11)
market *mercado* (7)
marketing *mercadeo* (18)
married *casado/a* (2)

marry someone *casarse con alguien* (10)
marvel *maravilla* (17)
marvellous *maravilloso/a* (3)
mass *montón* (16)
massage *masaje* (12)
masseuse *masajista* (18)
mastery *dominio* (6)
match *fósforo* (16); *partido* (3)
mathematics *matemáticas* (14)
matter *importar* (12)
maturity *madurez* (14)
maximum *máximo* (11)
May *mayo* (3)
maybe *quizá* (7); *tal vez* (15)
mayor *alcalde/sa* (9)
mean *significar* (1)
meaning *significado* (11)
means *expediente* (6)
meanwhile *entre tanto* (17)
measure *medida* (8); *medir (i)* (12)
meat *carne* (5)
mechanism *dispositivo* (16)
medical checkup *chequeo médico* (5)
medication *medicamento* (12)
medicine *medicina* (12)
mediocrity *mediocridad* (14)
meditate *meditar* (14)
meet *reunirse (con)* (7)
meeting *reunión* (7)
melting pot *crisol* (4)
member *miembro* (5)
member of Congress *congresista* (11)
membership fees *cuota* (19)
memorize *memorizar* (13)
memory *memoria* (16)
mention *mencionar* (5)
menu *menú* (8)
merchandise *mercancía* (18)
merchant *comerciante* (20)
merit *merecer (zc)* (15)
mess *desorden* (14)
message *mensaje* (6); *recado* (6)
metal *metal* (16)
method *método* (13)
metropolis *metrópoli* (15)
Mexican *mexicano/a* (2)
microwave *microondas* (16)
midnight *medianoche* (4)
migraine *migraña* (12)
migration *migración* (9)
migration movement *movimiento migratorio* (19)
mile *milla* (16)
military *ejército* (10); *militar* (10)
milk *leche* (8)
millenial *milenario* (9)
millenium *milenio* (19)
million *millón* (4)
millionaire *millonario/a* (17)
mind *mente* (5)
mineral water *agua mineral* (4)

minimum *mínimo* (10)
mining industry *minería* (18)
minority *minoría* (13)
mint *hierbabuena* (8)
mirror *espejo* (6)
miserly *avaro/a* (14)
misery *miseria* (20)
mistake *error* (13)
mix *mezclar* (5)
mixture *mezcla* (11)
mobilized *movilizado/a* (6)
moderate *moderar* (5)
moderately *moderadamente* (12)
modern *moderno/a* (4)
modest *modesto/a* (20)
modify *modificar* (18)
monarchy *monarquía* (15)
Monday *lunes* (5)
money *dinero* (3)
money order *giro postal* (7)
monitor *pantalla* (16)
monkey *mono* (3)
monk/nun *monje/monja* (19)
month *mes* (3)
moreover *además* (4)
more . . . than *más... que* (9)
mortgage *hipotecario/a* (18)
mother *madre* (2)
mother tongue *lengua materna* (13)
motivate *motivar* (11)
motorboat *lancha* (11)
motorcycle *moto* (16); *motocicleta* (20)
mountain *montaña* (1)
mountain climbing *montañismo* (7)
mountainous *montañoso/a* (12)
mountain range *cordillera* (3)
mountains *sierra* (9)
mouth *boca* (5)
move *mudarse* (6); *trasladarse* (10)
move forward *avanzar* (17)
movement *movimiento* (10)
movie guide *cartelera* (15)
movies *cine* (1)
movie theater *cine* (1)
moving *conmovedor/a* (15)
multiethnic *multiétnico/a* (19)
murder *asesinar* (10)
muscle *músculo* (5)
museum *museo* (6)
mushroom *champiñón* (8)
music *música* (2)
musician *músico* (2)
mussel *mejillón* (8)
mustache *bigote* (8)
mustard *mostaza* (8)
mysterious *misterioso/a* (11)
mystery *misterio* (17)
mystery novel *novela de misterio* (17)
myth *mito* (2)
mythic *mítico/a* (10)

N

name *nombrar* (5)
napkin *servilleta* (4)
narrate *narrar* (11)
narration *narración* (11)
narrator *narrador/a* (17)
narrow *estrecho/a* (9)
narrow-minded *cerrado/a* (20)
nation *nación* (6); *pueblo* (10)
nationality *nacionalidad* (2)
nationalized *nacionalizado/a* (7)
native *indígena* (2); *natal* (9); *originario/a* (17)
natural resources *recursos naturales* (19)
nature *naturaleza* (1)
navy *armada* (11)
near *cerca de* (7)
nearby *cercano/a; por aquí cerca* (3)
necessary *necesario/a* (5)
necessity *necesidad* (6)
neck *cuello* (5)
necklace *collar* (4)
need *necesitar* (4)
neighbor *vecino/a* (2)
neighborhood *barrio* (9)
neither *tampoco* (3)
nervous *nervioso/a* (14)
network *red* (12)
never *nunca* (5); *jamás* (20)
nevertheless *sin embargo* (4)
new *nuevo/a* (4); *novedoso/a* (18)
news *noticias* (1) (15); *telediario* (15)
newspaper *periódico* (3)
next *a continuación* (8); *después (de)* (8); *luego* (8); *próximo/a* (7)
Nicaraguan *nicaragüense* (2)
nice *agradable* (2); *amable* (2); *lindo/a* (15); *simpático/a* (2)
night *noche* (6)
nightlife *vida nocturna* (9)
nightly *nocturno/a* (15)
nine *nueve* (1)
nine hundred *novecientos/as* (4)
nineteen *diecinueve* (1)
ninety *noventa* (2)
no doubt *no cabe duda* (13)
noise *bullicio* (20); *ruido* (9)
noisy *ruidoso/a* (3)
no longer *ya no* (19)
nomadic *nómada* (11)
none *ningún; ninguno/a* (8)
nongovernmental organization (NGO) *organización no gubernamental (ONG)* (6)
non-profit *sin fines de lucro* (13)
noon *mediodía* (7)
no one *nadie* (18)
north *norte* (3)
northeast *nordeste* (11)
northwest *noroeste* (12)
Norwegian *Noruega* (18)

nose *nariz* (5)

not any *nada* (8); *ningún; ninguno/a* (8)

note *anotar* (5)

notebook *cuaderno* (17)

nothing *nada* (8)

notice *advertir (ie) (de)* (12); *apreciar* (7); *fijarse en* (7)

not know *ignorar* (19)

not to have a good time *pasarlo mal* (4)

nourish *sustentar* (20)

novel *novedoso/a* (18); *novela* (17)

novelist *novelista* (17)

novelty *novedad* (18)

November *noviembre* (3)

now *ahora* (11)

no way *de ninguna manera* (3); *ni hablar* (7); *no me digas* (11)

number *número* (1)

nut *nuez* (4)

O

Oaxacan *oaxaqueño/a* (2)

obesity *obesidad* (5)

object *complemento* (8)

obligate *obligar* (20)

obscurity *oscuridad* (17)

observe *observar* (6)

obtain *conseguir (i)*; *obtener* (5)

occupy *ocupar* (11)

occur *celebrarse* (15)

ocean *mar* (3); *océano* (10)

October *octubre* (3)

odd *extraño/a* (10); *raro/a* (16)

of course *cómo no* (3); *claro* (7); *desde luego* (7); *por supuesto* (3); *sí* (7)

of course not *claro que no* (7); *desde luego que no* (7)

offensive *ofensiva* (11)

offer *oferta* (18); *ofrecer (zc)* (1)

office *consultorío/a* (18); *despacho* (6); *oficina* (6)

office clerk *oficinista* (6)

often *a menudo* (5)

of the mind *anímico/a* (5)

oil *aceite* (8); *petróleo* (19); *petrolero/a* (18)

oil painting *óleo* (5)

oil spill *mareas negras* (19)

okay *de acuerdo* (13)

old *añejo/a* (19); *antiguo/a* (3)

old age *vejez* (10)

old-fashioned *anticuado/a* (20)

once in a while *de vez en cuando* (5)

one *uno* (1)

one hundred *cien* (2)

one-way ticket *boleto de ida* (7)

onion *cebolla* (8)

only *únicamente* (12)

on the contrary *al contrario* (14)

on the dot *en punto* (7)

on the part of *de parte de* (6)

on the verge of *a punto de* (18)

on top *encima* (8)

on top of *por encima de* (5)

onyx *ónix* (4)

open *abrir* (7); *dialogante* (20)

opening *apertura* (8)

open-minded *abierto/a* (20); *dialogante* (20)

operate on *operar* (12)

operating system *sistema operativo* (16)

opinion *opinión* (19)

opportunity *oportunidad* (6)

opposite *opuesto/a* (18)

oppress *agobiar* (20)

optimal *óptimo/a* (18)

optimist *optimista* (14)

orally *oralmente* (13)

orange *anaranjado/a* (4); *naranja* (4)

order *orden* (4)

order (in a restaurant) *pedir* (8)

orderly *ordenado/a* (14)

organize *organizar* (2)

organized *organizado/a* (6)

origin *origen* (2)

oscillate *oscilar* (18)

outdoor seating *terraza* (15)

outgoing *extrovertido/a* (2)

outline *esquema* (13)

out loud *en voz alta* (18)

out-of-date *anticuado/a* (18)

outpatient department *ambulatorio* (9)

outside *afuera* (16)

outside of *fuera de* (6)

outsider *forastero/a* (13)

outskirts *alrededores* (9)

outstanding *impresionante* (3)

oval-shaped *ovalado/a* (11)

overcome *superar* (14); *vencer* (20)

overexploitation *sobreexplotación* (20)

overpopulated *superpoblado/a* (9)

owing to *debido a* (6)

own *propio/a* (6)

owner *dueño/a* (8)

ox *buey* (15)

ozone layer *capa de ozono* (14)

P

pack *envasar* (12); *hacer la(s) maleta(s)* (7); *paquete* (8)

package *paquete* (8)

pack up *empacar* (18)

page *página* (10); *paje* (4)

pain *dolor* (12)

paint *pintar* (2)

painter *pintor/a* (2)

painting *cuadro* (5); *pintura* (2)

pair *pareja* (1)

palate *paladar* (8)

palmtop computer *computadora de bolsillo* (16)

Panamanian *panameño/a* (2)

panic *pánico* (11)

pants *pantalones* (4)

paper *papel* (16); *trabajo escrito* (13)

parade *desfile* (17)

paradise *paraíso* (3)

paragliding *parapente* (7)

paragraph *párrafo* (4)

Paraguayan *paraguayo/a* (2)

parallel *paralelo* (20)

paralyze *paralizar* (20)

parameter *parámetro* (12)

pardon *dispensar* (20); *perdonar* (20)

parents *padres* (2)

park *estacionar* (17); *parque* (3)

parking *estacionamiento* (6)

parking lot *aparcamiento* (9); *estacionamiento* (6)

parrot *loro* (3)

participate *participar* (1)

part-time *a tiempo parcial* (6)

paso *step* (1)

passage *trozo* (8)

passion *pasión* (5)

passport *pasaporte* (7)

past *pasado* (11)

pastry shop *pastelería* (4)

pasture *pasto* (10)

patch *parche* (12)

patent *patentar* (16)

path *sendero* (12); *trayecto* (17)

pathology *patología* (12)

patience *paciencia* (6)

patient *paciente* (6)

pavilion *pabellón* (15)

pay *pagar* (4)

pay attention *prestar atención* (4)

pay attention to *hacer caso a* (20)

peas *guisantes* (8)

peace *paz* (10); *sosiego* (16)

peacefulness *tranquilidad* (5)

peach *melocotón* (8)

peak *pico* (3)

pear *pera* (8)

peasant *campesino/a* (6)

pedantry *pedantería* (14)

pedestrian *peatón* (9)

pedestrian zone *zona peatonal* (9)

peel *pelar* (8)

pen *bolígrafo* (12)

pen *lapicera* (16); *pluma* (16)

pencil *lápiz* (16)

penetrate *penetrar* (11)

penguin *pingüino* (12)

people *gente* (1); *pueblo* (10)

pepper (spice) *pimienta* (8)

pepper (vegetable) *pimiento* (8)

percentage *porcentaje* (12)

perfect *perfeccionar* (13)

perform *actuar* (14)

performance *actuación* (15); *desempeño* (12); *interpretación* (14)

perfume store *perfumería* (4)

period *período* (11); *plazo* (19)
permission *permiso* (12)
permit *dejar* (8); *permitir* (6)
personality *personalidad* (2)
persuade *persuadir* (20)
Peruvian *peruano/a* (2)
pessimistic *pesimista* (14)
pesticide *pesticida* (20)
petroleum *petróleo* (19)
pharmacology *farmacología* (14)
pharmacy *farmacia* (3)
phase *fase* (7)
phenomenon *fenómeno* (3)
Philippines *Filipinas* (18)
philosopher *filósofo* (19)
philosophy *filosofía* (14)
phone *teléfono* (1)
photocopier *fotocopiadora* (16)
photographer *fotógrafo/a* (2)
physical *físico/a* (5)
pick up *recoger* (7)
picture *fotografía* (1)
piece *pedazo* (8); *trozo* (8)
piece of information *dato* (10)
pile *montón* (16)
pilgrimage *peregrinación* (9)
pill *pastilla* (12); *píldora* (12)
pillar *pilar* (18)
pinch *pizca* (12)
pineapple *piña* (8)
pink *rosa* (4)
pioneer *pionero/a* (18)
pirate *pirata* (11)
place *lugar* (3)
place before *anteponer* (14)
plain *sencillo* (2)
plains *llanuras* (1)
plan *planear, planificar* (15)
plane *avión* (3)
plastic *plástico* (16)
plateau *meseta* (3)
plated *chapado/a* (6)
platform *plataforma* (9)
play *hacer deporte* (5); *jugar (ue)* (2);
   (instruments) *tocar* (2)
play (theater) *obra de teatro* (15)
player *jugador/a* (2)
playful *lúdico/a* (15)
play the role of *hacer de* (8); *protagonizar* (14)
pleasant *agradable* (2)
please *encantar* (13)
pleasure *placer* (15)
plot *argumento* (15)
plug *enchufe* (16)
plug in *enchufar* (16)
pocket *bolsillo* (10)
point *apuntar* (18); *punto* (12)
poison *envenenamiento* (12)
policeman/woman *policía* (6)
police station *comisaría* (17)
politician *político/a* (2)

politics *política* (1)
pollute *contaminar* (9)
pollution *contaminación* (9); *polución* (9)
polytheist *politeísta* (14)
poor *pobres* (19)
populate *poblar* (20)
populated *poblado/a* (6)
population *población* (1)
pork *cerdo* (8)
port *puerto* (11)
portfolio *portafolio* (14)
portray *retratar* (14)
Portuguese *portugués* (11)
position *cargo* (6); *puesto de trabajo* (6);
   posición (12)
postal carrier *cartero/a* (6)
postcard *postal* (7)
poster *cartel* (4)
postgraduate *posgrado* (10)
postmodern *posmoderno/a* (14)
postpone *posponer (irreg.)* (19)
posture *postura* (5)
pot *cazuela* (8)
potato *papa / patata* (8)
pour *verter* (8)
poverty *pobreza* (6)
power *poder* (10)
powerful *poderoso/a* (20)
practice *practicar* (2)
practice sports *hacer deporte* (5)
praise *alabar* (20)
prayer *oración* (5)
precious *precioso/a* (8)
precise *preciso/a* (11)
precisely *precisamente* (12)
predict *predecir* (14)
prediction *predicción* (14)
predominate *predominar* (6)
prefer *anteponer* (14); *preferir* (6)
prefix *prefijo* (6)
pregnant *embarazada* (12)
pre-Inca *preincaico/a* (9)
prejudice *prejuicio* (20)
premature *prematuro/a* (20)
premonition *premonición* (20)
prepare *aparejar* (18); *preparar* (8)
prepare outlines *hacer esquemas* (13)
preschool *guardería* (9)
prescribe *recetar* (12)
prescription *receta* (12)
presence *presencia* (19)
presenter *presentador* (19)
preservative *conservante* (12)
press *prensa* (15); *pulsar* (19)
pressure *presionar* (18)
prestige *prestigio* (2)
pretend *fingir* (14)
pretension *pretensión* (2)
pretty *bonito/a* (1); *lindo/a* (14)
prevent *prevenir* (12)
previous *previo/a* (6)

price *precio* (4)
priestly *sacerdotal* (10)
print *huella* (2)
printed *impreso/a* (18)
printer *impresora* (16)
priority *prioridad* (5)
prisoner *prisionero* (10)
private *privado/a* (11)
privilege *privilegiar* (19)
privileged *privilegiado/a* (19)
prize *premio* (4)
prized *premiado/a* (12)
problem *problema* (2)
proclaim *proclamar* (10)
produce *producir* (10)
production *fabricación* (8)
profession *profesión* (2)
professor *profesor/a* (2)
profile *perfil* (20)
profit *lucro* (6)
profound *profundo/a* (20)
programming *programación* (15)
progress *avanzar* (17)
progressive *progresista* (10)
prohibit *prohibir* (19)
project *proyecto* (19)
proliferate *proliferar* (12)
promise *promesa* (19)
promote *ascender* (9); *promover (ue)* (18)
promote *fomentar* (19)
promotor *empresario* (15)
pronoun *pronombre* (5)
proof *prueba* (17)
proposal *propuesta* (8)
propose *proponer* (8)
proposition *proposición* (19)
proprietary *propietario/a* (6)
prospect *folleto* (7)
prosperous *próspero/a* (12)
protect *proteger* (5)
protectorate *protectorado* (11)
protest *protestar* (18)
protocol *protocolo* (19)
proud *orgulloso/a* (14)
provide *proporcionar* (12)
provide a service *prestar un servicio* (18)
province *provincia* (8)
provoke *provocar* (11)
pseudonym *seudónimo* (20)
public *público/a* (6)
public works *obras públicas* (9)
publish *editar* (16)
publishing company *editorial* (18)
pudding *pudín* (8)
Puerto Rican *puertorriqueño* (2)
pull out *arrancar* (17)
pumpkin *calabaza* (4)
punctual *puntual* (11)
purity *pureza* (14)
purple *morado/a* (4); *violeta* (4)
purse *bolso* (4)

push *empujar* (19)
push-up *flexión* (5)
put *poner (irreg.)* (8)
put down *agobiar* (20)
put on makeup *maquillarse* (14)
put up with *aguantar a* (20)
pyramid *pirámide* (6)

Q

quadriplegic *tetrapléjico* (15)
qualification *calificación* (9)
quality *calidad* (4)
quantity *cantidad* (2)
quarter *cuarto* (7)
question *pregunta* (1); *interrogar* (17); *interpelar* (19)
questioning *interrogatorio* (17)
questionnaire *cuestionario* (6)
quiet *tranquilo/a* (3); *callado/a* (5); *silencioso/a* (13); *sosiego/a* (16)
quite a lot *bastante* (8)
quotation mark *comilla* (13)
quote *cotizar* (5)

R

race *etnia* (10)
racism *racismo* (19)
rafting *descenso de rápidos* (12)
railroad *ferrocarril* (18)
rain *llover (ue)* (9); *lluvia* (9)
raincoat *impermeable* (3)
rainy *lluvioso/a* (9)
raise *subir* (1)
rapidity *rapidez* (18)
rapidly *rápidamente* (12)
rare *escaso/a* (19)
rate *tasa* (12)
rating *calificación* (9)
raw *crudo/a* (8)
ray *rayo* (11)
reach *alcance* (16); *alcanzar* (7)
react *reaccionar* (11)
read *leer* (1)
reader *lector* (13)
reading *lectura* (13)
ready *listo/a* (5); *dispuesto* (6); *a punto* (18)
real estate-related *inmobiliario/a* (18)
reality *realidad* (11)
realize *darse cuenta de* (10)
really *de verdad* (11); *efectivamente* (13)
rear *trasero/a* (17)
reason *razón* (4)
reasoning *razonamiento* (19)
rebellion *rebelión* (10)
receive *recibir* (4)
recent *reciente* (9)
recently *recientemente* (5)
reception desk *recepción* (7)
receptionist *recepcionista* (7)

recipe *receta* (8)
recognize *reconocer* (11)
recommend *recomendar* (18)
recommendation *recomendación* (12)
reconsider *replantearse* (20)
record *grabar* (16)
recuperate *recuperar* (10)
recycle *reciclar* (9)
red *rojo/a* (4)
redactar *editar/corregir* (10)
reduce *reducir* (10)
reduction *disminución* (10)
refer *referir* (4)
referent *referente* (18)
refine *refinar* (6)
reflect *reflejar* (11)
reflection *reflexión* (11)
refrigerator *nevera* (8)
refugee *refugiado/a* (17)
refute *refutar* (19)
regeneration *regeneración* (19)
register *inscribirse* (7); *registro* (6)
registered *inscrito/a* (7)
regret *arrepentirse (ie)* (15)
reinvestment *reinversión* (19)
reiterate *reiterar* (19)
reject *desechar* (16)
relative *familiar* (2)
relax *relajarse* (5)
relaxation *relajación* (5)
release *liberación* (5); *toxina* (5)
reliable *serio/a* (2)
remain *quedarse* (10)
remaining *restante* (13)
remember *acordarse (ue) de* (13)
remind *recordar* (6)
removal *borrado* (12)
remove *destituir* (10)
renewable *renovable* (16)
renounce *renunciar a* (20)
rent *alquilar* (3); *alquiler* (6)
repair *arreglar, reparar* (16)
repeat *repetir* (1)
repellent *repelente* (3)
report *informe* (1)
repose *reposo* (11)
repressive *represivo/a* (11)
reproduce *reproducir (zc)* (8)
request a service *solicitar un servicio* (18)
requirement *requisito* (6)
research *investigación* (16); *investigar* (16)
researcher *investigador/a* (19)
resent *resentirse* (18)
reserve *reservar* (3)
reside *residir* (6)
resident of Madrid *madrileño/a* (15)
resident of Montevideo *montevideano* (16)
resign *dimitir* (10)
resolve *resolver (ue)* (6)
resources *recursos* (18)
respect *respetar* (19)

respond *responder* (7)
responsible *responsable* (6)
rest *descansar* (3); *resto* (3); *descanso* (5)
restaurant *restaurante* (8)
restore *restaurar* (17)
restrict *restringir* (19)
result *resultado* (13)
résumé *currículo* (6)
rethink *replantearse* (20)
retire *jubilar* (19)
retreat *retirarse* (11)
return *devolver (ue)* (6); *volver (ue)* (7); *regresar* (10); *regreso* (11); *retorno* (20)
reveal *revelar* (3)
revelation *revelación* (20)
revelry *jarana* (20)
review *revisar* (2); *crítica* (2); *repasar* (9); *revisión* (12); *reseña* (14)
revision *revisión* (12)
revolt *sublevación* (10)
revolutionary *revolucionario/a* (11)
revolution *revolución* (8)
rewrite *rescribir* (17)
rhetorical *retórico/a* (19)
rhythm *ritmo* (8)
rib *costilla* (8)
rice *arroz* (8)
rich *rico/a* (2)
richness *riqueza* (7)
rickety *desvencijado/a* (20)
ride a bike *montar bicicleta* (5)
right *derecha* (6); *verdad* (9)
right away *enseguida* (17)
rigid *rígido/a* (20)
ring *anillo* (8)
rink *pista* (3)
rise *subida* (3)
risk *riesgo* (12)
river *río* (3)
road *carretera* (3); *camino* (20)
roast *asado* (8); *asar* (8)
roasted *asado/a* (8)
robbery *robo* (10)
rock *piedra* (10)
role *papel* (14)
roll (bread) *rosca* (8)
room *cuarto* (6); *habitación* (3)
root *raíz* (7)
round *redondo/a* (16)
round trip *ida y vuelta* (3)
round-trip ticket *boleto de ida y vuelta* (7)
route *ruta* (7); *trayecto* (17)
rubber *caucho* (15)
ruin *desolar* (11); *ruina* (8)
rule *regla* (5)
rum *ron* (8)
run *correr* (2)
run (for office) *postular* (10)
run aground *encallar* (20)
run away *huir* (11)
run into *tropezar (ie) con* (14)

running of the bulls *corridas de toros* (19)
run out *agotarse* (19)
Russian *ruso/a* (13)
rustic *rústico/a* (4)

S

sacrifice *sacrificio* (5)
sad *triste* (14)
sadness *pena* (11); *tristeza* (14)
safe *seguro* (5)
sail *navegar* (3)
sailing *vela* (3)
sailor *marino* (20); *navegante* (6)
salad *ensalada* (4)
salary *salario; sueldo* (6)
sales *ofertas* (7); *rebajas* (4)
sales associate *vendedor/a* (4)
salt *sal* (8)
salty *salado/a* (8)
Salvadorean *salvadoreño/a* (2)
same *igual* (8); *mismo/a* (9)
sanctuary *santuario* (9)
sandal *sandalia* (4)
sanitary *sanitario/a* (19)
satellite dish *antena parabólica* (7)
satisfaction *satisfacción* (12)
satisfy *satisfacer* (6)
Saturday *sábado* (5)
savage *salvaje* (12)
save *ahorrar* (4)
save face *salvar las apariencias* (7)
savings *ahorro* (16)
say *decir (irreg.)* (1)
say goodbye to *despedirse (i) de* (7)
scale *escala* (10)
scan *buscar en el texto* (7); *escanear* (12)
scanner *escáner* (16)
scar *cicatriz* (12)
scare *dar miedo* (13)
scared *asustado/a* (20)
scene *escena* (17)
scenic *escénico/a* (15)
schedule *horario* (5)
scheme *esquema* (11)
scholarship *beca* (11)
school *escuela* (7); *facultad* (10)
science *ciencia* (14)
science fiction *ciencia ficción* (15)
scientific advance *adelanto científico* (19)
scientist *científico/a* (2)
scope *alcance* (16)
screen *pantalla* (1)
script *guión* (15)
scriptwriter *guionista* (20)
scruples *escrúpulo* (11)
sculptor *escultor/a* (5)
sculpture *escultura* (2)
sea *mar* (3); *marítimo/a* (7)
seafood *marisco* (8)
sea gull *gaviota* (12)

seal (animal) *lobo marino* (20)
sea lion *león marino* (15)
search *buscar* (1); *búsqueda* (17)
season *estación* (3); *temporada* (15)
seat *asiento* (14)
sea wall *malecón* (9)
second *segundo/a* (1)
secondary *secundario/a* (11)
security guard *guardia de seguridad* (6)
see *ver* (2)
seed *pepita* (11); *semilla* (6)
seismic *sísmico/a* (6)
select *seleccionar* (5)
self-assessment *autoevaluación* (13)
selfish *egoísta* (2)
sell *vender* (4)
semester *semestre* (13)
senator *senador* (10)
send *enviar* (4); *mandar* (6)
sense of humor *sentido del humor* (14)
sensitive *sensible* (14)
sensitivity *sensibilidad* (14)
sentence *frase* (4); *oración* (5)
separate *separarse* (10)
September *septiembre* (3)
sequence *secuencia* (5)
serious *grave* (9); *serio/a* (2)
seriously *en serio* (11)
seriousness *seriedad* (14)
serve *servir (i)* (5)
service *servicio* (3)
servitude *servidumbre* (19)
session *sesión* (17)
setting *entorno* (3)
settle *radicarse* (20)
settle down *instalarse* (9)
settlement *asentamiento* (6); *colonización* (10)
settler *poblador/a* (10); *colono* (11)
seven *siete* (1)
seven hundred *setecientos* (4)
seventeen *diecisiete* (1)
seventy *setenta* (2)
severe *grave* (9)
sew *coser* (13)
shadow *sombra* (11)
shame *lástima* (11); *vergüenza* (13)
share *compartir* (1)
shark *tiburón* (12)
sharp *en punto* (7)
sheathed *enfundado/a* (17)
sheep *oveja* (4)
sheet *sábana* (17)
shelf *estante, estantería* (6); *repisa* (17)
shine *brillar* (5)
ship *barco* (3); *buque* (18)
shipping company *naviera* (20)
shirt *camisa* (4)
shock *descarga* (16)
shoe *zapato* (3)
shoe store *zapatería* (4)
shopping mall *centro comercial* (4)

short *corto/a* (7)
short film *cortometraje* (15)
short story *cuento* (7)
shout *gritar* (20)
show *mostrar* (1); *manifestar* (10);
    espectáculo (15)
shower *ducharse* (5)
shrimp *camarón* (8); *gamba* (8)
shy *tímido/a* (2); *introvertido/a* (14)
sick *enfermo/a* (4)
sickness *enfermedad* (12)
side *costado* (9); *lado* (5)
sign *firmar* (10); *suscribir* (10); *cifra* (12)
signal *señalar* (12)
signature *firma* (10)
silent *callado/a* (5); *silencioso/a* (13)
silk *seda* (16)
silver *plata* (4)
similarly *de modo similar* (14)
simple *sencillo* (2)
sin *pecado* (20)
since *ya que* (3); *puesto que* (20)
sincere *sincero/a* (14)
sincerity *sinceridad* (14)
since when *desde cuándo* (4)
singer *cantante* (1)
single *soltero/a* (2)
sit down *sentarse (ie)* (5)
site *sitio* (3); *yacimiento* (9);
    emplazamiento (17)
situate *situar* (6)
situation *situación* (2)
six *seis* (1)
six hundred *seiscientos/as* (4)
sixteen *dieciséis* (1)
sixty *sesenta* (2)
size *talla* (4); *tamaño* (5)
skeptical *escéptico/a* (19)
skepticism *escepticismo* (19)
ski *esquiar* (5)
skill *destreza* (6); *habilidad* (17)
skim *leer por encima* (7)
skim/glance through *hojear* (17)
skin *piel* (12)
skirt *falda* (4)
skyscraper *rascacielos* (9)
slave *esclavo* (10)
slavery *esclavitud* (10)
sleep *dormir (ue)* (2); *sueño* (5)
sleeplessness *insomnio* (12)
slender *delgado/a* (2)
slice *rebanada; rodaja* (8)
slogan *eslogan* (12)
slow *despacio* (1); *lento/a* (7)
slowly *lentamente* (12)
sluice *compuerta* (18)
small *pequeño/a* (1)
small pot *mate* (4)
smallpox *viruela* (10)
smell *olor* (9)
smile *sonrisa* (15); *sonreír* (17)

smoke *fumar* (5); *humo* (9)
smoker *fumador/a* (12)
smooth *suavizar* (14)
snore *roncar* (14)
snow *nieve* (9)
snowflake *copo* (17)
so *así que* (3) ; *por eso* (11); *entonces* (20)
soak *remojar* (8)
soap *jabón* (16)
soap opera *telenovela* (15)
soccer *fútbol* (2)
soccer game *partido de fútbol* (15)
sociable *sociable* (14)
social class *clase social* (19)
social justice *justicia social* (19)
society *sociedad* (10)
sock *calcetín* (4)
soda pop *refresco* (8)
sofa *sofá* (6)
soft *blando/a* (8); *suave* (9); *tierno/a* (8)
soft drink *refresco* (8)
solar energy *energía solar* (16)
soldier *soldado* (11)
solid *sólido/a* (9)
solidarity *solidaridad* (14)
solitude *soledad* (14)
solve *solucionar* (9)
solve a case *resolver un caso* (17)
some *alguno/a* (10); *unos/as* (2)
someone *alguien* (17)
something *algo* (11)
son/daughter *hijo/a* (2)
song *canción* (14)
sophisticated *sofisticado/a* (6)
sorrow *pena* (11)
sorry *lo siento* (7)
soul *alma* (1)
sound *sonido* (13); *sonar (ue)* (20)
soundtrack *banda sonora* (15)
soup *sopa* (8)
soup tureen *sopera* (12)
source *fuente* (8) (17)
southeast *sureste* (3); *sudeste* (8)
southwest *suroeste* (3)
sovereignty *soberanía* (10)
Soviet Union *Unión Soviética* (10)
spa *balneario* (12)
space exploration *exploración del espacio* (19)
space travels *viajes espaciales* (19)
spaghetti *espaguetis* (8)
Spaniard/Spanish *español/a* (2)
Spanish *castellano* (13); *español* (11)
Spanish speaker *hispanohablante* (14)
spatial *espacial* (10)
speak *hablar* (1)
speaker *hablante* (2)
special *especial* (7)
specialize (in) *especializarse (en)* (14)
species *especie* (6)
specific *específico/a* (11)

specify *especificar* (20)
speculation *especulación* (19)
speech *discurso* (10)
speechless *boquiabierto/a* (14)
spell *deletrear* (1)
spellbound *abobado/a* (17)
spelling *ortografía* (6)
spend *gastar* (3); *pasar* (6)
spicy *picante* (8)
spider web *telaraña* (14)
spill *derramar* (20)
spin *hilar* (20)
spinach *espinaca* (8)
spine *púa* (16)
splendourous *esplendoro/a* (14)
spokesman *portavoz* (4)
spontaneously *espontáneamente* (13)
spoon *cuchara* (10)
sport *deporte* (1)
sportsman/sportswoman *deportista* (2)
sports store *tienda de deportes* (4)
sporty *deportivo/a* (3)
spread *difundir* (8)
spring *primavera* (3)
spring roll *rollito de primavera* (19)
square *plaza* (9); *cuadrado/a* (16)
stability *estabilidad* (5)
stable *estable* (12)
stadium *estadio* (9)
stage *etapa* (6)
stain remover *quitamanchas* (14)
staircase *escalera* (5)
stamp *sello* (17); *estampilla* (14)
standard *estándar* (14)
stand out *destacar* (5); *sobresalir* (8)
star *estrella* (5)
start *comenzar (ie)* (5); *empezar (ie)* (6); *iniciar* (10); *arrancar* (17)
starting point *punto de partida* (7)
state *estado* (1); *estatal* (12)
statement *declaración* (17)
statesman *estadista* (11)
station *estación* (16)
statistical *estadístico/a* (12)
stay *estadía* (7); *quedarse* (15)
steak *bistec* (8)
steep *remojar* (8)
stellar *estelar* (15)
stereo *estéreo* (6)
stereotype *estereotipo* (14)
stereotypical *estereotípico/a* (14)
stew *cocido* (8); *guiso* (8)
still *todavía* (2)
sting *picadura* (12); *picar* (12)
stinging *escozor* (12)
stingy *tacaño/a* (20)
stock *surtido* (18)
stock market *bolsa* (20)
stomach *barriga* (12)
stomachache *dolor de barriga / estómago* (12)
stone *piedra* (10)

stop *detener* (11); *parar* (8)
stop doing something *dejar de* (12)
storage room *almacén* (5) (18)
store *almacenar* (18)
store clerk *dependiente/a* (8)
storm *tormenta* (6)
story *relato* (17); *reportaje* (19)
straight *recto/a* (9)
strain *colar (ue)* (8)
strange *extraño/a* (10); *raro/a* (16)
stranger *desconocido/a* (13)
strategic *estratégico/a* (11)
strategy *estrategia* (13)
strawberry *fresa* (8)
stream *arroyo* (20)
street *calle* (3)
strength *fuerza* (20)
strengthening *fortalecimiento* (5)
stress *estrés* (5)
stretch *extenderse* (14)
stretch *estirar* (5)
strict *estricto/a* (7)
strike *huelga* (20)
strong *fuerte* (5)
strong man *caudillo* (10)
structure *estructura* (10)
stubborn *testarudo* (14)
student *estudiante* (2); *estudiantil* (18)
studio *estudio* (6)
study *estudiar* (1)
stupidity *estupidez* (14)
style *estilo* (2)
subdue *sojuzgar* (19)
substitute *sustituir* (19)
subway *metro* (3)
success *éxito* (2)
successful *exitoso/a* (14)
such as *como por ejemplo* (16)
suddenly *de repente* (11); *de golpe* (15); *de pronto* (17)
suffer *sufrir* (5); *padecer (zc)*
sugar *azúcar* (5)
suggest *sugerir* (17)
suggestion *sugerencia* (19)
suit *traje* (5)
suitcase *maleta* (7)
summary *resumen* (11)
summer *verano* (3)
summit *cima* (3); *cumbre* (11)
sum up *en suma* (19); *resumir* (6)
sun *sol* (9)
sunbathe *tomar el sol* (3)
sunblock *protector solar* (3)
Sunday *domingo* (5)
sunglasses *lentes de sol* (4)
sunny *soleado/a* (9)
sunset *anochecer* (15)
sunstroke *insolación* (12)
superfluous *superfluo/a* (19)
supermarket *supermercado* (4)
supernatural *sobrenatural* (14)

supply *oferta; surtido* (18)
support *apoyar; apoyo* (11)
suppose *suponer* (17)
sure *claro* (7)
surely *seguramente* (12)
surface *superficie* (7)
surgeon *cirujano/a* (12)
surgery *cirugía* (12); *operación* (12)
surpass *superar* (16)
surprise *sorprender* (15); *sorpresa* (3)
surprised *sorprendido/a* (20)
surprising *sorprendente* (10)
surrender *rendirse* (5)
surround *rodear* (9)
surrounding *circundante* (3)
surroundings *alrededores* (9)
survey *encuesta* (3)
survival *supervivencia* (12)
survive *sobrevivir* (7)
suspect *sospechar, sospechoso/a* (17)
suspicious (of) *desconfiado/a* (19)
sustain *sostener* (11)
sustainable *sostenible* (19)
swallow *tragar* (12)
sweat *sudar* (12)
sweater *suéter* (4)
Swedish *sueco* (13)
sweep along *arrastrar* (19)
sweet *dulce* (9)
sweeten *azucarar* (8)
sweetness *dulzura* (14)
swelling *inflamación* (12)
swim *nadar* (11)
swimming pool *piscina* (3)
Swiss chard *acelga* (8)
symbol *símbolo* (11)
sympathy *simpatía* (11)
symptom *síntoma* (12)
synopsis *sinopsis* (20)
syrup *almíbar* (8); *jarabe* (12)

T

table *mesa* (2); *cuadro* (11); *tabla* (12)
tablecloth *mantel* (20)
tablespoon *cucharada* (12)
tactic *táctica* (10)
take *tomar* (3); *agarrar* (11)
take (out) *sacar* (5)
take advantage of *aprovecharse de* (13)
take a quick look *echar un vistazo a* (15)
take attendance *pasar lista* (1)
take a walk *pasear* (3); *dar un paseo* (5)
take care of *ocuparse (de)* (7)
take care of oneself *cuidarse* (12)
take in account *tomar en cuenta* (19)
take notes *tomar notas* (2)
take off *despegar* (7)
take pictures *tomar fotos* (7)
take place *ocurrir* (9); *tener lugar* (15)
take possession of *apoderarse (de)* (11)

take refuge *refugiarse* (11)
tale *cuento* (7); *relato* (17)
talent *talento* (14)
talkative *hablador/a* (14)
tapestry *tapiz* (4)
tariff *tarifa* (16)
task/homework *tarea* (1)
taste *degustar* (8)
tasteless *soso/a* (8)
tasting *degustación* (8)
tasty *bueno/a* (5); *rico/a* (8)
tattoo *tatuaje* (18)
taxes *impuestos* (18)
taxi driver *taxista* (6)
tea *té* (8)
teacher *maestro/a* (2)
teaching *enseñanza* (13)
team *equipo* (3)
team work *trabajo en equipo* (6)
technique *técnica* (5)
technological *tecnológico/a* (19)
tedious *pesado/a* (15)
television *tele* (11); *televisor* (6)
tell (a story) *contar (ue)* (3); *relatar* (17)
temple *templo* (6)
ten *decena* (17); *diez* (1)
tenacity *tenacidad* (14)
tender *tierno/a* (8)
tender *cariñoso/a* (5)
tenderness *ternura* (14)
tend to *tender (ie) a* (5)
tennis *tenis* (4)
tennis player *tenista* (5)
tense with pain *crispar* (20)
tent *tienda de campaña* (7)
tenth *décima* (2)
term *plazo* (19)
territory *territorio* (10)
text *texto* (2)
thank *agradecer (cz)* (15)
thanks; thank you *gracias* (1)
that is to say *o sea* (14)
theater *teatro* (2)
the best *mejor* (3)
then *entonces* (11); *luego* (8)
theory *teoría* (17)
there *allá* (4); *allí* (2)
there are *hay* (1)
therefore *así pues* (15); *por consiguiente* (20);
   por lo tanto (20)
there is *hay* (1)
thermometer *termómetro* (17)
these days *hoy en día* (19)
thesis *tesis* (19)
the way someone is *forma de ser* (20)
the Web *red* (16)
the worst *peor* (5)
thief *ladrón* (17)
thigh *muslo* (5)
thin *delgado/a* (2)
thing *cosa* (1)

think (about) *pensar (en)* (2)
thinning *adelgazamiento* (16)
third *tercer; tercero/a* (2); *tercio* (9)
thirteen *trece* (1)
thirty *treinta* (2)
thirty-one *treinta y uno* (2)
thirty-two *treinta y dos* (2)
thorn *espina* (18)
thorny *espinoso* (18)
thought *pensamiento* (10)
thousand *mil* (4)
thread *hilo* (16)
threaten *amenazar* (19)
three *tres* (1)
three hundred *trescientos/as* (4)
thrilling *emocionante* (15)
through *a tráves de* (5)
throw *arrojar* (17); *tirar* (17)
throw away *botar* (19); *tirar* (17)
throw out *expulsar* (11)
Thursday *jueves* (5)
ticket *boleto* (3); *entrada* (15)
tie *corbata* (4)
time *vez* (8); *rato* (17)
timeless *intemporal* (2)
tip *propina* (8)
tired *cansado/a* (5)
tiredness *cansancio* (12)
tiresome *molesto/a* (20)
tobacco *tabaco* (8)
tobacco pouch *tabaquera* (8)
together *junto/a* (6)
toilet *baño* (6)
tolerate *soportar* (14)
toll *peaje* (18)
tomato *tomate* (8)
tomb *tumba* (6)
tomorrow *mañana* (7)
toning *tonificación* (5)
tool *herramienta* (16)
too many, too much *demasiado/a* (5)
tooth *diente* (18)
toothache *dolor de muelas* (12)
topic *tema* (1)
topic sentence *frase temática* (4)
to the left *a la izquierda* (6)
to the right *a la derecha* (6)
touch *tocar* (5); *emocionar* (14)
tourism *turismo* (3)
toward *hacia* (7)
town *pueblo* (3)
toy *juguete* (4)
toy store *juguetería; tienda de juguetes* (4)
trace *huella* (2)
trade *comerciar; comercio* (18)
tradition *tradición* (1)
traffic *tráfico* (9)
traffic jam *embotellamiento* (9)
traffic light *semáforo* (9)
traffic sign *señal de tráfico/tránsito* (9)
train *entrenar* (5); *tren* (3)

trainer *entrenador/a* (17)
training *entrenamiento* (5); *formación* (6)
trajectory *trayectoria* (14)
transcendence *transcendencia* (18)
transform oneself/itself *transformarse* (20)
translation *traducción* (13)
translator *traductor/a* (6)
transmit *transmitir* (17)
transport *transportar* (5)
transportation *medios de transporte* (3)
travel *viajar* (2)
traveler *viajero/a* (11)
traveling *ambulante* (18)
travel through *recorrer* (11)
tray *bandeja* (8)
treasure *tesoro* (11)
treatment *tratamiento* (5)
treaty *tratado* (10)
tree *árbol* (2)
tree-felling *tala de árboles* (19)
trend *tendencia* (1)
triangle *triángulo* (15)
tribe *tribu* (10)
trill *gorjear* (11)
trimester *trimestre* (13)
trip *viaje* (1)
triumph *triunfar* (7); *triunfo* (11)
truck *camión* (11)
true *verdadero/a* (1); *verdad* (9);
  cierto/a (13)
trunk *tronco* (5)
trust *confiar* (14)
try *tratar de* (11); *intentar* (14)
try on *probar* (4)
t-shirt *camiseta* (4)
Tuesday *martes* (5)
turkey *pavo* (8)
Turkish *turco* (13)
turn *girar* (16); *giro* (20); *recoveco* (20)
turn off *apagar* (16)
turn on *encender* (16); *prender* (16)
turn up *acudir (a)* (15)
turtle *tortuga* (3)
TV channel *canal* (15)
TV network *cadena* (15)
TV series *serie* (15)
twelve *doce* (1)
twenty *veinte* (1)
twenty-eight *veintiocho* (2)
twenty-five *veinticinco* (2)
twenty-four *veinticuatro* (2)
twenty-nine *veintinueve* (2)
twenty-one *veintiuno* (2)
twenty-seven *veintisiete* (2)
twenty-six *veintiséis* (2)
twenty-three *veintitrés* (2)
twenty-two *veintidós* (2)
two *dos* (1)
two hundred *doscientos/as* (4)
typical *típico/a* (8)

U

umbrella *paraguas* (8)
unbearable *insoportable* (20)
unbridgeable *infranqueable* (17)
unbridled *desenfrenado/a* (19)
uncertain *incierto/a* (8)
uncomfortable *incómodo/a* (3)
unconscious *inconsciente* (12)
under *debajo de* (3)
underground *subsuelo* (14)
underline *subrayar* (2)
understand *comprender* (7); *entender* (1)
understanding *comprensivo/a* (20)
undertake *emprender* (20)
underwear *ropa interior* (4)
unemployed *desempleado/a* (19)
unemployment *desempleo* (9) (19)
unevenness *desnivel* (3)
unexpected *inesperado/a* (20)
unforeseen *imprevisto/a* (11)
unforgettable *inolvidable* (3)
unfortunate *desafortunado/a* (19)
unfortunately *desafortunadamente; por
  desgracia* (19)
unfriendly *antipático/a* (2)
unique *único/a* (12)
unite *incorporar* (8)
United States *Estados Unidos* (10)
university *universidad* (2)
unknown *desconocido/a* (10);
  incógnito/a (11)
unmistakeable *inconfundible* (5);
  inequívoco/a (14)
unpack *deshacer* (7)
unpleasant *antipático/a* (2)
unplug *desenchufar* (16)
untidy *desordenado/a* (14)
until *desde* (5); *hasta* (10)
until when *hasta cuándo* (4)
unwanted hair *vello no deseado* (12)
upload *subir* (16)
uppercase letter *mayúscula* (13)
uprising *sublevación* (10)
ups and downs *altibajos* (14)
upsetting *desconcertante* (20)
Uruguayan *uruguayo/a* (2)
U.S. citizen/from the U.S.
  estadounidense (2)
use *uso* (11); *utilizar* (18)
useful *útil* (8)
user *usuario/a* (18)
usually do something *soler (ue)* (13)
utensil *utensilio* (6)

V

vacation *vacaciones* (1)
vaccine *vacuna* (16)
vain *engreído/a* (14)

valet *paje* (4)
valley *valle* (9)
valuable *valioso/a* (19)
value *valor* (6)
vanity *vanidad* (14)
vase *vasija* (4)
vegetable *verdura* (5)
vegetables *vegetales* (8)
velocity *velocidad* (16)
Venezuelan *venezolano/a* (2)
verify *constatar* (17)
vice *vicio* (14)
video camera *cámara de video* (7)
video game *juego de video* (18)
vignette *viñeta* (6)
villager *lugareño* (20)
violation *violación* (19)
violence *violencia* (9)
virtue *virtud* (14)
visa *visa; visado* (7)
visit *visitar* (2) (3)
visitor *visitante* (7)
voice *voz* (11)
volcano *volcán* (6)
volt *voltio* (16)
volume *volumen* (5)
voluptuosity *voluptuosidad* (5)
vomit *vomitar* (12); *vómito* (12)
vote *voto* (17)
voting *votación* (5)

W

wage *sueldo; salario* (6)
waist *cintura* (5)
wait *esperar* (4)
waiter/waitress *camarero/a* (2);
  mesero/a (2)
wait in line *hacer cola/fila* (7)
wake up *despertarse (ie)* (5)
walk *caminar* (5); *vuelta* (15)
wall *muro* (10); *pared* (3)
wallet *cartera* (4)
want *querer (ie)* (1)
war *guerra* (5)
wardrobe *ropero* (17)
warehouse *almacén* (18); *almacenar* (18)
warm *acogedor/a* (9); *cálido/a* (9);
  caliente (8)
warmth *simpatía* (11)
warn *advertir (ie) (de)* (12); *avisar* (16)
warning *advertencia* (12)
wash *lavar* (10)
washing machine *lavadora* (16)
wasp *avispa* (12)
waste *desecho* (20)
watch *reloj* (4); *vigilar* (5)
water *agua* (1)
waterfall *cascada; catarata; salto de agua* (3)
watermelon *sandía* (8)

water sports *deportes acuáticos* (3)
wealth *riqueza* (7)
weapon *arma* (1)
wear *llevar* (4)
weather *clima* (6)
weave *tejer* (4)
weaver *tejedor/a* (20)
Wednesday *miércoles* (5)
week *semana* (17)
weekend *fin de semana* (4)
weekly *semanal* (4)
weigh *pesar* (12)
weight *peso* (5)
weird *raro/a* (16)
welcoming *acogedor/a* (9)
well *bien* (11)
well/badly located *bien/mal situado/a* (9)
well-being *bienestar* (2)
well-educated; well-mannered *educado/a* (14)
Welsh *galés/galesa* (13)
west *oeste* (3)
western *película del oeste* (15)
wet *mojado/a* (11)
whale *ballena* (17)
wheel *rueda* (16)
when *cuándo* (4)
where *dónde* (4)
which *cuál* (4)
while *mientras* (6); *mientras tanto* (11); *rato* (17)
whirl *vorágine* (19)
white *blanco/a* (4)
whitish *blanquecino/a* (17)

wicked *malvado/a* (11)
wickedness *maldad* (14)
widower/widow *viudo/a* (2)
will *voluntad* (12)
win *ganar* (2); *vencer* (20)
wind *viento* (9)
window *ventana* (6)
wine *vino* (8)
wine collection *vinoteca* (4)
wine glass *copa* (8)
wine store *bodega* (4)
winner *ganador* (4)
winter *invierno* (3)
wireless *inalámbrico/a* (16)
wisdom *sabiduría* (15)
wish *deseo* (9)
witch *bruja* (15)
withdraw *retirarse* (11)
with me *conmigo* (9)
with respect to *en cuanto a* (13); *respecto a* (18)
with you *contigo* (9)
witness *testigo* (17)
witty *listo/a* (5)
wonderful *maravilloso/a* (3)
wood *leña* (3); *madera* (6)
wool *lana* (4)
word *palabra* (11)
word processor *procesador de textos* (16)
work *trabajar* (1); *funcionar* (5); *obra* (5)
worker *obrero/a* (20); *trabajador/a* (18)
work of art *obra de arte* (15)
work permit *permiso de trabajo* (7)
workshop *taller* (18)

world *mundo* (1)
world affairs *asunto de interés mundial* (19)
worldwide *mundial* (5)
worried *preocupado/a* (20)
worry *preocupar* (13)
worry about *preocuparse de* (20)
worse *peor* (5)
write *escribir* (1)
write down *apuntar* (18)
writer *escritor/a* (2)
written *escrito/a* (13)

X

xenophobia *xenofobia* (19)

Y

yard *jardín* (3)
year *año* (12)
yell *grito* (20)
yellow *amarillo/a* (4)
yesterday *ayer* (7)
yogurt *yogur* (8)
youth *joven* (6); *juventud* (10)
yucca *yuca* (8)

Z

zero *cero* (17)
zipper *cierre* (16)

CREDITS

Text Credits

p. 301 "En el país de las maravillas," by Victor Montoya; p. 265 "Un hermoso cambio de registro," by Alex Ramirez; p. 283 "Un uruguayo desembarca en Hollywood tras destruir Montevideo con robots gigantes," by Ecoprensa S.A.; p. 319 "La ampliación del Canal de Panamá abre sus compuertas a un nuevo desarrollo económico," by Portal Universia S.A.

Photo Credits

p. 2 Duncan Walker/iStock/Getty Images; p. 4 (1) Ciro Cesar La Opinion Photos/Newscom; p. 4 (2) Chico Sanchez/Alamy; p. 4 (3) Capricornis Photographic Inc./Shutterstock; p. 4 (4) Christian Sumner/iStock/Getty Images; p. 4 (5) Lidian Neeleman/Dreamstime LLC; p. 4 (6) Liem Bahneman/Shutterstock; p. 4 (7) Keith Binns/iStock/Getty Images; p. 4 (8) Nick Tzolov/iStock/Getty Images; p. 4 (9) Nat Girish/iStock/Getty Images; p. 7 (1) Bavarel/MITI/Visual/ZUMAPRESS/Newscom; p. 7 (2) Suljo/Dreamstime LLC; p. 7 (3) Nick Ut/AP Images; p. 7 (4) RD/Leon/Retna/Retna Ltd./Corbis; p. 7 (5) ZUMA Press, Inc./Alamy; p. 7 (6) Johns PkI/Splash News/Newscom; p. 9 (1) Lubilub/iStock/Getty Images; p. 9 (2) Andrzej Gibasiewicz/iStock/Getty Images; p. 9 (3) Jgz/Fotolia; p. 9 (4) Stockcam/iStock/Getty Images; p. 9 (5) gary718/Shutterstock; p. 9 (6) Rafael Ramirez Lee/Shutterstock; p. 15 (1) Natalia Bratslavsky/Dreamstime LLC; p. 15 (2) Therese McKeon/iStock/Getty Images; p. 15 (3) Emmanuel Dunand/Getty Images; p. 15 (4) Celso Diniz/Getty Images; p. 15 (5) Joshua Haviv/Shutterstock; p. 15 (bottom left) Carrie-Anne Gonzalez/iStock/Getty Images; p. 15 (bottom right) Hazim Sahib Jalil Al-hakeem/iStock/Getty Images; p. 20 Duncan Walker/iStock/Getty Images; p. 20 (1) Steven Senne/AP Images; p. 20 (2) Marco Ugarte/AP Images; p. 20 (3) J. Emilio Flores/Getty Images; p. 20 (4) Ron Sachs/Pool/Corbis; p. 20 (5) Associated Press; p. 20 (6) Ken Babolocsay/Globe Photos/ZUMAPRESS/Newscom; p. 24 Carolgaranda/Shutterstock; p. 28 (1) Johnson Space Center/NASA; p. 28 (2) Eric Gay/AP Images; p. 28 (3) Nancy Kaszerman/ZUMA Press, Inc./Alamy; p. 28 (4) Michael Tran/FilmMagic/Getty Images; p. 28 (5) Kevin Winter/Getty Images; p. 28 (6) Doug Pensinger/Getty Images; p. 28 (7) Andy Lyons/Getty Images; p. 28 (8) The Bakersfield Californian/Zuma Press, Inc./Alamy; p. 28 (9) Epa european pressphoto agency b.v./Alamy; p. 28 (10): ZUMA Press, Inc./Alamy; p. 31 (left) Corbis; (right) Latin American Masters Gallery; p. 33 (left) Susan Van Etten/PhotoEdit Inc; (right) Monica Rodriguez/Getty Images; p. 38 (top) Duncan Walker/iStock/Getty Images; p. 38 (1) Photoshot; p. 38 (2) Jeff Luckett/iStock/Getty Images; p. 38 (3) Kristina Mahlau/Dreamstime LLC; p. 38 (4) Dea/G.Sioen/Getty Images; p. 38 (5) Patrick Keen/iStock/Getty Images; p. 40 (1) KazantsevAlexander/Fotolia; (2) Ken Brown/Getty Images; (3) Meskolo/Fotolia; (4) Chris Hill/Shutterstock; (5) Jorg Hackemann/Shutterstock; (6) Leon Weggelaar/Shutterstock; (7) Ian 2010/Fotolia; (8) Krysek/Fotolia; (9) You Touch Pix of EuToch/Shutterstock; (10) Byheaven/Fotolia; (11) Leoks/Shutterstock (12) Marc Xavier/Fotolia; p. 40 (left) Pavel Losevsky/Fotolia; (center) Gstockstudio/Fotolia; (right) Todor Tsvetkov/E+/Getty images; p. 46 Kevin Schafer/Getty Images; p. 47 (Robert Wroblewski/Shutterstock); p. 49 (top) Janne Hamalainen/Shutterstock; (bottom) Anthony Aneese Totah Jr/Dreamstime LLC; p. 51 (top) Juan Silva/Getty

Images; (bottom) Walt Disney Co/Everett Collection; p. 56 (top) Duncan1890/iStock/Getty Images; (bottom) Haltner Thomas/Glow images; p. 59 (right) Andrzej Rostek/Fotolia; (left) Gary Yim/Shutterstock; p. 63 Cristianl/iStock/Getty Images; p. 67 José Fuste Raga/AGE Fotostock; p. 69 Rica/Newscom; p. 74 Duncan1890/iStock/Getty Images; p. 74 (1) Mauricio Lima/AFP/Getty Images; (2) RAY STUBBLEBINE/Reuters/Corbis; (3) Juan Mabromata/AFP/Getty Images; (4) Joel Saget/AFP/Getty Images (5) Miguel Riopa/AFP/Getty Images; p. 75 Stephen Coburn/Shutterstock; p. 77 Danilo Sanino/Shutterstock; p. 81 Travis Lindquist/Getty Images; p. 85 Fanthomme Hubert/Paris Match/Getty Images; p. 87 (left) Atsushi Tomura/AFLO/Newscom; (right) Allstar Picture Library/Alamy; p. 92 Duncan Walker/iStock/Getty Images; p. 93 (top and bottom) Karamysh/Shutterstock; p. 99 (left) Jose Cabezas/AFP/Getty Images; (center and right) D. Donne Bryant Stock Photography; p. 110 (top) Duncan Walker/iStock/Getty Images; 110 (1) Alain Lacroix/Dreamstime LLC; (2) Rafa Irusta/Shutterstock; (3) Franck Boston/Shutterstock (4) Marie C Fields/Shutterstock (5) Alexey Stiop/Shutterstock; (6) Lesniewski/Fotolia; p. 111 (1) Salazar/Fotolia; (2) Chudodejkin/Fotolia; (3) nadifri/iStock/Getty Images; (4) Nick Hanna/Alamy; p. 112 Roman Sigaev/Fotolia; p. 121 Andreas Meyer/Shutterstock; p. 123 (top) Photononstop/SuperStock; (center) Adam Jones, Ph. D. (bottom) ARCHIVO PARTICULAR/El Tiempo de Colombia/Newscom; p. 128 Duncan1890/Getty Images; p. 128 (1) Analia Valeria Urani/Shutterstock; (2) Felipex/Getty Images; (3) Shutterstock; (4) Tony Freeman/PhotoEdit; (5) Fotolia; (6) Linda Whitwam/DK Images; p. 133 Robert Paul Van Beets/Shutterstock; p. 135 Age fotostock/Superstock; p. 136 ©Jimmy Dorantes/LatinFocus.com; p. 138 (1) Photos.com/Getty Images; (2) Regien Paassen/Shutterstock; (3) Joel Blit/Shutterstock; (4) BasPhoto/Shutterstock; p. 139 ©Jimmy Dorantes/LatinFocus.com; p. 141 (top) Clyde Westall Hensley; (bottom) Ulf Andersen/Getty Images; p. 146 Duncan Walker/Getty Images; p. 146 (top) 3523studio/Shutterstock; (center) Yory Frenklakh/iStock/Getty Images; (bottom) Agap/Shutterstock; p. 149 (left) ©Jimmy Dorantes/LatinFocus.com; (right) Dr. Morley Read/Shutterstock; p. 150 YinYang/Getty Images; p. 153 Christian Vinces/Shutterstock; 159 (top) Oscar Pinto Sánchez/Fotolia; (bottom) ©Arturo Fuentes/LatinFocus.com; p. 164 Duncan1890/Getty Images; p. 164 (1) Yaroslav Gerzhedovich/iStock/Getty Images; (2) Larry1235/Shutterstock; (3) Comstock/Getty Images; (4) Photos.com/Getty Images; (5) Photos.com/Getty Images; (6) John Neubauer/PhotoEdit; p. 165 (1) Sourabh Jain/Dreamstime LLC; (2) Enrico Battilana/Dreamstime LLC; (3) Jason Speros/Shutterstock; (4) David Gee 4/Alamy; p. 167 RODRIGO ARANGUA/AFP/Getty Images; p. 169 (left) Chris Howarth/Chile/Alamy; (right) Julio Etchart/Alamy; p. 170 (1) Julien Tromeur/Fotolia; (2) Binkski/Fotolia; (3) Alexander Zhiltsov/Dreamstime LLC; (4) Jojje/Shutterstock; (5) MiquelMunill/Getty Images; (6) Alena Yakusheva/Fotolia; p. 175 Walter Bibikow/Getty Images; p. 177 Mark Van Overmeire/Shutterstock; p. 182 Duncan Walker/E+/Getty Images; p. 183 USGS; p. 184 (left) SuperStock; (right) Mark Green/Alamy; p. 185 Bettmann/CORBIS; p. 187 Bettmann/Corbis; p. 190 Cindy Karp/The LIFE Images Collection/Getty Images; p. 192 (left) Photos.com/Getty Images; (right) Photos.com/Getty Images; p. 193 © LatinFocus.com; p. 195 (top) Bettmann/Corbis; (bottom) LongShots/iStock/

INDEX